权威·前沿·原创

皮书系列为

“十二五”“十三五”国家重点图书出版规划项目

中国社会科学院创新工程学术出版项目

中国省域竞争力蓝皮书

BLUE BOOK OF
CHINA'S PROVINCIAL COMPETITIVENESS

中国省域经济综合竞争力发展报告（2016~2017）

REPORT ON CHINA'S PROVINCIAL ECONOMIC COMPETITIVENESS DEVELOPMENT (2016-2017)

十九大后中国经济发展的重点领域与战略方向

Key Areas and Strategic Directions of China's Economic Development After the 19th CPC National Congress

主　　编／李建平　李闽榕
副 主 编／李建建　苏宏文
执行主编／黄茂兴

社会科学文献出版社
SOCIAL SCIENCES ACADEMIC PRESS (CHINA)

图书在版编目(CIP)数据

中国省域经济综合竞争力发展报告.2016~2017：十九大后中国经济发展的重点领域与战略方向 / 李建平，李闽榕主编. --北京：社会科学文献出版社，2018.2
（中国省域竞争力蓝皮书）
ISBN 978-7-5201-2210-8

Ⅰ.①中… Ⅱ.①李… ②李… Ⅲ.①省-区域经济发展-研究报告-中国-2016-2017 Ⅳ.①F127

中国版本图书馆CIP数据核字（2018）第029281号

中国省域竞争力蓝皮书
中国省域经济综合竞争力发展报告（2016~2017）
——十九大后中国经济发展的重点领域与战略方向

主　　编 / 李建平　李闽榕
副 主 编 / 李建建　苏宏文
执行主编 / 黄茂兴

出 版 人 / 谢寿光
项目统筹 / 王　绯
责任编辑 / 曹长香　周永霞

出　　版 / 社会科学文献出版社·社会政法分社（010）59367156
地址：北京市北三环中路甲29号院华龙大厦　邮编：100029
网址：www.ssap.com.cn
发　　行 / 市场营销中心（010）59367081　59367018
印　　装 / 三河市东方印刷有限公司

规　　格 / 开 本：787mm×1092mm　1/16
印 张：39.25　字 数：903千字
版　　次 / 2018年2月第1版　2018年2月第1次印刷
书　　号 / ISBN 978-7-5201-2210-8
定　　价 / 198.00元

皮书序列号 / PSN B-2007-088-1/1

中国社会科学院创新工程学术出版项目

荣获中国首届优秀皮书“最佳影响力奖”（2009年）

荣获中国第二届至第八届“中国优秀皮书奖”（2011～2017年）

入选2013年“中国十大皮书”（2013年）

全国经济综合竞争力研究中心2017年重点项目研究成果

中智科学技术评价研究中心2017年重点项目研究成果

国家首批“万人计划”青年拔尖人才支持计划（组厅字〔2013〕33号文件）2017年资助的阶段性研究成果

国家第2批“万人计划”哲学社会科学领军人才（组厅字〔2016〕37号）2017年资助的阶段性研究成果

中宣部2014年全国文化名家暨“四个一批”人才工程（中宣办发〔2015〕49号）资助的阶段性研究成果

2016年教育部哲学社会科学研究重大课题（项目编号：16JZD028）阶段性研究成果

国家社科基金重点项目（项目编号：16AGJ004）阶段性研究成果

国家社科基金青年项目（项目编号：14CKS013）阶段性研究成果

福建省特色重点学科和福建省重点建设学科——福建师范大学理论经济学2017年重大研究成果

福建省首批哲学社会科学领军人才、福建省高校领军人才支持计划2017年阶段性研究成果

福建省首批高校特色新型智库——福建师范大学综合竞争力与国家发展战略研究院2017年研究成果

福建省社会科学研究基地——福建师范大学竞争力研究中心2017年资助的研究成果

福建省高校哲学社会科学学科基础理论研究创新团队——福建师范大学竞争力基础理论研究创新团队2017年阶段性研究成果

福建师范大学创新团队建设计划（项目编号：IRTW1202）2017年阶段性研究成果

中国省域竞争力蓝皮书编委会

编委会组成名单

主　　任　韩　俊　卢中原　李慎明　隆国强

副 主 任　李建平　谢寿光　李闽榕

委　　员　李建建　苏宏文　张华荣　黄茂兴

编著人员名单

主　　编　李建平　李闽榕

副 主 编　李建建　苏宏文

执行主编　黄茂兴

编写组人员　黄茂兴　李军军　林寿富　叶　琪　王珍珍
陈洪昭　陈伟雄　唐　杰　黄新焕　易小丽
郑　蔚　周利梅　张宝英　郑清英　李成宇
马永伟　林　瀚　吴　娟　林惠玲　兰筱琳
李师源　夏　琼　张　越　游宇东　张贵平
余学颖　张若琼　史方圆　陈　鹏　唐璟怡
柯炳金　冯稳珍　昝　琪　唐咏琦　张瀚云
孙泗泉　朱浩军　肖　蕾

主要编撰者简介

李建平 男，1946年出生于福建莆田，浙江温州人。曾任福建师范大学政治教育系副主任、主任，经济法律学院院长，副校长、校长。现任全国经济综合竞争力研究中心福建师范大学分中心主任、全国中国特色社会主义政治经济学研究中心（福建师范大学）主任，教授，博士生导师，福建师范大学理论经济学一级学科博士点和博士后科研流动站学术带头人，福建省特色重点建设学科与福建省重点建设学科理论经济学的学科负责人。兼任福建省人民政府经济顾问、中国《资本论》研究会副会长、中国经济规律研究会副会长、全国马克思主义经济学说史研究会副会长、全国历史唯物主义研究会副会长等社会职务。长期从事马克思主义经济思想发展史、《资本论》和社会主义市场经济、经济学方法论、区域经济发展等问题研究，已发表学术论文100多篇，撰写、主编学术著作、教材70多部。科研成果获得教育部第六届、第七届社会科学优秀成果二等奖1项、三等奖1项，八次获得福建省哲学社会科学优秀成果一等奖，两次获得二等奖，还获得全国第七届“五个一”工程优秀理论文章奖，专著《〈资本论〉第一卷辩证法探索》获世界政治经济学学会颁发的第七届“21世纪世界政治经济学杰出成果奖”。福建省优秀专家，享受国务院特殊津贴专家，国家有突出贡献中青年专家，2009年被评为福建省第二届杰出人民教师。

李闽榕 男，1955年生，山西安泽人，经济学博士。原福建省新闻出版广电局党组书记、副局长，现为中智科学技术评价研究中心理事长，福建师范大学兼职教授、博士生导师，中国区域经济学会副理事长。主要从事宏观经济学、区域经济竞争力、现代物流等问题研究，已出版著作《中国省域经济综合竞争力研究报告（1998～2004）》等20多部（含合著），并在《人民日报》《求是》《管理世界》等国家级报纸杂志上发表学术论文200多篇。科研成果曾荣获新疆维吾尔自治区第二届、第三届社会科学优秀成果三等奖，以及福建省科技进步一等奖（排名第三）、福建省第七届至第十届社会科学优秀成果一等奖、福建省第六届社会科学优秀成果二等奖、福建省第七届社会科学优秀成果三等奖等10多项省部级奖励（含合作），并有20多篇论文和主持完成的研究报告荣获其他省厅级奖励。

李建建 男，1954年生，福建仙游人。经济学博士。原福建师范大学经济学院院长，教授、博士生导师，享受国务院特殊津贴专家。主要从事经济思想史、城市土地经济问题等方面的研究，先后主持和参加了国家自然科学基金、福建省社科规划基金以及福建省发展改革委、福建省教育厅和国际合作研究课题20余项，已出版专著、合著

《中国城市土地市场结构研究》等10多部，主编《〈资本论〉选读课教材》《政治经济学》《发展经济学与中国经济发展策论》等教材，在《经济研究》《当代经济研究》等刊物发表论文70余篇。曾获福建省高校优秀共产党员、福建省教学名师和学校教学科研先进工作者称号，科研成果荣获国家教委优秀教学成果二等奖（合作）、福建省哲学社会科学优秀成果一等奖（合作）、福建省社会科学优秀成果二等奖、福建省社会科学优秀成果三等奖和福建师范大学优秀教学成果一等奖等多项省部级和厅级奖励。

黄茂兴 男，1976年生，福建莆田人。教授、博士生导师。现为福建师范大学经济学院院长、福建师范大学福建自贸区综合研究院院长、中国（福建）生态文明建设研究院执行院长、全国经济综合竞争力研究中心福建师范大学分中心常务副主任、二十国集团（G20）联合研究中心常务副主任、福建省人才发展研究中心执行主任。兼任中国数量经济学会副理事长、中国特色社会主义政治经济学论坛副主席、中国区域经济学会常务理事等。主要从事技术经济、区域经济、竞争力问题研究，主持教育部重大招标课题、国家社科基金重点项目等国家、部厅级课题60多项；出版《技术选择与产业结构升级》《论技术选择与经济增长》等著作50多部，在《经济研究》《管理世界》等权威刊物发表论文160多篇，科研成果分别荣获教育部第六届、第七届社会科学优秀成果二等奖1项、三等奖1项（合作），福建省第七届至第十一届社会科学优秀成果一等奖7项（含合作）、二等奖3项等20多项省部级科研奖励。入选“国家首批‘万人计划’青年拔尖人才”“国家第2批‘万人计划’哲学社会科学领军人才”“中宣部全国文化名家暨‘四个一批’人才”“人社部国家百千万人才工程国家级人选”“教育部新世纪优秀人才”“福建省高校领军人才”“福建省首批哲学社会科学领军人才”等多项人才奖励计划。2015年荣获人社部授予的“国家有突出贡献的中青年专家”和教育部授予的“全国师德标兵”荣誉称号，2016年荣获中国环境科学学会第十届“青年科技奖”，2016年获评为“国务院特殊津贴专家”，并荣获2014年团中央授予的第18届“中国青年五四奖章”提名奖等多项荣誉称号。带领的科研团队于2014年被人社部、教育部评为“全国教育系统先进集体”。2018年1月当选为十三届全国人大代表。

摘　要

省域经济作为中国经济的一个重要组成部分，在中国经济社会发展中发挥了中流砥柱的作用。省域经济综合竞争力是衡量一个省域或地区在激烈的市场经济竞争中能否占据优势的关键因素。在当代中国经济的发展中，要增强经济发展的内生活力和动力，中国就必须大力提升省域经济综合竞争力。

全书共三大部分。第一部分为总报告，旨在从总体上评价分析 2015～2016 年中国省域经济综合竞争力的发展变化，揭示中国各省域经济综合竞争力的优劣势和变化特征，提出增强省域经济综合竞争力的基本路径、方法和对策，为我国省域经济战略决策提供分析依据。第二部分为分报告，通过对 2015～2016 年中国 31 个省份（不包括港澳台）的经济综合竞争力进行评价和比较分析，明确各自内部的竞争优势和薄弱环节，追踪研究各省份经济综合竞争力的演化轨迹和提升方向。第三部分为专题分析报告，专题报告开辟了“十九大后中国经济发展的重点领域与战略方向”这个话题，分别从中国经济发展的重点领域与发展方向、中国区域发展的新格局与新动能、中国产业发展的重点领域与发展方向、中国企业发展的重点领域与战略方向、中国绿色发展的重点领域与发展方向等方面进行系统分析，深入追踪研究了省域经济发展与中国区域经济综合竞争力的内在关系，为提升中国省域经济综合竞争力提供有价值的决策依据。

附录部分收录了关于中国省域经济综合竞争力指标评价体系的指标设置情况和各级指标得分及排名情况，以及 2015～2016 年中国 31 个省份主要经济指标的统计数据，可为广大读者进行定量化分析提供数据参考。

关键词：省域经济　综合竞争力　比较分析　十九大

Abstract

As an important part of Chinese economy, provincial economy plays an important mainstay role in economic and social development. The overall competitiveness of economy is a key factor for an area, an industry or a domain to keep superiority and stay in an invincible position in the intense market competition. In contemporary economic development, China should pay attention to and promote the overall competitiveness of provincial economy in order to enhance the inner force and power of economic development.

The book consists of three parts. The first part is a general report, which generally evaluates and analyzes the development and changes of overall competitiveness of China's provincial economy during 2015 – 2016 revealing the strengths, weaknesses and the variation of overall competitiveness in various provinces. The first part also proposes the basic paths, methods and strategies to enhance provincial competitiveness. By this way, it can provide analytical basis for making strategic decisions of China's regional development. The second part is sub-reports. Through the comparative analysis and evaluation of overall competitiveness among China's 31 provinces (not including Hong Kong, Macao and Taiwan) during 2015 – 2016, each province clarifies their own competition advantages and disadvantages. Then it furthers studies on the evolutionary tracks and enhances the direction of the overall competitiveness of economy for provinces, cities, districts. The third part is special analysis reports, which opens up a new topic, the key areas and strategic directions of China's economic development after the 19th CPC National Congress. This part systematically analyzes the key areas and directions of China's economic development, new ground and drivers of growth of China's regional development, key areas and directions of China's industrial development, enterprise development, and green development. Moreover, it deeply studies the relationship between provincial economic development and regional economic comprehensive competitiveness. Finally, it provides important suggestion for decision making on enhancing China's provincial economic competitiveness.

The appendixes include index system of overall competitiveness of Chinese provincial economy as well as all levels of indicators scores and ranks. Furthermore, relatively statistical data of overall competitiveness among China's 31 provinces during 2015 – 2016 are provided to readers for further more information.

Keywords: Provincial Economy; Overall Competitiveness; Comparative Analysis

前　言

“竞争”是市场经济的自然属性和基本要义。省域经济发展的动力就是省域拥有的经济综合竞争力，任何一个省域要想在激烈的市场竞争中求得生存和发展，就必须具有能够占据优势的经济综合竞争力。党的十八大以来，党中央多次强调要提高综合国力、国际竞争力和文化、企业等方面的竞争力。党的十九大报告将“不断增强我国经济创新力和竞争力”列为未来我国经济发展的重要目标和方向，并将“培育具有全球竞争力的世界一流企业”作为加快完善社会主义市场经济体制的重要内容。2017 年 12 月 18 日至 20 日在北京举行的中央经济工作会议强调指出：“结构性政策要发挥更大作用，强化实体经济吸引力和竞争力，优化存量资源配置，强化创新驱动，发挥好消费的基础性作用，促进有效投资特别是民间投资合理增长。”这些论述充分表明，在经济和社会发展中，我们党越来越重视国际竞争力和产业、行业竞争力的提升。

省域经济是中国社会主义市场经济不可或缺的一个重要组成部分，提升省域经济综合竞争力越来越引起各级政府部门、理论界和学术界的高度重视。省域经济综合竞争力研究是中国社会主义市场经济建设和发展的产物，国际竞争力理论的兴起和发展过程为它提供了深厚的历史和理论基础，中国社会主义市场经济体制的建立和发展为它的产生提供了“沃土”。研究和提升中国省域经济综合竞争力既要借鉴国际竞争力、国家竞争力和区域竞争力的基本原理和方法，又要立足于中国社会主义市场经济发展的具体实际，不能全盘照搬西方竞争力研究的理论和方法；既要搞好中国省域经济综合竞争力的评价，也要加强中国省域经济综合竞争力未来发展变化的预测研究。

为适应国际竞争力发展和国内区域经济竞争格局的需要，早在 2006 年元月，国务院发展研究中心管理世界杂志社、福建师范大学等单位就联合成立了全国经济综合竞争力研究中心。同年，福建师范大学设立了分中心，福建师范大学原校长、博士生导师李建平教授担任分中心主任。十二年来，该分中心主要从事中国省域经济综合竞争力、环境竞争力、国家创新竞争力、低碳经济竞争力、创意经济竞争力等竞争力问题的研究。本蓝皮书具体由全国经济综合竞争力研究中心福建师范大学分中心负责组织研究。2007 年 3 月，由李建平、李闽榕、高燕京担任主编的第一部省域竞争力蓝皮书《中国省域经济综合竞争力发展报告（2005 ~ 2006）》面世，并在中国社会科学院召开新闻发布会，引起了各级政府、理论界和新闻界的广泛关注，产生了强烈的社会反响。随后在 2008 年 3 月、2009 年 3 月、2010 年 2 月、2011 年 2 月、2012 年 2 月、2013 年 2 月、2014 年 3 月、2015 年 2 月、2016 年 2 月、2017 年 2 月，分别编撰、出版了《中国省域经济综合竞争力发展报告（2006 ~ 2007）》《中国省域经济综合竞争力发展报告（2007 ~ 2008）》《中国省域经济综合竞争力发展报告（2008 ~ 2009）》《中国省域经济综合竞争力发展报告（2009～2010）》《“十一五”期间中国省域经济综合竞争力发展报告》《中国省域经济综合竞争力发展报告（2011～2012）》《“十二五”期间中国省域经济综合竞争力发展报告》《中国省域经济综合竞争力发展报告（2013～2014）》《中国省域经济综合竞争力发展报告（2014～2015）》《中国省域经济综合竞争力发展报告（2015～2016）》等10部蓝皮书，国内外新闻媒体持续对该系列蓝皮书的最新研究成果作了深入报道，引起了各级政府、学术界、理论界和新闻媒体的广泛关注，产生了积极的社会反响。据不完全统计，每年互联网上报道的信息超过50万条。

经过十多年的努力，该系列蓝皮书已跃升为中国皮书家族中很有影响力的蓝皮书。2009年8月17～19日，中国社会科学院在辽宁丹东举行中国首届优秀蓝皮书表彰大会，在全国100多种蓝皮书中仅评选出6种优秀皮书，其中“中国省域竞争力蓝皮书”荣获“中国首届优秀皮书‘最佳影响力奖’”。2011年9月，在安徽合肥召开的中国优秀皮书颁奖大会上，表彰了10部优秀皮书，“中国省域竞争力蓝皮书”再次荣获“中国优秀皮书奖”，这是10部获奖皮书中唯一由地方高校承担的研究成果。2012年9月，在江西南昌举行的第三届“中国优秀皮书奖·报告奖”颁奖大会上，该分中心完成的“2009～2010年全国省域经济综合竞争力总体评价报告”和“2001～2010年G20集团国家创新竞争力总体评价与比较分析”双双荣获第三届“中国优秀皮书奖·报告奖”一等奖，是同时获得两项一等奖的唯一一个课题组。2013年8月24～25日在甘肃兰州召开的中国优秀皮书颁奖大会上，省域竞争力蓝皮书又荣获第四届“中国优秀皮书奖”。2014年8月，在贵州贵阳举行的第五届“中国优秀皮书奖”颁奖大会上，“中国省域竞争力蓝皮书”再次获得殊荣。2015年8月，在湖北恩施举行的第六届“中国优秀皮书奖”颁奖大会上，“中国省域竞争力蓝皮书”再次荣获中国优秀皮书奖。2016年8月，在河南郑州举行的第七届“中国优秀皮书奖”颁奖大会上，“中国省域竞争力蓝皮书”荣获“中国优秀皮书奖”一等奖。2017年8月，在青海西宁举行的第八届“中国优秀皮书奖”颁奖大会上，“中国省域竞争力蓝皮书”荣获2016年版经济类皮书第1名、综合类皮书第6名的优异成绩；李闽榕教授、黄茂兴教授被授予“皮书专业化二十年”致敬人物。一系列皮书成果的科研奖励，充分展示了这些研究成果的学术价值和社会价值。

习近平总书记在党的十九大报告中强调，我国经济已由高速增长阶段转向高质量发展阶段，正处在转变发展方式、优化经济结构、转换增长动力的攻关期。2017年底闭幕的中央经济工作会议把党的十九大报告作出的这一重大判断，进一步明确为新时代我国经济发展的基本特征，进而作出了推动高质量发展的重大部署，对于引领我国经济向高质量发展阶段迈进具有重大现实意义和深远历史意义。为此，课题组在致力于中国省域经济综合竞争力评价研究过程中，就十分注重对经济发展质量的综合性评价，强调经济社会与资源环境的协调和可持续发展。在今后的研究中，我们将继续按照经济高质量发展的要求，进一步修改完善中国省域经济综合竞争力评价指标体系，以推动全国各省份更加重视经济发展的质量和效益，更加重视环境保护和生态建设，更加重视安全生产和社会和谐稳定，追求符合长远利益的发展目标，努力实现全面协调可持续的“包容性增长”。只有这样，才能为中国省域经济综合竞争力的提升乃至整个中国经济的又好又快发展，提供重要的理论和实践指导。

本年度的研究报告是在充分借鉴国内外研究者相关研究成果的基础上，进一步丰富和完善中国省域经济综合竞争力的内涵，紧跟省域经济综合竞争力的最新研究动态，结合当前中国经济进入新常态的新变局、新情况、新挑战，深入分析当前我国省域经济综合竞争力面临的国内外形势、变化特点、发展趋势及动因，同时深度探讨了党的十九大后中国省域经济综合竞争力发展面临的机遇与挑战，并作出相应的政策愿景判断。全书以课题组对 2015～2016 年中国 31 个省级区域经济综合竞争力进行全面深入、科学的比较分析和评价回顾为主要内容，深刻揭示不同类型和发展水平的中国省域经济综合竞争力的特点及其相对差异，明确各自内部的竞争优势和薄弱环节，追踪研究中国各省域经济综合竞争力的演化轨迹和提升方向，为提升中国省域经济综合竞争力提供有价值的理论指导和决策借鉴。全书共三大部分，基本框架如下。

第一部分：总报告，即 2015～2016 年全国省域经济综合竞争力总体评价报告。总报告对 2015～2016 年中国除港澳台外 31 个省份的经济综合竞争力进行评价分析，构建了由 1 个一级指标、9 个二级指标、25 个三级指标和 210 个四级指标组成的评价体系。在进行综合分析的基础上，通过对全国 2015～2016 年中国省域经济综合竞争力变化态势的评价分析，阐述 2015～2016 年全国各省份经济综合竞争力的区域分布情况，明示我国各省域的优劣势和相对地位，分析评价期内省域经济综合竞争力的变化特征及发展启示，提出增强省域经济综合竞争力的基本路径、方法和对策，为我国区域经济战略选择提供有价值的分析依据。

第二部分：分报告，即对 2015～2016 年各省域进行经济综合竞争力评价分析。以专题报告的形式，对 2015～2016 年中国除港澳台外 31 个省级区域的经济综合竞争力进行全面深入、科学的比较分析和评价，深刻揭示 2015～2016 年中国不同类型和发展水平的省域经济综合竞争力的特点及其相对差异，明确各自内部的竞争优势和薄弱环节，追踪研究各省份经济综合竞争力的演化轨迹和提升方向。

第三部分：专题分析报告，即“十九大后中国经济发展的重点领域与战略方向”，该专题分别从中国经济发展的重点领域与发展方向、中国区域发展的新格局与新动能、中国产业发展的重点领域与发展方向、中国企业发展的重点领域与战略方向、中国绿色发展的重点领域与发展方向等方面进行系统分析，深入追踪研究了省域经济发展与中国区域经济综合竞争力的内在关系，为提升中国省域经济综合竞争力提供有价值的决策依据。

最后为附录部分，其中附录一列出了本书所构建的中国省域经济综合竞争力指标评价体系，为读者详细品读本书的各项研究结论提供分析依据；附录二列出了 2016 年中国省域经济综合竞争力各级指标得分和排名情况，为读者提供可量化的分析依据；附录三列出了 2015～2016 年中国 31 个省份主要经济指标的统计数据，为读者进行定量化分析提供分析依据。

本报告是在过去 11 年系列研究成果的基础上，力图在中国省域经济综合竞争力的理论、研究方法和实践评价上做一些创新和突破，但受研究能力和占有资料有限等主客观因素的制约，课题组在一些方面的认识和研究仍然不够深入和全面，还有许多需要深入研究的问题未研究。此外，对各省份如何提升经济综合竞争力的具体对策，也需要我们在今后继续深入探索和研究。课题组愿与关注这些问题的研究者一起，不断深化对省域经济综合竞争力理论和方法的研究，使省域经济综合竞争力的评价更加符合客观实际，更为有效地指导省域经济和区域经济发展。

作　者

2018 年 1 月 5 日

目　录

Ⅰ　总报告

Ⅱ　分报告

Ⅲ 专题分析报告

Ⅳ 附 录

皮书数据库阅读**使用指南**

CONTENTS 

I General Report

Ⅱ Departmental Reports

Ⅲ Special Reports

Ⅳ Appendix

Ⅰ 总报告

General Report

B.1 全国省域经济综合竞争力总体评价报告

中国位于亚欧大陆的东部、太平洋西岸，陆地面积约960万平方公里，陆地边界长达2.28万公里；海域面积473万平方公里，大陆海岸线长约1.8万公里。2016年全国年末总人口为13.8亿人，实现国内生产总值74.4万亿元，同比增长6.7%。世界经济论坛公布的《全球竞争力报告2017～2018》显示，中国在全球竞争力排名榜上保持第27位，比上年上升了1位，保持最具竞争力新兴市场地位。省域是中国最大的行政区划，省域经济是中国经济的重要组成部分，省域经济综合竞争力在一定程度上决定着中国经济及其国际竞争力水平。本部分通过对2015～2016年中国省域经济综合竞争力以及各要素竞争力的排名变化分析，从中找出中国省域经济综合竞争力的推动点及影响因素，为进一步提升中国经济综合竞争力提供决策参考。

一 全国各省域经济综合竞争力发展评价

1.1 全国省域经济综合竞争力评价结果

根据中国省域经济综合竞争力的指标体系和数学模型，对2015～2016年全国除港澳台外的31个省份的相关指标数据进行统计和分析，图1－1、图1－2、图1－3和表1－1显示了评价期内全国31个省份经济综合竞争力排位和排位变化情况及其下属9个二级指标的评价结果。

1.2 全国省域经济综合竞争力排序分析

2016年全国31个省份经济综合竞争力处于上游区（1～10位）的依次为江苏省、

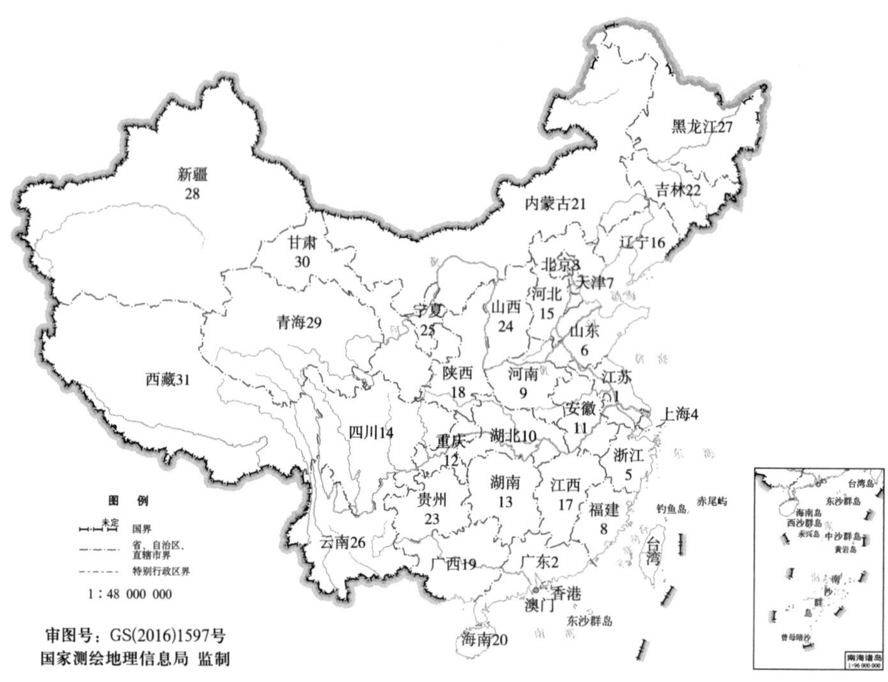

图 1－1　2015 年全国省域经济综合竞争力排位

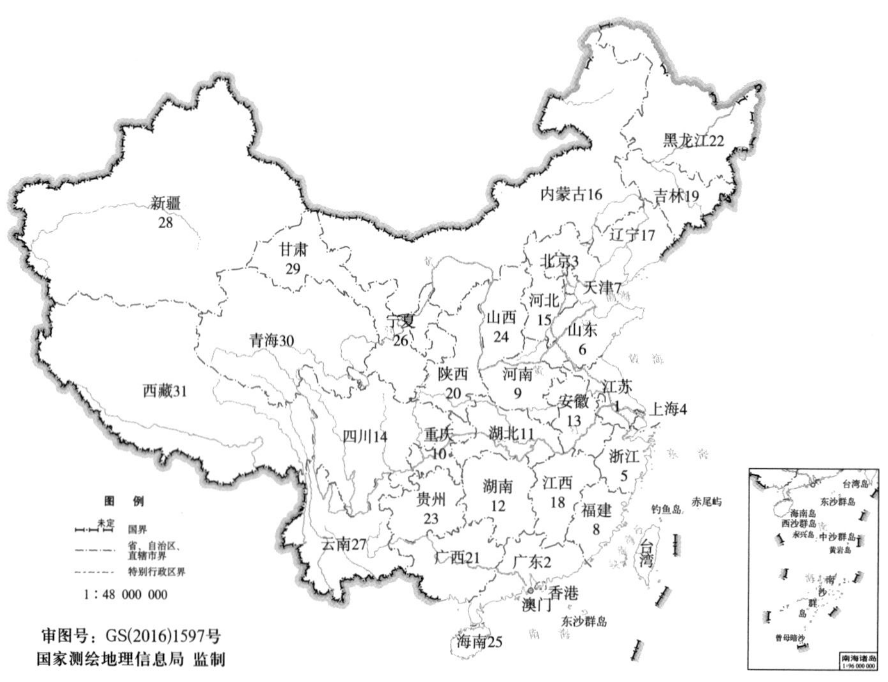

图 1－2　2016 年全国省域经济综合竞争力排位

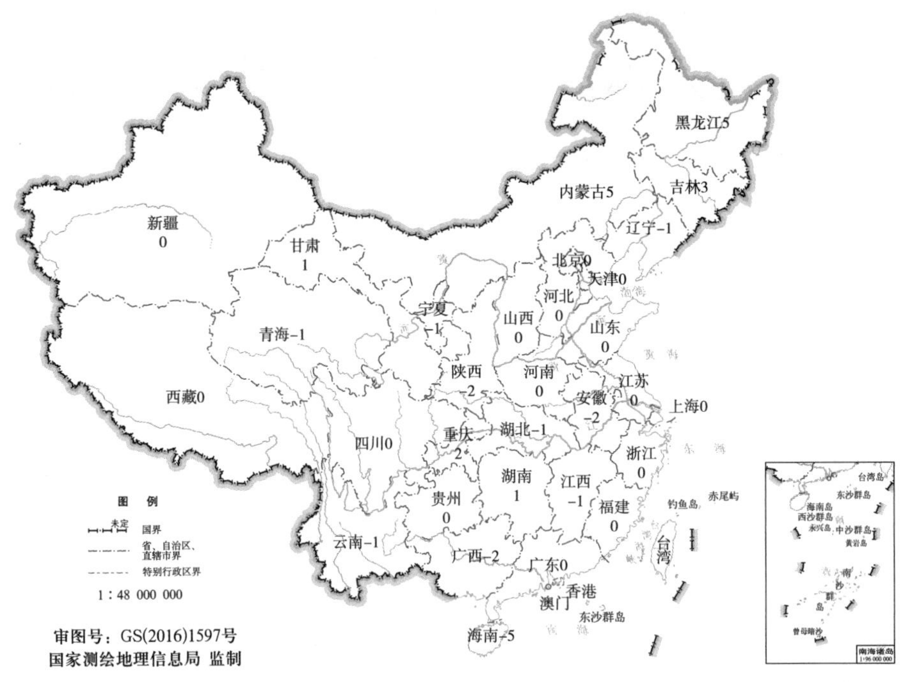

图 1－3　2015～2016 年全国省域经济综合竞争力排位变化

广东省、北京市、上海市、浙江省、山东省、天津市、福建省、河南省、重庆市，排在中游区（11～20 位）的依次为湖北省、湖南省、安徽省、四川省、河北省、内蒙古自治区、辽宁省、江西省、吉林省、陕西省，处于下游区（21～31 位）的依次为广西壮族自治区、黑龙江省、贵州省、山西省、海南省、宁夏回族自治区、云南省、新疆维吾尔自治区、甘肃省、青海省、西藏自治区。

2015 年全国 31 个省份经济综合竞争力处于上游区（1～10 位）的依次为江苏省、广东省、北京市、上海市、浙江省、山东省、天津市、福建省、河南省、湖北省，排在中游区（11～20 位）的依次为安徽省、重庆市、湖南省、四川省、河北省、辽宁省、江西省、陕西省、广西壮族自治区、海南省，处于下游区（21～31 位）的依次为内蒙古自治区、吉林省、贵州省、山西省、宁夏回族自治区、云南省、黑龙江省、新疆维吾尔自治区、青海省、甘肃省、西藏自治区。

1.3　全国省域经济综合竞争力排序变化比较

2016 年与 2015 年相比较，经济综合竞争力排位上升的有 6 个省份，上升幅度最大的是黑龙江省和内蒙古自治区，排位均上升了 5 位，吉林省上升了 3 位，重庆市上升了 2 位，湖南省和甘肃省均上升了 1 位；15 个省份排位没有变化；排位下降的有 10 个省份，下降幅度最大的是海南省，排位下降了 5 位，安徽省、广西壮族自治区和陕西省均下降了 2 位，其他几个省份都下降了 1 位。

表 1-1　2015~2016 年全国 31 个省份经济综合竞争力评价比较

地区＼指标	2015年										2016年										综合排名升降
	宏观经济竞争力	产业经济竞争力	可持续发展竞争力	财政金融竞争力	知识经济竞争力	发展环境竞争力	政府作用竞争力	发展水平竞争力	统筹协调竞争力	**全国比较综合排名**	宏观经济竞争力	产业经济竞争力	可持续发展竞争力	财政金融竞争力	知识经济竞争力	发展环境竞争力	政府作用竞争力	发展水平竞争力	统筹协调竞争力	**全国比较综合排名**	
北　京	5	7	1	1	3	2	8	4	1	3	6	7	1	1	3	4	7	4	6	3	0
天　津	7	5	2	6	8	6	6	6	10	7	7	6	7	8	11	6	3	6	1	7	0
河　北	14	13	25	26	19	9	9	18	17	15	14	13	28	19	19	10	9	16	14	15	0
山　西	27	30	16	18	17	14	11	22	30	24	29	30	11	22	17	16	16	17	21	24	0
内蒙古	25	9	4	21	27	23	16	17	25	21	18	11	3	7	28	22	15	19	8	16	5
辽　宁	16	17	19	31	18	11	5	15	23	16	26	26	9	9	18	11	5	23	26	17	-1
吉　林	17	14	21	30	22	29	15	20	22	22	17	16	22	25	23	29	14	22	2	19	3
黑龙江	28	23	3	28	25	28	20	25	29	27	21	22	6	26	25	21	17	26	3	22	5
上　海	3	6	20	2	6	3	7	1	15	4	3	5	12	2	6	1	8	1	7	4	0
江　苏	1	1	9	4	1	5	2	2	4	1	2	1	14	4	2	2	1	2	5	1	0
浙　江	4	4	13	5	5	4	1	5	13	5	4	4	4	5	5	3	2	5	11	5	0
安　徽	9	15	12	20	12	13	10	12	18	11	15	15	21	13	8	12	11	12	29	13	-2
福　建	8	11	6	10	14	8	13	9	6	8	8	9	17	14	15	9	10	9	12	8	0
江　西	18	19	24	16	16	18	18	10	21	17	16	18	24	27	16	20	26	11	31	18	-1
山　东	6	2	5	8	4	7	4	8	20	6	5	2	5	6	4	8	4	8	15	6	0
河　南	11	8	17	17	7	16	17	11	14	9	9	8	19	15	7	17	18	10	16	9	0
湖　北	10	10	22	7	11	10	22	13	9	10	12	10	23	18	9	7	25	14	24	11	-1
湖　南	12	12	14	23	9	17	21	14	8	13	10	12	16	29	10	18	20	13	13	12	1
广　东	2	3	11	3	2	1	3	3	5	2	1	3	2	3	1	5	6	3	10	2	0
广　西	19	22	15	29	20	22	25	19	7	19	22	20	13	30	20	25	21	18	18	21	-2
海　南	20	21	10	13	28	27	12	24	16	20	19	21	15	17	27	26	23	25	28	25	-5
重　庆	15	18	18	14	15	12	19	7	12	12	11	14	18	16	14	13	13	7	22	10	2
四　川	13	16	8	9	10	25	14	16	11	14	13	17	8	11	13	28	12	15	23	14	0
贵　州	22	24	27	12	21	19	27	26	2	23	23	28	25	12	21	15	22	24	17	23	0
云　南	26	26	23	25	24	21	30	28	3	26	28	24	20	21	24	23	30	28	20	27	-1
西　藏	31	29	31	11	30	31	31	31	31	31	31	25	31	31	31	31	31	31	19	31	0
陕　西	21	20	7	19	13	20	26	23	26	18	20	19	10	24	12	19	24	21	30	20	-2
甘　肃	30	31	29	22	23	30	28	30	28	30	25	31	29	28	22	30	28	29	9	29	1
青　海	23	28	30	24	31	24	29	29	19	29	27	29	30	23	30	27	29	30	4	30	-1
宁　夏	24	27	28	27	29	15	23	21	24	25	24	27	26	20	29	14	19	20	25	26	-1
新　疆	29	25	26	15	26	26	24	27	27	28	30	23	27	10	26	24	27	27	27	28	0

1.4 全国省域经济综合竞争力跨区段变化情况及动因分析

在评价期内，有部分省份的排位出现跨区段变化，其中重庆市由中游区跨入上游区，上升了 2 位，内蒙古自治区和吉林省由下游区跨入中游区，分别上升了 5 位和 3 位。湖北省由上游区跌入中游区，下降了 1 位，广西壮族自治区和海南省由中游区降入下游区，分别下降了 2 位和 5 位。由于一级指标仍属于合成性指标，要真正找准影响省域经济综合竞争力升降的根本原因，还必须对处于基础地位、具有确定值的四级指标进行评价分析，本书将在第二部分对每个省份经济综合竞争力的评价分析给出具体数据及建议。

二 全国各省域经济综合竞争力区域分布

2.1 全国省域经济综合竞争力均衡性分析

各省域经济综合竞争力排位反映的只是排序位差，按照功效系数法进行无量纲化处理和加权求和后得到的综合得分能更为准确地反映各省域经济综合竞争力的实际差距。因此有必要深入分析各级指标得分及分布情况，深入研究竞争力得分的实际差距及其均衡性。图 2 -1 显示了 2015 年和 2016 年全国各省域经济综合竞争力评价分值的分布情况。

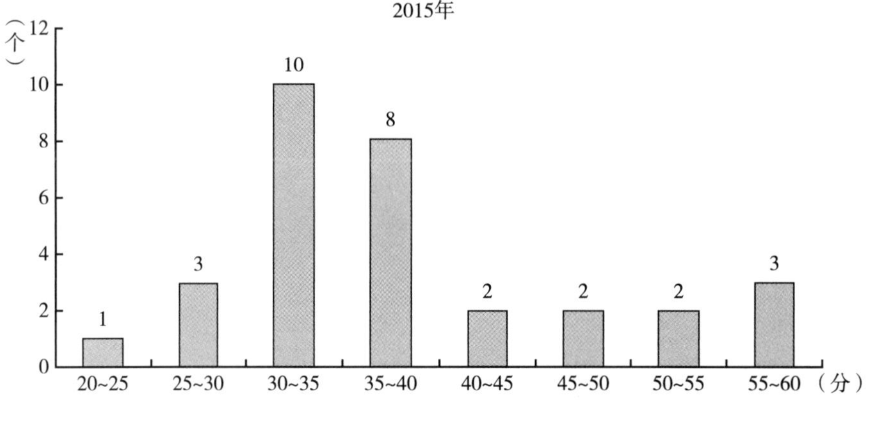

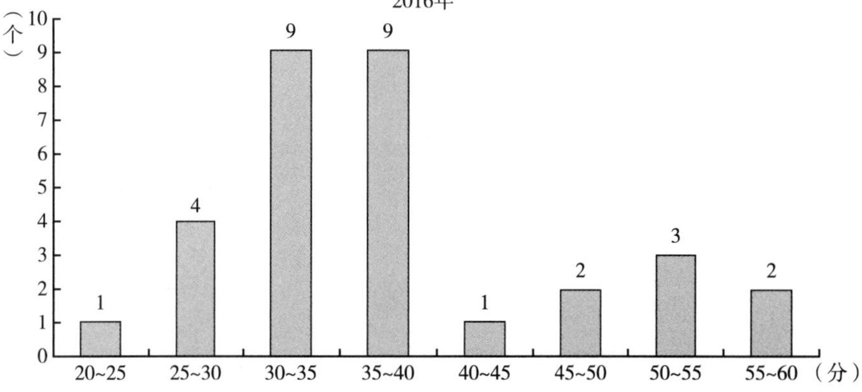

图 2 -1 2015 年和 2016 年全国各省域经济综合竞争力评价分值分布

从图 2－1 可以看出，各省域经济综合竞争力得分的分布很不均衡，全国有超过一半的省份经济综合竞争力得分集中在 30～40 分，整体分布都比较分散，而且呈现偏态分布。从 2015 年与 2016 年对比情况来看，各省份得分的变化不大，其中得分在 30～35 分的省份由 10 个减少到 9 个，在 35～40 分的省份由 8 个增加到 9 个，其他得分区间的省份数量变化不明显。

表 2－1　全国各省域经济综合竞争力评价分值及分差比较

2016 年排位	地区	2015 年	2016 年	分值升降
1	江　苏	58.8	57.5	－1.3
2	广　东	58.6	57.0	－1.7
3	北　京	55.9	52.4	－3.5
4	上　海	53.5	52.1	－1.3
5	浙　江	51.6	50.6	－0.9
6	山　东	48.5	47.9	－0.6
7	天　津	47.2	45.2	－2.0
8	福　建	41.5	40.3	－1.2
9	河　南	40.4	39.4	－1.0
10	重　庆	38.9	38.3	－0.6
平均		**49.5**	**48.1**	**－1.4**
11	湖　北	39.8	37.4	－2.4
12	湖　南	38.5	37.3	－1.2
13	安　徽	39.1	37.3	－1.8
14	四　川	38.5	36.8	－1.7
15	河　北	37.4	36.7	－0.7
16	内蒙古	34.0	35.4	1.4
17	辽　宁	37.1	35.1	－2.0
18	江　西	36.5	34.0	－2.5
19	吉　林	33.7	33.6	－0.1
20	陕　西	34.7	33.6	－1.1
平均		**36.9**	**35.7**	**－1.2**
21	广　西	34.5	33.0	－1.5
22	黑龙江	30.1	32.9	2.7
23	贵　州	33.0	32.6	－0.4
24	山　西	32.8	32.6	－0.2
25	海　南	34.1	31.2	－2.9
26	宁　夏	30.9	31.1	0.1
27	云　南	30.2	28.9	－1.3
28	新　疆	29.7	28.6	－1.1
29	甘　肃	26.8	28.5	1.7
30	青　海	27.8	27.9	0.1
31	西　藏	23.1	21.3	－1.8
平均		**30.3**	**29.9**	**－0.4**
全国平均		**38.6**	**37.6**	**－1.00**

从表 2 – 1 可以看出，不同省份经济综合竞争力得分差距悬殊，2016 年，得分最低的西藏自治区只有 21. 3 分，不到排位第一名江苏省得分的一半。另外，相同区位内部各省份综合得分差距也比较明显，同样是处于上游区，排在第 10 位的重庆市与排在第 1 位的江苏省总分值相差 19. 2 分；但是处于中下游区的省份综合得分比较接近，排位第 11 位的湖北省得分为 37. 4 分，比第 20 位的陕西省仅高出 3. 8 分，同样是处于下游区，排在第 21 位的广西壮族自治区比第 31 位的西藏自治区高出 11. 7 分。处于上游区的 10 个省份平均分值为 48. 1 分，处于中游区的 10 个省份平均分值为 35. 7 分，处于下游区的 11 个省份的平均分值为 29. 9 分，比差为 1. 61∶1. 19∶1。

从 2015 ~2016 年得分升降来看，全国 5 个省份的经济综合竞争力得分有所上升，上升幅度最大的是黑龙江省，增加了 2. 7 分，其次是甘肃省和内蒙古自治区，都增加了 1 分以上。共有 26 个省份得分下降，下降幅度最大的是北京市，下降了 3. 5 分。从全国平均分值来看，2016 年为 37. 6 分，与 2015 年相比下降了 1 分。

2.2　全国省域经济综合竞争力区域评价分析

表 2 – 2 列出了评价期内全国四大区域经济综合竞争力评价分值及其分差情况。2015 年全国四大区域经济综合竞争力的评价分值依次为：东部地区 48. 7 分、中部地区 37. 9 分、西部地区 31. 9 分、东北地区 33. 7 分，比差为 1∶0. 78∶0. 66∶0. 69，西部地区经济综合竞争力分值与东部地区的差距比较大。2016 年全国四大区域经济综合竞争力的评价分值依次为：东部地区 47. 1 分、中部地区 36. 3 分、西部地区 31. 3 分、东北地区 33. 9 分，四大区域的分值比差为 1∶0. 77∶0. 66∶0. 72，西部地区经济综合竞争力与东部地区的差距有所缩小。与 2015 年相比，西部地区与东部的差距缩小了 1 分，表明西部地区与东部地区的差距在缩小。

表 2 – 2　全国四大区域经济综合竞争力评价分值及分差比较

单位：分

地区	2015	2016	分值升降
东部地区	48. 7	47. 1	– 1. 6
中部地区	37. 9	36. 3	– 1. 6
西部地区	31. 9	31. 3	– 0. 6
东北地区	33. 7	33. 9	0. 22

从 2015 ~2016 年全国四大区域经济综合竞争力平均分值变化情况来看，四个地区平均分值各有变化，其中东北地区平均分值上升最多，增加了 0. 2 分；中部地区平均得分下降了 1. 6 分，东部地区平均得分下降了 1. 6 分。反映了我国四大区域板块经济综合竞争力出现了分化现象，四大区域发展的协调性还有待加强。

2.3 全国省域经济综合竞争力区域内部差异分析

省域经济综合竞争力不仅在全国四大区域之间有明显差距，各区域内部部分省份之间也存在较大差距。为分析我国四大区域各自内部省份的经济综合竞争力排位差异情况，课题组通过表2-3、表2-4、表2-5和表2-6分别列出了评价期内东部地区、中部地区、西部地区和东北地区内部省份的全国排位情况。

从表2-3可以看出，东部10个省份经济综合竞争力排位绝大部分在上游区，只有河北省处于中游区、海南省处于下游区，其他8个省份都处在上游区且排位比较稳定，东部地区各省份在全国处于绝对优势地位。但在东部地区的10个省份内部，竞争格局也是不平衡的，最明显的差距体现在海南省与其他省份之间，另外同样处在上游区的省份，竞争力得分也存在较大差距，表2-1的竞争力得分结果显示，除江苏省外，广东省、北京市、上海市、浙江省得分都在50分以上，福建省得分相对较低。

表2-3 东部地区经济综合竞争力排位比较

地区	东部地区排位			全国排位		
	2015年	2016年	排位升降	2015年	2016年	排位升降
江苏	1	1	0	1	1	0
广东	2	2	0	2	2	0
北京	3	3	0	3	3	0
上海	4	4	0	4	4	0
浙江	5	5	0	5	5	0
山东	6	6	0	6	6	0
天津	7	7	0	7	7	0
福建	8	8	0	8	8	0
河北	9	9	0	15	15	0
海南	10	10	0	20	25	-5

从表2-4可以看出，中部地区6个省份的经济综合竞争力排位分布很不均衡，除河南省处于上游区、山西省处在下游区外，其他4个省份都处在中游区。与2015年相比，2016年安徽省的综合排位下降了2位。从表2-2的竞争力得分来看，中部地区与东部地区得分差距较大，与西部地区得分差距较小，从整体上而言，中部地区尚不具备明显的竞争优势。中部地区内部的6个省份也表现出明显的非均衡性，各个省份分别处于上游区、中游区和下游区。从地区内部的排位变化来看，中部地区各省份竞争力得分相对变化不明显。

从表2-5可以看出，西部地区12个省份的经济综合竞争力排位大多处在下游区，也有重庆市升入上游区，四川省、陕西省和内蒙古自治区处于中游区，其他各省份处于明显的竞争劣势地位。从表2-2的竞争力得分来看，西部地区平均得分只有东部地区的66%，表明其与东部地区相比有很大差距，但西部地区与中部地区相比，很多省份的竞争力得分差距很小，其竞争力劣势就不太明显。从2015~2016年得分变化来看，

表 2-4　中部地区经济综合竞争力排位比较

地　区	中部地区排位			全国排位		
	2015 年	2016 年	排位升降	2015 年	2016 年	排位升降
河　南	1	1	0	9	9	0
湖　北	2	2	0	10	11	-1
湖　南	4	3	1	13	12	1
安　徽	3	4	-1	11	13	-2
江　西	5	5	0	17	18	-1
山　西	6	6	0	24	24	0

西部地区平均得分有所下降，但幅度较小，延续了往年的变化趋势，与东部地区的差距有所缩小，说明西部地区的竞争力在逐步提升。从西部地区 12 个省份内部来看，部分省份之间的差距也很明显。西部地区各省份的综合竞争力排位相对稳定，虽然有些省份排位有所调整，但多数变化不大。

表 2-5　西部地区经济综合竞争力排位比较

地　区	西部地区排位			全国排位		
	2015 年	2016 年	排位升降	2015 年	2016 年	排位升降
重　庆	1	1	0	12	10	2
四　川	2	2	0	14	14	0
内蒙古	5	3	2	21	16	5
陕　西	3	4	-1	18	20	-2
广　西	4	5	-1	19	21	-2
贵　州	6	6	0	23	23	0
宁　夏	7	7	0	25	26	-1
云　南	8	8	0	26	27	-1
新　疆	9	9	0	28	28	0
甘　肃	11	10	1	30	29	1
青　海	10	11	-1	29	30	-1
西　藏	12	12	0	31	31	0

从表 2-6 可以看出，相对于其他地区，东北地区 2016 年竞争力有所上升，辽宁省仍然处于中游区，吉林省升入中游区，黑龙江省虽然仍然处于下游区，但排位的上升幅度较大。从东北地区内部来看，三个省份排位比较接近。

表 2-6　东北地区经济综合竞争力排位比较

地　区	东北地区排位			全国排位		
	2015 年	2016 年	排位升降	2015 年	2016 年	排位升降
辽　宁	1	1	0	16	17	-1
吉　林	2	2	0	22	19	3
黑龙江	3	3	0	27	22	5

三　全国省域宏观经济竞争力评价分析

3.1　全国省域宏观经济竞争力评价结果

根据宏观经济竞争力指标体系和数学模型，课题组对采集到的2015～2016年全国31个省份的相关统计资料进行整理和合成，图3－1、图3－2、图3－3和表3－1显示了这两个年份宏观经济竞争力排位和排位变化情况以及其下属3个三级指标的评价结果。

3.2　全国省域宏观经济竞争力排序分析

2015年全国各省份宏观经济竞争力处于上游区（1～10位）的依次是江苏省、广东省、上海市、浙江省、北京市、山东省、天津市、福建省、安徽省、湖北省，处于中游区（11～20位）的依次为河南省、湖南省、四川省、河北省、重庆市、辽宁省、吉林省、江西省、广西壮族自治区、海南省，处于下游区（21～31位）的依次为陕西省、贵州省、青海省、宁夏回族自治区、内蒙古自治区、云南省、山西省、黑龙江省、新疆维吾尔自治区、甘肃省、西藏自治区。

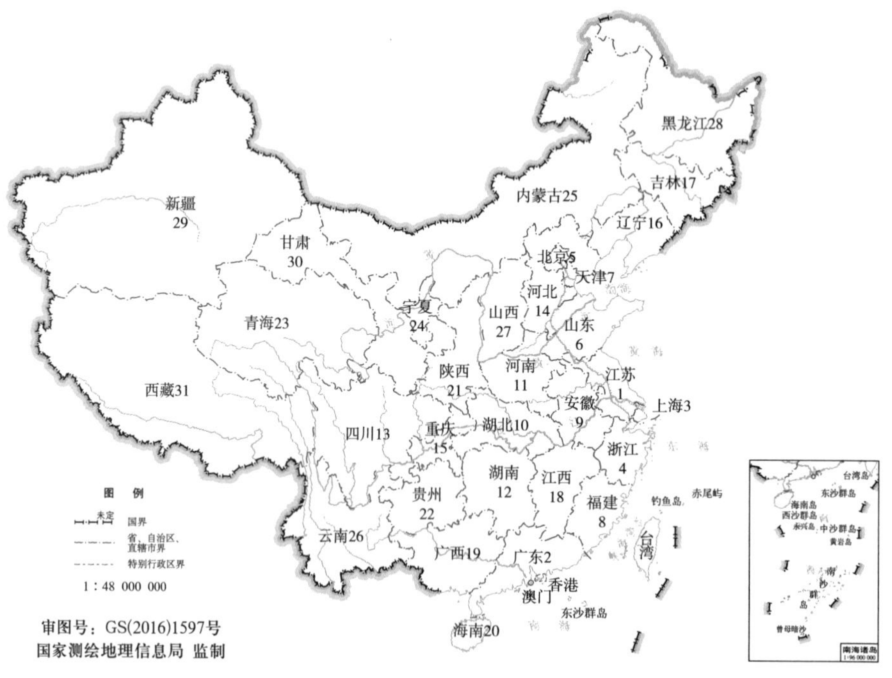

图3－1　2015年全国省域宏观经济竞争力排位

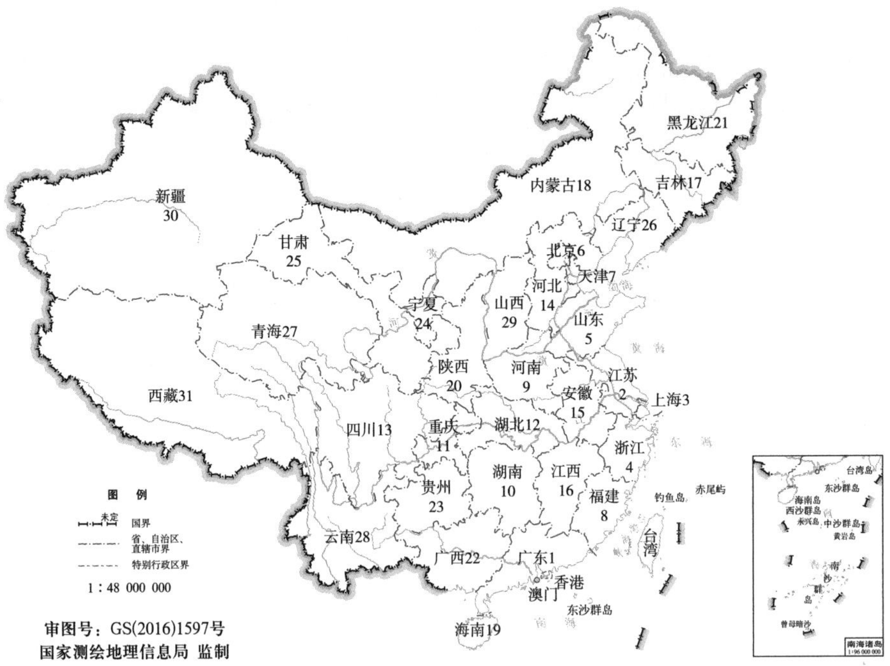

图3－2　2016年全国省域宏观经济竞争力排位

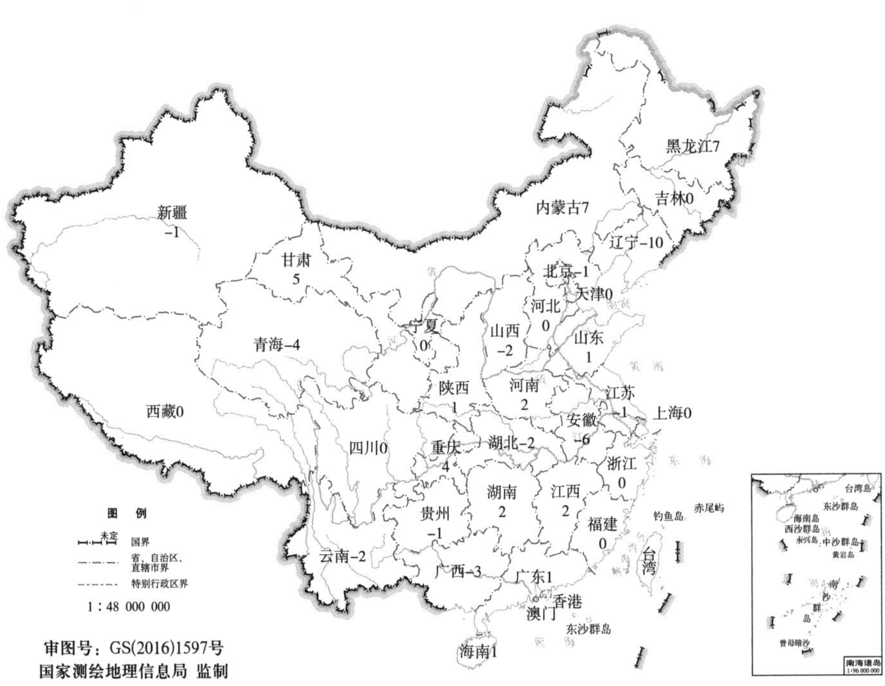

图3－3　2015～2016年全国省域宏观经济竞争力排位变化

表 3-1 全国各省份宏观经济竞争力评价比较

地区＼项目	2015 年 经济实力竞争力	2015 年 经济结构竞争力	2015 年 经济外向度竞争力	2015 年 **全国比较综合排名**	2016 年 经济实力竞争力	2016 年 经济结构竞争力	2016 年 经济外向度竞争力	2016 年 **全国比较综合排名**	**综合排名升降**
北　京	7	5	4	5	9	6	5	6	-1
天　津	5	4	10	7	8	3	7	7	0
河　北	17	7	20	14	17	8	13	14	0
山　西	30	23	25	27	29	27	26	29	-2
内蒙古	25	24	23	25	16	22	17	18	7
辽　宁	18	17	14	16	30	20	10	26	-10
吉　林	15	9	29	17	23	15	23	17	0
黑龙江	29	22	30	28	19	23	16	21	7
上　海	6	6	2	3	6	5	2	3	0
江　苏	1	1	3	1	1	1	3	2	-1
浙　江	3	2	5	4	4	2	4	4	0
安　徽	14	13	7	9	15	14	24	15	-6
福　建	8	15	8	8	7	13	8	8	0
江　西	19	19	16	18	20	9	14	16	2
山　东	2	10	6	6	2	7	6	5	1
河　南	10	18	12	11	5	17	15	9	2
湖　北	12	11	15	10	12	12	22	12	-2
湖　南	11	14	19	12	10	11	18	10	2
广　东	4	3	1	2	3	4	1	1	1
广　西	16	20	18	19	22	21	19	22	-3
海　南	23	8	22	20	28	18	9	19	1
重　庆	13	16	24	15	11	16	12	11	4
四　川	9	12	26	13	14	10	11	13	0
贵　州	24	26	9	22	18	24	27	23	-1
云　南	21	31	21	26	26	29	20	28	-2
西　藏	28	30	31	31	31	31	28	31	0
陕　西	20	25	17	21	13	25	29	20	1
甘　肃	31	28	27	30	21	28	21	25	5
青　海	22	27	11	23	24	26	31	27	-4
宁　夏	27	21	13	24	27	19	25	24	0
新　疆	26	29	28	29	25	30	30	30	-1

2016 年全国各省份宏观经济竞争力处于上游区（1～10 位）的依次是广东省、江苏省、上海市、浙江省、山东省、北京市、天津市、福建省、河南省、湖南省，处于中游区（11～20 位）的依次为重庆市、湖北省、四川省、河北省、安徽省、江西省、吉林省、内蒙古自治区、海南省、陕西省，处于下游区（21～31 位）的依次为黑龙江省、

广西壮族自治区、贵州省、宁夏回族自治区、甘肃省、辽宁省、青海省、云南省、山西省、新疆维吾尔自治区、西藏自治区。

3.3 全国省域宏观经济竞争力排序变化比较

2016 年与 2015 年相比较，排位上升的有 10 个省份，上升幅度最大的是内蒙古自治区和黑龙江省（7 位），其他依次为甘肃省（5 位）、重庆市（4 位）、湖南省（2 位）、河南省（2 位）、江西省（2 位）、陕西省（1 位）、海南省（1 位）、广东省（1 位）、山东省（1 位）；有 9 个省份的排位没有变化；排位下降的有 11 个省份，下降幅度最大的是辽宁省（10 位），其他依次为安徽省（6 位）、青海省（4 位）、广西壮族自治区（3 位）、山西省（2 位）、湖北省（2 位）、云南省（2 位）、北京市（1 位）、江苏省（1 位）、贵州省（1 位）、新疆维吾尔自治区（1 位）。

3.4 全国省域宏观经济竞争力跨区段变化情况

不同区段是衡量竞争力优劣水平的重要标志，在评价期内，一些省份宏观经济竞争力排位出现了跨区段变化。在跨区段上升方面，河南省、湖南省由中游区升入上游区，陕西省、内蒙古自治区由下游区升入中游区。在跨区段下降方面，安徽省、湖北省由上游区降入中游区，辽宁省、广西壮族自治区由中游区降入下游区。

3.5 全国省域宏观经济竞争力动因分析

作为省域经济综合竞争力的二级指标，省域宏观经济竞争力的变化是三级指标变化综合作用的结果，表 3-1 还列出了 3 个三级指标的变化情况。

经济实力竞争力方面，2015 年排在前 10 位的省份依次为江苏省、山东省、浙江省、广东省、天津市、上海市、北京市、福建省、四川省、河南省，2016 年排在前 10 位的省份依次为江苏省、山东省、广东省、浙江省、河南省、上海市、福建省、天津市、北京市、湖南省。

经济结构竞争力方面，2015 年排在前 10 位的省份依次为江苏省、浙江省、广东省、天津市、北京市、上海市、河北省、海南省、吉林省、山东省，2016 年排在前 10 位的省份依次为江苏省、浙江省、天津市、广东省、上海市、北京市、山东省、河北省、江西省、四川省。

经济外向度竞争力方面，2015 年排在前 10 位的省份依次为广东省、上海市、江苏省、北京市、浙江省、山东省、安徽省、福建省、贵州省、天津市，2016 年排在前 10 位的省份依次为广东省、上海市、江苏省、浙江省、北京市、山东省、天津市、福建省、海南省、辽宁省。

从上述宏观经济竞争力排位跨区段升降的省份来看，内蒙古自治区和黑龙江省的宏观经济竞争力排位上升了 7 位，是由经济实力竞争力、经济结构竞争力和经济外向度竞争力整体排位上升、共同推动的结果；辽宁省的宏观经济竞争力排位下降 10 位，是由于经济实力竞争力排位下降 12 位，经济结构竞争力排位下降 3 位，受二者共同影响。

此外，从宏观经济竞争力排位在评价期内均处于上游区的省份来看，要保持竞争优势地位，都需要3个三级指标的良好表现来支撑。

四　全国省域产业经济竞争力评价分析

4.1　全国省域产业经济竞争力评价结果

根据产业经济竞争力指标体系和数学模型，课题组对采集到的2015～2016年全国31个省份的相关统计资料进行了整理和合成，图4－1、图4－2、图4－3和表4－1显示了这两个年份产业经济竞争力排位和排位变化情况，以及其下属4个三级指标的评价结果。

4.2　全国省域产业经济竞争力排序分析

2015年全国各省份产业经济竞争力处于上游区（1～10位）的依次是江苏省、山东省、广东省、浙江省、天津市、上海市、北京市、河南省、内蒙古自治区、湖北省，处于中游区（11～20位）的依次排序为福建省、湖南省、河北省、吉林省、安徽省、四川省、辽宁省、重庆市、江西省、陕西省，处于下游区（21～31位）的依次排序为海南省、广西壮族自治区、黑龙江省、贵州省、新疆维吾尔自治区、云南省、宁夏回族自治区、青海省、西藏自治区、山西省、甘肃省。

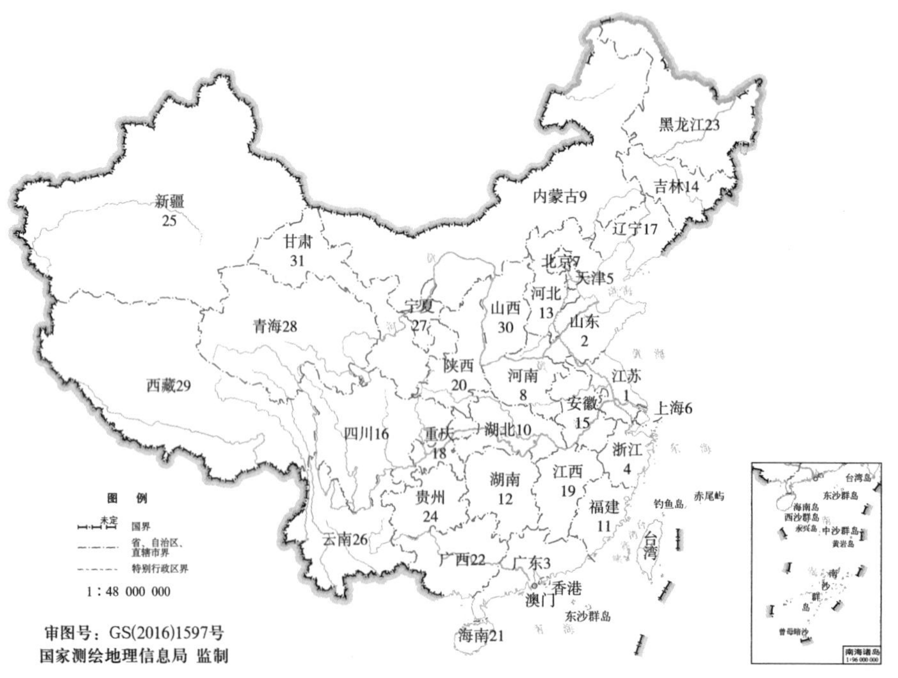

图4－1　2015年全国省域产业经济竞争力排位

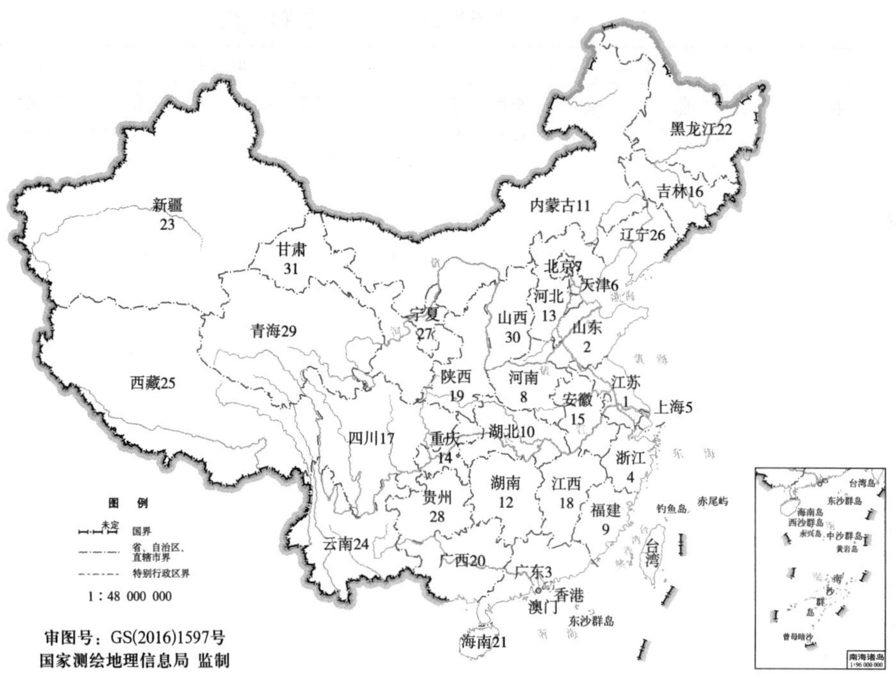

图4－2　2016年全国省域产业经济竞争力排位

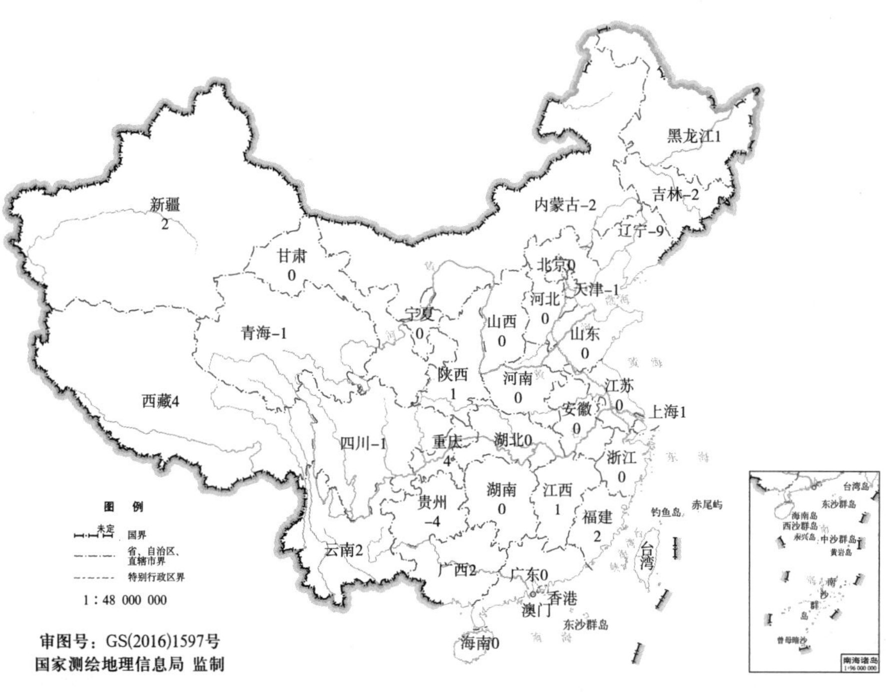

图4－3　2015～2016年全国省域产业经济竞争力排位变化

表 4-1　全国各省份产业经济竞争力评价比较

地区＼项目	2015 年					2016 年					综合排名升降
	农业竞争力	工业竞争力	服务业竞争力	企业竞争力	全国比较综合排名	农业竞争力	工业竞争力	服务业竞争力	企业竞争力	全国比较综合排名	
北　京	31	16	3	1	7	30	17	3	1	7	0
天　津	28	6	7	2	5	28	6	7	2	6	-1
河　北	6	14	13	18	13	6	10	14	16	13	0
山　西	30	30	26	21	30	31	28	28	21	30	0
内蒙古	5	9	27	10	9	5	11	27	9	11	-2
辽　宁	11	21	17	16	17	25	30	24	17	26	-9
吉　林	17	17	28	12	14	17	18	23	14	16	-2
黑龙江	2	28	23	23	23	2	29	26	27	22	1
上　海	19	10	2	5	6	9	8	2	3	5	1
江　苏	3	1	4	3	1	3	1	4	4	1	0
浙　江	7	4	5	6	4	11	4	5	6	4	0
安　徽	15	19	14	15	15	18	16	13	15	15	0
福　建	8	8	8	13	11	10	7	11	13	9	2
江　西	21	11	25	24	19	21	13	17	22	18	1
山　东	1	2	6	4	2	1	3	6	5	2	0
河　南	4	5	10	17	8	4	5	8	18	8	0
湖　北	9	7	9	11	10	13	9	10	11	10	0
湖　南	10	12	12	9	12	8	14	12	8	12	0
广　东	18	3	1	7	3	19	2	1	7	3	0
广　西	20	20	22	26	22	14	20	21	26	20	2
海　南	12	25	24	8	21	16	27	19	12	21	0
重　庆	25	13	15	14	18	22	15	16	10	14	4
四　川	13	18	11	19	16	7	19	9	19	17	-1
贵　州	22	22	16	29	24	20	21	15	31	28	-4
云　南	16	23	20	31	26	15	23	20	30	24	2
西　藏	27	24	19	30	29	23	22	18	29	25	4
陕　西	24	15	21	20	20	24	12	22	20	19	1
甘　肃	23	31	29	27	31	29	31	31	23	31	0
青　海	29	29	31	22	28	27	26	29	25	29	-1
宁　夏	26	27	30	28	27	26	25	30	24	27	0
新　疆	14	26	18	25	25	12	24	25	28	23	2

2016 年全国各省份产业经济竞争力处于上游区（1~10 位）的依次是江苏省、山东省、广东省、浙江省、上海市、天津市、北京市、河南省、福建省、湖北省，排在中游区（11~20 位）的依次为内蒙古自治区、湖南省、河北省、重庆市、安徽省、吉林

省、四川省、江西省、陕西省、广西壮族自治区，处于下游区（21～31位）的依次为海南省、黑龙江省、新疆维吾尔自治区、云南省、西藏自治区、辽宁省、宁夏回族自治区、贵州省、青海省、山西省、甘肃省。

4.3 全国省域产业经济竞争力排序变化比较

2016年与2015年相比较，排位上升的有10个省份，上升幅度最大的是西藏自治区和重庆市（4位），其他依次为新疆维吾尔自治区（2位）、云南省（2位）、广西壮族自治区（2位）、福建省（2位）、陕西省（1位）、江西省（1位）、上海市（1位）、黑龙江省（1位）；14个省份排位没有变化；其他7个省份排位下降，下降幅度最大的是辽宁省（9位），其他依次为贵州省（4位）、内蒙古自治区（2位）、吉林省（2位）、天津市（1位）、四川省（1位）、青海省（1位）。

4.4 全国省域产业经济竞争力跨区段变化情况

在评价期内，一些省份产业经济竞争力排位出现了跨区段变化。在跨区段上升方面，福建省由中游区升入上游区，广西壮族自治区由下游区升入中游区；在跨区段下降方面，内蒙古自治区由上游区降入中游区，辽宁省由中游区降入下游区。

4.5 全国省域产业经济竞争力动因分析

在农业竞争力方面，2015年排在前10位的省份依次为山东省、黑龙江省、江苏省、河南省、内蒙古自治区、河北省、浙江省、福建省、湖北省、湖南省，2016年排在前10位的省份依次为山东省、黑龙江省、江苏省、河南省、内蒙古自治区、河北省、四川省、湖南省、上海市、福建省。

在工业竞争力方面，2015年排在前10位的省份依次为江苏省、山东省、广东省、浙江省、河南省、天津市、湖北省、福建省、内蒙古自治区、上海市，2016年排在前10位的省份依次为江苏省、广东省、山东省、浙江省、河南省、天津市、福建省、上海市、湖北省、河北省。

在服务业竞争力方面，2015年排在前10位的省份依次为广东省、上海市、北京市、江苏省、浙江省、山东省、天津市、福建省、湖北省、河南省，2016年排在前10位的省份依次为广东省、上海市、北京市、江苏省、浙江省、山东省、天津市、河南省、四川省、湖北省。

在企业竞争力方面，2015年排在前10位的省份依次为北京市、天津市、江苏省、山东省、上海市、浙江省、广东省、海南省、湖南省、内蒙古自治区，2016年排在前10位的省份依次为北京市、天津市、上海市、江苏省、山东省、浙江省、广东省、湖南省、内蒙古自治区、重庆市。

从上述产业经济竞争力排位跨区段升降的省份看，重庆市产业经济竞争力排位上升4位，是由农业竞争力和企业竞争力排位上升共同作用的结果，特别是企业竞争力排位有较大幅度的上升。要不断提升一个地区的产业经济竞争力，就必须全面提升三级指标，产业经济竞争力排位在评价期内均处于上游区的省份也都是有 4 个三级指标的良好表现来支撑。

五　全国省域可持续发展竞争力评价分析

5.1　全国省域可持续发展竞争力评价结果

根据可持续发展竞争力指标体系和数学模型，课题组对采集到的 2015 ~2016 年全国 31 个省份的相关统计资料进行了整理和合成，图 5 –1、图 5 –2、图 5 –3 和表 5 –1 显示了这两个年份可持续发展竞争力排位和排位变化情况，以及其下属 3 个三级指标的评价结果。

5.2　全国省域可持续发展竞争力排序分析

2015 年全国各省份可持续发展竞争力处于上游区（1 ~10 位）的依次排序是北京市、天津市、黑龙江省、内蒙古自治区、山东省、福建省、陕西省、四川省、江苏省、海南省，排在中游区（11 ~20 位）的依次为广东省、安徽省、浙江省、湖南省、广西壮族自治区、山西省、河南省、重庆市、辽宁省、上海市，处于下游区（21 ~31 位）的依次排序为吉林省、湖北省、云南省、江西省、河北省、新疆维吾尔自治区、贵州省、宁夏回族自治区、甘肃省、青海省、西藏自治区。

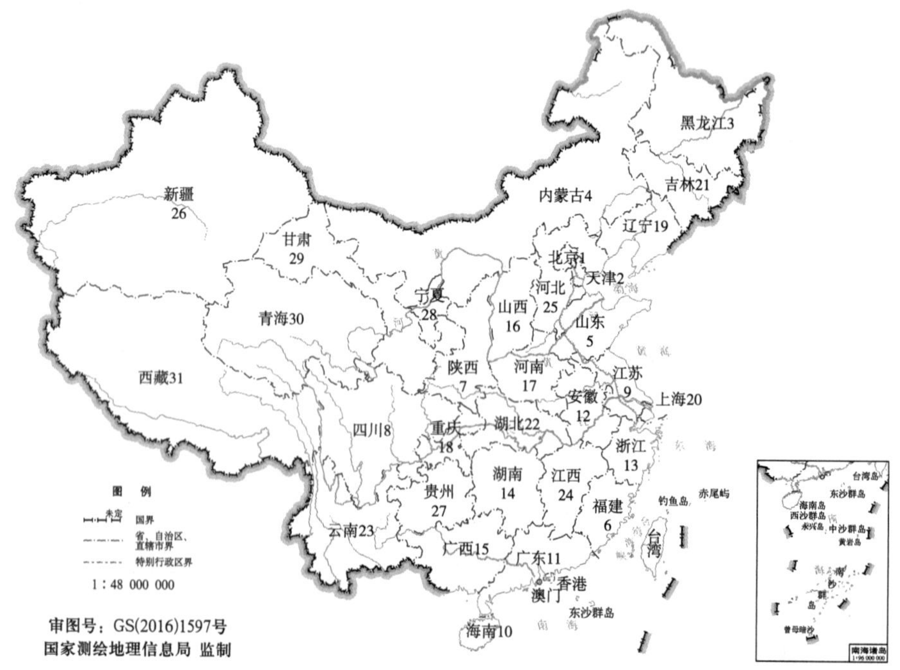

图 5 –1　2015 年全国省域可持续发展竞争力排位

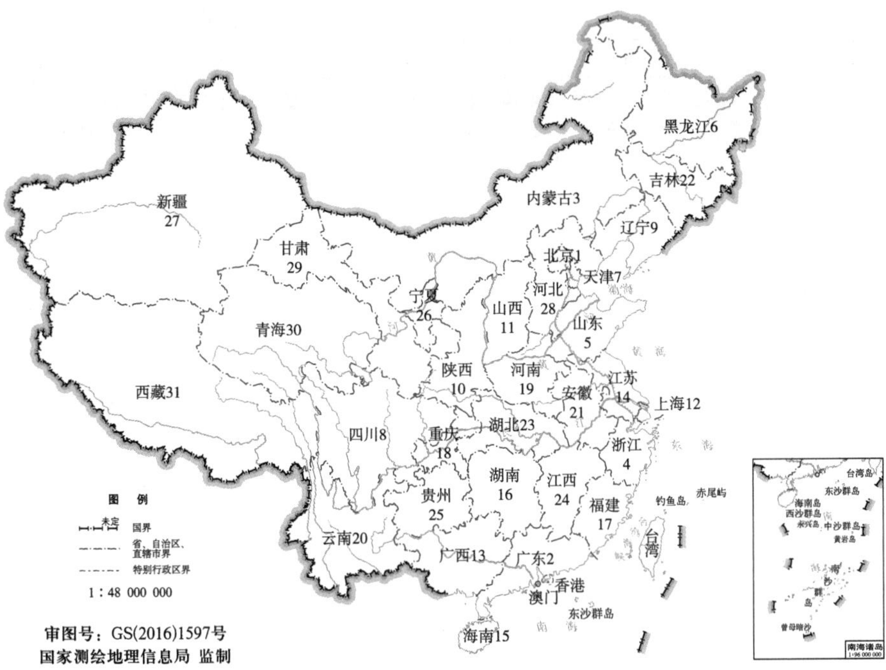

图 5-2　2016 年全国省域可持续发展竞争力排位

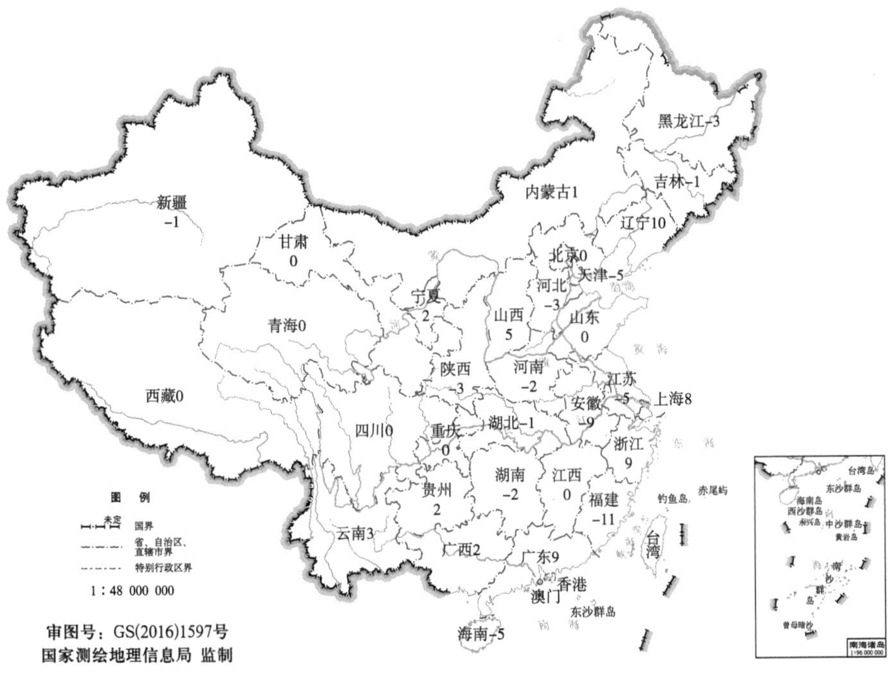

图 5-3　2015～2016 年全国省域可持续发展竞争力排位变化

表5-1　全国各省份可持续发展竞争力评价比较

地区	2015年 资源竞争力	2015年 环境竞争力	2015年 人力资源竞争力	2015年 全国比较综合排名	2016年 资源竞争力	2016年 环境竞争力	2016年 人力资源竞争力	2016年 全国比较综合排名	综合排名升降
北　京	31	10	1	1	31	5	1	1	0
天　津	29	6	2	2	29	18	3	7	-5
河　北	18	22	21	25	18	29	20	28	-3
山　西	5	27	13	16	5	25	11	11	5
内蒙古	1	25	19	4	1	26	10	3	1
辽　宁	9	24	8	19	10	21	7	9	10
吉　林	7	19	22	21	7	16	26	22	-1
黑龙江	3	12	16	3	3	20	14	6	-3
上　海	30	17	7	20	30	14	4	12	8
江　苏	20	20	5	9	19	19	6	14	-5
浙　江	25	9	12	13	26	3	8	4	9
安　徽	21	18	10	12	21	22	13	21	-9
福　建	11	3	18	6	11	10	19	17	-11
江　西	23	5	26	24	24	7	28	24	0
山　东	12	13	6	5	12	15	5	5	0
河　南	22	15	11	17	22	13	15	19	-2
湖　北	24	16	20	22	23	28	12	23	-1
湖　南	27	8	14	14	27	6	18	16	-2
广　东	26	26	3	11	25	9	2	2	9
广　西	16	2	23	15	17	1	21	13	2
海　南	10	1	25	10	9	2	25	15	-5
重　庆	28	4	17	18	28	8	16	18	0
四　川	14	21	4	8	13	12	9	8	0
贵　州	15	11	29	27	15	17	30	25	2
云　南	8	14	24	23	8	11	22	20	3
西　藏	2	28	31	31	2	24	31	31	0
陕　西	17	7	9	7	16	4	17	10	-3
甘　肃	13	29	27	29	14	27	27	29	0
青　海	4	30	30	30	4	30	29	30	0
宁　夏	19	23	28	28	20	23	23	26	2
新　疆	6	31	15	26	6	31	24	27	-1

2016年全国各省份可持续发展竞争力处于上游区（1～10位）的依次排序是北京市、广东省、内蒙古自治区、浙江省、山东省、黑龙江省、天津市、四川省、辽宁省、

陕西省，排在中游区（11～20位）的依次排序为山西省、上海市、广西壮族自治区、江苏省、海南省、湖南省、福建省、重庆市、河南省、云南省，处于下游区（21～31位）的依次排序为安徽省、吉林省、湖北省、江西省、贵州省、宁夏回族自治区、新疆维吾尔自治区、河北省、甘肃省、青海省、西藏自治区。

5.3 全国省域可持续发展竞争力排序变化比较

2016年与2015年相比较，排位上升的有10个省份，上升幅度最大的是辽宁省（10位），其他依次为广东省（9位）、浙江省（9位）、上海市（8位）、山西省（5位）、云南省（3位）、宁夏回族自治区（2位）、贵州省（2位）、广西壮族自治区（2位）、内蒙古自治区（1位）；8个省份排位没有变化；排位下降的有13个省份，下降幅度最大的是福建省（11位），其他依次为安徽省（9位）、天津市（5位）、江苏省（5位）、海南省（5位）、河北省（3位）、黑龙江省（3位）、陕西省（3位）、河南省（2位）、湖南省（2位）、吉林省（1位）、湖北省（1位）、新疆维吾尔自治区（1位）。

5.4 全国省域可持续发展竞争力跨区段变化情况

在评价期内，一些省份可持续发展竞争力排位出现了跨区段变化。在跨区段上升方面，广东省、浙江省、辽宁省由中游区升入上游区，云南省由下游区升入中游区。在跨区段下降方面，福建省、江苏省、海南省由上游区跌入中游区，安徽省由中游区跌入下游区。

5.5 全国省域可持续发展竞争力动因分析

在资源竞争力方面，2015年排在前10位的省份依次为内蒙古自治区、西藏自治区、黑龙江省、青海省、山西省、新疆维吾尔自治区、吉林省、云南省、辽宁省、海南省，2016年排在前10位的省份依次为内蒙古自治区、西藏自治区、黑龙江省、青海省、山西省、新疆维吾尔自治区、吉林省、云南省、海南省、辽宁省。

在环境竞争力方面，2015年排在前10位的省份依次为海南省、广西壮族自治区、福建省、重庆市、江西省、天津市、陕西省、湖南省、浙江省、北京市，2016年排在前10位的省份依次为广西壮族自治区、海南省、浙江省、陕西省、北京市、湖南省、江西省、重庆市、广东省、福建省。

在人力资源竞争力方面，2015年排在前10位的省份依次为北京市、天津市、广东省、四川省、江苏省、山东省、上海市、辽宁省、陕西省、安徽省，2016年排在前10位的省份依次为：北京市、广东省、天津市、上海市、山东省、江苏省、辽宁省、浙江省、四川省、内蒙古自治区。

从可持续发展竞争力3个三级指标的变化可以看出，可持续发展竞争力排位上升幅度最大的辽宁省，主要是由于环境竞争力和人力资源竞争力排位上升，尤其是环境竞争力排位上升了3位。可持续发展竞争力排位下降幅度最大的福建省，是由环境竞争力和人力资源竞争力排位下降导致的，尤其是环境竞争力排位下降了7位。

六　全国省域财政金融竞争力评价分析

6.1　全国省域财政金融竞争力评价结果

根据财政金融竞争力指标体系和数学模型，课题组对采集到的2015～2016年全国31个省份的相关统计资料进行了整理和合成，图6－1、图6－2、图6－3和表6－1显示了这两个年份财政金融竞争力排位和排位变化情况，以及其下属2个三级指标的评价结果。

6.2　全国省域财政金融竞争力排序分析

2015年全国各省份财政金融竞争力处于上游区（1～10位）的依次是北京市、上海市、广东省、江苏省、浙江省、天津市、湖北省、山东省、四川省、福建省，排在中游区（11～20位）的依次为西藏自治区、贵州省、海南省、重庆市、新疆维吾尔自治区、江西省、河南省、山西省、陕西省、安徽省，处于下游区（21～31位）的依次排序为内蒙古自治区、甘肃省、湖南省、青海省、云南省、河北省、宁夏回族自治区、黑龙江省、广西壮族自治区、吉林省、辽宁省。

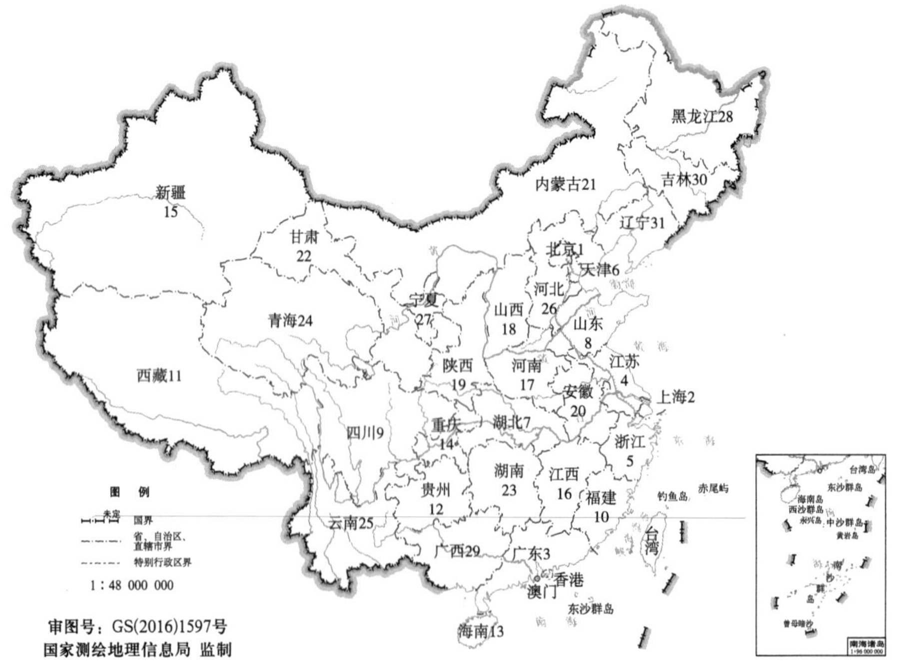

图6－1　2015年全国省域财政金融竞争力排位

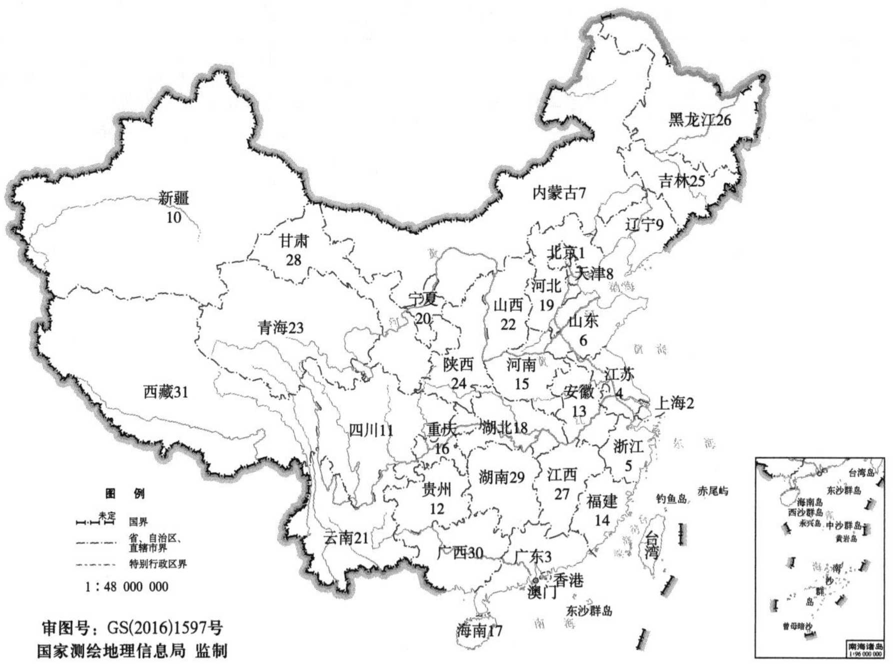

图 6-2　2016 年全国省域财政金融竞争力排位

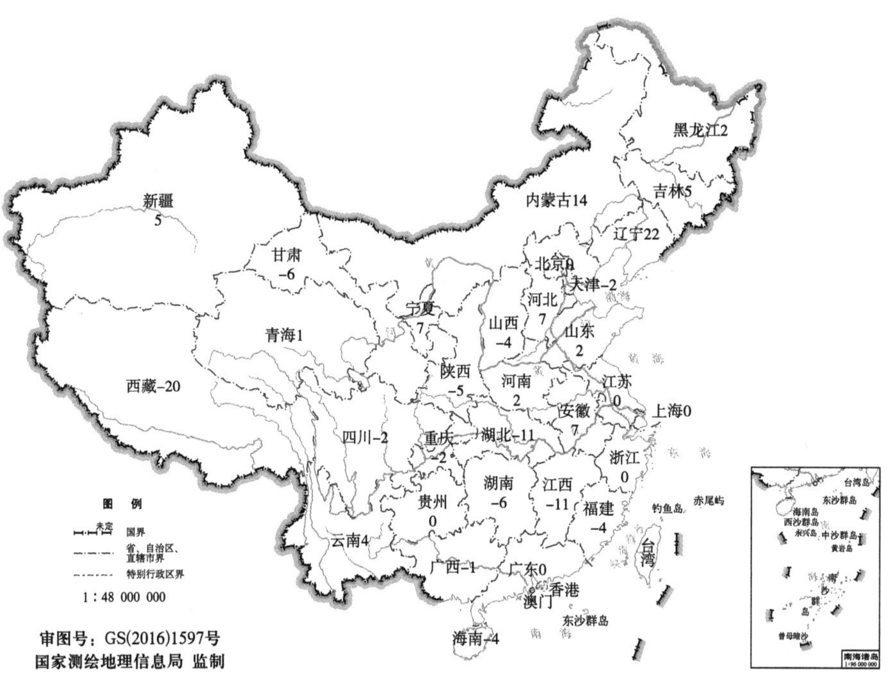

图 6-3　2015～2016 年全国省域财政金融竞争力排位变化

表 6-1　全国各省份财政金融竞争力评价比较

项目 地区	2015 年			2016 年			综合排名升降
	财政竞争力	金融竞争力	全国比较综合排名	财政竞争力	金融竞争力	全国比较综合排名	
北　京	2	1	1	1	1	1	0
天　津	4	9	6	9	8	8	-2
河　北	25	18	26	30	9	19	7
山　西	27	8	18	28	14	22	-4
内蒙古	17	26	21	3	22	7	14
辽　宁	31	11	31	10	10	9	22
吉　林	30	25	30	25	20	25	5
黑龙江	28	23	28	26	21	26	2
上　海	1	3	2	2	2	2	0
江　苏	5	5	4	5	4	4	0
浙　江	9	4	5	6	5	5	0
安　徽	22	17	20	12	15	13	7
福　建	13	10	10	17	12	14	-4
江　西	10	27	16	24	24	27	-11
山　东	15	7	8	14	6	6	2
河　南	21	13	17	18	11	15	2
湖　北	7	12	7	21	13	18	-11
湖　南	26	16	23	31	18	29	-6
广　东	3	2	3	4	3	3	0
广　西	29	24	29	22	28	30	-1
海　南	11	20	13	11	27	17	-4
重　庆	14	14	14	15	16	16	-2
四　川	20	6	9	19	7	11	-2
贵　州	8	22	12	7	29	12	0
云　南	24	19	25	20	23	21	4
西　藏	6	31	11	27	31	31	-20
陕　西	23	15	19	29	17	24	-5
甘　肃	16	29	22	23	25	28	-6
青　海	18	28	24	13	30	23	1
宁　夏	19	30	27	16	26	20	7
新　疆	12	21	15	8	19	10	5

2016 年全国各省份财政金融竞争力处于上游区（1～10 位）的依次是北京市、上海市、广东省、江苏省、浙江省、山东省、内蒙古自治区、天津市、辽宁省、新疆维吾尔自治区，排在中游区（11～20 位）的依次为四川省、贵州省、安徽省、福建省、河南省、重庆市、海南省、湖北省、河北省、宁夏回族自治区，处于下游区（21～31 位）的依次排序为云南省、山西省、青海省、陕西省、吉林省、黑龙江省、江西省、甘肃省、湖南省、广西壮族自治区、西藏自治区。

6.3 全国省域财政金融竞争力排序变化比较

2016 年与 2015 年相比较，排位上升的有 12 个省份，上升幅度最大的是辽宁省（22 位），其他依次为内蒙古自治区（14 位）、宁夏回族自治区（7 位）、安徽省（7 位）、河北省（7 位）、新疆维吾尔自治区（5 位）、吉林省（5 位）、云南省（4 位）、河南省（2 位）、山东省（2 位）、黑龙江省（2 位）、青海省（1 位）；6 个省份排位没有变化；排位下降的有 13 个省份，下降幅度最大的是西藏自治区（20 位），其他依次为江西省（11 位）、湖北省（11 位）、湖南省（6 位）、甘肃省（6 位）、陕西省（5 位）、山西省（4 位）、福建省（4 位）、海南省（4 位）、天津市（2 位）、重庆市（2 位）、四川省（2 位）、广西壮族自治区（1 位）。

6.4 全国省域财政金融竞争力跨区段变化情况

在评价期内，一些省份财政金融竞争力排位出现了跨区段变化。在跨区段上升方面，新疆维吾尔自治区由中游区升入上游区，内蒙古自治区、辽宁省由下游区升入上游区；在跨区段下降方面，湖北省、四川省和福建省由上游区跌入中游区，西藏自治区、江西省、山西省、陕西省由中游区跌入下游区。

6.5 全国省域财政金融竞争力动因分析

在财政竞争力方面，2015 年排在前 10 位的省份依次为上海市、北京市、广东省、天津市、江苏省、西藏自治区、湖北省、贵州省、浙江省、江西省，2016 年排在前 10 位的省份依次为北京市、上海市、内蒙古自治区、广东省、江苏省、浙江省、贵州省、新疆维吾尔自治区、天津市、辽宁省。

在金融竞争力方面，2015 年排在前 10 位的省份依次为北京市、广东省、上海市、浙江省、江苏省、四川省、山东省、山西省、天津市、福建省，2016 年排在前 10 位的省份依次为北京市、上海市、广东省、江苏省、浙江省、山东省、四川省、天津市、河北省、辽宁省。

从省域财政金融竞争力 2 个三级指标的变化情况可以看出，在评价期内，财政金融竞争力排位居前 10 位的大部分省份的 2 个三级指标都处于上游区，表明财政、金融的关系密不可分，财政金融竞争力优势的形成需要财政竞争力、金融竞争力的共同支撑。

七 全国省域知识经济竞争力评价分析

7.1 全国省域知识经济竞争力评价结果

根据知识经济竞争力指标体系和数学模型，课题组对采集到的 2015 ~2016 年全国 31 个省份的相关统计资料进行了整理和合成，图7 -1、图7 -2、图7 -3 和表7 -1显示了这两个年份知识经济竞争力排位和排位变化情况，以及其下属 3 个三级指标的评价结果。

7.2 全国省域知识经济竞争力排序分析

2015 年全国各省份知识经济竞争力处于上游区（1 ~10 位）的依次为江苏省、广东省、北京市、山东省、浙江省、上海市、河南省、天津市、湖南省、四川省，排在中游区（11 ~20 位）的依次为湖北省、安徽省、陕西省、福建省、重庆市、江西省、山西省、辽宁省、河北省、广西壮族自治区，处于下游区（21 ~31 位）的依次为贵州省、吉林省、甘肃省、云南省、黑龙江省、新疆维吾尔自治区、内蒙古自治区、海南省、宁夏回族自治区、西藏自治区、青海省。

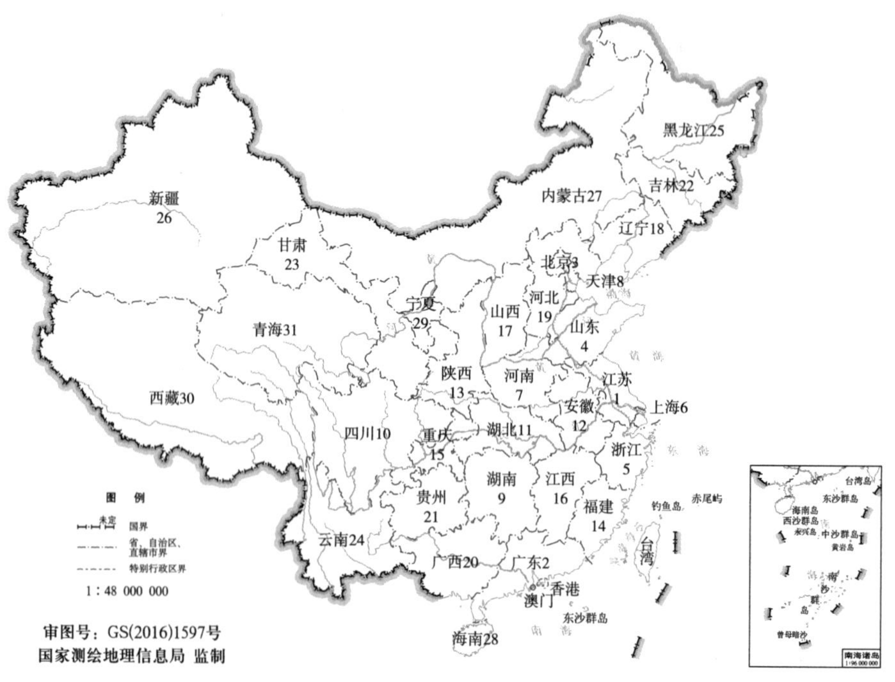

图 7 -1 2015 年全国省域知识经济竞争力排位

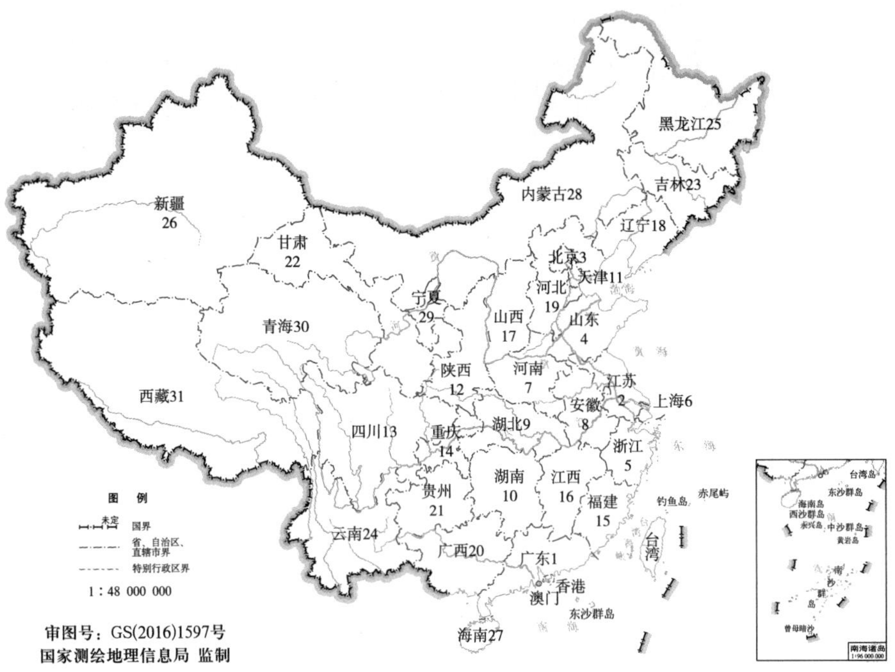

图7-2 2016年全国省域知识经济竞争力排位

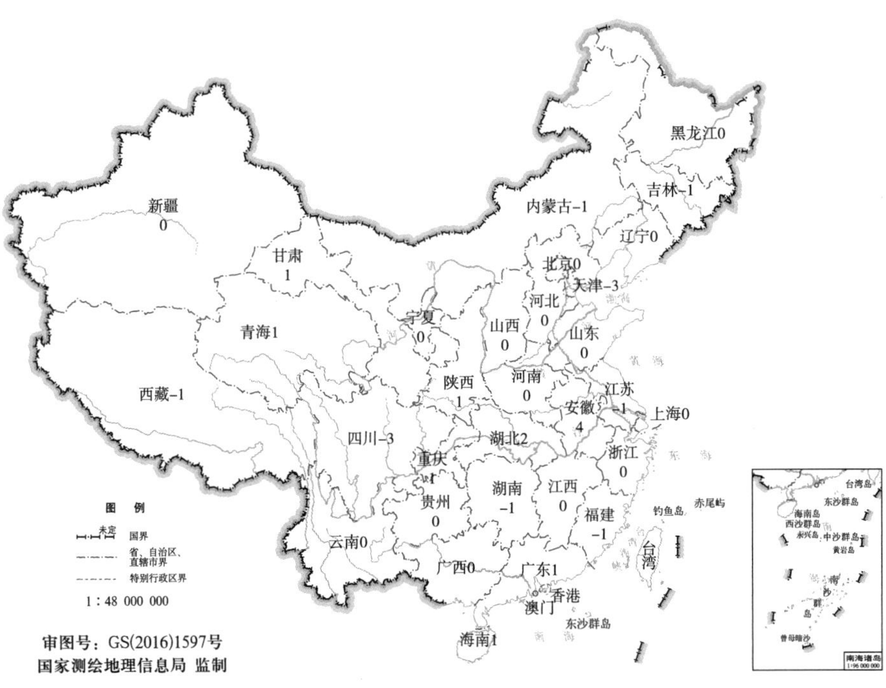

图7-3 2015~2016年全国省域知识经济竞争力排位变化

表 7－1　全国各省份知识经济竞争力评价比较

项目 / 地区	2015年 科技竞争力	2015年 教育竞争力	2015年 文化竞争力	2015年 全国比较综合排名	2016年 科技竞争力	2016年 教育竞争力	2016年 文化竞争力	2016年 全国比较综合排名	综合排名升降
北　京	3	1	5	3	3	1	6	3	0
天　津	7	8	14	8	7	23	17	11	－3
河　北	19	16	18	19	19	12	16	19	0
山　西	16	13	10	17	18	9	11	17	0
内蒙古	25	29	17	27	26	29	18	28	－1
辽　宁	17	17	11	18	17	21	10	18	0
吉　林	21	26	12	22	21	25	12	23	－1
黑龙江	22	27	23	25	22	28	24	25	0
上　海	4	15	6	6	4	20	5	6	0
江　苏	1	2	1	1	2	3	2	2	－1
浙　江	5	7	3	5	6	7	3	5	0
安　徽	10	14	16	12	8	17	15	8	4
福　建	13	18	20	14	12	16	20	15	－1
江　西	18	9	19	16	16	11	19	16	0
山　东	6	4	4	4	5	4	4	4	0
河　南	8	5	9	7	9	5	8	7	0
湖　北	12	19	8	11	11	14	9	9	2
湖　南	14	11	7	9	14	13	7	10	－1
广　东	2	3	2	2	1	2	1	1	1
广　西	20	20	15	20	20	15	14	20	0
海　南	28	28	29	28	28	26	29	27	1
重　庆	9	25	25	15	10	24	25	14	1
四　川	11	10	21	10	13	10	21	13	－3
贵　州	24	12	22	21	23	8	22	21	0
云　南	27	21	24	24	27	19	23	24	0
西　藏	31	23	31	30	31	27	31	31	－1
陕　西	15	6	13	13	15	6	13	12	1
甘　肃	23	22	26	23	24	18	26	22	1
青　海	30	31	30	31	30	31	30	30	1
宁　夏	26	30	27	29	25	30	27	29	0
新　疆	29	24	28	26	29	22	28	26	0

2016 年全国各省份知识经济竞争力处于上游区（1 ~ 10 位）的依次是广东省、江苏省、北京市、山东省、浙江省、上海市、河南省、安徽省、湖北省、湖南省，排在中游区（11 ~ 20 位）的依次为天津市、陕西省、四川省、重庆市、福建省、江西省、山西省、辽宁省、河北省、广西壮族自治区，处于下游区（21 ~ 31 位）的依次为贵州省、甘肃省、吉林省、云南省、黑龙江省、新疆维吾尔自治区、海南省、内蒙古自治区、宁夏回族自治区、青海省、西藏自治区。

7.3　全国省域知识经济竞争力排序变化比较

2016 年与 2015 年相比，排位上升的有 8 个省份，上升幅度都不大，依次为安徽省（4 位）、湖北省（2 位）、青海省（1 位）、甘肃省（1 位）、陕西省（1 位）、重庆市（1 位）、海南省（1 位）、广东省（1 位）；15 个省份的排位没有变化；排位下降的有 8 个省份，下降幅度最大的是天津市和四川省（3 位），其他依次为内蒙古自治区（1 位）、吉林省（1 位）、江苏省（1 位）、福建省（1 位）、湖南省（1 位）、西藏自治区（1 位）。

7.4　全国省域知识经济竞争力跨区段变化情况

在评价期内，一些省份知识经济竞争力排位出现了跨区段变化。在跨区段上升方面，安徽省和湖北省由中游区升入上游区；在跨区段下降方面，天津市和四川省由上游区跌入中游区。

7.5　全国省域知识经济竞争力动因分析

在科技竞争力方面，2015 年排在前 10 位的省份依次为江苏省、广东省、北京市、上海市、浙江省、山东省、天津市、河南省、重庆市、安徽省，2016 年排在前 10 位的省份依次为广东省、江苏省、北京市、上海市、山东省、浙江省、天津市、安徽省、河南省、重庆市。

在教育竞争力方面，2015 年排在前 10 位的省份依次为北京市、江苏省、广东省、山东省、河南省、陕西省、浙江省、天津市、江西省、四川省，2016 年排在前 10 位的省份依次为北京市、广东省、江苏省、山东省、河南省、陕西省、浙江省、贵州省、山西省、四川省。

在文化竞争力方面，2015 年排在前 10 位的省份依次为江苏省、广东省、浙江省、山东省、北京市、上海市、湖南省、湖北省、河南省、山西省，2016 年排在前 10 位的省份依次为广东省、江苏省、浙江省、山东省、上海市、北京市、湖南省、河南省、湖北省、辽宁省。

从省域知识经济竞争力 3 个三级指标的变化情况可以看出，经济发达地区省份大多表现为科技竞争力、教育竞争力和文化竞争力比较均衡、协调提升的态势，一些中西部省份 3 个三级指标也保持了比较均衡、协调提升的态势，如河南省、湖南省、湖北省。

八　全国省域发展环境竞争力评价分析

8.1　全国省域发展环境竞争力评价结果

根据发展环境竞争力指标体系和数学模型，课题组对采集到的 2015 ~ 2016 年全国 31 个省份的相关统计资料进行了整理和合成，图 8 -1、图 8 -2、图 8 -3 和表 8 -1 显示了这两个年份发展环境竞争力排位和排位变化情况，以及其下属 2 个三级指标的评价结果。

8.2　全国省域发展环境竞争力排序分析

2015 年全国各省份发展环境竞争力处于上游区（1 ~ 10 位）的依次是广东省、北京市、上海市、浙江省、江苏省、天津市、山东省、福建省、河北省、湖北省，排在中游区（11 ~ 20 位）的依次为辽宁省、重庆市、安徽省、山西省、宁夏回族自治区、河南省、湖南省、江西省、贵州省、陕西省，处于下游区（21 ~ 31 位）的依次排序为云南省、广西壮族自治区、内蒙古自治区、青海省、四川省、新疆维吾尔自治区、海南省、黑龙江省、吉林省、甘肃省、西藏自治区。

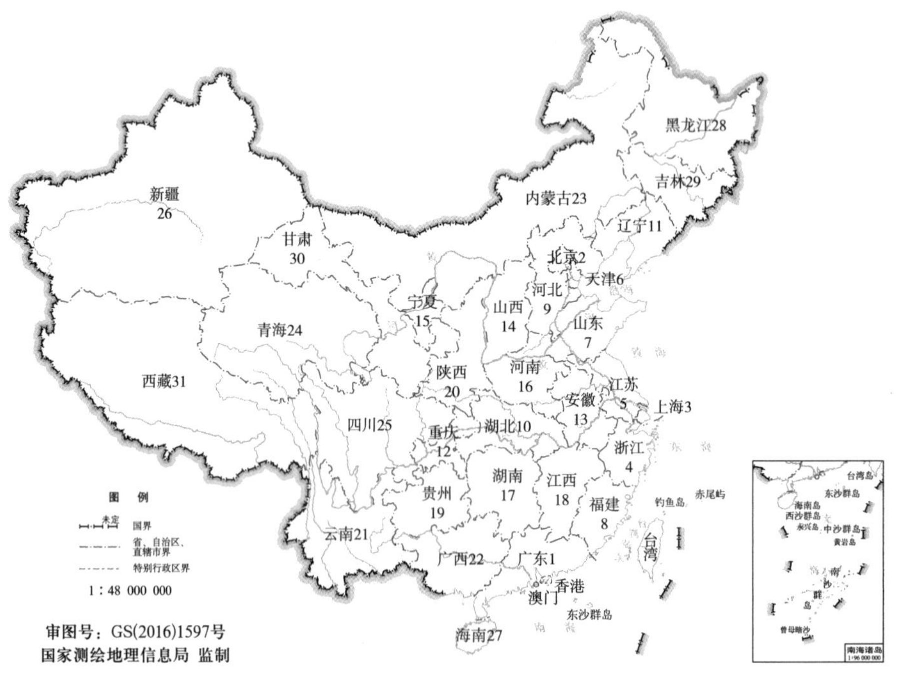

图 8 -1　2015 年全国省域发展环境竞争力排位

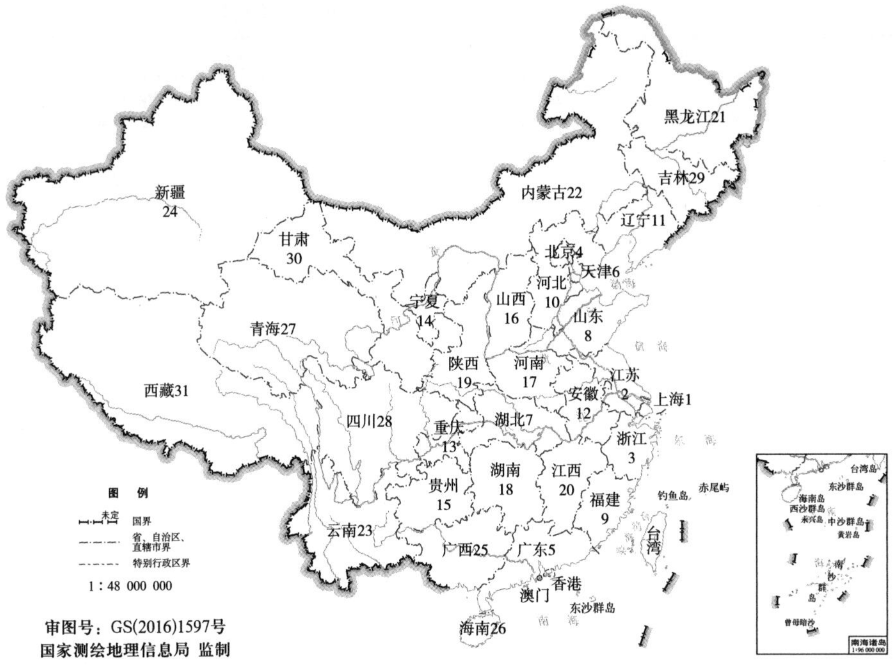

图 8－2　2016 年全国省域发展环境竞争力排位

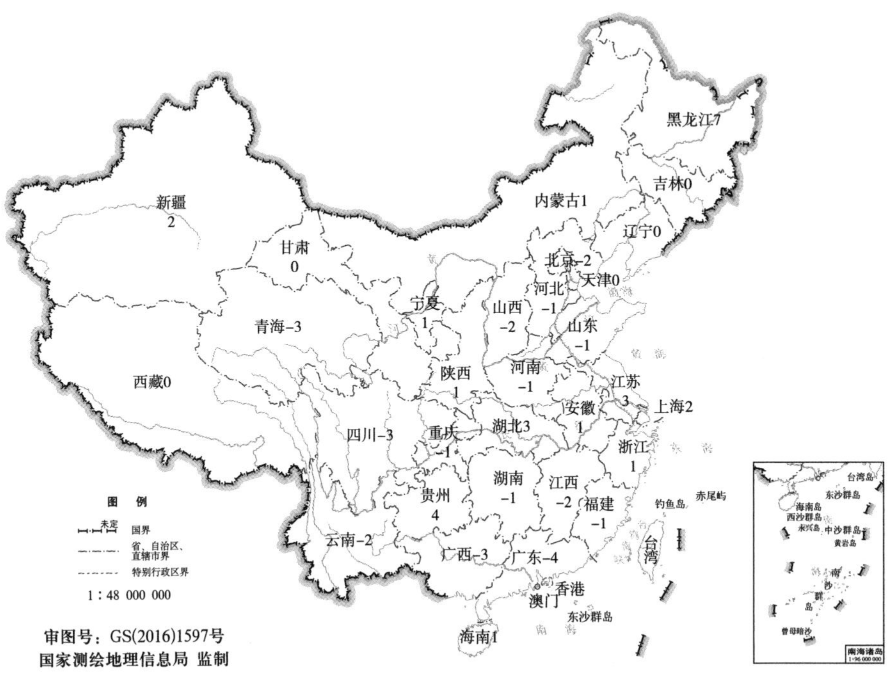

图 8－3　2015～2016 年全国省域发展环境竞争力排位变化

表 8-1　全国各省份发展环境竞争力评价比较

项目 地区	2015 年			2016 年			综合排名升降
	基础设施竞争力	软环境竞争力	全国比较综合排名	基础设施竞争力	软环境竞争力	全国比较综合排名	
北　京	3	1	2	5	2	4	-2
天　津	6	5	6	6	5	6	0
河　北	10	13	9	10	13	10	-1
山　西	19	6	14	18	12	16	-2
内蒙古	18	29	23	19	28	22	1
辽　宁	9	18	11	9	18	11	0
吉　林	27	30	29	27	30	29	0
黑龙江	28	25	28	28	15	21	7
上　海	1	7	3	1	6	1	2
江　苏	5	3	5	4	1	2	3
浙　江	4	2	4	3	3	3	1
安　徽	13	16	13	13	17	12	1
福　建	8	10	8	8	11	9	-1
江　西	20	17	18	20	19	20	-2
山　东	7	11	7	7	9	8	-1
河　南	12	24	16	11	25	17	-1
湖　北	11	9	10	12	4	7	3
湖　南	15	19	17	15	20	18	-1
广　东	2	4	1	2	8	5	-4
广　西	25	20	22	26	23	25	-3
海　南	24	28	27	21	27	26	1
重　庆	14	12	12	14	16	13	-1
四　川	22	26	25	24	29	28	-3
贵　州	23	15	19	22	7	15	4
云　南	29	8	21	29	14	23	-2
西　藏	31	31	31	31	31	31	0
陕　西	17	21	20	17	21	19	1
甘　肃	30	27	30	30	24	30	0
青　海	21	23	24	23	26	27	-3
宁　夏	16	14	15	16	10	14	1
新　疆	26	22	26	25	22	24	2

2016 年全国各省份发展环境竞争力处于上游区（1～10 位）的依次是上海市、江苏省、浙江省、北京市、广东省、天津市、湖北省、山东省、福建省、河北省，排在中游区（11～20 位）的依次为辽宁省、安徽省、重庆市、宁夏回族自治区、贵州省、山

西省、河南省、湖南省、陕西省、江西省，处于下游区（21～31 位）的依次排序为黑龙江省、内蒙古自治区、云南省、新疆维吾尔自治区、广西壮族自治区、海南省、青海省、四川省、吉林省、甘肃省、西藏自治区。

8.3 全国省域发展环境竞争力排序变化比较

2016 年与 2015 年相比较，排位上升的有 12 个省份，上升幅度最大的是黑龙江省（7 位），其他依次为贵州省（4 位）、湖北省（3 位）、江苏市（3 位）、新疆维吾尔自治区（2 位）、上海市（2 位）、海南省（1 位）、内蒙古自治区（1 位）、陕西省（1 位）、宁夏回族自治区（1 位）、安徽省（1 位）、浙江省（1 位）；5 个省份排位没有变化；排位下降的有 14 个省份，下降幅度最大的是广东省（4 位），其他依次为广西壮族自治区（3 位）、青海省（3 位）、四川省（3 位）、北京市（2 位）、山西省（2 位）、江西省（2 位）、云南省（2 位）、山东省（1 位）、福建省（1 位）、河北省（1 位）、重庆市（1 位）、河南省（1 位）、湖南省（1 位）。

8.4 全国省域发展环境竞争力动因分析

在基础设施竞争力方面，2015 年排在前 10 位的省份依次为上海市、广东省、北京市、浙江省、江苏省、天津市、山东省、福建省、辽宁省、河北省；2016 年排在前 10 位的省份依次为上海市、广东省、浙江省、江苏省、北京市、天津市、山东省、福建省、辽宁省、河北省。

在软环境竞争力方面，2015 年排在前 10 位的省份依次为北京市、浙江省、江苏省、广东省、天津市、山西省、上海市、云南省、湖北省、福建省，2016 年排在前 10 位的省份依次为江苏省、北京市、浙江省、湖北省、天津市、上海市、贵州省、广东省、山东省、宁夏回族自治区。

从省域发展环境竞争力 2 个三级指标的变化可以看出，发展环境竞争力排位处于上游区的省份，基础设施竞争力和软环境竞争力基本都在同一区段内比较协调地变化。那些排位差距不断拉大的地区，发展环境竞争力排位也呈现下降趋势，表明基础设施竞争力和软环境竞争力是发展环境竞争力不可缺少的重要组成部分，需要协调发展、同步提升。

九 全国省域政府作用竞争力评价分析

9.1 全国省域政府作用竞争力评价结果

根据政府作用竞争力指标体系和数学模型，课题组对采集到的 2015～2016 年全国 31 个省份的相关统计资料进行了整理和合成，图9－1、图9－2、图9－3 和表9－1显示了这两个年份政府作用竞争力排位和排位变化情况，以及其下属 3 个三级指标的评价结果。

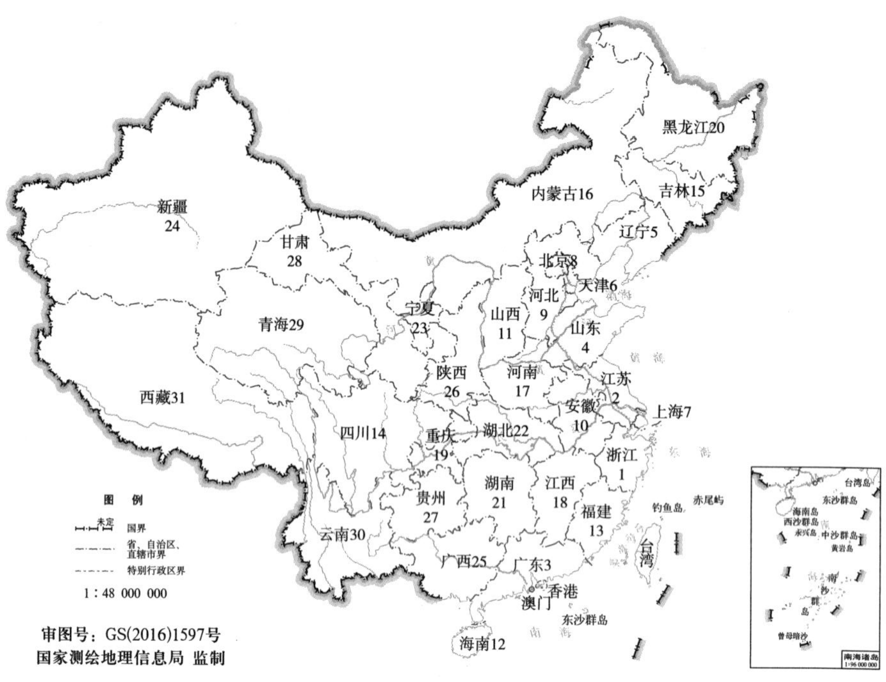

图 9-1　2015 年全国省域政府作用竞争力排位

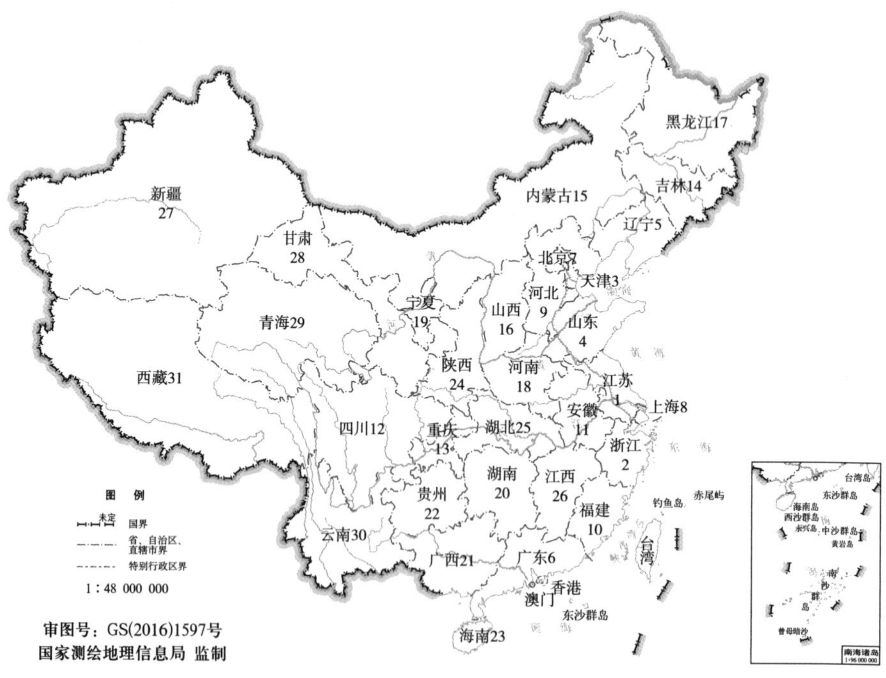

图 9-2　2016 年全国省域政府作用竞争力排位

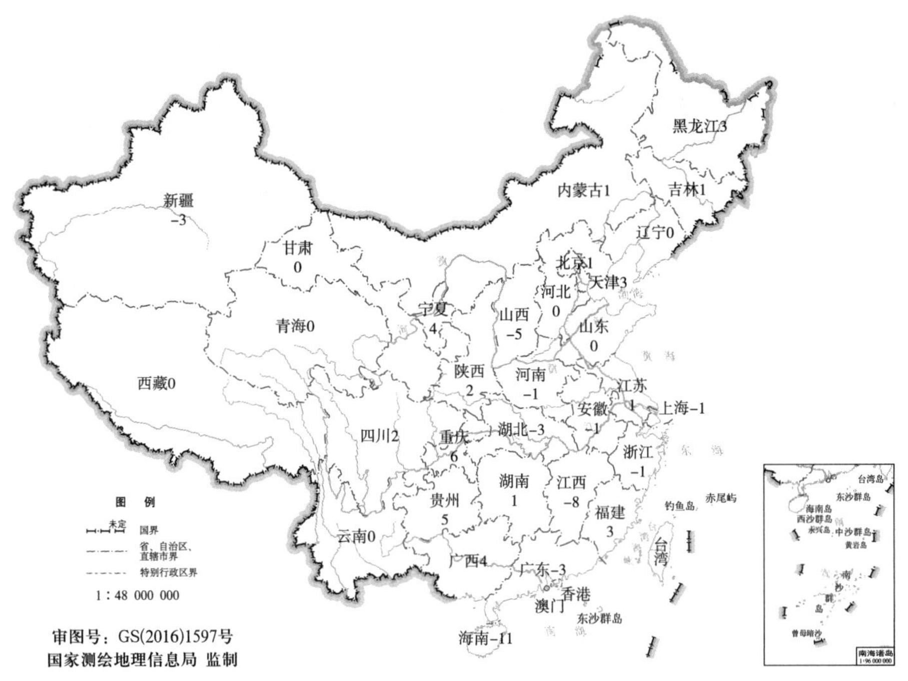

图9－3　2015～2016年全国省域政府作用竞争力排位变化

9.2　全国省域政府作用竞争力排序分析

2015年全国各省份政府作用竞争力处于上游区（1～10位）的依次是浙江省、江苏省、广东省、山东省、辽宁省、天津市、上海市、北京市、河北省、安徽省，排在中游区（11～20位）的依次为山西省、海南省、福建省、四川省、吉林省、内蒙古自治区、河南省、江西省、重庆市、黑龙江省，处于下游区（21～31位）的依次排序为湖南省、湖北省、宁夏回族自治区、新疆维吾尔自治区、广西壮族自治区、陕西省、贵州省、甘肃省、青海省、云南省、西藏自治区。

2016年全国各省份政府作用竞争力处于上游区（1～10位）的依次是江苏省、浙江省、天津市、山东省、辽宁省、广东省、北京市、上海市、河北省、福建省，排在中游区（11～20位）的依次为安徽省、四川省、重庆市、吉林省、内蒙古自治区、山西省、黑龙江省、河南省、宁夏回族自治区、湖南省，处于下游区（21～31位）的依次排序为广西壮族自治区、贵州省、海南省、陕西省、湖北省、江西省、新疆维吾尔自治区、甘肃省、青海省、云南省、西藏自治区。

9.3　全国省域政府作用竞争力排序变化比较

2016年与2015年相比较，排位上升的有14个省份，上升幅度最大的为重庆市（6位），其他依次为贵州省（5位）、广西壮族自治区（4位）、宁夏回族自治区（4位）、

表 9-1　全国各省份政府作用竞争力评价比较

地区＼项目	2015年				2016年				综合排名升降
	政府发展经济竞争力	政府规调经济竞争力	政府保障经济竞争力	全国比较综合排名	政府发展经济竞争力	政府规调经济竞争力	政府保障经济竞争力	全国比较综合排名	
北　京	27	4	3	8	24	1	4	7	1
天　津	3	7	9	6	4	2	10	3	3
河　北	14	6	11	9	13	8	12	9	0
山　西	21	1	18	11	19	11	17	16	-5
内蒙古	20	12	16	16	21	13	15	15	1
辽　宁	5	11	6	5	11	10	3	5	0
吉　林	18	14	17	15	20	5	18	14	1
黑龙江	22	20	15	20	25	12	13	17	3
上　海	7	10	5	7	8	26	2	8	-1
江　苏	2	3	7	2	2	4	9	1	1
浙　江	6	2	2	1	5	3	5	2	-1
安　徽	9	5	20	10	7	7	20	11	-1
福　建	4	19	24	13	3	16	21	10	3
江　西	15	13	28	18	14	24	26	26	-8
山　东	1	9	8	4	1	14	11	4	0
河　南	10	8	25	17	9	9	28	18	-1
湖　北	12	25	19	22	10	28	23	25	-3
湖　南	13	23	21	21	15	23	16	20	1
广　东	8	24	1	3	6	27	1	6	-3
广　西	16	22	23	25	17	15	24	21	4
海　南	25	18	4	12	27	30	8	23	-11
重　庆	11	26	13	19	12	20	14	13	6
四　川	17	17	10	14	16	21	7	12	2
贵　州	23	28	22	27	22	6	22	22	5
云　南	24	30	30	30	23	29	29	30	0
西　藏	31	31	31	31	31	31	31	31	0
陕　西	19	21	29	26	18	18	27	24	2
甘　肃	26	27	26	28	26	17	30	28	0
青　海	30	29	27	29	28	22	25	29	0
宁　夏	28	16	14	23	29	19	6	19	4
新　疆	29	15	12	24	30	25	19	27	-3

黑龙江省（3位）、福建省（3位）、天津市（3位）、陕西省（2位）、四川省（2位）、湖南省（1位）、内蒙古自治区（1位）、吉林省（1位）、北京市（1位）、江苏省（1

位）；排位没有变化的有7个省份；排位下降的有10个省份，下降幅度最大的是海南省（11位），其他依次为江西省（8位）、山西省（5位）、广东省（3位）、湖北省（3位）、新疆维吾尔自治区（3位）、浙江省（1位）、上海市（1位）、安徽省（1位）、河南省（1位）。

9.4 全国省域政府作用竞争力跨区段变化情况

在评价期内，一些省份政府作用竞争力排位出现了跨区段变化。在跨区段上升方面，福建省从中游区升入上游区，湖南省、宁夏回族自治区从下游区升入中游区；在跨区段下降方面，安徽省从上游区降入中游区，海南省、江西省从中游区降入下游区。

9.5 全国省域政府作用竞争力动因分析

在政府发展经济竞争力方面，2015年排在前10位的省份依次为山东省、江苏省、天津市、福建省、辽宁省、浙江省、上海市、广东省、安徽省、河南省，2016年排在前10位的省份依次为山东省、江苏省、福建省、天津市、浙江省、广东省、安徽省、上海市、河南省、湖北省。

在政府规调经济竞争力方面，2015年排在前10位的省份依次为山西省、浙江省、江苏省、北京市、安徽省、河北省、天津市、河南省、山东省、上海市，2016年排在前10位的省份依次为北京市、天津市、浙江省、江苏省、吉林省、贵州省、安徽省、河北省、河南省、辽宁省。

在政府保障经济竞争力方面，2015年排在前10位的省份依次为广东省、浙江省、北京市、海南省、上海市、辽宁省、江苏省、山东省、天津市、四川省，2016年排在前10位的省份依次为广东省、上海市、辽宁省、北京市、浙江省、宁夏回族自治区、四川省、海南省、江苏省、天津市。

从省域政府作用竞争力3个三级指标的变化可以看出，经济比较活跃和发达的省份3个指标大多表现较好，3个指标表现欠佳的省份多数处于中西部经济欠发达地区。这表明，在经济体制转轨时期，政府作用对经济增长有直接影响，提升省域经济综合竞争力必须全面提升政府作用竞争力。

十 全国省域发展水平竞争力评价分析

10.1 全国省域发展水平竞争力评价结果

根据发展水平竞争力指标体系和数学模型，课题组对采集到的2015~2016年全国31个省份的相关资料进行了整理和合成，图10－1、图10－2、图10－3和表10－1显示了这两个年份发展水平竞争力排位和排位变化情况，以及其下属3个三级指标的评价结果。

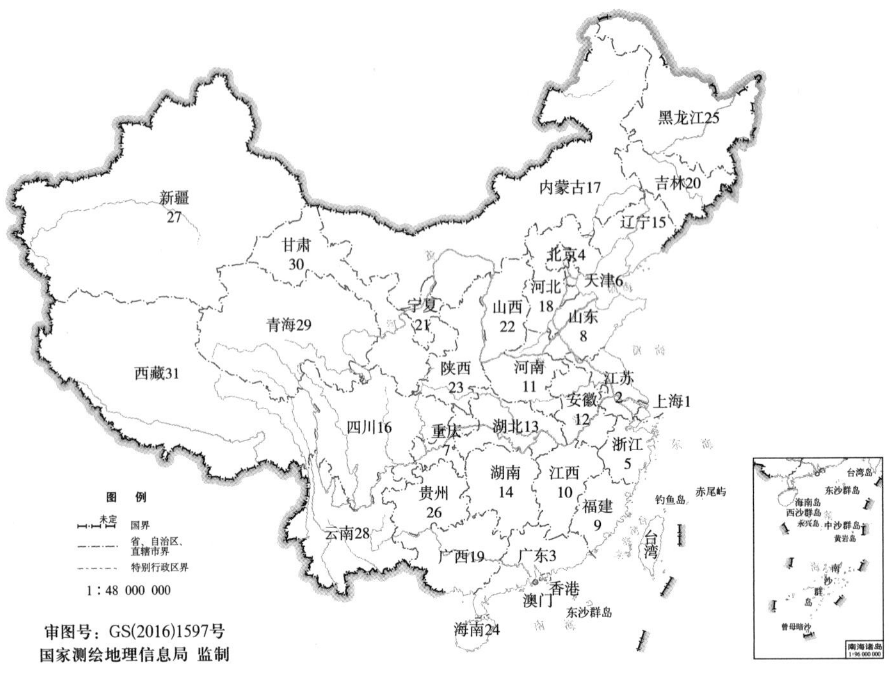

图 10－1　2015 年全国省域发展水平竞争力排位

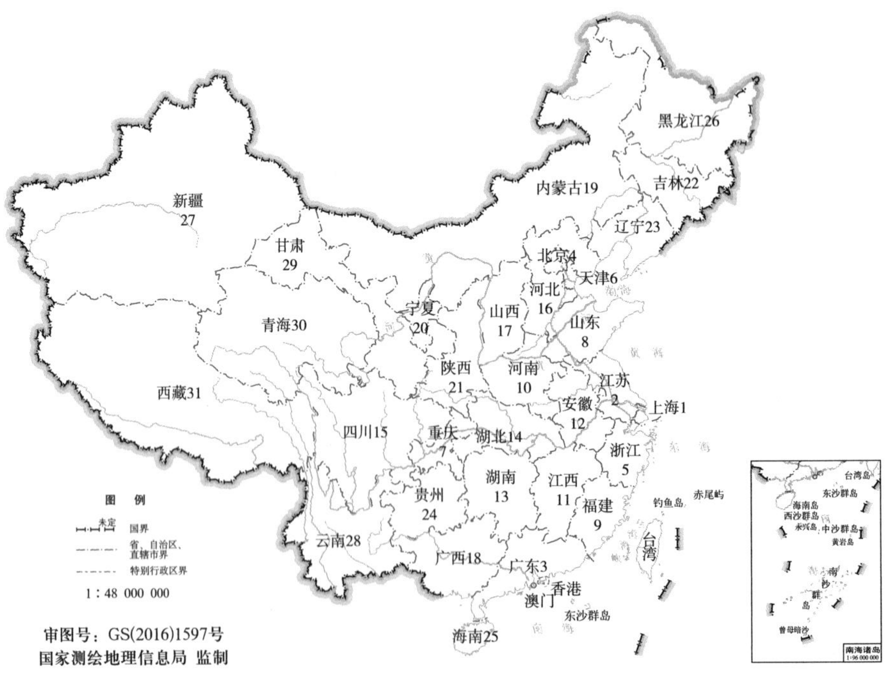

图 10－2　2016 年全国省域发展水平竞争力排位

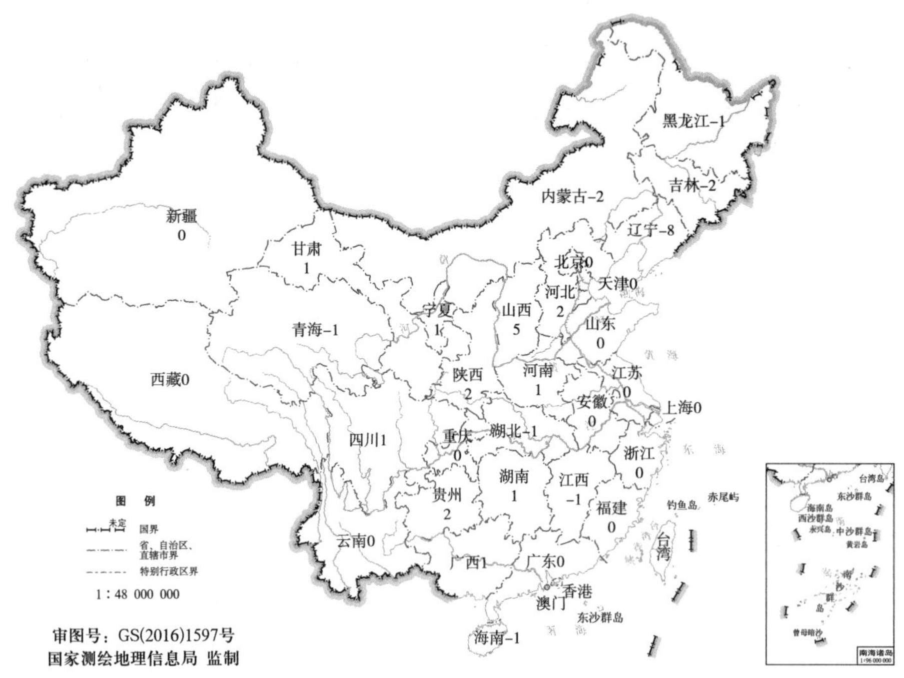

图 10－3　2015～2016 年全国省域发展水平竞争力排位变化

10.2　全国省域发展水平竞争力排序分析

2015 年全国各省份发展水平竞争力处于上游区（1～10 位）的依次是上海市、江苏省、广东省、北京市、浙江省、天津市、重庆市、山东省、福建省、江西省，排在中游区（11～20 位）的依次为河南省、安徽省、湖北省、湖南省、辽宁省、四川省、内蒙古自治区、河北省、广西壮族自治区、吉林省，处于下游区（21～31 位）的依次排序为宁夏回族自治区、山西省、陕西省、海南省、黑龙江省、贵州省、新疆维吾尔自治区、云南省、青海省、甘肃省、西藏自治区。

2016 年全国各省份发展水平竞争力处于上游区（1～10 位）的依次是上海市、江苏省、广东省、北京市、浙江省、天津市、重庆市、山东省、福建省、河南省，排在中游区（11～20 位）的依次为江西省、安徽省、湖南省、湖北省、四川省、河北省、山西省、广西壮族自治区、内蒙古自治区、宁夏回族自治区，处于下游区（21～31 位）的依次排序为陕西省、吉林省、辽宁省、贵州省、海南省、黑龙江省、新疆维吾尔自治区、云南省、甘肃省、青海省、西藏自治区。

10.3　全国省域发展水平竞争力排序变化比较

2016 年与 2015 年相比较，排位上升的有 10 个省份，上升幅度最大的是山西省（5 位），其他依次为贵州省（2 位）、陕西省（2 位）、河北省（2 位）、甘肃省（1 位）、

表 10－1　全国各省份发展水平竞争力评价比较

项目 地区	2015年				2016年				综合排名升降
	工业化进程竞争力	城市化进程竞争力	市场化进程竞争力	全国比较综合排名	工业化进程竞争力	城市化进程竞争力	市场化进程竞争力	全国比较综合排名	
北　京	6	1	15	4	7	1	8	4	0
天　津	4	6	20	6	6	6	17	6	0
河　北	21	22	9	18	20	20	9	16	2
山　西	17	23	25	22	12	23	24	17	5
内蒙古	23	7	21	17	24	7	23	19	－2
辽　宁	22	14	7	15	30	16	15	23	－8
吉　林	19	21	16	20	19	27	19	22	－2
黑龙江	29	11	23	25	28	11	25	26	－1
上　海	1	2	3	1	1	2	3	1	0
江　苏	3	3	2	2	3	3	2	2	0
浙　江	14	5	1	5	16	5	1	5	0
安　徽	11	17	13	12	10	14	13	12	0
福　建	9	8	10	9	9	8	10	9	0
江　西	12	10	8	10	13	10	7	11	－1
山　东	10	9	4	8	11	9	4	8	0
河　南	7	26	11	11	4	25	11	10	1
湖　北	15	18	12	13	14	19	12	14	－1
湖　南	13	19	14	14	15	15	14	13	1
广　东	2	4	5	3	2	4	6	3	0
广　西	16	27	18	19	18	26	21	18	1
海　南	28	15	19	24	27	18	20	25	－1
重　庆	5	16	6	7	5	17	5	7	0
四　川	8	28	17	16	8	24	16	15	1
贵　州	20	31	24	26	21	30	18	24	2
云　南	26	29	28	28	26	28	28	28	0
西　藏	27	25	31	31	31	31	31	31	0
陕　西	18	12	26	23	17	13	27	21	2
甘　肃	31	24	29	30	25	22	29	29	1
青　海	25	30	30	29	23	29	30	30	－1
宁　夏	24	13	22	21	22	12	22	20	1
新　疆	30	20	27	27	29	21	26	27	0

宁夏回族自治区（1位）、广西壮族自治区（1位）、四川省（1位）、湖南省（1位）、河南省（1位）；有13个省份排位没有变化；排位下降的有8个省份，下降幅度最大的

是辽宁省（8 位），其他依次为内蒙古自治区（2 位）、吉林省（2 位）、江西省（1 位）、湖北省（1 位）、海南省（1 位）、黑龙江省（1 位）、青海省（1 位）。

10.4 全国省域发展水平竞争力跨区段变化情况

在评价期内，一些省份政府作用竞争力排位出现了跨区段变化。在跨区段上升方面，河南省由中游区升入上游区，宁夏回族自治区、山西省由下游区升入中游区；在跨区段下降方面，江西省由上游区降入中游区，辽宁省、吉林省由中游区降入下游区。

10.5 全国省域发展水平竞争力动因分析

在工业化进程竞争力方面，2015 年排在前 10 位的省份依次为上海市、广东省、江苏省、天津市、重庆市、北京市、河南省、四川省、福建省、山东省，2016 年排在前 10 位的省份依次为上海市、广东省、江苏省、河南省、重庆市、天津市、北京市、四川省、福建省、安徽省。

在城市化进程竞争力方面，2015 年排在前 10 位的省份依次为北京市、上海市、江苏省、广东省、浙江省、天津市、内蒙古自治区、福建省、山东省、江西省，2016 年排在前 10 位的省份依次为北京市、上海市、江苏省、广东省、浙江省、天津市、内蒙古自治区、福建省、山东省、江西省。

在市场化进程竞争力方面，2015 年排在前 10 位的省份依次为浙江省、江苏省、上海市、山东省、广东省、重庆市、辽宁省、江西省、河北省、福建省，2016 年排在前 10 位的省份依次为浙江省、江苏省、上海市、山东省、重庆市、广东省、江西省、北京市、河北省、福建省。

从省域发展水平竞争力 3 个三级指标的变化可以看出，排位居前 10 位的省份大多位于经济比较活跃的东部沿海地区，其多数三级指标表现较好。这表明工业化、城市化、市场化总体上是一个联系密切、相辅相成、互相促进的发展过程，一个省域的发展水平竞争力是工业化进程竞争力、城市化进程竞争力、市场化进程竞争力的综合体现。

十一 全国省域统筹协调竞争力评价分析

11.1 全国省域统筹协调竞争力评价结果

根据统筹协调竞争力指标体系和数学模型，课题组对采集到的 2015～2016 年全国 31 个省份的相关统计资料进行了整理和合成，图 11－1、图 11－2、图 11－3 和表 11－1 显示了这两个年份统筹协调竞争力排位和排位变化情况，以及其下属 2 个三级指标的评价结果。

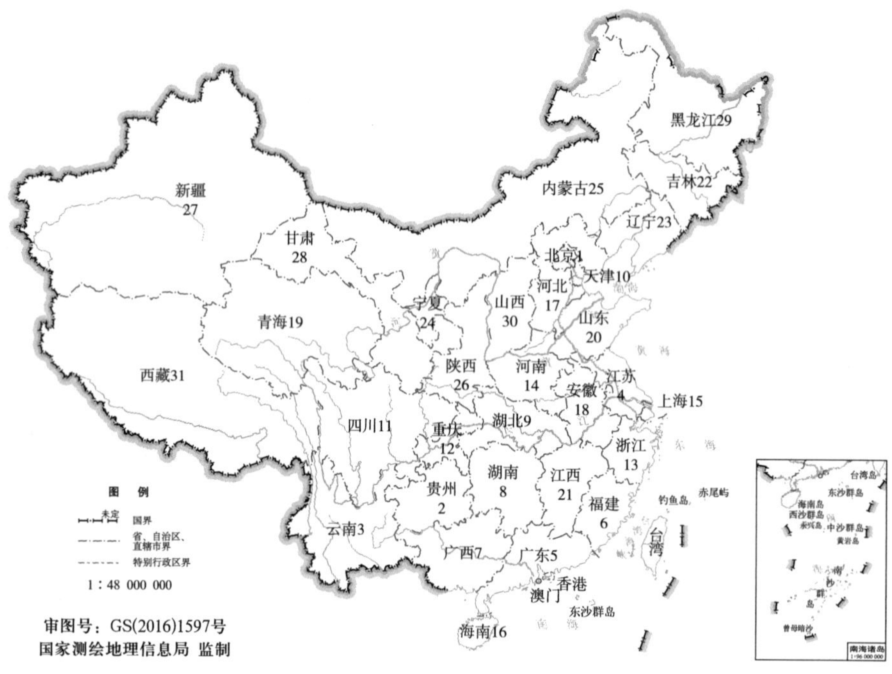

图 11－1　2015 年全国省域统筹协调竞争力排位

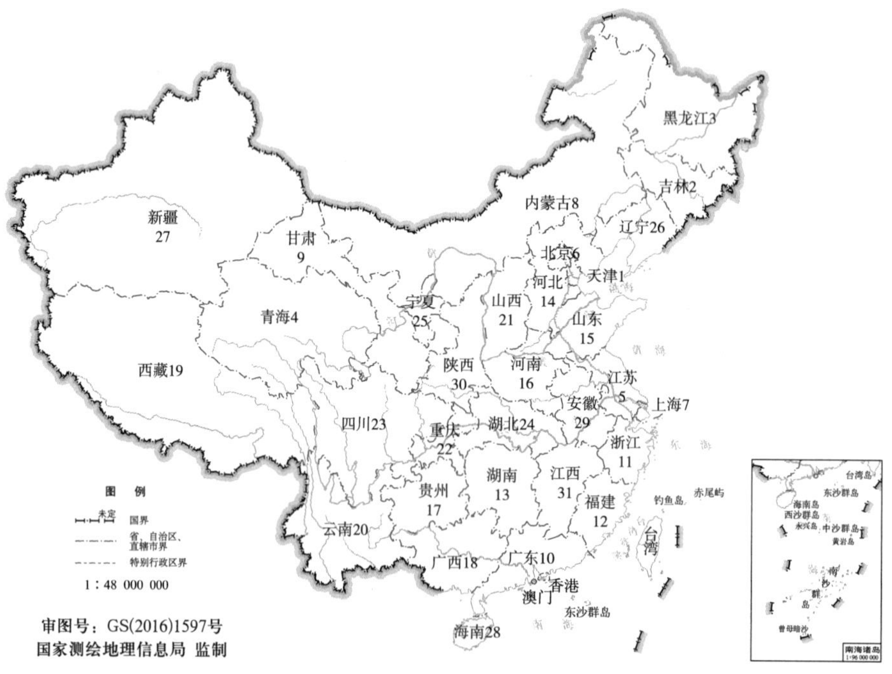

图 11－2　2016 年全国省域统筹协调竞争力排位

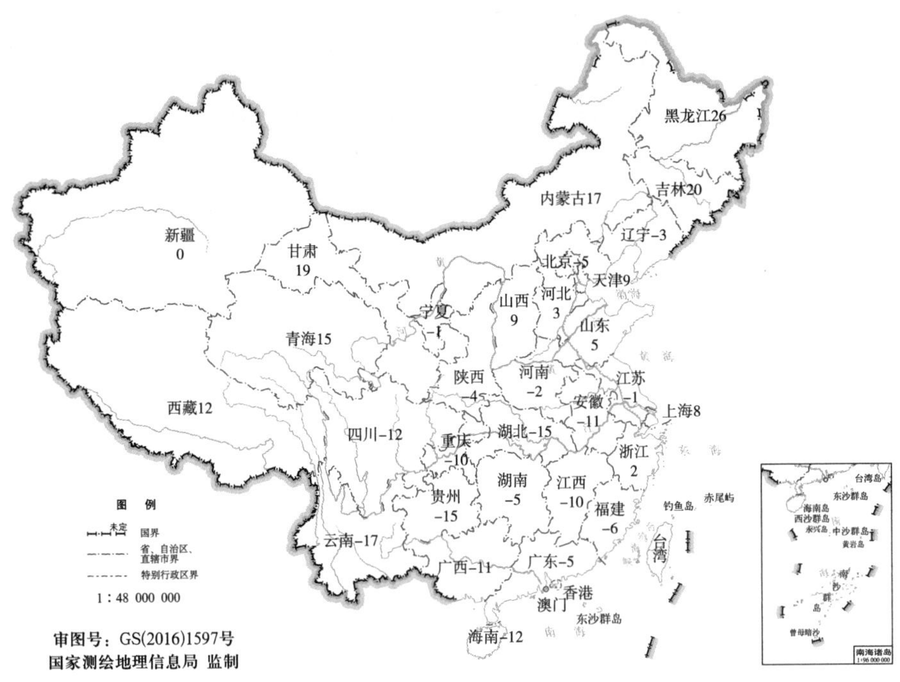

图 11－3　2015～2016 年全国省域统筹协调竞争力排位变化

11.2　全国省域统筹协调竞争力排序分析

2015 年全国各省份统筹协调竞争力处于上游区（1～10 位）的依次是北京市、贵州省、云南省、江苏省、广东省、福建省、广西壮族自治区、湖南省、湖北省、天津市，排在中游区（11～20 位）的依次为四川省、重庆市、浙江省、河南省、上海市、海南省、河北省、安徽省、青海省、山东省，处于下游区（21～31 位）的依次排序为江西省、吉林省、辽宁省、宁夏回族自治区、内蒙古自治区、陕西省、新疆维吾尔自治区、甘肃省、黑龙江省、山西省、西藏自治区。

2016 年全国各省份统筹协调竞争力处于上游区（1～10 位）的依次是天津市、吉林省、黑龙江省、青海省、江苏省、北京市、上海市、内蒙古自治区、甘肃省、广东省，排在中游区（11～20 位）的依次为浙江省、福建省、湖南省、河北省、山东省、河南省、贵州省、广西壮族自治区、西藏自治区、云南省，处于下游区（21～31 位）的依次排序为：山西省、重庆市、四川省、湖北省、宁夏回族自治区、辽宁省、新疆维吾尔自治区、海南省、安徽省、陕西省、江西省。

11.3　全国省域统筹协调竞争力排序变化比较

2016 年与 2015 年相比较，排位上升的有 12 个省份，上升幅度最大的是黑龙江省（26 位），其他依次为：吉林省（20 位）、甘肃省（19 位）、内蒙古自治区（17 位）、

表 11－1　全国各省份统筹协调竞争力评价比较

项目 地区	2015 年			2016 年			综合排名升降
	统筹发展竞争力	协调发展竞争力	全国比较综合排名	统筹发展竞争力	协调发展竞争力	全国比较综合排名	
北　京	1	18	1	2	28	6	－5
天　津	14	14	10	1	27	1	9
河　北	22	15	17	15	15	14	3
山　西	20	31	30	18	26	21	9
内蒙古	10	26	25	13	1	8	17
辽　宁	23	23	23	16	31	26	－3
吉　林	4	25	22	10	2	2	20
黑龙江	18	30	29	8	4	3	26
上　海	24	9	15	3	29	7	8
江　苏	8	1	4	4	12	5	－1
浙　江	25	2	13	9	18	11	2
安　徽	27	10	18	29	14	29	－11
福　建	6	8	6	11	16	12	－6
江　西	30	3	21	31	11	31	－10
山　东	26	11	20	12	22	15	5
河　南	19	17	14	14	19	16	－2
湖　北	12	12	9	26	8	24	－15
湖　南	9	13	8	17	5	13	－5
广　东	7	6	5	6	21	10	－5
广　西	11	4	7	22	9	18	－11
海　南	17	22	16	28	24	28	－12
重　庆	21	5	12	21	23	22	－10
四　川	5	20	11	23	17	23	－12
贵　州	3	7	2	27	3	17	－15
云　南	2	21	3	19	20	20	－17
西　藏	28	29	31	25	7	19	12
陕　西	31	16	26	30	10	30	－4
甘　肃	15	28	28	7	13	9	19
青　海	13	24	19	5	6	4	15
宁　夏	29	19	24	20	25	25	－1
新　疆	16	27	27	24	30	27	0

青海省（15 位）、西藏自治区（12 位）、山西省（9 位）、天津市（9 位）、上海市（8 位）、山东省（5 位）、河北省（3 位）、浙江省（2 位）；有 1 个省份排位没有变化；排

位下降的有 18 个省份，下降幅度最大的是云南省（17 位），其他依次为：贵州省（15 位）、湖北省（15 位）、四川省（12 位）、海南省（12 位）、广西壮族自治区（11 位）、安徽省（11 位）、重庆市（10 位）、江西省（10 位）、福建省（6 位）、北京市（5 位）、广东省（5 位）、湖南省（5 位）、陕西省（4 位）、辽宁省（3 位）、河南省（2 位）、江苏省（1 位）、宁夏回族自治区（1 位）。

11.4 全国省域统筹协调竞争力跨区段变化情况

在评价期内，一些省份统筹协调竞争力排位出现了跨区段变化。在跨区段上升方面，内蒙古自治区、甘肃省、吉林省、黑龙江省由下游区升入上游区，上海市、青海省由中游区升入上游区，西藏自治区由下游区升入中游区；在跨区段下降方面，湖北省由上游区降入下游区，云南省、贵州省、广西壮族自治区、福建省、湖南省由上游区降入中游区，四川省、海南省、安徽省、重庆市由中游区降入下游区。

11.5 全国省域统筹协调竞争力动因分析

在统筹发展竞争力方面，2015 年排在前 10 位的省份依次为北京市、云南省、贵州省、吉林省、四川省、福建省、广东省、江苏省、湖南省、内蒙古自治区，2016 年排在前 10 位的省份依次为天津市、北京市、上海市、江苏省、青海省、广东省、甘肃省、黑龙江省、浙江省、吉林省。

在协调发展竞争力方面，2015 年排在前 10 位的省份依次为江苏省、浙江省、江西省、广西壮族自治区、重庆市、广东省、贵州省、福建省、上海市、安徽省，2016 年排在前 10 位的省份依次为内蒙古自治区、吉林省、贵州省、黑龙江省、湖南省、青海省、西藏自治区、湖北省、广西壮族自治区、陕西省。

从上文可以看出，大部分省份不管是统筹协调竞争力排位靠前还是靠后，统筹发展竞争力和协调发展竞争力 2 个三级指标都不太协调，经济较发达的省份也存在不协调的情况，这与各地发展基础以及自然状况有关，也与经济发展的路径选择有关。如何在经济新常态下进一步加快发展方式转变，着力推动供给侧结构性改革，是每一个省份都要认真思考的问题。

十二 2015～2016年全国省域经济综合竞争力变化的基本特征及启示

省域经济综合竞争力是由 1 个一级指标、9 个二级指标、25 个三级指标和 210 个四级指标组成的综合评价体系，反映了一个省份在经济、产业、资源环境、科技、文化教育、财政金融、民生等各方面的发展能力及其在全国的优劣势地位。各方面的发展相互促进、相互制约，共同决定了省域经济综合竞争力的排位情况和变化趋势，这些因素和竞争力综合排位的变化也表现出一定的规律和特征。省域经济综合竞争力的发展变化有其内在的逻辑规律，既有各个省份普遍存在的共性特征，也有不同省情所决定的个体特殊性。要有效提升省域经济综合竞争力，就要深刻认识和深入把握这些特征，从而发现提升省域经济综合竞争力的正确路径、方法和对策。

12.1　省域经济综合竞争力排位整体比较稳定，个别省份竞争力排位波动较为明显

表 12 -1 列出了2015 年和2016 年全国各省份经济综合竞争力排位及变化情况。

表 12 -1　全国各省份 2015 ~2016 年经济综合竞争力排位及变化

	地区	2015	2016		地区	2015	2016		地区	2015	2016
上游区	江　苏	1	1	中游区	湖　北	10	11	下游区	广　西	19	21
	广　东	2	2		湖　南	13	12		黑龙江	27	22
	北　京	3	3		安　徽	11	13		贵　州	23	23
	上　海	4	4		四　川	14	14		山　西	24	24
	浙　江	5	5		河　北	15	15		海　南	20	25
	山　东	6	6		内蒙古	21	16		宁　夏	25	26
	天　津	7	7		辽　宁	16	17		云　南	26	27
	福　建	8	8		江　西	17	18		新　疆	28	28
	河　南	9	9		吉　林	22	19		甘　肃	30	29
	重　庆	12	10		陕　西	18	20		青　海	29	30
									西　藏	31	31

从排位变化情况来看，上游区各省份经济综合竞争力排位非常稳定，只有个别省份有所调整。2015 年处于上游区的 10 个省份，2016 年只有湖北省降入中游区，其他都继续处于上游区，而且排位保持不变，说明这些省份竞争优势明显，地位比较稳固。2015 年处于中游区的 10 个省份也只有重庆市升入上游区，广西壮族自治区和海南省降入下游区，其他 7 个省份都继续处于中游区，变化幅度相对较大。处于下游区的 11 个省份大部分仍然继续处于下游区，只有内蒙古自治区和吉林省升入中游区，特别是西部地区几个省份排位一直处于下游区末尾，排名没有太大变化，表现出明显的竞争劣势，劣势地位在短期内难以改变。

从理论逻辑和现实排名情况来看，尽管各省份经济综合竞争力排位相对稳定，但各省份的竞争优劣势也是动态变化的。从各省份经济综合竞争力得分的相对比较就可以看出，得分差距一直在不断变化，只不过这种变化在短时间内还不够明显，对竞争力排位不会产生明显影响。但长期观察就会发现差距逐步扩大会对排位产生影响，并使各省份竞争力排位发生变化。特别是中游区和下游区的省份，由于得分非常接近，相互之间竞争优劣势差距不大，得分的较小变化就会影响综合排位。尽管上游区各省份得分差距较大，相互之间排位比较稳定，但当分差的变动累积到一定程度就可能引起排位变化，只是需要更长时间来累积得分变化产生的差距。

12.2 省域经济综合竞争力是多种要素综合作用的结果，客观反映了各省域经济发展的能力与水平

表12－2列出了2015年和2016年各省份经济综合竞争力得分与9个二级指标得分的相关系数及变化情况。

表12－2 全国各省份经济综合竞争力与二级指标得分相关系数

	宏观经济竞争力	产业经济竞争力	可持续发展竞争力	财政金融竞争力	知识经济竞争力	发展环境竞争力	政府作用竞争力	发展水平竞争力	统筹协调竞争力
2015年	0.97	0.89	0.58	0.80	0.94	0.94	0.85	0.96	0.60
2016年	0.97	0.90	0.65	0.84	0.93	0.93	0.87	0.95	0.41
变化	-0.01	0.01	0.07	0.04	-0.01	-0.01	0.02	0.00	-0.19

从表12－2来看，与省域经济综合竞争力得分相关程度最高的二级指标是宏观经济竞争力，2016年相关系数达到0.97；其次为发展水平竞争力，相关系数达到0.95，高于其他几个二级指标；同时2016年知识经济竞争力、发展环境竞争力和产业经济竞争力等几个二级指标的相关系数也都达到了0.9，相关系数较小的是可持续发展竞争力和统筹协调竞争力两个二级指标。二级指标与省域经济综合竞争力的相关系数大小情况，说明宏观经济竞争力是省域经济综合竞争力最直接的体现，经济总量、财政收入、投资规模和对外贸易等经济发展的主要指标都包含在宏观经济竞争力指标组。各省份大力发展经济、促进产业发展、提高经济发展水平最终会促进经济综合竞争力的提升，因为发展是硬道理，经济实力是竞争力的核心基础。科技创新是省域经济快速、健康发展的主要推动力，教育发展为省域经济发展提供人力资源和智力支持，文化产业是经济发展的新方向，所以知识经济是提升省域经济发展质量、优化省域经济结构、提高省域经济效益的有效手段。产业发展离不开良好的发展环境，不管是基础设施等硬环境，还是营商环境等软环境，都是保障经济稳定发展、提升经济发展效率的重要基础。从二级指标相关系数的变化来看，相关系数增加较大的有可持续发展竞争力和财政金融竞争力，反映了近年来各省份更多地关注和谐发展、科学发展，更加注重生态文明建设，努力提升生态发展水平。

总之，省域经济综合竞争力是多种要素综合反映的结果，既是经济总量的竞争，也是增长速度、平均水平、经济结构和效益的综合竞争，是显性优势和潜在优势的综合反映。任何一个省份要提升省域经济综合竞争力，都要从影响综合竞争力的要素出发，全面培养竞争优势，减少竞争劣势，制定竞争力提升的长期战略。

12.3 产业经济竞争力是影响或推动省域经济综合竞争力提升的重要因素，要不断加强和巩固其竞争实力

农业、工业和服务业是国民经济发展的基础，三次产业是国民经济的主要载体，产

业经济的发展是经济增长的动力，而企业竞争力更是地区经济竞争力的核心。图 12－1 和图 12－2 分别显示了 2015 年和 2016 年全国各省份经济综合竞争力排位变化与产业经济竞争力的变动关系。

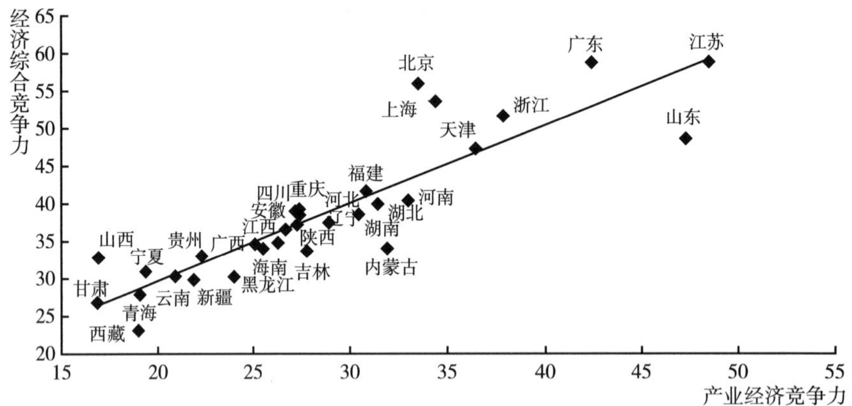

图 12－1　2015 年全国各省份产业经济竞争力和经济综合竞争力得分对应关系

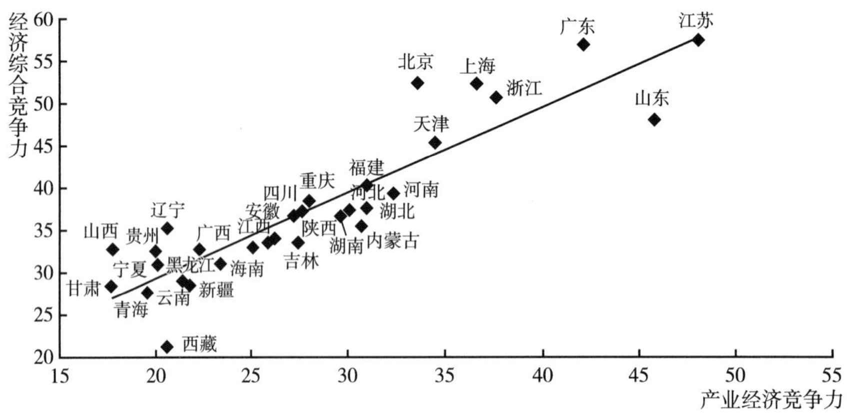

图 12－2　2016 年全国各省份产业经济竞争力和经济综合竞争力得分对应关系

从图 12－1 和图 12－2 可以看出，各省份经济综合竞争力和产业经济竞争力基本上是同方向变化的，绝大部分省份都聚集在趋势线上，表明产业经济竞争力和经济综合竞争力具有很强的正向线性关系，两者得分的相关系数也高达 0.90，反映了产业经济竞争力得分越高的省份，其经济综合竞争力得分也越高。当然，也有一些比较特殊的情况，如北京市和上海市等省份的产业经济竞争力排位不是特别靠前，但经济综合竞争力反而名列前茅，而山东省的产业经济竞争力排名第 2 位，但综合竞争力却落后于北京市、上海市和其他一些省份，排在第 6 位，这是由于受其他二级指标的共同影响。可以说，没有产业的发展，就没有国民经济的发展，产业没有竞争力，国民经济也不会有竞争力。产业经济竞争力的大幅度提升，是推动省域经济综合竞争力上升的主导力量，要大力提升省域经济综合竞争力，必须紧紧抓住产业经济竞争力这一关键环节。

12.4 不断固强扶优、优化省域经济综合竞争力指标结构，保持省域经济综合竞争力处于优势地位

表 12－3 列出了 2016 年全国各省份经济综合竞争力四级指标的竞争态势结构，以反映竞争力指标优劣势及其结构对竞争力排位的影响。

表 12－3 全国各省份经济综合竞争力四级指标优劣势结构分析

地区	强势指标(个)	优势指标(个)	中势指标(个)	劣势指标(个)	2016 年排位
江 苏	56	80	40	34	1
广 东	65	60	37	48	2
北 京	60	48	40	62	3
上 海	67	45	38	60	4
浙 江	40	82	42	46	5
山 东	39	76	53	42	6
天 津	40	61	43	66	7
福 建	11	70	86	43	8
河 南	16	65	69	60	9
重 庆	11	53	112	34	10
湖 北	4	70	97	39	11
湖 南	11	52	97	50	12
安 徽	6	54	105	45	13
四 川	3	61	95	51	14
河 北	6	58	89	57	15
内蒙古	19	39	63	89	16
辽 宁	9	66	77	58	17
江 西	5	38	98	69	18
吉 林	9	32	89	80	19
陕 西	3	29	127	51	20
广 西	3	31	98	78	21
黑龙江	19	27	58	106	22
贵 州	26	28	59	97	23
山 西	11	28	70	101	24
海 南	12	37	62	99	25
宁 夏	4	49	54	103	26
云 南	7	31	61	111	27
新 疆	11	32	61	106	28
甘 肃	13	23	36	138	29
青 海	15	23	39	133	30
西 藏	31	21	17	141	31

省域经济综合竞争力是由众多基础指标构成的，基础指标的优劣势及构成决定了综合排位。从表 12－3 可以看出，一个省份拥有众多的强势指标和优势指标，其省域经济

综合竞争力才能在较长时间内保持竞争优势地位，排名才能保持前列。江苏省、广东省、北京市和上海市等省份都有一大批始终处于上游区的强势指标和优势指标，而且强势指标的数量也是最多的，使得这些省份能够长期处于上游区，而且它们的排位始终名列前茅。强势指标的数量以天津市为界线，形成了明显的断层现象，天津市及排位前面的省份强势指标数量最多，达到40个及以上，远远超过其他省份，省域经济综合竞争力的优势地位非常稳固，而福建省、河南省和重庆市虽然位居上游区，但强势指标个数相对较少，不足20个，与其他多数省份的强势指标个数没有太大差别。当然，强势指标的个数也不能完全决定一个省份在全国的排位，特别是处于中游区的省份强势指标个数较少，而处于下游区的省份强势指标个数反而较多，多个排位比较靠前的省份强势指标个数反而比排位靠后的省份少。比如，排在末位的西藏自治区有31个强势指标，不但比中游区和下游区省份的强势指标个数多，甚至比处于上游区的福建省、河南省、重庆市拥有的强势指标还要多。另外，贵州省也拥有较多强势指标，但排位处在下游区。所以，不仅仅是强势指标数量决定一个省份的排位，优势指标数量多少也很重要，处于上游区的福建省、河南省和重庆市虽然强势指标不多，但它们拥有的优势指标数量比较多，这是排在下游区的省份无法比拟的，其他处于上游区的省份也有这个特点。把各省份的强势指标个数和优势指标个数加总后发现，强势和优势指标个数之和越大，其省域经济综合竞争力排位越靠前。处于上游区的10个省份中，排在第7位的天津及前面的省份强势和优势指标个数之和都超过100个，进入前10位的福建省和河南省也超过80个，都超过中游区和下游区省份。

中游区和下游区省份强势指标和优势指标数量之和都比较少，但差别不是很明显，中游区和下游区主要区别体现在劣势指标的数量上。排在第20位以后的省份劣势指标个数明显增加，多数省份的劣势指标个数超过100个，远多于排位在前面的省份，特别是排位最后的三个省份，劣势指标个数明显增多。所以，一个省份经济综合竞争力排位需要依靠更多的强势指标和优势指标来支撑，反之，劣势指标太多，会导致省域经济综合竞争力排位靠后。处于下游区的省份强势和优势指标都比较少，中势指标和劣势指标数量相对较多，劣势指标越多，排位越靠后。

总之，要保持和提升省域经济综合竞争力的优势地位，关键在于增加强势指标和优势指标的数量、减少劣势指标的数量。一个省份指标体系中的强势指标、优势指标、中势指标、劣势指标个数及不同结构分布，决定了其在全国的竞争力排位，也为提升省域经济综合竞争力指明了基本路径和方法，需要有针对性地采取措施保持强势指标，强化优势指标，减少劣势指标，不断优化指标组成结构，才能保证省域经济综合竞争力的优势地位。

12.5 努力增加上升指标、不断减少下降指标，这是显著提升省域经济综合竞争力的重要方向

表12-4列出了2016年全国各省份经济综合竞争力四级指标的竞争变化趋势，以反映竞争力指标排位波动及其结构对竞争力排位的影响。

表 12－4　全国各省份经济综合竞争力四级指标竞争变化趋势

地区	上升指标(个)	保持指标(个)	下降指标(个)	波动趋势
内蒙古	72	73	65	上升
黑龙江	63	67	80	上升
吉　林	79	61	70	上升
重　庆	85	70	55	上升
湖　南	67	77	66	上升
甘　肃	65	86	59	上升
北　京	47	99	64	保持
天　津	59	87	64	保持
河　北	89	63	58	保持
山　西	67	72	71	保持
上　海	57	105	48	保持
江　苏	49	97	64	保持
浙　江	54	94	62	保持
福　建	69	74	67	保持
山　东	58	86	66	保持
河　南	79	72	59	保持
广　东	52	102	56	保持
四　川	62	69	79	保持
贵　州	87	70	53	保持
西　藏	47	120	43	保持
新　疆	65	82	63	保持
辽　宁	64	53	93	下降
江　西	70	58	82	下降
湖　北	70	66	74	下降
云　南	69	68	73	下降
青　海	60	98	52	下降
宁　夏	71	83	56	下降
安　徽	78	75	57	下降
广　西	74	65	71	下降
陕　西	65	67	78	下降
海　南	68	77	65	下降

从表 12－4 可以看出，各省份 210 个四级指标排位波动及其构成变化对省域经济综合竞争力的变化有较大影响，在综合排位上升的 6 个省份中，有 5 个省份都是上升指标个数超过下降指标个数，特别是上升指标数量显著大于下降指标数量的省份，其排位上升幅度较大。比如，内蒙古自治区上升指标个数超过下降指标较多，排位上升幅度也较大。排位保持不变的 15 个省份中，虽然上升指标数量和下降指标数量一致的省份不多，但没有表现出明显的差别，其中几个省份的上升指标数量和下降指标数量比较接近，但都是排位保持的指标个数最多，占据主导地位，只有少数几个省份的上升指标个数与下

降指标个数有较大的差别。综合排位下降的10个省份，也是大部分省份的下降指标个数超过上升指标个数。要保持省域经济综合竞争优势，不断提高综合排位，就需要维持各指标的竞争优势，促使各个指标排位不断上升，避免或减少指标排位下降，特别是处于劣势地位的指标，更应该努力提升其排位，才能系统而有效地促进省域经济综合竞争力整体水平的不断提升。

十三　提升省域经济综合竞争力的基本路径、方法和对策

（1）围绕推动高质量发展，深入贯彻稳中求进工作总基调，主动适应社会矛盾新变化，加快建设现代化经济体系，构建全方位对外开放新格局，进一步提升省域宏观经济竞争力。

党的十九大报告提出中国特色社会主义进入了新时代，之后召开的中央经济工作会议进一步指出我国经济发展也进入了新时代，提出我国经济已由高速增长阶段转向高质量发展阶段的论断，我国经济工作的总基调定位为稳中求进，并且要长期坚持。中共十八大以来，我国经济保持了平稳较快发展，近五年来，国内生产总值年均增长达到7.1%，远超同期世界经济的年均增速。2017年，中国国内生产总值已达到80万亿元人民币，稳居世界第二位，中国在世界经济增长中发挥了重要的稳定器和引擎作用，为全球经济增长贡献了中国智慧和中国方案。2018年，中国推动经济高质量发展将站在一个新的起点上，既是贯彻中共十九大精神的开局之年，也是改革开放40周年，是决胜全面建成小康社会的冲刺阶段以及实施“十三五”规划承上启下的关键一年。中国经济发展将从重速度和规模转向更加重视质量和效益，从注重效率转向更加注重分配的公平性，从注重经济发展的结果转向更加注重市场规则和制度的构建。在经济发展快速变革的冲击下，稳中求进为我国经济转向高质量发展阶段、协调好高质量发展阶段的各项矛盾等定下了基调，“稳”突出了经济发展的稳健性和经济发展过渡的稳定性，“进”凸显我国经济发展的进步性，高质量发展在要素投入组合、驱动因素、发展模式等方面都有很大的不同。

十九大报告首次提出要加快建设现代化经济体系，要以供给侧结构性改革为主线，推动经济发展的质量变革、效率变革、动力变革，提高全要素生产率，其首要任务就是以供给侧结构性改革来破解我国社会主要矛盾的变化，特别是供给与需求之间的不平衡和不充分，不断提高产品和服务的供给水平。关于推进供给侧结构性改革，中央经济工作会议指出：“深化要素市场化配置改革，重点在‘破’‘立’‘降’上下功夫。大力破除无效供给，把处置‘僵尸企业’作为重要抓手，推动化解过剩产能。”破，就是要把低端供给和落后供给等淘汰出市场，清理“僵尸企业”，集中资源要素发展新兴产业，为经济发展和产业发展腾出更大的空间。“立”就是要确立新的发展动能，构建起新的产业部门和体系，形成中高端和有效的供给格局，以更加集约高效的发展模式代替传统粗放的生产方式。“降”主要体现在降低实体经济发展成本，如降低企业的生产成本、物流成本、能耗成本、要素成本等，形成更加高效的生产方式。供给侧结构性改革

的深入推进将为现代化经济体系的构建奠定更加坚实的基础，破解束缚经济发展的各种矛盾和束缚。

经济外向度竞争力也是我国省域宏观经济竞争力的重要组成部分，这意味着我国经济结构调整和经济发展方式转变要本着对外开放的原则，要把走出去和引进来紧密结合起来。十九大报告指出，要推动形成全面开放的新格局，中国将在更加深入地融入全球经济发展中参与全球分工与合作。遵循共商共建共享原则，加强与“一带一路”沿线国家的合作，形成更加包容的命运共同体，探索建设自由贸易港，这是我国自贸区建设的又一大创新，意味着更全面、更高水平的对外开放，会推动金融业、服务业等领域实现更高层次的资源优化配置。此外，还要加强对我国对外开放的格局调整，利用区域的区位优势不断加强同周边国家和地区的联系，形成沿江、沿边、沿线的对外开放局面，最终形成海陆内外联动、东西双向开放的全方位对外开放新格局，推动我国经济融入全球市场，面向价值链高端参与国际分工，占有更大的国际市场。

（2）推动质量变革、效率变革、动力变革，促进先进技术与实体经济深度融合，扩大高质量产品和服务供给，构建现代产业发展新体系，着力提升省域产业经济竞争力。

产业结构转型升级是推动经济持续健康发展永恒的主线，也是推动经济高质量发展的重要路径。从支付宝、共享产品到最快高铁“复兴号”，从“蛟龙”入海、“嫦娥”奔月到量子卫星的成功升空……近年来不断涌现的高新技术产业和装备制造业的高端化带动经济形成了一系列的新模式、新业态，正深刻地改变着人们的生产和生活方式。在构建现代化经济体系，推动质量变革、效率变革和动力变革，提高全要素生产率中，产业应该成为主战场。质量变革就是要形成更高质量的供给，加大技术创新力度，特别是应用基础创新，形成以企业为主体、以市场为主导、产学研高度融合的协同创新体系；运用大数据、云计算、互联网等技术加大对传统产业的改造，推动传统产业的生产、管理和营销模式变革，提升传统产业的生命力和创新力；推动先进技术与实体经济的深度融合，特别是要以制造业为主体，推动制造业的智能化、绿色化转型，大力发展先进制造业，推动中国制造向中高端迈进，支持实体经济的产业链、价值链高度融合。效率变革就是要大大提升产业的发展效率，从传统粗放型的产业投入产出模式向集约型的投入产出模式转变，通过供给侧结构性改革，引导资本、土地、技术等向高质量发展的产业集中，使资源要素的使用更加集中优化；在资源优化配置过程中，要以完善的市场经济制度体系为保障，通过建立公平竞争的市场环境，充分发挥市场在资源配置中的决定性作用。动力变革反映在产业发展上就是要对支撑产业发展的动力进行调整，包括改革的动力、创新的动力、结构调整的动力、市场需求动力、开放合作的动力等，其中，创新是最根本的动力。积极推动产业技术创新、产品创新、形态创新和模式创新，面向前沿技术和关键技术领域开展联合创新，发挥模式创新对存量资源要素的配置能力、组织能力和管理能力，在产品创新上要有效提升产品的生产柔性、模式弹性和形态个性，让可穿戴智能产品、智能家电、智能汽车等更多的智能终端产品融入人们的生产生活中。

努力构建现代产业发展新体系，要以乡村振兴战略为契机，大力发展现代农业，推进农业发展的内部融合，优化农业产业结构、产品结构等，推动农业与工业的深度融合，做长做深农业产业链；推进农业与文化、旅游、健康等融合，促进农业产业多样化发展。以《中国制造2025》为导向，面向高端制造推动我国工业化进程，大力发展以重大技术突破和重大发展需求为基础、对经济社会全局和长远发展具有重大引领带动作用的战略性新兴产业。推动服务业特别是现代服务业发展壮大，加快发展现代物流、电子商务、科研设计等生产性服务业，大力发展旅游、健身、养老、家政等生活性服务业，形成服务业发展的新业态，更好地满足人们的消费升级需求。

现代产业发展新体系还要以高质量的产品和服务为中心，产业结构升级的效果要由市场的表现来检验，只有提供高质量的产品和服务才符合消费者需求结构的变化。因此，要努力构建现代化企业，面向市场需求的变化生产高质量产品，使供需对接更加协调。我国的产业结构还要顺应消费市场从大众化向个性化转变的趋势，既追求批量化生产的效率，也注重个性化需求的打造，追求精益求精，大幅度提高产品和服务的附加价值。

（3）坚持积极的财政政策取向不变，稳健的货币政策保持中性，管住货币供给总阀门，守住不发生系统性金融风险的底线，切实提升省域财政金融竞争力。

为更好地适应我国经济发展稳中求进的总基调，2018年我国财政金融政策仍然延续了“积极的财政政策+稳健的货币政策”组合，表明我国所面临的国内外经济形势总体不变，隐藏在经济中的风险依然较大。保持财政金融政策的延续性是为了实现市场经济的平稳发展，也是为更好地实现经济从高速增长阶段转向高质量发展阶段提供稳定的支撑。2017年底召开的中央经济工作会议指出：“积极的财政政策取向不变，调整优化财政支出结构，确保对重点领域和项目的支持力度，压缩一般性支出，切实加强地方政府债务管理。稳健的货币政策要保持中性，管住货币供给总闸门，保持货币信贷和社会融资规模合理增长，保持人民币汇率在合理均衡水平上的基本稳定，促进多层次资本市场健康发展，更好为实体经济服务，守住不发生系统性金融风险的底线。”提升省域财政金融竞争力就是要围绕中央经济工作会议的部署，服务于供给侧结构性改革这条主线，确保财政金融政策落实处、出实效、控风险、强实体。

在提升财政竞争力方面，要充分发挥财政在国家治理中的基础和重要支柱作用，适应新时代的新要求，健全财税政策，加强制度安排，适应我国矛盾的变化，着力解决好我国经济发展中不平衡、不充分的问题。一要继续实施积极的财政政策，实施减税降费政策，降低企业负担，压缩企业生产成本，提高企业生产的积极性，从而确保实体经济的平稳运行；二要调整优化财政支出结构和财政资源配置，围绕化解重大风险、精准脱贫、污染防治三大攻坚战加大财政支持力度，有效保障扶贫、农业、教育、社保、医疗、环境保护等重点领域的支出，突出财政兜底和公共服务能力；三要进一步推动财税制度改革，围绕中央关于全面深化改革的工作部署，理顺中央与地方的财政关系，建立现代财政制度和全面规范透明、标准科学、约束有力的预算制度，面向税收的公平化和合理化，建立税法统一、调节有度的税收制度体系；四要化解地方债务风险，加强对地方政府的债务管理，适当提高地方政府债务限额，支持规范运用PPP、政府投资基金等方式，严控不合规发行地方债券，遏制隐性债务增量，采取适当方式化解存量隐性债务，同时要扭转地方不当的政绩观、预算软约束等问题，确保地方债务风险控制在合理范围内。

在提升金融竞争力方面，一要防控金融风险，这是化解重大风险的重点，加大金融行业的供给侧结构性改革，“促进形成金融和实体经济、金融和房地产、金融体系内部的良性循环”，确保金融在合理有度和风险可控的范围内服务于实体经济发展，形成健康有序的金融体系，同时要防范互联网金融发展所隐藏的潜在风险；二要特别注重银行体系的风险整治，加强对银行同业业务和资管业务的调控，引导金融业务脱虚向实，将重心放在扶持实体经济发展方面，集中力量做好传统的存贷款业务，同时加强对银行业务的监管；三要继续深化金融体制改革，优化融资结构和信贷结构，健全货币政策和宏观审慎政策双支柱调控框架，深化利率和汇率市场化改革，充分发挥货币政策在推动利率市场化进程中的重要作用；四要积极推进金融市场创新，积极发展股票、债券、期货等多层次的资本市场产品，形成多元化的融资格局。助力生态文明和美丽中国建设，积极发展绿色金融，发挥金融对绿色产业和生态环境保护的重要引导作用。以科技创新推动现代金融发展，提供更加多样化的金融服务。

（4）以绿色发展理念为引领，继续加大环境治理和保护力度，大力发展绿色经济、绿色产品及服务业，提高优质生态产品供给能力，坚定实施人才强国战略，进一步提升省域可持续发展竞争力。绿色发展是五大发展理念之一，是生态文明思想的重要内容。绿色发展已经成为党在新时代坚持和发展中国特色社会主义的重要方略，必将贯穿我国发展的全过程，成为检验我国发展成果的重要指标。绿色发展就是要继续加大环境治理和保护力度，持续加强节能环保和生态建设，降低资源和能源消耗，提高资源能源利用效率，促进生态环境质量改善提高，推动绿色经济发展，丰富生态产品供给，让良好的生态环境成为人民生活质量提高的增长点，成为经济社会持续健康发展的支撑点，成为展现我国良好形象的发力点。

可持续发展竞争力作为省域经济综合竞争力的一项重要内容，其地位将越来越重要，各省域的竞争焦点将会更趋向于绿色发展和生态环境保护。各省份应该始终把绿色发展放在更加突出的位置，推动可持续发展竞争力持续上升，不断提升生态文明建设水平，改善生态环境质量。首先，坚持绿色与创新相结合，持续加大绿色创新力度，加快推进以绿色技术创新为核心的全面绿色创新，构建市场导向的绿色技术创新体系，加大科技创新投入，将绿色经济的技术创新纳入相关计划，构建科研与人才培养有机结合的知识创新体系，围绕新能源、节能减排、资源循环利用、碳汇产业和生态保护修复等，攻克一批有助于推动绿色经济发展、拥有自主知识产权的共性和关键适用技术，以绿色技术创新驱动绿色发展。大力发展清洁能源和可再生能源，优化能源结构，提高资源能源利用效率。持续推进产业结构优化升级，引导投资流向，大力发展绿色经济、绿色产品及服务业，逐步建立绿色产业体系，提高优质生态产品供给能力。大力推行绿色生活方式和消费方式，杜绝奢侈浪费，不断优化消费结构。其次，加大生态环境污染治理力度，着力解决生态环境领域的突出问题。创新生态环境治理思路，从问题源头找突破，改进治理方式方法，对于突出的环境污染问题绝不手软。最后，要继续加大生态文明制度建设力度，不断完善生态文明制度体系。实施最严格的生态环境保护制度、源头保护制度、损害赔偿制度、责任追究制度等，充分发挥生态文明试验区的作用，加快推进各项生态文明制度的改革探索，如生态补偿制度、生态产品价值实现制度等。此外，要加强环保监督与治理，严格环境执法，用制度保护生态环境。

人才是实现民族振兴、赢得国际竞争主动权的战略资源。要高度重视人才，培养造就一大批具有国际水平的战略科技人才、科技领军人才、青年科技人才和高水平创新团队，持续提升人才在经济社会发展和可持续发展竞争力方面的作用。首先，要大力培养绿色发展和生态环保领域急需的紧缺人才，实行更加积极、更加开放、更加有效的人才政策，继续推进“千人计划”“万人计划”等国家重大人才工程，各省份也要结合自身情况实施各具特色的人才工程，使人才工程成为凝聚和培养重要人才的基础和依托，在全社会形成人才集聚的大体系、大平台，真正引进和培养一批核心关键领域的领军人才，以及具有国际化经营管理能力和熟知国际规则的复合型人才。其次，要破除妨碍劳动力、人才社会性流动的体制机制弊端，使人人都有通过辛勤劳动实现自身发展的机会。鼓励引导人才向边远贫困地区、边疆民族地区、革命老区和基层一线流动，努力形成人人渴望成才、人人努力成才、人人皆可成才、人人尽展其才的良好局面。

（5）坚定实施创新驱动发展战略，加快推进以科技创新为核心的全面创新，不断增强经济创新力和竞争力，加快教育现代化，发展社会主义先进文化，有效提升省域知识经济竞争力。创新排在新发展理念的首位，居于国家发展全局的核心位置。党的十九大报告强调，“创新是引领发展的第一动力，是建设现代化经济体系的战略支撑”，进一步明确了创新在引领经济社会发展中的重要地位，标志着创新驱动作为一项基本国策，在新时代中国的发展进程中将发挥越来越显著的战略支撑作用。创新发展涵盖的范围很广，包括理论创新、制度创新、科技创新、组织创新、管理创新等等。各省份要持续深化科技创新体制改革，建立健全鼓励原始创新、集成创新、引进消化吸收再创新的体制机制，加大知识产权保护力度，健全技术创新市场导向机制，积极构筑技术支持体系，发挥市场在科技创新中的导向作用。促进科技成果产业化，提高科技成果转化效率，使科技与产业实现更紧密结合。更好地集聚和引导创新资源，提高创新资源配置效率，加大重大科技专项实施力度，重点支持基础研究、前沿技术研究、社会公益性技术研究，合力突破一批关键技术，抢占科技制高点，不断提高自主创新能力。此外，进一步强化企业的创新主体地位，破除阻碍企业创新的体制机制障碍，持续提升企业自主创新能力和竞争力。

建设教育强国是中华民族伟大复兴的基础工程，必须始终把教育事业放在优先位置，加快教育现代化，办好人民满意的教育。要全面贯彻党的教育方针，进一步深化教育领域综合改革，加大教育投入，进一步优化教育资源配置，不断扩大优质教育资源的覆盖面，推动城乡义务教育一体化发展，逐步缩小区域、城乡、不同学校之间的差距，有效促进教育公平。健全学生资助制度，使绝大多数城乡新增劳动力接受高中阶段教育、更多的人接受高等教育。支持和规范社会力量兴办教育，大力发展职业教育，办好继续教育，推进高等教育内涵式发展，加快建设学习型社会，大力提高国民素质。更加自觉地增强文化自信，以马克思主义为指导，坚守中华文化立场，坚持中国特色社会主义文化发展道路，弘扬社会主义核心价值观，激发全民族文化创新创造活力，推动社会主义文化繁荣兴盛，建设社会主义文化强国。加大文化事业发展力度，推动文化精品的创作与生产，加大文化产品供给，提升整个民族的文化素养。大力弘扬中华优秀传统文化，同时推动优秀传统文化的创造性转化、创新性发展，发展社会主义先进文化。大力发展文化产业，持续推动文化“走出去”，扩大两岸经济文化交流合作与贸易。

（6）加强基础设施网络建设，切实提升基础设施现代化水平，进一步破除各方面体制机制弊端，增强改革系统性、整体性、协同性，不断优化软硬件发展环境，持续提升发展环境竞争力。继续加大基础设施建设和改造力度，进一步提升基础设施竞争力。第一，进一步提高基础设施现代化水平，加强水利、铁路、公路、水运、航空、管道、电网、信息、物流等基础设施网络建设，提高网络运转水平，更好地支撑经济社会发展。充分发挥财政资金的撬动作用，加快推进 PPP 模式在基础设施领域的应用，改善投融资环境，创新投融资方式，引导更多的社会资本进入基础设施建设领域。第二，以“一带一路”建设为契机，充分发挥亚洲基础设施投资银行、丝路基金的作用，鼓励和引导国内企业通过投资、参股等方式参与海外基础设施建设，推进与沿线国家、周边国家和地区的高铁网络建设、港口建设、跨境物流体系建设等，不断提升基础设施互联互通水平。同时，进一步强化各省域的基础设施互联互通，真正实现区域间基础设施的体系化发展和无缝对接，有效提高区域经济一体化水平。进一步扩大基础设施的公共服务能力和共享水平，对革命老区、民族地区、边疆地区、贫困地区的基础设施建设给予必要的政策倾斜，促进整体能力和水平的提高。

在提升软环境竞争力方面，仍然要继续深化体制机制改革，建立健全有利于经济社会发展的制度体系。第一，要转变政府职能，深化简政放权，创新监管方式，增强政府公信力和执行力，强化各级政府部门的服务功能，着力帮助企业解决实际生产经营中遇到的问题、难题，建设人民满意的服务型政府。以加快构建优质高效的社会服务支撑体系为目标，充分发挥社会中介服务组织的服务职能，完善公共服务体系，更好地促进公用事业发展，改善社会服务环境。第二，加快推进基本公共服务均等化，进一步完善医疗、保险、养老、住房等各项社会保障制度，缩小收入分配差距，提高社会福利水平。第三，加快社会治安防控体系建设，积极防范、依法打击和惩治黄赌毒黑拐骗等各类违法犯罪活动，保护人民人身权、财产权、人格权，同时保障各类市场主体的合法权益，进一步改善营商环境。第四，加快社会信用体系建设，建立企业和个人信用档案，健全信用监管和失信惩戒机制，提高企业和个人的信用水平，建立良好的社会信用环境。

（7）深化供给侧结构性改革，推动经济发展质量变革、效率变革、动力变革，提升省域发展水平竞争力。2017 年以来，供给侧结构性改革取得重大进展，去产能、去库存、降成本成效明显，去杠杆、补短板扎实推进。2017 年底召开的中央经济工作会议指出，要进一步深化供给侧结构性改革，推动经济发展质量变革、效率变革、动力变革。提升经济发展质量和效率的重点是在“破”“立”“降”上下功夫，即大力破除无效供给、大力培育新动能、大力降低实体经济成本。在大力破除无效供给方面，把处置“僵尸企业”作为化解过剩产能的“牛鼻子”。对于具有一定实际价值的“僵尸企业”，通过并购重组有效整合和利用资源与资产，拓展并购双方企业经营效益的空间，鼓励新供给产业企业收购或兼并老产业“僵尸企业”，以提升要素的生产效率，优化市场资源配置。对于经营不善，入不敷出，但仍有一定发展潜力的“僵尸企业”，以契约形式将企业委托给具有较强资金投入实力和经营管理能力的托管方进行管理。托管方通过投入资金和资源、引入科学的经营管理机制，带动企业发展。对于隶属于新兴产业、资产质量较好、具有发展潜力的“僵尸企业”，可通过提供一定期限的财税优惠、各类费用减免、信贷支持等举措来帮助企业重新获得成长力。对于严重资不抵债的“僵尸企业”，根据《企业破产法》的规定通过司法程序以破产清算的形式退出。这种形式不可避免会造成阶段性、结构性失业，政府应加大对下岗职工生活保障等方面的支持，通过“授人以渔”为失业人员再就业提供有效的引导和帮助。在大力培育新动能方面，一是瞄准世界科技前沿，加大基础研究投入比例，集中力量突破核心基础零部件（元器件）、先进基础工艺、关键基础材料和产业技术基础，支持制造业等传统产业技术改造，发展节能环保技术、新一代信息技术、生物技术、高端装备制造、新能源、新材料和新能源汽车等战略性新兴产业，推动我国产业逐步迈向全球价值链中高端。二是进一步推动互联网、大数据、人工智能技术与传统产业深度融合而衍生出新模式新业态，进一步推动三次产业融合发展而衍生出新模式新业态，充分利用众创、众包、众扶、众筹、新零售、共享经济等新模式、新业态，重塑产业链和价值链，构建基于新模式、新业态的产业新体系。在大力降低实体经济成本方面，一是政府应结合“营改增”等措施继续降低企业税收，通过深化简政放权、放管结合、优化服务，降低制度性交易成本，如取消和下放行政审批事项，减少或规范各种认证、评估、检查、检测的收费；推动各类制度创新和金融创新，提高要素供给效率，降低企业生产经营及各种要素成本，如提升劳动力市场灵活性来降低企业的人工成本，改变地方政府对土地财政的依赖来降低企业的用地成本，继续发展多层次资本市场来降低企业的资金成本，深化电力、石油天然气、铁路等行业改革，降低用能、物流成本。二是企业应提高生产运营流程的数字化、自动化、智能化水平，提高人均劳动生产率，降低人工成本；通过优化融资结构、盘活沉淀资金、减少资金闲置、大力压减应收账款，提高资金使用效率，降低融资成本；广泛采用清洁技术、环境友好型设备和工艺等降低单位产值能耗，促进能源循环使用，降低能源成本；重组物流流程，利用线上采购进行集中采购，充分利用现代信息技术提高物流效率，降低物流成本。

（8）坚持在发展中保障和改善民生，让人民群众有更多获得感，加强和创新社会治理，让人民群众安居乐业，不断提升政府作用竞争力。增进民生福祉是发展的根本目的。增进民生福祉才能让人民群众在共建共享发展中有更多获得感。目前，教育、就业、收入分配、医疗、社保、住房等事关人民群众切身利益的民生领域还存在较为突出的问题，迫切需要我们下更大力气在发展中补齐民生短板，在幼有所育、学有所教、劳有所得、病有所医、老有所养、住有所居、弱有所扶上不断取得新进展。一是要优先发展教育事业，通过推进县域内城乡义务教育学校建设标准统一、教师编制标准统一、生均公用经费基准定额统一、基本装备配置标准统一，“两免一补”政策城乡全覆盖，推动城乡义务教育一体化发展；从学前教育、基础教育、高等教育到特殊教育均有突破，利用“互联网+”拓展教育新形态，提高教育供给水平，努力让每个孩子都能享有公平而有质量的教育；完善职业教育和培训体系，加强对民众的专业技能培养和精湛技艺培养；构筑一流学科体系，建设世界一流大学，实现高等教育内涵式发展，全面提高人才培养能力。二是要坚持就业优先战略和积极就业政策，实现更高质量和更充分就业。通过大规模开展职业技能培训，抓好经济转型升级任务、解决结构性就业矛盾，提供全方位的公共就业服务，变革人才流动体制机制等举措，促进高校毕业生等青年群体、农民工多渠道就业创业。同时，促进公平就业，让每个人都享有通过辛勤劳动实现自身发展的机会，让每个人在劳动中获得成就感和价值感。三是不断提高人民收入水平。政府应履行好再分配调节职能，协调城乡税收优惠政策，保障农业生产持续增收，继续缩小城乡居民收入差距。建立与经济增长同步、与劳动生产率提高同步的工资正常增长机制，大力支持新业态、新模式、新产业的发展，使劳动者能从更多渠道增加收入。四是加强社会保障体系建设。按照社会保险权利与义务对等、着眼长远、安全可持续的原则，不分城乡、不分年龄、不分职业，把所有符合条件的民众都纳入社会保障体系，并确保社保水平与经济发展水平同步。推动养老保险制度改革，健全城镇企业职工基本养老保险基金投资运营机制，解决农民工的基本养老保险参保问题；建立中央调剂金制度，稳步推进养老保险全国统筹。坚持“房子是用来住的、不是用来炒的”的定位，加快建立房地产市场预警机制，加强各个城市房价的监测和分析，保持房地产市场平稳；积极探索租购同权、共有产权，规范和稳定租赁关系，使租房成为“更好的选择”；通过完善住房公积金制度、差别化信贷政策等满足民众合理的市场化住房需求，通过实物配租、货币补助等满足民众保障性住房需求，通过打击首付贷、改革房地产税等抑制投机行为。五是深入推进脱贫攻坚。构建以政府为主导，政府、市场、社会相向而行、取长补短、协同发力的大扶贫格局，以专项扶贫为引领，专项扶贫、行业扶贫、社会扶贫互为补充的大扶贫格局；建立长效的“东部扶持西部”机制，把产业合作和教育、医疗、科技、文化等领域人才交流及技术援助作为东西部扶贫协作的重点。六是促进国民健康。树立大卫生、大健康的观念，把以治病为中心转变为以人民健康为中心，坚持预防为主，重视重大疾病预防控制，重视妇幼、老年人、弱势群体等重点人群健康；营造绿色安全的健康环境，倡导健康文明的生活方式，做精做细做大做强健康产业，增强基本医疗卫生保障制度的可持续性，加强基层卫生服务能力，利用“互联网+”、大数据等手段提升全民健康覆盖的质量，为城乡居民提供连续性、个性化、覆盖全生命周期的健康服务。七是打造共建共治共享的社会治理格局。共建是基础，应树立大社会观、大治理观，根据政府引导和政社合力的原则，将政府整合资源的优势、企业的市场竞争优势、社会组织动员社会力量参与社会建设的优势有机结合起来，打造社会各界和广大人民共同参与建设的开放式社会治理体系；共治是关键，各级党委和政府要为人民群众参与治理创造良好条件，以公民个人治理、企业治理、居民自治等为主要治理方式，政府治理为补充性或辅助性治理方式，让所有民众均有机会参与社会治理。共享是目标，推动社会治理重心向基层下移，社会治理的重心落实到农村、西部、边疆、城镇等地区，把抓基层打基础作为加强和改进社会治理的固本之策，尽可能把资源、服务、管理放到基层，使全体民众从社会治理中得到更多的获得感、幸福感、安全感。

（9）加快生态文明体制改革，建设美丽中国，不断提高经济环境协调发展水平，全面提升省域统筹协调竞争力。树立和践行绿水青山就是金山银山的理念，坚持节约资源和保护环境的基本国策，坚持节约优先、保护优先、自然恢复为主的方针，建设美丽中国。一是倡导绿色发展。构建市场导向的绿色技术创新体系，围绕节能技术装备、环保技术装备、资源循环利用技术装备攻克一批关键核心技术；发展绿色金融，利用绿色银团、绿色基金、综合授信、绿色直融、融资租赁等模式，为绿色发展提供资金支持；加快构建循环型工业、农业和服务业体系，做大做强节能环保产业、清洁生产产业、清洁能源产业；创新节能环保服务模式，推行合同能源管理和合同节水管理，培育绿色发展新动能、新模式和新业态；从源头上减少生产、流通、消费各环节能源资源消耗和废弃物产生，推进资源全面节约和循环利用，实现生产系统和生活系统循环链接。二是解决突出的环境问题。有力推进河长制，加快水污染防治，深化推进流域生态环境综合治理；健全土壤污染防治相关标准和技术规范，强化土壤污染管控和修复；积极开展农村环境污染第三方治理，探索建立三级收费、统一支付的农村生态污水垃圾处理财政支付管理体系，开展农村人居环境整治行动；推进固体废弃物和城市垃圾的回收、综合利用，推进生产者责任延伸制、企业间共生代谢等制度建设，建设“无废社会”；持续实施大气污染防治行动，分阶段、分区域、分产业提高污染排放标准，通过推行精细化、科学化的环保税等举措强化排污者责任。三是加大生态系统保护力度。开展大规模植树增绿活动，推进退化防护林修复，加强天然林资源保护，建设绿色生态保护空间和连接各生态空间的绿色廊道，形成国土绿化网络；实施新一轮退耕退牧还林还草、农牧交错带已垦草原治理以及防沙治沙和水土流失综合治理；加强珍稀濒危野生动植物保护及自然保护区建设，适度开展湿地可持续利用示范，加强湿地保护与恢复，建设森林防火基础设施，强化林业有害生物防控，构建生态保护及支撑体系。四是持续深化生态文明体制机制创新。积极推进党政领导干部自然资源资产离任审计，全面实施河长制，推动重点生态区位商品林赎买、生态司法保护、农村生态污水垃圾处理、碳排放权制度、公园体制改革、生态环境保护补偿、生态环境损害赔偿、省以下环保机构监测监察执法垂直管理、国土空间开发保护、完善主体功能区等一系列制度改革，引领美丽中国建设。

Ⅱ　分报告

Departmental Reports

B.2

1 北京市经济综合竞争力评价分析报告

北京市简称京，是中华人民共和国的首都，为历史悠久的世界著名古城。位于华北平原西北边缘，东南距渤海约150公里，与河北省、天津市相接。全市面积为16410平方公里，2016年全市常住人口为2173万人，地区生产总值为25669亿元，同比增长6.8%，人均GDP达118198元。本部分通过分析2015～2016年北京市经济综合竞争力以及各要素竞争力的排名变化，从中找出北京市经济综合竞争力的推动点及影响因素，为进一步提升北京市经济综合竞争力提供决策参考。

1.1 北京市经济综合竞争力总体分析

1. 北京市经济综合竞争力一级指标概要分析

（1）从综合排位看，2016年北京市经济综合竞争力综合排位在全国居第3位，这表明其在全国处于强势地位；与2015年相比，综合排位没有发生变化。

（2）从指标所处区位看，9个指标均处于上游区，其中，可持续发展竞争力、财政金融竞争力、知识经济竞争力3个指标为北京市经济综合竞争力的强势指标。

（3）从指标变化趋势看，9个二级指标中，有1个指标处于上升趋势，为政府作用竞争力；有5个指标排位没有发生变化，分别为产业经济竞争力、可持续发展竞争力、财政金融竞争力、知识经济竞争力和发展水平竞争力；有3个指标处于下降趋势，分别为宏观经济竞争力、发展环境竞争力和统筹协调竞争力。

2. 北京市经济综合竞争力各级指标动态变化分析

从表1－2可以看出，210个四级指标中，上升指标有47个，占指标总数的22.4%；

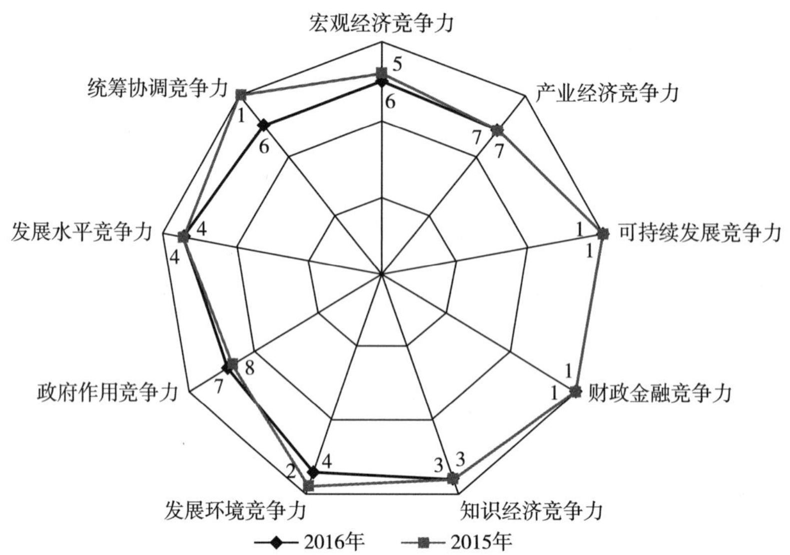

图 1-1　2015~2016 年北京市经济综合竞争力二级指标比较雷达图

表 1-1　2015~2016 年北京市经济综合竞争力二级指标比较

项目 / 年份	宏观经济竞争力	产业经济竞争力	可持续发展竞争力	财政金融竞争力	知识经济竞争力	发展环境竞争力	政府作用竞争力	发展水平竞争力	统筹协调竞争力	**综合排位**
2015 年	5	7	1	1	3	2	8	4	1	3
2016 年	6	7	1	1	3	4	7	4	6	3
升　降	-1	0	0	0	0	-2	1	0	-5	0
优劣度	优势	优势	强势	强势	强势	优势	优势	优势	优势	强势

表 1-2　2015~2016 年北京市经济综合竞争力各级指标排位变化情况

单位：个，%

二级指标	三级指标	四级指标数	上升		保持		下降		变化趋势
			指标数	比重	指标数	比重	指标数	比重	
宏观经济竞争力	经济实力竞争力	12	3	25.0	3	25.0	6	50.0	下降
	经济结构竞争力	6	1	16.7	2	33.3	3	50.0	下降
	经济外向度竞争力	9	2	22.2	4	44.4	3	33.3	下降
	小　计	27	6	22.2	9	33.3	12	44.4	下降
产业经济竞争力	农业竞争力	10	1	10.0	7	70.0	2	20.0	上升
	工业竞争力	10	5	50.0	3	30.0	2	20.0	下降
	服务业竞争力	10	1	10.0	9	90.0	0	0.0	保持
	企业竞争力	10	2	20.0	6	60.0	2	20.0	保持
	小　计	40	9	22.5	25	62.5	6	15.0	保持
可持续发展竞争力	资源竞争力	9	1	11.1	7	77.8	1	11.1	保持
	环境竞争力	8	2	25.0	4	50.0	2	25.0	上升
	人力资源竞争力	7	1	14.3	3	42.9	3	42.9	保持
	小　计	24	4	16.7	14	58.3	6	25.0	保持

续表

二级指标	三级指标	四级指标数	上升		保持		下降		变化趋势
			指标数	比重	指标数	比重	指标数	比重	
财政金融竞争力	财政竞争力	12	3	25.0	4	33.3	5	41.7	上升
	金融竞争力	10	3	30.0	7	70.0	0	0.0	保持
	小　计	22	6	27.3	11	50.0	5	22.7	保持
知识经济竞争力	科技竞争力	9	0	0.0	3	33.3	6	66.7	保持
	教育竞争力	10	0	0.0	6	60.0	4	40.0	保持
	文化竞争力	10	4	40.0	5	50.0	1	10.0	下降
	小　计	29	4	13.8	14	48.3	11	37.9	保持
发展环境竞争力	基础设施竞争力	9	1	11.1	8	88.9	0	0.0	下降
	软环境竞争力	9	3	33.3	3	33.3	3	33.3	下降
	小　计	18	4	22.2	11	61.1	3	16.7	下降
政府作用竞争力	政府发展经济竞争力	5	2	40.0	1	20.0	2	40.0	上升
	政府规调经济竞争力	5	2	40.0	2	40.0	1	20.0	上升
	政府保障经济竞争力	6	1	16.7	1	16.7	4	66.7	下降
	小　计	16	5	31.3	4	25.0	7	43.8	上升
发展水平竞争力	工业化进程竞争力	6	1	16.7	2	33.3	3	50.0	下降
	城市化进程竞争力	6	0	0.0	5	83.3	1	16.7	保持
	市场化进程竞争力	6	3	50.0	1	16.7	2	33.3	上升
	小　计	18	4	22.2	8	44.4	6	33.3	保持
统筹协调竞争力	统筹发展竞争力	8	1	12.5	3	37.5	4	50.0	下降
	协调发展竞争力	8	4	50.0	0	0.0	4	50.0	下降
	小　计	16	5	31.3	3	18.8	8	50.0	下降
合　计		210	47	22.4	99	47.1	64	30.5	保持

下降指标有 64 个，占指标总数的 30.5%；保持不变的指标有 99 个，占指标总数的 47.1%。综上所述，由于北京市排位保持不变的指标占较大比重，2015～2016 年北京市经济综合竞争力排位保持不变。

3. 北京市经济综合竞争力各级指标优劣势结构分析

基于图 1－2 和表 1－3，具体到四级指标，强势指标 60 个，占指标总数的 28.6%；优势指标 48 个，占指标总数的 22.9%；中势指标 40 个，占指标总数的 19.0%；劣势指标 62 个，占指标总数的 29.5%。三级指标中，强势指标 11 个，占三级指标总数的 44%；优势指标 9 个，占三级指标总数的 36%；中势指标 1 个，占三级指标总数的 4%；劣势指标 4 个，占三级指标总数的 16%。从二级指标看，强势指标 3 个，占二级指标总数的 33.3%；优势指标有 6 个，占二级指标总数的 66.7%。综合来看，由于强势和优势指标在指标体系中居于主导地位，2016 年北京市经济综合竞争力处于强势地位。

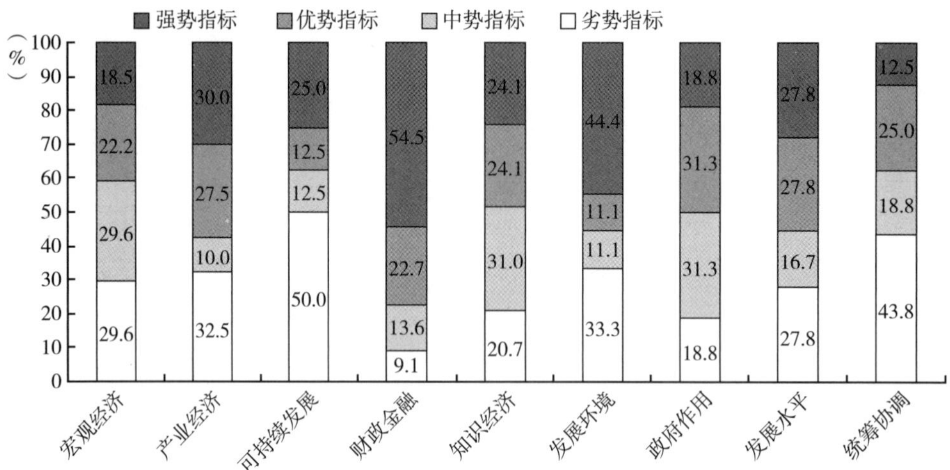

图 1-2　2016 年北京市经济综合竞争力各级指标优劣势比较

表 1-3　2016 年北京市经济综合竞争力各级指标优劣势情况

单位：个，%

二级指标	三级指标	四级指标数	强势指标		优势指标		中势指标		劣势指标		优劣势
			个数	比重	个数	比重	个数	比重	个数	比重	
宏观经济竞争力	经济实力竞争力	12	3	25.0	1	8.3	2	16.7	6	50.0	优势
	经济结构竞争力	6	1	16.7	1	16.7	2	33.3	2	33.3	优势
	经济外向度竞争力	9	1	11.1	4	44.4	4	44.4	0	0.0	优势
	小　计	27	5	18.5	6	22.2	8	29.6	8	29.6	优势
产业经济竞争力	农业竞争力	10	2	20.0	1	10.0	1	10.0	6	60.0	劣势
	工业竞争力	10	0	0.0	5	50.0	2	20.0	3	30.0	中势
	服务业竞争力	10	5	50.0	3	30.0	0	0.0	2	20.0	强势
	企业竞争力	10	5	50.0	2	20.0	1	10.0	2	20.0	强势
	小　计	40	12	30.0	11	27.5	4	10.0	13	32.5	优势
可持续发展竞争力	资源竞争力	9	0	0.0	0	0.0	1	11.1	8	88.9	劣势
	环境竞争力	8	3	37.5	2	25.0	2	25.0	1	12.5	优势
	人力资源竞争力	7	3	42.9	1	14.3	0	0.0	3	42.9	强势
	小　计	24	6	25.0	3	12.5	3	12.5	12	50.0	强势
财政金融竞争力	财政竞争力	12	5	41.7	3	25.0	2	16.7	2	16.7	强势
	金融竞争力	10	7	70.0	2	20.0	1	10.0	0	0.0	强势
	小　计	22	12	54.5	5	22.7	3	13.6	2	9.1	强势
知识经济竞争力	科技竞争力	9	3	33.3	3	33.3	3	33.3	0	0.0	强势
	教育竞争力	10	2	20.0	1	10.0	3	30.0	4	40.0	强势
	文化竞争力	10	2	20.0	3	30.0	3	30.0	2	20.0	优势
	小　计	29	7	24.1	7	24.1	9	31.0	6	20.7	强势
发展环境竞争力	基础设施竞争力	9	4	44.4	1	11.1	1	11.1	3	33.3	优势
	软环境竞争力	9	4	44.4	1	11.1	1	11.1	3	33.3	强势
	小　计	18	8	44.4	2	11.1	2	11.1	6	33.3	优势

续表

二级指标	三级指标	四级指标数	强势指标		优势指标		中势指标		劣势指标		优劣势
			个数	比重	个数	比重	个数	比重	个数	比重	
政府作用竞争力	政府发展经济竞争力	5	0	0.0	1	20.0	1	20.0	3	60.0	劣势
	政府规调经济竞争力	5	2	40.0	1	20.0	2	40.0	0	0.0	强势
	政府保障经济竞争力	6	1	16.7	3	50.0	2	33.3	0	0.0	优势
	小　计	16	3	18.8	5	31.3	5	31.3	3	18.8	优势
发展水平竞争力	工业化进程竞争力	6	2	33.3	2	33.3	1	16.7	1	16.7	优势
	城市化进程竞争力	6	2	33.3	1	16.7	1	16.7	2	33.3	强势
	市场化进程竞争力	6	1	16.7	2	33.3	1	16.7	2	33.3	优势
	小　计	18	5	27.8	5	27.8	3	16.7	5	27.8	优势
统筹协调竞争力	统筹发展竞争力	8	1	12.5	4	50.0	1	12.5	2	25.0	强势
	协调发展竞争力	8	1	12.5	0	0.0	2	25.0	5	62.5	劣势
	小　计	16	2	12.5	4	25.0	3	18.8	7	43.8	优势
合　计		210	60	28.6	48	22.9	40	19.0	62	29.5	强势

4. 北京市经济综合竞争力四级指标优劣势对比分析

表 1－4　2016 年北京市经济综合竞争力各级指标优劣势情况

二级指标	优劣势	四级指标
宏观经济竞争力（27 个）	强势指标	人均地区生产总值、人均财政收入、人均全社会消费品零售总额、产业结构优化度、对外直接投资额（5 个）
	优势指标	财政总收入、贸易结构优化度、进出口总额、实际 FDI、外贸依存度、外资企业数（6 个）
	劣势指标	地区生产总值增长率、财政总收入增长率、固定资产投资额、固定资产投资额增长率、人均固定资产投资额、全社会消费品零售总额增长率、所有制经济结构优化度、资本形成结构优化度（8 个）
产业经济竞争力（40 个）	强势指标	农民人均纯收入、农产品出口占农林牧渔总产值比重、人均服务业增加值、服务业从业人员数、限额以上批发零售企业主营业务收入、限额以上餐饮企业利税率、电子商务销售额、规模以上企业平均资产、规模以上企业平均收入、规模以上企业平均利润、规模以上企业劳动效率、城镇就业人员平均工资（12 个）
	优势指标	农村人均用电量、工业增加值增长率、工业资产总额、工业资产总额增长率、工业全员劳动生产率、工业成本费用利润率、服务业增加值、旅游外汇收入、商品房销售收入、新产品销售收入占主营业务收入比重、工业企业 R&D 经费投入强度（11 个）
	劣势指标	农业增加值、农业增加值增长率、人均农业增加值、人均主要农产品产量、农业机械化水平、财政支农资金比重、工业增加值、工业资产总贡献率、规模以上工业主营业务收入、服务业增加值增长率、限额以上批零企业利税率、规模以上工业企业数、产品质量抽查合格率（13 个）

续表

二级指标	优劣势	四级指标
可持续发展竞争力(24个)	强势指标	人均工业废气排放量、人均工业固体废物排放量、自然灾害直接经济损失、文盲率、大专以上教育程度人口比例、平均受教育程度(6个)
可持续发展竞争力(24个)	优势指标	一般工业固体废物综合利用率、生活垃圾无害化处理率、15~64岁人口比例(3个)
可持续发展竞争力(24个)	劣势指标	人均国土面积、人均年水资源量、耕地面积、人均耕地面积、人均牧草地面积、主要能源矿产基础储量、人均主要能源矿产基础储量、人均森林储积量、人均废水排放量、常住人口增长率、人口健康素质、职业学校毕业生数(12个)
财政金融竞争力(22个)	强势指标	税收收入占GDP比重、税收收入占财政总收入比重、人均地方财政收入、人均地方财政支出、人均税收收入、存款余额、人均存款余额、贷款余额、人均贷款余额、保险密度、保险深度、国内上市公司市值(12个)
财政金融竞争力(22个)	优势指标	地方财政收入、地方财政支出、税收收入增长率、保险费净收入、国内上市公司数(5个)
财政金融竞争力(22个)	劣势指标	地方财政收入增长率、地方财政支出增长率(2个)
知识经济竞争力(29个)	强势指标	发明专利授权量、技术市场成交合同金额、高技术产业收入占工业增加值比重、人均教育经费、万人高等学校在校学生数、文化服务业企业营业收入、城镇居民人均文化娱乐支出(7个)
知识经济竞争力(29个)	优势指标	财政科技支出占地方财政支出比重、高技术产业主营业务收入、高技术产品出口额占商品出口额比重、高校专任教师数、文化批发零售业营业收入、印刷用纸量、农村居民人均文化娱乐支出(7个)
知识经济竞争力(29个)	劣势指标	公共教育经费占财政支出比重、人均文化教育支出占个人消费支出比重、万人中小学学校数、万人中小学专任教师数、城镇居民人均文化娱乐支出占消费性支出比重、农村居民人均文化娱乐支出占消费性支出比重(6个)
发展环境竞争力(18个)	强势指标	铁路网线密度、人均邮电业务总量、电话普及率、互联网普及率、万人外资企业数、万人个体私营企业数、万人商标注册件数、社会捐赠款物(8个)
发展环境竞争力(18个)	优势指标	公路网线密度、查处商标侵权假冒案件(2个)
发展环境竞争力(18个)	劣势指标	人均内河航道里程、全社会旅客周转量、全社会货物周转量、外资企业数增长率、个体私营企业数增长率、罚没收入占财政收入比重(6个)
政府作用竞争力(16个)	强势指标	统筹经济社会发展、规范税收、城镇登记失业率(3个)
政府作用竞争力(16个)	优势指标	政府公务员对经济的贡献、物价调控、医疗保险覆盖率、失业保险覆盖率、最低工资标准(5个)
政府作用竞争力(16个)	劣势指标	财政支出用于基本建设投资比重、政府消费对民间消费的拉动、财政投资对社会投资的拉动(3个)
发展水平竞争力(18个)	强势指标	高技术产业占工业增加值比重、工农业增加值比值、城镇化率、城镇居民人均可支配收入、私有和个体企业从业人员比重(5个)
发展水平竞争力(18个)	优势指标	工业增加值增长率、信息产业增加值占GDP比重、人均公共绿地面积、亿元以上商品市场成交额、亿元以上商品市场成交额占全社会消费品零售总额比重(5个)
发展水平竞争力(18个)	劣势指标	工业增加值占GDP比重、城市平均建成区面积比重、人均拥有道路面积、非公有制经济产值占全社会总产值比重、居民消费支出占总消费支出比重(5个)
统筹协调竞争力(16个)	强势指标	社会劳动生产率、资源竞争力与宏观经济竞争力比差(2个)
统筹协调竞争力(16个)	优势指标	非农用地产出率、生产税净额和营业盈余占GDP比重、最终消费率、固定资产投资额占GDP比重(4个)
统筹协调竞争力(16个)	劣势指标	万元GDP综合能耗下降率、固定资产交付使用率、环境竞争力与宏观经济竞争力比差、人力资源竞争力与宏观经济竞争力比差、资源竞争力与工业竞争力比差、城乡居民人均现金消费支出比差、全社会消费品零售总额与外贸出口总额比差(7个)

1.2 北京市经济综合竞争力各级指标具体分析

1. 北京市宏观经济竞争力指标排名变化情况

表 1－5 2015～2016 年北京市宏观经济竞争力指标组排位及变化趋势

指 标	2015 年	2016 年	排位升降	优劣势
1 宏观经济竞争力	5	6	－1	优势
1.1 经济实力竞争力	7	9	－2	优势
地区生产总值	13	12	1	中势
地区生产总值增长率	26	28	－2	劣势
人均地区生产总值	2	1	1	强势
财政总收入	7	9	－2	优势
财政总收入增长率	2	28	－26	劣势
人均财政收入	3	3	0	强势
固定资产投资额	26	25	1	劣势
固定资产投资额增长率	26	27	－1	劣势
人均固定资产投资额	23	25	－2	劣势
全社会消费品零售总额	12	12	0	中势
全社会消费品零售总额增长率	28	30	－2	劣势
人均全社会消费品零售总额	1	1	0	强势
1.2 经济结构竞争力	5	6	－1	优势
产业结构优化度	1	1	0	强势
所有制经济结构优化度	28	30	－2	劣势
城乡经济结构优化度	16	18	－2	中势
就业结构优化度	14	14	0	中势
资本形成结构优化度	22	23	－1	劣势
贸易结构优化度	8	7	1	优势
1.3 经济外向度竞争力	4	5	－1	优势
进出口总额	7	7	0	优势
进出口增长率	17	14	3	中势
出口总额	13	14	－1	中势
出口增长率	24	12	12	中势
实际 FDI	4	4	0	优势
实际 FDI 增长率	4	14	－10	中势
外贸依存度	6	6	0	优势
外资企业数	5	5	0	优势
对外直接投资额	2	3	－1	强势

2. 北京市产业经济竞争力指标排名变化情况

表 1-6　2015～2016 年北京市产业经济竞争力指标组排位及变化趋势

指　标	2015 年	2016 年	排位升降	优劣势
2　产业经济竞争力	7	7	0	优势
2.1　农业竞争力	31	30	1	劣势
农业增加值	29	29	0	劣势
农业增加值增长率	30	31	-1	劣势
人均农业增加值	29	30	-1	劣势
农民人均纯收入	3	3	0	强势
农民人均纯收入增长率	18	15	3	中势
农产品出口占农林牧渔总产值比重	2	2	0	强势
人均主要农产品产量	31	31	0	劣势
农业机械化水平	30	30	0	劣势
农村人均用电量	8	8	0	优势
财政支农资金比重	28	28	0	劣势
2.2　工业竞争力	16	17	-1	中势
工业增加值	24	22	2	劣势
工业增加值增长率	15	7	8	优势
人均工业增加值	14	13	1	中势
工业资产总额	8	7	1	优势
工业资产总额增长率	4	4	0	优势
工业资产总贡献率	27	27	0	劣势
规模以上工业主营业务收入	21	21	0	劣势
规模以上工业利润总额	15	16	-1	中势
工业全员劳动生产率	12	10	2	优势
工业成本费用利润率	1	4	-3	优势
2.3　服务业竞争力	3	3	0	强势
服务业增加值	5	5	0	优势
服务业增加值增长率	29	29	0	劣势
人均服务业增加值	1	1	0	强势
服务业从业人员数	2	2	0	强势
限额以上批发零售企业主营业务收入	3	3	0	强势
限额以上批零企业利税率	21	21	0	劣势
限额以上餐饮企业利税率	1	1	0	强势
旅游外汇收入	5	4	1	优势
商品房销售收入	10	10	0	优势
电子商务销售额	3	3	0	强势
2.4　企业竞争力	1	1	0	强势
规模以上工业企业数	25	25	0	劣势
规模以上企业平均资产	1	1	0	强势
规模以上企业平均收入	1	1	0	强势

续表

指　标	2015 年	2016 年	排位升降	优劣势
规模以上企业平均利润	1	1	0	强势
规模以上企业劳动效率	2	1	1	强势
城镇就业人员平均工资	1	2	-1	强势
新产品销售收入占主营业务收入比重	7	7	0	优势
产品质量抽查合格率	24	23	1	劣势
工业企业 R&D 经费投入强度	3	5	-2	优势
中国驰名商标持有量	11	11	0	中势

3. 北京市可持续发展竞争力指标排名变化情况

表 1-7　2015~2016 年北京市可持续发展竞争力指标组排位及变化趋势

指　标	2015 年	2016 年	排位升降	优劣势
3　可持续发展竞争力	1	1	0	强势
3.1　资源竞争力	31	31	0	劣势
人均国土面积	30	30	0	劣势
人均可使用海域和滩涂面积	12	12	0	中势
人均年水资源量	30	29	1	劣势
耕地面积	30	30	0	劣势
人均耕地面积	30	30	0	劣势
人均牧草地面积	24	24	0	劣势
主要能源矿产基础储量	25	25	0	劣势
人均主要能源矿产基础储量	21	24	-3	劣势
人均森林储积量	29	29	0	劣势
3.2　环境竞争力	10	5	5	优势
森林覆盖率	16	16	0	中势
人均废水排放量	27	27	0	劣势
人均工业废气排放量	1	1	0	强势
人均工业固体废物排放量	1	1	0	强势
人均治理工业污染投资额	16	17	-1	中势
一般工业固体废物综合利用率	9	6	3	优势
生活垃圾无害化处理率	29	9	20	优势
自然灾害直接经济损失	2	3	-1	强势
3.3　人力资源竞争力	1	1	0	强势
常住人口增长率	8	28	-20	劣势
15~64 岁人口比例	2	4	-2	优势
文盲率	1	1	0	强势
大专以上教育程度人口比例	1	1	0	强势
平均受教育程度	1	1	0	强势
人口健康素质	28	26	2	劣势
职业学校毕业生数	26	28	-2	劣势

4. 北京市财政金融竞争力指标排名变化情况

表 1－8　2015～2016 年北京市财政金融竞争力指标组排位及变化趋势

指　标	2015 年	2016 年	排位升降	优劣势
4　财政金融竞争力	1	1	0	强势
4.1　财政竞争力	2	1	1	强势
地方财政收入	6	8	－2	优势
地方财政支出	9	7	2	优势
地方财政收入占 GDP 比重	2	15	－13	中势
地方财政支出占 GDP 比重	13	14	－1	中势
税收收入占 GDP 比重	2	2	0	强势
税收收入占财政总收入比重	14	3	11	强势
人均地方财政收入	2	2	0	强势
人均地方财政支出	2	2	0	强势
人均税收收入	2	2	0	强势
地方财政收入增长率	14	28	－14	劣势
地方财政支出增长率	4	25	－21	劣势
税收收入增长率	16	5	11	优势
4.2　金融竞争力	1	1	0	强势
存款余额	2	2	0	强势
人均存款余额	1	1	0	强势
贷款余额	5	3	2	强势
人均贷款余额	1	1	0	强势
中长期贷款占贷款余额比重	18	11	7	中势
保险费净收入	4	4	0	优势
保险密度	1	1	0	强势
保险深度	2	1	1	强势
国内上市公司数	4	4	0	优势
国内上市公司市值	1	1	0	强势

5. 北京市知识经济竞争力指标排名变化情况

表 1－9　2015～2016 年北京市知识经济竞争力指标组排位及变化趋势

指　标	2015 年	2016 年	排位升降	优劣势
5　知识经济竞争力	3	3	0	强势
5.1　科技竞争力	3	3	0	强势
R&D 人员	14	14	0	中势
R&D 经费	13	14	－1	中势
R&D 经费投入强度	12	14	－2	中势
发明专利授权量	2	2	0	强势
技术市场成交合同金额	1	1	0	强势

续表

指　标	2015 年	2016 年	排位升降	优劣势
财政科技支出占地方财政支出比重	1	4	-3	优势
高技术产业主营业务收入	9	10	-1	优势
高技术产业收入占工业增加值比重	1	2	-1	强势
高技术产品出口额占商品出口额比重	5	10	-5	优势
5.2　教育竞争力	1	1	0	强势
教育经费	8	11	-3	中势
教育经费占 GDP 比重	14	17	-3	中势
人均教育经费	1	1	0	强势
公共教育经费占财政支出比重	22	23	-1	劣势
人均文化教育支出占个人消费支出比重	17	26	-9	劣势
万人中小学学校数	30	30	0	劣势
万人中小学专任教师数	30	30	0	劣势
高等学校数	14	14	0	中势
高校专任教师数	8	8	0	优势
万人高等学校在校学生数	1	1	0	强势
5.3　文化竞争力	5	6	-1	优势
文化制造业营业收入	18	17	1	中势
文化批发零售业营业收入	4	4	0	优势
文化服务业企业营业收入	1	1	0	强势
图书和期刊出版数	15	11	4	中势
报纸出版数	17	17	0	中势
印刷用纸量	4	4	0	优势
城镇居民人均文化娱乐支出	2	2	0	强势
农村居民人均文化娱乐支出	6	5	1	优势
城镇居民人均文化娱乐支出占消费性支出比重	16	25	-9	劣势
农村居民人均文化娱乐支出占消费性支出比重	29	28	1	劣势

6. 北京市发展环境竞争力指标排名变化情况

表 1-10　2015～2016 年北京市发展环境竞争力指标组排位及变化趋势

指　标	2015 年	2016 年	排位升降	优劣势
6　发展环境竞争力	2	4	-2	优势
6.1　基础设施竞争力	3	5	-2	优势
铁路网线密度	2	2	0	强势
公路网线密度	9	9	0	优势
人均内河航道里程	28	28	0	劣势
全社会旅客周转量	25	25	0	劣势
全社会货物周转量	28	28	0	劣势
人均邮电业务总量	1	1	0	强势

续表

指　标	2015 年	2016 年	排位升降	优劣势
电话普及率	1	1	0	强势
互联网普及率	1	1	0	强势
人均耗电量	14	13	1	中势
6.2　软环境竞争力	1	2	-1	强势
外资企业数增长率	30	24	6	劣势
万人外资企业数	2	2	0	强势
个体私营企业数增长率	29	30	-1	劣势
万人个体私营企业数	1	2	-1	强势
万人商标注册件数	1	1	0	强势
查处商标侵权假冒案件	11	7	4	优势
每十万人交通事故发生数	17	16	1	中势
罚没收入占财政收入比重	29	30	-1	劣势
社会捐赠款物	2	2	0	强势

7. 北京市政府作用竞争力指标排名变化情况

表 1-11　2015～2016 年北京市政府作用竞争力指标组排位及变化趋势

指　标	2015 年	2016 年	排位升降	优劣势
7　政府作用竞争力	8	7	1	优势
7.1　政府发展经济竞争力	27	24	3	劣势
财政支出用于基本建设投资比重	21	22	-1	劣势
财政支出对 GDP 增长的拉动	19	20	-1	中势
政府公务员对经济的贡献	10	9	1	优势
政府消费对民间消费的拉动	29	25	4	劣势
财政投资对社会投资的拉动	28	28	0	劣势
7.2　政府规调经济竞争力	4	1	3	强势
物价调控	27	7	20	优势
调控城乡消费差距	24	19	5	中势
统筹经济社会发展	2	2	0	强势
规范税收	2	2	0	强势
固定资产投资价格指数	7	20	-13	中势
7.3　政府保障经济竞争力	3	4	-1	优势
城市城镇社区服务设施数	10	11	-1	中势
医疗保险覆盖率	3	4	-1	优势
养老保险覆盖率	17	18	-1	中势
失业保险覆盖率	3	4	-1	优势
最低工资标准	5	4	1	优势
城镇登记失业率	1	1	0	强势

8. 北京市发展水平竞争力指标排名变化情况

表 1-12 2015~2016 年北京市发展水平竞争力指标组排位及变化趋势

指 标	2015 年	2016 年	排位升降	优劣势
8 发展水平竞争力	4	4	0	优势
8.1 工业化进程竞争力	6	7	-1	优势
工业增加值占 GDP 比重	29	29	0	劣势
工业增加值增长率	15	7	8	优势
高技术产业占工业增加值比重	1	2	-1	强势
高技术产品出口额占商品出口额比重	12	15	-3	中势
信息产业增加值占 GDP 比重	7	8	-1	优势
工农业增加值比值	3	3	0	强势
8.2 城市化进程竞争力	1	1	0	强势
城镇化率	2	2	0	强势
城镇居民人均可支配收入	2	2	0	强势
城市平均建成区面积比重	31	31	0	劣势
人均拥有道路面积	30	30	0	劣势
人均日生活用水量	11	14	-3	中势
人均公共绿地面积	6	6	0	优势
8.3 市场化进程竞争力	15	8	7	优势
非公有制经济产值占全社会总产值比重	28	30	-2	劣势
社会投资占投资总额比重	11	13	-2	中势
私有和个体企业从业人员比重	1	1	0	强势
亿元以上商品市场成交额	8	7	1	优势
亿元以上商品市场成交额占全社会消费品零售总额比重	9	8	1	优势
居民消费支出占总消费支出比重	29	25	4	劣势

9. 北京市统筹协调竞争力指标排名变化情况

表 1-13 2015~2016 年北京市统筹协调竞争力指标组排位及变化趋势

指 标	2015 年	2016 年	排位升降	优劣势
9 统筹协调竞争力	1	6	-5	优势
9.1 统筹发展竞争力	1	2	-1	强势
社会劳动生产率	1	1	0	强势
能源使用下降率	16	12	4	中势
万元 GDP 综合能耗下降率	13	27	-14	劣势
非农用地产出率	5	5	0	优势
生产税净额和营业盈余占 GDP 比重	7	8	-1	优势
最终消费率	4	8	-4	优势
固定资产投资额占 GDP 比重	5	5	0	优势
固定资产交付使用率	2	30	-28	劣势
9.2 协调发展竞争力	18	28	-10	劣势
环境竞争力与宏观经济竞争力比差	26	22	4	劣势
资源竞争力与宏观经济竞争力比差	2	1	1	强势
人力资源竞争力与宏观经济竞争力比差	21	22	-1	劣势
资源竞争力与工业竞争力比差	2	30	-28	劣势
环境竞争力与工业竞争力比差	18	20	-2	中势
城乡居民家庭人均收入比差	16	14	2	中势
城乡居民人均现金消费支出比差	24	23	1	劣势
全社会消费品零售总额与外贸出口总额比差	10	23	-13	劣势

B.3
2
天津市经济综合竞争力评价分析报告

天津市简称津，位于华北平原东北部，与北京市、河北省相接，是中央四大直辖市之一，也是中国北方最大的沿海开放城市，素有“渤海明珠”之称。全市面积为11919.7平方公里。2016年全市常住人口为1562万人，地区生产总值为17885亿元，同比增长9.1%，人均GDP达115053元。本部分通过分析2015～2016年天津市经济综合竞争力以及各要素竞争力的排名变化，从中找出天津市经济综合竞争力的推动点及影响因素，为进一步提升天津市经济综合竞争力提供决策参考。

2.1 天津市经济综合竞争力总体分析

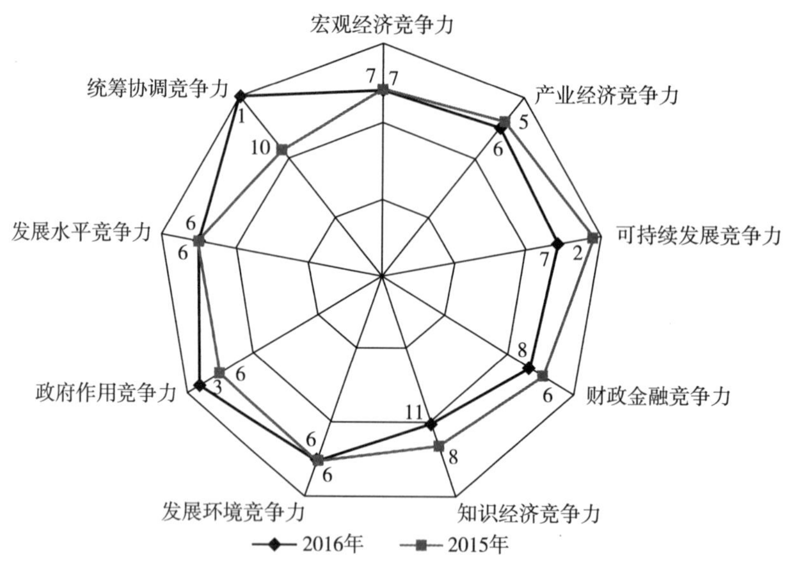

图2－1 2015～2016年天津市经济综合竞争力二级指标比较雷达图

1. 天津市经济综合竞争力一级指标概要分析

（1）从综合排位看，2016年天津市经济综合竞争力综合排位在全国居第7位，这表明其在全国处于优势地位；与2015年相比，综合排位保持不变。

（2）从指标所处区位看，8个指标处于上游区，分别为宏观经济竞争力、产业经济竞争力、可持续发展竞争力、财政金融竞争力、发展环境竞争力、政府作用竞争力、发

表 2－1 2015～2016 年天津市经济综合竞争力二级指标比较

项目/年份	宏观经济竞争力	产业经济竞争力	可持续发展竞争力	财政金融竞争力	知识经济竞争力	发展环境竞争力	政府作用竞争力	发展水平竞争力	统筹协调竞争力	综合排位
2015	7	5	2	6	8	6	6	6	10	7
2016	7	6	7	8	11	6	3	6	1	7
升降	0	－1	－5	－2	－3	0	3	0	9	0
优劣度	优势	优势	优势	优势	中势	优势	强势	优势	强势	优势

展水平竞争力、统筹协调竞争力；其中，政府作用竞争力、统筹协调竞争力为天津市经济综合竞争力的强势指标。1 个指标处于中游区，为知识经济竞争力。

（3）从指标变化趋势看，9 个二级指标中，有 2 个指标处于上升趋势，分别为政府作用竞争力和统筹协调竞争力；有 3 个指标排位没有发生变化，分别为宏观经济竞争力、发展环境竞争力和发展水平竞争力；其余 4 个指标处于下降趋势。

2. 天津市经济综合竞争力各级指标动态变化分析

从表 2－2 可以看出，210 个四级指标中，上升指标有 59 个，占指标总数的 28.1%；下降指标有 64 个，占指标总数的 30.5%；保持不变的指标有 87 个，占指标总数的 41.4%。综上所述，天津市下降指标略大于上升指标，但排位保持不变的指标占较大比重，2015～2016 年天津市经济综合竞争力排位保持不变。

表 2－2 2015～2016 年天津市经济综合竞争力各级指标排位变化情况

单位：个，%

二级指标	三级指标	四级指标数	上升		保持		下降		变化趋势
			指标数	比重	指标数	比重	指标数	比重	
宏观经济竞争力	经济实力竞争力	12	0	0.0	5	41.7	7	58.3	下降
	经济结构竞争力	6	3	50.0	2	33.3	1	16.7	上升
	经济外向度竞争力	9	5	55.6	3	33.3	1	11.1	上升
	小　计	27	8	29.6	10	37.0	9	33.3	保持
产业经济竞争力	农业竞争力	10	2	20.0	5	50.0	3	30.0	保持
	工业竞争力	10	1	10.0	3	30.0	6	60.0	保持
	服务业竞争力	10	3	30.0	6	60.0	1	10.0	保持
	企业竞争力	10	4	40.0	4	40.0	2	20.0	保持
	小　计	40	10	25.0	18	45.0	12	30.0	下降
可持续发展竞争力	资源竞争力	9	1	11.1	8	88.9	0	0.0	保持
	环境竞争力	8	2	25.0	2	25.0	4	50.0	下降
	人力资源竞争力	7	1	14.3	3	42.9	3	42.9	下降
	小　计	24	4	16.7	13	54.2	7	29.2	下降
财政金融竞争力	财政竞争力	12	4	33.3	3	25.0	5	41.7	下降
	金融竞争力	10	4	40.0	5	50.0	1	10.0	上升
	小　计	22	8	36.4	8	36.4	6	27.3	下降

续表

二级指标	三级指标	四级指标数	上升		保持		下降		变化趋势
			指标数	比重	指标数	比重	指标数	比重	
知识经济竞争力	科技竞争力	9	1	11.1	4	44.4	4	44.4	保持
	教育竞争力	10	2	20.0	4	40.0	4	40.0	下降
	文化竞争力	10	1	10.0	5	50.0	4	40.0	下降
	小　计	29	4	13.8	13	44.8	12	41.4	下降
发展环境竞争力	基础设施竞争力	9	2	22.2	7	77.8	0	0.0	保持
	软环境竞争力	9	4	44.4	3	33.3	2	22.2	保持
	小　计	18	6	33.3	10	55.6	2	11.1	保持
政府作用竞争力	政府发展经济竞争力	5	2	40.0	1	20.0	2	40.0	下降
	政府规调经济竞争力	5	2	40.0	2	40.0	1	20.0	上升
	政府保障经济竞争力	6	5	83.3	1	16.7	0	0.0	下降
	小　计	16	9	56.3	4	25.0	3	18.8	上升
发展水平竞争力	工业化进程竞争力	6	1	16.7	3	50.0	2	33.3	下降
	城市化进程竞争力	6	2	33.3	2	33.3	2	33.3	保持
	市场化进程竞争力	6	4	66.7	0	0.0	2	33.3	上升
	小　计	18	7	38.9	5	27.8	6	33.3	保持
统筹协调竞争力	统筹发展竞争力	8	1	12.5	3	37.5	4	50.0	上升
	协调发展竞争力	8	2	25.0	3	37.5	3	37.5	下降
	小　计	16	3	18.8	6	37.5	7	43.8	上升
合　计		210	59	28.1	87	41.4	64	30.5	保持

3. 天津市经济综合竞争力各级指标优劣势结构分析

基于图2－2和表2－3，具体到四级指标，强势指标40个，占指标总数的19.0%；优势指标61个，占指标总数的29.0%；中势指标43个，占指标总数的20.5%；劣势

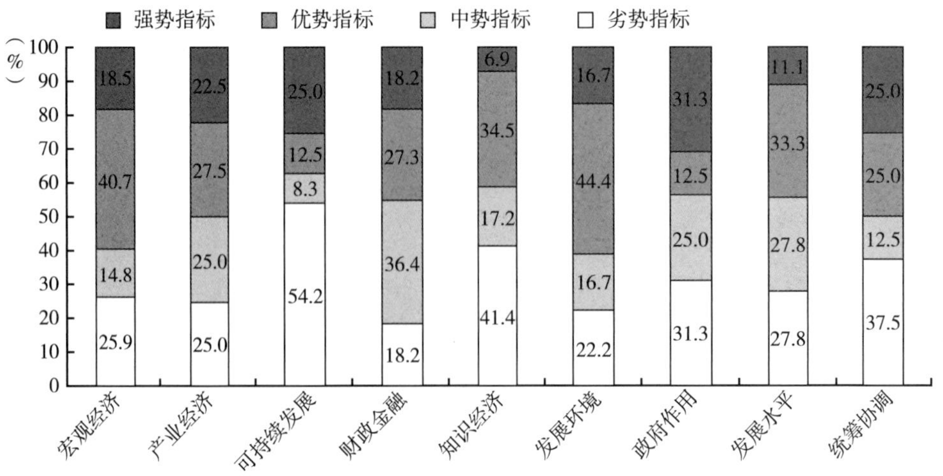

图2－2　2016年天津市经济综合竞争力各级指标优劣势比较

表 2－3　2016 年天津市经济综合竞争力各级指标优劣势情况

单位：个，%

二级指标	三级指标	四级指标数	强势指标		优势指标		中势指标		劣势指标		优劣势
			个数	比重	个数	比重	个数	比重	个数	比重	
宏观经济竞争力	经济实力竞争力	12	2	16.7	3	25.0	2	16.7	5	41.7	优势
	经济结构竞争力	6	3	50.0	0	0.0	2	33.3	1	16.7	强势
	经济外向度竞争力	9	0	0.0	8	88.9	0	0.0	1	11.1	优势
	小　计	27	5	18.5	11	40.7	4	14.8	7	25.9	优势
产业经济竞争力	农业竞争力	10	0	0.0	3	30.0	1	10.0	6	60.0	劣势
	工业竞争力	10	3	30.0	1	10.0	4	40.0	2	20.0	优势
	服务业竞争力	10	1	10.0	5	50.0	2	20.0	2	20.0	优势
	企业竞争力	10	5	50.0	2	20.0	3	30.0	0	0.0	强势
	小　计	40	9	22.5	11	27.5	10	25.0	10	25.0	优势
可持续发展竞争力	资源竞争力	9	0	0.0	1	11.1	0	0.0	8	88.9	劣势
	环境竞争力	8	2	25.0	1	12.5	2	25.0	3	37.5	中势
	人力资源竞争力	7	4	57.1	1	14.3	0	0.0	2	28.6	强势
	小　计	24	6	25.0	3	12.5	2	8.3	13	54.2	优势
财政金融竞争力	财政竞争力	12	1	8.3	6	50.0	2	16.7	3	25.0	优势
	金融竞争力	10	3	30.0	0	0.0	6	60.0	1	10.0	优势
	小　计	22	4	18.2	6	27.3	8	36.4	4	18.2	优势
知识经济竞争力	科技竞争力	9	0	0.0	6	66.7	3	33.3	0	0.0	优势
	教育竞争力	10	2	20.0	0	0.0	0	0.0	8	80.0	劣势
	文化竞争力	10	0	0.0	4	40.0	2	20.0	4	40.0	中势
	小　计	29	2	6.9	10	34.5	5	17.2	12	41.4	中势
发展环境竞争力	基础设施竞争力	9	1	11.1	4	44.4	2	22.2	2	22.2	优势
	软环境竞争力	9	2	22.2	4	44.4	1	11.1	2	22.2	优势
	小　计	18	3	16.7	8	44.4	3	16.7	4	22.2	优势
政府作用竞争力	政府发展经济竞争力	5	2	40.0	0	0.0	1	20.0	2	40.0	优势
	政府规调经济竞争力	5	2	40.0	0	0.0	1	20.0	2	40.0	强势
	政府保障经济竞争力	6	1	16.7	2	33.3	2	33.3	1	16.7	优势
	小　计	16	5	31.3	2	12.5	4	25.0	5	31.3	强势
发展水平竞争力	工业化进程竞争力	6	1	16.7	3	50.0	1	16.7	1	16.7	优势
	城市化进程竞争力	6	1	16.7	2	33.3	1	16.7	2	33.3	优势
	市场化进程竞争力	6	0	0.0	1	16.7	3	50.0	2	33.3	中势
	小　计	18	2	11.1	6	33.3	5	27.8	5	27.8	优势
统筹协调竞争力	统筹发展竞争力	8	2	25.0	3	37.5	1	12.5	2	25.0	强势
	协调发展竞争力	8	2	25.0	1	12.5	1	12.5	4	50.0	劣势
	小　计	16	4	25.0	4	25.0	2	12.5	6	37.5	强势
合　计		210	40	19.0	61	29.0	43	20.5	66	31.4	优势

指标 66 个，占指标总数的 31.4%。三级指标中，强势指标 5 个，占三级指标总数的 20%；优势指标 13 个，占三级指标总数的 52%；中势指标 3 个，占三级指标总数的

12%；劣势指标4个，占三级指标总数的16%。从二级指标看，强势指标2个，占二级指标总数的22.2%；优势指标有6个，占二级指标总数的66.7%；中势指标有1个，占二级指标总数的11.1%。综合来看，由于优势指标在指标体系中居于主导地位，2016年天津市经济综合竞争力处于优势地位。

4. 天津市经济综合竞争力四级指标优劣势对比分析

表2-4　2016年天津市经济综合竞争力各级指标优劣势情况

二级指标	优劣势	四级指标
宏观经济竞争力(27个)	强势指标	人均地区生产总值、人均固定资产投资额、产业结构优化度、城乡经济结构优化度、就业结构优化度(5个)
	优势指标	地区生产总值增长率、人均财政收入、人均全社会消费品零售总额、进出口总额、出口总额、出口增长率、实际FDI、实际FDI增长率、外贸依存度、外资企业数、对外直接投资额(11个)
	劣势指标	财政总收入增长率、固定资产投资额、固定资产投资额增长率、全社会消费品零售总额、全社会消费品零售总额增长率、资本形成结构优化度、进出口增长率(7个)
产业经济竞争力(40个)	强势指标	人均工业增加值、工业全员劳动生产率、工业成本费用利润率、人均服务业增加值、规模以上企业平均收入、规模以上企业平均利润、规模以上企业劳动效率、产品质量抽查合格率、工业企业R&D经费投入强度(9个)
	优势指标	农民人均纯收入、农产品出口占农林牧渔总产值比重、农村人均用电量、工业资产总贡献率、服务业增加值增长率、限额以上批发零售企业主营业务收入、限额以上餐饮企业利税率、旅游外汇收入、电子商务销售额、城镇就业人员平均工资、新产品销售收入占主营业务收入比重(11个)
	劣势指标	农业增加值、农业增加值增长率、人均农业增加值、人均主要农产品产量、农业机械化水平、财政支农资金比重、工业增加值增长率、工业资产总额增长率、服务业从业人员数、限额以上批零企业利税率(10个)
可持续发展竞争力(24个)	强势指标	一般工业固体废物综合利用率、自然灾害直接经济损失、15~64岁人口比例、文盲率、大专以上教育程度人口比例、平均受教育程度(6个)
	优势指标	人均可使用海域和滩涂面积、人均工业固体废物排放量、常住人口增长率(3个)
	劣势指标	人均国土面积、人均年水资源量、耕地面积、人均耕地面积、人均牧草地面积、主要能源矿产基础储量、人均主要能源矿产基础储量、人均森林储积量、森林覆盖率、人均废水排放量、生活垃圾无害化处理率、人口健康素质、职业学校毕业生数(13个)
财政金融竞争力(22个)	强势指标	人均税收收入、人均存款余额、人均贷款余额、保险密度(4个)
	优势指标	税收收入占GDP比重、税收收入占财政总收入比重、人均地方财政收入、人均地方财政支出、地方财政支出增长率、税收收入增长率(6个)
	劣势指标	地方财政收入、地方财政支出、地方财政收入增长率、保险深度(4个)
知识经济竞争力(29个)	强势指标	人均教育经费、万人高等学校在校学生数(2个)
	优势指标	R&D经费投入强度、技术市场成交合同金额、财政科技支出占地方财政支出比重、高技术产业主营业务收入、高技术产业收入占工业增加值比重、高技术产品出口额占商品出口额比重、文化服务业企业营业收入、印刷用纸量、城镇居民人均文化娱乐支出、农村居民人均文化娱乐支出(10个)
	劣势指标	教育经费、教育经费占GDP比重、公共教育经费占财政支出比重、人均文化教育支出占个人消费支出比重、万人中小学学校数、万人中小学专任教师数、高等学校数、高校专任教师数、图书和期刊出版数、报纸出版数、城镇居民人均文化娱乐支出占消费性支出比重、农村居民人均文化娱乐支出占消费性支出比重(12个)

续表

二级指标	优劣势	四级指标
发展环境竞争力(18个)	强势指标	铁路网线密度、万人外资企业数、每十万人交通事故发生数(3个)
	优势指标	公路网线密度、人均邮电业务总量、互联网普及率、人均耗电量、外资企业数增长率、个体私营企业数增长率、万人个体私营企业数、万人商标注册件数(8个)
	劣势指标	人均内河航道里程、全社会旅客周转量、罚没收入占财政收入比重、社会捐赠款物(4个)
政府作用竞争力(16个)	强势指标	政府公务员对经济的贡献、财政投资对社会投资的拉动、调控城乡消费差距、统筹经济社会发展、最低工资标准(5个)
	优势指标	养老保险覆盖率、失业保险覆盖率(2个)
	劣势指标	财政支出用于基本建设投资比重、政府消费对民间消费的拉动、物价调控、规范税收、城市城镇社区服务设施数(5个)
发展水平竞争力(18个)	强势指标	工农业增加值比值、城镇化率(2个)
	优势指标	高技术产业占工业增加值比重、高技术产品出口额占商品出口额比重、信息产业增加值占GDP比重、城镇居民人均可支配收入、城市平均建成区面积比重、社会投资占投资总额比重(6个)
	劣势指标	工业增加值增长率、人均日生活用水量、人均公共绿地面积、私有和个体企业从业人员比重、居民消费支出占总消费支出比重(5个)
统筹协调竞争力(16个)	强势指标	社会劳动生产率、非农用地产出率、资源竞争力与宏观经济竞争力比差、城乡居民人均现金消费支出比差(4个)
	优势指标	能源使用下降率、万元GDP综合能耗下降率、固定资产投资额占GDP比重、环境竞争力与工业竞争力比差(4个)
	劣势指标	生产税净额和营业盈余占GDP比重、最终消费率、环境竞争力与宏观经济竞争力比差、资源竞争力与工业竞争力比差、城乡居民家庭人均收入比差、全社会消费品零售总额与外贸出口总额比差(6个)

2.2 天津市经济综合竞争力各级指标具体分析

1. 天津市宏观经济竞争力指标排名变化情况

表2-5 2015~2016年天津市宏观经济竞争力指标组排位及变化趋势

指 标	2015年	2016年	排位升降	优劣势
1 宏观经济竞争力	7	7	0	优势
1.1 经济实力竞争力	5	8	-3	优势
地区生产总值	19	19	0	中势
地区生产总值增长率	4	4	0	优势
人均地区生产总值	1	3	-2	强势
财政总收入	15	20	-5	中势
财政总收入增长率	12	21	-9	劣势
人均财政收入	4	5	-1	优势
固定资产投资额	21	21	0	劣势

续表

指　标	2015 年	2016 年	排位升降	优劣势
固定资产投资额增长率	16	23	-7	劣势
人均固定资产投资额	1	1	0	强势
全社会消费品零售总额	23	24	-1	劣势
全社会消费品零售总额增长率	13	29	-16	劣势
人均全社会消费品零售总额	4	4	0	优势
1.2　经济结构竞争力	4	3	1	强势
产业结构优化度	6	3	3	强势
所有制经济结构优化度	15	14	1	中势
城乡经济结构优化度	1	1	0	强势
就业结构优化度	3	3	0	强势
资本形成结构优化度	25	26	-1	劣势
贸易结构优化度	19	13	6	中势
1.3　经济外向度竞争力	10	7	3	优势
进出口总额	8	8	0	优势
进出口增长率	25	21	4	劣势
出口总额	8	10	-2	优势
出口增长率	22	9	13	优势
实际 FDI	9	8	1	优势
实际 FDI 增长率	10	4	6	优势
外贸依存度	5	5	0	优势
外资企业数	9	9	0	优势
对外直接投资额	8	7	1	优势

2. 天津市产业经济竞争力指标排名变化情况

表 2-6　2015～2016 年天津市产业经济竞争力指标组排位及变化趋势

指　标	2015 年	2016 年	排位升降	优劣势
2　产业经济竞争力	5	6	-1	优势
2.1　农业竞争力	28	28	0	劣势
农业增加值	28	28	0	劣势
农业增加值增长率	27	23	4	劣势
人均农业增加值	24	25	-1	劣势
农民人均纯收入	4	4	0	优势
农民人均纯收入增长率	23	12	11	中势
农产品出口占农林牧渔总产值比重	4	4	0	优势
人均主要农产品产量	29	29	0	劣势

续表

指　标	2015 年	2016 年	排位升降	优劣势
农业机械化水平	27	28	-1	劣势
农村人均用电量	5	5	0	优势
财政支农资金比重	30	31	-1	劣势
2.2　工业竞争力	6	6	0	优势
工业增加值	16	18	-2	中势
工业增加值增长率	17	27	-10	劣势
人均工业增加值	1	1	0	强势
工业资产总额	17	18	-1	中势
工业资产总额增长率	23	28	-5	劣势
工业资产总贡献率	8	8	0	优势
规模以上工业主营业务收入	15	14	1	中势
规模以上工业利润总额	10	13	-3	中势
工业全员劳动生产率	2	2	0	强势
工业成本费用利润率	2	3	-1	强势
2.3　服务业竞争力	7	7	0	优势
服务业增加值	14	14	0	中势
服务业增加值增长率	17	9	8	优势
人均服务业增加值	3	3	0	强势
服务业从业人员数	27	27	0	劣势
限额以上批发零售企业主营业务收入	6	6	0	优势
限额以上批零企业利税率	31	31	0	劣势
限额以上餐饮企业利税率	7	7	0	优势
旅游外汇收入	7	6	1	优势
商品房销售收入	17	14	3	中势
电子商务销售额	8	9	-1	优势
2.4　企业竞争力	2	2	0	强势
规模以上工业企业数	17	19	-2	中势
规模以上企业平均资产	12	11	1	中势
规模以上企业平均收入	2	2	0	强势
规模以上企业平均利润	2	2	0	强势
规模以上企业劳动效率	1	2	-1	强势
城镇就业人员平均工资	4	4	0	优势
新产品销售收入占主营业务收入比重	5	4	1	优势
产品质量抽查合格率	3	1	2	强势
工业企业 R&D 经费投入强度	5	3	2	强势
中国驰名商标持有量	15	15	0	中势

3. 天津市可持续发展竞争力指标排名变化情况

表 2-7　2015～2016 年天津市可持续发展竞争力指标组排位及变化趋势

指　标	2015 年	2016 年	排位升降	优劣势
3　可持续发展竞争力	2	7	-5	优势
3.1　资源竞争力	29	29	0	劣势
人均国土面积	29	29	0	劣势
人均可使用海域和滩涂面积	9	9	0	优势
人均年水资源量	31	31	0	劣势
耕地面积	29	29	0	劣势
人均耕地面积	28	28	0	劣势
人均牧草地面积	30	30	0	劣势
主要能源矿产基础储量	26	26	0	劣势
人均主要能源矿产基础储量	23	22	1	劣势
人均森林储积量	30	30	0	劣势
3.2　环境竞争力	6	18	-12	中势
森林覆盖率	29	29	0	劣势
人均废水排放量	25	24	1	劣势
人均工业废气排放量	18	13	5	中势
人均工业固体废物排放量	7	8	-1	优势
人均治理工业污染投资额	3	11	-8	中势
一般工业固体废物综合利用率	1	1	0	强势
生活垃圾无害化处理率	20	24	-4	劣势
自然灾害直接经济损失	1	2	-1	强势
3.3　人力资源竞争力	2	3	-1	强势
常住人口增长率	3	7	-4	优势
15～64 岁人口比例	1	3	-2	强势
文盲率	3	3	0	强势
大专以上教育程度人口比例	3	3	0	强势
平均受教育程度	3	3	0	强势
人口健康素质	21	23	-2	劣势
职业学校毕业生数	28	27	1	劣势

4. 天津市财政金融竞争力指标排名变化情况

表 2-8　2015～2016 年天津市财政金融竞争力指标组排位及变化趋势

指　标	2015 年	2016 年	排位升降	优劣势
4　财政金融竞争力	6	8	-2	优势
4.1　财政竞争力	4	9	-5	优势
地方财政收入	10	21	-11	劣势
地方财政支出	25	23	2	劣势
地方财政收入占 GDP 比重	4	18	-14	中势
地方财政支出占 GDP 比重	23	20	3	中势

续表

指　标	2015 年	2016 年	排位升降	优劣势
税收收入占 GDP 比重	7	7	0	优势
税收收入占财政总收入比重	17	10	7	优势
人均地方财政收入	3	5	-2	优势
人均地方财政支出	5	5	0	优势
人均税收收入	3	3	0	强势
地方财政收入增长率	5	26	-21	劣势
地方财政支出增长率	7	8	-1	优势
税收收入增长率	9	8	1	优势
4.2　金融竞争力	9	8	1	优势
存款余额	18	18	0	中势
人均存款余额	3	3	0	强势
贷款余额	13	13	0	中势
人均贷款余额	3	3	0	强势
中长期贷款占贷款余额比重	22	18	4	中势
保险费净收入	22	20	2	中势
保险密度	5	3	2	强势
保险深度	25	23	2	劣势
国内上市公司数	18	18	0	中势
国内上市公司市值	17	19	-2	中势

5. 天津市知识经济竞争力指标排名变化情况

表 2-9　2015~2016 年天津市知识经济竞争力指标组排位及变化趋势

指　标	2015 年	2016 年	排位升降	优劣势
5　知识经济竞争力	8	11	-3	中势
5.1　科技竞争力	7	7	0	优势
R&D 人员	10	12	-2	中势
R&D 经费	8	11	-3	中势
R&D 经费投入强度	2	5	-3	优势
发明专利授权量	15	15	0	中势
技术市场成交合同金额	7	7	0	优势
财政科技支出占地方财政支出比重	6	7	-1	优势
高技术产业主营业务收入	8	8	0	优势
高技术产业收入占工业增加值比重	6	6	0	优势
高技术产品出口额占商品出口额比重	7	4	3	优势
5.2　教育竞争力	8	23	-15	劣势
教育经费	24	27	-3	劣势
教育经费占 GDP 比重	21	29	-8	劣势
人均教育经费	4	3	1	强势
公共教育经费占财政支出比重	5	26	-21	劣势
人均文化教育支出占个人消费支出比重	30	29	1	劣势

续表

指　标	2015 年	2016 年	排位升降	优劣势
万人中小学学校数	28	28	0	劣势
万人中小学专任教师数	29	29	0	劣势
高等学校数	24	24	0	劣势
高校专任教师数	23	24	-1	劣势
万人高等学校在校学生数	2	2	0	强势
5.3　文化竞争力	14	17	-3	中势
文化制造业营业收入	11	13	-2	中势
文化批发零售业营业收入	14	14	0	中势
文化服务业企业营业收入	6	6	0	优势
图书和期刊出版数	26	26	0	劣势
报纸出版数	20	23	-3	劣势
印刷用纸量	5	5	0	优势
城镇居民人均文化娱乐支出	12	8	4	优势
农村居民人均文化娱乐支出	5	6	-1	优势
城镇居民人均文化娱乐支出占消费性支出比重	30	30	0	劣势
农村居民人均文化娱乐支出占消费性支出比重	25	27	-2	劣势

6. 天津市发展环境竞争力指标排名变化情况

表 2-10　2015~2016 年天津市发展环境竞争力指标组排位及变化趋势

指　标	2015 年	2016 年	排位升降	优劣势
6　发展环境竞争力	6	6	0	优势
6.1　基础设施竞争力	6	6	0	优势
铁路网线密度	1	1	0	强势
公路网线密度	6	6	0	优势
人均内河航道里程	27	27	0	劣势
全社会旅客周转量	26	26	0	劣势
全社会货物周转量	20	19	1	中势
人均邮电业务总量	7	7	0	优势
电话普及率	12	11	1	中势
互联网普及率	6	6	0	优势
人均耗电量	9	9	0	优势
6.2　软环境竞争力	5	5	0	优势
外资企业数增长率	8	5	3	优势
万人外资企业数	3	3	0	强势
个体私营企业数增长率	7	8	-1	优势
万人个体私营企业数	5	4	1	优势
万人商标注册件数	7	7	0	优势
查处商标侵权假冒案件	21	19	2	中势
每十万人交通事故发生数	1	1	0	强势
罚没收入占财政收入比重	30	29	1	劣势
社会捐赠款物	12	25	-13	劣势

7. 天津市政府作用竞争力指标排名变化情况

表 2-11　2015～2016 年天津市政府作用竞争力指标组排位及变化趋势

指　标	2015 年	2016 年	排位升降	优劣势
7　政府作用竞争力	6	3	3	强势
7.1　政府发展经济竞争力	3	4	-1	优势
财政支出用于基本建设投资比重	31	30	1	劣势
财政支出对 GDP 增长的拉动	9	11	-2	中势
政府公务员对经济的贡献	2	3	-1	强势
政府消费对民间消费的拉动	25	22	3	劣势
财政投资对社会投资的拉动	1	1	0	强势
7.2　政府规调经济竞争力	7	2	5	强势
物价调控	23	25	-2	劣势
调控城乡消费差距	2	2	0	强势
统筹经济社会发展	1	1	0	强势
规范税收	27	21	6	劣势
固定资产投资价格指数	30	11	19	中势
7.3　政府保障经济竞争力	9	10	-1	优势
城市城镇社区服务设施数	26	25	1	劣势
医疗保险覆盖率	15	12	3	中势
养老保险覆盖率	15	9	6	优势
失业保险覆盖率	9	9	0	优势
最低工资标准	4	2	2	强势
城镇登记失业率	19	14	5	中势

8. 天津市发展水平竞争力指标排名变化情况

表 2-12　2015～2016 年天津市发展水平竞争力指标组排位及变化趋势

指　标	2015 年	2016 年	排位升降	优劣势
8　发展水平竞争力	6	6	0	优势
8.1　工业化进程竞争力	4	6	-2	优势
工业增加值占 GDP 比重	5	14	-9	中势
工业增加值增长率	17	27	-10	劣势
高技术产业占工业增加值比重	6	6	0	优势
高技术产品出口额占商品出口额比重	6	5	1	优势
信息产业增加值占 GDP 比重	5	5	0	优势
工农业增加值比值	2	2	0	强势
8.2　城市化进程竞争力	6	6	0	优势
城镇化率	3	3	0	强势
城镇居民人均可支配收入	6	6	0	优势
城市平均建成区面积比重	9	8	1	优势

续表

指　标	2015 年	2016 年	排位升降	优劣势
人均拥有道路面积	14	17	-3	中势
人均日生活用水量	26	30	-4	劣势
人均公共绿地面积	29	27	2	劣势
8.3　市场化进程竞争力	20	17	3	中势
非公有制经济产值占全社会总产值比重	15	14	1	中势
社会投资占投资总额比重	17	7	10	优势
私有和个体企业从业人员比重	29	28	1	劣势
亿元以上商品市场成交额	17	18	-1	中势
亿元以上商品市场成交额占全社会消费品零售总额比重	11	14	-3	中势
居民消费支出占总消费支出比重	25	22	3	劣势

9. 天津市统筹协调竞争力指标排名变化情况

表 2-13　2015~2016 年天津市统筹协调竞争力指标组排位及变化趋势

指　标	2015 年	2016 年	排位升降	优劣势
9　统筹协调竞争力	10	1	9	强势
9.1　统筹发展竞争力	14	1	13	强势
社会劳动生产率	3	3	0	强势
能源使用下降率	4	5	-1	优势
万元 GDP 综合能耗下降率	8	4	4	优势
非农用地产出率	1	2	-1	强势
生产税净额和营业盈余占 GDP 比重	31	31	0	劣势
最终消费率	27	28	-1	劣势
固定资产投资额占 GDP 比重	7	7	0	优势
固定资产交付使用率	10	13	-3	中势
9.2　协调发展竞争力	14	27	-13	劣势
环境竞争力与宏观经济竞争力比差	25	25	0	劣势
资源竞争力与宏观经济竞争力比差	3	3	0	强势
人力资源竞争力与宏观经济竞争力比差	22	17	5	中势
资源竞争力与工业竞争力比差	3	29	-26	劣势
环境竞争力与工业竞争力比差	7	9	-2	优势
城乡居民家庭人均收入比差	31	31	0	劣势
城乡居民人均现金消费支出比差	2	1	1	强势
全社会消费品零售总额与外贸出口总额比差	6	26	-20	劣势

B.4
3
河北省经济综合竞争力评价分析报告

河北省简称冀，位于黄河下游以北，东部濒临渤海，东南部和南部与山东、河南两省接壤，西部隔太行山与山西省为邻，西北部、北部和东北部同内蒙古自治区、辽宁省相接。河北省面积为18.77万平方公里，2016年全省常住人口为7470万人，地区生产总值为32070亿元，同比增长6.8%，人均GDP达43062元。本部分通过分析2015～2016年河北省经济综合竞争力以及各要素竞争力的排名变化，从中找出河北省经济综合竞争力的推动点及影响因素，为进一步提升河北省经济综合竞争力提供决策参考。

3.1 河北省经济综合竞争力总体分析

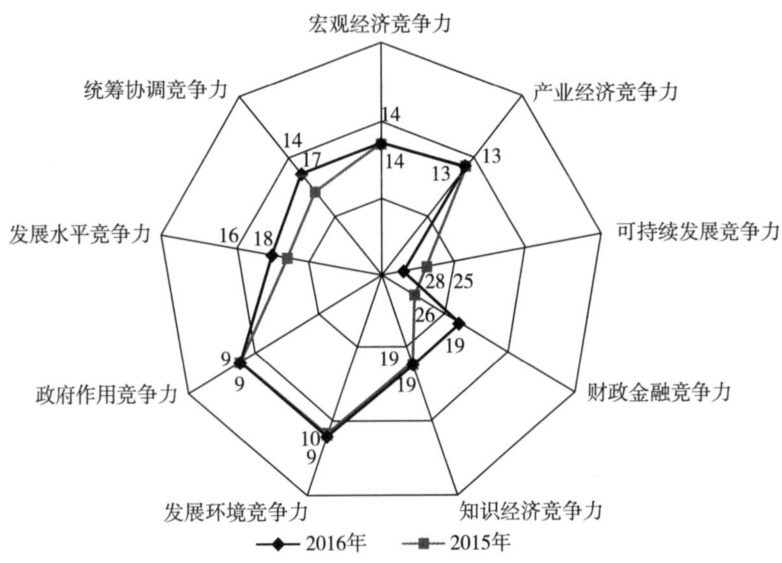

图3－1 2015～2016年河北省经济综合竞争力二级指标比较

1. 河北省经济综合竞争力一级指标概要分析

（1）从综合排位看，2016年河北省经济综合竞争力综合排位在全国居第15位，这表明其在全国处于中势地位；与2015年相比，综合排位没有发生变化。

（2）从指标所处区位看，9个二级指标中，有2个指标处于上游区，分别为发展环境竞争力和政府作用竞争力；有1个指标处于下游区，为可持续发展竞争力。

表 3－1　2015～2016 年河北省经济综合竞争力二级指标比较

项目＼年份	宏观经济竞争力	产业经济竞争力	可持续发展竞争力	财政金融竞争力	知识经济竞争力	发展环境竞争力	政府作用竞争力	发展水平竞争力	统筹协调竞争力	**综合排位**
2015	14	13	25	26	19	9	9	18	17	15
2016	14	13	28	19	19	10	9	16	14	15
升降	0	0	－3	7	0	－1	0	2	3	0
优劣度	中势	中势	劣势	中势	中势	优势	优势	中势	中势	中势

（3）从指标变化趋势看，9 个二级指标中，有 3 个指标处于上升趋势，分别为财政金融竞争力、发展水平竞争力和统筹协调竞争力，这些是河北省经济综合竞争力的上升动力所在；有 4 个指标排位没有发生变化，分别为宏观经济竞争力、产业经济竞争力、知识经济竞争力和政府作用竞争力；有 2 个指标处于下降趋势，分别为可持续发展竞争力和发展环境竞争力，这些是河北省经济综合竞争力的下降拉力所在。

2. 河北省经济综合竞争力各级指标动态变化分析

表 3－2　2015～2016 年河北省经济综合竞争力各级指标排位变化情况

单位：个，%

二级指标	三级指标	四级指标数	上升		保持		下降		变化趋势
			指标数	比重	指标数	比重	指标数	比重	
宏观经济竞争力	经济实力竞争力	12	2	16.7	5	41.7	5	41.7	保持
	经济结构竞争力	6	0	0.0	2	33.3	4	66.7	下降
	经济外向度竞争力	9	5	55.6	3	33.3	1	11.1	上升
	小　计	27	7	25.9	10	37.0	10	37.0	保持
产业经济竞争力	农业竞争力	10	4	40.0	3	30.0	3	30.0	保持
	工业竞争力	10	4	40.0	6	60.0	0	0.0	上升
	服务业竞争力	10	4	40.0	2	20.0	4	40.0	下降
	企业竞争力	10	7	70.0	3	30.0	0	0.0	上升
	小　计	40	19	47.5	14	35.0	7	17.5	保持
可持续发展竞争力	资源竞争力	9	1	11.1	8	88.9	0	0.0	保持
	环境竞争力	8	2	25.0	2	25.0	4	50.0	下降
	人力资源竞争力	7	3	42.9	0	0.0	4	57.1	上升
	小　计	24	6	25.0	10	41.7	8	33.3	下降
财政金融竞争力	财政竞争力	12	3	25.0	1	8.3	8	66.7	下降
	金融竞争力	10	7	70.0	3	30.0	0	0.0	上升
	小　计	22	10	45.5	4	18.2	8	36.4	上升
知识经济竞争力	科技竞争力	9	4	44.4	3	33.3	2	22.2	保持
	教育竞争力	10	7	70.0	2	20.0	1	10.0	上升
	文化竞争力	10	5	50.0	1	10.0	4	40.0	上升
	小　计	29	16	55.2	6	20.7	7	24.1	保持

续表

二级指标	三级指标	四级指标数	上升		保持		下降		变化趋势
			指标数	比重	指标数	比重	指标数	比重	
发展环境竞争力	基础设施竞争力	9	1	11.1	5	55.6	3	33.3	保持
	软环境竞争力	9	3	33.3	3	33.3	3	33.3	保持
	小　计	18	4	22.2	8	44.4	6	33.3	下降
政府作用竞争力	政府发展经济竞争力	5	4	80.0	0	0.0	1	20.0	上升
	政府规调经济竞争力	5	2	40.0	0	0.0	3	60.0	下降
	政府保障经济竞争力	6	2	33.3	3	50.0	1	16.7	下降
	小　计	16	8	50.0	3	18.8	5	31.3	保持
发展水平竞争力	工业化进程竞争力	6	3	50.0	1	16.7	2	33.3	上升
	城市化进程竞争力	6	3	50.0	2	33.3	1	16.7	上升
	市场化进程竞争力	6	3	50.0	3	50.0	0	0.0	保持
	小　计	18	9	50.0	6	33.3	3	16.7	上升
统筹协调竞争力	统筹发展竞争力	8	6	75.0	0	0.0	2	25.0	上升
	协调发展竞争力	8	4	50.0	2	25.0	2	25.0	保持
	小　计	16	10	62.5	2	12.5	4	25.0	上升
合　计		210	89	42.4	63	30.0	58	27.6	保持

从表3－2可以看出，210个四级指标中，上升指标有89个，占指标总数的42.4%；下降指标有58个，占指标总数的27.6%；保持不变的指标有63个，占指标总数的30.0%。综上所述，河北省经济综合竞争力上升的动力大于下降的拉力，但受其他外部因素的综合影响，2015～2016年河北省经济综合竞争力排位保持不变。

3. 河北省经济综合竞争力各级指标优劣势结构分析

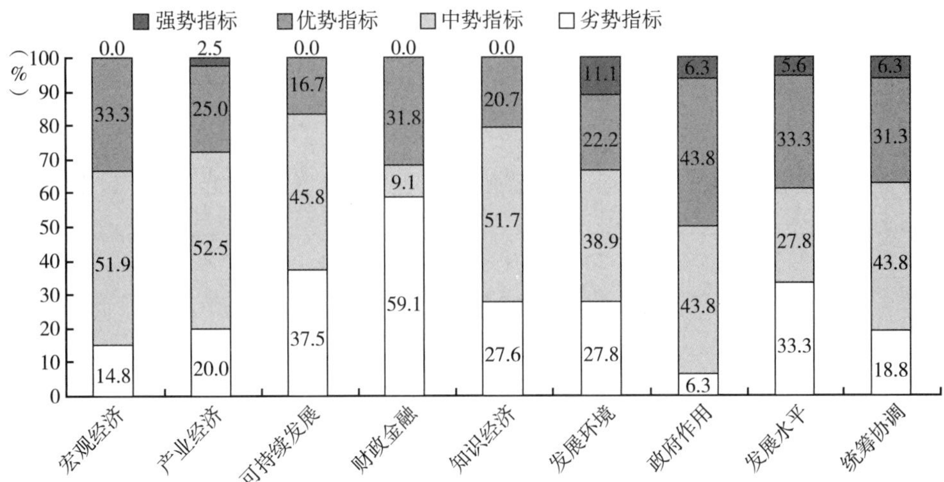

图3－2　2016年河北省经济综合竞争力各级指标优劣势比较

表 3-3　2016 年河北省经济综合竞争力各级指标优劣势情况

单位：个，%

二级指标	三级指标	四级指标数	强势指标		优势指标		中势指标		劣势指标		优劣势
			个数	比重	个数	比重	个数	比重	个数	比重	
宏观经济竞争力	经济实力竞争力	12	0	0.0	3	25.0	6	50.0	3	25.0	中势
	经济结构竞争力	6	0	0.0	3	50.0	2	33.3	1	16.7	优势
	经济外向度竞争力	9	0	0.0	3	33.3	6	66.7	0	0.0	中势
	小　计	27	0	0.0	9	33.3	14	51.9	4	14.8	中势
产业经济竞争力	农业竞争力	10	1	10.0	2	20.0	5	50.0	2	20.0	优势
	工业竞争力	10	0	0.0	4	40.0	4	40.0	2	20.0	优势
	服务业竞争力	10	0	0.0	2	20.0	5	50.0	3	30.0	中势
	企业竞争力	10	0	0.0	2	20.0	7	70.0	1	10.0	中势
	小　计	40	1	2.5	10	25.0	21	52.5	8	20.0	中势
可持续发展竞争力	资源竞争力	9	0	0.0	2	22.2	4	44.4	3	33.3	中势
	环境竞争力	8	0	0.0	1	12.5	3	37.5	4	50.0	劣势
	人力资源竞争力	7	0	0.0	1	14.3	4	57.1	2	28.6	中势
	小　计	24	0	0.0	4	16.7	11	45.8	9	37.5	劣势
财政金融竞争力	财政竞争力	12	0	0.0	2	16.7	0	0.0	10	83.3	劣势
	金融竞争力	10	0	0.0	5	50.0	2	20.0	3	30.0	优势
	小　计	22	0	0.0	7	31.8	2	9.1	13	59.1	中势
知识经济竞争力	科技竞争力	9	0	0.0	0	0.0	7	77.8	2	22.2	中势
	教育竞争力	10	0	0.0	4	40.0	3	30.0	3	30.0	中势
	文化竞争力	10	0	0.0	2	20.0	5	50.0	3	30.0	中势
	小　计	29	0	0.0	6	20.7	15	51.7	8	27.6	中势
发展环境竞争力	基础设施竞争力	9	1	11.1	2	22.2	3	33.3	3	33.3	优势
	软环境竞争力	9	1	11.1	2	22.2	4	44.4	2	22.2	中势
	小　计	18	2	11.1	4	22.2	7	38.9	5	27.8	优势
政府作用竞争力	政府发展经济竞争力	5	0	0.0	2	40.0	3	60.0	0	0.0	中势
	政府规调经济竞争力	5	0	0.0	3	60.0	1	20.0	1	20.0	优势
	政府保障经济竞争力	6	1	16.7	2	33.3	3	50.0	0	0.0	中势
	小　计	16	1	6.3	7	43.8	7	43.8	1	6.3	优势
发展水平竞争力	工业化进程竞争力	6	1	16.7	0	0.0	2	33.3	3	50.0	中势
	城市化进程竞争力	6	0	0.0	2	33.3	2	33.3	2	33.3	中势
	市场化进程竞争力	6	0	0.0	4	66.7	1	16.7	1	16.7	优势
	小　计	18	1	5.6	6	33.3	5	27.8	6	33.3	中势
统筹协调竞争力	统筹发展竞争力	8	1	12.5	2	25.0	4	50.0	1	12.5	中势
	协调发展竞争力	8	0	0.0	3	37.5	3	37.5	2	25.0	中势
	小　计	16	1	6.3	5	31.3	7	43.8	3	18.8	中势
合　计		210	6	2.9	58	27.6	89	42.4	57	27.1	中势

基于图3－2和表3－3，从四级指标来看，强势指标6个，占四级指标总数的2.9%；优势指标58个，占四级指标总数的27.6%；中势指标89个，占四级指标总数的42.4%；劣势指标57个，占四级指标总数的27.1%。从三级指标来看，没有强势指标；优势指标7个，占三级指标总数的28%；中势指标16个，占三级指标总数的64%；劣势指标2个，占三级指标总数的8%。从二级指标来看，没有强势指标；优势指标有2个，占二级指标总数的22.2%；中势指标有6个，占二级指标总数的66.7%。综合来看，由于中势指标在指标体系中居于主导地位，2016年河北省经济综合竞争力处于中势地位。

4. 河北省经济综合竞争力四级指标优劣势对比分析

表3－4　2016年河北省经济综合竞争力各级指标优劣势情况

二级指标	优劣势	四级指标
宏观经济竞争力（27个）	强势指标	（0个）
	优势指标	地区生产总值、固定资产投资额、全社会消费品零售总额、所有制经济结构优化度、城乡经济结构优化度、资本形成结构优化度、进出口总额、出口总额、实际FDI增长率（9个）
	劣势指标	地区生产总值增长率、人均财政收入、固定资产投资额增长率、产业结构优化度（4个）
产业经济竞争力（40个）	强势指标	农业机械化水平（1个）
	优势指标	农业增加值、农村人均用电量、工业增加值、工业资产总额、规模以上工业主营业务收入、规模以上工业利润总额、服务业增加值增长率、服务业从业人员数、规模以上工业企业数、中国驰名商标持有量（10个）
	劣势指标	农民人均纯收入增长率、农产品出口占农林牧渔总产值比重、工业资产总额增长率、工业资产总贡献率、人均服务业增加值、限额以上批零企业利税率、旅游外汇收入、城镇就业人员平均工资（8个）
可持续发展竞争力（24个）	强势指标	（0个）
	优势指标	人均可使用海域和滩涂面积、耕地面积、人均废水排放量、职业学校毕业生数（4个）
	劣势指标	人均国土面积、人均年水资源量、人均森林储积量、人均工业废气排放量、人均工业固体废物排放量、人均治理工业污染投资额、自然灾害直接经济损失、15～64岁人口比例、大专以上教育程度人口比例（9个）
财政金融竞争力（22个）	强势指标	（0个）
	优势指标	税收收入占财政总收入比重、税收收入增长率、存款余额、贷款余额、保险费净收入、保险密度、保险深度（7个）
	劣势指标	地方财政收入、地方财政支出、地方财政收入占GDP比重、地方财政支出占GDP比重、税收收入占GDP比重、人均地方财政收入、人均地方财政支出、人均税收收入、地方财政收入增长率、地方财政支出增长率、人均存款余额、人均贷款余额、中长期贷款占贷款余额比重（13个）
知识经济竞争力（29个）	强势指标	（0个）
	优势指标	教育经费、公共教育经费占财政支出比重、高等学校数、高校专任教师数、报纸出版数、印刷用纸量（6个）
	劣势指标	高技术产业收入占工业增加值比重、高技术产品出口额占商品出口额比重、人均教育经费、人均文化教育支出占个人消费支出比重、万人高等学校在校学生数、城镇居民人均文化娱乐支出、农村居民人均文化娱乐支出、城镇居民人均文化娱乐支出占消费性支出比重（8个）

续表

二级指标	优劣势	四级指标
发展环境竞争力(18个)	强势指标	全社会货物周转量、罚没收入占财政收入比重(2个)
	优势指标	铁路网线密度、全社会旅客周转量、个体私营企业数增长率、社会捐赠款物(4个)
	劣势指标	人均内河航道里程、人均邮电业务总量、电话普及率、外资企业数增长率、每十万人交通事故发生数(5个)
政府作用竞争力(16个)	强势指标	城市城镇社区服务设施数(1个)
	优势指标	财政支出对GDP增长的拉动、财政投资对社会投资的拉动、物价调控、调控城乡消费差距、统筹经济社会发展、最低工资标准、城镇登记失业率(7个)
	劣势指标	规范税收(1个)
发展水平竞争力(18个)	强势指标	工业增加值占GDP比重(1个)
	优势指标	人均拥有道路面积、人均公共绿地面积、非公有制经济产值占全社会总产值比重、社会投资占投资总额比重、亿元以上商品市场成交额、亿元以上商品市场成交额占全社会消费品零售总额比重(6个)
	劣势指标	高技术产业占工业增加值比重、高技术产品出口额占商品出口额比重、信息产业增加值占GDP比重、城镇居民人均可支配收入、人均日生活用水量、私有和个体企业从业人员比重(6个)
统筹协调竞争力(16个)	强势指标	固定资产交付使用率(1个)
	优势指标	能源使用下降率、生产税净额和营业盈余占GDP比重、人力资源竞争力与宏观经济竞争力比差、环境竞争力与工业竞争力比差、城乡居民人均现金消费支出比差(5个)
	劣势指标	最终消费率、环境竞争力与宏观经济竞争力比差、城乡居民家庭人均收入比差(3个)

3.2 河北省经济综合竞争力各级指标具体分析

1. 河北省宏观经济竞争力指标排名变化情况

表3-5 2015~2016年河北省宏观经济竞争力指标组排位及变化趋势

指 标	2015年	2016年	排位升降	优劣势
1 宏观经济竞争力	14	14	0	中势
1.1 经济实力竞争力	17	17	0	中势
地区生产总值	7	8	-1	优势
地区生产总值增长率	27	27	0	劣势
人均地区生产总值	19	19	0	中势
财政总收入	16	19	-3	中势
财政总收入增长率	19	18	1	中势
人均财政收入	28	31	-3	劣势
固定资产投资额	5	5	0	优势
固定资产投资额增长率	23	24	-1	劣势
人均固定资产投资额	17	17	0	中势
全社会消费品零售总额	8	8	0	优势
全社会消费品零售总额增长率	20	17	3	中势
人均全社会消费品零售总额	16	17	-1	中势

续表

指　标	2015 年	2016 年	排位升降	优劣势
1.2 经济结构竞争力	7	8	-1	优势
产业结构优化度	27	29	-2	劣势
所有制经济结构优化度	9	9	0	优势
城乡经济结构优化度	9	10	-1	优势
就业结构优化度	15	15	0	中势
资本形成结构优化度	3	5	-2	优势
贸易结构优化度	14	17	-3	中势
1.3 经济外向度竞争力	20	13	7	中势
进出口总额	10	10	0	优势
进出口增长率	21	15	6	中势
出口总额	9	9	0	优势
出口增长率	17	20	-3	中势
实际 FDI	14	13	1	中势
实际 FDI 增长率	14	8	6	优势
外贸依存度	14	14	0	中势
外资企业数	14	13	1	中势
对外直接投资额	19	12	7	中势

2. 河北省产业经济竞争力指标排名变化情况

表 3-6　2015~2016 年河北省产业经济竞争力指标组排位及变化趋势

指　标	2015 年	2016 年	排位升降	优劣势
2 产业经济竞争力	13	13	0	中势
2.1 农业竞争力	6	6	0	优势
农业增加值	5	8	-3	优势
农业增加值增长率	26	19	7	中势
人均农业增加值	15	16	-1	中势
农民人均纯收入	14	14	0	中势
农民人均纯收入增长率	24	23	1	劣势
农产品出口占农林牧渔总产值比重	16	22	-6	劣势
人均主要农产品产量	12	11	1	中势
农业机械化水平	3	3	0	强势
农村人均用电量	9	9	0	优势
财政支农资金比重	12	11	1	中势
2.2 工业竞争力	14	10	4	优势
工业增加值	6	6	0	优势
工业增加值增长率	22	15	7	中势
人均工业增加值	15	14	1	中势
工业资产总额	6	6	0	优势
工业资产总额增长率	30	23	7	劣势
工业资产总贡献率	21	21	0	劣势
规模以上工业主营业务收入	6	6	0	优势
规模以上工业利润总额	8	8	0	优势

续表

指　标	2015年	2016年	排位升降	优劣势
工业全员劳动生产率	13	13	0	中势
工业成本费用利润率	21	17	4	中势
2.3　服务业竞争力	13	14	-1	中势
服务业增加值	12	11	1	中势
服务业增加值增长率	5	10	-5	优势
人均服务业增加值	23	24	-1	劣势
服务业从业人员数	9	9	0	优势
限额以上批发零售企业主营业务收入	14	14	0	中势
限额以上批零企业利税率	25	24	1	劣势
限额以上餐饮企业利税率	11	17	-6	中势
旅游外汇收入	23	22	1	劣势
商品房销售收入	11	12	-1	中势
电子商务销售额	18	12	6	中势
2.4　企业竞争力	18	16	2	中势
规模以上工业企业数	9	9	0	优势
规模以上企业平均资产	19	17	2	中势
规模以上企业平均收入	18	17	1	中势
规模以上企业平均利润	17	15	2	中势
规模以上企业劳动效率	12	12	0	中势
城镇就业人员平均工资	29	28	1	劣势
新产品销售收入占主营业务收入比重	19	17	2	中势
产品质量抽查合格率	17	13	4	中势
工业企业R&D经费投入强度	20	19	1	中势
中国驰名商标持有量	8	8	0	优势

3. 河北省可持续发展竞争力指标排名变化情况

表3-7　2015~2016年河北省可持续发展竞争力指标组排位及变化趋势

指　标	2015年	2016年	排位升降	优劣势
3　可持续发展竞争力	25	28	-3	劣势
3.1　资源竞争力	18	18	0	中势
人均国土面积	22	22	0	劣势
人均可使用海域和滩涂面积	8	8	0	优势
人均年水资源量	27	26	1	劣势
耕地面积	7	7	0	优势
人均耕地面积	17	17	0	中势
人均牧草地面积	11	11	0	中势
主要能源矿产基础储量	11	11	0	中势
人均主要能源矿产基础储量	14	14	0	中势
人均森林储积量	25	25	0	劣势
3.2　环境竞争力	22	29	-7	劣势
森林覆盖率	19	19	0	中势
人均废水排放量	9	8	1	优势

续表

指 标	2015 年	2016 年	排位升降	优劣势
人均工业废气排放量	25	26	-1	劣势
人均工业固体废物排放量	26	26	0	劣势
人均治理工业污染投资额	12	21	-9	劣势
一般工业固体废物综合利用率	22	19	3	中势
生活垃圾无害化处理率	15	17	-2	中势
自然灾害直接经济损失	22	30	-8	劣势
3.3 人力资源竞争力	21	20	1	中势
常住人口增长率	20	17	3	中势
15~64 岁人口比例	21	23	-2	劣势
文盲率	10	13	-3	中势
大专以上教育程度人口比例	26	21	5	劣势
平均受教育程度	16	20	-4	中势
人口健康素质	20	12	8	中势
职业学校毕业生数	6	9	-3	优势

4. 河北省财政金融竞争力指标排名变化情况

表 3-8 2015~2016 年河北省财政金融竞争力指标组排位及变化趋势

指 标	2015 年	2016 年	排位升降	优劣势
4 财政金融竞争力	26	19	7	中势
4.1 财政竞争力	25	30	-5	劣势
地方财政收入	11	23	-12	劣势
地方财政支出	11	25	-14	劣势
地方财政收入占 GDP 比重	25	31	-6	劣势
地方财政支出占 GDP 比重	24	31	-7	劣势
税收收入占 GDP 比重	25	24	1	劣势
税收收入占财政总收入比重	9	4	5	优势
人均地方财政收入	27	31	-4	劣势
人均地方财政支出	30	31	-1	劣势
人均税收收入	25	25	0	劣势
地方财政收入增长率	25	29	-4	劣势
地方财政支出增长率	15	23	-8	劣势
税收收入增长率	22	7	15	优势
4.2 金融竞争力	18	9	9	优势
存款余额	8	8	0	优势
人均存款余额	22	22	0	劣势
贷款余额	10	9	1	优势
人均贷款余额	24	22	2	劣势
中长期贷款占贷款余额比重	25	23	2	劣势
保险费净收入	17	9	8	优势
保险密度	29	9	20	优势
保险深度	30	5	25	优势
国内上市公司数	14	14	0	中势
国内上市公司市值	14	13	1	中势

5. 河北省知识经济竞争力指标排名变化情况

表 3-9　2015~2016 年河北省知识经济竞争力指标组排位及变化趋势

指　标	2015 年	2016 年	排位升降	优劣势
5　知识经济竞争力	19	19	0	中势
5.1　科技竞争力	19	19	0	中势
R&D 人员	12	11	1	中势
R&D 经费	12	12	0	中势
R&D 经费投入强度	14	16	-2	中势
发明专利授权量	19	19	0	中势
技术市场成交合同金额	23	19	4	中势
财政科技支出占地方财政支出比重	29	19	10	中势
高技术产业主营业务收入	19	20	-1	中势
高技术产业收入占工业增加值比重	25	24	1	劣势
高技术产品出口额占商品出口额比重	24	24	0	劣势
5.2　教育竞争力	16	12	4	中势
教育经费	9	7	2	优势
教育经费占 GDP 比重	25	20	5	中势
人均教育经费	31	31	0	劣势
公共教育经费占财政支出比重	14	10	4	优势
人均文化教育支出占个人消费支出比重	21	27	-6	劣势
万人中小学学校数	16	15	1	中势
万人中小学专任教师数	14	11	3	中势
高等学校数	8	7	1	优势
高校专任教师数	7	7	0	优势
万人高等学校在校学生数	25	24	1	劣势
5.3　文化竞争力	18	16	2	中势
文化制造业营业收入	14	14	0	中势
文化批发零售业营业收入	18	17	1	中势
文化服务业企业营业收入	18	19	-1	中势
图书和期刊出版数	14	12	2	中势
报纸出版数	9	8	1	优势
印刷用纸量	10	8	2	优势
城镇居民人均文化娱乐支出	26	28	-2	劣势
农村居民人均文化娱乐支出	22	23	-1	劣势
城镇居民人均文化娱乐支出占消费性支出比重	22	26	-4	劣势
农村居民人均文化娱乐支出占消费性支出比重	20	19	1	中势

6. 河北省发展环境竞争力指标排名变化情况

表 3-10 2015~2016 年河北省发展环境竞争力指标组排位及变化趋势

指 标	2015 年	2016 年	排位升降	优劣势
6 发展环境竞争力	9	10	-1	优势
6.1 基础设施竞争力	10	10	0	优势
铁路网线密度	5	5	0	优势
公路网线密度	14	14	0	中势
人均内河航道里程	28	28	0	劣势
全社会旅客周转量	5	7	-2	优势
全社会货物周转量	3	3	0	强势
人均邮电业务总量	28	21	7	劣势
电话普及率	17	21	-4	劣势
互联网普及率	12	13	-1	中势
人均耗电量	15	15	0	中势
6.2 软环境竞争力	13	13	0	中势
外资企业数增长率	4	21	-17	劣势
万人外资企业数	15	16	-1	中势
个体私营企业数增长率	10	4	6	优势
万人个体私营企业数	16	16	0	中势
万人商标注册件数	16	16	0	中势
查处商标侵权假冒案件	14	13	1	中势
每十万人交通事故发生数	28	29	-1	劣势
罚没收入占财政收入比重	1	1	0	强势
社会捐赠款物	26	4	22	优势

7. 河北省政府作用竞争力指标排名变化情况

表 3-11 2015~2016 年河北省政府作用竞争力指标组排位及变化趋势

指 标	2015 年	2016 年	排位升降	优劣势
7 政府作用竞争力	9	9	0	优势
7.1 政府发展经济竞争力	14	13	1	中势
财政支出用于基本建设投资比重	16	18	-2	中势
财政支出对 GDP 增长的拉动	8	7	1	优势
政府公务员对经济的贡献	17	16	1	中势
政府消费对民间消费的拉动	19	16	3	中势
财政投资对社会投资的拉动	6	5	1	优势
7.2 政府规调经济竞争力	6	8	-2	优势
物价调控	3	10	-7	优势
调控城乡消费差距	6	9	-3	优势
统筹经济社会发展	7	6	1	优势

续表

指　标	2015 年	2016 年	排位升降	优劣势
规范税收	25	26	-1	劣势
固定资产投资价格指数	14	12	2	中势
7.3　政府保障经济竞争力	11	12	-1	中势
城市城镇社区服务设施数	3	3	0	强势
医疗保险覆盖率	19	19	0	中势
养老保险覆盖率	10	13	-3	中势
失业保险覆盖率	20	20	0	中势
最低工资标准	20	9	11	优势
城镇登记失业率	23	9	14	优势

8. 河北省发展水平竞争力指标排名变化情况

表 3-12　2015～2016 年河北省发展水平竞争力指标组排位及变化趋势

指　标	2015 年	2016 年	排位升降	优劣势
8　发展水平竞争力	18	16	2	中势
8.1　工业化进程竞争力	21	20	1	中势
工业增加值占 GDP 比重	4	2	2	强势
工业增加值增长率	22	15	7	中势
高技术产业占工业增加值比重	25	25	0	劣势
高技术产品出口额占商品出口额比重	21	22	-1	劣势
信息产业增加值占 GDP 比重	20	21	-1	劣势
工农业增加值比值	20	19	1	中势
8.2　城市化进程竞争力	22	20	2	中势
城镇化率	20	19	1	中势
城镇居民人均可支配收入	22	22	0	劣势
城市平均建成区面积比重	16	16	0	中势
人均拥有道路面积	7	6	1	优势
人均日生活用水量	27	23	4	劣势
人均公共绿地面积	8	9	-1	优势
8.3　市场化进程竞争力	9	9	0	优势
非公有制经济产值占全社会总产值比重	9	9	0	优势
社会投资占投资总额比重	4	4	0	优势
私有和个体企业从业人员比重	30	29	1	劣势
亿元以上商品市场成交额	6	5	1	优势
亿元以上商品市场成交额占全社会消费品零售总额比重	6	6	0	优势
居民消费支出占总消费支出比重	19	16	3	中势

9. 河北省统筹协调竞争力指标排名变化情况

表 3-13　2015～2016 年河北省统筹协调竞争力指标组排位及变化趋势

指　标	2015 年	2016 年	排位升降	优劣势
9　统筹协调竞争力	17	14	3	中势
9.1　统筹发展竞争力	22	15	7	中势
社会劳动生产率	20	19	1	中势
能源使用下降率	22	10	12	优势
万元 GDP 综合能耗下降率	14	13	1	中势
非农用地产出率	18	17	1	中势
生产税净额和营业盈余占 GDP 比重	9	10	-1	优势
最终消费率	25	26	-1	劣势
固定资产投资额占 GDP 比重	20	19	1	中势
固定资产交付使用率	25	3	22	强势
9.2　协调发展竞争力	15	15	0	中势
环境竞争力与宏观经济竞争力比差	23	27	-4	劣势
资源竞争力与宏观经济竞争力比差	14	14	0	中势
人力资源竞争力与宏观经济竞争力比差	13	9	4	优势
资源竞争力与工业竞争力比差	14	19	-5	中势
环境竞争力与工业竞争力比差	10	4	6	优势
城乡居民家庭人均收入比差	23	22	1	劣势
城乡居民人均现金消费支出比差	6	6	0	优势
全社会消费品零售总额与外贸出口总额比差	20	14	6	中势

B.5
4
山西省经济综合竞争力评价分析报告

山西省简称“晋”，地处黄河以东、太行山之西，基本地形是中间为盆地，东西侧为山地，北与内蒙古自治区相接，东与河北省相接，南与河南省相连，西隔黄河与陕西省为邻。山西省总面积为15.6万平方公里，2016年全省常住人口为3682万人，地区生产总值为13050亿元，同比增长4.5%，人均GDP达35532元。本部分通过分析2015～2016年山西省经济综合竞争力以及各要素竞争力的排名变化，从中找出山西省经济综合竞争力的推动点及影响因素，为进一步提升山西省经济综合竞争力提供决策参考。

4.1 山西省经济综合竞争力总体分析

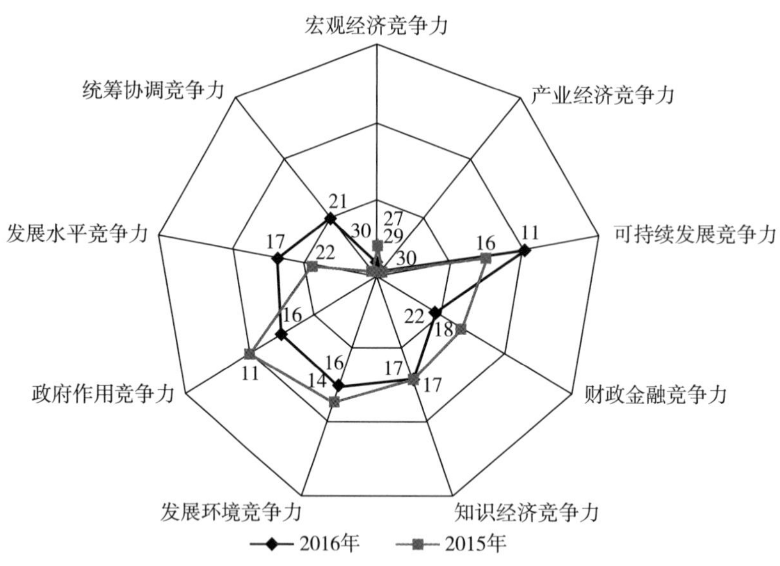

图4－1 2015～2016年山西省经济综合竞争力二级指标比较

1. 山西省经济综合竞争力一级指标概要分析

（1）从综合排位看，2016年山西省经济综合竞争力综合排位在全国居第24位，这表明其在全国处于劣势地位；与2015年相比，综合排位没有发生变化。

（2）从指标所处区位看，9个二级指标中，没有指标处于上游区，没有强势和优势指标。

表 4－1 2015～2016 年山西省经济综合竞争力二级指标比较

年份 \ 项目	宏观经济竞争力	产业经济竞争力	可持续发展竞争力	财政金融竞争力	知识经济竞争力	发展环境竞争力	政府作用竞争力	发展水平竞争力	统筹协调竞争力	**综合排位**
2015	27	30	16	18	17	14	11	22	30	24
2016	29	30	11	22	17	16	16	17	21	24
升降	－2	0	5	－4	0	－2	－5	5	9	0
优劣度	劣势	劣势	中势	劣势	中势	中势	中势	中势	劣势	劣势

（3）从指标变化趋势看，9 个二级指标中，有 3 个指标处于上升趋势，分别为可持续发展竞争力、发展水平竞争力和统筹协调竞争力，这些是山西省经济综合竞争力的上升动力所在；有 2 个指标排位没有发生变化，分别为产业经济竞争力和知识经济竞争力；有 4 个指标处于下降趋势，分别为宏观经济竞争力、财政金融竞争力、发展环境竞争力和政府作用竞争力，这些是山西省经济综合竞争力的下降拉力所在。

2. 山西省经济综合竞争力各级指标动态变化分析

表 4－2 2015～2016 年山西省经济综合竞争力各级指标排位变化情况

单位：个，%

二级指标	三级指标	四级指标数	上升		保持		下降		变化趋势
			指标数	比重	指标数	比重	指标数	比重	
宏观经济竞争力	经济实力竞争力	12	2	16.7	5	41.7	5	41.7	上升
	经济结构竞争力	6	2	33.3	2	33.3	2	33.3	下降
	经济外向度竞争力	9	4	44.4	3	33.3	2	22.2	下降
	小　计	27	8	29.6	10	37.0	9	33.3	下降
产业经济竞争力	农业竞争力	10	4	40.0	3	30.0	3	30.0	下降
	工业竞争力	10	3	30.0	6	60.0	1	10.0	上升
	服务业竞争力	10	3	30.0	3	30.0	4	40.0	下降
	企业竞争力	10	2	20.0	4	40.0	4	40.0	保持
	小　计	40	12	30.0	16	40.0	12	30.0	保持
可持续发展竞争力	资源竞争力	9	1	11.1	8	88.9	0	0.0	保持
	环境竞争力	8	3	37.5	3	37.5	2	25.0	上升
	人力资源竞争力	7	3	42.9	2	28.6	2	28.6	上升
	小　计	24	7	29.2	13	54.2	4	16.7	上升
财政金融竞争力	财政竞争力	12	4	33.3	1	8.3	7	58.3	下降
	金融竞争力	10	1	10.0	1	10.0	8	80.0	下降
	小　计	22	5	22.7	2	9.1	15	68.2	下降
知识经济竞争力	科技竞争力	9	0	0.0	4	44.4	5	55.6	下降
	教育竞争力	10	4	40.0	5	50.0	1	10.0	上升
	文化竞争力	10	2	20.0	5	50.0	3	30.0	下降
	小　计	29	6	20.7	14	48.3	9	31.0	保持

续表

二级指标	三级指标	四级指标数	上升		保持		下降		变化趋势
			指标数	比重	指标数	比重	指标数	比重	
发展环境竞争力	基础设施竞争力	9	2	22.2	5	55.6	2	22.2	上升
	软环境竞争力	9	5	55.6	1	11.1	3	33.3	下降
	小　计	18	7	38.9	6	33.3	5	27.8	下降
政府作用竞争力	政府发展经济竞争力	5	3	60.0	1	20.0	1	20.0	上升
	政府规调经济竞争力	5	1	20.0	0	0.0	4	80.0	下降
	政府保障经济竞争力	6	2	33.3	2	33.3	2	33.3	上升
	小　计	16	6	37.5	3	18.8	7	43.8	下降
发展水平竞争力	工业化进程竞争力	6	2	33.3	3	50.0	1	16.7	上升
	城市化进程竞争力	6	3	50.0	2	33.3	1	16.7	保持
	市场化进程竞争力	6	4	66.7	1	16.7	1	16.7	上升
	小　计	18	9	50.0	6	33.3	3	16.7	上升
统筹协调竞争力	统筹发展竞争力	8	3	37.5	1	12.5	4	50.0	上升
	协调发展竞争力	8	4	50.0	1	12.5	3	37.5	上升
	小　计	16	7	43.8	2	12.5	7	43.8	上升
合　计		210	67	31.9	72	34.3	71	33.8	保持

从表4－2可以看出，210个四级指标中，上升指标有67个，占指标总数的31.9%；下降指标有71个，占指标总数的33.8%；保持不变的指标有72个，占指标总数的34.3%。综上所述，山西省经济综合竞争力上升的动力略小于下降的拉力，但受其他外部因素的综合影响，2015～2016年山西省经济综合竞争力排位保持不变。

3. 山西省经济综合竞争力各级指标优劣势结构分析

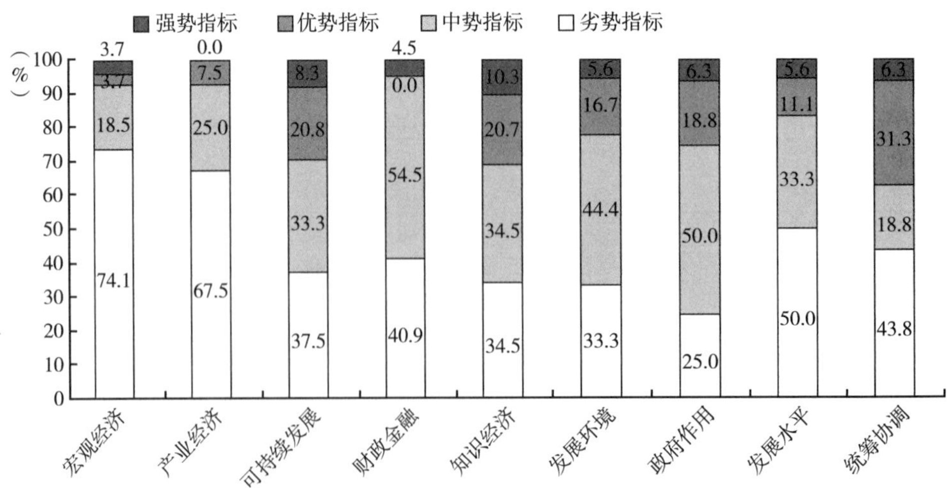

图4－2　2016年山西省经济综合竞争力各级指标优劣势比较

表 4－3 2016 年山西省经济综合竞争力各级指标优劣势情况

单位：个，%

二级指标	三级指标	四级指标数	强势指标		优势指标		中势指标		劣势指标		优劣势
			个数	比重	个数	比重	个数	比重	个数	比重	
宏观经济竞争力	经济实力竞争力	12	0	0.0	0	0.0	3	25.0	9	75.0	劣势
	经济结构竞争力	6	0	0.0	1	16.7	1	16.7	4	66.7	劣势
	经济外向度竞争力	9	1	11.1	0	0.0	1	11.1	7	77.8	劣势
	小　计	27	1	3.7	1	3.7	5	18.5	20	74.1	劣势
产业经济竞争力	农业竞争力	10	0	0.0	0	0.0	2	20.0	8	80.0	劣势
	工业竞争力	10	0	0.0	0	0.0	1	10.0	9	90.0	劣势
	服务业竞争力	10	0	0.0	0	0.0	4	40.0	6	60.0	劣势
	企业竞争力	10	0	0.0	3	30.0	3	30.0	4	40.0	劣势
	小　计	40	0	0.0	3	7.5	10	25.0	27	67.5	劣势
可持续发展竞争力	资源竞争力	9	2	22.2	0	0.0	5	55.6	2	22.2	优势
	环境竞争力	8	0	0.0	2	25.0	1	12.5	5	62.5	劣势
	人力资源竞争力	7	0	0.0	3	42.9	2	28.6	2	28.6	中势
	小　计	24	2	8.3	5	20.8	8	33.3	9	37.5	中势
财政金融竞争力	财政竞争力	12	0	0.0	0	0.0	4	33.3	8	66.7	劣势
	金融竞争力	10	1	10.0	0	0.0	8	80.0	1	10.0	中势
	小　计	22	1	4.5	0	0.0	12	54.5	9	40.9	劣势
知识经济竞争力	科技竞争力	9	0	0.0	1	11.1	2	22.2	6	66.7	中势
	教育竞争力	10	1	10.0	4	40.0	5	50.0	0	0.0	优势
	文化竞争力	10	2	20.0	1	10.0	3	30.0	4	40.0	中势
	小　计	29	3	10.3	6	20.7	10	34.5	10	34.5	中势
发展环境竞争力	基础设施竞争力	9	0	0.0	1	11.1	5	55.6	3	33.3	中势
	软环境竞争力	9	1	11.1	2	22.2	3	33.3	3	33.3	中势
	小　计	18	1	5.6	3	16.7	8	44.4	6	33.3	中势
政府作用竞争力	政府发展经济竞争力	5	0	0.0	1	20.0	2	40.0	2	40.0	中势
	政府规调经济竞争力	5	1	20.0	2	40.0	1	20.0	1	20.0	中势
	政府保障经济竞争力	6	0	0.0	0	0.0	5	83.3	1	16.7	中势
	小　计	16	1	6.3	3	18.8	8	50.0	4	25.0	中势
发展水平竞争力	工业化进程竞争力	6	1	16.7	1	16.7	1	16.7	3	50.0	中势
	城市化进程竞争力	6	0	0.0	1	16.7	2	33.3	3	50.0	劣势
	市场化进程竞争力	6	0	0.0	0	0.0	3	50.0	3	50.0	劣势
	小　计	18	1	5.6	2	11.1	6	33.3	9	50.0	中势
统筹协调竞争力	统筹发展竞争力	8	0	0.0	3	37.5	1	12.5	4	50.0	中势
	协调发展竞争力	8	1	12.5	2	25.0	2	25.0	3	37.5	劣势
	小　计	16	1	6.3	5	31.3	3	18.8	7	43.8	劣势
合　计		210	11	5.2	28	13.3	70	33.3	101	48.1	劣势

基于图 4－2 和表 4－3，从四级指标来看，强势指标 11 个，占四级指标总数的 5.2%；优势指标 28 个，占四级指标总数的 13.3%；中势指标 70 个，占四级指标总数

的33.3%；劣势指标101个，占四级指标总数的48.1%。从三级指标来看，没有强势指标；优势指标2个，占三级指标总数的8%；中势指标11个，占三级指标总数的44%；劣势指标12个，占三级指标总数的48%。从二级指标来看，没有强势指标和优势指标；中势指标有5个，占二级指标总数的55.6%。综合来看，由于中势指标和劣势指标在指标体系中居于主导地位，2016年山西省经济综合竞争力处于劣势地位。

4. 山西省经济综合竞争力四级指标优劣势对比分析

表4-4　2016年山西省经济综合竞争力各级指标优劣势情况

二级指标	优劣势	四级指标
宏观经济竞争力（27个）	强势指标	进出口增长率(1个)
	优势指标	产业结构优化度(1个)
	劣势指标	地区生产总值、地区生产总值增长率、人均地区生产总值、财政总收入、人均财政收入、固定资产投资额增长率、人均固定资产投资额、全社会消费品零售总额、全社会消费品零售总额增长率、所有制经济结构优化度、城乡经济结构优化度、资本形成结构优化度、贸易结构优化度、进出口总额、出口总额、出口增长率、实际FDI、实际FDI增长率、外资企业数、对外直接投资额(20个)
产业经济竞争力（40个）	强势指标	(0个)
	优势指标	规模以上企业平均资产、规模以上企业平均收入、产品质量抽查合格率(3个)
	劣势指标	农业增加值、农业增加值增长率、人均农业增加值、农民人均纯收入、农民人均纯收入增长率、农产品出口占农林牧渔总产值比重、人均主要农产品产量、农业机械化水平、工业增加值、工业增加值增长率、人均工业增加值、工业资产总额增长率、工业资产总贡献率、规模以上工业主营业务收入、规模以上工业利润总额、工业全员劳动生产率、工业成本费用利润率、服务业增加值、服务业增加值增长率、限额以上批零企业利税率、旅游外汇收入、商品房销售收入、电子商务销售额、规模以上工业企业数、规模以上企业平均利润、规模以上企业劳动效率、城镇就业人员平均工资(27个)
可持续发展竞争力（24个）	强势指标	主要能源矿产基础储量、人均主要能源矿产基础储量(2个)
	优势指标	人均废水排放量、人均治理工业污染投资额、15～64岁人口比例、文盲率、平均受教育程度(5个)
	劣势指标	人均年水资源量、人均森林储积量、森林覆盖率、人均工业废气排放量、人均工业固体废物排放量、一般工业固体废物综合利用率、生活垃圾无害化处理率、常住人口增长率、人口健康素质(9个)
财政金融竞争力（22个）	强势指标	保险深度(1个)
	优势指标	(0个)
	劣势指标	地方财政收入、地方财政支出、人均地方财政收入、人均地方财政支出、人均税收收入、地方财政收入增长率、地方财政支出增长率、税收收入增长率、中长期贷款占贷款余额比重(9个)
知识经济竞争力（29个）	强势指标	人均文化教育支出占个人消费支出比重、城镇居民人均文化娱乐支出占消费性支出比重、农村居民人均文化娱乐支出占消费性支出比重(3个)
	优势指标	高技术产品出口额占商品出口额比重、教育经费占GDP比重、公共教育经费占财政支出比重、万人中小学学校数、万人中小学专任教师数、报纸出版数(6个)
	劣势指标	R&D人员、发明专利授权量、技术市场成交合同金额、财政科技支出占地方财政支出比重、高技术产业主营业务收入、高技术产业收入占工业增加值比重、文化制造业营业收入、文化服务业企业营业收入、图书和期刊出版数、印刷用纸量(10个)

续表

二级指标	优劣势	四级指标
发展环境竞争力（18个）	强势指标	个体私营企业数增长率（1个）
	优势指标	铁路网线密度、万人个体私营企业数、罚没收入占财政收入比重（3个）
	劣势指标	人均内河航道里程、全社会旅客周转量、人均邮电业务总量、万人外资企业数、万人商标注册件数、查处商标侵权假冒案件（6个）
政府作用竞争力（16个）	强势指标	物价调控（1个）
	优势指标	财政投资对社会投资的拉动、统筹经济社会发展、规范税收（3个）
	劣势指标	财政支出对GDP增长的拉动、政府公务员对经济的贡献、固定资产投资价格指数、养老保险覆盖率（4个）
发展水平竞争力（18个）	强势指标	高技术产品出口额占商品出口额比重（1个）
	优势指标	工农业增加值比值、城市平均建成区面积比重（2个）
	劣势指标	工业增加值占GDP比重、工业增加值增长率、高技术产业占工业增加值比重、城镇居民人均可支配收入、人均日生活用水量、人均公共绿地面积、非公有制经济产值占全社会总产值比重、亿元以上商品市场成交额、亿元以上商品市场成交额占全社会消费品零售总额比重（9个）
统筹协调竞争力（16个）	强势指标	资源竞争力与工业竞争力比差（1个）
	优势指标	能源使用下降率、生产税净额和营业盈余占GDP比重、固定资产交付使用率、环境竞争力与宏观经济竞争力比差、全社会消费品零售总额与外贸出口总额比差（5个）
	劣势指标	社会劳动生产率、万元GDP综合能耗下降率、非农用地产出率、固定资产投资额占GDP比重、资源竞争力与宏观经济竞争力比差、人力资源竞争力与宏观经济竞争力比差、环境竞争力与工业竞争力比差（7个）

4.2　山西省经济综合竞争力各级指标具体分析

1. 山西省宏观经济竞争力指标排名变化情况

表4－5　2015～2016年山西省宏观经济竞争力指标组排位及变化趋势

指　标	2015年	2016年	排位升降	优劣势
1　宏观经济竞争力	27	29	－2	劣势
1.1　经济实力竞争力	30	29	1	劣势
地区生产总值	24	24	0	劣势
地区生产总值增长率	30	30	0	劣势
人均地区生产总值	27	27	0	劣势
财政总收入	23	25	－2	劣势
财政总收入增长率	24	11	13	中势
人均财政收入	25	25	0	劣势
固定资产投资额	17	18	－1	中势
固定资产投资额增长率	13	29	－16	劣势
人均固定资产投资额	18	21	－3	劣势
全社会消费品零售总额	21	22	－1	劣势

续表

指　标	2015年	2016年	排位升降	优劣势
全社会消费品零售总额增长率	31	28	3	劣势
人均全社会消费品零售总额	20	20	0	中势
1.2　经济结构竞争力	23	27	-4	劣势
产业结构优化度	5	4	1	优势
所有制经济结构优化度	30	29	1	劣势
城乡经济结构优化度	21	21	0	劣势
就业结构优化度	12	12	0	中势
资本形成结构优化度	27	31	-4	劣势
贸易结构优化度	26	27	-1	劣势
1.3　经济外向度竞争力	25	26	-1	劣势
进出口总额	23	22	1	劣势
进出口增长率	13	1	12	强势
出口总额	21	21	0	劣势
出口增长率	15	30	-15	劣势
实际FDI	20	21	-1	劣势
实际FDI增长率	25	25	0	劣势
外贸依存度	23	20	3	中势
外资企业数	23	23	0	劣势
对外直接投资额	28	27	1	劣势

2. 山西省产业经济竞争力指标排名变化情况

表4-6　2015~2016年山西省产业经济竞争力指标组排位及变化趋势

指　标	2015年	2016年	排位升降	优劣势
2　产业经济竞争力	30	30	0	劣势
2.1　农业竞争力	30	31	-1	劣势
农业增加值	25	25	0	劣势
农业增加值增长率	29	25	4	劣势
人均农业增加值	28	28	0	劣势
农民人均纯收入	23	24	-1	劣势
农民人均纯收入增长率	29	30	-1	劣势
农产品出口占农林牧渔总产值比重	31	30	1	劣势
人均主要农产品产量	25	24	1	劣势
农业机械化水平	12	22	-10	劣势
农村人均用电量	17	17	0	中势
财政支农资金比重	20	14	6	中势
2.2　工业竞争力	30	28	2	劣势
工业增加值	21	21	0	劣势
工业增加值增长率	30	28	2	劣势
人均工业增加值	24	24	0	劣势
工业资产总额	12	12	0	中势
工业资产总额增长率	26	22	4	劣势
工业资产总贡献率	30	30	0	劣势

续表

指 标	2015 年	2016 年	排位升降	优劣势
规模以上工业主营业务收入	22	22	0	劣势
规模以上工业利润总额	30	26	4	劣势
工业全员劳动生产率	30	31	-1	劣势
工业成本费用利润率	30	30	0	劣势
2.3 服务业竞争力	26	28	-2	劣势
服务业增加值	20	22	-2	劣势
服务业增加值增长率	15	30	-15	劣势
人均服务业增加值	19	19	0	中势
服务业从业人员数	18	18	0	中势
限额以上批发零售企业主营业务收入	15	19	-4	中势
限额以上批零企业利税率	29	29	0	劣势
限额以上餐饮企业利税率	13	12	1	中势
旅游外汇收入	25	26	-1	劣势
商品房销售收入	27	26	1	劣势
电子商务销售额	24	23	1	劣势
2.4 企业竞争力	21	21	0	劣势
规模以上工业企业数	24	24	0	劣势
规模以上企业平均资产	4	4	0	优势
规模以上企业平均收入	7	7	0	优势
规模以上企业平均利润	30	27	3	劣势
规模以上企业劳动效率	30	31	-1	劣势
城镇就业人员平均工资	26	29	-3	劣势
新产品销售收入占主营业务收入比重	24	19	5	中势
产品质量抽查合格率	4	5	-1	优势
工业企业 R&D 经费投入强度	16	17	-1	中势
中国驰名商标持有量	18	18	0	中势

3. 山西省可持续发展竞争力指标排名变化情况

表 4-7 2015~2016 年山西省可持续发展竞争力指标组排位及变化趋势

指 标	2015 年	2016 年	排位升降	优劣势
3 可持续发展竞争力	16	11	5	中势
3.1 资源竞争力	5	5	0	优势
人均国土面积	14	14	0	中势
人均可使用海域和滩涂面积	13	13	0	中势
人均年水资源量	26	24	2	劣势
耕地面积	18	18	0	中势
人均耕地面积	11	11	0	中势
人均牧草地面积	16	16	0	中势
主要能源矿产基础储量	1	1	0	强势
人均主要能源矿产基础储量	1	1	0	强势
人均森林储积量	23	23	0	劣势

续表

指　标	2015 年	2016 年	排位升降	优劣势
3.2　环境竞争力	27	25	2	劣势
森林覆盖率	22	22	0	劣势
人均废水排放量	6	6	0	优势
人均工业废气排放量	29	27	2	劣势
人均工业固体废物排放量	29	29	0	劣势
人均治理工业污染投资额	10	8	2	优势
一般工业固体废物综合利用率	24	26	-2	劣势
生活垃圾无害化处理率	13	23	-10	劣势
自然灾害直接经济损失	20	17	3	中势
3.3　人力资源竞争力	13	11	2	中势
常住人口增长率	24	23	1	劣势
15~64 岁人口比例	10	8	2	优势
文盲率	7	5	2	优势
大专以上教育程度人口比例	12	13	-1	中势
平均受教育程度	5	5	0	优势
人口健康素质	22	24	-2	劣势
职业学校毕业生数	14	14	0	中势

4. 山西省财政金融竞争力指标排名变化情况

表 4-8　2015~2016 年山西省财政金融竞争力指标组排位及变化趋势

指　标	2015 年	2016 年	排位升降	优劣势
4　财政金融竞争力	18	22	-4	劣势
4.1　财政竞争力	27	28	-1	劣势
地方财政收入	21	26	-5	劣势
地方财政支出	24	24	0	劣势
地方财政收入占 GDP 比重	11	16	-5	中势
地方财政支出占 GDP 比重	9	15	-6	中势
税收收入占 GDP 比重	16	13	3	中势
税收收入占财政总收入比重	12	13	-1	中势
人均地方财政收入	19	25	-6	劣势
人均地方财政支出	24	25	-1	劣势
人均税收收入	22	24	-2	劣势
地方财政收入增长率	29	21	8	劣势
地方财政支出增长率	30	28	2	劣势
税收收入增长率	30	25	5	劣势
4.2　金融竞争力	8	14	-6	中势
存款余额	16	17	-1	中势
人均存款余额	13	16	-3	中势
贷款余额	19	20	-1	中势
人均贷款余额	19	20	-1	中势
中长期贷款占贷款余额比重	26	25	1	劣势
保险费净收入	9	16	-7	中势
保险密度	3	16	-13	中势
保险深度	1	3	-2	强势
国内上市公司数	20	20	0	中势
国内上市公司市值	19	20	-1	中势

5. 山西省知识经济竞争力指标排名变化情况

表 4-9　2015～2016 年山西省知识经济竞争力指标组排位及变化趋势

指　标	2015 年	2016 年	排位升降	优劣势
5　知识经济竞争力	17	17	0	中势
5.1　科技竞争力	16	18	-2	中势
R&D 人员	21	21	0	劣势
R&D 经费	20	20	0	中势
R&D 经费投入强度	18	20	-2	中势
发明专利授权量	20	21	-1	劣势
技术市场成交合同金额	20	24	-4	劣势
财政科技支出占地方财政支出比重	22	26	-4	劣势
高技术产业主营业务收入	21	21	0	劣势
高技术产业收入占工业增加值比重	22	22	0	劣势
高技术产品出口额占商品出口额比重	4	5	-1	优势
5.2　教育竞争力	13	9	4	优势
教育经费	20	20	0	中势
教育经费占 GDP 比重	9	8	1	优势
人均教育经费	22	18	4	中势
公共教育经费占财政支出比重	12	7	5	优势
人均文化教育支出占个人消费支出比重	2	2	0	强势
万人中小学学校数	9	9	0	优势
万人中小学专任教师数	5	6	-1	优势
高等学校数	17	17	0	中势
高校专任教师数	18	18	0	中势
万人高等学校在校学生数	14	12	2	中势
5.3　文化竞争力	10	11	-1	中势
文化制造业营业收入	27	27	0	劣势
文化批发零售业营业收入	20	20	0	中势
文化服务业企业营业收入	26	26	0	劣势
图书和期刊出版数	22	23	-1	劣势
报纸出版数	6	5	1	优势
印刷用纸量	22	23	-1	劣势
城镇居民人均文化娱乐支出	13	13	0	中势
农村居民人均文化娱乐支出	12	11	1	中势
城镇居民人均文化娱乐支出占消费性支出比重	2	2	0	强势
农村居民人均文化娱乐支出占消费性支出比重	1	2	-1	强势

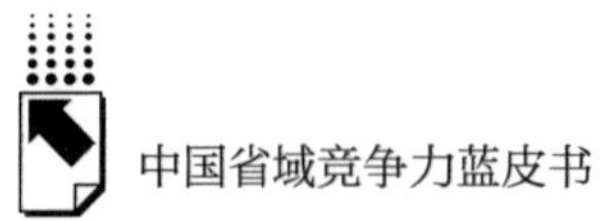

6. 山西省发展环境竞争力指标排名变化情况

表 4-10　2015~2016 年山西省发展环境竞争力指标组排位及变化趋势

指　标	2015 年	2016 年	排位升降	优劣势
6　发展环境竞争力	14	16	-2	中势
6.1　基础设施竞争力	19	18	1	中势
铁路网线密度	7	7	0	优势
公路网线密度	16	16	0	中势
人均内河航道里程	24	24	0	劣势
全社会旅客周转量	24	23	1	劣势
全社会货物周转量	16	16	0	中势
人均邮电业务总量	22	26	-4	劣势
电话普及率	21	19	2	中势
互联网普及率	9	11	-2	中势
人均耗电量	12	12	0	中势
6.2　软环境竞争力	6	12	-6	中势
外资企业数增长率	1	18	-17	中势
万人外资企业数	29	29	0	劣势
个体私营企业数增长率	3	1	2	强势
万人个体私营企业数	11	10	1	优势
万人商标注册件数	27	29	-2	劣势
查处商标侵权假冒案件	23	22	1	劣势
每十万人交通事故发生数	13	17	-4	中势
罚没收入占财政收入比重	7	6	1	优势
社会捐赠款物	20	16	4	中势

7. 山西省政府作用竞争力指标排名变化情况

表 4-11　2015~2016 年山西省政府作用竞争力指标组排位及变化趋势

指　标	2015 年	2016 年	排位升降	优劣势
7　政府作用竞争力	11	16	-5	中势
7.1　政府发展经济竞争力	21	19	2	中势
财政支出用于基本建设投资比重	15	19	-4	中势
财政支出对 GDP 增长的拉动	23	22	1	劣势
政府公务员对经济的贡献	27	27	0	劣势
政府消费对民间消费的拉动	15	12	3	中势
财政投资对社会投资的拉动	12	9	3	优势
7.2　政府规调经济竞争力	1	11	-10	中势
物价调控	2	1	1	强势
调控城乡消费差距	14	17	-3	中势
统筹经济社会发展	4	9	-5	优势

续表

指　标	2015 年	2016 年	排位升降	优劣势
规范税收	9	10	-1	优势
固定资产投资价格指数	17	26	-9	劣势
7.3 政府保障经济竞争力	18	17	1	中势
城市城镇社区服务设施数	22	19	3	中势
医疗保险覆盖率	16	16	0	中势
养老保险覆盖率	21	23	-2	劣势
失业保险覆盖率	12	12	0	中势
最低工资标准	9	11	-2	中势
城镇登记失业率	21	13	8	中势

8. 山西省发展水平竞争力指标排名变化情况

表 4-12　2015~2016 年山西省发展水平竞争力指标组排位及变化趋势

指　标	2015 年	2016 年	排位升降	优劣势
8　发展水平竞争力	22	17	5	中势
8.1 工业化进程竞争力	17	12	5	中势
工业增加值占 GDP 比重	21	21	0	劣势
工业增加值增长率	30	28	2	劣势
高技术产业占工业增加值比重	23	21	2	劣势
高技术产品出口额占商品出口额比重	2	2	0	强势
信息产业增加值占 GDP 比重	17	17	0	中势
工农业增加值比值	7	8	-1	优势
8.2 城市化进程竞争力	23	23	0	劣势
城镇化率	17	16	1	中势
城镇居民人均可支配收入	23	24	-1	劣势
城市平均建成区面积比重	7	6	1	优势
人均拥有道路面积	23	19	4	中势
人均日生活用水量	29	29	0	劣势
人均公共绿地面积	21	21	0	劣势
8.3 市场化进程竞争力	25	24	1	劣势
非公有制经济产值占全社会总产值比重	30	29	1	劣势
社会投资占投资总额比重	22	19	3	中势
私有和个体企业从业人员比重	17	19	-2	中势
亿元以上商品市场成交额	24	24	0	劣势
亿元以上商品市场成交额占全社会消费品零售总额比重	26	25	1	劣势
居民消费支出占总消费支出比重	15	12	3	中势

9. 山西省统筹协调竞争力指标排名变化情况

表 4－13　2015～2016 年山西省统筹协调竞争力指标组排位及变化趋势

指　标	2015 年	2016 年	排位升降	优劣势
9　统筹协调竞争力	30	21	9	劣势
9.1　统筹发展竞争力	20	18	2	中势
社会劳动生产率	21	23	－2	劣势
能源使用下降率	19	8	11	优势
万元 GDP 综合能耗下降率	17	22	－5	劣势
非农用地产出率	23	24	－1	劣势
生产税净额和营业盈余占 GDP 比重	10	9	1	优势
最终消费率	12	13	－1	中势
固定资产投资额占 GDP 比重	25	25	0	劣势
固定资产交付使用率	27	4	23	优势
9.2　协调发展竞争力	31	26	5	劣势
环境竞争力与宏观经济竞争力比差	8	7	1	优势
资源竞争力与宏观经济竞争力比差	27	29	－2	劣势
人力资源竞争力与宏观经济竞争力比差	29	31	－2	劣势
资源竞争力与工业竞争力比差	31	3	28	强势
环境竞争力与工业竞争力比差	30	27	3	劣势
城乡居民家庭人均收入比差	11	11	0	中势
城乡居民人均现金消费支出比差	14	15	－1	中势
全社会消费品零售总额与外贸出口总额比差	28	9	19	优势

B.6 5 内蒙古自治区经济综合竞争力评价分析报告

内蒙古自治区位于我国北部边疆，地跨中国东北、西北、华北“三北”地区，西北紧邻蒙古和俄罗斯，内接黑龙江省、吉林省、辽宁省、河北省、山西省、陕西省、甘肃省和宁夏回族自治区，全区土地总面积118.3万平方公里。2016年总人口为2520万人，地区生产总值为18128亿元，同比增长7.2%，人均GDP达72064元。本部分通过分析2015～2016年内蒙古自治区经济综合竞争力以及各要素竞争力的排名变化，从中找出内蒙古自治区经济综合竞争力的推动点及影响因素，为进一步提升内蒙古自治区经济综合竞争力提供决策参考。

5.1 内蒙古自治区经济综合竞争力总体分析

1. 内蒙古自治区经济综合竞争力一级指标概要分析

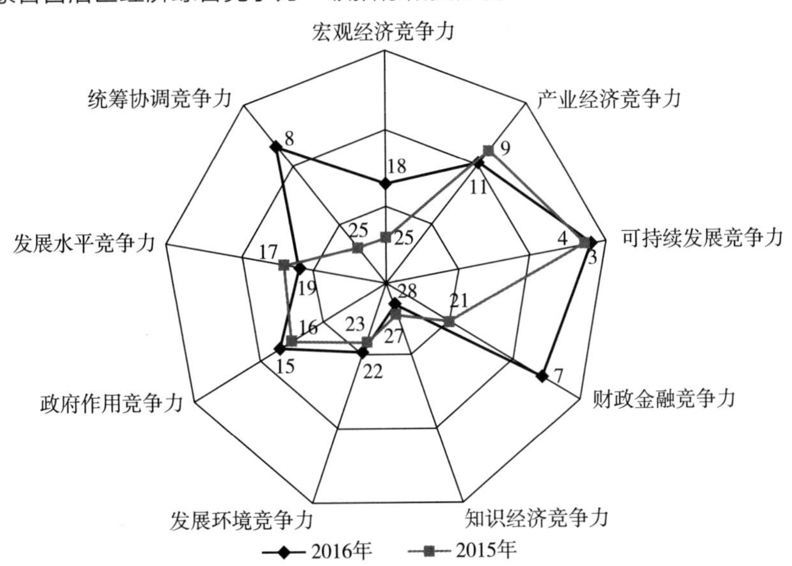

图5－1 2015～2016年内蒙古自治区经济综合竞争力二级指标比较雷达图

（1）从综合排位看，2016年内蒙古自治区经济综合竞争力综合排位在全国居第16位，这表明其在全国处于中势地位；与2015年相比，综合排位上升了5位。

（2）从指标所处区位看，3个指标处于上游区，分别为可持续发展竞争力、财政金融竞争力和统筹协调竞争力；4个指标处于中游区，分别为宏观经济竞争力、产业经济

表 5－1　2015～2016 年内蒙古自治区经济综合竞争力二级指标比较

项目 年份	宏观经济竞争力	产业经济竞争力	可持续发展竞争力	财政金融竞争力	知识经济竞争力	发展环境竞争力	政府作用竞争力	发展水平竞争力	统筹协调竞争力	**综合排位**
2015	25	9	4	21	27	23	16	17	25	21
2016	18	11	3	7	28	22	15	19	8	16
升降	7	－2	1	14	－1	1	1	－2	17	5
优劣度	中势	中势	强势	优势	劣势	劣势	中势	中势	优势	中势

竞争力、政府作用竞争力和发展水平竞争力；2 个指标处于下游区，分别为知识经济竞争力和发展环境竞争力。

（3）从指标变化趋势看，在 9 个二级指标中，有 6 个指标处于上升趋势，分别为宏观经济竞争力、可持续发展竞争力、财政金融竞争力、发展环境竞争力、政府作用竞争力和统筹协调竞争力，这些是内蒙古自治区经济综合竞争力上升的动力所在；有 3 个指标处于下降趋势，分别为产业经济竞争力、知识经济竞争力和发展水平竞争力，这些是内蒙古自治区经济综合竞争力下降的拉力所在。

2. 内蒙古自治区经济综合竞争力各级指标动态变化分析

表 5－2　2015～2016 年内蒙古自治区经济综合竞争力各级指标排位变化态势比较

单位：个，%

二级指标	三级指标	四级指标数	上升		保持		下降		变化趋势
			指标数	比重	指标数	比重	指标数	比重	
宏观经济竞争力	经济实力竞争力	12	5	41.7	3	25.0	4	33.3	上升
	经济结构竞争力	6	3	50.0	3	50.0	0	0.0	上升
	经济外向度竞争力	9	6	66.7	2	22.2	1	11.1	上升
	小　计	27	14	51.9	8	29.6	5	18.5	上升
产业经济竞争力	农业竞争力	10	4	40.0	5	50.0	1	10.0	保持
	工业竞争力	10	2	20.0	4	40.0	4	40.0	下降
	服务业竞争力	10	2	20.0	4	40.0	4	40.0	保持
	企业竞争力	10	2	20.0	6	60.0	2	20.0	上升
	小　计	40	10	25.0	19	47.5	11	27.5	下降
可持续发展竞争力	资源竞争力	9	0	0.0	8	88.9	1	11.1	保持
	环境竞争力	8	2	25.0	4	50.0	2	25.0	下降
	人力资源竞争力	7	6	85.7	1	14.3	0	0.0	上升
	小　计	24	8	33.3	13	54.2	3	12.5	上升
财政金融竞争力	财政竞争力	12	10	83.3	1	8.3	1	8.3	上升
	金融竞争力	10	5	50.0	2	20.0	3	30.0	上升
	小　计	22	15	68.2	3	13.6	4	18.2	上升
知识经济竞争力	科技竞争力	9	0	0.0	6	66.7	3	33.3	下降
	教育竞争力	10	3	30.0	2	20.0	5	50.0	保持
	文化竞争力	10	1	10.0	4	40.0	5	50.0	下降
	小　计	29	4	13.8	12	41.4	13	44.8	下降

续表

二级指标	三级指标	四级指标数	上升		保持		下降		变化趋势
			指标数	比重	指标数	比重	指标数	比重	
发展环境竞争力	基础设施竞争力	9	1	11.1	6	66.7	2	22.2	下降
	软环境竞争力	9	2	22.2	2	22.2	5	55.6	上升
	小　计	18	3	16.7	8	44.4	7	38.9	上升
政府作用竞争力	政府发展经济竞争力	5	2	40.0	0	0.0	3	60.0	下降
	政府规调经济竞争力	5	2	40.0	1	20.0	2	40.0	下降
	政府保障经济竞争力	6	3	50.0	1	16.7	2	33.3	上升
	小　计	16	7	43.8	2	12.5	7	43.8	上升
发展水平竞争力	工业化进程竞争力	6	0	0.0	1	16.7	5	83.3	下降
	城市化进程竞争力	6	3	50.0	3	50.0	0	0.0	保持
	市场化进程竞争力	6	2	33.3	1	16.7	3	50.0	下降
	小　计	18	5	27.8	5	27.8	8	44.4	下降
统筹协调竞争力	统筹发展竞争力	8	3	37.5	1	12.5	4	50.0	下降
	协调发展竞争力	8	3	37.5	2	25.0	3	37.5	上升
	小　计	16	6	37.5	3	18.8	7	43.8	上升
合　计		210	72	34.3	73	34.8	65	31.0	上升

从表 5－2 可以看出，210 个四级指标中，上升指标有 72 个，占指标总数的 34.3%；下降指标有 65 个，占指标总数的 31.0%；保持不变的指标有 73 个，占指标总数的 34.8%。综上所述，内蒙古自治区经济综合竞争力上升的动力大于下降的拉力，使得 2015～2016 年内蒙古自治区经济综合竞争力上升了 5 位，在全国处于第 16 位。

3. 内蒙古自治区经济综合竞争力各级指标优劣势结构分析

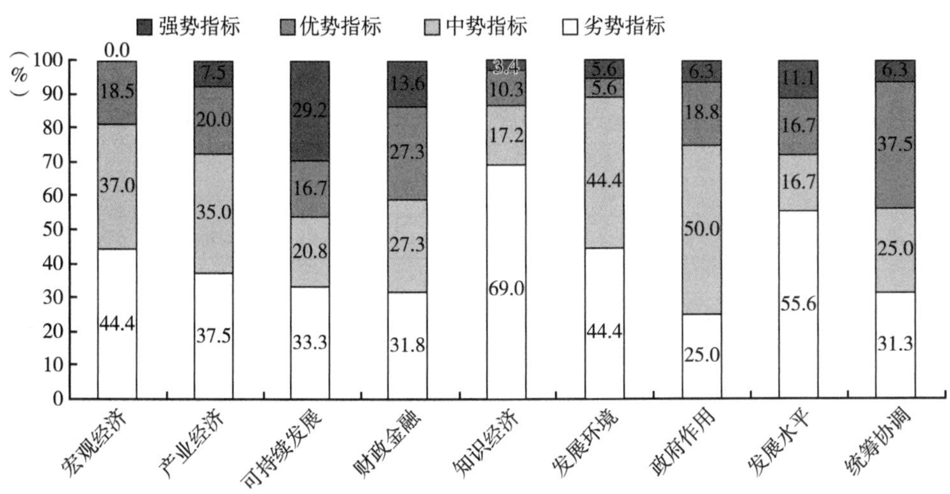

图 5－2　2016 年内蒙古自治区经济综合竞争力各级指标优劣势比较

表 5-3 2016 年内蒙古自治区经济综合竞争力各级指标优劣势比较

单位：个，%

二级指标	三级指标	四级指标数	强势指标		优势指标		中势指标		劣势指标		优劣势
			个数	比重	个数	比重	个数	比重	个数	比重	
宏观经济竞争力	经济实力竞争力	12	0	0.0	2	16.7	7	58.3	3	25.0	中势
	经济结构竞争力	6	0	0.0	1	16.7	1	16.7	4	66.7	劣势
	经济外向度竞争力	9	0	0.0	2	22.2	2	22.2	5	55.6	中势
	小　计	27	0	0.0	5	18.5	10	37.0	12	44.4	中势
产业经济竞争力	农业竞争力	10	2	20.0	1	10.0	5	50.0	2	20.0	优势
	工业竞争力	10	1	10.0	2	20.0	4	40.0	3	30.0	中势
	服务业竞争力	10	0	0.0	1	10.0	4	40.0	5	50.0	劣势
	企业竞争力	10	0	0.0	4	40.0	1	10.0	5	50.0	优势
	小　计	40	3	7.5	8	20.0	14	35.0	15	37.5	中势
可持续发展竞争力	资源竞争力	9	6	66.7	1	11.1	2	22.2	0	0.0	强势
	环境竞争力	8	0	0.0	1	12.5	2	25.0	5	62.5	劣势
	人力资源竞争力	7	1	14.3	2	28.6	1	14.3	3	42.9	优势
	小　计	24	7	29.2	4	16.7	5	20.8	8	33.3	强势
财政金融竞争力	财政竞争力	12	3	25.0	6	50.0	2	16.7	1	8.3	强势
	金融竞争力	10	0	0.0	0	0.0	4	40.0	6	60.0	劣势
	小　计	22	3	13.6	6	27.3	6	27.3	7	31.8	优势
知识经济竞争力	科技竞争力	9	0	0.0	0	0.0	2	22.2	7	77.8	劣势
	教育竞争力	10	0	0.0	1	10.0	2	20.0	7	70.0	劣势
	文化竞争力	10	1	10.0	2	20.0	1	10.0	6	60.0	中势
	小　计	29	1	3.4	3	10.3	5	17.2	20	69.0	劣势
发展环境竞争力	基础设施竞争力	9	1	11.1	0	0.0	5	55.6	3	33.3	中势
	软环境竞争力	9	0	0.0	1	11.1	3	33.3	5	55.6	劣势
	小　计	18	1	5.6	1	5.6	8	44.4	8	44.4	劣势
政府作用竞争力	政府发展经济竞争力	5	0	0.0	0	0.0	4	80.0	1	20.0	劣势
	政府规调经济竞争力	5	1	20.0	1	20.0	1	20.0	2	40.0	中势
	政府保障经济竞争力	6	0	0.0	2	33.3	3	50.0	1	16.7	中势
	小　计	16	1	6.3	3	18.8	8	50.0	4	25.0	中势
发展水平竞争力	工业化进程竞争力	6	0	0.0	1	16.7	1	16.7	4	66.7	劣势
	城市化进程竞争力	6	2	33.3	2	33.3	0	0.0	2	33.3	优势
	市场化进程竞争力	6	0	0.0	0	0.0	2	33.3	4	66.7	劣势
	小　计	18	2	11.1	3	16.7	3	16.7	10	55.6	中势
统筹协调竞争力	统筹发展竞争力	8	0	0.0	3	37.5	3	37.5	2	25.0	中势
	协调发展竞争力	8	1	12.5	3	37.5	1	12.5	3	37.5	强势
	小　计	16	1	6.3	6	37.5	4	25.0	5	31.3	优势
合　计		210	19	9.0	39	18.6	63	30.0	89	42.4	中势

基于图 5-2 和表 5-3，从四级指标来看，强势指标 19 个，占指标总数的 9.0%；优势指标 39 个，占指标总数的 18.6%；中势指标 63 个，占指标总数的 30.0%；劣势指标 89 个，占指标总数的 42.4%。从三级指标来看，强势指标 3 个，占三级指标总数

的 12.0%；优势指标 4 个，占三级指标总数的 16.0%；中势指标 8 个，占三级指标总数的 32.0%；劣势指标 10 个，占三级指标总数的 40.0%。反映到二级指标上来看，强势指标 1 个，占二级指标总数的 11.1%；优势指标 2 个，占二级指标总数的 22.2%；中势指标 4 个，占二级指标总数的 44.4%；劣势指标 2 个，占二级指标总数的 22.2%。综合来看，由于中势指标在指标体系中居于主导地位，2016 年内蒙古自治区经济综合竞争力处于中势地位。

4. 内蒙古自治区经济综合竞争力四级指标优劣势对比分析

表 5－4　2016 年内蒙古自治区经济综合竞争力各级指标优劣势比较

二级指标	优劣势	四级指标
宏观经济竞争力（27 个）	强势指标	（0 个）
	优势指标	人均地区生产总值、人均固定资产投资额、资本形成结构优化度、出口增长率、实际 FDI 增长率（5 个）
	劣势指标	地区生产总值增长率、财政总收入、全社会消费品零售总额增长率、产业结构优化度、城乡经济结构优化度、就业结构优化度、贸易结构优化度、进出口总额、出口总额、实际 FDI、外贸依存度、外资企业数（12 个）
产业经济竞争力（40 个）	强势指标	人均主要农产品产量、财政支农资金比重、工业全员劳动生产率（3 个）
	优势指标	人均农业增加值、人均工业增加值、工业成本费用利润率、人均服务业增加值、规模以上企业平均资产、规模以上企业平均收入、规模以上企业平均利润、规模以上企业劳动效率（8 个）
	劣势指标	农业增加值增长率、农民人均纯收入增长率、工业增加值增长率、工业资产总额增长率、工业资产总贡献率、服务业增加值增长率、服务业从业人员数、限额以上批发零售企业主营业务收入、限额以上餐饮企业利税率、商品房销售收入、规模以上工业企业数、新产品销售收入占主营业务收入比重、产品质量抽查合格率、工业企业 R&D 经费投入强度、中国驰名商标持有量（15 个）
可持续发展竞争力（24 个）	强势指标	耕地面积、人均耕地面积、人均牧草地面积、主要能源矿产基础储量、人均主要能源矿产基础储量、人均森林储积量、15～64 岁人口比例（7 个）
	优势指标	人均国土面积、人均治理工业污染投资额、大专以上教育程度人口比例、平均受教育程度（4 个）
	劣势指标	森林覆盖率、人均工业废气排放量、人均工业固体废物排放量、一般工业固体废物综合利用率、自然灾害直接经济损失、常住人口增长率、人口健康素质、职业学校毕业生数（8 个）
财政金融竞争力（22 个）	强势指标	人均地方财政收入、人均地方财政支出、地方财政支出增长率（3 个）
	优势指标	地方财政收入、地方财政支出、地方财政收入占 GDP 比重、地方财政支出占 GDP 比重、人均税收收入、地方财政收入增长率（6 个）
	劣势指标	税收收入占财政总收入比重、存款余额、贷款余额、保险费净收入、保险深度、国内上市公司数、国内上市公司市值（7 个）
知识经济竞争力（29 个）	强势指标	农村居民人均文化娱乐支出（1 个）
	优势指标	人均文化教育支出占个人消费支出比重、城镇居民人均文化娱乐支出、农村居民人均文化娱乐支出占消费性支出比重（3 个）
	劣势指标	R&D 经费投入强度、发明专利授权量、技术市场成交合同金额、财政科技支出占地方财政支出比重、高技术产业主营业务收入、高技术产业主营业务收入占工业增加值比重、高技术产品出口额占商品出口额比重、教育经费、教育经费占 GDP 比重、公共教育经费占财政支出比重、万人中小学学校数、高等学校数、高校专任教师数、万人高等学校在校学生数、文化制造业营业收入、文化批发零售业营业收入、文化服务业企业营业收入、图书和期刊出版数、报纸出版数、印刷用纸量（20 个）

续表

二级指标	优劣势	四级指标
发展环境竞争力(18个)	强势指标	人均耗电量(1个)
	优势指标	社会捐赠款物(1个)
	劣势指标	铁路网线密度、公路网线密度、全社会旅客周转量、外资企业数增长率、万人外资企业数、万人个体私营企业数、查处商标侵权假冒案件、罚没收入占财政收入比重(8个)
政府作用竞争力(16个)	强势指标	物价调控(1个)
	优势指标	调控城乡消费差距、养老保险覆盖率、最低工资标准(3个)
	劣势指标	政府消费对民间消费的拉动、统筹经济社会发展、规范税收、城市城镇社区服务设施数(4个)
发展水平竞争力(18个)	强势指标	人均拥有道路面积、人均公共绿地面积(2个)
	优势指标	工业增加值占GDP比重、城镇化率、城镇居民人均可支配收入(3个)
	劣势指标	工业增加值增长率、高技术产业占工业增加值比重、高技术产品出口额占商品出口额比重、信息产业增加值占GDP比重、城市平均建成区面积比重、人均日生活用水量、社会投资占投资总额比重、亿元以上商品市场成交额、亿元以上商品市场成交额占全社会消费品零售总额比重、居民消费支出占总消费支出比重(10个)
统筹协调竞争力(16个)	强势指标	全社会消费品零售总额与外贸出口总额比差(1个)
	优势指标	社会劳动生产率、万元GDP综合能耗下降率、固定资产交付使用率、资源竞争力与工业竞争力比差、环境竞争力与工业竞争力比差、城乡居民家庭人均收入比差(6个)
	劣势指标	非农用地产出率、最终消费率、环境竞争力与宏观经济竞争力比差、资源竞争力与宏观经济竞争力比差、人力资源竞争力与宏观经济竞争力比差(5个)

5.2 内蒙古自治区经济综合竞争力各级指标具体分析

1. 内蒙古自治区宏观经济竞争力指标排名变化情况

表5-5 2015~2016年内蒙古自治区宏观经济竞争力指标组排位及变化趋势

指 标	2015年	2016年	排位升降	优劣势
1 宏观经济竞争力	25	18	7	中势
1.1 经济实力竞争力	25	16	9	中势
地区生产总值	16	18	-2	中势
地区生产总值增长率	24	24	0	劣势
人均地区生产总值	6	8	-2	优势
财政总收入	22	27	-5	劣势
财政总收入增长率	28	13	15	中势
人均财政收入	19	17	2	中势
固定资产投资额	18	17	1	中势
固定资产投资额增长率	30	17	13	中势
人均固定资产投资额	4	4	0	优势
全社会消费品零售总额	20	20	0	中势
全社会消费品零售总额增长率	26	22	4	劣势

续表

指　标	2015 年	2016 年	排位升降	优劣势
人均全社会消费品零售总额	10	12	-2	中势
1.2 经济结构竞争力	24	22	2	劣势
产业结构优化度	25	22	3	劣势
所有制经济结构优化度	17	16	1	中势
城乡经济结构优化度	25	25	0	劣势
就业结构优化度	28	28	0	劣势
资本形成结构优化度	8	8	0	优势
贸易结构优化度	27	22	5	劣势
1.3 经济外向度竞争力	23	17	6	中势
进出口总额	26	25	1	劣势
进出口增长率	18	11	7	中势
出口总额	24	23	1	劣势
出口增长率	19	8	11	优势
实际 FDI	22	22	0	劣势
实际 FDI 增长率	6	7	-1	优势
外贸依存度	27	27	0	劣势
外资企业数	25	24	1	劣势
对外直接投资额	26	19	7	中势

2. 内蒙古自治区产业经济竞争力指标排名变化情况

表 5-6　2015~2016 年内蒙古自治区产业经济竞争力指标组排位及变化趋势

指　标	2015 年	2016 年	排位升降	优劣势
2 产业经济竞争力	9	11	-2	中势
2.1 农业竞争力	5	5	0	优势
农业增加值	20	20	0	中势
农业增加值增长率	25	23	2	劣势
人均农业增加值	4	4	0	优势
农民人均纯收入	19	19	0	中势
农民人均纯收入增长率	27	25	2	劣势
农产品出口占农林牧渔总产值比重	20	17	3	中势
人均主要农产品产量	2	2	0	强势
农业机械化水平	10	12	-2	中势
农村人均用电量	12	12	0	中势
财政支农资金比重	4	3	1	强势
2.2 工业竞争力	9	11	-2	中势
工业增加值	13	14	-1	中势
工业增加值增长率	19	29	-10	劣势
人均工业增加值	4	7	-3	优势
工业资产总额	15	15	0	中势
工业资产总额增长率	19	21	-2	劣势
工业资产总贡献率	25	25	0	劣势
规模以上工业主营业务收入	20	20	0	中势

续表

指　标	2015 年	2016 年	排位升降	优劣势
规模以上工业利润总额	21	19	2	中势
工业全员劳动生产率	1	1	0	强势
工业成本费用利润率	17	9	8	优势
2.3　服务业竞争力	27	27	0	劣势
服务业增加值	19	19	0	中势
服务业增加值增长率	28	27	1	劣势
人均服务业增加值	9	9	0	优势
服务业从业人员数	24	24	0	劣势
限额以上批发零售企业主营业务收入	25	26	-1	劣势
限额以上批零企业利税率	14	17	-3	中势
限额以上餐饮企业利税率	21	24	-3	劣势
旅游外汇收入	17	17	0	中势
商品房销售收入	22	23	-1	劣势
电子商务销售额	19	18	1	中势
2.4　企业竞争力	10	9	1	优势
规模以上工业企业数	21	21	0	劣势
规模以上企业平均资产	7	7	0	优势
规模以上企业平均收入	4	4	0	优势
规模以上企业平均利润	6	4	2	优势
规模以上企业劳动效率	4	4	0	优势
城镇就业人员平均工资	17	17	0	中势
新产品销售收入占主营业务收入比重	30	29	1	劣势
产品质量抽查合格率	16	21	-5	劣势
工业企业 R&D 经费投入强度	19	21	-2	劣势
中国驰名商标持有量	23	23	0	劣势

3. 内蒙古自治区可持续发展竞争力指标排名变化情况

表 5-7　2015~2016 年内蒙古自治区可持续发展竞争力指标组排位及变化趋势

指　标	2015 年	2016 年	排位升降	优劣势
3　可持续发展竞争力	4	3	1	强势
3.1　资源竞争力	1	1	0	强势
人均国土面积	4	4	0	优势
人均可使用海域和滩涂面积	13	13	0	中势
人均年水资源量	13	19	-6	中势
耕地面积	2	2	0	强势
人均耕地面积	2	2	0	强势
人均牧草地面积	3	3	0	强势
主要能源矿产基础储量	2	2	0	强势
人均主要能源矿产基础储量	2	2	0	强势
人均森林储积量	2	2	0	强势
3.2　环境竞争力	25	26	-1	劣势
森林覆盖率	21	21	0	劣势

续表

指　标	2015 年	2016 年	排位升降	优劣势
人均废水排放量	12	12	0	中势
人均工业废气排放量	30	30	0	劣势
人均工业固体废物排放量	30	30	0	劣势
人均治理工业污染投资额	1	4	-3	优势
一般工业固体废物综合利用率	28	27	1	劣势
生活垃圾无害化处理率	12	11	1	中势
自然灾害直接经济损失	23	26	-3	劣势
3.3 人力资源竞争力	19	10	9	优势
常住人口增长率	26	25	1	劣势
15~64 岁人口比例	5	2	3	强势
文盲率	18	15	3	中势
大专以上教育程度人口比例	7	4	3	优势
平均受教育程度	11	6	5	优势
人口健康素质	25	21	4	劣势
职业学校毕业生数	22	22	0	劣势

4. 内蒙古自治区财政金融竞争力指标排名变化情况

表 5-8　2015~2016 年内蒙古自治区财政金融竞争力指标组排位及变化趋势

指　标	2015 年	2016 年	排位升降	优劣势
4 财政金融竞争力	21	7	14	优势
4.1 财政竞争力	17	3	14	强势
地方财政收入	19	5	14	优势
地方财政支出	17	9	8	优势
地方财政收入占 GDP 比重	20	6	14	优势
地方财政支出占 GDP 比重	18	8	10	优势
税收收入占 GDP 比重	21	18	3	中势
税收收入占财政总收入比重	4	29	-25	劣势
人均地方财政收入	7	3	4	强势
人均地方财政支出	7	3	4	强势
人均税收收入	8	8	0	优势
地方财政收入增长率	26	4	22	优势
地方财政支出增长率	29	1	28	强势
税收收入增长率	25	14	11	中势
4.2 金融竞争力	26	22	4	劣势
存款余额	24	24	0	劣势
人均存款余额	18	15	3	中势
贷款余额	22	21	1	劣势
人均贷款余额	12	13	-1	中势
中长期贷款占贷款余额比重	19	20	-1	中势
保险费净收入	24	22	2	劣势
保险密度	17	14	3	中势
保险深度	29	27	2	劣势
国内上市公司数	27	27	0	劣势
国内上市公司市值	20	21	-1	劣势

5. 内蒙古自治区知识经济竞争力指标排名变化情况

表 5－9　2015～2016 年内蒙古自治区知识经济竞争力指标组排位及变化趋势

指　标	2015 年	2016 年	排位升降	优劣势
5　知识经济竞争力	27	28	－1	劣势
5.1　科技竞争力	25	26	－1	劣势
R&D 人员	20	20	0	中势
R&D 经费	19	19	0	中势
R&D 经费投入强度	22	22	0	劣势
发明专利授权量	27	27	0	劣势
技术市场成交合同金额	26	27	－1	劣势
财政科技支出占地方财政支出比重	28	29	－1	劣势
高技术产业主营业务收入	24	24	0	劣势
高技术产业主营业务收入占工业增加值比重	29	30	－1	劣势
高技术产品出口额占商品出口额比重	26	26	0	劣势
5.2　教育竞争力	29	29	0	劣势
教育经费	22	23	－1	劣势
教育经费占 GDP 比重	26	22	4	劣势
人均教育经费	10	11	－1	中势
公共教育经费占财政支出比重	28	27	1	劣势
人均文化教育支出占个人消费支出比重	7	9	－2	优势
万人中小学学校数	26	25	1	劣势
万人中小学专任教师数	18	19	－1	中势
高等学校数	25	25	0	劣势
高校专任教师数	26	26	0	劣势
万人高等学校在校学生数	26	27	－1	劣势
5.3　文化竞争力	17	18	－1	中势
文化制造业营业收入	23	26	－3	劣势
文化批发零售业营业收入	26	27	－1	劣势
文化服务业企业营业收入	25	25	0	劣势
图书和期刊出版数	27	27	0	劣势
报纸出版数	27	26	1	劣势
印刷用纸量	27	27	0	劣势
城镇居民人均文化娱乐支出	7	9	－2	优势
农村居民人均文化娱乐支出	2	2	0	强势
城镇居民人均文化娱乐支出占消费性支出比重	11	14	－3	中势
农村居民人均文化娱乐支出占消费性支出比重	2	4	－2	优势

6. 内蒙古自治区发展环境竞争力指标排名变化情况

表 5-10 2015~2016 年内蒙古自治区发展环境竞争力指标组排位及变化趋势

指 标	2015 年	2016 年	排位升降	优劣势
6 发展环境竞争力	23	22	1	劣势
6.1 基础设施竞争力	18	19	-1	中势
铁路网线密度	25	25	0	劣势
公路网线密度	28	28	0	劣势
人均内河航道里程	13	13	0	中势
全社会旅客周转量	23	24	-1	劣势
全社会货物周转量	12	12	0	中势
人均邮电业务总量	18	20	-2	中势
电话普及率	14	14	0	中势
互联网普及率	15	14	1	中势
人均耗电量	3	3	0	强势
6.2 软环境竞争力	29	28	1	劣势
外资企业数增长率	11	28	-17	劣势
万人外资企业数	26	26	0	劣势
个体私营企业数增长率	20	11	9	中势
万人个体私营企业数	22	22	0	劣势
万人商标注册件数	17	19	-2	中势
查处商标侵权假冒案件	26	28	-2	劣势
每十万人交通事故发生数	16	19	-3	中势
罚没收入占财政收入比重	21	22	-1	劣势
社会捐赠款物	31	6	25	优势

7. 内蒙古自治区政府作用竞争力指标排名变化情况

表 5-11 2015~2016 年内蒙古自治区政府作用竞争力指标组排位及变化趋势

指 标	2015 年	2016 年	排位升降	优劣势
7 政府作用竞争力	16	15	1	中势
7.1 政府发展经济竞争力	20	21	-1	劣势
财政支出用于基本建设投资比重	22	15	7	中势
财政支出对 GDP 增长的拉动	14	19	-5	中势
政府公务员对经济的贡献	13	14	-1	中势
政府消费对民间消费的拉动	24	23	1	劣势
财政投资对社会投资的拉动	13	19	-6	中势
7.2 政府规调经济竞争力	12	13	-1	中势
物价调控	7	2	5	强势
调控城乡消费差距	12	10	2	优势
统筹经济社会发展	20	24	-4	劣势

续表

指　标	2015 年	2016 年	排位升降	优劣势
规范税收	21	23	-2	劣势
固定资产投资价格指数	15	15	0	中势
7.3　政府保障经济竞争力	16	15	1	中势
城市城镇社区服务设施数	20	21	-1	劣势
医疗保险覆盖率	14	13	1	中势
养老保险覆盖率	14	10	4	优势
失业保险覆盖率	18	18	0	中势
最低工资标准	7	10	-3	优势
城镇登记失业率	24	11	13	中势

8. 内蒙古自治区发展水平竞争力指标排名变化情况

表 5-12　2015~2016 年内蒙古自治区发展水平竞争力指标组排位及变化趋势

指　标	2015 年	2016 年	排位升降	优劣势
8　发展水平竞争力	17	19	-2	中势
8.1　工业化进程竞争力	23	24	-1	劣势
工业增加值占 GDP 比重	2	8	-6	优势
工业增加值增长率	19	29	-10	劣势
高技术产业占工业增加值比重	29	30	-1	劣势
高技术产品出口额占商品出口额比重	23	24	-1	劣势
信息产业增加值占 GDP 比重	25	28	-3	劣势
工农业增加值比值	11	11	0	中势
8.2　城市化进程竞争力	7	7	0	优势
城镇化率	10	10	0	优势
城镇居民人均可支配收入	10	9	1	优势
城市平均建成区面积比重	23	22	1	劣势
人均拥有道路面积	4	3	1	强势
人均日生活用水量	31	31	0	劣势
人均公共绿地面积	1	1	0	强势
8.3　市场化进程竞争力	21	23	-2	劣势
非公有制经济产值占全社会总产值比重	17	16	1	中势
社会投资占投资总额比重	24	26	-2	劣势
私有和个体企业从业人员比重	10	11	-1	中势
亿元以上商品市场成交额	26	26	0	劣势
亿元以上商品市场成交额占全社会消费品零售总额比重	28	29	-1	劣势
居民消费支出占总消费支出比重	24	23	1	劣势

9. 内蒙古自治区统筹协调竞争力指标排名变化情况

表 5－13　2015～2016 年内蒙古自治区统筹协调竞争力指标组排位及变化趋势

指　标	2015 年	2016 年	排位升降	优劣势
9　统筹协调竞争力	25	8	17	优势
9.1　统筹发展竞争力	10	13	－3	中势
社会劳动生产率	5	7	－2	优势
能源使用下降率	14	18	－4	中势
万元 GDP 综合能耗下降率	21	8	13	优势
非农用地产出率	27	27	0	劣势
生产税净额和营业盈余占 GDP 比重	23	13	10	中势
最终消费率	28	29	－1	劣势
固定资产投资额占 GDP 比重	10	11	－1	中势
固定资产交付使用率	23	6	17	优势
9.2　协调发展竞争力	26	1	25	强势
环境竞争力与宏观经济竞争力比差	14	23	－9	劣势
资源竞争力与宏观经济竞争力比差	30	30	0	劣势
人力资源竞争力与宏观经济竞争力比差	27	23	4	劣势
资源竞争力与工业竞争力比差	25	5	20	优势
环境竞争力与工业竞争力比差	4	7	－3	优势
城乡居民家庭人均收入比差	7	7	0	优势
城乡居民人均现金消费支出比差	12	13	－1	中势
全社会消费品零售总额与外贸出口总额比差	30	3	27	强势

B.7
6
辽宁省经济综合竞争力评价分析报告

辽宁省简称辽，位于中国东北地区的南部沿海，东隔鸭绿江与朝鲜为邻，内接吉林省、内蒙古自治区和河北省，是中国东北经济区和环渤海经济区的重要结合部。全省陆地面积达 14.59 万平方公里。2016 年总人口为 4378 万人，地区生产总值为 22247 亿元，同比下降 2.5%，人均 GDP 达 50791 元。本部分通过分析 2015～2016 年辽宁省经济综合竞争力以及各要素竞争力的排名变化，从中找出辽宁省经济综合竞争力的推动点及影响因素，为进一步提升辽宁省经济综合竞争力提供决策参考。

6.1　辽宁省经济综合竞争力总体分析

1. 辽宁省经济综合竞争力一级指标概要分析

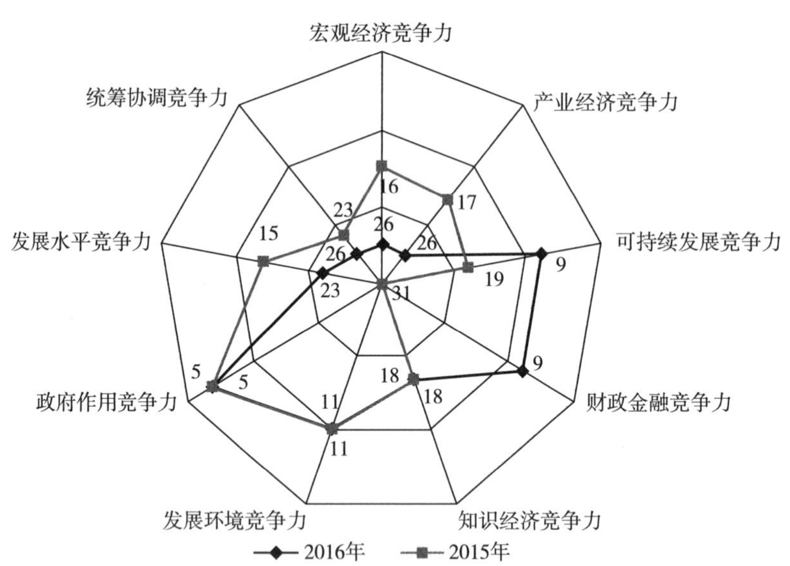

图 6－1　2015～2016 年辽宁省经济综合竞争力二级指标比较雷达图

（1）从综合排位看，2016 年辽宁省经济综合竞争力综合排位在全国居第 17 位，这表明其在全国处于中势地位；与 2015 年相比，综合排位下降了 1 位。

（2）从指标所处区位看，3 个指标处于上游区，分别为可持续发展竞争力、财政金融竞争力和政府作用竞争力；2 个指标处于中游区，分别为知识经济竞争力和发展环境

表 6－1　2015～2016 年辽宁省经济综合竞争力二级指标比较

项目＼年份	宏观经济竞争力	产业经济竞争力	可持续发展竞争力	财政金融竞争力	知识经济竞争力	发展环境竞争力	政府作用竞争力	发展水平竞争力	统筹协调竞争力	综合排位
2015	16	17	19	31	18	11	5	15	23	16
2016	26	26	9	9	18	11	5	23	26	17
升降	－10	－9	10	22	0	0	0	－8	－3	－1
优劣度	劣势	劣势	优势	优势	中势	中势	优势	劣势	劣势	中势

竞争力；4 个指标处于下游区，分别为宏观经济竞争力、产业经济竞争力、发展水平竞争力和统筹协调竞争力。

（3）从指标变化趋势看，在 9 个二级指标中，有 2 个指标处于上升趋势，分别为可持续发展竞争力和财政金融竞争力，是辽宁省经济综合竞争力上升的动力所在；有 3 个指标排位没有发生变化，分别为知识经济竞争力、发展环境竞争力和政府作用竞争力；有 4 个指标处于下降趋势，分别为宏观经济竞争力、产业经济竞争力、发展水平竞争力和统筹协调竞争力，这些是辽宁省经济综合竞争力下降的拉力所在。

2. 辽宁省经济综合竞争力各级指标动态变化分析

表 6－2　2015～2016 年辽宁省经济综合竞争力各级指标排位变化态势比较

单位：个，%

二级指标	三级指标	四级指标数	上升		保持		下降		变化趋势
			指标数	比重	指标数	比重	指标数	比重	
宏观经济竞争力	经济实力竞争力	12	1	8.3	3	25.0	8	66.7	下降
	经济结构竞争力	6	2	33.3	1	16.7	3	50.0	下降
	经济外向度竞争力	9	4	44.4	2	22.2	3	33.3	上升
	小　计	27	7	25.9	6	22.2	14	51.9	下降
产业经济竞争力	农业竞争力	10	2	20.0	3	30.0	5	50.0	下降
	工业竞争力	10	0	0.0	2	20.0	8	80.0	下降
	服务业竞争力	10	1	10.0	3	30.0	6	60.0	下降
	企业竞争力	10	3	30.0	1	10.0	6	60.0	下降
	小　计	40	6	15.0	9	22.5	25	62.5	下降
可持续发展竞争力	资源竞争力	9	1	11.1	8	88.9	0	0.0	下降
	环境竞争力	8	6	75.0	1	12.5	1	12.5	上升
	人力资源竞争力	7	2	28.6	5	71.4	0	0.0	上升
	小　计	24	9	37.5	14	58.3	1	4.2	上升
财政金融竞争力	财政竞争力	12	12	100.0	0	0.0	0	0.0	上升
	金融竞争力	10	4	40.0	1	10.0	5	50.0	上升
	小　计	22	16	72.7	1	4.5	5	22.7	上升
知识经济竞争力	科技竞争力	9	3	33.3	1	11.1	5	55.6	保持
	教育竞争力	10	4	40.0	3	30.0	3	30.0	下降
	文化竞争力	10	4	40.0	3	30.0	3	30.0	上升
	小　计	29	11	37.9	7	24.1	11	37.9	保持

续表

二级指标	三级指标	四级指标数	上升		保持		下降		变化趋势
			指标数	比重	指标数	比重	指标数	比重	
发展环境竞争力	基础设施竞争力	9	0	0.0	7	77.8	2	22.2	保持
	软环境竞争力	9	0	0.0	2	22.2	7	77.8	保持
	小　计	18	0	0.0	9	50.0	9	50.0	保持
政府作用竞争力	政府发展经济竞争力	5	1	20.0	0	0.0	4	80.0	下降
	政府规调经济竞争力	5	3	60.0	1	20.0	1	20.0	上升
	政府保障经济竞争力	6	3	50.0	2	33.3	1	16.7	上升
	小　计	16	7	43.8	3	18.8	6	37.5	保持
发展水平竞争力	工业化进程竞争力	6	0	0.0	1	16.7	5	83.3	下降
	城市化进程竞争力	6	2	33.3	1	16.7	3	50.0	下降
	市场化进程竞争力	6	1	16.7	1	16.7	4	66.7	下降
	小　计	18	3	16.7	3	16.7	12	66.7	下降
统筹协调竞争力	统筹发展竞争力	8	3	37.5	0	0.0	5	62.5	上升
	协调发展竞争力	8	2	25.0	1	12.5	5	62.5	下降
	小　计	16	5	31.3	1	6.3	10	62.5	下降
合　计		210	64	30.5	53	25.2	93	44.3	下降

从表6-2可以看出，210个四级指标中，上升指标有64个，占指标总数的30.5%；下降指标有93个，占指标总数的44.3%；保持不变的指标有53个，占指标总数的25.2%。综上所述，辽宁省经济综合竞争力上升的动力小于下降的拉力，使得2015~2016年辽宁省经济综合竞争力呈下降趋势。

3. 辽宁省经济综合竞争力各级指标优劣势结构分析

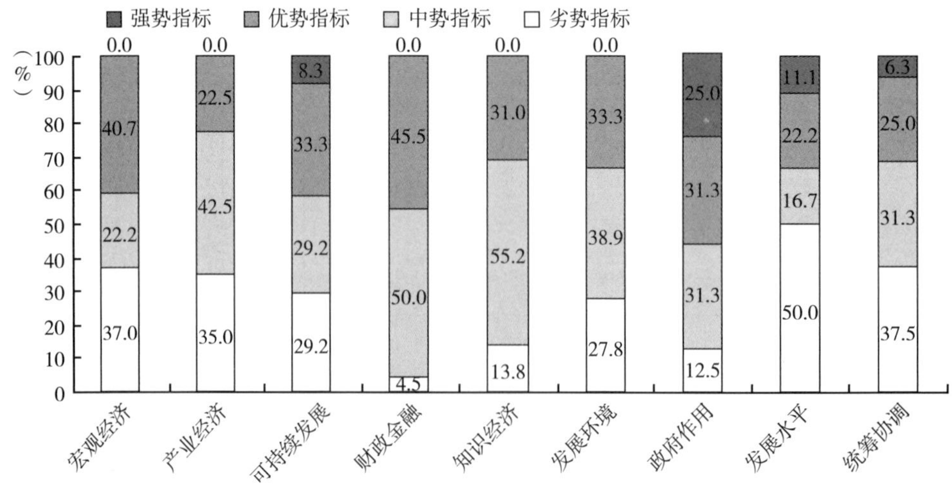

图6-2　2016年辽宁省经济综合竞争力各级指标优劣势比较

表 6-3 2016 年辽宁省经济综合竞争力各级指标优劣势比较

单位：个，%

二级指标	三级指标	四级指标数	强势指标		优势指标		中势指标		劣势指标		优劣势
			个数	比重	个数	比重	个数	比重	个数	比重	
宏观经济竞争力	经济实力竞争力	12	0	0.0	4	33.3	3	25.0	5	41.7	劣势
	经济结构竞争力	6	0	0.0	1	16.7	2	33.3	3	50.0	中势
	经济外向度竞争力	9	0	0.0	6	66.7	1	11.1	2	22.2	优势
	小　计	27	0	0.0	11	40.7	6	22.2	10	37.0	劣势
产业经济竞争力	农业竞争力	10	0	0.0	5	50.0	2	20.0	3	30.0	劣势
	工业竞争力	10	0	0.0	0	0.0	5	50.0	5	50.0	劣势
	服务业竞争力	10	0	0.0	1	10.0	7	70.0	2	20.0	劣势
	企业竞争力	10	0	0.0	3	30.0	3	30.0	4	40.0	中势
	小　计	40	0	0.0	9	22.5	17	42.5	14	35.0	劣势
可持续发展竞争力	资源竞争力	9	1	11.1	3	33.3	4	44.4	1	11.1	优势
	环境竞争力	8	0	0.0	1	12.5	2	25.0	5	62.5	劣势
	人力资源竞争力	7	1	14.3	4	57.1	1	14.3	1	14.3	优势
	小　计	24	2	8.3	8	33.3	7	29.2	7	29.2	优势
财政金融竞争力	财政竞争力	12	0	0.0	6	50.0	5	41.7	1	8.3	优势
	金融竞争力	10	0	0.0	4	40.0	6	60.0	0	0.0	优势
	小　计	22	0	0.0	10	45.5	11	50.0	1	4.5	优势
知识经济竞争力	科技竞争力	9	0	0.0	1	11.1	8	88.9	0	0.0	中势
	教育竞争力	10	0	0.0	3	30.0	3	30.0	4	40.0	劣势
	文化竞争力	10	0	0.0	5	50.0	5	50.0	0	0.0	优势
	小　计	29	0	0.0	9	31.0	16	55.2	4	13.8	中势
发展环境竞争力	基础设施竞争力	9	0	0.0	4	44.4	4	44.4	1	11.1	优势
	软环境竞争力	9	0	0.0	2	22.2	3	33.3	4	44.4	中势
	小　计	18	0	0.0	6	33.3	7	38.9	5	27.8	中势
政府作用竞争力	政府发展经济竞争力	5	1	20.0	2	40.0	1	20.0	1	20.0	中势
	政府规调经济竞争力	5	1	20.0	1	20.0	2	40.0	1	20.0	优势
	政府保障经济竞争力	6	2	33.3	2	33.3	2	33.3	0	0.0	强势
	小　计	16	4	25.0	5	31.3	5	31.3	2	12.5	优势
发展水平竞争力	工业化进程竞争力	6	0	0.0	0	0.0	2	33.3	4	66.7	劣势
	城市化进程竞争力	6	0	0.0	2	33.3	0	0.0	4	66.7	中势
	市场化进程竞争力	6	2	33.3	2	33.3	1	16.7	1	16.7	中势
	小　计	18	2	11.1	4	22.2	3	16.7	9	50.0	劣势
统筹协调竞争力	统筹发展竞争力	8	1	12.5	2	25.0	3	37.5	2	25.0	中势
	协调发展竞争力	8	0	0.0	2	25.0	2	25.0	4	50.0	劣势
	小　计	16	1	6.3	4	25.0	5	31.3	6	37.5	劣势
合　计		210	9	4.3	66	31.4	77	36.7	58	27.6	中势

基于图 6-2 和表 6-3，从四级指标来看，强势指标 9 个，占指标总数的 4.3%；优势指标 66 个，占指标总数的 31.4%；中势指标 77 个，占指标总数的 36.7%；劣势指标 58 个，占指标总数的 27.6%。从三级指标来看，强势指标 1 个，占三级指标

总数的4.0%；优势指标8个，占三级指标总数的32.0%；中势指标8个，占三级指标总数的32.0%；劣势指标8个，占三级指标总数的32.0%。反映到二级指标上来看，没有强势指标；优势指标有3个，占二级指标总数的33.3%；中势指标2个，占二级指标总数的22.2%；劣势指标4个，占二级指标总数的44.5%。综合来看，由于中势指标在指标体系中居于主导地位，2016年辽宁省经济综合竞争力处于中势地位。

4. 辽宁省经济综合竞争力四级指标优劣势对比分析

表6-4　2016年辽宁省经济综合竞争力各级指标优劣势比较

二级指标	优劣势	四级指标
宏观经济竞争力(27个)	强势指标	(0个)
	优势指标	财政总收入、人均财政收入、全社会消费品零售总额、人均全社会消费品零售总额、产业结构优化度、进出口总额、出口总额、实际FDI、外贸依存度、外资企业数、对外直接投资额(11个)
	劣势指标	地区生产总值增长率、固定资产投资额、固定资产投资额增长率、人均固定资产投资额、全社会消费品零售总额增长率、所有制经济结构优化度、就业结构优化度、资本形成结构优化度、进出口增长率、实际FDI增长率(10个)
产业经济竞争力(40个)	强势指标	(0个)
	优势指标	人均农业增加值、农民人均纯收入、农产品出口占农林牧渔总产值比重、人均主要农产品产量、农村人均用电量、限额以上餐饮企业利税率、新产品销售收入占主营业务收入比重、工业企业R&D经费投入强度、中国驰名商标持有量(9个)
	劣势指标	农业增加值增长率、农民人均纯收入增长率、财政支农资金比重、工业增加值增长率、工业资产总额增长率、规模以上工业利润总额、工业全员劳动生产率、工业成本费用利润率、服务业增加值增长率、限额以上批零企业利税率、规模以上企业平均收入、规模以上企业平均利润、规模以上企业劳动效率、城镇就业人员平均工资(14个)
可持续发展竞争力(24个)	强势指标	人均可使用海域和滩涂面积、文盲率(2个)
	优势指标	人均耕地面积、主要能源矿产基础储量、人均主要能源矿产基础储量、自然灾害直接经济损失、15~64岁人口比例、大专以上教育程度人口比例、平均受教育程度、人口健康素质(8个)
	劣势指标	人均年水资源量、人均废水排放量、人均工业废气排放量、人均工业固体废物排放量、一般工业固体废物综合利用率、生活垃圾无害化处理率、常住人口增长率(7个)
财政金融竞争力(22个)	强势指标	(0个)
	优势指标	地方财政收入、地方财政支出、地方财政收入占GDP比重、地方财政支出占GDP比重、地方财政收入增长率、税收收入增长率、存款余额、人均存款余额、贷款余额、人均贷款余额(10个)
	劣势指标	税收收入占财政总收入比重(1个)
知识经济竞争力(29个)	强势指标	(0个)
	优势指标	技术市场成交合同金额、人均文化教育支出占个人消费支出比重、高等学校数、万人高等学校在校学生数、印刷用纸量、城镇居民人均文化娱乐支出、农村居民人均文化娱乐支出、城镇居民人均文化娱乐支出占消费性支出比重、农村居民人均文化娱乐支出占消费性支出比重(9个)
	劣势指标	教育经费占GDP比重、人均教育经费、公共教育经费占财政支出比重、万人中小学专任教师数(4个)

续表

二级指标	优劣势	四级指标
发展环境竞争力(18个)	强势指标	(0个)
	优势指标	铁路网线密度、全社会货物周转量、电话普及率、互联网普及率、万人外资企业数、罚没收入占财政收入比重(6个)
	劣势指标	人均内河航道里程、外资企业数增长率、个体私营企业数增长率、每十万人交通事故发生数、社会捐赠款物(5个)
政府作用竞争力(16个)	强势指标	政府消费对民间消费的拉动、统筹经济社会发展、医疗保险覆盖率、养老保险覆盖率(4个)
	优势指标	财政支出对GDP增长的拉动、财政投资对社会投资的拉动、固定资产投资价格指数、失业保险覆盖率、城镇登记失业率(5个)
	劣势指标	财政支出用于基本建设投资比重、调控城乡消费差距(2个)
发展水平竞争力(18个)	强势指标	社会投资占投资总额比重、居民消费支出占总消费支出比重(2个)
	优势指标	城镇化率、城镇居民人均可支配收入、私有和个体企业从业人员比重、亿元以上商品市场成交额(4个)
	劣势指标	工业增加值占GDP比重、工业增加值增长率、高技术产业占工业增加值比重、工农业增加值比值、城市平均建成区面积比重、人均拥有道路面积、人均日生活用水量、人均公共绿地面积、非公有制经济产值占全社会总产值比重(9个)
统筹协调竞争力(16个)	强势指标	能源使用下降率(1个)
	优势指标	最终消费率、固定资产投资额占GDP比重、环境竞争力与宏观经济竞争力比差、资源竞争力与工业竞争力比差(4个)
	劣势指标	万元GDP综合能耗下降率、固定资产交付使用率、资源竞争力与宏观经济竞争力比差、人力资源竞争力与宏观经济竞争力比差、环境竞争力与工业竞争力比差、城乡居民人均现金消费支出比差(6个)

6.2 辽宁省经济综合竞争力各级指标具体分析

1. 辽宁省宏观经济竞争力指标排名变化情况

表6-5 2015~2016年辽宁省宏观经济竞争力指标组排位及变化趋势

指 标	2015年	2016年	排位升降	优劣势
1 宏观经济竞争力	16	26	-10	劣势
1.1 经济实力竞争力	18	30	-12	劣势
地区生产总值	10	14	-4	中势
地区生产总值增长率	31	31	0	劣势
人均地区生产总值	9	14	-5	中势
财政总收入	8	7	1	优势
财政总收入增长率	10	20	-10	中势
人均财政收入	9	9	0	优势
固定资产投资额	13	27	-14	劣势
固定资产投资额增长率	31	31	0	劣势
人均固定资产投资额	14	31	-17	劣势

续表

指　标	2015 年	2016 年	排位升降	优劣势
全社会消费品零售总额	9	10	-1	优势
全社会消费品零售总额增长率	27	31	-4	劣势
人均全社会消费品零售总额	6	8	-2	优势
1.2　经济结构竞争力	17	20	-3	中势
产业结构优化度	13	9	4	优势
所有制经济结构优化度	18	23	-5	劣势
城乡经济结构优化度	17	16	1	中势
就业结构优化度	26	26	0	劣势
资本形成结构优化度	23	28	-5	劣势
贸易结构优化度	4	12	-8	中势
1.3　经济外向度竞争力	14	10	4	优势
进出口总额	9	9	0	优势
进出口增长率	20	22	-2	劣势
出口总额	7	8	-1	优势
出口增长率	23	11	12	中势
实际 FDI	7	9	-2	优势
实际 FDI 增长率	29	23	6	劣势
外贸依存度	11	8	3	优势
外资企业数	8	8	0	优势
对外直接投资额	9	8	1	优势

2. 辽宁省产业经济竞争力指标排名变化情况

表 6-6　2015～2016 年辽宁省产业经济竞争力指标组排位及变化趋势

指　标	2015 年	2016 年	排位升降	优劣势
2　产业经济竞争力	17	26	-9	劣势
2.1　农业竞争力	11	25	-14	劣势
农业增加值	12	13	-1	中势
农业增加值增长率	18	29	-11	劣势
人均农业增加值	2	6	-4	优势
农民人均纯收入	9	9	0	优势
农民人均纯收入增长率	28	29	-1	劣势
农产品出口占农林牧渔总产值比重	9	9	0	优势
人均主要农产品产量	9	7	2	优势
农业机械化水平	15	18	-3	中势
农村人均用电量	6	6	0	优势
财政支农资金比重	26	23	3	劣势
2.2　工业竞争力	21	30	-9	劣势
工业增加值	8	16	-8	中势
工业增加值增长率	27	31	-4	劣势
人均工业增加值	9	20	-11	中势
工业资产总额	9	11	-2	中势
工业资产总额增长率	31	31	0	劣势

续表

指 标	2015 年	2016 年	排位升降	优劣势
工业资产总贡献率	20	20	0	中势
规模以上工业主营业务收入	13	18	-5	中势
规模以上工业利润总额	20	22	-2	劣势
工业全员劳动生产率	9	23	-14	劣势
工业成本费用利润率	27	29	-2	劣势
2.3 服务业竞争力	17	24	-7	劣势
服务业增加值	8	13	-5	中势
服务业增加值增长率	31	31	0	劣势
人均服务业增加值	7	11	-4	中势
服务业从业人员数	12	12	0	中势
限额以上批发零售企业主营业务收入	10	11	-1	中势
限额以上批零企业利税率	26	30	-4	劣势
限额以上餐饮企业利税率	14	5	9	优势
旅游外汇收入	14	14	0	中势
商品房销售收入	15	17	-2	中势
电子商务销售额	11	17	-6	中势
2.4 企业竞争力	16	17	-1	中势
规模以上工业企业数	12	14	-2	中势
规模以上企业平均资产	16	14	2	中势
规模以上企业平均收入	23	24	-1	劣势
规模以上企业平均利润	27	30	-3	劣势
规模以上企业劳动效率	16	27	-11	劣势
城镇就业人员平均工资	25	27	-2	劣势
新产品销售收入占主营业务收入比重	12	10	2	优势
产品质量抽查合格率	14	16	-2	中势
工业企业 R&D 经费投入强度	15	6	9	优势
中国驰名商标持有量	7	7	0	优势

3. 辽宁省可持续发展竞争力指标排名变化情况

表 6-7 2015~2016 年辽宁省可持续发展竞争力指标组排位及变化趋势

指 标	2015 年	2016 年	排位升降	优劣势
3 可持续发展竞争力	19	9	10	优势
3.1 资源竞争力	9	10	-1	优势
人均国土面积	17	17	0	中势
人均可使用海域和滩涂面积	3	3	0	强势
人均年水资源量	23	21	2	劣势
耕地面积	13	13	0	中势
人均耕地面积	10	10	0	优势
人均牧草地面积	19	19	0	中势
主要能源矿产基础储量	10	10	0	优势
人均主要能源矿产基础储量	8	8	0	优势
人均森林储积量	16	16	0	中势

续表

指　标	2015 年	2016 年	排位升降	优劣势
3.2　环境竞争力	24	21	3	劣势
森林覆盖率	14	14	0	中势
人均废水排放量	24	23	1	劣势
人均工业废气排放量	26	25	1	劣势
人均工业固体废物排放量	28	27	1	劣势
人均治理工业污染投资额	19	18	1	中势
一般工业固体废物综合利用率	30	28	2	劣势
生活垃圾无害化处理率	17	25	-8	劣势
自然灾害直接经济损失	12	8	4	优势
3.3　人力资源竞争力	8	7	1	优势
常住人口增长率	29	29	0	劣势
15~64 岁人口比例	8	7	1	优势
文盲率	2	2	0	强势
大专以上教育程度人口比例	5	5	0	优势
平均受教育程度	4	4	0	优势
人口健康素质	9	9	0	优势
职业学校毕业生数	19	18	1	中势

4. 辽宁省财政金融竞争力指标排名变化情况

表 6-8　2015~2016 年辽宁省财政金融竞争力指标组排位及变化趋势

指　标	2015 年	2016 年	排位升降	优劣势
4　财政金融竞争力	31	9	22	优势
4.1　财政竞争力	31	10	21	优势
地方财政收入	17	7	10	优势
地方财政支出	14	6	8	优势
地方财政收入占 GDP 比重	31	10	21	优势
地方财政支出占 GDP 比重	27	10	17	优势
税收收入占 GDP 比重	29	17	12	中势
税收收入占财政总收入比重	27	22	5	劣势
人均地方财政收入	16	11	5	中势
人均地方财政支出	21	11	10	中势
人均税收收入	13	12	1	中势
地方财政收入增长率	31	9	22	优势
地方财政支出增长率	31	17	14	中势
税收收入增长率	31	10	21	优势
4.2　金融竞争力	11	10	1	优势
存款余额	9	10	-1	优势
人均存款余额	8	8	0	优势
贷款余额	8	7	1	优势
人均贷款余额	8	9	-1	优势
中长期贷款占贷款余额比重	20	14	6	中势
保险费净收入	15	11	4	中势
保险密度	14	15	-1	中势
保险深度	28	12	16	中势
国内上市公司数	12	13	-1	中势
国内上市公司市值	12	14	-2	中势

5. 辽宁省知识经济竞争力指标排名变化情况

表6-9 2015~2016年辽宁省知识经济竞争力指标组排位及变化趋势

指 标	2015年	2016年	排位升降	优劣势
5 知识经济竞争力	18	18	0	中势
5.1 科技竞争力	17	17	0	中势
R&D人员	15	15	0	中势
R&D经费	14	15	-1	中势
R&D经费投入强度	17	12	5	中势
发明专利授权量	12	14	-2	中势
技术市场成交合同金额	10	9	1	优势
财政科技支出占地方财政支出比重	12	15	-3	中势
高技术产业主营业务收入	16	18	-2	中势
高技术产业主营业务收入占工业增加值比重	21	18	3	中势
高技术产品出口额占商品出口额比重	19	20	-1	中势
5.2 教育竞争力	17	21	-4	劣势
教育经费	17	19	-2	中势
教育经费占GDP比重	29	21	8	劣势
人均教育经费	18	24	-6	劣势
公共教育经费占财政支出比重	21	22	-1	劣势
人均文化教育支出占个人消费支出比重	11	7	4	优势
万人中小学学校数	20	19	1	中势
万人中小学专任教师数	28	27	1	劣势
高等学校数	9	9	0	优势
高校专任教师数	11	11	0	中势
万人高等学校在校学生数	9	9	0	优势
5.3 文化竞争力	11	10	1	优势
文化制造业营业收入	17	19	-2	中势
文化批发零售业营业收入	17	18	-1	中势
文化服务业企业营业收入	15	15	0	中势
图书和期刊出版数	19	16	3	中势
报纸出版数	11	11	0	中势
印刷用纸量	21	10	11	优势
城镇居民人均文化娱乐支出	8	7	1	优势
农村居民人均文化娱乐支出	7	7	0	优势
城镇居民人均文化娱乐支出占消费性支出比重	13	6	7	优势
农村居民人均文化娱乐支出占消费性支出比重	8	9	-1	优势

6. 辽宁省发展环境竞争力指标排名变化情况

表 6-10　2015~2016 年辽宁省发展环境竞争力指标组排位及变化趋势

指　标	2015 年	2016 年	排位升降	优劣势
6　发展环境竞争力	11	11	0	中势
6.1　基础设施竞争力	9	9	0	优势
铁路网线密度	4	4	0	优势
公路网线密度	19	20	-1	中势
人均内河航道里程	26	26	0	劣势
全社会旅客周转量	12	12	0	中势
全社会货物周转量	4	4	0	优势
人均邮电业务总量	12	12	0	中势
电话普及率	7	7	0	优势
互联网普及率	7	7	0	优势
人均耗电量	13	14	-1	中势
6.2　软环境竞争力	18	18	0	中势
外资企业数增长率	25	26	-1	劣势
万人外资企业数	7	7	0	优势
个体私营企业数增长率	23	25	-2	劣势
万人个体私营企业数	10	11	-1	中势
万人商标注册件数	12	12	0	中势
查处商标侵权假冒案件	19	20	-1	中势
每十万人交通事故发生数	19	21	-2	劣势
罚没收入占财政收入比重	2	5	-3	优势
社会捐赠款物	16	27	-11	劣势

7. 辽宁省政府作用竞争力指标排名变化情况

表 6-11　2015~2016 年辽宁省政府作用竞争力指标组排位及变化趋势

指　标	2015 年	2016 年	排位升降	优劣势
7　政府作用竞争力	5	5	0	优势
7.1　政府发展经济竞争力	5	11	-6	中势
财政支出用于基本建设投资比重	17	31	-14	劣势
财政支出对 GDP 增长的拉动	5	10	-5	优势
政府公务员对经济的贡献	8	12	-4	中势
政府消费对民间消费的拉动	1	2	-1	强势
财政投资对社会投资的拉动	9	7	2	优势
7.2　政府规调经济竞争力	11	10	1	优势
物价调控	13	12	1	中势
调控城乡消费差距	26	26	0	劣势
统筹经济社会发展	5	3	2	强势

续表

指　标	2015年	2016年	排位升降	优劣势
规范税收	15	18	-3	中势
固定资产投资价格指数	13	8	5	优势
7.3　政府保障经济竞争力	6	3	3	强势
城市城镇社区服务设施数	16	15	1	中势
医疗保险覆盖率	1	1	0	强势
养老保险覆盖率	1	1	0	强势
失业保险覆盖率	5	7	-2	优势
最低工资标准	29	16	13	中势
城镇登记失业率	18	8	10	优势

8. 辽宁省发展水平竞争力指标排名变化情况

表6-12　2015~2016年辽宁省发展水平竞争力指标组排位及变化趋势

指　标	2015年	2016年	排位升降	优劣势
8　发展水平竞争力	15	23	-8	劣势
8.1　工业化进程竞争力	22	30	-8	劣势
工业增加值占GDP比重	14	23	-9	劣势
工业增加值增长率	27	31	-4	劣势
高技术产业占工业增加值比重	21	22	-1	劣势
高技术产品出口额占商品出口额比重	18	18	0	中势
信息产业增加值占GDP比重	18	20	-2	中势
工农业增加值比值	12	22	-10	劣势
8.2　城市化进程竞争力	14	16	-2	中势
城镇化率	5	6	-1	优势
城镇居民人均可支配收入	9	10	-1	优势
城市平均建成区面积比重	29	28	1	劣势
人均拥有道路面积	24	25	-1	劣势
人均日生活用水量	22	21	1	劣势
人均公共绿地面积	23	23	0	劣势
8.3　市场化进程竞争力	7	15	-8	中势
非公有制经济产值占全社会总产值比重	18	23	-5	劣势
社会投资占投资总额比重	3	2	1	强势
私有和个体企业从业人员比重	8	10	-2	优势
亿元以上商品市场成交额	7	8	-1	优势
亿元以上商品市场成交额占全社会消费品零售总额比重	12	12	0	中势
居民消费支出占总消费支出比重	1	2	-1	强势

9. 辽宁省统筹协调竞争力指标排名变化情况

表 6－13　2015～2016 年辽宁省统筹协调竞争力指标组排位及变化趋势

指　标	2015 年	2016 年	排位升降	优劣势
9　统筹协调竞争力	23	26	-3	劣势
9.1　统筹发展竞争力	23	16	7	中势
社会劳动生产率	6	13	-7	中势
能源使用下降率	28	1	27	强势
万元 GDP 综合能耗下降率	27	31	-4	劣势
非农用地产出率	14	18	-4	中势
生产税净额和营业盈余占 GDP 比重	18	19	-1	中势
最终消费率	24	10	14	优势
固定资产投资额占 GDP 比重	2	6	-4	优势
固定资产交付使用率	29	27	2	劣势
9.2　协调发展竞争力	23	31	-8	劣势
环境竞争力与宏观经济竞争力比差	20	6	14	优势
资源竞争力与宏观经济竞争力比差	22	23	-1	劣势
人力资源竞争力与宏观经济竞争力比差	24	30	-6	劣势
资源竞争力与工业竞争力比差	20	9	11	优势
环境竞争力与工业竞争力比差	11	29	-18	劣势
城乡居民家庭人均收入比差	15	16	-1	中势
城乡居民人均现金消费支出比差	26	26	0	劣势
全社会消费品零售总额与外贸出口总额比差	13	19	-6	中势

B.8

7 吉林省经济综合竞争力评价分析报告

吉林省简称吉，位于我国东北地区中部，南隔图们江、鸭绿江与朝鲜为邻，东与俄罗斯接壤，内陆与黑龙江省、内蒙古自治区、辽宁省相接。全省总面积为 18.74 万平方公里，2016 年总人口为 2733 万人，地区生产总值达 14777 亿元，同比增长 6.9%，人均 GDP 达 53868 元。本部分通过分析 2015～2016 年吉林省经济综合竞争力以及各要素竞争力的排名变化，从中找出吉林省经济综合竞争力的推动点及影响因素，为进一步提升吉林省经济综合竞争力提供决策参考。

7.1 吉林省经济综合竞争力总体分析

1. 吉林省经济综合竞争力一级指标概要分析

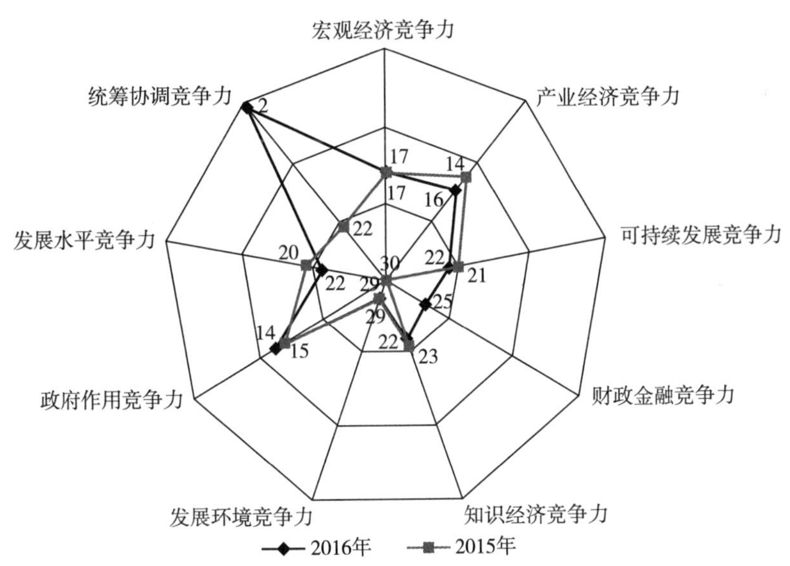

图 7－1　2015～2016 年吉林省经济综合竞争力二级指标比较雷达图

（1）从综合排位看，2016 年吉林省经济综合竞争力居第 19 位，在全国处于中势地位；与 2015 年相比，综合排位上升了 3 位。

（2）从指标所处区位看，9 个二级指标中，只有 1 个强势指标，即统筹协调竞争力；有 3 个中势指标，分别为宏观经济竞争力、产业经济竞争力及政府作用竞争力；有

表 7－1　2015～2016 年吉林省经济综合竞争力二级指标比较

项目 / 年份	宏观经济竞争力	产业经济竞争力	可持续发展竞争力	财政金融竞争力	知识经济竞争力	发展环境竞争力	政府作用竞争力	发展水平竞争力	统筹协调竞争力	综合排位
2015	17	14	21	30	22	29	15	20	22	22
2016	17	16	22	25	23	29	14	22	2	19
升降	0	－2	－1	5	－1	0	1	－2	20	3
优劣度	中势	中势	劣势	劣势	劣势	劣势	中势	劣势	强势	中势

5 个劣势指标，分别为可持续发展竞争力、财政金融竞争力、知识经济竞争力、发展环境竞争力及发展水平竞争力。

（3）从指标变化趋势看，9 个二级指标中，有 3 个指标处于上升趋势，即财政金融竞争力、政府作用竞争力和统筹协调竞争力，从指标变化可以看出，这 3 个竞争力要素的上升，尤其是统筹协调竞争力提供了吉林省经济综合竞争力排位上升的动力；有 2 个指标排位没有发生变化，分别为宏观经济竞争力和发展环境竞争力；有 4 个指标处于下降趋势，分别为产业经济竞争力、可持续发展竞争力、知识经济竞争力和发展水平竞争力，这四个指标是吉林省经济综合竞争力排位下降的拉力所在。

2. 吉林省经济综合竞争力各级指标动态变化分析

表 7－2　2015～2016 年吉林省经济综合竞争力各级指标排位变化态势比较

单位：个，%

二级指标	三级指标	四级指标数	上升		保持		下降		变化趋势
			指标数	比重	指标数	比重	指标数	比重	
宏观经济竞争力	经济实力竞争力	12	3	25.0	2	16.7	7	58.3	下降
	经济结构竞争力	6	3	50.0	3	50.0	0	0.0	下降
	经济外向度竞争力	9	4	44.4	2	22.2	3	33.3	上升
	小　计	27	10	37.0	7	25.9	10	37.0	保持
产业经济竞争力	农业竞争力	10	4	40.0	1	10.0	5	50.0	保持
	工业竞争力	10	1	10.0	2	20.0	7	70.0	下降
	服务业竞争力	10	6	60.0	4	40.0	0	0.0	上升
	企业竞争力	10	2	20.0	5	50.0	3	30.0	下降
	小　计	40	13	32.5	12	30.0	15	37.5	下降
可持续发展竞争力	资源竞争力	9	1	11.1	8	88.9	0	0.0	保持
	环境竞争力	8	5	62.5	1	12.5	2	25.0	上升
	人力资源竞争力	7	3	42.9	3	42.9	1	14.3	下降
	小　计	24	9	37.5	12	50.0	3	12.5	下降
财政金融竞争力	财政竞争力	12	9	75.0	1	8.3	2	16.7	上升
	金融竞争力	10	4	40.0	3	30.0	3	30.0	上升
	小　计	22	13	59.1	4	18.2	5	22.7	上升
知识经济竞争力	科技竞争力	9	4	44.4	3	33.3	2	22.2	保持
	教育竞争力	10	2	20.0	5	50.0	3	30.0	上升
	文化竞争力	10	3	30.0	3	30.0	4	40.0	保持
	小　计	29	9	31.0	11	40.7	9	33.3	下降

续表

二级指标	三级指标	四级指标数	上升		保持		下降		变化趋势
			指标数	比重	指标数	比重	指标数	比重	
发展环境竞争力	基础设施竞争力	9	3	33.3	5	55.6	1	11.1	保持
	软环境竞争力	9	5	55.6	1	11.1	3	33.3	保持
	小　计	18	8	44.4	6	33.3	4	22.2	保持
政府作用竞争力	政府发展经济竞争力	5	2	40.0	0	0.0	3	60.0	下降
	政府规调经济竞争力	5	2	40.0	1	20.0	2	40.0	上升
	政府保障经济竞争力	6	1	16.7	2	33.3	3	50.0	下降
	小　计	16	5	31.3	3	18.8	8	50.0	上升
发展水平竞争力	工业化进程竞争力	6	1	16.7	1	16.7	4	66.7	保持
	城市化进程竞争力	6	1	16.7	0	0.0	5	83.3	下降
	市场化进程竞争力	6	4	66.7	0	0.0	2	33.3	下降
	小　计	18	6	33.3	1	5.6	11	61.1	下降
统筹协调竞争力	统筹发展竞争力	8	2	25.0	3	37.5	3	37.5	下降
	协调发展竞争力	8	4	50.0	2	25.0	2	25.0	上升
	小　计	16	6	37.5	5	31.3	5	31.3	上升
合　计		210	79	37.6	61	29.0	70	33.3	上升

从表7-2可以看出，210个四级指标中，排位上升指标79个，占指标总数的37.6%；排位下降指标70个，占指标总数的33.3%；排位保持不变的指标有61个，占指标总数的29%。由此可见，吉林省经济综合竞争力排位上升的动力略大于下降的拉力，2015~2016年吉林省经济综合竞争力排位处于上升趋势。

3. 吉林省经济综合竞争力各级指标优劣势结构分析

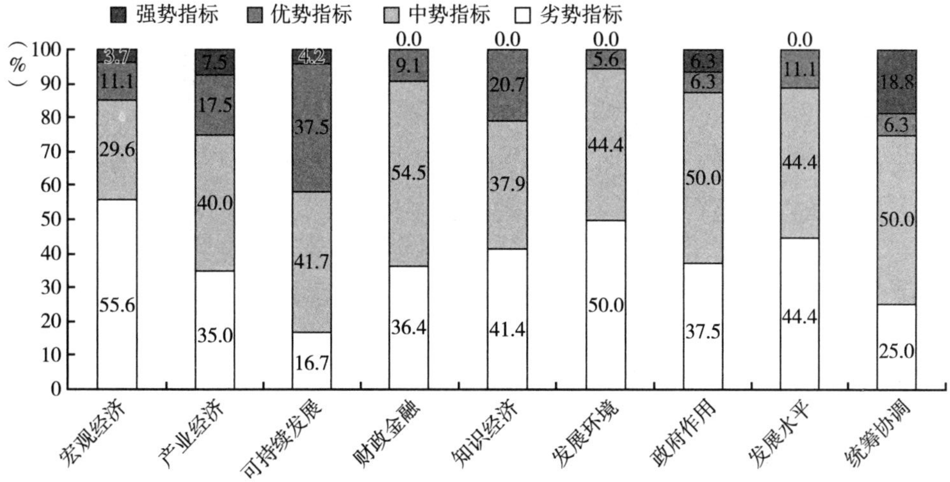

图7-2　2016年吉林省经济综合竞争力各级指标优劣势比较

表 7－3　2016 年吉林省经济综合竞争力各级指标优劣势比较

单位：个，%

二级指标	三级指标	四级指标数	强势指标		优势指标		中势指标		劣势指标		优劣势
			个数	比重	个数	比重	个数	比重	个数	比重	
宏观经济竞争力	经济实力竞争力	12	0	0.0	1	8.3	5	41.7	6	50.0	劣势
	经济结构竞争力	6	1	16.7	1	16.7	2	33.3	2	33.3	中势
	经济外向度竞争力	9	0	0.0	1	11.1	1	11.1	7	77.8	劣势
	小　计	27	1	3.7	3	11.1	8	29.6	15	55.6	中势
产业经济竞争力	农业竞争力	10	1	10.0	2	20.0	4	40.0	3	30.0	中势
	工业竞争力	10	1	10.0	2	20.0	4	40.0	3	30.0	中势
	服务业竞争力	10	0	0.0	1	10.0	3	30.0	6	60.0	劣势
	企业竞争力	10	1	10.0	2	20.0	5	50.0	2	20.0	中势
	小　计	40	3	7.5	7	17.5	16	40.0	14	35.0	中势
可持续发展竞争力	资源竞争力	9	1	11.1	4	44.4	4	44.4	0	0.0	优势
	环境竞争力	8	0	0.0	1	12.5	6	75.0	1	12.5	中势
	人力资源竞争力	7	0	0.0	4	57.1	0	0.0	3	42.9	劣势
	小　计	24	1	4.2	9	37.5	10	41.7	4	16.7	劣势
财政金融竞争力	财政竞争力	12	0	0.0	1	8.3	8	66.7	3	25.0	劣势
	金融竞争力	10	0	0.0	1	10.0	4	40.0	5	50.0	中势
	小　计	22	0	0.0	2	9.1	12	54.5	8	36.4	劣势
知识经济竞争力	科技竞争力	9	0	0.0	0	0.0	5	55.6	4	44.4	劣势
	教育竞争力	10	0	0.0	2	20.0	3	30.0	5	50.0	劣势
	文化竞争力	10	0	0.0	4	40.0	3	30.0	3	30.0	中势
	小　计	29	0	0.0	6	20.7	11	37.9	12	41.4	劣势
发展环境竞争力	基础设施竞争力	9	0	0.0	1	11.1	4	44.4	4	44.4	劣势
	软环境竞争力	9	0	0.0	0	0.0	4	44.4	5	55.6	劣势
	小　计	18	0	0.0	1	5.6	8	44.4	9	50.0	劣势
政府作用竞争力	政府发展经济竞争力	5	0	0.0	1	20.0	2	40.0	2	40.0	中势
	政府规调经济竞争力	5	1	20.0	0	0.0	2	40.0	2	40.0	优势
	政府保障经济竞争力	6	0	0.0	0	0.0	4	66.7	2	33.3	中势
	小　计	16	1	6.3	1	6.3	8	50.0	6	37.5	中势
发展水平竞争力	工业化进程竞争力	6	0	0.0	1	16.7	2	33.3	3	50.0	中势
	城市化进程竞争力	6	0	0.0	0	0.0	4	66.7	2	33.3	劣势
	市场化进程竞争力	6	0	0.0	1	16.7	2	33.3	3	50.0	中势
	小　计	18	0	0.0	2	11.1	8	44.4	8	44.4	劣势
统筹协调竞争力	统筹发展竞争力	8	2	25.0	0	0.0	4	50.0	2	25.0	优势
	协调发展竞争力	8	1	12.5	1	12.5	4	50.0	2	25.0	强势
	小　计	16	3	18.8	1	6.3	8	50.0	4	25.0	强势
合　计		210	9	4.3	32	15.2	89	42.4	80	38.1	中势

基于图7－2和表7－3，从四级指标来看，强势指标有9个，占指标总数的4.3%；优势指标有32个，占指标总数的15.2%；中势指标有89个，占指标总数的42.4%；劣势指标有80个，占指标总数的38.1%。从三级指标来看，强势指标有1个，占三级指标总数的4%；优势指标有3个，占三级指标总数的12%；中势指标有11个，占三级指标总数的44%；劣势指标有10个，占三级指标总数的40%。反映到二级指标上来看，强势指标有1个，占二级指标总数的11.1%；中势指标有3个，占二级指标总数的33.3%；劣势指标有5个，占二级指标总数的55.6%。中势指标和劣势指标在指标体系中居于主导地位，综合其他方面因素的影响，2016年吉林省经济综合竞争力处于中势地位。

4. 吉林省经济综合竞争力四级指标优劣势对比分析

表7－4　2016年吉林省经济综合竞争力各级指标优劣势比较

二级指标	优劣势	四级指标
宏观经济竞争力（27个）	强势指标	资本形成结构优化度（1个）
	优势指标	人均全社会消费品零售总额、城乡经济结构优化度、进出口增长率（3个）
	劣势指标	地区生产总值、地区生产总值增长率、财政总收入、财政总收入增长率、人均财政收入、全社会消费品零售总额增长率、产业结构优化度、就业结构优化度、进出口总额、出口总额、实际FDI、实际FDI增长率、外贸依存度、外资企业数、对外直接投资额（15个）
产业经济竞争力（40个）	强势指标	人均主要农产品产量、工业资产总贡献率、产品质量抽查合格率（3个）
	优势指标	人均农业增加值、财政支农资金比重、人均工业增加值、工业全员劳动生产率、限额以上批零企业利税率、规模以上企业平均收入、规模以上企业劳动效率（7个）
	劣势指标	农业增加值、农民人均纯收入增长率、农村人均用电量、工业增加值增长率、工业资产总额、工业成本费用利润率、服务业增加值、服务业增加值增长率、服务业从业人员数、限额以上批发零售企业主营业务收入、商品房销售收入、电子商务销售额、城镇就业人员平均工资、工业企业R&D经费投入强度（14个）
可持续发展竞争力（24个）	强势指标	人均耕地面积（1个）
	优势指标	人均国土面积、耕地面积、人均牧草地面积、人均森林储积量、人均废水排放量、15～64岁人口比例、文盲率、大专以上教育程度人口比例、平均受教育程度（9个）
	劣势指标	生活垃圾无害化处理率、常住人口增长率、人口健康素质、职业学校毕业生数（4个）
财政金融竞争力（22个）	强势指标	（0个）
	优势指标	地方财政支出增长率、保险密度（2个）
	劣势指标	地方财政收入、地方财政支出、税收收入占GDP比重、存款余额、人均存款余额、贷款余额、中长期贷款占贷款余额比重、国内上市公司市值（8个）
知识经济竞争力（29个）	强势指标	（0个）
	优势指标	人均文化教育支出占个人消费支出比重、万人高等学校在校学生数、图书和期刊出版数、农村居民人均文化娱乐支出、城镇居民人均文化娱乐支出占消费性支出比重、农村居民人均文化娱乐支出占消费性支出比重（6个）
	劣势指标	R&D人员、R&D经费、R&D经费投入强度、高技术产品出口额占商品出口额比重、教育经费、公共教育经费占财政支出比重、万人中小学专任教师数、高等学校数、高校专任教师数、文化制造业营业收入、文化批发零售业营业收入、文化服务业企业营业收入（12个）

续表

二级指标	优劣势	四级指标
发展环境竞争力(18个)	强势指标	(0个)
	优势指标	电话普及率(1个)
	劣势指标	公路网线密度、全社会旅客周转量、全社会货物周转量、人均耗电量、外资企业数增长率、个体私营企业数增长率、万人个体私营企业数、查处商标侵权假冒案件、社会捐赠款物(9个)
政府作用竞争力(16个)	强势指标	固定资产投资价格指数(1个)
	优势指标	财政投资对社会投资的拉动(1个)
	劣势指标	财政支出用于基本建设投资比重、政府消费对民间消费的拉动、统筹经济社会发展、规范税收、城市城镇社区服务设施数、最低工资标准(6个)
发展水平竞争力(18个)	强势指标	(0个)
	优势指标	工业增加值占GDP比重、私有和个体企业从业人员比重(2个)
	劣势指标	工业增加值增长率、高技术产品出口额占商品出口额比重、信息产业增加值占GDP比重、城镇居民人均可支配收入、人均日生活用水量、亿元以上商品市场成交额、亿元以上商品市场成交额占全社会消费品零售总额比重、居民消费支出占总消费支出比重(8个)
统筹协调竞争力(16个)	强势指标	能源使用下降率、固定资产交付使用率、全社会消费品零售总额与外贸出口总额比差(3个)
	优势指标	人力资源竞争力与宏观经济竞争力比差(1个)
	劣势指标	生产税净额和营业盈余占GDP比重、最终消费率、资源竞争力与宏观经济竞争力比差、城乡居民家庭人均收入比差(4个)

7.2 吉林省经济综合竞争力各级指标具体分析

1. 吉林省宏观经济竞争力指标排名变化情况

表7-5 2015~2016年吉林省宏观经济竞争力指标组排位及变化趋势

指 标	2015年	2016年	排位升降	优劣势
1 宏观经济竞争力	17	17	0	中势
1.1 经济实力竞争力	15	23	-8	劣势
地区生产总值	22	23	-1	劣势
地区生产总值增长率	28	25	3	劣势
人均地区生产总值	12	12	0	中势
财政总收入	13	26	-13	劣势
财政总收入增长率	7	30	-23	劣势
人均财政收入	10	21	-11	劣势
固定资产投资额	20	19	1	中势
固定资产投资额增长率	18	20	-2	中势
人均固定资产投资额	11	12	-1	中势
全社会消费品零售总额	16	17	-1	中势
全社会消费品零售总额增长率	21	21	0	劣势
人均全社会消费品零售总额	11	10	1	优势
1.2 经济结构竞争力	9	15	-6	中势
产业结构优化度	30	25	5	劣势

续表

指　标	2015 年	2016 年	排位升降	优劣势
所有制经济结构优化度	19	18	1	中势
城乡经济结构优化度	4	4	0	优势
就业结构优化度	27	27	0	劣势
资本形成结构优化度	2	2	0	强势
贸易结构优化度	17	15	2	中势
1.3　经济外向度竞争力	29	23	6	劣势
进出口总额	21	21	0	劣势
进出口增长率	27	7	20	优势
出口总额	26	25	1	劣势
出口增长率	26	18	8	中势
实际 FDI	21	23	-2	劣势
实际 FDI 增长率	30	27	3	劣势
外贸依存度	21	21	0	劣势
外资企业数	19	22	-3	劣势
对外直接投资额	20	26	-6	劣势

2. 吉林省产业经济竞争力指标排名变化情况

表 7－6　2015～2016 年吉林省产业经济竞争力指标组排位及变化趋势

指　标	2015 年	2016 年	排位升降	优劣势
2 产业经济竞争力	14	16	-2	中势
2.1　农业竞争力	17	17	0	中势
农业增加值	19	21	-2	劣势
农业增加值增长率	9	14	-5	中势
人均农业增加值	8	9	-1	优势
农民人均纯收入	11	12	-1	中势
农民人均纯收入增长率	31	28	3	劣势
农产品出口占农林牧渔总产值比重	13	12	1	中势
人均主要农产品产量	3	3	0	强势
农业机械化水平	14	13	1	中势
农村人均用电量	23	24	-1	劣势
财政支农资金比重	11	6	5	优势
2.2　工业竞争力	17	18	-1	中势
工业增加值	19	20	-1	中势
工业增加值增长率	21	23	-2	劣势
人均工业增加值	10	9	1	优势
工业资产总额	22	23	-1	劣势
工业资产总额增长率	14	20	-6	中势
工业资产总贡献率	3	3	0	强势
规模以上工业主营业务收入	16	16	0	中势
规模以上工业利润总额	19	20	-1	中势
工业全员劳动生产率	6	8	-2	优势
工业成本费用利润率	19	21	-2	劣势

续表

指　标	2015 年	2016 年	排位升降	优劣势
2.3　服务业竞争力	28	23	5	劣势
服务业增加值	24	24	0	劣势
服务业增加值增长率	27	23	4	劣势
人均服务业增加值	15	14	1	中势
服务业从业人员数	25	25	0	劣势
限额以上批发零售企业主营业务收入	27	27	0	劣势
限额以上批零企业利税率	11	7	4	优势
限额以上餐饮企业利税率	17	16	1	中势
旅游外汇收入	19	19	0	中势
商品房销售收入	26	25	1	劣势
电子商务销售额	28	25	3	劣势
2.4　企业竞争力	12	14	-2	中势
规模以上工业企业数	16	16	0	中势
规模以上企业平均资产	15	16	-1	中势
规模以上企业平均收入	6	8	-2	优势
规模以上企业平均利润	11	13	-2	中势
规模以上企业劳动效率	5	5	0	优势
城镇就业人员平均工资	27	26	1	劣势
新产品销售收入占主营业务收入比重	14	12	2	中势
产品质量抽查合格率	2	2	0	强势
工业企业 R&D 经费投入强度	28	28	0	劣势
中国驰名商标持有量	16	16	0	中势

3. 吉林省可持续发展竞争力指标排名变化情况

表 7 -7　2015 ~2016 年吉林省可持续发展竞争力指标组排位及变化趋势

指　标	2015 年	2016 年	排位升降	优劣势
3　可持续发展竞争力	21	22	-1	劣势
3.1　资源竞争力	7	7	0	优势
人均国土面积	9	9	0	优势
人均可使用海域和滩涂面积	13	13	0	中势
人均年水资源量	19	18	1	中势
耕地面积	5	5	0	优势
人均耕地面积	3	3	0	强势
人均牧草地面积	10	10	0	优势
主要能源矿产基础储量	18	18	0	中势
人均主要能源矿产基础储量	18	18	0	中势
人均森林储积量	5	5	0	优势
3.2　环境竞争力	19	16	3	中势
森林覆盖率	11	11	0	中势
人均废水排放量	17	4	13	优势
人均工业废气排放量	22	20	2	中势
人均工业固体废物排放量	16	15	1	中势

续表

指　标	2015 年	2016 年	排位升降	优劣势
人均治理工业污染投资额	18	20	-2	中势
一般工业固体废物综合利用率	23	18	5	中势
生活垃圾无害化处理率	27	28	-1	劣势
自然灾害直接经济损失	17	15	2	中势
3.3　人力资源竞争力	22	26	-4	劣势
常住人口增长率	28	31	-3	劣势
15~64 岁人口比例	6	6	0	优势
文盲率	4	4	0	优势
大专以上教育程度人口比例	14	9	5	优势
平均受教育程度	9	8	1	优势
人口健康素质	23	22	1	劣势
职业学校毕业生数	24	24	0	劣势

4. 吉林省财政金融竞争力指标排名变化情况

表 7-8　2015~2016 年吉林省财政金融竞争力指标组排位及变化趋势

指　标	2015 年	2016 年	排位升降	优劣势
4　财政金融竞争力	30	25	5	劣势
4.1　财政竞争力	30	25	5	劣势
地方财政收入	25	24	1	劣势
地方财政支出	26	26	0	劣势
地方财政收入占 GDP 比重	27	17	10	中势
地方财政支出占 GDP 比重	20	19	1	中势
税收收入占 GDP 比重	26	27	-1	劣势
税收收入占财政总收入比重	28	18	10	中势
人均地方财政收入	20	16	4	中势
人均地方财政支出	14	17	-3	中势
人均税收收入	20	17	3	中势
地方财政收入增长率	28	14	14	中势
地方财政支出增长率	26	10	16	优势
税收收入增长率	27	16	11	中势
4.2　金融竞争力	25	20	5	中势
存款余额	23	25	-2	劣势
人均存款余额	21	21	0	劣势
贷款余额	24	24	0	劣势
人均贷款余额	18	14	4	中势
中长期贷款占贷款余额比重	16	21	-5	劣势
保险费净收入	21	19	2	中势
保险密度	19	8	11	优势
保险深度	20	11	9	中势
国内上市公司数	19	19	0	中势
国内上市公司市值	22	23	-1	劣势

5. 吉林省知识经济竞争力指标排名变化情况

表 7－9　2015～2016 年吉林省知识经济竞争力指标组排位及变化趋势

指　标	2015 年	2016 年	排位升降	优劣势
5　知识经济竞争力	22	23	－1	劣势
5.1　科技竞争力	21	21	0	劣势
R&D 人员	22	22	0	劣势
R&D 经费	22	21	1	劣势
R&D 经费投入强度	23	23	0	劣势
发明专利授权量	21	20	1	中势
技术市场成交合同金额	24	16	8	中势
财政科技支出占地方财政支出比重	17	20	－3	中势
高技术产业主营业务收入	17	17	0	中势
高技术产业收入占工业增加值比重	14	13	1	中势
高技术产品出口额占商品出口额比重	21	22	－1	劣势
5.2　教育竞争力	26	25	1	劣势
教育经费	26	26	0	劣势
教育经费占 GDP 比重	22	19	3	中势
人均教育经费	20	20	0	中势
公共教育经费占财政支出比重	23	24	－1	劣势
人均文化教育支出占个人消费支出比重	6	5	1	优势
万人中小学学校数	12	12	0	中势
万人中小学专任教师数	21	21	0	劣势
高等学校数	23	23	0	劣势
高校专任教师数	20	21	－1	劣势
万人高等学校在校学生数	5	6	－1	优势
5.3　文化竞争力	12	12	0	中势
文化制造业营业收入	21	22	－1	劣势
文化批发零售业营业收入	27	26	1	劣势
文化服务业企业营业收入	24	24	0	劣势
图书和期刊出版数	9	10	－1	优势
报纸出版数	16	16	0	中势
印刷用纸量	15	16	－1	中势
城镇居民人均文化娱乐支出	15	17	－2	中势
农村居民人均文化娱乐支出	9	9	0	优势
城镇居民人均文化娱乐支出占消费性支出比重	6	5	1	优势
农村居民人均文化娱乐支出占消费性支出比重	7	6	1	优势

6. 吉林省发展环境竞争力指标排名变化情况

表 7 – 10　2015 ~ 2016 年吉林省发展环境竞争力指标组排位及变化趋势

指　标	2015 年	2016 年	排位升降	优劣势
6　发展环境竞争力	29	29	0	劣势
6.1　基础设施竞争力	27	27	0	劣势
铁路网线密度	11	12	-1	中势
公路网线密度	23	23	0	劣势
人均内河航道里程	18	18	0	中势
全社会旅客周转量	22	22	0	劣势
全社会货物周转量	26	25	1	劣势
人均邮电业务总量	23	18	5	中势
电话普及率	11	10	1	优势
互联网普及率	19	19	0	中势
人均耗电量	28	28	0	劣势
6.2　软环境竞争力	30	30	0	劣势
外资企业数增长率	27	25	2	劣势
万人外资企业数	13	13	0	中势
个体私营企业数增长率	28	27	1	劣势
万人个体私营企业数	27	26	1	劣势
万人商标注册件数	19	18	1	中势
查处商标侵权假冒案件	24	25	-1	劣势
每十万人交通事故发生数	23	11	12	中势
罚没收入占财政收入比重	12	15	-3	中势
社会捐赠款物	18	22	-4	劣势

7. 吉林省政府作用竞争力指标排名变化情况

表 7 – 11　2015 ~ 2016 年吉林省政府作用竞争力指标组排位及变化趋势

指　标	2015 年	2016 年	排位升降	优劣势
7　政府作用竞争力	15	14	1	中势
7.1　政府发展经济竞争力	18	20	-2	中势
财政支出用于基本建设投资比重	26	24	2	劣势
财政支出对 GDP 增长的拉动	12	16	-4	中势
政府公务员对经济的贡献	14	13	1	中势
政府消费对民间消费的拉动	18	26	-8	劣势
财政投资对社会投资的拉动	4	6	-2	优势
7.2　政府规调经济竞争力	14	5	9	优势
物价调控	22	14	8	中势
调控城乡消费差距	11	11	0	中势
统筹经济社会发展	15	25	-10	劣势

续表

指　标	2015 年	2016 年	排位升降	优劣势
规范税收	22	24	-2	劣势
固定资产投资价格指数	7	2	5	强势
7.3　政府保障经济竞争力	17	18	-1	中势
城市城镇社区服务设施数	28	28	0	劣势
医疗保险覆盖率	11	15	-4	中势
养老保险覆盖率	9	12	-3	中势
失业保险覆盖率	19	19	0	中势
最低工资标准	20	22	-2	劣势
城镇登记失业率	19	16	3	中势

8. 吉林省发展水平竞争力指标排名变化情况

表 7-12　2015~2016 年吉林省发展水平竞争力指标组排位及变化趋势

指　标	2015 年	2016 年	排位升降	优劣势
8　发展水平竞争力	20	22	-2	劣势
8.1　工业化进程竞争力	19	19	0	中势
工业增加值占 GDP 比重	1	4	-3	优势
工业增加值增长率	21	23	-2	劣势
高技术产业占工业增加值比重	16	16	0	中势
高技术产品出口额占商品出口额比重	20	21	-1	劣势
信息产业增加值占 GDP 比重	23	24	-1	劣势
工农业增加值比值	17	15	2	中势
8.2　城市化进程竞争力	21	27	-6	劣势
城镇化率	14	17	-3	中势
城镇居民人均可支配收入	27	29	-2	劣势
城市平均建成区面积比重	8	19	-11	中势
人均拥有道路面积	17	18	-1	中势
人均日生活用水量	25	26	-1	劣势
人均公共绿地面积	16	13	3	中势
8.3　市场化进程竞争力	16	19	-3	中势
非公有制经济产值占全社会总产值比重	19	18	1	中势
社会投资占投资总额比重	9	11	-2	中势
私有和个体企业从业人员比重	9	8	1	优势
亿元以上商品市场成交额	23	22	1	劣势
亿元以上商品市场成交额占全社会消费品零售总额比重	27	26	1	劣势
居民消费支出占总消费支出比重	18	26	-8	劣势

9. 吉林省统筹协调竞争力指标排名变化情况

表 7－13　2015～2016 年吉林省统筹协调竞争力指标组排位及变化趋势

指　标	2015 年	2016 年	排位升降	优劣势
9　统筹协调竞争力	22	2	20	强势
9.1　统筹发展竞争力	4	10	－6	优势
社会劳动生产率	10	11	－1	中势
能源使用下降率	3	3	0	强势
万元 GDP 综合能耗下降率	1	11	－10	中势
非农用地产出率	17	16	1	中势
生产税净额和营业盈余占 GDP 比重	24	24	0	劣势
最终消费率	31	31	0	劣势
固定资产投资额占 GDP 比重	15	17	－2	中势
固定资产交付使用率	30	2	28	强势
9.2　协调发展竞争力	25	2	23	强势
环境竞争力与宏观经济竞争力比差	16	11	5	中势
资源竞争力与宏观经济竞争力比差	23	24	－1	劣势
人力资源竞争力与宏观经济竞争力比差	17	8	9	优势
资源竞争力与工业竞争力比差	22	11	11	中势
环境竞争力与工业竞争力比差	14	17	－3	中势
城乡居民家庭人均收入比差	28	28	0	劣势
城乡居民人均现金消费支出比差	11	11	0	中势
全社会消费品零售总额与外贸出口总额比差	31	1	30	强势

B.9
8
黑龙江省经济综合竞争力评价分析报告

黑龙江省简称黑，位于我国东北部，与俄罗斯为邻，内接内蒙古自治区、吉林省。全省面积为46万多平方公里，2013年总人口为3799万人，地区生产总值达15386亿元，同比增长6.1%，人均GDP达40432元。本部分通过分析2015～2016年黑龙江省经济综合竞争力以及各要素竞争力的排名变化，从中找出黑龙江省经济综合竞争力的推动点及影响因素，为进一步提升黑龙江省经济综合竞争力提供决策参考。

8.1 黑龙江省经济综合竞争力总体分析

1. 黑龙江省经济综合竞争力一级指标概要分析

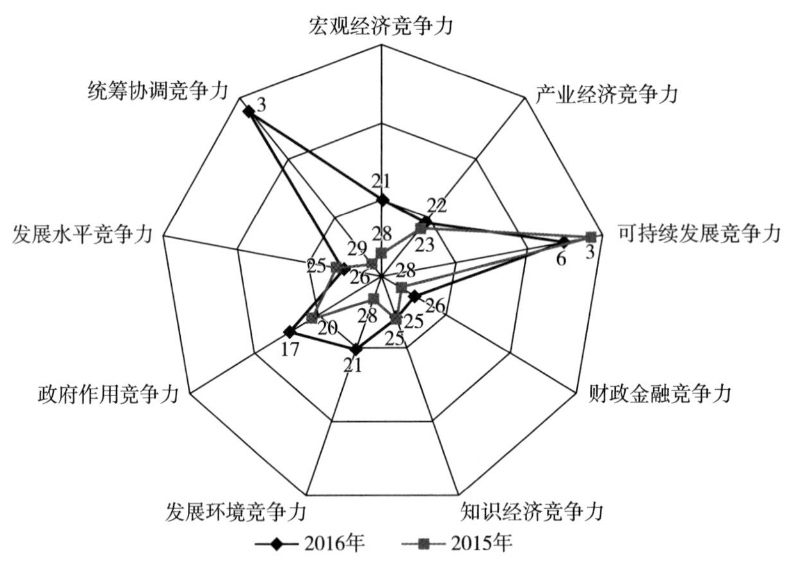

图8－1 2015～2016年黑龙江省经济综合竞争力二级指标比较雷达图

（1）从综合排位看，2016年黑龙江省经济综合竞争力居第22位，在全国处于劣势地位；与2015年相比，综合排位上升了5位。

（2）从指标所处区位看，9个二级指标中，只有1个强势指标，即统筹协调竞争力；只有1个优势指标，即可持续发展竞争力；只有1个中势指标，为政府作用竞争力；其余6个均为劣势指标，分别为宏观经济竞争力、产业经济竞争力、财政金融竞争

表 8-1 2015~2016 年黑龙江省经济综合竞争力二级指标比较

项目 年份	宏观经济竞争力	产业经济竞争力	可持续发展竞争力	财政金融竞争力	知识经济竞争力	发展环境竞争力	政府作用竞争力	发展水平竞争力	统筹协调竞争力	综合排位
2015	28	23	3	28	25	28	20	25	29	27
2016	21	22	6	26	25	21	17	26	3	22
升降	7	1	-3	2	0	7	3	-1	26	5
优劣度	劣势	劣势	优势	劣势	劣势	劣势	中势	劣势	强势	劣势

力、知识经济竞争力、发展环境竞争力和发展水平竞争力。

(3) 从指标变化趋势看，9 个二级指标中，有 6 个指标处于上升趋势，即宏观经济竞争力、产业经济竞争力、财政金融竞争力、发展环境竞争力、政府作用竞争力和统筹协调竞争力，这 6 个上升明显的指标正是黑龙江省经济综合竞争力上升的动力所在；有 1 个指标排位没有发生变化，即知识经济竞争力；有 2 个指标处于下降趋势，分别为可持续发展竞争力和发展水平竞争力，这些是黑龙江省经济综合竞争力下降的拉力所在。

2. 黑龙江省经济综合竞争力各级指标动态变化分析

表 8-2 2015~2016 年黑龙江省经济综合竞争力各级指标排位变化态势比较

单位：个，%

二级指标	三级指标	四级指标数	上升		保持		下降		变化趋势
			指标数	比重	指标数	比重	指标数	比重	
宏观经济竞争力	经济实力竞争力	12	7	58.3	4	33.3	1	8.3	上升
	经济结构竞争力	6	3	50.0	2	33.3	1	16.7	下降
	经济外向度竞争力	9	5	55.6	3	33.3	1	11.1	上升
	小 计	27	15	55.6	9	33.3	3	11.1	上升
产业经济竞争力	农业竞争力	10	1	10.0	5	50.0	4	40.0	保持
	工业竞争力	10	0	0.0	2	20.0	8	80.0	下降
	服务业竞争力	10	1	10.0	2	20.0	7	70.0	下降
	企业竞争力	10	0	0.0	4	40.0	6	60.0	下降
	小 计	40	2	5.0	13	32.5	25	62.5	上升
可持续发展竞争力	资源竞争力	9	0	0.0	8	88.9	1	11.1	保持
	环境竞争力	8	0	0.0	4	50.0	4	50.0	下降
	人力资源竞争力	7	3	42.9	1	14.3	3	42.9	上升
	小 计	24	3	12.5	13	54.2	8	33.3	下降
财政金融竞争力	财政竞争力	12	5	41.7	1	8.3	6	50.0	上升
	金融竞争力	10	1	10.0	1	10.0	8	80.0	上升
	小 计	22	6	27.3	2	9.1	14	63.6	上升
知识经济竞争力	科技竞争力	9	1	11.1	2	22.2	6	66.7	保持
	教育竞争力	10	4	40.0	3	30.0	3	30.0	下降
	文化竞争力	10	5	50.0	4	40.0	1	10.0	下降
	小 计	29	10	34.5	9	31.0	10	34.5	保持

续表

二级指标	三级指标	四级指标数	上升		保持		下降		变化趋势
			指标数	比重	指标数	比重	指标数	比重	
发展环境竞争力	基础设施竞争力	9	2	22.2	6	66.7	1	11.1	保持
	软环境竞争力	9	5	55.6	1	11.1	3	33.3	上升
	小　计	18	7	38.9	7	38.9	4	22.2	上升
政府作用竞争力	政府发展经济竞争力	5	1	20.0	1	20.0	3	60.0	下降
	政府规调经济竞争力	5	1	20.0	4	80.0	0	0.0	上升
	政府保障经济竞争力	6	1	16.7	2	33.3	3	50.0	上升
	小　计	16	3	18.8	7	43.8	6	37.5	上升
发展水平竞争力	工业化进程竞争力	6	2	33.3	1	16.7	3	50.0	上升
	城市化进程竞争力	6	2	33.3	3	50.0	1	16.7	保持
	市场化进程竞争力	6	2	33.3	1	16.7	3	50.0	下降
	小　计	18	6	33.3	5	27.8	7	38.9	下降
统筹协调竞争力	统筹发展竞争力	8	6	75.0	0	0.0	2	25.0	上升
	协调发展竞争力	8	5	62.5	2	25.0	1	12.5	上升
	小　计	16	11	68.8	2	12.5	3	18.8	上升
合　计		210	63	30.0	67	31.9	80	38.1	上升

从表8-2可以看出，210个四级指标中，排位上升指标63个，占指标总数的30.0%；排位下降指标80个，占指标总数的38.1%；排位保持不变的指标有67个，占指标总数的31.9%。黑龙江省经济综合竞争力排位上升的动力小于下降的拉力，但受外部因素影响，2015~2016年黑龙江省经济综合竞争力排位呈上升趋势。

3. 黑龙江省经济综合竞争力各级指标优劣势结构分析

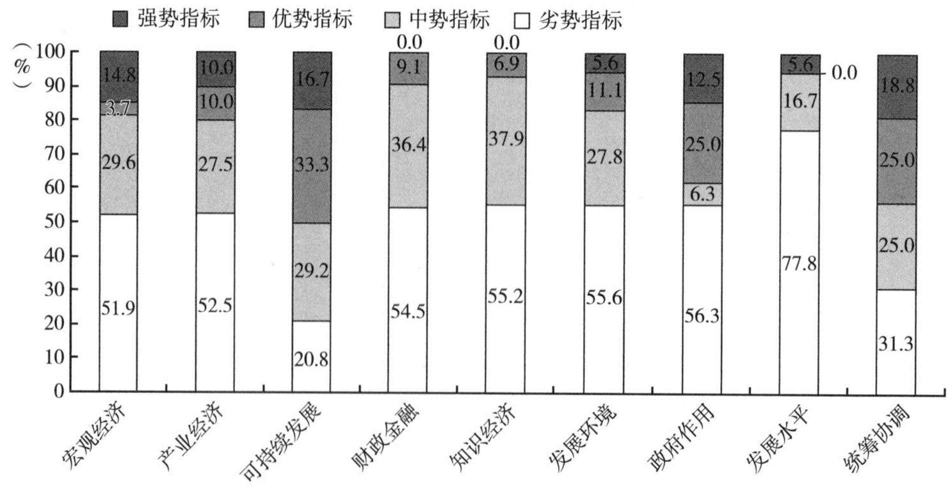

图8-2　2016年黑龙江省经济综合竞争力各级指标优劣势比较

表 8-3 2016 年黑龙江省经济综合竞争力各级指标优劣势比较

单位：个，%

二级指标	三级指标	四级指标数	强势指标		优势指标		中势指标		劣势指标		优劣势
			个数	比重	个数	比重	个数	比重	个数	比重	
宏观经济竞争力	经济实力竞争力	12	1	8.3	0	0.0	5	41.7	6	50.0	中势
	经济结构竞争力	6	1	16.7	1	16.7	1	16.7	3	50.0	劣势
	经济外向度竞争力	9	2	22.2	0	0.0	2	22.2	5	55.6	中势
	小　计	27	4	14.8	1	3.7	8	29.6	14	51.9	劣势
产业经济竞争力	农业竞争力	10	3	30.0	3	30.0	2	20.0	2	20.0	强势
	工业竞争力	10	0	0.0	1	10.0	1	10.0	8	80.0	劣势
	服务业竞争力	10	0	0.0	0	0.0	5	50.0	5	50.0	劣势
	企业竞争力	10	1	10.0	0	0.0	3	30.0	6	60.0	劣势
	小　计	40	4	10.0	4	10.0	11	27.5	21	52.5	劣势
可持续发展竞争力	资源竞争力	9	3	33.3	3	33.3	3	33.3	0	0.0	强势
	环境竞争力	8	0	0.0	2	25.0	2	25.0	4	50.0	中势
	人力资源竞争力	7	1	14.3	3	42.9	2	28.6	1	14.3	中势
	小　计	24	4	16.7	8	33.3	7	29.2	5	20.8	优势
财政金融竞争力	财政竞争力	12	0	0.0	1	8.3	6	50.0	5	41.7	劣势
	金融竞争力	10	0	0.0	1	10.0	2	20.0	7	70.0	劣势
	小　计	22	0	0.0	2	9.1	8	36.4	12	54.5	劣势
知识经济竞争力	科技竞争力	9	0	0.0	0	0.0	3	33.3	6	66.7	劣势
	教育竞争力	10	0	0.0	0	0.0	6	60.0	4	40.0	劣势
	文化竞争力	10	0	0.0	2	20.0	2	20.0	6	60.0	劣势
	小　计	29	0	0.0	2	6.9	11	37.9	16	55.2	劣势
发展环境竞争力	基础设施竞争力	9	0	0.0	1	11.1	2	22.2	6	66.7	劣势
	软环境竞争力	9	1	11.1	1	11.1	3	33.3	4	44.4	中势
	小　计	18	1	5.6	2	11.1	5	27.8	10	55.6	劣势
政府作用竞争力	政府发展经济竞争力	5	0	0.0	1	20.0	0	0.0	4	80.0	劣势
	政府规调经济竞争力	5	1	20.0	1	20.0	1	20.0	2	40.0	中势
	政府保障经济竞争力	6	1	16.7	2	33.3	0	0.0	3	50.0	中势
	小　计	16	2	12.5	4	25.0	1	6.3	9	56.3	中势
发展水平竞争力	工业化进程竞争力	6	0	0.0	0	0.0	0	0.0	6	100.0	劣势
	城市化进程竞争力	6	1	16.7	0	0.0	2	33.3	3	50.0	中势
	市场化进程竞争力	6	0	0.0	0	0.0	1	16.7	5	83.3	劣势
	小　计	18	1	5.6	0	0.0	3	16.7	14	77.8	劣势
统筹协调竞争力	统筹发展竞争力	8	1	12.5	3	37.5	3	37.5	1	12.5	优势
	协调发展竞争力	8	2	25.0	1	12.5	1	12.5	4	50.0	优势
	小　计	16	3	18.8	4	25.0	4	25.0	5	31.3	强势
合　计		210	19	9.0	27	12.9	58	27.6	106	50.5	劣势

基于图8－2和表8－3，从四级指标来看，强势指标有19个，占指标总数的9.0%；优势指标有27个，占指标总数的12.9%；中势指标有58个，占指标总数的27.6%；劣势指标有106个，占指标总数的50.5%。从三级指标来看，强势指标有2个，占三级指标总数的8%；优势指标有2个，占三级指标总数的8%；中势指标有8个，占三级指标总数的32%；劣势指标有13个，占三级指标总数的52%。反映到二级指标上来看，强势指标有1个，占二级指标总数的11.1%；优势指标有1个，占二级指标总数的11.1%；中势指标有1个，占二级指标总数的11.1%；劣势指标有6个，占二级指标总数的66.7%。综合来看，由于劣势指标在指标体系中居于主导地位，2016年黑龙江省经济综合竞争力在全国处于劣势地位。

4. 黑龙江省经济综合竞争力四级指标优劣势对比分析

表8－4　2016年黑龙江省经济综合竞争力各级指标优劣势比较

二级指标	优劣势	四级指标
宏观经济竞争力（27个）	强势指标	财政总收入增长率、城乡经济结构优化度、出口增长率、实际FDI增长率（4个）
	优势指标	产业结构优化度（1个）
	劣势指标	地区生产总值、地区生产总值增长率、人均地区生产总值、固定资产投资额、固定资产投资额增长率、人均固定资产投资额、所有制经济结构优化度、就业结构优化度、贸易结构优化度、进出口总额、进出口增长率、出口总额、实际FDI、外贸依存度（14个）
产业经济竞争力（40个）	强势指标	人均农业增加值、人均主要农产品产量、财政支农资金比重、产品质量抽查合格率（4个）
	优势指标	农业增加值、农业增加值增长率、农业机械化水平、工业资产总额（4个）
	劣势指标	农民人均纯收入增长率、农产品出口占农林牧渔总产值比重、工业增加值、工业增加值增长率、人均工业增加值、工业资产总额增长率、工业资产总贡献率、规模以上工业利润总额、工业全员劳动生产率、工业成本费用利润率、服务业增加值增长率、限额以上批发零售企业主营业务收入、旅游外汇收入、商品房销售收入、电子商务销售额、规模以上工业企业数、规模以上企业平均收入、规模以上企业平均利润、规模以上企业劳动效率、城镇就业人员平均工资、新产品销售收入占主营业务收入比重（21个）
可持续发展竞争力（24个）	强势指标	耕地面积、人均耕地面积、人均森林储积量、15～64岁人口比例（4个）
	优势指标	人均国土面积、人均牧草地面积、人均主要能源矿产基础储量、森林覆盖率、人均废水排放量、文盲率、平均受教育程度、人口健康素质（8个）
	劣势指标	人均工业废气排放量、一般工业固体废物综合利用率、生活垃圾无害化处理率、自然灾害直接经济损失、常住人口增长率（5个）
财政金融竞争力（22个）	强势指标	（0个）
	优势指标	地方财政收入增长率、保险深度（2个）
	劣势指标	地方财政支出、税收收入占GDP比重、税收收入占财政总收入比重、人均税收收入、税收收入增长率、存款余额、人均存款余额、贷款余额、人均贷款余额、中长期贷款占贷款余额比重、国内上市公司数、国内上市公司市值（12个）
知识经济竞争力（29个）	强势指标	（0个）
	优势指标	农村居民人均文化娱乐支出、农村居民人均文化娱乐支出占消费性支出比重（2个）
	劣势指标	R&D经费、R&D经费投入强度、财政科技支出占地方财政支出比重、高技术产业主营业务收入、高技术产业收入占工业增加值比重、高技术产品出口额占商品出口额比重、教育经费、人均教育经费、万人中小学学校数、万人中小学专任教师数、文化制造业营业收入、文化批发零售业营业收入、文化服务业企业营业收入、图书和期刊出版数、城镇居民人均文化娱乐支出、城镇居民人均文化娱乐支出占消费性支出比重（16个）

续表

二级指标	优劣势	四级指标
发展环境竞争力（18个）	强势指标	外资企业数增长率（1个）
	优势指标	人均内河航道里程、罚没收入占财政收入比重（2个）
	劣势指标	铁路网线密度、公路网线密度、全社会货物周转量、人均邮电业务总量、互联网普及率、人均耗电量、万人个体私营企业数、万人商标注册件数、查处商标侵权假冒案件、每十万人交通事故发生数（10个）
政府作用竞争力（16个）	强势指标	固定资产投资价格指数、城镇登记失业率（2个）
	优势指标	财政投资对社会投资的拉动、调控城乡消费差距、医疗保险覆盖率、养老保险覆盖率（4个）
	劣势指标	财政支出用于基本建设投资比重、财政支出对GDP增长的拉动、政府公务员对经济的贡献、政府消费对民间消费的拉动、物价调控、统筹经济社会发展、城市城镇社区服务设施数、失业保险覆盖率、最低工资标准（9个）
发展水平竞争力（18个）	强势指标	城市平均建成区面积比重（1个）
	优势指标	（0个）
	劣势指标	工业增加值占GDP比重、工业增加值增长率、高技术产业占工业增加值比重、高技术产品出口额占商品出口额比重、信息产业增加值占GDP比重、工农业增加值比值、城镇居民人均可支配收入、人均拥有道路面积、人均日生活用水量、非公有制经济产值占全社会总产值比重、社会投资占投资总额比重、私有和个体企业从业人员比重、亿元以上商品市场成交额占全社会消费品零售总额比重、居民消费支出占总消费支出比重（14个）
统筹协调竞争力（16个）	强势指标	固定资产交付使用率、资源竞争力与工业竞争力比差、全社会消费品零售总额与外贸出口总额比差（3个）
	优势指标	能源使用下降率、最终消费率、固定资产投资额占GDP比重、城乡居民人均现金消费支出比差（4个）
	劣势指标	非农用地产出率、资源竞争力与宏观经济竞争力比差、人力资源竞争力与宏观经济竞争力比差、环境竞争力与工业竞争力比差、城乡居民家庭人均收入比差（5个）

8.2　黑龙江省经济综合竞争力各级指标具体分析

1. 黑龙江省宏观经济竞争力指标排名变化情况

表8-5　2015~2016年黑龙江省宏观经济竞争力指标组排位及变化趋势

指　标	2015年	2016年	排位升降	优劣势
1　宏观经济竞争力	28	21	7	劣势
1.1　经济实力竞争力	29	19	10	中势
地区生产总值	21	21	0	劣势
地区生产总值增长率	29	29	0	劣势
人均地区生产总值	21	22	-1	劣势
财政总收入	28	16	12	中势
财政总收入增长率	31	2	29	强势
人均财政收入	31	19	12	中势
固定资产投资额	24	22	2	劣势

续表

指　标	2015 年	2016 年	排位升降	优劣势
固定资产投资额增长率	29	28	1	劣势
人均固定资产投资额	30	29	1	劣势
全社会消费品零售总额	15	15	0	中势
全社会消费品零售总额增长率	23	20	3	中势
人均全社会消费品零售总额	14	14	0	中势
1.2　经济结构竞争力	22	23	-1	劣势
产业结构优化度	7	6	1	优势
所有制经济结构优化度	23	22	1	劣势
城乡经济结构优化度	3	3	0	强势
就业结构优化度	30	30	0	劣势
资本形成结构优化度	7	14	-7	中势
贸易结构优化度	28	26	2	劣势
1.3　经济外向度竞争力	30	16	14	中势
进出口总额	24	24	0	劣势
进出口增长率	30	28	2	劣势
出口总额	23	24	-1	劣势
出口增长率	30	3	27	强势
实际 FDI	25	25	0	劣势
实际 FDI 增长率	31	3	28	强势
外贸依存度	25	25	0	劣势
外资企业数	21	20	1	中势
对外直接投资额	25	17	8	中势

2. 黑龙江省产业经济竞争力指标排名变化情况

表 8-6　2015~2016 年黑龙江省产业经济竞争力指标组排位及变化趋势

指　标	2015 年	2016 年	排位升降	优劣势
2　产业经济竞争力	23	22	1	劣势
2.1　农业竞争力	2	2	0	强势
农业增加值	9	10	-1	优势
农业增加值增长率	6	6	0	优势
人均农业增加值	3	2	1	强势
农民人均纯收入	13	16	-3	中势
农民人均纯收入增长率	30	31	-1	劣势
农产品出口占农林牧渔总产值比重	26	28	-2	劣势
人均主要农产品产量	1	1	0	强势
农业机械化水平	6	6	0	优势
农村人均用电量	19	19	0	中势
财政支农资金比重	1	1	0	强势
2.2　工业竞争力	28	29	-1	劣势
工业增加值	26	27	-1	劣势
工业增加值增长率	24	25	-1	劣势
人均工业增加值	29	30	-1	劣势
工业资产总额	9	9	0	优势
工业资产总额增长率	23	23	0	劣势

续表

指 标	2015年	2016年	排位升降	优劣势
工业资产总贡献率	24	25	-1	劣势
规模以上工业主营业务收入	15	20	-5	中势
规模以上工业利润总额	26	28	-2	劣势
工业全员劳动生产率	26	27	-1	劣势
工业成本费用利润率	24	25	-1	劣势
2.3 服务业竞争力	23	26	-3	劣势
服务业增加值	16	17	-1	中势
服务业增加值增长率	13	26	-13	劣势
人均服务业增加值	14	15	-1	中势
服务业从业人员数	19	19	0	中势
限额以上批发零售企业主营业务收入	22	23	-1	劣势
限额以上批零企业利税率	13	16	-3	中势
限额以上餐饮企业利税率	19	18	1	中势
旅游外汇收入	24	24	0	劣势
商品房销售收入	23	24	-1	劣势
电子商务销售额	27	29	-2	劣势
2.4 企业竞争力	23	27	-4	劣势
规模以上工业企业数	22	23	-1	劣势
规模以上企业平均资产	14	15	-1	中势
规模以上企业平均收入	21	21	0	劣势
规模以上企业平均利润	24	29	-5	劣势
规模以上企业劳动效率	26	26	0	劣势
城镇就业人员平均工资	30	30	0	劣势
新产品销售收入占主营业务收入比重	27	28	-1	劣势
产品质量抽查合格率	1	3	-2	强势
工业企业 R&D 经费投入强度	14	15	-1	中势
中国驰名商标持有量	20	20	0	中势

3. 黑龙江省可持续发展竞争力指标排名变化情况

表 8-7 2015~2016 年黑龙江省可持续发展竞争力指标组排位及变化趋势

指 标	2015年	2016年	排位升降	优劣势
3 可持续发展竞争力	3	6	-3	优势
3.1 资源竞争力	3	3	0	强势
人均国土面积	6	6	0	优势
人均可使用海域和滩涂面积	13	13	0	中势
人均年水资源量	14	15	-1	中势
耕地面积	1	1	0	强势
人均耕地面积	1	1	0	强势
人均牧草地面积	9	9	0	优势
主要能源矿产基础储量	13	13	0	中势
人均主要能源矿产基础储量	9	9	0	优势
人均森林储积量	3	3	0	强势
3.2 环境竞争力	12	20	-8	中势
森林覆盖率	9	9	0	优势

续表

指　标	2015 年	2016 年	排位升降	优劣势
人均废水排放量	5	5	0	优势
人均工业废气排放量	21	24	-3	劣势
人均工业固体废物排放量	17	17	0	中势
人均治理工业污染投资额	15	16	-1	中势
一般工业固体废物综合利用率	19	22	-3	劣势
生活垃圾无害化处理率	30	30	0	劣势
自然灾害直接经济损失	8	23	-15	劣势
3.3　人力资源竞争力	16	14	2	中势
常住人口增长率	31	30	1	劣势
15~64 岁人口比例	3	1	2	强势
文盲率	5	9	-4	优势
大专以上教育程度人口比例	13	14	-1	中势
平均受教育程度	10	10	0	优势
人口健康素质	8	10	-2	优势
职业学校毕业生数	21	20	1	中势

4. 黑龙江省财政金融竞争力指标排名变化情况

表 8-8　2015~2016 年黑龙江省财政金融竞争力指标组排位及变化趋势

指　标	2015 年	2016 年	排位升降	优劣势
4　财政金融竞争力	28	26	2	劣势
4.1　财政竞争力	28	26	2	劣势
地方财政收入	26	19	7	中势
地方财政支出	19	22	-3	劣势
地方财政收入占 GDP 比重	30	14	16	中势
地方财政支出占 GDP 比重	10	13	-3	中势
税收收入占 GDP 比重	28	29	-1	劣势
税收收入占财政总收入比重	2	25	-23	劣势
人均地方财政收入	30	17	13	中势
人均地方财政支出	18	20	-2	中势
人均税收收入	27	29	-2	劣势
地方财政收入增长率	30	6	24	优势
地方财政支出增长率	27	20	7	中势
税收收入增长率	29	29	0	劣势
4.2　金融竞争力	23	21	2	劣势
存款余额	22	23	-1	劣势
人均存款余额	24	29	-5	劣势
贷款余额	23	23	0	劣势
人均贷款余额	26	27	-1	劣势
中长期贷款占贷款余额比重	27	28	-1	劣势
保险费净收入	13	17	-4	中势
保险密度	11	19	-8	中势
保险深度	6	7	-1	优势
国内上市公司数	21	22	-1	劣势
国内上市公司市值	23	22	1	劣势

5. 黑龙江省知识经济竞争力指标排名变化情况

表 8－9　2015～2016 年黑龙江省知识经济竞争力指标组排位及变化趋势

指　标	2015 年	2016 年	排位升降	优劣势
5　知识经济竞争力	25	25	0	劣势
5.1　科技竞争力	22	22	0	劣势
R&D 人员	18	19	－1	中势
R&D 经费	21	22	－1	劣势
R&D 经费投入强度	24	24	0	劣势
发明专利授权量	16	18	－2	中势
技术市场成交合同金额	13	15	－2	中势
财政科技支出占地方财政支出比重	24	24	0	劣势
高技术产业主营业务收入	22	23	－1	劣势
高技术产业收入占工业增加值比重	24	23	1	劣势
高技术产品出口额占商品出口额比重	23	25	－2	劣势
5.2　教育竞争力	27	28	－1	劣势
教育经费	25	24	1	劣势
教育经费占 GDP 比重	18	15	3	中势
人均教育经费	30	28	2	劣势
公共教育经费占财政支出比重	24	20	4	中势
人均文化教育支出占个人消费支出比重	12	12	0	中势
万人中小学学校数	25	26	－1	劣势
万人中小学专任教师数	26	28	－2	劣势
高等学校数	16	16	0	中势
高校专任教师数	15	15	0	中势
万人高等学校在校学生数	11	15	－4	中势
5.3　文化竞争力	23	24	－1	劣势
文化制造业营业收入	24	23	1	劣势
文化批发零售业营业收入	28	28	0	劣势
文化服务业企业营业收入	27	27	0	劣势
图书和期刊出版数	24	24	0	劣势
报纸出版数	19	19	0	中势
印刷用纸量	23	20	3	中势
城镇居民人均文化娱乐支出	28	25	3	劣势
农村居民人均文化娱乐支出	10	8	2	优势
城镇居民人均文化娱乐支出占消费性支出比重	21	22	－1	劣势
农村居民人均文化娱乐支出占消费性支出比重	6	5	1	优势

6. 黑龙江省发展环境竞争力指标排名变化情况

表 8－10　2015～2016 年黑龙江省发展环境竞争力指标组排位及变化趋势

指　标	2015 年	2016 年	排位升降	优劣势
6　发展环境竞争力	28	21	7	劣势
6.1　基础设施竞争力	28	28	0	劣势
铁路网线密度	24	24	0	劣势
公路网线密度	26	26	0	劣势
人均内河航道里程	6	6	0	优势
全社会旅客周转量	19	19	0	中势
全社会货物周转量	24	23	1	劣势
人均邮电业务总量	29	29	0	劣势
电话普及率	20	18	2	中势
互联网普及率	21	22	－1	劣势
人均耗电量	29	29	0	劣势
6.2　软环境竞争力	25	15	10	中势
外资企业数增长率	14	1	13	强势
万人外资企业数	22	20	2	中势
个体私营企业数增长率	21	14	7	中势
万人个体私营企业数	30	30	0	劣势
万人商标注册件数	22	24	－2	劣势
查处商标侵权假冒案件	31	26	5	劣势
每十万人交通事故发生数	24	25	－1	劣势
罚没收入占财政收入比重	3	4	－1	优势
社会捐赠款物	23	20	3	中势

7. 黑龙江省政府作用竞争力指标排名变化情况

表 8－11　2015～2016 年黑龙江省政府作用竞争力指标组排位及变化趋势

指　标	2015 年	2016 年	排位升降	优劣势
7　政府作用竞争力	20	17	3	中势
7.1　政府发展经济竞争力	22	25	－3	劣势
财政支出用于基本建设投资比重	27	27	0	劣势
财政支出对 GDP 增长的拉动	22	23	－1	劣势
政府公务员对经济的贡献	18	21	－3	劣势
政府消费对民间消费的拉动	23	24	－1	劣势
财政投资对社会投资的拉动	11	8	3	优势
7.2　政府规调经济竞争力	20	12	8	中势
物价调控	26	26	0	劣势

续表

指　标	2015 年	2016 年	排位升降	优劣势
调控城乡消费差距	6	6	0	优势
统筹经济社会发展	26	26	0	劣势
规范税收	21	17	4	中势
固定资产投资价格指数	3	3	0	强势
7.3　政府保障经济竞争力	15	13	2	中势
城市城镇社区服务设施数	23	23	0	劣势
医疗保险覆盖率	7	8	-1	优势
养老保险覆盖率	3	4	-1	优势
失业保险覆盖率	22	22	0	劣势
最低工资标准	20	22	-2	劣势
城镇登记失业率	31	1	30	强势

8. 黑龙江省发展水平竞争力指标排名变化情况

表 8-12　2015～2016 年黑龙江省发展水平竞争力指标组排位及变化趋势

指　标	2015 年	2016 年	排位升降	优劣势
8　发展水平竞争力	25	26	-1	劣势
8.1　工业化进程竞争力	29	28	1	劣势
工业增加值占 GDP 比重	27	28	-1	劣势
工业增加值增长率	29	30	-1	劣势
高技术产业占工业增加值比重	24	23	1	劣势
高技术产品出口额占商品出口额比重	25	26	-1	劣势
信息产业增加值占 GDP 比重	27	26	1	劣势
工农业增加值比值	29	29	0	劣势
8.2　城市化进程竞争力	11	11	0	中势
城镇化率	11	11	0	中势
城镇居民人均可支配收入	30	30	0	劣势
城市平均建成区面积比重	1	1	0	强势
人均拥有道路面积	25	23	2	劣势
人均日生活用水量	28	27	1	劣势
人均公共绿地面积	18	20	-2	中势
8.3　市场化进程竞争力	23	25	-2	劣势
非公有制经济产值占全社会总产值比重	23	22	1	劣势
社会投资占投资总额比重	16	21	-5	劣势
私有和个体企业从业人员比重	21	31	-10	劣势
亿元以上商品市场成交额	19	19	0	中势
亿元以上商品市场成交额占全社会消费品零售总额比重	23	22	1	劣势
居民消费支出占总消费支出比重	23	24	-1	劣势

9. 黑龙江省统筹协调竞争力指标排名变化情况

表 8－13　2015～2016 年黑龙江省统筹协调竞争力指标组排位及变化趋势

指　标	2015 年	2016 年	排位升降	优劣势
9　统筹协调竞争力	29	3	26	强势
9.1　统筹发展竞争力	18	8	10	优势
社会劳动生产率	18	20	－2	中势
能源使用下降率	21	9	12	优势
万元 GDP 综合能耗下降率	20	14	6	中势
非农用地产出率	24	26	－2	劣势
生产税净额和营业盈余占 GDP 比重	21	14	7	中势
最终消费率	8	6	2	优势
固定资产投资额占 GDP 比重	6	4	2	优势
固定资产交付使用率	31	1	30	强势
9.2　协调发展竞争力	30	4	26	优势
环境竞争力与宏观经济竞争力比差	2	13	－11	中势
资源竞争力与宏观经济竞争力比差	29	27	2	劣势
人力资源竞争力与宏观经济竞争力比差	30	27	3	劣势
资源竞争力与工业竞争力比差	29	1	28	强势
环境竞争力与工业竞争力比差	28	28	0	劣势
城乡居民家庭人均收入比差	29	29	0	劣势
城乡居民人均现金消费支出比差	10	7	3	优势
全社会消费品零售总额与外贸出口总额比差	29	2	27	强势

B.10 9 上海市经济综合竞争力评价分析报告

上海市简称沪，地处长江三角洲前缘，东濒东海，南临杭州湾，西接江苏、浙江两省，北接长江入海口，处于我国南北海岸线的中部，交通便利，腹地广阔，地理位置优越，是一个良好的江海港口城市。全市面积为6340.5平方公里，2016年全市常住人口为2420万人，地区生产总值为28179亿元，同比增长6.9%，人均GDP达116562元。本部分通过分析2015~2016年上海市经济综合竞争力以及各要素竞争力的排名变化，从中找出上海市经济综合竞争力的推动点及影响因素，为进一步提升上海市经济综合竞争力提供决策参考。

9.1 上海市经济综合竞争力总体分析

1. 上海市经济综合竞争力一级指标概要分析

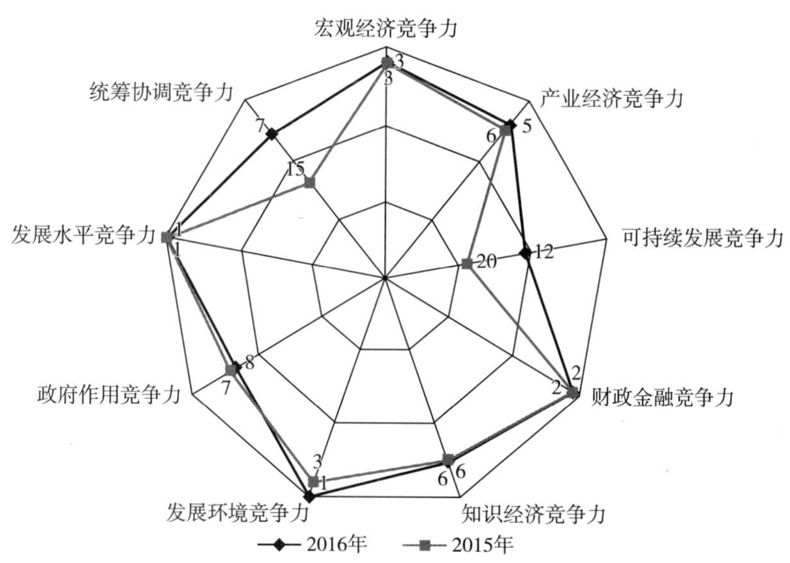

图9-1　2015~2016年上海市经济综合竞争力二级指标比较雷达图

（1）从综合排位看，2016年上海市经济综合竞争力居第4位，在全国处于优势地位；与2015年相比，综合排位保持不变。

（2）从指标所处区位看，9个指标中，有8个指标处于上游区，其中，宏观经济竞

表 9－1　2015～2016 年上海市经济综合竞争力二级指标比较

年份＼项目	宏观经济竞争力	产业经济竞争力	可持续发展竞争力	财政金融竞争力	知识经济竞争力	发展环境竞争力	政府作用竞争力	发展水平竞争力	统筹协调竞争力	**综合排位**
2015	3	6	20	2	6	3	7	1	15	4
2016	3	5	12	2	6	1	8	1	7	4
升降	0	1	8	0	0	2	－1	0	8	0
优劣度	强势	优势	中势	强势	优势	强势	优势	强势	优势	优势

争力、财政金融竞争力、发展环境竞争力和发展水平竞争力 4 个指标为强势指标；有 1 个指标处于中游区，即可持续发展竞争力。

（3）从指标变化趋势看，9 个二级指标中，有 4 个指标处于上升趋势，分别为产业经济竞争力、可持续发展竞争力、发展环境竞争力和统筹协调竞争力，这些是上海市经济综合竞争力上升的动力所在；有 4 个指标排位没有发生变化，分别为宏观经济竞争力、财政金融竞争力、知识经济竞争力和发展水平竞争力；有 1 个指标处于下降趋势，为政府作用竞争力，它是上海市经济综合竞争力下降的拉力所在。

2. 上海市经济综合竞争力各级指标动态变化分析

表 9－2　2015～2016 年上海市经济综合竞争力各级指标排位变化态势比较

单位：个，%

二级指标	三级指标	四级指标数	上升		保持		下降		变化趋势
			指标数	比重	指标数	比重	指标数	比重	
宏观经济竞争力	经济实力竞争力	12	6	50.0	4	33.3	2	16.7	保持
	经济结构竞争力	6	1	16.7	3	50.0	2	33.3	上升
	经济外向度竞争力	9	1	11.1	4	44.4	4	44.4	保持
	小　计	27	8	29.6	11	40.7	8	29.6	保持
产业经济竞争力	农业竞争力	10	3	30.0	6	60.0	1	10.0	上升
	工业竞争力	10	7	70.0	2	20.0	1	10.0	上升
	服务业竞争力	10	0	0.0	8	80.0	2	20.0	保持
	企业竞争力	10	5	50.0	4	40.0	1	10.0	上升
	小　计	40	15	37.5	20	50.0	5	12.5	上升
可持续发展竞争力	资源竞争力	9	0	0.0	8	88.9	1	11.1	保持
	环境竞争力	8	3	37.5	5	62.5	0	0.0	上升
	人力资源竞争力	7	2	28.6	3	42.9	2	28.6	上升
	小　计	24	5	20.8	16	66.7	3	12.5	上升
财政金融竞争力	财政竞争力	12	2	16.7	2	16.7	8	66.7	下降
	金融竞争力	10	3	30.0	6	60.0	1	10.0	上升
	小　计	22	5	22.7	8	36.4	9	40.9	保持

续表

二级指标	三级指标	四级指标数	上升		保持		下降		变化趋势
			指标数	比重	指标数	比重	指标数	比重	
知识经济竞争力	科技竞争力	9	1	11.1	7	77.8	1	11.1	保持
	教育竞争力	10	2	20.0	4	40.0	4	40.0	下降
	文化竞争力	10	6	60.0	4	40.0	0	0.0	上升
	小　计	29	9	31.0	15	51.7	5	17.2	保持
发展环境竞争力	基础设施竞争力	9	1	11.1	8	88.9	0	0.0	保持
	软环境竞争力	9	3	33.3	4	44.4	2	22.2	上升
	小　计	18	4	22.2	12	66.7	2	11.1	上升
政府作用竞争力	政府发展经济竞争力	5	1	20.0	3	60.0	1	20.0	下降
	政府规调经济竞争力	5	1	20.0	0	0.0	4	80.0	下降
	政府保障经济竞争力	6	3	50.0	3	50.0	0	0.0	上升
	小　计	16	5	31.3	6	37.5	5	31.3	下降
发展水平竞争力	工业化进程竞争力	6	1	16.7	4	66.7	1	16.7	保持
	城市化进程竞争力	6	1	16.7	5	83.3	0	0.0	保持
	市场化进程竞争力	6	1	16.7	3	50.0	2	33.3	保持
	小　计	18	3	16.7	12	66.7	3	16.7	保持
统筹协调竞争力	统筹发展竞争力	8	3	37.5	3	37.5	2	25.0	上升
	协调发展竞争力	8	0	0.0	2	25.0	6	75.0	下降
	小　计	16	3	18.8	5	31.3	8	50.0	上升
合　计		210	57	27.1	105	50.0	48	22.9	保持

从表9-2可以看出，210个四级指标中，上升指标有57个，占指标总数的27.1%；下降指标有48个，占指标总数的22.9%；保持不变的指标有105个，占指标总数的50.0%。综上所述，尽管上海市经济综合竞争力上升的动力略大于下降的拉力，但排位保持不变的指标占较大比重，2016年上海市经济综合竞争力排位保持不变。

3. 上海市经济综合竞争力各级指标优劣势结构分析

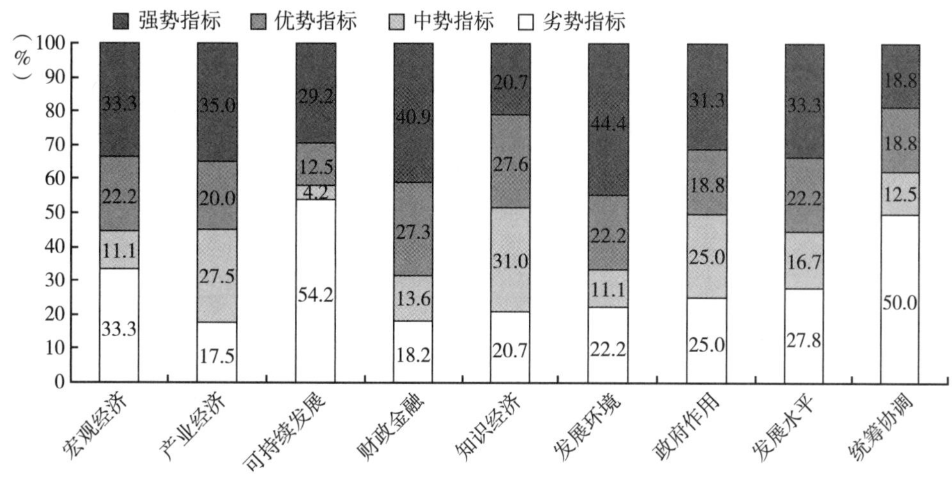

图9-2　2016年上海市经济综合竞争力各级指标优劣势比较

表 9－3　2016 年上海市经济综合竞争力各级指标优劣势比较

单位：个，%

二级指标	三级指标	四级指标数	强势指标		优势指标		中势指标		劣势指标		优劣势
			个数	比重	个数	比重	个数	比重	个数	比重	
宏观经济竞争力	经济实力竞争力	12	3	25.0	1	8.3	2	16.7	6	50.0	优势
	经济结构竞争力	6	1	16.7	3	50.0	0	0.0	2	33.3	优势
	经济外向度竞争力	9	5	55.6	2	22.2	1	11.1	1	11.1	强势
	小　计	27	9	33.3	6	22.2	3	11.1	9	33.3	强势
产业经济竞争力	农业竞争力	10	4	40.0	0	0.0	0	0.0	6	60.0	优势
	工业竞争力	10	1	10.0	3	30.0	6	60.0	0	0.0	优势
	服务业竞争力	10	5	50.0	3	30.0	2	20.0	0	0.0	强势
	企业竞争力	10	4	40.0	2	20.0	3	30.0	1	10.0	强势
	小　计	40	14	35.0	8	20.0	11	27.5	7	17.5	优势
可持续发展竞争力	资源竞争力	9	0	0.0	0	0.0	1	11.1	8	88.9	劣势
	环境竞争力	8	5	62.5	1	12.5	0	0.0	2	25.0	中势
	人力资源竞争力	7	2	28.6	2	28.6	0	0.0	3	42.9	优势
	小　计	24	7	29.2	3	12.5	1	4.2	13	54.2	中势
财政金融竞争力	财政竞争力	12	4	33.3	2	16.7	2	16.7	4	33.3	强势
	金融竞争力	10	5	50.0	4	40.0	1	10.0	0	0.0	强势
	小　计	22	9	40.9	6	27.3	3	13.6	4	18.2	强势
知识经济竞争力	科技竞争力	9	2	22.2	6	66.7	1	11.1	0	0.0	优势
	教育竞争力	10	1	10.0	1	10.0	3	30.0	5	50.0	中势
	文化竞争力	10	3	30.0	1	10.0	5	50.0	1	10.0	优势
	小　计	29	6	20.7	8	27.6	9	31.0	6	20.7	优势
发展环境竞争力	基础设施竞争力	9	6	66.7	1	11.1	1	11.1	1	11.1	强势
	软环境竞争力	9	2	22.2	3	33.3	1	11.1	3	33.3	优势
	小　计	18	8	44.4	4	22.2	2	11.1	4	22.2	强势
政府作用竞争力	政府发展经济竞争力	5	1	20.0	0	0.0	2	40.0	2	40.0	优势
	政府规调经济竞争力	5	1	20.0	1	20.0	1	20.0	2	40.0	劣势
	政府保障经济竞争力	6	3	50.0	2	33.3	1	16.7	0	0.0	强势
	小　计	16	5	31.3	3	18.8	4	25.0	4	25.0	优势
发展水平竞争力	工业化进程竞争力	6	2	33.3	2	33.3	1	16.7	1	16.7	强势
	城市化进程竞争力	6	2	33.3	1	16.7	0	0.0	3	50.0	强势
	市场化进程竞争力	6	2	33.3	1	16.7	2	33.3	1	16.7	强势
	小　计	18	6	33.3	4	22.2	3	16.7	5	27.8	强势
统筹协调竞争力	统筹发展竞争力	8	2	25.0	1	12.5	2	25.0	3	37.5	强势
	协调发展竞争力	8	1	12.5	2	25.0	0	0.0	5	62.5	劣势
	小　计	16	3	18.8	3	18.8	2	12.5	8	50.0	优势
合　计		210	67	31.9	45	21.4	38	18.1	60	28.6	优势

基于图 9－2 和表 9－3，从四级指标来看，强势指标有 67 个，占指标总数的 31.9%；优势指标有 45 个，占指标总数的 21.4%；中势指标有 38 个，占指标总数的 18.1%；劣势指标有 60 个，占指标总数的 28.6%。三级指标中，强势指标有 11 个，占三级指标总数的 44%；优势指标有 9 个，占三级指标总数的 36%；中势指标有 2 个，占

三级指标总数的8%；劣势指标有3个，占三级指标总数的12%。从二级指标看，没有劣势指标；强势指标有4个，占二级指标总数的44.4%；优势指标有4个，占二级指标总数的44.4%；中势指标1个，占二级指标总数的11.1%。综合来看，由于强势指标和优势指标在指标体系中居于主导地位，2016年上海市经济综合竞争力处于优势地位。

4. 上海市经济综合竞争力四级指标优劣势对比分析

表9-4　2016年上海市经济综合竞争力各级指标优劣势比较

二级指标	优劣势	四级指标
宏观经济竞争力（27个）	强势指标	人均地区生产总值、人均财政收入、人均全社会消费品零售总额、产业结构优化度、进出口总额、实际FDI、外贸依存度、外资企业数、对外直接投资额（9个）
	优势指标	财政总收入、城乡经济结构优化度、就业结构优化度、贸易结构优化度、进出口增长率、出口总额（6个）
	劣势指标	地区生产总值增长率、财政总收入增长率、固定资产投资额、固定资产投资额增长率、人均固定资产投资额、全社会消费品零售总额增长率、所有制经济结构优化度、资本形成结构优化度、出口增长率（9个）
产业经济竞争力（40个）	强势指标	农民人均纯收入、农民人均纯收入增长率、农产品出口占农林牧渔总产值比重、农村人均用电量、工业成本费用利润率、人均服务业增加值、限额以上批发零售企业主营业务收入、限额以上餐饮企业利税率、旅游外汇收入、电子商务销售额、规模以上企业平均利润、城镇就业人员平均工资、新产品销售收入占主营业务收入比重、工业企业R&D经费投入强度（14个）
	优势指标	人均工业增加值、工业资产总额、规模以上工业利润总额、服务业增加值、服务业从业人员数、商品房销售收入、规模以上企业平均收入、规模以上企业劳动效率（8个）
	劣势指标	农业增加值、农业增加值增长率、人均农业增加值、人均主要农产品产量、农业机械化水平、财政支农资金比重、产品质量抽查合格率（7个）
可持续发展竞争力（24个）	强势指标	人均工业废气排放量、人均治理工业污染投资额、一般工业固体废物综合利用率、生活垃圾无害化处理率、自然灾害直接经济损失、大专以上教育程度人口比例、平均受教育程度（7个）
	优势指标	人均工业固体废物排放量、15～64岁人口比例、文盲率（3个）
	劣势指标	人均国土面积、人均年水资源量、耕地面积、人均耕地面积、人均牧草地面积、主要能源矿产基础储量、人均主要能源矿产基础储量、人均森林储积量、森林覆盖率、人均废水排放量、常住人口增长率、人口健康素质、职业学校毕业生数（13个）
财政金融竞争力（22个）	强势指标	税收收入占GDP比重、税收收入占财政总收入比重、人均税收收入、税收收入增长率、人均存款余额、人均贷款余额、保险密度、保险深度、国内上市公司市值（9个）
	优势指标	人均地方财政收入、人均地方财政支出、存款余额、贷款余额、保险费净收入、国内上市公司数（6个）
	劣势指标	地方财政收入占GDP比重、地方财政支出占GDP比重、地方财政收入增长率、地方财政支出增长率（4个）
知识经济竞争力（29个）	强势指标	财政科技支出占地方财政支出比重、高技术产业收入占工业增加值比重、人均教育经费、文化批发零售业营业收入、文化服务业企业营业收入、城镇居民人均文化娱乐支出（6个）
	优势指标	R&D人员、R&D经费、R&D经费投入强度、发明专利授权量、技术市场成交合同金额、高技术产业主营业务收入、万人高等学校在校学生数、图书和期刊出版数（8个）
	劣势指标	教育经费占GDP比重、公共教育经费占财政支出比重、万人中小学学校数、万人中小学专任教师数、高等学校数、农村居民人均文化娱乐支出占消费性支出比重（6个）

续表

二级指标	优劣势	四级指标
发展环境竞争力(18个)	强势指标	铁路网线密度、公路网线密度、全社会货物周转量、人均邮电业务总量、电话普及率、互联网普及率、万人外资企业数、万人商标注册件数(8个)
	优势指标	人均耗电量、万人个体私营企业数、查处商标侵权假冒案件、社会捐赠款物(4个)
	劣势指标	全社会旅客周转量、个体私营企业数增长率、每十万人交通事故发生数、罚没收入占财政收入比重(4个)
政府作用竞争力(16个)	强势指标	政府公务员对经济的贡献、规范税收、医疗保险覆盖率、失业保险覆盖率、最低工资标准(5个)
	优势指标	统筹经济社会发展、养老保险覆盖率、城镇登记失业率(3个)
	劣势指标	财政支出用于基本建设投资比重、财政投资对社会投资的拉动、物价调控、调控城乡消费差距(4个)
发展水平竞争力(18个)	强势指标	信息产业增加值占GDP比重、工农业增加值比值、城镇化率、城镇居民人均可支配收入、私有和个体企业从业人员比重、亿元以上商品市场成交额占全社会消费品零售总额比重(6个)
	优势指标	高技术产业占工业增加值比重、高技术产品出口额占商品出口额比重、人均日生活用水量、亿元以上商品市场成交额(4个)
	劣势指标	工业增加值占GDP比重、城市平均建成区面积比重、人均拥有道路面积、人均公共绿地面积、非公有制经济产值占全社会总产值比重(5个)
统筹协调竞争力(16个)	强势指标	社会劳动生产率、非农用地产出率、资源竞争力与宏观经济竞争力比差(3个)
	优势指标	固定资产投资额占GDP比重、人力资源竞争力与宏观经济竞争力比差、环境竞争力与工业竞争力比差(3个)
	劣势指标	万元GDP综合能耗下降率、生产税净额和营业盈余占GDP比重、固定资产交付使用率、环境竞争力与宏观经济竞争力比差、资源竞争力与工业竞争力比差、城乡居民家庭人均收入比差、城乡居民人均现金消费支出比差、全社会消费品零售总额与外贸出口总额比差(8个)

9.2 上海市经济综合竞争力各级指标具体分析

1. 上海市宏观经济竞争力指标排名变化情况

表9-5 2015~2016年上海市宏观经济竞争力指标组排位及变化趋势

指 标	2015年	2016年	排位升降	优劣势
1 宏观经济竞争力	3	3	0	强势
1.1 经济实力竞争力	6	6	0	优势
地区生产总值	12	11	1	中势
地区生产总值增长率	25	25	0	劣势
人均地区生产总值	3	2	1	强势
财政总收入	6	5	1	优势
财政总收入增长率	1	26	-25	劣势
人均财政收入	2	2	0	强势

续表

指　标	2015 年	2016 年	排位升降	优劣势
固定资产投资额	27	26	1	劣势
固定资产投资额增长率	28	26	2	劣势
人均固定资产投资额	31	30	1	劣势
全社会消费品零售总额	13	13	0	中势
全社会消费品零售总额增长率	24	26	-2	劣势
人均全社会消费品零售总额	2	2	0	强势
1.2　经济结构竞争力	6	5	1	优势
产业结构优化度	2	2	0	强势
所有制经济结构优化度	20	21	-1	劣势
城乡经济结构优化度	5	5	0	优势
就业结构优化度	10	10	0	优势
资本形成结构优化度	28	29	-1	劣势
贸易结构优化度	6	5	1	优势
1.3　经济外向度竞争力	2	2	0	强势
进出口总额	3	3	0	强势
进出口增长率	15	10	5	优势
出口总额	4	4	0	优势
出口增长率	21	22	-1	劣势
实际 FDI	2	3	-1	强势
实际 FDI 增长率	8	18	-10	中势
外贸依存度	1	1	0	强势
外资企业数	2	2	0	强势
对外直接投资额	1	2	-1	强势

2. 上海市产业经济竞争力指标排名变化情况

表 9－6　2015～2016 年上海市产业经济竞争力指标组排位及变化趋势

指　标	2015 年	2016 年	排位升降	优劣势
2　产业经济竞争力	6	5	1	优势
2.1　农业竞争力	19	9	10	优势
农业增加值	30	31	-1	劣势
农业增加值增长率	31	30	1	劣势
人均农业增加值	31	31	0	劣势
农民人均纯收入	1	1	0	强势
农民人均纯收入增长率	10	2	8	强势
农产品出口占农林牧渔总产值比重	1	1	0	强势

续表

指　标	2015 年	2016 年	排位升降	优劣势
人均主要农产品产量	30	30	0	劣势
农业机械化水平	31	31	0	劣势
农村人均用电量	1	1	0	强势
财政支农资金比重	31	30	1	劣势
2.2　工业竞争力	10	8	2	优势
工业增加值	15	13	2	中势
工业增加值增长率	20	16	4	中势
人均工业增加值	5	4	1	优势
工业资产总额	10	9	1	优势
工业资产总额增长率	24	16	8	中势
工业资产总贡献率	17	17	0	中势
规模以上工业主营业务收入	12	13	-1	中势
规模以上工业利润总额	6	6	0	优势
工业全员劳动生产率	19	15	4	中势
工业成本费用利润率	3	2	1	强势
2.3　服务业竞争力	2	2	0	强势
服务业增加值	6	6	0	优势
服务业增加值增长率	11	13	-2	中势
人均服务业增加值	2	2	0	强势
服务业从业人员数	8	8	0	优势
限额以上批发零售企业主营业务收入	1	1	0	强势
限额以上批零企业利税率	17	19	-2	中势
限额以上餐饮企业利税率	2	2	0	强势
旅游外汇收入	3	3	0	强势
商品房销售收入	5	5	0	优势
电子商务销售额	2	2	0	强势
2.4　企业竞争力	5	3	2	强势
规模以上工业企业数	14	13	1	中势
规模以上企业平均资产	13	12	1	中势
规模以上企业平均收入	8	5	3	优势
规模以上企业平均利润	3	3	0	强势
规模以上企业劳动效率	6	6	0	优势
城镇就业人员平均工资	2	1	1	强势
新产品销售收入占主营业务收入比重	2	2	0	强势
产品质量抽查合格率	29	27	2	劣势
工业企业 R&D 经费投入强度	1	2	-1	强势
中国驰名商标持有量	12	12	0	中势

3. 上海市可持续发展竞争力指标排名变化情况

表 9－7　2015～2016 年上海市可持续发展竞争力指标组排位及变化趋势

指　标	2015 年	2016 年	排位升降	优劣势
3　可持续发展竞争力	20	12	8	中势
3.1　资源竞争力	30	30	0	劣势
人均国土面积	31	31	0	劣势
人均可使用海域和滩涂面积	11	11	0	中势
人均年水资源量	25	27	－2	劣势
耕地面积	31	31	0	劣势
人均耕地面积	31	31	0	劣势
人均牧草地面积	30	30	0	劣势
主要能源矿产基础储量	31	31	0	劣势
人均主要能源矿产基础储量	31	31	0	劣势
人均森林储积量	31	31	0	劣势
3.2　环境竞争力	17	14	3	中势
森林覆盖率	28	28	0	劣势
人均废水排放量	31	31	0	劣势
人均工业废气排放量	8	3	5	强势
人均工业固体废物排放量	4	4	0	优势
人均治理工业污染投资额	7	2	5	强势
一般工业固体废物综合利用率	2	2	0	强势
生活垃圾无害化处理率	1	1	0	强势
自然灾害直接经济损失	3	1	2	强势
3.3　人力资源竞争力	7	4	3	优势
常住人口增长率	30	27	3	劣势
15～64 岁人口比例	4	5	－1	优势
文盲率	8	7	1	优势
大专以上教育程度人口比例	2	2	0	强势
平均受教育程度	2	2	0	强势
人口健康素质	27	28	－1	劣势
职业学校毕业生数	25	25	0	劣势

4. 上海市财政金融竞争力指标排名变化情况

表 9－8　2015～2016 年上海市财政金融竞争力指标组排位及变化趋势

指　标	2015 年	2016 年	排位升降	优劣势
4　财政金融竞争力	2	2	0	强势
4.1　财政竞争力	1	2	－1	强势
地方财政收入	4	14	－10	中势
地方财政支出	7	15	－8	中势
地方财政收入占 GDP 比重	1	23	－22	劣势
地方财政支出占 GDP 比重	14	25	－11	劣势
税收收入占 GDP 比重	1	1	0	强势

续表

指　标	2015 年	2016 年	排位升降	优劣势
税收收入占财政总收入比重	15	1	14	强势
人均地方财政收入	1	6	-5	优势
人均地方财政支出	4	6	-2	优势
人均税收收入	1	1	0	强势
地方财政收入增长率	9	31	-22	劣势
地方财政支出增长率	8	31	-23	劣势
税收收入增长率	10	1	9	强势
4.2　金融竞争力	3	2	1	强势
存款余额	5	4	1	优势
人均存款余额	2	2	0	强势
贷款余额	6	5	1	优势
人均贷款余额	2	2	0	强势
中长期贷款占贷款余额比重	13	16	-3	中势
保险费净收入	8	8	0	优势
保险密度	2	2	0	强势
保险深度	3	2	1	强势
国内上市公司数	5	5	0	优势
国内上市公司市值	3	3	0	强势

5. 上海市知识经济竞争力指标排名变化情况

表 9-9　2015~2016 年上海市知识经济竞争力指标组排位及变化趋势

指　标	2015 年	2016 年	排位升降	优劣势
5　知识经济竞争力	6	6	0	优势
5.1　科技竞争力	4	4	0	优势
R&D 人员	8	8	0	优势
R&D 经费	5	5	0	优势
R&D 经费投入强度	6	6	0	优势
发明专利授权量	5	5	0	优势
技术市场成交合同金额	4	4	0	优势
财政科技支出占地方财政支出比重	3	2	1	强势
高技术产业主营业务收入	4	4	0	优势
高技术产业收入占工业增加值比重	3	3	0	强势
高技术产品出口额占商品出口额比重	8	11	-3	中势
5.2　教育竞争力	15	20	-5	中势
教育经费	11	13	-2	中势
教育经费占 GDP 比重	19	26	-7	劣势
人均教育经费	3	2	1	强势
公共教育经费占财政支出比重	27	31	-4	劣势
人均文化教育支出占个人消费支出比重	18	15	3	中势
万人中小学学校数	31	31	0	劣势
万人中小学专任教师数	31	31	0	劣势

续表

指　标	2015 年	2016 年	排位升降	优劣势
高等学校数	20	21	-1	劣势
高校专任教师数	17	17	0	中势
万人高等学校在校学生数	4	4	0	优势
5.3 文化竞争力	6	5	1	优势
文化制造业营业收入	12	11	1	中势
文化批发零售业营业收入	1	1	0	强势
文化服务业企业营业收入	2	2	0	强势
图书和期刊出版数	6	4	2	优势
报纸出版数	13	12	1	中势
印刷用纸量	16	15	1	中势
城镇居民人均文化娱乐支出	1	1	0	强势
农村居民人均文化娱乐支出	19	12	7	中势
城镇居民人均文化娱乐支出占消费性支出比重	17	16	1	中势
农村居民人均文化娱乐支出占消费性支出比重	30	30	0	劣势

6. 上海市发展环境竞争力指标排名变化情况

表 9-10　2015～2016 年上海市发展环境竞争力指标组排位及变化趋势

指　标	2015 年	2016 年	排位升降	优劣势
6 发展环境竞争力	3	1	2	强势
6.1 基础设施竞争力	1	1	0	强势
铁路网线密度	3	3	0	强势
公路网线密度	1	1	0	强势
人均内河航道里程	15	15	0	中势
全社会旅客周转量	27	27	0	劣势
全社会货物周转量	2	1	1	强势
人均邮电业务总量	2	2	0	强势
电话普及率	2	2	0	强势
互联网普及率	2	2	0	强势
人均耗电量	7	7	0	优势
6.2 软环境竞争力	7	6	1	优势
外资企业数增长率	28	16	12	中势
万人外资企业数	1	1	0	强势
个体私营企业数增长率	31	28	3	劣势
万人个体私营企业数	4	5	-1	优势
万人商标注册件数	2	2	0	强势
查处商标侵权假冒案件	8	8	0	优势
每十万人交通事故发生数	30	31	-1	劣势
罚没收入占财政收入比重	31	31	0	劣势
社会捐赠款物	14	10	4	优势

7. 上海市政府作用竞争力指标排名变化情况

表 9－11　2015～2016 年上海市政府作用竞争力指标组排位及变化趋势

指　标	2015 年	2016 年	排位升降	优劣势
7　政府作用竞争力	7	8	－1	优势
7.1　政府发展经济竞争力	7	8	－1	优势
财政支出用于基本建设投资比重	30	29	1	劣势
财政支出对 GDP 增长的拉动	18	18	0	中势
政府公务员对经济的贡献	1	1	0	强势
政府消费对民间消费的拉动	12	13	－1	中势
财政投资对社会投资的拉动	23	23	0	劣势
7.2　政府规调经济竞争力	10	26	－16	劣势
物价调控	30	31	－1	劣势
调控城乡消费差距	22	25	－3	劣势
统筹经济社会发展	3	10	－7	优势
规范税收	4	3	1	强势
固定资产投资价格指数	4	18	－14	中势
7.3　政府保障经济竞争力	5	2	3	强势
城市城镇社区服务设施数	17	17	0	中势
医疗保险覆盖率	4	3	1	强势
养老保险覆盖率	6	6	0	优势
失业保险覆盖率	8	3	5	强势
最低工资标准	1	1	0	强势
城镇登记失业率	28	5	23	优势

8. 上海市发展水平竞争力指标排名变化情况

表 9－12　2015～2016 年上海市发展水平竞争力指标组排位及变化趋势

指　标	2015 年	2016 年	排位升降	优劣势
8　发展水平竞争力	1	1	0	强势
8.1　工业化进程竞争力	1	1	0	强势
工业增加值占 GDP 比重	25	25	0	劣势
工业增加值增长率	20	16	4	中势
高技术产业占工业增加值比重	4	4	0	优势
高技术产品出口额占商品出口额比重	9	10	－1	优势
信息产业增加值占 GDP 比重	3	3	0	强势
工农业增加值比值	1	1	0	强势
8.2　城市化进程竞争力	2	2	0	强势
城镇化率	1	1	0	强势
城镇居民人均可支配收入	1	1	0	强势
城市平均建成区面积比重	30	30	0	劣势

续表

指 标	2015 年	2016 年	排位升降	优劣势
人均拥有道路面积	31	31	0	劣势
人均日生活用水量	10	9	1	优势
人均公共绿地面积	31	31	0	劣势
8.3 市场化进程竞争力	3	3	0	强势
非公有制经济产值占全社会总产值比重	20	21	-1	劣势
社会投资占投资总额比重	13	12	1	中势
私有和个体企业从业人员比重	2	2	0	强势
亿元以上商品市场成交额	4	4	0	优势
亿元以上商品市场成交额占全社会消费品零售总额比重	1	1	0	强势
居民消费支出占总消费支出比重	12	13	-1	中势

9. 上海市统筹协调竞争力指标排名变化情况

表 9-13 2015~2016 年上海市统筹协调竞争力指标组排位及变化趋势

指 标	2015 年	2016 年	排位升降	优劣势
9 统筹协调竞争力	15	7	8	优势
9.1 统筹发展竞争力	24	3	21	强势
社会劳动生产率	2	2	0	强势
能源使用下降率	31	20	11	中势
万元 GDP 综合能耗下降率	22	21	1	劣势
非农用地产出率	2	1	1	强势
生产税净额和营业盈余占 GDP 比重	29	29	0	劣势
最终消费率	9	11	-2	中势
固定资产投资额占 GDP 比重	8	8	0	优势
固定资产交付使用率	3	28	-25	劣势
9.2 协调发展竞争力	9	29	-20	劣势
环境竞争力与宏观经济竞争力比差	29	29	0	劣势
资源竞争力与宏观经济竞争力比差	1	2	-1	强势
人力资源竞争力与宏观经济竞争力比差	3	4	-1	优势
资源竞争力与工业竞争力比差	1	31	-30	劣势
环境竞争力与工业竞争力比差	9	10	-1	优势
城乡居民家庭人均收入比差	27	27	0	劣势
城乡居民人均现金消费支出比差	22	25	-3	劣势
全社会消费品零售总额与外贸出口总额比差	2	30	-28	劣势

B.11
10
江苏省经济综合竞争力评价分析报告

江苏省简称苏，位于我国大陆东部沿海中心，位居长江、淮河下游，东濒黄海，东南与浙江省和上海市毗邻，西连安徽省，北接山东省。全省面积为10.26万平方公里，2016年全省常住人口为7999万人，地区生产总值为77388亿元，同比增长7.8%，人均GDP达96887元。本部分通过分析2015～2016年江苏省经济综合竞争力以及各要素竞争力的排名变化，从中找出江苏省经济综合竞争力的推动点及影响因素，为进一步提升江苏省经济综合竞争力提供决策参考。

10.1 江苏省经济综合竞争力总体分析

1. 江苏省经济综合竞争力一级指标概要分析

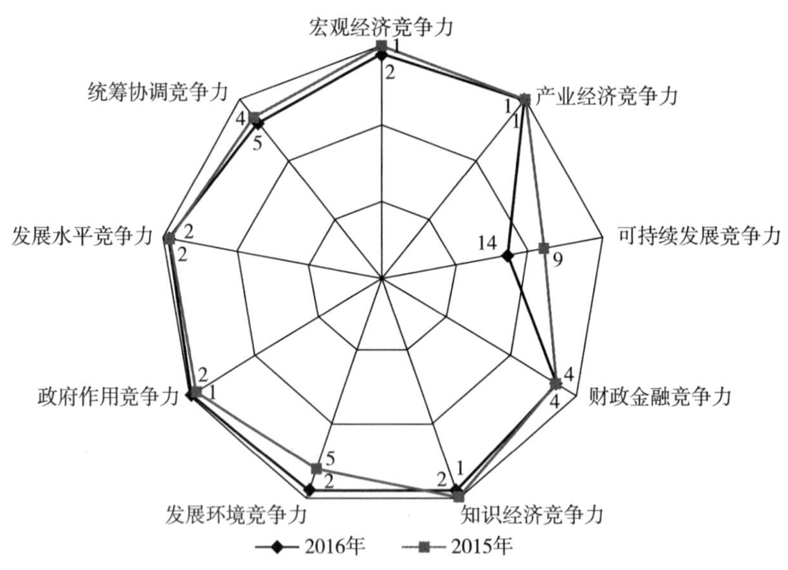

图10－1 2015～2016年江苏省经济综合竞争力二级指标比较雷达图

（1）从综合排位看，2016年江苏省经济综合竞争力综合排位在全国居第1位，这表明其在全国处于强势地位；与2015年相比，综合排位没有发生变化。

（2）从指标所处区位看，8个指标处于上游区，其中宏观经济竞争力、产业经济竞争力、知识经济竞争力、发展环境竞争力、政府作用竞争力和发展水平竞争力等6个指

表 10－1　2015～2016 年江苏省经济综合竞争力二级指标比较

项目 年份	宏观经济竞争力	产业经济竞争力	可持续发展竞争力	财政金融竞争力	知识经济竞争力	发展环境竞争力	政府作用竞争力	发展水平竞争力	统筹协调竞争力	综合排位
2015	1	1	9	4	1	5	2	2	4	1
2016	2	1	14	4	2	2	1	2	5	1
升降	－1	0	－5	0	－1	3	1	0	－1	0
优劣度	强势	强势	中势	优势	强势	强势	强势	强势	优势	强势

标为江苏省经济综合竞争力的强势指标；1 个指标处于中游区，即可持续发展竞争力。

（3）从指标变化趋势看，9 个二级指标中，有 2 个指标处于上升趋势，分别为发展环境竞争力和政府作用竞争力，这些是江苏省经济综合竞争力的上升动力所在；有 3 个指标排位没有发生变化，分别为产业经济竞争力、财政金融竞争力和发展水平竞争力；有 4 个指标处于下降趋势，分别为宏观经济竞争力、可持续发展竞争力、知识经济竞争力和统筹协调竞争力，是江苏省经济综合竞争力的下降拉力所在。

2. 江苏省经济综合竞争力各级指标动态变化分析

表 10－2　2015～2016 年江苏省经济综合竞争力各级指标排位变化态势比较

单位：个，%

二级指标	三级指标	四级指标数	上升		保持		下降		变化趋势
			指标数	比重	指标数	比重	指标数	比重	
宏观经济竞争力	经济实力竞争力	12	1	8.3	7	58.3	4	33.3	保持
	经济结构竞争力	6	1	16.7	2	33.3	3	50.0	保持
	经济外向度竞争力	9	1	11.1	5	55.6	3	33.3	保持
	小　计	27	3	11.1	14	51.9	10	37.0	下降
产业经济竞争力	农业竞争力	10	1	10.0	6	60.0	3	30.0	保持
	工业竞争力	10	3	30.0	6	60.0	1	10.0	保持
	服务业竞争力	10	3	30.0	5	50.0	2	20.0	保持
	企业竞争力	10	2	20.0	5	50.0	3	30.0	下降
	小　计	40	9	22.5	22	55.0	9	22.5	保持
可持续发展竞争力	资源竞争力	9	1	11.1	7	77.8	1	11.1	上升
	环境竞争力	8	2	25.0	1	12.5	5	62.5	上升
	人力资源竞争力	7	2	28.6	2	28.6	3	42.9	下降
	小　计	24	5	20.8	10	41.7	9	37.5	下降
财政金融竞争力	财政竞争力	12	4	33.3	2	16.7	6	50.0	保持
	金融竞争力	10	2	20.0	7	70.0	1	10.0	上升
	小　计	22	6	27.3	9	40.9	7	31.8	保持
知识经济竞争力	科技竞争力	9	1	11.1	7	77.8	1	11.1	下降
	教育竞争力	10	1	10.0	7	70.0	2	20.0	下降
	文化竞争力	10	1	10.0	4	40.0	5	50.0	下降
	小　计	29	3	10.3	18	62.1	8	27.6	下降

续表

二级指标	三级指标	四级指标数	上升		保持		下降		变化趋势
			指标数	比重	指标数	比重	指标数	比重	
发展环境竞争力	基础设施竞争力	9	1	11. 1	7	77. 8	1	11. 1	上升
	软环境竞争力	9	3	33. 3	4	44. 4	2	22. 2	上升
	小　计	18	4	22. 2	11	61. 1	3	16. 7	上升
政府作用竞争力	政府发展经济竞争力	5	3	60. 0	1	20. 0	1	20. 0	保持
	政府规调经济竞争力	5	1	20. 0	1	20. 0	3	60. 0	下降
	政府保障经济竞争力	6	3	50. 0	1	16. 7	2	33. 3	下降
	小　计	16	7	43. 8	3	18. 8	6	37. 5	上升
发展水平竞争力	工业化进程竞争力	6	2	33. 3	3	50. 0	1	16. 7	保持
	城市化进程竞争力	6	3	50. 0	1	16. 7	2	33. 3	保持
	市场化进程竞争力	6	2	33. 3	1	16. 7	3	50. 0	保持
	小　计	18	7	38. 9	5	27. 8	6	33. 3	保持
统筹协调竞争力	统筹发展竞争力	8	4	50. 0	3	37. 5	1	12. 5	上升
	协调发展竞争力	8	1	12. 5	2	25. 0	5	62. 5	下降
	小　计	16	5	31. 25	5	31. 25	6	37. 5	下降
合　计		210	49	23. 3	97	46. 2	64	30. 5	保持

从表 10－2 可以看出，210 个四级指标中，上升指标有 49 个，占指标总数的 23. 3%；下降指标有 64 个，占指标总数的 30. 5%；保持不变的指标有 97 个，占指标总数的 46. 2%。综上所述，虽然江苏省经济综合竞争力上升的动力略小于下降的拉力，但排位保持不变的指标占较大比重，2016 年江苏省经济综合竞争力排位保持不变。

3. 江苏省经济综合竞争力各级指标优劣势结构分析

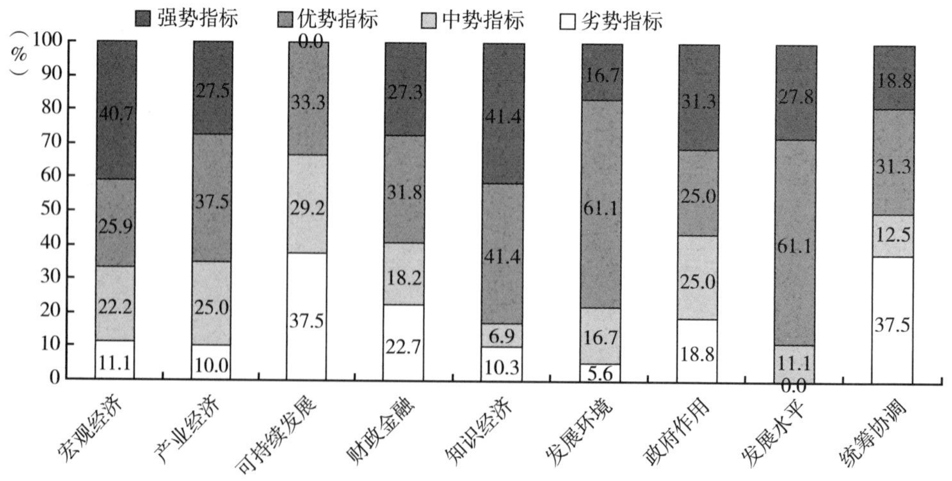

图 10－2　2016 年江苏省经济综合竞争力各级指标优劣势比较

表 10－3　2016 年江苏省经济综合竞争力各级指标优劣势比较

单位：个，%

二级指标	三级指标	四级指标数	强势指标		优势指标		中势指标		劣势指标		优劣势
			个数	比重	个数	比重	个数	比重	个数	比重	
宏观经济竞争力	经济实力竞争力	12	5	41.7	3	25.0	2	16.7	2	16.7	强势
	经济结构竞争力	6	2	33.3	2	33.3	2	33.3	0	0.0	强势
	经济外向度竞争力	9	4	44.4	2	22.2	2	22.2	1	11.1	强势
	小　计	27	11	40.7	7	25.9	6	22.2	3	11.1	强势
产业经济竞争力	农业竞争力	10	2	20.0	4	40.0	2	20.0	2	20.0	强势
	工业竞争力	10	5	50.0	2	20.0	2	20.0	1	10.0	强势
	服务业竞争力	10	2	20.0	5	50.0	3	30.0	0	0.0	优势
	企业竞争力	10	2	20.0	4	40.0	3	30.0	1	10.0	优势
	小　计	40	11	27.5	15	37.5	10	25.0	4	10.0	强势
可持续发展竞争力	资源竞争力	9	0	0.0	1	11.1	2	22.2	6	66.7	中势
	环境竞争力	8	0	0.0	3	37.5	3	37.5	2	25.0	中势
	人力资源竞争力	7	0	0.0	4	57.1	2	28.6	1	14.3	优势
	小　计	24	0	0.0	8	33.3	7	29.2	9	37.5	中势
财政金融竞争力	财政竞争力	12	2	16.7	3	25.0	3	25.0	4	33.3	优势
	金融竞争力	10	4	40.0	4	40.0	1	10.0	1	10.0	优势
	小　计	22	6	27.3	7	31.8	4	18.2	5	22.7	优势
知识经济竞争力	科技竞争力	9	6	66.7	3	33.3	0	0.0	0	0.0	强势
	教育竞争力	10	3	30.0	3	30.0	1	10.0	3	30.0	强势
	文化竞争力	10	3	30.0	6	60.0	1	10.0	0	0.0	强势
	小　计	29	12	41.4	12	41.4	2	6.9	3	10.3	强势
发展环境竞争力	基础设施竞争力	9	1	11.1	7	77.8	1	11.1	0	0.0	优势
	软环境竞争力	9	2	22.2	4	44.4	2	22.2	1	11.1	强势
	小　计	18	3	16.7	11	61.1	3	16.7	1	5.6	强势
政府作用竞争力	政府发展经济竞争力	5	3	60.0	0	0.0	1	20.0	1	20.0	强势
	政府规调经济竞争力	5	1	20.0	1	20.0	2	40.0	1	20.0	优势
	政府保障经济竞争力	6	1	16.7	3	50.0	1	16.7	1	16.7	优势
	小　计	16	5	31.3	4	25.0	4	25.0	3	18.8	强势
发展水平竞争力	工业化进程竞争力	6	2	33.3	4	66.7	0	0.0	0	0.0	强势
	城市化进程竞争力	6	1	16.7	4	66.7	1	16.7	0	0.0	强势
	市场化进程竞争力	6	2	33.3	3	50.0	1	16.7	0	0.0	强势
	小　计	18	5	27.8	11	61.1	2	11.1	0	0.0	强势
统筹协调竞争力	统筹发展竞争力	8	1	12.5	3	37.5	2	25.0	2	25.0	优势
	协调发展竞争力	8	2	25.0	2	25.0	0	0.0	4	50.0	中势
	小　计	16	3	18.8	5	31.3	2	12.5	6	37.5	优势
合　计		210	56	26.7	80	38.1	40	19.0	34	16.2	强势

基于图 10－2 和表 10－3，具体到四级指标，强势指标有 56 个，占指标总数的 26.7%；优势指标有 80 个，占指标总数的 38.1%；中势指标有 40 个，占指标总数的

19.0%；劣势指标有34个，占指标总数的16.2%。三级指标中，强势指标有13个，占三级指标总数的52%；优势指标有9个，占三级指标总数的36%；中势指标有3个，占三级指标总数的12%；没有劣势指标。从二级指标看，强势指标有6个，占二级指标总数的66.7%；优势指标有2个，占二级指标总数的22.2%；中势指标1个，占二级指标总数的11.1%。综合来看，由于强势指标和优势指标在指标体系中居于主导地位，2016年江苏省经济综合竞争力处于强势地位。

4. 江苏省经济综合竞争力四级指标优劣势对比分析

表10-4　2016年江苏省经济综合竞争力各级指标优劣势比较

二级指标	优劣势	四级指标
宏观经济竞争力(27个)	强势指标	地区生产总值、财政总收入、固定资产投资额、人均固定资产投资额、全社会消费品零售总额、所有制经济结构优化度、贸易结构优化度、进出口总额、出口总额、实际FDI、外资企业数(11个)
	优势指标	人均地区生产总值、人均财政收入、人均全社会消费品零售总额、城乡经济结构优化度、就业结构优化度、外贸依存度、对外直接投资额(7个)
	劣势指标	财政总收入增长率、固定资产投资额增长率、出口增长率(3个)
产业经济竞争力(40个)	强势指标	农业增加值、农村人均用电量、工业增加值、人均工业增加值、工业资产总额、规模以上工业主营业务收入、规模以上工业利润总额、服务业增加值、商品房销售收入、规模以上工业企业数、中国驰名商标持有量(11个)
	优势指标	人均农业增加值、农民人均纯收入、农产品出口占农林牧渔总产值比重、农业机械化水平、工业增加值增长率、工业资产总贡献率、人均服务业增加值、服务业从业人员数、限额以上批发零售企业主营业务收入、旅游外汇收入、电子商务销售额、规模以上企业劳动效率、城镇就业人员平均工资、新产品销售收入占主营业务收入比重、工业企业R&D经费投入强度(15个)
	劣势指标	农业增加值增长率、财政支农资金比重、工业全员劳动生产率、规模以上企业平均资产(4个)
可持续发展竞争力(24个)	强势指标	(0个)
	优势指标	人均可使用海域和滩涂面积、人均治理工业污染投资额、一般工业固体废物综合利用率、生活垃圾无害化处理率、大专以上教育程度人口比例、平均受教育程度、人口健康素质、职业学校毕业生数(8个)
	劣势指标	人均国土面积、人均耕地面积、人均牧草地面积、主要能源矿产基础储量、人均主要能源矿产基础储量、人均森林储积量、森林覆盖率、人均废水排放量、常住人口增长率(9个)
财政金融竞争力(22个)	强势指标	地方财政收入、地方财政支出、存款余额、贷款余额、保险费净收入、国内上市公司数(6个)
	优势指标	税收收入占GDP比重、税收收入占财政总收入比重、人均税收收入、人均存款余额、人均贷款余额、保险密度、国内上市公司市值(7个)
	劣势指标	地方财政收入占GDP比重、地方财政支出占GDP比重、地方财政收入增长率、税收收入增长率、中长期贷款占贷款余额比重(5个)
知识经济竞争力(29个)	强势指标	R&D人员、R&D经费、R&D经费投入强度、发明专利授权量、高技术产业主营业务收入、高技术产品出口额占商品出口额比重、教育经费、高等学校数、高校专任教师数、文化制造业营业收入、文化批发零售业营业收入、图书和期刊出版数(12个)
	优势指标	技术市场成交合同金额、财政科技支出占地方财政支出比重、高技术产业收入占工业增加值比重、人均教育经费、公共教育经费占财政支出比重、万人高等学校在校学生数、文化服务业企业营业收入、报纸出版数、印刷用纸量、城镇居民人均文化娱乐支出、农村居民人均文化娱乐支出、城镇居民人均文化娱乐支出占消费性支出比重(12个)
	劣势指标	教育经费占GDP比重、万人中小学学校数、万人中小学专任教师数(3个)

续表

<table>
<tr><th>二级指标</th><th>优劣势</th><th>四级指标</th></tr>
<tr><td rowspan="3">发展环境竞争力(18个)</td><td>强势指标</td><td>人均内河航道里程、万人个体私营企业数、社会捐赠款物(3个)</td></tr>
<tr><td>优势指标</td><td>公路网线密度、全社会旅客周转量、全社会货物周转量、人均邮电业务总量、电话普及率、互联网普及率、人均耗电量、万人外资企业数、个体私营企业数增长率、万人商标注册件数、查处商标侵权假冒案件(11个)</td></tr>
<tr><td>劣势指标</td><td>罚没收入占财政收入比重(1个)</td></tr>
<tr><td rowspan="3">政府作用竞争力(16个)</td><td>强势指标</td><td>财政支出对GDP增长的拉动、政府公务员对经济的贡献、财政投资对社会投资的拉动、调控城乡消费差距、城市城镇社区服务设施数(5个)</td></tr>
<tr><td>优势指标</td><td>固定资产投资价格指数、医疗保险覆盖率、失业保险覆盖率、最低工资标准(4个)</td></tr>
<tr><td>劣势指标</td><td>财政支出用于基本建设投资比重、物价调控、城镇登记失业率(3个)</td></tr>
<tr><td rowspan="3">发展水平竞争力(18个)</td><td>强势指标</td><td>高技术产业占工业增加值比重、信息产业增加值占GDP比重、人均拥有道路面积、非公有制经济产值占全社会总产值比重、亿元以上商品市场成交额(5个)</td></tr>
<tr><td>优势指标</td><td>工业增加值占GDP比重、工业增加值增长率、高技术产品出口额占商品出口额比重、工农业增加值比值、城镇化率、城镇居民人均可支配收入、人均日生活用水量、人均公共绿地面积、社会投资占投资总额比重、私有和个体企业从业人员比重、亿元以上商品市场成交额占全社会消费品零售总额比重(11个)</td></tr>
<tr><td>劣势指标</td><td>(0个)</td></tr>
<tr><td rowspan="3">统筹协调竞争力(16个)</td><td>强势指标</td><td>固定资产投资额占GDP比重、人力资源竞争力与宏观经济竞争力比差、环境竞争力与工业竞争力比差(3个)</td></tr>
<tr><td>优势指标</td><td>社会劳动生产率、非农用地产出率、固定资产交付使用率、资源竞争力与宏观经济竞争力比差、城乡居民人均现金消费支出比差(5个)</td></tr>
<tr><td>劣势指标</td><td>万元GDP综合能耗下降率、生产税净额和营业盈余占GDP比重、环境竞争力与宏观经济竞争力比差、资源竞争力与工业竞争力比差、城乡居民家庭人均收入比差、全社会消费品零售总额与外贸出口总额比差(6个)</td></tr>
</table>

10.2　江苏省经济综合竞争力各级指标具体分析

1. 江苏省宏观经济竞争力指标排名变化情况

表10－5　2015～2016年江苏省宏观经济竞争力指标组排位及变化趋势

指　标	2015年	2016年	排位升降	优劣势
1　宏观经济竞争力	1	2	-1	强势
1.1　经济实力竞争力	1	1	0	强势
地区生产总值	2	2	0	强势
地区生产总值增长率	11	14	-3	中势
人均地区生产总值	4	4	0	优势
财政总收入	1	1	0	强势
财政总收入增长率	4	27	-23	劣势
人均财政收入	5	7	-2	优势
固定资产投资额	2	2	0	强势

续表

指　标	2015 年	2016 年	排位升降	优劣势
固定资产投资额增长率	24	25	-1	劣势
人均固定资产投资额	2	2	0	强势
全社会消费品零售总额	3	3	0	强势
全社会消费品零售总额增长率	17	15	2	中势
人均全社会消费品零售总额	5	5	0	优势
1.2　经济结构竞争力	1	1	0	强势
产业结构优化度	11	12	-1	中势
所有制经济结构优化度	1	2	-1	强势
城乡经济结构优化度	7	6	1	优势
就业结构优化度	9	9	0	优势
资本形成结构优化度	14	18	-4	中势
贸易结构优化度	2	2	0	强势
1.3　经济外向度竞争力	3	3	0	强势
进出口总额	2	2	0	强势
进出口增长率	9	13	-4	中势
出口总额	2	2	0	强势
出口增长率	14	24	-10	劣势
实际 FDI	1	1	0	强势
实际 FDI 增长率	27	13	14	中势
外贸依存度	4	4	0	优势
外资企业数	3	3	0	强势
对外直接投资额	4	5	-1	优势

2. 江苏省产业经济竞争力指标排名变化情况

表 10-6　2015~2016 年江苏省产业经济竞争力指标组排位及变化趋势

指　标	2015 年	2016 年	排位升降	优劣势
2　产业经济竞争力	1	1	0	强势
2.1　农业竞争力	3	3	0	强势
农业增加值	3	3	0	强势
农业增加值增长率	24	28	-4	劣势
人均农业增加值	5	5	0	优势
农民人均纯收入	5	5	0	优势
农民人均纯收入增长率	22	17	5	中势
农产品出口占农林牧渔总产值比重	10	10	0	优势
人均主要农产品产量	14	15	-1	中势
农业机械化水平	7	7	0	优势
农村人均用电量	2	2	0	强势
财政支农资金比重	24	25	-1	劣势
2.2　工业竞争力	1	1	0	强势
工业增加值	2	2	0	强势

续表

指　标	2015 年	2016 年	排位升降	优劣势
工业增加值增长率	6	4	2	优势
人均工业增加值	2	2	0	强势
工业资产总额	1	1	0	强势
工业资产总额增长率	21	15	6	中势
工业资产总贡献率	6	6	0	优势
规模以上工业主营业务收入	1	1	0	强势
规模以上工业利润总额	1	1	0	强势
工业全员劳动生产率	27	26	1	劣势
工业成本费用利润率	8	12	-4	中势
2.3　服务业竞争力	4	4	0	优势
服务业增加值	2	2	0	强势
服务业增加值增长率	24	11	13	中势
人均服务业增加值	4	4	0	优势
服务业从业人员数	5	5	0	优势
限额以上批发零售企业主营业务收入	5	4	1	优势
限额以上批零企业利税率	16	18	-2	中势
限额以上餐饮企业利税率	12	13	-1	中势
旅游外汇收入	6	5	1	优势
商品房销售收入	2	2	0	强势
电子商务销售额	6	6	0	优势
2.4　企业竞争力	3	4	-1	优势
规模以上工业企业数	1	1	0	强势
规模以上企业平均资产	25	25	0	劣势
规模以上企业平均收入	16	16	0	中势
规模以上企业平均利润	13	12	1	中势
规模以上企业劳动效率	9	8	1	优势
城镇就业人员平均工资	6	7	-1	优势
新产品销售收入占主营业务收入比重	8	8	0	优势
产品质量抽查合格率	9	18	-9	中势
工业企业 R&D 经费投入强度	6	7	-1	优势
中国驰名商标持有量	3	3	0	强势

3. 江苏省可持续发展竞争力指标排名变化情况

表 10-7　2015~2016 年江苏省可持续发展竞争力指标组排位及变化趋势

指　标	2015 年	2016 年	排位升降	优劣势
3　可持续发展竞争力	9	14	-5	中势
3.1　资源竞争力	20	19	1	中势
人均国土面积	28	28	0	劣势
人均可使用海域和滩涂面积	5	5	0	优势
人均年水资源量	21	20	1	中势

续表

指　标	2015 年	2016 年	排位升降	优劣势
耕地面积	14	14	0	中势
人均耕地面积	25	25	0	劣势
人均牧草地面积	29	29	0	劣势
主要能源矿产基础储量	20	21	-1	劣势
人均主要能源矿产基础储量	25	25	0	劣势
人均森林储积量	28	28	0	劣势
3.2　环境竞争力	20	19	1	中势
森林覆盖率	24	24	0	劣势
人均废水排放量	28	29	-1	劣势
人均工业废气排放量	14	17	-3	中势
人均工业固体废物排放量	12	14	-2	中势
人均治理工业污染投资额	9	7	2	优势
一般工业固体废物综合利用率	3	4	-1	优势
生活垃圾无害化处理率	1	7	-6	优势
自然灾害直接经济损失	19	18	1	中势
3.3　人力资源竞争力	5	6	-1	优势
常住人口增长率	27	26	1	劣势
15~64 岁人口比例	12	16	-4	中势
文盲率	17	20	-3	中势
大专以上教育程度人口比例	6	6	0	优势
平均受教育程度	8	9	-1	优势
人口健康素质	4	4	0	优势
职业学校毕业生数	7	6	1	优势

4. 江苏省财政金融竞争力指标排名变化情况

表 10-8　2015~2016 年江苏省财政金融竞争力指标组排位及变化趋势

指　标	2015 年	2016 年	排位升降	优劣势
4　财政金融竞争力	4	4	0	优势
4.1　财政竞争力	5	5	0	优势
地方财政收入	2	1	1	强势
地方财政支出	2	2	0	强势
地方财政收入占 GDP 比重	14	26	-12	劣势
地方财政支出占 GDP 比重	30	28	2	劣势
税收收入占 GDP 比重	8	10	-2	优势
税收收入占财政总收入比重	18	6	12	优势
人均地方财政收入	4	13	-9	中势
人均地方财政支出	11	13	-2	中势
人均税收收入	4	4	0	优势

续表

指　标	2015 年	2016 年	排位升降	优劣势
地方财政收入增长率	19	24	-5	劣势
地方财政支出增长率	16	13	3	中势
税收收入增长率	12	23	-11	劣势
4.2　金融竞争力	5	4	1	优势
存款余额	3	3	0	强势
人均存款余额	6	6	0	优势
贷款余额	3	1	2	强势
人均贷款余额	5	5	0	优势
中长期贷款占贷款余额比重	29	24	5	劣势
保险费净收入	2	2	0	强势
保险密度	4	4	0	优势
保险深度	16	17	-1	中势
国内上市公司数	3	3	0	强势
国内上市公司市值	5	5	0	优势

5. 江苏省知识经济竞争力指标排名变化情况

表 10-9　2015~2016 年江苏省知识经济竞争力指标组排位及变化趋势

指　标	2015 年	2016 年	排位升降	优劣势
5　知识经济竞争力	1	2	-1	强势
5.1　科技竞争力	1	2	-1	强势
R&D 人员	1	1	0	强势
R&D 经费	2	2	0	强势
R&D 经费投入强度	1	1	0	强势
发明专利授权量	1	1	0	强势
技术市场成交合同金额	6	6	0	优势
财政科技支出占地方财政支出比重	4	6	-2	优势
高技术产业主营业务收入	2	2	0	强势
高技术产业收入占工业增加值比重	4	4	0	优势
高技术产品出口额占商品出口额比重	6	3	3	强势
5.2　教育竞争力	2	3	-1	强势
教育经费	2	2	0	强势
教育经费占 GDP 比重	31	31	0	劣势
人均教育经费	9	10	-1	优势
公共教育经费占财政支出比重	9	6	3	优势
人均文化教育支出占个人消费支出比重	9	13	-4	中势
万人中小学学校数	29	29	0	劣势
万人中小学专任教师数	25	25	0	劣势
高等学校数	1	1	0	强势

续表

指　标	2015 年	2016 年	排位升降	优劣势
高校专任教师数	1	1	0	强势
万人高等学校在校学生数	8	8	0	优势
5.3　文化竞争力	1	2	-1	强势
文化制造业营业收入	2	2	0	强势
文化批发零售业营业收入	2	3	-1	强势
文化服务业企业营业收入	5	5	0	优势
图书和期刊出版数	1	1	0	强势
报纸出版数	4	4	0	优势
印刷用纸量	8	6	2	优势
城镇居民人均文化娱乐支出	3	5	-2	优势
农村居民人均文化娱乐支出	3	4	-1	优势
城镇居民人均文化娱乐支出占消费性支出比重	5	7	-2	优势
农村居民人均文化娱乐支出占消费性支出比重	19	20	-1	中势

6. 江苏省发展环境竞争力指标排名变化情况

表 10-10　2015～2016 年江苏省发展环境竞争力指标组排位及变化趋势

指　标	2015 年	2016 年	排位升降	优劣势
6　发展环境竞争力	5	2	3	强势
6.1　基础设施竞争力	5	4	1	优势
铁路网线密度	12	11	1	中势
公路网线密度	4	5	-1	优势
人均内河航道里程	1	1	0	强势
全社会旅客周转量	4	4	0	优势
全社会货物周转量	8	8	0	优势
人均邮电业务总量	5	5	0	优势
电话普及率	6	6	0	优势
互联网普及率	8	8	0	优势
人均耗电量	6	6	0	优势
6.2　软环境竞争力	3	1	2	强势
外资企业数增长率	9	20	-11	中势
万人外资企业数	4	4	0	优势
个体私营企业数增长率	19	9	10	优势
万人个体私营企业数	3	3	0	强势
万人商标注册件数	6	6	0	优势
查处商标侵权假冒案件	6	4	2	优势
每十万人交通事故发生数	10	13	-3	中势
罚没收入占财政收入比重	27	26	1	劣势
社会捐赠款物	1	1	0	强势

7. 江苏省政府作用竞争力指标排名变化情况

表 10－11　2015～2016 年江苏省政府作用竞争力指标组排位及变化趋势

指　标	2015 年	2016 年	排位升降	优劣势
7　政府作用竞争力	2	1	1	强势
7.1　政府发展经济竞争力	2	2	0	强势
财政支出用于基本建设投资比重	29	28	1	劣势
财政支出对 GDP 增长的拉动	2	2	0	强势
政府公务员对经济的贡献	3	2	1	强势
政府消费对民间消费的拉动	17	18	－1	中势
财政投资对社会投资的拉动	3	2	1	强势
7.2　政府规调经济竞争力	3	4	－1	优势
物价调控	24	27	－3	劣势
调控城乡消费差距	5	3	2	强势
统筹经济社会发展	9	11	－2	中势
规范税收	11	11	0	中势
固定资产投资价格指数	1	4	－3	优势
7.3　政府保障经济竞争力	7	9	－2	优势
城市城镇社区服务设施数	2	2	0	强势
医疗保险覆盖率	10	9	1	优势
养老保险覆盖率	18	20	－2	中势
失业保险覆盖率	11	10	1	优势
最低工资标准	8	6	2	优势
城镇登记失业率	11	22	－11	劣势

8. 江苏省发展水平竞争力指标排名变化情况

表 10－12　2015～2016 年江苏省发展水平竞争力指标组排位及变化趋势

指　标	2015 年	2016 年	排位升降	优劣势
8　发展水平竞争力	2	2	0	强势
8.1　工业化进程竞争力	3	3	0	强势
工业增加值占 GDP 比重	13	10	3	优势
工业增加值增长率	6	4	2	优势
高技术产业占工业增加值比重	3	3	0	强势
高技术产品出口额占商品出口额比重	3	4	－1	优势
信息产业增加值占 GDP 比重	2	2	0	强势
工农业增加值比值	6	6	0	优势
8.2　城市化进程竞争力	3	3	0	强势
城镇化率	6	5	1	优势
城镇居民人均可支配收入	4	4	0	优势
城市平均建成区面积比重	19	18	1	中势

续表

指　标	2015 年	2016 年	排位升降	优劣势
人均拥有道路面积	3	1	2	强势
人均日生活用水量	5	6	-1	优势
人均公共绿地面积	7	8	-1	优势
8.3　市场化进程竞争力	2	2	0	强势
非公有制经济产值占全社会总产值比重	1	2	-1	强势
社会投资占投资总额比重	6	5	1	优势
私有和个体企业从业人员比重	3	4	-1	优势
亿元以上商品市场成交额	2	1	1	强势
亿元以上商品市场成交额占全社会消费品零售总额比重	4	4	0	优势
居民消费支出占总消费支出比重	17	18	-1	中势

9. 江苏省统筹协调竞争力指标排名变化情况

表 10-13　2015~2016 年江苏省统筹协调竞争力指标组排位及变化趋势

指　标	2015 年	2016 年	排位升降	优劣势
9　统筹协调竞争力	4	5	-1	优势
9.1　统筹发展竞争力	8	4	4	优势
社会劳动生产率	4	4	0	优势
能源使用下降率	18	16	2	中势
万元 GDP 综合能耗下降率	10	23	-13	劣势
非农用地产出率	7	7	0	优势
生产税净额和营业盈余占 GDP 比重	27	27	0	劣势
最终消费率	19	18	1	中势
固定资产投资额占 GDP 比重	4	3	1	强势
固定资产交付使用率	28	5	23	优势
9.2　协调发展竞争力	1	12	-11	中势
环境竞争力与宏观经济竞争力比差	30	31	-1	劣势
资源竞争力与宏观经济竞争力比差	6	7	-1	优势
人力资源竞争力与宏观经济竞争力比差	1	1	0	强势
资源竞争力与工业竞争力比差	5	27	-22	劣势
环境竞争力与工业竞争力比差	2	1	1	强势
城乡居民家庭人均收入比差	25	26	-1	劣势
城乡居民人均现金消费支出比差	5	5	0	优势
全社会消费品零售总额与外贸出口总额比差	4	28	-24	劣势

B.12
11
浙江省经济综合竞争力评价分析报告

浙江省简称浙，位于我国东南沿海，地处长江三角洲南翼，东临东海，南邻福建，西接安徽、江西，北连上海、江苏。浙江山清水秀，物产丰饶，人杰地灵，素有“鱼米之乡、丝茶之府、文物之邦、旅游胜地”的美誉。全省面积10.2万平方公里，2016年全省常住人口为5590万人，地区生产总值为47251亿元，同比增长7.6%，人均GDP达84916元。本部分通过分析2015～2016年浙江省经济综合竞争力以及各要素竞争力的排名变化，从中找出浙江省经济综合竞争力的推动点及影响因素，为进一步提升浙江省经济综合竞争力提供决策参考。

11.1 浙江省经济综合竞争力总体分析

1. 浙江省经济综合竞争力一级指标概要分析

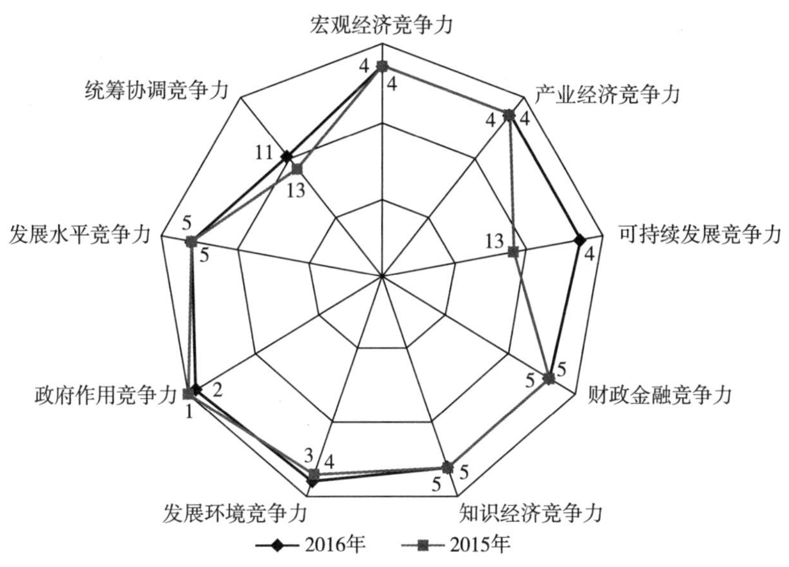

图11－1 2015～2016年浙江省经济综合竞争力二级指标比较

（1）从综合排位看，2016年浙江省经济综合竞争力综合排位在全国居第5位，这表明其在全国处于优势地位；与2015年相比，综合排位没有发生变化。

（2）从指标所处区位看，8个指标处于上游区，其中发展环境竞争力和政府作用竞

表 11－1 2015～2016 年浙江省经济综合竞争力二级指标比较

年份＼项目	宏观经济竞争力	产业经济竞争力	可持续发展竞争力	财政金融竞争力	知识经济竞争力	发展环境竞争力	政府作用竞争力	发展水平竞争力	统筹协调竞争力	**综合排位**
2015	4	4	13	5	5	4	1	5	13	5
2016	4	4	4	5	5	3	2	5	11	5
升降	0	0	9	0	0	1	－1	0	2	0
优劣度	优势	优势	优势	优势	优势	强势	强势	优势	中势	优势

争力 2 个指标为浙江省经济综合竞争力的强势指标。

（3）从指标变化趋势看，9 个二级指标中，有 3 个指标处于上升趋势，分别为可持续发展竞争力、发展环境竞争力和统筹协调竞争力，这些是浙江省经济综合竞争力的上升动力所在；有 5 个指标排位没有发生变化，分别为宏观经济竞争力、产业经济竞争力、财政金融竞争力、知识经济竞争力和发展水平竞争力；有 1 个指标处于下降趋势，为政府作用竞争力，是浙江省经济综合竞争力的下降拉力所在。

2. 浙江省经济综合竞争力各级指标动态变化分析

表 11－2 2015～2016 年浙江省经济综合竞争力各级指标排位变化情况

单位：个，%

二级指标	三级指标	四级指标数	上升		保持		下降		变化趋势
			指标数	比重	指标数	比重	指标数	比重	
宏观经济竞争力	经济实力竞争力	12	2	16.7	5	41.7	5	41.7	下降
	经济结构竞争力	6	0	0.0	3	50.0	3	50.0	保持
	经济外向度竞争力	9	2	22.3	6	66.7	1	11.1	上升
	小　计	27	4	14.9	14	51.9	9	33.3	保持
产业经济竞争力	农业竞争力	10	3	30.0	4	40.0	3	30.0	下降
	工业竞争力	10	4	40.0	6	60.0	0	0.0	保持
	服务业竞争力	10	0	0.0	6	60.0	4	40.0	保持
	企业竞争力	10	3	30.0	6	60.0	1	10.0	保持
	小　计	40	10	25.0	22	55.0	8	20.0	保持
可持续发展竞争力	资源竞争力	9	0	0.0	8	88.9	1	11.1	下降
	环境竞争力	8	5	62.5	2	25.0	1	12.5	上升
	人力资源竞争力	7	3	42.9	1	14.3	3	42.9	上升
	小　计	24	8	33.3	11	45.8	5	20.8	上升
财政金融竞争力	财政竞争力	12	6	50.0	2	16.7	4	33.3	上升
	金融竞争力	10	3	30.0	5	50.0	2	20.0	下降
	小　计	22	9	40.9	7	31.8	6	27.3	保持
知识经济竞争力	科技竞争力	9	3	33.3	4	44.4	2	22.2	下降
	教育竞争力	10	3	30.0	6	60.0	1	10.0	保持
	文化竞争力	10	4	40.0	4	40.0	2	20.0	保持
	小　计	29	10	34.5	14	48.3	5	17.2	保持

续表

二级指标	三级指标	四级指标数	上升		保持		下降		变化趋势
			指标数	比重	指标数	比重	指标数	比重	
发展环境竞争力	基础设施竞争力	9	0	0.0	8	88.9	1	11.1	上升
	软环境竞争力	9	3	33.3	3	33.3	3	33.3	下降
	小　计	18	3	16.7	11	61.1	4	22.2	上升
政府作用竞争力	政府发展经济竞争力	5	2	40.0	1	20.0	2	40.0	上升
	政府规调经济竞争力	5	1	20.0	2	40.0	2	40.0	下降
	政府保障经济竞争力	6	0	0.0	3	50.0	3	50.0	下降
	小　计	16	3	18.8	6	37.5	7	43.8	下降
发展水平竞争力	工业化进程竞争力	6	2	33.3	1	16.7	3	50.0	下降
	城市化进程竞争力	6	0	0.0	2	33.3	4	66.7	保持
	市场化进程竞争力	6	2	33.3	1	16.7	3	50.0	保持
	小　计	18	4	22.2	4	22.2	10	55.6	保持
统筹协调竞争力	统筹发展竞争力	8	2	25.0	3	37.5	3	37.5	上升
	协调发展竞争力	8	1	12.5	2	25.0	5	62.5	下降
	小　计	16	3	18.8	5	31.3	8	50.0	上升
合　计		210	54	25.7	94	44.8	62	29.5	保持

从表 11－2 可以看出，210 个四级指标中，上升指标有 54 个，占指标总数的 25.7%；下降指标有 62 个，占指标总数的 29.5%；保持不变的指标有 94 个，占指标总数的 44.8%。综上所述，浙江省经济综合竞争力上升的动力和下降的拉力大致相当，且排位保持不变的指标占较大比重，2015～2016 年浙江省经济综合竞争力排位保持不变。

3. 浙江省经济综合竞争力各级指标优劣势结构分析

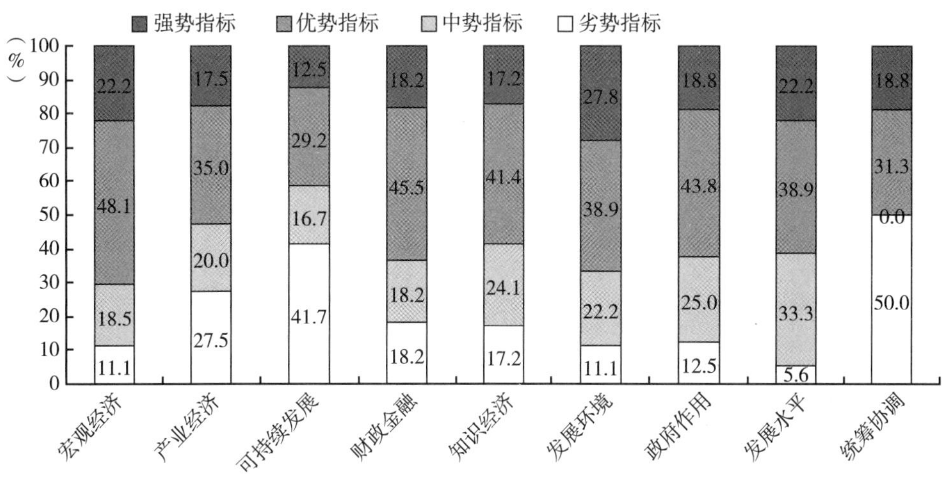

图 11－2　2016 年浙江省经济综合竞争力各级指标优劣势比较

表 11－3　2016 年浙江省经济综合竞争力各级指标优劣势情况

单位：个，%

二级指标	三级指标	四级指标数	强势指标		优势指标		中势指标		劣势指标		优劣势
			个数	比重	个数	比重	个数	比重	个数	比重	
宏观经济竞争力	经济实力竞争力	12	1	8.3	7	58.3	3	25.0	1	8.3	优势
	经济结构竞争力	6	3	50.0	1	16.7	1	16.7	1	16.7	强势
	经济外向度竞争力	9	2	22.2	5	55.6	1	11.1	1	11.1	优势
	小　计	27	6	22.2	13	48.1	5	18.5	3	11.1	优势
产业经济竞争力	农业竞争力	10	2	20.0	1	10.0	4	40.0	3	30.0	中势
	工业竞争力	10	1	10.0	5	50.0	1	10.0	3	30.0	优势
	服务业竞争力	10	1	10.0	6	60.0	2	20.0	1	10.0	优势
	企业竞争力	10	3	30.0	2	20.0	1	10.0	4	40.0	优势
	小　计	40	7	17.5	14	35.0	8	20.0	11	27.5	优势
可持续发展竞争力	资源竞争力	9	0	0.0	1	11.1	2	22.2	6	66.7	劣势
	环境竞争力	8	3	37.5	3	37.5	0	0.0	2	25.0	强势
	人力资源竞争力	7	0	0.0	3	42.9	2	28.6	2	28.6	优势
	小　计	24	3	12.5	7	29.2	4	16.7	10	41.7	优势
财政金融竞争力	财政竞争力	12	2	16.7	4	33.3	4	33.3	2	16.7	优势
	金融竞争力	10	2	20.0	6	60.0	0	0.0	2	20.0	优势
	小　计	22	4	18.2	10	45.5	4	18.2	4	18.2	优势
知识经济竞争力	科技竞争力	9	1	11.1	5	55.5	2	22.2	1	11.1	优势
	教育竞争力	10	0	0.0	3	30.0	4	40.0	3	30.0	优势
	文化竞争力	10	4	40.0	4	40.0	1	10.0	1	10.0	强势
	小　计	29	5	17.2	12	41.4	7	24.1	5	17.2	优势
发展环境竞争力	基础设施竞争力	9	2	22.2	5	55.6	2	22.2	0	0.0	强势
	软环境竞争力	9	3	33.3	2	22.2	2	22.2	2	22.2	强势
	小　计	18	5	27.8	7	38.9	4	22.2	2	11.1	强势
政府作用竞争力	政府发展经济竞争力	5	1	20.0	2	40.0	2	40.0	0	0.0	优势
	政府规调经济竞争力	5	2	40.0	0	0.0	2	40.0	1	20.0	强势
	政府保障经济竞争力	6	0	0.0	5	83.3	0	0.0	1	16.7	优势
	小　计	16	3	18.8	7	43.8	4	25.0	2	12.5	强势
发展水平竞争力	工业化进程竞争力	6	0	0.0	3	50.0	3	50.0	0	0.0	中势
	城市化进程竞争力	6	1	16.7	2	33.3	2	33.3	1	16.7	优势
	市场化进程竞争力	6	3	50.0	2	33.3	1	16.7	0	0.0	强势
	小　计	18	4	22.2	7	38.9	6	33.3	1	5.6	优势
统筹协调竞争力	统筹发展竞争力	8	1	12.5	3	37.5	0	0.0	4	50.0	优势
	协调发展竞争力	8	2	25.0	2	25.0	0	0.0	4	50.0	中势
	小　计	16	3	18.8	5	31.3	0	0.0	8	50.0	中势
合　计		210	40	19.0	82	39.0	42	20.0	46	21.9	优势

基于图 11－2 和表 11－3，具体到四级指标，强势指标 40 个，占指标总数的 19%；优势指标 82 个，占指标总数的 39%；中势指标 42 个，占指标总数的 20.0%；劣势指

标46个，占指标总数的21.9%。三级指标中，强势指标7个，占三级指标总数的28%；优势指标14个，占三级指标总数的56%；中势指标3个，占三级指标总数的12%；劣势指标1个，占三级指标总数的4%。从二级指标看，强势指标2个，占二级指标总数的22.2%；优势指标有6个，占二级指标总数的66.7%；中势指标有1个，占二级指标总数的11.1%；没有劣势指标。综合来看，由于优势指标在指标体系中居于主导地位，2016年浙江省经济综合竞争力处于优势地位。

4. 浙江省经济综合竞争力四级指标优劣势对比分析

表11－4　2016年浙江省经济综合竞争力各级指标优劣势情况

二级指标	优劣势	四级指标
宏观经济竞争力（27个）	强势指标	人均全社会消费品零售总额、城乡经济结构优化度、就业结构优化度、贸易结构优化度、出口总额、外贸依存度（6个）
	优势指标	地区生产总值、人均地区生产总值、财政总收入、人均财政收入、固定资产投资额、人均固定资产投资额、全社会消费品零售总额、所有制经济结构优化度、进出口总额、进出口增长率、实际FDI、外资企业数、对外直接投资额（13个）
	劣势指标	财政总收入增长率、资本形成结构优化度、出口增长率（3个）
产业经济竞争力（40个）	强势指标	农民人均纯收入、农村人均用电量、人均工业增加值、商品房销售收入、规模以上工业企业数、新产品销售收入占主营业务收入比重、工业企业R&D经费投入强度（7个）
	优势指标	农产品出口占农林牧渔总产值比重、工业增加值、工业增加值增长率、工业资产总额、规模以上工业主营业务收入、规模以上工业利润总额、服务业增加值、人均服务业增加值、服务业从业人员数、限额以上批发零售企业主营业务收入、旅游外汇收入、电子商务销售额、城镇就业人员平均工资、中国驰名商标持有量（14个）
	劣势指标	农业增加值增长率、人均主要农产品产量、财政支农资金比重、工业资产总额增长率、工业资产总贡献率、工业全员劳动生产率、限额以上批零企业利税率、规模以上企业平均资产、规模以上企业平均收入、规模以上企业平均利润、规模以上企业劳动效率（11个）
可持续发展竞争力（24个）	强势指标	森林覆盖率、一般工业固体废物综合利用率、生活垃圾无害化处理率（3个）
	优势指标	人均可使用海域和滩涂面积、人均工业废气排放量、人均工业固体废物排放量、人均治理工业污染投资额、常住人口增长率、15～64岁人口比例、大专以上教育程度人口比例（7个）
	劣势指标	人均国土面积、耕地面积、人均耕地面积、人均牧草地面积、主要能源矿产基础储量、人均主要能源矿产基础储量、人均废水排放量、自然灾害直接经济损失、文盲率、人口健康素质（10个）
财政金融竞争力（22个）	强势指标	地方财政支出、税收收入增长率、贷款余额、国内上市公司数（4个）
	优势指标	地方财政收入、税收收入占GDP比重、税收收入占财政总收入比重、人均税收收入、存款余额、人均存款余额、人均贷款余额、保险费净收入、保险密度、国内上市公司市值（10个）
	劣势指标	地方财政支出占GDP比重、地方财政收入增长率、中长期贷款占贷款余额比重、保险深度（4个）
知识经济竞争力（29个）	强势指标	R&D人员、报纸出版数、印刷用纸量、城镇居民人均文化娱乐支出、农村居民人均文化娱乐支出（5个）
	优势指标	R&D经费、R&D经费投入强度、发明专利授权量、财政科技支出占地方财政支出比重、高技术产业主营业务收入、教育经费、人均教育经费、公共教育经费占财政支出比重、文化制造业营业收入、文化批发零售业营业收入、文化服务业企业营业收入、图书和期刊出版数（12个）
	劣势指标	高技术产品出口额占商品出口额比重、教育经费占GDP比重、万人中小学学校数、万人中小学专任教师数、农村居民人均文化娱乐支出占消费性支出比重（5个）

续表

二级指标	优劣势	四级指标
发展环境竞争力(18个)	强势指标	人均内河航道里程、人均邮电业务总量、万人个体私营企业数、万人商标注册件数、查处商标侵权假冒案件(5个)
	优势指标	全社会旅客周转量、全社会货物周转量、电话普及率、互联网普及率、人均耗电量、万人外资企业数、每十万人交通事故发生数(7个)
	劣势指标	外资企业数增长率、个体私营企业数增长率(2个)
政府作用竞争力(16个)	强势指标	财政支出对GDP增长的拉动、调控城乡消费差距、规范税收(3个)
	优势指标	政府公务员对经济的贡献、政府消费对民间消费的拉动、城市城镇社区服务设施数、医疗保险覆盖率、养老保险覆盖率、失业保险覆盖率、最低工资标准(7个)
	劣势指标	物价调控、城镇登记失业率(2个)
发展水平竞争力(18个)	强势指标	城镇居民人均可支配收入、私有和个体企业从业人员比重、亿元以上商品市场成交额、亿元以上商品市场成交额占全社会消费品零售总额比重(4个)
	优势指标	工业增加值占GDP比重、工业增加值增长率、工农业增加值比值、城镇化率、人均拥有道路面积、非公有制经济产值占全社会总产值比重、居民消费支出占总消费支出比重(7个)
	劣势指标	城市平均建成区面积比重(1个)
统筹协调竞争力(16个)	强势指标	固定资产投资额占GDP比重、人力资源竞争力与宏观经济竞争力比差、城乡居民人均现金消费支出比差(3个)
	优势指标	社会劳动生产率、非农用地产出率、固定资产交付使用率、资源竞争力与宏观经济竞争力比差、环境竞争力与工业竞争力比差(5个)
	劣势指标	能源使用下降率、万元GDP综合能耗下降率、生产税净额和营业盈余占GDP比重、最终消费率、环境竞争力与宏观经济竞争力比差、资源竞争力与工业竞争力比差、城乡居民家庭人均收入比差、全社会消费品零售总额与外贸出口总额比差(8个)

11.2 浙江省经济综合竞争力各级指标具体分析

1. 浙江省宏观经济竞争力指标排名变化情况

表11-5 2015~2016年浙江省宏观经济竞争力指标组排位及变化趋势

指　标	2015年	2016年	排位升降	优劣势
1　宏观经济竞争力	4	4	0	优势
1.1　经济实力竞争力	3	4	-1	优势
地区生产总值	4	4	0	优势
地区生产总值增长率	19	20	-1	中势
人均地区生产总值	5	5	0	优势
财政总收入	3	4	-1	优势
财政总收入增长率	3	25	-22	劣势
人均财政收入	6	8	-2	优势
固定资产投资额	6	6	0	优势
固定资产投资额增长率	15	14	1	中势

续表

指　标	2015 年	2016 年	排位升降	优劣势
人均固定资产投资额	7	8	-1	优势
全社会消费品零售总额	4	4	0	优势
全社会消费品零售总额增长率	14	13	1	中势
人均全社会消费品零售总额	3	3	0	强势
1.2 经济结构竞争力	2	2	0	强势
产业结构优化度	9	11	-2	中势
所有制经济结构优化度	5	6	-1	优势
城乡经济结构优化度	2	2	0	强势
就业结构优化度	1	1	0	强势
资本形成结构优化度	19	22	-3	劣势
贸易结构优化度	3	3	0	强势
1.3 经济外向度竞争力	5	4	1	优势
进出口总额	4	4	0	优势
进出口增长率	12	9	3	优势
出口总额	3	3	0	强势
出口增长率	13	25	-12	劣势
实际 FDI	5	5	0	优势
实际 FDI 增长率	24	19	5	中势
外贸依存度	3	3	0	强势
外资企业数	4	4	0	优势
对外直接投资额	6	6	0	优势

2. 浙江省产业经济竞争力指标排名变化情况

表 11-6　2015~2016 年浙江省产业经济竞争力指标组排位及变化趋势

指　标	2015 年	2016 年	排位升降	优劣势
2 产业经济竞争力	4	4	0	优势
2.1 农业竞争力	7	11	-4	中势
农业增加值	15	15	0	中势
农业增加值增长率	28	26	2	劣势
人均农业增加值	16	15	1	中势
农民人均纯收入	2	2	0	强势
农民人均纯收入增长率	15	18	-3	中势
农产品出口占农林牧渔总产值比重	5	6	-1	优势
人均主要农产品产量	27	27	0	劣势
农业机械化水平	21	19	2	中势
农村人均用电量	3	3	0	强势
财政支农资金比重	21	24	-3	劣势

续表

指　标	2015 年	2016 年	排位升降	优劣势
2.2　工业竞争力	4	4	0	优势
工业增加值	4	4	0	优势
工业增加值增长率	9	8	1	优势
人均工业增加值	3	3	0	强势
工业资产总额	4	4	0	优势
工业资产总额增长率	28	24	4	劣势
工业资产总贡献率	21	21	0	劣势
规模以上工业主营业务收入	5	5	0	优势
规模以上工业利润总额	5	5	0	优势
工业全员劳动生产率	28	27	1	劣势
工业成本费用利润率	13	11	2	中势
2.3　服务业竞争力	5	5	0	优势
服务业增加值	4	4	0	优势
服务业增加值增长率	4	12	-8	中势
人均服务业增加值	5	5	0	优势
服务业从业人员数	7	7	0	优势
限额以上批发零售企业主营业务收入	4	5	-1	优势
限额以上批零企业利税率	27	27	0	劣势
限额以上餐饮企业利税率	10	14	-4	中势
旅游外汇收入	2	7	-5	优势
商品房销售收入	3	3	0	强势
电子商务销售额	5	5	0	优势
2.4　企业竞争力	6	6	0	优势
规模以上工业企业数	4	3	1	强势
规模以上企业平均资产	31	30	1	劣势
规模以上企业平均收入	30	30	0	劣势
规模以上企业平均利润	26	26	0	劣势
规模以上企业劳动效率	28	28	0	劣势
城镇就业人员平均工资	5	5	0	优势
新产品销售收入占主营业务收入比重	1	1	0	强势
产品质量抽查合格率	11	15	-4	中势
工业企业 R&D 经费投入强度	2	1	1	强势
中国驰名商标持有量	4	4	0	优势

3. 浙江省可持续发展竞争力指标排名变化情况

表 11－7 2015～2016 年浙江省可持续发展竞争力指标组排位及变化趋势

指 标	2015 年	2016 年	排位升降	优劣势
3 可持续发展竞争力	13	4	9	优势
3.1 资源竞争力	25	26	－1	劣势
人均国土面积	24	24	0	劣势
人均可使用海域和滩涂面积	7	7	0	优势
人均年水资源量	11	13	－2	中势
耕地面积	23	23	0	劣势
人均耕地面积	26	26	0	劣势
人均牧草地面积	27	27	0	劣势
主要能源矿产基础储量	29	29	0	劣势
人均主要能源矿产基础储量	30	30	0	劣势
人均森林储积量	20	20	0	中势
3.2 环境竞争力	9	3	6	强势
森林覆盖率	3	3	0	强势
人均废水排放量	29	28	1	劣势
人均工业废气排放量	10	6	4	优势
人均工业固体废物排放量	5	5	0	优势
人均治理工业污染投资额	5	6	－1	优势
一般工业固体废物综合利用率	4	3	1	强势
生活垃圾无害化处理率	7	3	4	强势
自然灾害直接经济损失	30	24	6	劣势
3.3 人力资源竞争力	12	8	4	优势
常住人口增长率	19	8	11	优势
15～64 岁人口比例	9	10	－1	优势
文盲率	20	21	－1	劣势
大专以上教育程度人口比例	10	8	2	优势
平均受教育程度	18	16	2	中势
人口健康素质	24	24	0	劣势
职业学校毕业生数	10	11	－1	中势

4. 浙江省财政金融竞争力指标排名变化情况

表 11－8 2015～2016 年浙江省财政金融竞争力指标组排位及变化趋势

指 标	2015 年	2016 年	排位升降	优劣势
4 财政金融竞争力	5	5	0	优势
4.1 财政竞争力	9	6	3	优势
地方财政收入	5	4	1	优势
地方财政支出	6	3	3	强势
地方财政收入占 GDP 比重	16	20	－4	中势
地方财政支出占 GDP 比重	28	22	6	劣势

续表

指　标	2015 年	2016 年	排位升降	优劣势
税收收入占 GDP 比重	6	5	1	优势
税收收入占财政总收入比重	21	7	14	优势
人均地方财政收入	5	12	-7	中势
人均地方财政支出	12	12	0	中势
人均税收收入	5	5	0	优势
地方财政收入增长率	17	22	-5	劣势
地方财政支出增长率	3	19	-16	中势
税收收入增长率	20	3	17	强势
4.2　金融竞争力	4	5	-1	优势
存款余额	4	5	-1	优势
人均存款余额	4	4	0	优势
贷款余额	2	2	0	强势
人均贷款余额	4	4	0	优势
中长期贷款占贷款余额比重	31	29	2	劣势
保险费净收入	7	6	1	优势
保险密度	6	5	1	优势
保险深度	15	21	-6	劣势
国内上市公司数	2	2	0	强势
国内上市公司市值	4	4	0	优势

5. 浙江省知识经济竞争力指标排名变化情况

表 11-9　2015~2016 年浙江省知识经济竞争力指标组排位及变化趋势

指　标	2015 年	2016 年	排位升降	优劣势
5　知识经济竞争力	5	5	0	优势
5.1　科技竞争力	5	6	-1	优势
R&D 人员	3	3	0	强势
R&D 经费	4	4	0	优势
R&D 经费投入强度	5	4	1	优势
发明专利授权量	4	4	0	优势
技术市场成交合同金额	15	12	3	中势
财政科技支出占地方财政支出比重	5	5	0	优势
高技术产业主营业务收入	7	6	1	优势
高技术产业收入占工业增加值比重	12	17	-5	中势
高技术产品出口额占商品出口额比重	20	21	-1	劣势
5.2　教育竞争力	7	7	0	优势
教育经费	5	4	1	优势
教育经费占 GDP 比重	24	25	-1	劣势
人均教育经费	6	6	0	优势
公共教育经费占财政支出比重	10	4	6	优势
人均文化教育支出占个人消费支出比重	24	18	6	中势
万人中小学学校数	27	27	0	劣势

续表

指　标	2015 年	2016 年	排位升降	优劣势
万人中小学专任教师数	24	24	0	劣势
高等学校数	11	11	0	中势
高校专任教师数	12	12	0	中势
万人高等学校在校学生数	16	16	0	中势
5.3　文化竞争力	3	3	0	强势
文化制造业营业收入	5	5	0	优势
文化批发零售业营业收入	5	6	-1	优势
文化服务业企业营业收入	4	4	0	优势
图书和期刊出版数	7	5	2	优势
报纸出版数	2	3	-1	强势
印刷用纸量	3	3	0	强势
城镇居民人均文化娱乐支出	4	3	1	强势
农村居民人均文化娱乐支出	1	1	0	强势
城镇居民人均文化娱乐支出占消费性支出比重	25	13	12	中势
农村居民人均文化娱乐支出占消费性支出比重	23	21	2	劣势

6. 浙江省发展环境竞争力指标排名变化情况

表 11-10　2015~2016 年浙江省发展环境竞争力指标组排位及变化趋势

指　标	2015 年	2016 年	排位升降	优劣势
6　发展环境竞争力	4	3	1	强势
6.1　基础设施竞争力	4	3	1	强势
铁路网线密度	14	15	-1	中势
公路网线密度	11	11	0	中势
人均内河航道里程	2	2	0	强势
全社会旅客周转量	9	9	0	优势
全社会货物周转量	6	6	0	优势
人均邮电业务总量	3	3	0	强势
电话普及率	4	4	0	优势
互联网普及率	5	5	0	优势
人均耗电量	5	5	0	优势
6.2　软环境竞争力	2	3	-1	强势
外资企业数增长率	24	30	-6	劣势
万人外资企业数	5	5	0	优势
个体私营企业数增长率	26	24	2	劣势
万人个体私营企业数	2	1	1	强势
万人商标注册件数	3	3	0	强势
查处商标侵权假冒案件	2	2	0	强势
每十万人交通事故发生数	2	4	-2	优势
罚没收入占财政收入比重	16	14	2	中势
社会捐赠款物	13	17	-4	中势

7. 浙江省政府作用竞争力指标排名变化情况

表 11－11　2015～2016 年浙江省政府作用竞争力指标组排位及变化趋势

指　标	2015 年	2016 年	排位升降	优劣势
7　政府作用竞争力	1	2	－1	强势
7.1　政府发展经济竞争力	6	5	1	优势
财政支出用于基本建设投资比重	11	14	－3	中势
财政支出对 GDP 增长的拉动	4	3	1	强势
政府公务员对经济的贡献	6	6	0	优势
政府消费对民间消费的拉动	9	10	－1	优势
财政投资对社会投资的拉动	17	13	4	中势
7.2　政府规调经济竞争力	2	3	－1	强势
物价调控	15	21	－6	劣势
调控城乡消费差距	1	1	0	强势
统筹经济社会发展	25	15	10	中势
规范税收	1	1	0	强势
固定资产投资价格指数	5	13	－8	中势
7.3　政府保障经济竞争力	2	5	－3	优势
城市城镇社区服务设施数	4	4	0	优势
医疗保险覆盖率	5	5	0	优势
养老保险覆盖率	7	7	0	优势
失业保险覆盖率	4	6	－2	优势
最低工资标准	3	5	－2	优势
城镇登记失业率	9	25	－16	劣势

8. 浙江省发展水平竞争力指标排名变化情况

表 11－12　2015～2016 年浙江省发展水平竞争力指标组排位及变化趋势

指　标	2015 年	2016 年	排位升降	优劣势
8　发展水平竞争力	5	5	0	优势
8.1　工业化进程竞争力	14	16	－2	中势
工业增加值占 GDP 比重	12	9	3	优势
工业增加值增长率	9	8	1	优势
高技术产业占工业增加值比重	12	15	－3	中势
高技术产品出口额占商品出口额比重	19	20	－1	中势
信息产业增加值占 GDP 比重	13	14	－1	中势
工农业增加值比值	4	4	0	优势
8.2　城市化进程竞争力	5	5	0	优势
城镇化率	7	7	0	优势
城镇居民人均可支配收入	3	3	0	强势
城市平均建成区面积比重	22	23	－1	劣势

续表

指　标	2015 年	2016 年	排位升降	优劣势
人均拥有道路面积	8	9	-1	优势
人均日生活用水量	9	12	-3	中势
人均公共绿地面积	11	14	-3	中势
8.3　市场化进程竞争力	1	1	0	强势
非公有制经济产值占全社会总产值比重	5	6	-1	优势
社会投资占投资总额比重	15	14	1	中势
私有和个体企业从业人员比重	4	3	1	强势
亿元以上商品市场成交额	1	2	-1	强势
亿元以上商品市场成交额占全社会消费品零售总额比重	2	2	0	强势
居民消费支出占总消费支出比重	9	10	-1	优势

9. 浙江省统筹协调竞争力指标排名变化情况

表 11-13　2015~2016 年浙江省统筹协调竞争力指标组排位及变化趋势

指　标	2015 年	2016 年	排位升降	优劣势
9　统筹协调竞争力	13	11	2	中势
9.1　统筹发展竞争力	25	9	16	优势
社会劳动生产率	8	6	2	优势
能源使用下降率	24	24	0	劣势
万元 GDP 综合能耗下降率	26	29	-3	劣势
非农用地产出率	4	4	0	优势
生产税净额和营业盈余占 GDP 比重	22	25	-3	劣势
最终消费率	21	22	-1	劣势
固定资产投资额占 GDP 比重	3	2	1	强势
固定资产交付使用率	9	9	0	优势
9.2　协调发展竞争力	2	18	-16	中势
环境竞争力与宏观经济竞争力比差	28	24	4	劣势
资源竞争力与宏观经济竞争力比差	5	5	0	优势
人力资源竞争力与宏观经济竞争力比差	2	3	-1	强势
资源竞争力与工业竞争力比差	6	26	-20	劣势
环境竞争力与工业竞争力比差	5	8	-3	优势
城乡居民家庭人均收入比差	30	30	0	劣势
城乡居民人均现金消费支出比差	1	2	-1	强势
全社会消费品零售总额与外贸出口总额比差	3	29	-26	劣势

B.13
12
安徽省经济综合竞争力评价分析报告

安徽省简称皖，位于华东腹地，地跨长江、淮河中下游，东连江苏、浙江，西接湖北、河南，南邻江西，北靠山东。全省总面积13.96万平方公里。2016年全省常住人口为6196万人，地区生产总值为24408亿元，同比增长8.7%，人均GDP达39561元。本部分通过分析2015～2016年安徽省经济综合竞争力以及各要素竞争力的排名变化，从中找出安徽省经济综合竞争力的推动点及影响因素，为进一步提升安徽省经济综合竞争力提供决策参考。

12.1 安徽省经济综合竞争力总体分析

1. 安徽省经济综合竞争力一级指标概要分析

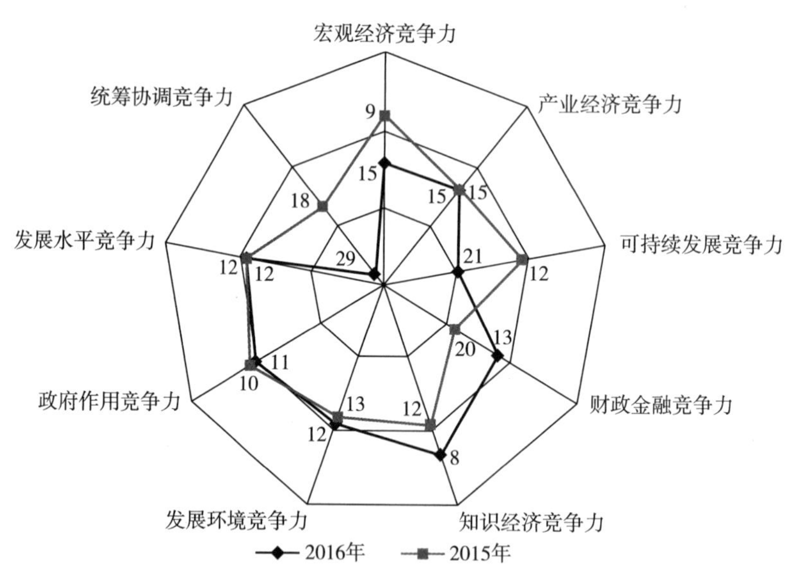

图12－1　2015～2016年安徽省经济综合竞争力二级指标比较

（1）从综合排位看，2016年安徽省经济综合竞争力综合排位在全国居第13位，在全国处于中势地位；与2015年相比，综合排位下降了2位。

（2）从指标所处区位看，只有知识经济竞争力这1个指标处于上游区。有2个指标处于下游区，为可持续发展竞争力和统筹协调竞争力。其余6个指标都处于中游区。

表 12－1　2015～2016 年安徽省经济综合竞争力二级指标比较

项目 年份	宏观经济竞争力	产业经济竞争力	可持续发展竞争力	财政金融竞争力	知识经济竞争力	发展环境竞争力	政府作用竞争力	发展水平竞争力	统筹协调竞争力	综合排位
2015	9	15	12	20	12	13	10	12	18	11
2016	15	15	21	13	8	12	11	12	29	13
升降	－6	0	－9	7	4	1	－1	0	－11	－2
优劣度	中势	中势	劣势	中势	优势	中势	中势	中势	劣势	中势

（3）从指标变化趋势看，9 个二级指标中，有 3 个指标处于上升趋势，分别为财政金融竞争力、知识经济竞争力和发展环境竞争力，这些是安徽省经济综合竞争力的上升动力所在；有 2 个指标排位没有发生变化，分别为产业经济竞争力和发展水平竞争力；有 4 个指标处于下降趋势，为宏观经济竞争力、可持续发展竞争力、政府作用竞争力和统筹协调竞争力，这构成了安徽省经济综合竞争力的下降拉力。

2. 安徽省经济综合竞争力各级指标动态变化分析

表 12－2　2015～2016 年安徽省经济综合竞争力各级指标排位变化情况

单位：个，%

二级指标	三级指标	四级指标数	上升		保持		下降		变化趋势
			指标数	比重	指标数	比重	指标数	比重	
宏观经济竞争力	经济实力竞争力	12	6	50.0	3	25.0	3	25.0	下降
	经济结构竞争力	6	2	33.3	3	50.0	1	16.7	下降
	经济外向度竞争力	9	3	33.3	1	11.1	5	55.6	下降
	小　计	27	11	40.7	7	25.9	9	33.3	下降
产业经济竞争力	农业竞争力	10	2	20.0	4	40.0	4	40.0	下降
	工业竞争力	10	5	50.0	3	30.0	2	20.0	上升
	服务业竞争力	10	5	50.0	4	40.0	1	10.0	上升
	企业竞争力	10	1	10.0	6	60.0	3	30.0	保持
	小　计	40	13	32.5	17	42.5	10	25.0	保持
可持续发展竞争力	资源竞争力	9	1	11.1	8	88.9	0	0.0	保持
	环境竞争力	8	5	62.5	2	25.0	1	12.5	下降
	人力资源竞争力	7	1	14.3	1	14.3	5	71.4	下降
	小　计	24	7	29.2	11	45.8	6	25.0	下降
财政金融竞争力	财政竞争力	12	12	100.0	0	0.0	0	0.0	上升
	金融竞争力	10	3	30.0	5	50.0	2	20.0	上升
	小　计	22	15	68.2	5	22.7	2	9.1	上升
知识经济竞争力	科技竞争力	9	3	33.3	5	55.6	1	11.1	上升
	教育竞争力	10	3	30.0	3	30.0	4	40.0	下降
	文化竞争力	10	3	30.0	5	50.0	2	20.0	上升
	小　计	29	9	31.0	13	44.8	7	24.1	上升

续表

二级指标	三级指标	四级指标数	上升		保持		下降		变化趋势
			指标数	比重	指标数	比重	指标数	比重	
发展环境竞争力	基础设施竞争力	9	4	44.4	5	55.6	0	0.0	保持
	软环境竞争力	9	3	33.3	2	22.2	4	44.4	下降
	小　计	18	7	38.9	7	38.9	4	22.2	上升
政府作用竞争力	政府发展经济竞争力	5	2	40.0	2	40.0	1	20.0	上升
	政府规调经济竞争力	5	0	0.0	1	20.0	4	80.0	下降
	政府保障经济竞争力	6	0	0.0	2	33.3	4	66.7	保持
	小　计	16	2	12.5	5	31.3	9	56.3	下降
发展水平竞争力	工业化进程竞争力	6	5	83.3	1	16.7	0	0.0	上升
	城市化进程竞争力	6	3	50.0	2	33.3	1	16.7	上升
	市场化进程竞争力	6	2	33.3	3	50.0	1	16.7	保持
	小　计	18	10	55.6	6	33.3	2	11.1	保持
统筹协调竞争力	统筹发展竞争力	8	2	25.0	2	25.0	4	50.0	下降
	协调发展竞争力	8	2	25.0	2	25.0	4	50.0	下降
	小　计	16	4	25.0	4	25.0	8	50.0	下降
合　计		210	78	37.1	75	35.7	57	27.1	下降

从表12-2可以看出，210个四级指标中，上升指标有78个，占指标总数的37.1%；下降指标有57个，占指标总数的27.1%；保持不变的指标有75个，占指标总数的35.7%。由此可见，安徽省经济综合竞争力上升的动力大于下降的拉力，但受下降指标降幅的影响，2015~2016年安徽省经济综合竞争力排位下降2位。

3. 安徽省经济综合竞争力各级指标优劣势结构分析

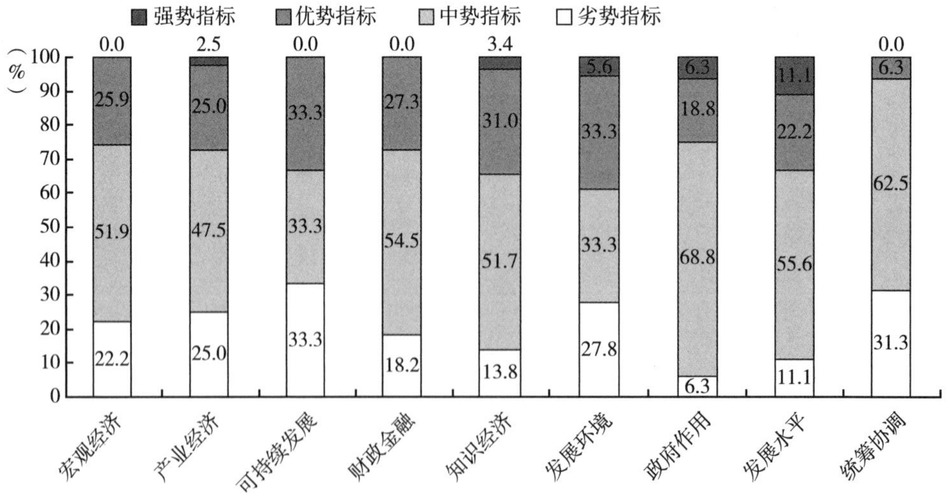

图12-2　2016年安徽省经济综合竞争力各级指标优劣势比较

表 12－3　2016 年安徽省经济综合竞争力各级指标优劣势情况

单位：个，%

二级指标	三级指标	四级指标数	强势指标		优势指标		中势指标		劣势指标		优劣势
			个数	比重	个数	比重	个数	比重	个数	比重	
宏观经济竞争力	经济实力竞争力	12	0	0.0	3	25.0	6	50.0	3	25.0	中势
	经济结构竞争力	6	0	0.0	3	50.0	2	33.3	1	16.7	中势
	经济外向度竞争力	9	0	0.0	1	11.1	6	66.7	2	22.2	劣势
	小　计	27	0	0.0	7	25.9	14	51.9	6	22.2	中势
产业经济竞争力	农业竞争力	10	0	0.0	2	20.0	5	50.0	3	30.0	中势
	工业竞争力	10	0	0.0	2	20.0	6	60.0	2	20.0	中势
	服务业竞争力	10	1	10.0	3	30.0	5	50.0	1	10.0	中势
	企业竞争力	10	0	0.0	3	30.0	3	30.0	4	40.0	中势
	小　计	40	1	2.5	10	25.0	19	47.5	10	25.0	中势
可持续发展竞争力	资源竞争力	9	0	0.0	3	33.3	3	33.3	3	33.3	劣势
	环境竞争力	8	0	0.0	4	50.0	3	37.5	1	12.5	劣势
	人力资源竞争力	7	0	0.0	1	14.3	2	28.6	4	57.1	中势
	小　计	24	0	0.0	8	33.3	8	33.3	8	33.3	劣势
财政金融竞争力	财政竞争力	12	0	0.0	4	33.3	7	58.3	1	8.3	中势
	金融竞争力	10	0	0.0	2	20.0	5	50.0	3	30.0	中势
	小　计	22	0	0.0	6	27.3	12	54.5	4	18.2	中势
知识经济竞争力	科技竞争力	9	1	11.1	5	55.6	3	33.3	0	0.0	优势
	教育竞争力	10	0	0.0	2	20.0	6	60.0	2	20.0	中势
	文化竞争力	10	0	0.0	2	20.0	6	60.0	2	20.0	中势
	小　计	29	1	3.4	9	31.0	15	51.7	4	13.8	优势
发展环境竞争力	基础设施竞争力	9	0	0.0	4	44.4	1	11.1	4	44.4	中势
	软环境竞争力	9	1	11.1	2	22.2	5	55.6	1	11.1	中势
	小　计	18	1	5.6	6	33.3	6	33.3	5	27.8	中势
政府作用竞争力	政府发展经济竞争力	5	1	20.0	1	20.0	3	60.0	0	0.0	优势
	政府规调经济竞争力	5	0	0.0	2	40.0	3	60.0	0	0.0	优势
	政府保障经济竞争力	6	0	0.0	0	0.0	5	83.3	1	16.7	中势
	小　计	16	1	6.3	3	18.8	11	68.8	1	6.3	中势
发展水平竞争力	工业化进程竞争力	6	1	16.7	2	33.3	3	50.0	0	0.0	优势
	城市化进程竞争力	6	0	0.0	1	16.7	4	66.7	1	16.7	中势
	市场化进程竞争力	6	1	16.7	1	16.7	3	50.0	1	16.7	中势
	小　计	18	2	11.1	4	22.2	10	55.6	2	11.1	中势
统筹协调竞争力	统筹发展竞争力	8	0	0.0	0	0.0	3	37.5	5	62.5	劣势
	协调发展竞争力	8	0	0.0	1	12.5	7	87.5	0	0.0	中势
	小　计	16	0	0.0	1	6.3	10	62.5	5	31.3	劣势
合　计		210	6	2.9	54	25.7	105	50.0	45	21.4	中势

基于图 12－2 和表 12－3，210 个四级指标中，强势指标 6 个，占指标总数的 2.9%；优势指标 54 个，占指标总数的 25.7%；中势指标 105 个，占指标总数的

50.0%；劣势指标45个，占指标总数的21.4%。三级指标中，没有强势指标；优势指标4个，占三级指标总数的16%；中势指标17个，占三级指标总数的68%；劣势指标4个，占三级指标总数的16%。从二级指标看，没有强势指标；优势指标有1个，占二级指标总数的11.1%；中势指标有6个，占二级指标总数的66.7%；劣势指标有2个，占二级指标总数的22.2%。综合来看，由于中势指标占多数，2016年安徽省经济综合竞争力处于中势地位。

4. 安徽省经济综合竞争力四级指标优劣势对比分析

表12-4　2016年安徽省经济综合竞争力各级指标优劣势情况

二级指标	优劣势	四级指标
宏观经济竞争力(27个)	强势指标	(0个)
	优势指标	地区生产总值增长率、固定资产投资额、全社会消费品零售总额增长率、所有制经济结构优化度、资本形成结构优化度、贸易结构优化度、进出口增长率、(7个)
	劣势指标	人均地区生产总值、人均财政收入、人均全社会消费品零售总额、产业结构优化度、出口增长率、实际FDI增长率(6个)
产业经济竞争力(40个)	强势指标	服务业增加值增长率(1个)
	优势指标	人均主要农产品产量、农业机械化水平、工业增加值增长率、规模以上工业主营业务收入、旅游外汇收入、商品房销售收入、电子商务销售额、规模以上工业企业数、新产品销售收入占主营业务收入比重、产品质量抽查合格率(10个)
	劣势指标	农业增加值增长率、人均农业增加值、农产品出口占农林牧渔总产值比重、工业全员劳动生产率、工业成本费用利润率、人均服务业增加值、规模以上企业平均资产、规模以上企业平均收入、规模以上企业平均利润、城镇就业人员平均工资(10个)
可持续发展竞争力(24个)	强势指标	(0个)
	优势指标	耕地面积、主要能源矿产基础储量、人均主要能源矿产基础储量、人均废水排放量、人均治理工业污染投资额、一般工业固体废物综合利用率、生活垃圾无害化处理率、职业学校毕业生数(8个)
	劣势指标	人均国土面积、人均牧草地面积、人均森林储积量、自然灾害直接经济损失、15~64岁人口比例、文盲率、大专以上教育程度人口比例、平均受教育程度(8个)
财政金融竞争力(22个)	强势指标	(0个)
	优势指标	地方财政收入、地方财政支出、地方财政支出增长率、税收收入增长率、国内上市公司数、国内上市公司市值(6个)
	劣势指标	人均地方财政支出、人均存款余额、人均贷款余额、保险密度(4个)
知识经济竞争力(29个)	强势指标	财政科技支出占地方财政支出比重(1个)
	优势指标	R&D人员、R&D经费、R&D经费投入强度、发明专利授权量、高技术产品出口额占商品出口额比重、教育经费、高等学校数、文化制造业营业收入、文化批发零售业营业收入(9个)
	劣势指标	人均教育经费、人均文化教育支出占个人消费支出比重、农村居民人均文化娱乐支出、农村居民人均文化娱乐支出占消费性支出比重(4个)
发展环境竞争力(18个)	强势指标	查处商标侵权假冒案件(1个)
	优势指标	铁路网线密度、公路网线密度、全社会旅客周转量、全社会货物周转量、外资企业数增长率、每十万人交通事故发生数(6个)
	劣势指标	人均邮电业务总量、电话普及率、互联网普及率、人均耗电量、罚没收入占财政收入比重(5个)

续表

二级指标	优劣势	四级指标
政府作用竞争力(16个)	强势指标	政府消费对民间消费的拉动(1个)
	优势指标	财政投资对社会投资的拉动、调控城乡消费差距、固定资产投资价格指数(3个)
	劣势指标	养老保险覆盖率(1个)
发展水平竞争力(18个)	强势指标	工业增加值占GDP比重、居民消费支出占总消费支出比重(2个)
	优势指标	工业增加值增长率、高技术产品出口额占商品出口额比重、人均拥有道路面积、非公有制经济产值占全社会总产值比重(4个)
	劣势指标	城镇化率、私有和个体企业从业人员比重(2个)
统筹协调竞争力(16个)	强势指标	(0个)
	优势指标	城乡居民人均现金消费支出比差(1个)
	劣势指标	社会劳动生产率、万元GDP综合能耗下降率、生产税净额和营业盈余占GDP比重、最终消费率、固定资产投资额占GDP比重(5个)

12.2 安徽省经济综合竞争力各级指标具体分析

1. 安徽省宏观经济竞争力指标排名变化情况

表12-5 2015~2016年安徽省宏观经济竞争力指标组排位及变化趋势

指 标	2015年	2016年	排位升降	优劣势
1 宏观经济竞争力	9	15	-6	中势
1.1 经济实力竞争力	14	15	-1	中势
地区生产总值	14	13	1	中势
地区生产总值增长率	9	7	2	优势
人均地区生产总值	25	25	0	劣势
财政总收入	10	11	-1	中势
财政总收入增长率	11	15	-4	中势
人均财政收入	20	22	-2	劣势
固定资产投资额	10	10	0	优势
固定资产投资额增长率	19	13	6	中势
人均固定资产投资额	16	14	2	中势
全社会消费品零售总额	14	14	0	中势
全社会消费品零售总额增长率	9	5	4	优势
人均全社会消费品零售总额	22	21	1	劣势
1.2 经济结构竞争力	13	14	-1	中势
产业结构优化度	29	30	-1	劣势
所有制经济结构优化度	10	10	0	优势
城乡经济结构优化度	14	14	0	中势
就业结构优化度	17	17	0	中势
资本形成结构优化度	10	9	1	优势
贸易结构优化度	12	9	3	优势

续表

指　标	2015 年	2016 年	排位升降	优劣势
1.3　经济外向度竞争力	7	24	-17	劣势
进出口总额	16	15	1	中势
进出口增长率	8	6	2	优势
出口总额	15	13	2	中势
出口增长率	8	23	-15	劣势
实际 FDI	10	17	-7	中势
实际 FDI 增长率	2	31	-29	劣势
外贸依存度	17	17	0	中势
外资企业数	17	18	-1	中势
对外直接投资额	10	16	-6	中势

2. 安徽省产业经济竞争力指标排名变化情况

表 12-6　2015~2016 年安徽省产业经济竞争力指标组排位及变化趋势

指　标	2015 年	2016 年	排位升降	优劣势
2　产业经济竞争力	15	15	0	中势
2.1　农业竞争力	15	18	-3	中势
农业增加值	11	11	0	中势
农业增加值增长率	14	27	-13	劣势
人均农业增加值	21	21	0	劣势
农民人均纯收入	18	17	1	中势
农民人均纯收入增长率	13	16	-3	中势
农产品出口占农林牧渔总产值比重	17	21	-4	劣势
人均主要农产品产量	7	9	-2	优势
农业机械化水平	4	4	0	优势
农村人均用电量	18	18	0	中势
财政支农资金比重	23	19	4	中势
2.2　工业竞争力	19	16	3	中势
工业增加值	12	11	1	中势
工业增加值增长率	18	5	13	优势
人均工业增加值	20	17	3	中势
工业资产总额	13	13	0	中势
工业资产总额增长率	10	14	-4	中势
工业资产总贡献率	15	15	0	中势
规模以上工业主营业务收入	9	9	0	优势
规模以上工业利润总额	13	12	1	中势
工业全员劳动生产率	23	21	2	劣势
工业成本费用利润率	22	23	-1	劣势
2.3　服务业竞争力	14	13	1	中势
服务业增加值	15	15	0	中势
服务业增加值增长率	9	3	6	强势

续表

指　标	2015 年	2016 年	排位升降	优劣势
人均服务业增加值	27	27	0	劣势
服务业从业人员数	14	14	0	中势
限额以上批发零售企业主营业务收入	16	15	1	中势
限额以上批零企业利税率	12	14	-2	中势
限额以上餐饮企业利税率	22	20	2	中势
旅游外汇收入	10	10	0	优势
商品房销售收入	12	8	4	优势
电子商务销售额	12	10	2	优势
2.4　企业竞争力	15	15	0	中势
规模以上工业企业数	6	6	0	优势
规模以上企业平均资产	30	31	-1	劣势
规模以上企业平均收入	29	29	0	劣势
规模以上企业平均利润	25	25	0	劣势
规模以上企业劳动效率	14	13	1	中势
城镇就业人员平均工资	18	21	-3	劣势
新产品销售收入占主营业务收入比重	9	9	0	优势
产品质量抽查合格率	6	8	-2	优势
工业企业 R&D 经费投入强度	13	13	0	中势
中国驰名商标持有量	14	14	0	中势

3. 安徽省可持续发展竞争力指标排名变化情况

表 12-7　2015~2016 年安徽省可持续发展竞争力指标组排位及变化趋势

指　标	2015 年	2016 年	排位升降	优劣势
3　可持续发展竞争力	12	21	-9	劣势
3.1　资源竞争力	21	21	0	劣势
人均国土面积	23	23	0	劣势
人均可使用海域和滩涂面积	13	13	0	中势
人均年水资源量	18	16	2	中势
耕地面积	9	9	0	优势
人均耕地面积	14	14	0	中势
人均牧草地面积	25	25	0	劣势
主要能源矿产基础储量	7	7	0	优势
人均主要能源矿产基础储量	10	10	0	优势
人均森林储积量	22	22	0	劣势
3.2　环境竞争力	18	22	-4	劣势
森林覆盖率	18	18	0	中势
人均废水排放量	14	9	5	优势
人均工业废气排放量	13	12	1	中势
人均工业固体废物排放量	20	19	1	中势
人均治理工业污染投资额	25	10	15	优势

续表

指　标	2015 年	2016 年	排位升降	优劣势
一般工业固体废物综合利用率	7	7	0	优势
生活垃圾无害化处理率	6	5	1	优势
自然灾害直接经济损失	24	29	-5	劣势
3.3　人力资源竞争力	10	13	-3	中势
常住人口增长率	5	11	-6	中势
15~64 岁人口比例	25	21	4	劣势
文盲率	22	24	-2	劣势
大专以上教育程度人口比例	21	24	-3	劣势
平均受教育程度	24	25	-1	劣势
人口健康素质	18	19	-1	中势
职业学校毕业生数	4	4	0	优势

4. 安徽省财政金融竞争力指标排名变化情况

表 12-8　2015~2016 年安徽省财政金融竞争力指标组排位及变化趋势

指　标	2015 年	2016 年	排位升降	优劣势
4　财政金融竞争力	20	13	7	中势
4.1　财政竞争力	22	12	10	中势
地方财政收入	14	10	4	优势
地方财政支出	12	8	4	优势
地方财政收入占 GDP 比重	18	13	5	中势
地方财政支出占 GDP 比重	19	12	7	中势
税收收入占 GDP 比重	17	16	1	中势
税收收入占财政总收入比重	22	19	3	中势
人均地方财政收入	24	18	6	中势
人均地方财政支出	26	22	4	劣势
人均税收收入	21	20	1	中势
地方财政收入增长率	20	13	7	中势
地方财政支出增长率	21	6	15	优势
税收收入增长率	13	6	7	优势
4.2　金融竞争力	17	15	2	中势
存款余额	14	13	1	中势
人均存款余额	25	25	0	劣势
贷款余额	14	12	2	中势
人均贷款余额	25	25	0	劣势
中长期贷款占贷款余额比重	15	15	0	中势
保险费净收入	14	13	1	中势
保险密度	22	23	-1	劣势
保险深度	12	15	-3	中势
国内上市公司数	9	9	0	优势
国内上市公司市值	10	10	0	优势

5. 安徽省知识经济竞争力指标排名变化情况

表 12－9　2015～2016 年安徽省知识经济竞争力指标组排位及变化趋势

指　标	2015 年	2016 年	排位升降	优劣势
5　知识经济竞争力	12	8	4	优势
5.1　科技竞争力	10	8	2	优势
R&D 人员	7	7	0	优势
R&D 经费	11	10	1	优势
R&D 经费投入强度	7	7	0	优势
发明专利授权量	7	7	0	优势
技术市场成交合同金额	11	11	0	中势
财政科技支出占地方财政支出比重	7	3	4	强势
高技术产业主营业务收入	15	15	0	中势
高技术产业收入占工业增加值比重	13	14	－1	中势
高技术产品出口额占商品出口额比重	10	8	2	优势
5.2　教育竞争力	14	17	－3	中势
教育经费	10	9	1	优势
教育经费占 GDP 比重	15	14	1	中势
人均教育经费	27	27	0	劣势
公共教育经费占财政支出比重	16	13	3	中势
人均文化教育支出占个人消费支出比重	20	23	－3	劣势
万人中小学学校数	15	16	－1	中势
万人中小学专任教师数	20	20	0	中势
高等学校数	7	8	－1	优势
高校专任教师数	13	13	0	中势
万人高等学校在校学生数	18	20	－2	中势
5.3　文化竞争力	16	15	1	中势
文化制造业营业收入	10	10	0	优势
文化批发零售业营业收入	10	7	3	优势
文化服务业企业营业收入	14	14	0	中势
图书和期刊出版数	10	13	－3	中势
报纸出版数	15	15	0	中势
印刷用纸量	12	12	0	中势
城镇居民人均文化娱乐支出	24	20	4	中势
农村居民人均文化娱乐支出	26	24	2	劣势
城镇居民人均文化娱乐支出占消费性支出比重	15	15	0	中势
农村居民人均文化娱乐支出占消费性支出比重	22	23	－1	劣势

6. 安徽省发展环境竞争力指标排名变化情况

表 12-10 2015～2016 年安徽省发展环境竞争力指标组排位及变化趋势

指 标	2015 年	2016 年	排位升降	优劣势
6 发展环境竞争力	13	12	1	中势
6.1 基础设施竞争力	13	13	0	中势
铁路网线密度	10	10	0	优势
公路网线密度	8	7	1	优势
人均内河航道里程	14	14	0	中势
全社会旅客周转量	8	6	2	优势
全社会货物周转量	5	5	0	优势
人均邮电业务总量	30	23	7	劣势
电话普及率	30	30	0	劣势
互联网普及率	26	26	0	劣势
人均耗电量	25	24	1	劣势
6.2 软环境竞争力	16	17	-1	中势
外资企业数增长率	16	10	6	优势
万人外资企业数	14	14	0	中势
个体私营企业数增长率	13	16	-3	中势
万人个体私营企业数	13	14	-1	中势
万人商标注册件数	18	17	1	中势
查处商标侵权假冒案件	3	3	0	强势
每十万人交通事故发生数	6	10	-4	优势
罚没收入占财政收入比重	18	23	-5	劣势
社会捐赠款物	22	18	4	中势

7. 安徽省政府作用竞争力指标排名变化情况

表 12-11 2015～2016 年安徽省政府作用竞争力指标组排位及变化趋势

指 标	2015 年	2016 年	排位升降	优劣势
7 政府作用竞争力	10	11	-1	中势
7.1 政府发展经济竞争力	9	7	2	优势
财政支出用于基本建设投资比重	14	13	1	中势
财政支出对 GDP 增长的拉动	13	14	-1	中势
政府公务员对经济的贡献	12	11	1	中势
政府消费对民间消费的拉动	3	3	0	强势
财政投资对社会投资的拉动	10	10	0	优势
7.2 政府规调经济竞争力	5	7	-2	优势
物价调控	11	16	-5	中势
调控城乡消费差距	4	5	-1	优势

续表

指　标	2015 年	2016 年	排位升降	优劣势
统筹经济社会发展	13	17	-4	中势
规范税收	19	19	0	中势
固定资产投资价格指数	3	8	-5	优势
7.3　政府保障经济竞争力	20	20	0	中势
城市城镇社区服务设施数	13	13	0	中势
医疗保险覆盖率	17	17	0	中势
养老保险覆盖率	20	24	-4	劣势
失业保险覆盖率	15	16	-1	中势
最低工资标准	16	18	-2	中势
城镇登记失业率	12	20	-8	中势

8. 安徽省发展水平竞争力指标排名变化情况

表 12-12　2015~2016 年安徽省发展水平竞争力指标组排位及变化趋势

指　标	2015 年	2016 年	排位升降	优劣势
8　发展水平竞争力	12	12	0	中势
8.1　工业化进程竞争力	11	10	1	优势
工业增加值占 GDP 比重	6	3	3	强势
工业增加值增长率	18	5	13	优势
高技术产业占工业增加值比重	14	12	2	中势
高技术产品出口额占商品出口额比重	10	9	1	优势
信息产业增加值占 GDP 比重	12	12	0	中势
工农业增加值比值	19	17	2	中势
8.2　城市化进程竞争力	17	14	3	中势
城镇化率	22	22	0	劣势
城镇居民人均可支配收入	14	14	0	中势
城市平均建成区面积比重	15	14	1	中势
人均拥有道路面积	6	5	1	优势
人均日生活用水量	16	13	3	中势
人均公共绿地面积	10	11	-1	中势
8.3　市场化进程竞争力	13	13	0	中势
非公有制经济产值占全社会总产值比重	10	10	0	优势
社会投资占投资总额比重	7	15	-8	中势
私有和个体企业从业人员比重	28	27	1	劣势
亿元以上商品市场成交额	13	12	1	中势
亿元以上商品市场成交额占全社会消费品零售总额比重	13	13	0	中势
居民消费支出占总消费支出比重	3	3	0	强势

9. 安徽省统筹协调竞争力指标排名变化情况

表 12－13　2015～2016 年安徽省统筹协调竞争力指标组排位及变化趋势

指　标	2015 年	2016 年	排位升降	优劣势
9　统筹协调竞争力	18	29	－11	劣势
9.1　统筹发展竞争力	27	29	－2	劣势
社会劳动生产率	28	28	0	劣势
能源使用下降率	13	20	－7	中势
万元 GDP 综合能耗下降率	16	28	－12	劣势
非农用地产出率	15	14	1	中势
生产税净额和营业盈余占 GDP 比重	19	23	－4	劣势
最终消费率	20	21	－1	劣势
固定资产投资额占 GDP 比重	26	26	0	劣势
固定资产交付使用率	17	12	5	中势
9.2　协调发展竞争力	10	14	－4	中势
环境竞争力与宏观经济竞争力比差	21	20	1	中势
资源竞争力与宏观经济竞争力比差	10	12	－2	中势
人力资源竞争力与宏观经济竞争力比差	15	18	－3	中势
资源竞争力与工业竞争力比差	13	18	－5	中势
环境竞争力与工业竞争力比差	17	12	5	中势
城乡居民家庭人均收入比差	18	18	0	中势
城乡居民人均现金消费支出比差	4	4	0	优势
全社会消费品零售总额与外贸出口总额比差	15	17	－2	中势

B.14

13
福建省经济综合竞争力评价分析报告

福建省简称闽，地处中国东南沿海，毗邻浙江、江西、广东，与台湾隔海相望。全省土地面积12.14万平方公里。2016年总人口为3874万人，全省地区生产总值达28811亿元，同比增长8.4%，人均GDP达74707元。本部分通过分析2015～2016年福建省经济综合竞争力以及各要素竞争力的排名变化，从中找出福建省经济综合竞争力的推动点及影响因素，为进一步提升福建省经济综合竞争力提供决策参考。

13.1 福建省经济综合竞争力总体分析

1. 福建省经济综合竞争力一级指标概要分析

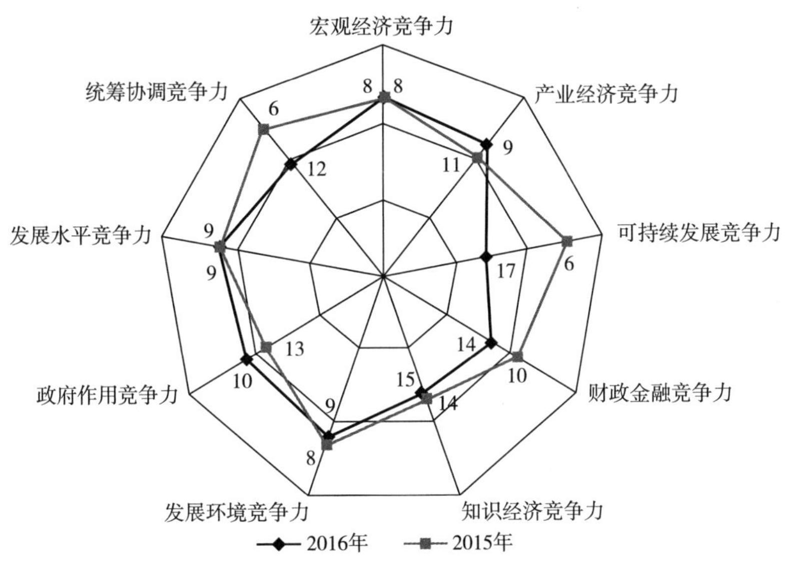

图13－1 2015～2016年福建省经济综合竞争力二级指标比较雷达图

（1）从综合排位看，2016年福建省经济综合竞争力综合排位在全国居第8位，在全国处于优势地位；与2015年相比，综合排位保持不变。

（2）从指标所处区位看，有5个指标处于上游区，为宏观经济竞争力、产业经济竞争力、发展环境竞争力、政府作用竞争力和发展水平竞争力。其余4个指标处于中游区，分别为可持续发展竞争力、财政金融竞争力、知识经济竞争力和统筹协调竞争力。

表 13－1　2015～2016 年福建省经济综合竞争力二级指标比较

年份＼项目	宏观经济竞争力	产业经济竞争力	可持续发展竞争力	财政金融竞争力	知识经济竞争力	发展环境竞争力	政府作用竞争力	发展水平竞争力	统筹协调竞争力	**综合排位**
2015	8	11	6	10	14	8	13	9	6	8
2016	8	9	17	14	15	9	10	9	12	8
升降	0	2	－11	－4	－1	－1	3	0	－6	0
优劣度	优势	优势	中势	中势	中势	优势	优势	优势	中势	优势

（3）从指标变化趋势看，9 个二级指标中，有 2 个指标处于上升趋势，分别为产业经济竞争力、政府作用竞争力，这些是进一步提升福建省经济综合竞争力的动力所在；有 2 个指标排位没有发生变化，分别为宏观经济竞争力和发展水平竞争力；有 5 个指标处于下降趋势，为可持续发展竞争力、财政金融竞争力、知识经济竞争力、发展环境竞争力和统筹协调竞争力，这是福建省经济综合竞争力下降的拉力所在。

2. 福建省经济综合竞争力各级指标动态变化分析

表 13－2　2015～2016 年福建省经济综合竞争力各级指标排位变化态势比较

单位：个，%

二级指标	三级指标	四级指标数	上升		保持		下降		变化趋势
			指标数	比重	指标数	比重	指标数	比重	
宏观经济竞争力	经济实力竞争力	12	5	41.7	4	33.3	3	25.0	上升
	经济结构竞争力	6	2	33.3	2	33.3	2	33.3	上升
	经济外向度竞争力	9	3	33.3	4	44.4	2	22.2	保持
	小　计	27	10	37.0	10	37.0	7	25.9	保持
产业经济竞争力	农业竞争力	10	4	40.0	4	40.0	2	20.0	下降
	工业竞争力	10	6	60.0	3	30.0	1	10.0	上升
	服务业竞争力	10	5	50.0	2	20.0	3	30.0	下降
	企业竞争力	10	4	40.0	4	40.0	2	20.0	保持
	小　计	40	19	47.5	13	32.5	8	20.0	上升
可持续发展竞争力	资源竞争力	9	2	22.2	7	77.8	0	0.0	保持
	环境竞争力	8	3	37.5	2	25.0	3	37.5	下降
	人力资源竞争力	7	2	28.6	2	28.6	3	42.9	下降
	小　计	24	7	29.2	11	45.8	6	25.0	下降
财政金融竞争力	财政竞争力	12	5	41.7	1	8.3	6	50.0	下降
	金融竞争力	10	3	30.0	3	30.0	4	40.0	下降
	小　计	22	8	36.4	4	18.2	10	45.5	下降
知识经济竞争力	科技竞争力	9	2	22.2	3	33.3	4	44.4	上升
	教育竞争力	10	2	20.0	4	40.0	4	40.0	上升
	文化竞争力	10	1	10.0	3	30.0	6	60.0	保持
	小　计	29	5	17.2	10	34.5	14	48.3	下降

续表

二级指标	三级指标	四级指标数	上升		保持		下降		变化趋势
			指标数	比重	指标数	比重	指标数	比重	
发展环境竞争力	基础设施竞争力	9	0	0.0	8	88.9	1	11.1	保持
	软环境竞争力	9	3	33.3	3	33.3	3	33.3	下降
	小　计	18	3	16.7	11	61.1	4	22.2	下降
政府作用竞争力	政府发展经济竞争力	5	1	20.0	2	40.0	2	40.0	上升
	政府规调经济竞争力	5	1	20.0	2	40.0	2	40.0	上升
	政府保障经济竞争力	6	1	16.7	4	66.7	1	16.7	上升
	小　计	16	3	18.8	8	50.0	5	31.3	上升
发展水平竞争力	工业化进程竞争力	6	2	33.3	1	16.7	3	50.0	保持
	城市化进程竞争力	6	2	33.3	2	33.3	2	33.3	保持
	市场化进程竞争力	6	4	66.7	1	16.7	1	16.7	保持
	小　计	18	8	44.4	4	22.2	6	33.3	保持
统筹协调竞争力	统筹发展竞争力	8	3	37.5	2	25.0	3	37.5	下降
	协调发展竞争力	8	3	37.5	1	12.5	4	50.0	下降
	小　计	16	6	37.5	3	18.8	7	43.8	下降
合　计		210	69	32.9	74	35.2	67	31.9	保持

从表13－2可以看出，210个四级指标中，上升指标有69个，占指标总数的32.9%；下降指标有67个，占指标总数的31.9%；保持不变的指标有74个，占指标总数的35.2%。综上所述，福建省经济综合竞争力上升的动力大于下降的拉力，但保持指标居于主导地位，2015～2016年福建省经济综合竞争力排位保持不变。

3. 福建省经济综合竞争力各级指标优劣势结构分析

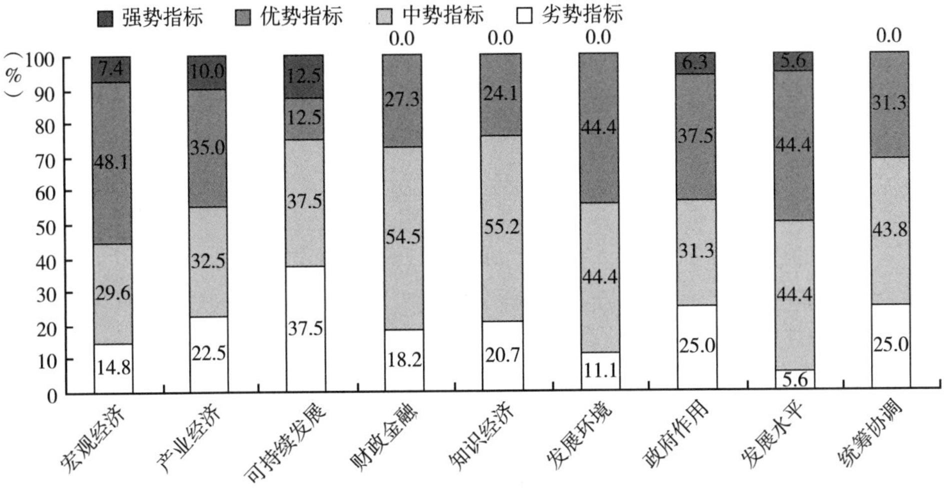

图13－2 2016年福建省经济综合竞争力各级指标优劣势比较

表 13-3　2016 年福建省经济综合竞争力各级指标优劣势比较

单位：个，%

二级指标	三级指标	四级指标数	强势指标		优势指标		中势指标		劣势指标		优劣势
			个数	比重	个数	比重	个数	比重	个数	比重	
宏观经济竞争力	经济实力竞争力	12	1	8.3	5	41.7	5	41.7	1	8.3	优势
	经济结构竞争力	6	1	16.7	1	16.7	2	33.3	2	33.3	中势
	经济外向度竞争力	9	0	0.0	7	77.8	1	11.1	1	11.1	优势
	小　计	27	2	7.4	13	48.1	8	29.6	4	14.8	优势
产业经济竞争力	农业竞争力	10	2	20.0	2	20.0	3	30.0	3	30.0	优势
	工业竞争力	10	0	0.0	7	70.0	2	20.0	1	10.0	优势
	服务业竞争力	10	2	20.0	2	20.0	4	40.0	2	20.0	中势
	企业竞争力	10	0	0.0	3	30.0	4	40.0	3	30.0	中势
	小　计	40	4	10.0	14	35.0	13	32.5	9	22.5	优势
可持续发展竞争力	资源竞争力	9	2	22.2	1	11.1	1	11.1	5	55.6	中势
	环境竞争力	8	1	12.5	1	12.5	4	50.0	2	25.0	优势
	人力资源竞争力	7	0	0.0	1	14.3	4	57.1	2	28.6	中势
	小　计	24	3	12.5	3	12.5	9	37.5	9	37.5	中势
财政金融竞争力	财政竞争力	12	0	0.0	1	8.3	8	66.7	3	25.0	中势
	金融竞争力	10	0	0.0	5	50.0	4	40.0	1	10.0	中势
	小　计	22	0	0.0	6	27.3	12	54.5	4	18.2	中势
知识经济竞争力	科技竞争力	9	0	0.0	4	44.4	4	44.4	1	11.1	中势
	教育竞争力	10	0	0.0	1	10.0	7	70.0	2	20.0	中势
	文化竞争力	10	0	0.0	2	20.0	5	50.0	3	30.0	中势
	小　计	29	0	0.0	7	24.1	16	55.2	6	20.7	中势
发展环境竞争力	基础设施竞争力	9	0	0.0	3	33.3	6	66.7	0	0.0	优势
	软环境竞争力	9	0	0.0	5	55.6	2	22.2	2	22.2	中势
	小　计	18	0	0.0	8	44.4	8	44.4	2	11.1	优势
政府作用竞争力	政府发展经济竞争力	5	1	20.0	3	60.0	0	0.0	1	20.0	强势
	政府规调经济竞争力	5	0	0.0	2	40.0	2	40.0	1	20.0	中势
	政府保障经济竞争力	6	0	0.0	1	16.7	3	50.0	2	33.3	劣势
	小　计	16	1	6.3	6	37.5	5	31.3	4	25.0	优势
发展水平竞争力	工业化进程竞争力	6	0	0.0	4	66.7	2	33.3	0	0.0	优势
	城市化进程竞争力	6	0	0.0	3	50.0	2	33.3	1	16.7	优势
	市场化进程竞争力	6	1	16.7	1	16.7	4	66.7	0	0.0	优势
	小　计	18	1	5.6	8	44.4	8	44.4	1	5.6	优势
统筹协调竞争力	统筹发展竞争力	8	0	0.0	3	37.5	4	50.0	1	12.5	中势
	协调发展竞争力	8	0	0.0	2	25.0	3	37.5	3	37.5	中势
	小　计	16	0	0	5	31.3	7.0	43.8	4	25.0	中势
合　计		210	11	5.2	70	33.3	86	41.0	43	20.5	优势

基于图 13－2 和表 13－3，从四级指标来看，强势指标 11 个，占指标总数的 5.2%；优势指标 70 个，占指标总数的 33.3%；中势指标 86 个，占指标总数的 41.0%；劣势指标 43 个，占指标总数的 20.5%。从三级指标来看，强势指标 1 个，占三级指标总数的 4%；优势指标 9 个，占三级指标总数的 36%；中势指标 14 个，占三级指标总数的 56%；劣势指标 1 个，占三级指标总数的 4%。反映到二级指标上来，没有强势指标，优势指标有 5 个，占二级指标总数的 55.6%；中势指标有 4 个，占二级指标总数的 44.5%。综合来看，由于强势指标和优势指标相对较多，劣势指标偏少，2016 年福建省经济综合竞争力处于优势地位。

4. 福建省经济综合竞争力四级指标优劣势对比分析

表 13－4 2016 年福建省经济综合竞争力各级指标优劣势比较

二级指标	优劣势	四级指标
宏观经济竞争力（27 个）	强势指标	人均固定资产投资额、所有制经济结构优化度（2 个）
	优势指标	地区生产总值、地区生产总值增长率、人均地区生产总值、财政总收入增长率、人均全社会消费品零售总额、贸易结构优化度、进出口总额、出口总额、实际 FDI、实际 FDI 增长率、外贸依存度、外资企业数、对外直接投资额（13 个）
	劣势指标	固定资产投资额增长率、产业结构优化度、资本形成结构优化度、出口增长率（4 个）
产业经济竞争力（40 个）	强势指标	人均农业增加值、农产品出口占农林牧渔总产值比重、服务业增加值增长率、旅游外汇收入（4 个）
	优势指标	农民人均纯收入、农村人均用电量、工业增加值、工业增加值增长率、人均工业增加值、工业资产总额增长率、规模以上工业主营业务收入、规模以上工业利润总额、工业成本费用利润率、人均服务业增加值、限额以上批发零售企业主营业务收入、规模以上工业企业数、产品质量抽查合格率、中国驰名商标持有量（14 个）
	劣势指标	人均主要农产品产量、农业机械化水平、财政支农资金比重、工业全员劳动生产率、限额以上批零企业利税率、限额以上餐饮企业利税率、规模以上企业平均资产、规模以上企业平均收入、规模以上企业劳动效率（9 个）
可持续发展竞争力（24 个）	强势指标	人均可使用海域和滩涂面积、人均年水资源量、森林覆盖率（3 个）
	优势指标	人均森林储积量、人均工业固体废物排放量、常住人口增长率（3 个）
	劣势指标	耕地面积、人均耕地面积、人均牧草地面积、主要能源矿产基础储量、人均主要能源矿产基础储量、人均废水排放量、自然灾害直接经济损失、文盲率、平均受教育程度（9 个）
财政金融竞争力（22 个）	强势指标	（0 个）
	优势指标	人均税收收入、人均存款余额、贷款余额、人均贷款余额、国内上市公司数、国内上市公司市值（6 个）
	劣势指标	地方财政收入占 GDP 比重、地方财政支出占 GDP 比重、税收收入占 GDP 比重、保险深度（4 个）
知识经济竞争力（29 个）	强势指标	（0 个）
	优势指标	R&D 人员、R&D 经费、R&D 经费投入强度、财政科技支出占地方财政支出比重、公共教育经费占财政支出比重、文化制造业营业收入、文化批发零售业营业收入（7 个）
	劣势指标	技术市场成交合同金额、教育经费占 GDP 比重、人均文化教育支出占个人消费支出比重、图书和期刊出版数、城镇居民人均文化娱乐支出占消费性支出比重、农村居民人均文化娱乐支出占消费性支出比重（6 个）

续表

二级指标	优劣势	四级指标
发展环境竞争力(18个)	强势指标	(0个)
	优势指标	人均邮电业务总量、电话普及率、互联网普及率、万人外资企业数、万人个体私营企业数、万人商标注册件数、查处商标侵权假冒案件、每十万人交通事故发生数(8个)
	劣势指标	外资企业数增长率、个体私营企业数增长率(2个)
政府作用竞争力(16个)	强势指标	财政支出用于基本建设投资比重(1个)
	优势指标	财政支出对GDP增长的拉动、政府公务员对经济的贡献、政府消费对民间消费的拉动、调控城乡消费差距、规范税收、城镇登记失业率(6个)
	劣势指标	财政投资对社会投资的拉动、固定资产投资价格指数、医疗保险覆盖率、养老保险覆盖率(4个)
发展水平竞争力(18个)	强势指标	非公有制经济产值占全社会总产值比重(1个)
	优势指标	工业增加值占GDP比重、工业增加值增长率、信息产业增加值占GDP比重、工农业增加值比值、城镇化率、城镇居民人均可支配收入、人均日生活用水量、居民消费支出占总消费支出比重(8个)
	劣势指标	人均拥有道路面积(1个)
统筹协调竞争力(16个)	强势指标	(0个)
	优势指标	社会劳动生产率、非农用地产出率、固定资产投资额占GDP比重、人力资源竞争力与宏观经济竞争力比差、城乡居民人均现金消费支出比差(5个)
	劣势指标	最终消费率、环境竞争力与宏观经济竞争力比差、城乡居民家庭人均收入比差、全社会消费品零售总额与外贸出口总额比差(4个)

13.2 福建省经济综合竞争力各级指标具体分析

1. 福建省宏观经济竞争力指标排名变化情况

表13-5 2015~2016年福建省宏观经济竞争力指标组排位及变化趋势

指　标	2015年	2016年	排位升降	优劣势
1　宏观经济竞争力	8	8	0	优势
1.1　经济实力竞争力	8	7	1	优势
地区生产总值	11	10	1	优势
地区生产总值增长率	6	8	-2	优势
人均地区生产总值	7	6	1	优势
财政总收入	17	12	5	中势
财政总收入增长率	22	9	13	优势
人均财政收入	18	13	5	中势
固定资产投资额	11	11	0	中势
固定资产投资额增长率	6	21	-15	劣势
人均固定资产投资额	3	3	0	强势
全社会消费品零售总额	11	11	0	中势
全社会消费品零售总额增长率	3	12	-9	中势

续表

指　标	2015年	2016年	排位升降	优劣势
人均全社会消费品零售总额	9	9	0	优势
1.2 经济结构竞争力	15	13	2	中势
产业结构优化度	22	23	-1	劣势
所有制经济结构优化度	2	1	1	强势
城乡经济结构优化度	11	11	0	中势
就业结构优化度	16	16	0	中势
资本形成结构优化度	29	30	-1	劣势
贸易结构优化度	7	6	1	优势
1.3 经济外向度竞争力	8	8	0	优势
进出口总额	6	6	0	优势
进出口增长率	19	16	3	中势
出口总额	6	6	0	优势
出口增长率	18	21	-3	劣势
实际FDI	8	7	1	优势
实际FDI增长率	19	9	10	优势
外贸依存度	7	7	0	优势
对外企业数	7	7	0	优势
对外直接投资额	7	9	-2	优势

2. 福建省产业经济竞争力指标排名变化情况

表13-6 2015~2016年福建省产业经济竞争力指标组排位及变化趋势

指　标	2015年	2016年	排位升降	优劣势
2 产业经济竞争力	11	9	2	优势
2.1 农业竞争力	8	10	-2	优势
农业增加值	13	12	1	中势
农业增加值增长率	20	18	2	中势
人均农业增加值	6	3	3	强势
农民人均纯收入	6	6	0	优势
农民人均纯收入增长率	16	11	5	中势
农产品出口占农林牧渔总产值比重	3	3	0	强势
人均主要农产品产量	23	23	0	劣势
农业机械化水平	23	24	-1	劣势
农村人均用电量	7	7	0	优势
财政支农资金比重	22	26	-4	劣势
2.2 工业竞争力	8	7	1	优势
工业增加值	11	8	3	优势
工业增加值增长率	8	9	-1	优势
人均工业增加值	6	5	1	优势
工业资产总额	14	14	0	中势
工业资产总额增长率	20	10	10	优势
工业资产总贡献率	11	11	0	中势
规模以上工业主营业务收入	8	8	0	优势

续表

指　标	2015 年	2016 年	排位升降	优劣势
规模以上工业利润总额	9	7	2	优势
工业全员劳动生产率	26	25	1	劣势
工业成本费用利润率	14	10	4	优势
2.3　服务业竞争力	8	11	-3	中势
服务业增加值	13	12	1	中势
服务业增加值增长率	1	2	-1	强势
人均服务业增加值	10	8	2	优势
服务业从业人员数	15	15	0	中势
限额以上批发零售企业主营业务收入	8	8	0	优势
限额以上批零企业利税率	24	23	1	劣势
限额以上餐饮企业利税率	28	29	-1	劣势
旅游外汇收入	4	2	2	强势
商品房销售收入	9	11	-2	中势
电子商务销售额	14	13	1	中势
2.4　企业竞争力	13	13	0	中势
规模以上工业企业数	7	7	0	优势
规模以上企业平均资产	28	28	0	劣势
规模以上企业平均收入	27	26	1	劣势
规模以上企业平均利润	19	17	2	中势
规模以上企业劳动效率	27	25	2	劣势
城镇就业人员平均工资	14	15	-1	中势
新产品销售收入占主营业务收入比重	13	14	-1	中势
产品质量抽查合格率	8	7	1	优势
工业企业 R&D 经费投入强度	12	12	0	中势
中国驰名商标持有量	5	5	0	优势

3. 福建省可持续发展竞争力指标排名变化情况

表 13-7　2015~2016 年福建省可持续发展竞争力指标组排位及变化趋势

指　标	2015 年	2016 年	排位升降	优劣势
3　可持续发展竞争力	6	17	-11	中势
3.1　资源竞争力	11	11	0	中势
人均国土面积	18	18	0	中势
人均可使用海域和滩涂面积	2	2	0	强势
人均年水资源量	7	3	4	强势
耕地面积	24	24	0	劣势
人均耕地面积	27	27	0	劣势
人均牧草地面积	26	26	0	劣势
主要能源矿产基础储量	23	23	0	劣势
人均主要能源矿产基础储量	24	23	1	劣势
人均森林储积量	7	7	0	优势
3.2　环境竞争力	3	10	-7	优势
森林覆盖率	1	1	0	强势
人均废水排放量	26	25	1	劣势

续表

指 标	2015 年	2016 年	排位升降	优劣势
人均工业废气排放量	11	11	0	中势
人均工业固体废物排放量	10	9	1	优势
人均治理工业污染投资额	4	14	-10	中势
一般工业固体废物综合利用率	11	13	-2	中势
生活垃圾无害化处理率	8	15	-7	中势
自然灾害直接经济损失	29	28	1	劣势
3.3 人力资源竞争力	18	19	-1	中势
常住人口增长率	9	9	0	优势
15~64 岁人口比例	15	19	-4	中势
文盲率	23	22	1	劣势
大专以上教育程度人口比例	15	19	-4	中势
平均受教育程度	22	24	-2	劣势
人口健康素质	16	14	2	中势
职业学校毕业生数	13	13	0	中势

4. 福建省财政金融竞争力指标排名变化情况

表 13-8 2015~2016 年福建省财政金融竞争力指标组排位及变化趋势

指 标	2015 年	2016 年	排位升降	优劣势
4 财政金融竞争力	10	14	-4	中势
4.1 财政竞争力	13	17	-4	中势
地方财政收入	12	13	-1	中势
地方财政支出	20	14	6	中势
地方财政收入占 GDP 比重	23	22	1	劣势
地方财政支出占 GDP 比重	29	24	5	劣势
税收收入占 GDP 比重	20	22	-2	劣势
税收收入占财政总收入比重	7	11	-4	中势
人均地方财政收入	10	15	-5	中势
人均地方财政支出	20	15	5	中势
人均税收收入	9	9	0	优势
地方财政收入增长率	12	19	-7	中势
地方财政支出增长率	5	14	-9	中势
税收收入增长率	18	13	5	中势
4.2 金融竞争力	10	12	-2	中势
存款余额	12	14	-2	中势
人均存款余额	10	10	0	优势
贷款余额	9	8	1	优势
人均贷款余额	7	6	1	优势
中长期贷款占贷款余额比重	24	19	5	中势
保险费净收入	11	14	-3	中势
保险密度	8	13	-5	中势
保险深度	21	29	-8	劣势
国内上市公司数	8	8	0	优势
国内上市公司市值	7	7	0	优势

5. 福建省知识经济竞争力指标排名变化情况

表 13－9　2015～2016 年福建省知识经济竞争力指标组排位及变化趋势

指　标	2015 年	2016 年	排位升降	优劣势
5　知识经济竞争力	14	15	－1	中势
5.1　科技竞争力	13	12	1	中势
R&D 人员	6	6	0	优势
R&D 经费	10	9	1	优势
R&D 经费投入强度	9	9	0	优势
发明专利授权量	13	11	2	中势
技术市场成交合同金额	18	23	－5	劣势
财政科技支出占地方财政支出比重	10	10	0	优势
高技术产业主营业务收入	10	11	－1	中势
高技术产业增加值占工业增加值比重	10	11	－1	中势
高技术产品出口额占商品出口额比重	13	14	－1	中势
5.2　教育竞争力	18	16	2	中势
教育经费	16	15	1	中势
教育经费占 GDP 比重	27	28	－1	劣势
人均教育经费	14	15	－1	中势
公共教育经费占财政支出比重	8	5	3	优势
人均文化教育支出占个人消费支出比重	27	28	－1	劣势
万人中小学学校数	18	18	0	中势
万人中小学专任教师数	16	17	－1	中势
高等学校数	15	15	0	中势
高校专任教师数	16	16	0	中势
万人高等学校在校学生数	13	13	0	中势
5.3　文化竞争力	20	20	0	中势
文化制造业营业收入	7	7	0	优势
文化批发零售业营业收入	7	9	－2	优势
文化服务业企业营业收入	12	13	－1	中势
图书和期刊出版数	23	22	1	劣势
报纸出版数	14	14	0	中势
印刷用纸量	18	19	－1	中势
城镇居民人均文化娱乐支出	10	12	－2	中势
农村居民人均文化娱乐支出	13	17	－4	中势
城镇居民人均文化娱乐支出占消费性支出比重	27	28	－1	劣势
农村居民人均文化娱乐支出占消费性支出比重	26	26	0	劣势

6. 福建省发展环境竞争力指标排名变化情况

表 13－10 2015～2016 年福建省发展环境竞争力指标组排位及变化趋势

指 标	2015 年	2016 年	排位升降	优劣势
6 发展环境竞争力	8	9	－1	优势
6.1 基础设施竞争力	8	8	0	优势
铁路网线密度	13	13	0	中势
公路网线密度	17	17	0	中势
人均内河航道里程	16	16	0	中势
全社会旅客周转量	17	17	0	中势
全社会货物周转量	10	11	－1	中势
人均邮电业务总量	6	6	0	优势
电话普及率	5	5	0	优势
互联网普及率	4	4	0	优势
人均耗电量	11	11	0	中势
6.2 软环境竞争力	10	11	－1	中势
外资企业数增长率	21	22	－1	劣势
万人外资企业数	8	8	0	优势
个体私营企业数增长率	15	21	－6	劣势
万人个体私营企业数	7	7	0	优势
万人商标注册件数	5	5	0	优势
查处商标侵权假冒案件	7	10	－3	优势
每十万人交通事故发生数	8	6	2	优势
罚没收入占财政收入比重	24	20	4	中势
社会捐赠款物	24	14	10	中势

7. 福建省政府作用竞争力指标排名变化情况

表 13－11 2015～2016 年福建省政府作用竞争力指标组排位及变化趋势

指 标	2015 年	2016 年	排位升降	优劣势
7 政府作用竞争力	13	10	3	优势
7.1 政府发展经济竞争力	4	3	1	强势
财政支出用于基本建设投资比重	4	3	1	强势
财政支出对 GDP 增长的拉动	3	4	－1	优势
政府公务员对经济的贡献	5	5	0	优势
政府消费对民间消费的拉动	5	5	0	优势
财政投资对社会投资的拉动	21	22	－1	劣势
7.2 政府规调经济竞争力	19	16	3	中势
物价调控	25	15	10	中势
调控城乡消费差距	7	7	0	优势

续表

指　标	2015 年	2016 年	排位升降	优劣势
统筹经济社会发展	18	18	0	中势
规范税收	7	8	-1	优势
固定资产投资价格指数	21	24	-3	劣势
7.3　政府保障经济竞争力	24	21	3	劣势
城市城镇社区服务设施数	18	18	0	中势
医疗保险覆盖率	22	22	0	劣势
养老保险覆盖率	27	27	0	劣势
失业保险覆盖率	17	17	0	中势
最低工资标准	17	19	-2	中势
城镇登记失业率	25	7	18	优势

8. 福建省发展水平竞争力指标排名变化情况

表 13-12　2015~2016 年福建省发展水平竞争力指标组排位及变化趋势

指　标	2015 年	2016 年	排位升降	优劣势
8　发展水平竞争力	9	9	0	优势
8.1　工业化进程竞争力	9	9	0	优势
工业增加值占 GDP 比重	7	5	2	优势
工业增加值增长率	8	9	-1	优势
高新技术产业产值占工业增加值比重	10	11	-1	中势
高技术产品出口额占商品出口额比重	11	13	-2	中势
信息产业增加值占 GDP 比重	8	6	2	优势
工农业增加值比值	9	9	0	优势
8.2　城市化进程竞争力	8	8	0	优势
城镇化率	8	8	0	优势
城镇居民人均可支配收入	7	7	0	优势
城市平均建成区面积比重	14	13	1	中势
人均拥有道路面积	20	21	-1	劣势
人均日生活用水量	12	10	2	优势
人均公共绿地面积	12	15	-3	中势
8.3　市场化进程竞争力	10	10	0	优势
非公有制经济产值占全社会总产值比重	2	1	1	强势
社会投资占投资总额比重	19	17	2	中势
私有和个体企业从业人员比重	14	13	1	中势
亿元以上商品市场成交额	18	17	1	中势
亿元以上商品市场成交额占全社会消费品零售总额比重	19	20	-1	中势
居民消费支出占总消费支出比重	5	5	0	优势

9. 福建省统筹协调竞争力指标排名变化情况

表 13-13 2015~2016 年福建省统筹协调竞争力指标组排位及变化趋势

指 标	2015 年	2016 年	排位升降	优劣势
9 统筹协调竞争力	6	12	-6	中势
9.1 统筹发展竞争力	6	11	-5	中势
社会劳动生产率	11	8	3	优势
使用能源下降率	2	11	-9	中势
万元 GDP 综合能耗下降率	3	18	-15	中势
非农用地产出率	6	6	0	优势
生产税净额和营业盈余占 GDP 比重	11	12	-1	中势
最终消费率	30	30	0	劣势
固定资产投资额占 GDP 比重	11	10	1	优势
固定资产交付使用率	21	16	5	中势
9.2 协调发展竞争力	8	16	-8	中势
环境竞争力与宏观经济竞争力比差	17	21	-4	劣势
资源竞争力与宏观经济竞争力比差	17	19	-2	中势
人力资源竞争力与宏观经济竞争力比差	6	5	1	优势
资源竞争力与工业竞争力比差	16	15	1	中势
环境竞争力与工业竞争力比差	12	11	1	中势
城乡居民家庭人均收入比差	21	21	0	劣势
城乡居民人均现金消费支出比差	7	8	-1	优势
全社会消费品零售总额与外贸出口总额比差	5	27	-22	劣势

B.15
14
江西省经济综合竞争力评价分析报告

江西省简称赣，位于中国东南部，在长江中下游南岸，东邻浙江、福建，南连广东，西靠湖南，北毗湖北、安徽而共接长江。全省土地总面积16.69万平方公里，2016年总人口为4592万人，全省地区生产总值达18499亿元，同比增长9.0%，人均GDP达40400元。本部分通过分析2015～2016年江西省经济综合竞争力以及各要素竞争力的排名变化，从中找出江西省经济综合竞争力的推动点及影响因素，为进一步提升江西省经济综合竞争力提供决策参考。

14.1 江西省经济综合竞争力总体分析

1. 江西省经济综合竞争力一级指标概要分析

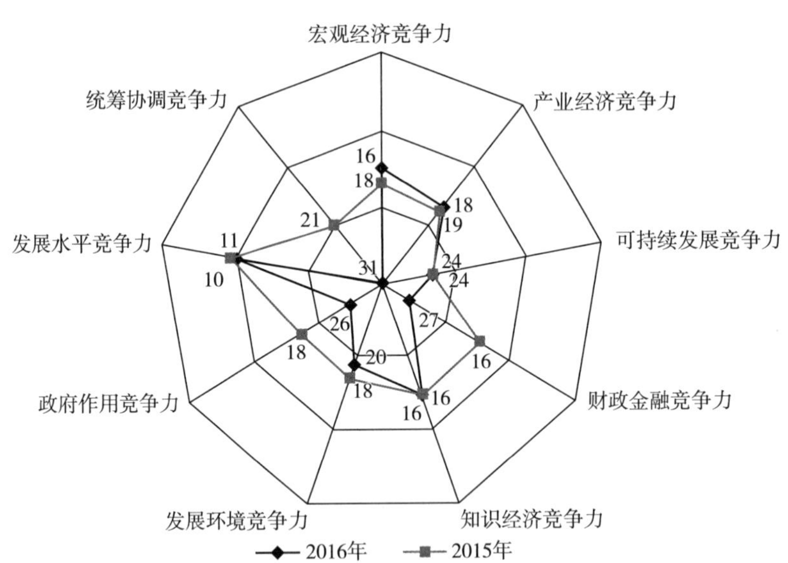

图14－1 2015～2016年江西省经济综合竞争力二级指标比较雷达图

（1）从综合排位看，2016年江西省经济综合竞争力综合排位在全国居第18位，在全国处于中势地位；与2015年相比，综合排位下降了1位。

（2）从指标所处区位看，2016年江西省没有上游区指标；有5个指标处于中游区，分别为宏观经济竞争力、产业经济竞争力、知识经济竞争力、发展环境竞争力和发展水

表14-1　2015～2016年江西省经济综合竞争力二级指标比较

年份＼项目	宏观经济竞争力	产业经济竞争力	可持续发展竞争力	财政金融竞争力	知识经济竞争力	发展环境竞争力	政府作用竞争力	发展水平竞争力	统筹协调竞争力	综合排位
2015	18	19	24	16	16	18	18	10	21	17
2016	16	18	24	27	16	20	26	11	31	18
升降	2	1	0	-11	0	-2	-8	-1	-10	-1
优劣度	中势	中势	劣势	劣势	中势	中势	劣势	中势	劣势	中势

平竞争力；有4个指标处于下游区，分别为可持续发展竞争力、财政金融竞争力、政府作用竞争力和统筹协调竞争力。

（3）从指标变化趋势看，9个二级指标中，有2个指标处于上升趋势，分别为宏观经济竞争力、产业经济竞争力，这些是江西省经济综合竞争力上升的动力所在；有2个指标排位没有发生变化，分别为可持续发展竞争力和知识经济竞争力；有5个指标处于下降趋势，分别为财政金融竞争力、发展环境竞争力、政府作用竞争力、发展水平竞争力和统筹协调竞争力，这些是江西省经济综合竞争力下降的拉力所在。

2. 江西省经济综合竞争力各级指标动态变化分析

表14-2　2015～2016年江西省经济综合竞争力各级指标排位变化态势比较

单位：个，%

二级指标	三级指标	四级指标数	上升		保持		下降		变化趋势
			指标数	比重	指标数	比重	指标数	比重	
宏观经济竞争力	经济实力竞争力	12	7	58.3	3	25.0	2	16.7	下降
	经济结构竞争力	6	4	66.7	2	33.3	0	0.0	上升
	经济外向度竞争力	9	2	22.2	3	33.3	4	44.4	上升
	小　计	27	13	48.1	8	29.6	6	22.2	上升
产业经济竞争力	农业竞争力	10	5	50.0	1	10.0	4	40.0	保持
	工业竞争力	10	5	50.0	3	30.0	2	20.0	下降
	服务业竞争力	10	5	50.0	5	50.0	0	0.0	上升
	企业竞争力	10	7	70.0	2	20.0	1	10.0	上升
	小　计	40	22	55	11	27.5	7	17.5	上升
可持续发展竞争力	资源竞争力	9	0	0.0	8	88.9	1	11.1	下降
	环境竞争力	8	0	0.0	3	37.5	5	62.5	下降
	人力资源竞争力	7	1	14.3	1	14.3	5	71.4	下降
	小　计	24	1	4.2	12	50.0	11	45.8	保持
财政金融竞争力	财政竞争力	12	2	16.7	0	0.0	10	83.3	下降
	金融竞争力	10	5	50.0	2	20.0	3	30.0	上升
	小　计	22	7	31.8	2	9.1	13	59.1	下降
知识经济竞争力	科技竞争力	9	5	55.6	2	22.2	2	22.2	上升
	教育竞争力	10	0	0.0	4	40.0	6	60.0	下降
	文化竞争力	10	2	20.0	1	10.0	7	70.0	保持
	小　计	29	7	24.1	7	24.1	15	51.7	保持

续表

二级指标	三级指标	四级指标数	上升		保持		下降		变化趋势
			指标数	比重	指标数	比重	指标数	比重	
发展环境竞争力	基础设施竞争力	9	2	22.2	4	44.4	3	33.3	保持
	软环境竞争力	9	4	44.4	1	11.1	4	44.4	下降
	小　计	18	6	33.3	5	27.8	7	38.9	下降
政府作用竞争力	政府发展经济竞争力	5	2	40.0	1	20.0	2	40.0	上升
	政府规调经济竞争力	5	1	20.0	2	40.0	2	40.0	下降
	政府保障经济竞争力	6	2	33.3	0	0.0	4	66.7	上升
	小　计	16	5	31.3	3	18.8	8	50.0	下降
发展水平竞争力	工业化进程竞争力	6	2	33.3	1	16.7	3	50.0	下降
	城市化进程竞争力	6	1	16.7	2	33.3	3	50.0	保持
	市场化进程竞争力	6	0	0.0	4	66.7	2	33.3	上升
	小　计	18	3	16.7	7	38.9	8	44.4	下降
统筹协调竞争力	统筹发展竞争力	8	3	37.5	2	25.0	3	37.5	下降
	协调发展竞争力	8	3	37.5	1	12.5	4	50.0	下降
	小　计	16	6	37.5	3	18.8	7	43.8	下降
合　计		210	70	33.3	58	27.6	82	39.0	下降

从表 14－2 可以看出，210 个四级指标中，上升指标有 70 个，占指标总数的 33.3%；下降指标有 82 个，占指标总数的 39.0%；保持不变的指标有 58 个，占指标总数的 27.6%。江西省经济综合竞争力中下降的拉力大于上升的动力，2015～2016 年江西省经济综合竞争力排位下降了 1 位。

3. 江西省经济综合竞争力各级指标优劣势结构分析

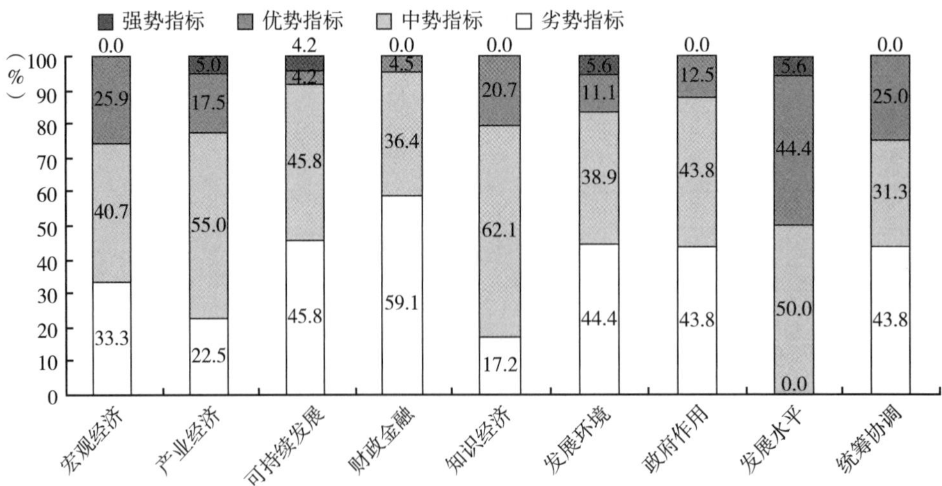

图 14－2　2016 年江西省经济综合竞争力各级指标优劣势比较

表 14-3 2016 年江西省经济综合竞争力各级指标优劣势比较

单位：个，%

二级指标	三级指标	四级指标数	强势指标		优势指标		中势指标		劣势指标		优劣势
			个数	比重	个数	比重	个数	比重	个数	比重	
宏观经济竞争力	经济实力竞争力	12	0	0.0	3	25.0	4	33.3	5	41.7	中势
	经济结构竞争力	6	0	0.0	3	50.0	2	33.3	1	16.7	优势
	经济外向度竞争力	9	0	0.0	1	11.1	5	55.6	3	33.3	中势
	小　计	27	0	0.0	7	25.9	11	40.7	9	33.3	中势
产业经济竞争力	农业竞争力	10	0	0.0	1	10.0	8	80.0	1	10.0	劣势
	工业竞争力	10	2	20.0	2	20.0	5	50.0	1	10.0	中势
	服务业竞争力	10	0	0.0	2	20.0	4	40.0	4	40.0	中势
	企业竞争力	10	0	0.0	2	20.0	5	50.0	3	30.0	劣势
	小　计	40	2	5.0	7	17.5	22	55.0	9	22.5	中势
可持续发展竞争力	资源竞争力	9	0	0.0	1	11.1	4	44.4	4	44.4	劣势
	环境竞争力	8	1	12.5	0	0.0	3	37.5	4	50.0	优势
	人力资源竞争力	7	0	0.0	0	0.0	4	57.1	3	42.9	劣势
	小　计	24	1	4.2	1	4.2	11	45.8	11	45.8	劣势
财政金融竞争力	财政竞争力	12	0	0.0	1	8.3	4	33.3	7	58.3	劣势
	金融竞争力	10	0	0.0	0	0.0	4	40.0	6	60.0	劣势
	小　计	22	0	0.0	1	4.5	8	36.4	13	59.1	劣势
知识经济竞争力	科技竞争力	9	0	0.0	1	11.1	7	77.8	1	11.1	中势
	教育竞争力	10	0	0.0	3	30.0	6	60.0	1	10.0	中势
	文化竞争力	10	0	0.0	2	20.0	5	50.0	3	30.0	中势
	小　计	29	0	0.0	6	20.7	18	62.1	5	17.2	中势
发展环境竞争力	基础设施竞争力	9	0	0.0	1	11.1	4	44.4	4	44.4	中势
	软环境竞争力	9	1	11.1	1	11.1	3	33.3	4	44.4	中势
	小　计	18	1	5.6	2	11.1	7	38.9	8	44.4	中势
政府作用竞争力	政府发展经济竞争力	5	0	0.0	1	20.0	3	60.0	1	20.0	中势
	政府规调经济竞争力	5	0	0.0	1	20.0	1	20.0	3	60.0	劣势
	政府保障经济竞争力	6	0	0.0	0	0.0	3	50.0	3	50.0	劣势
	小　计	16	0	0.0	2	12.5	7	43.8	7	43.8	劣势
发展水平竞争力	工业化进程竞争力	6	0	0.0	2	33.3	4	66.7	0	0.0	中势
	城市化进程竞争力	6	1	16.7	2	33.3	3	50.0	0	0.0	优势
	市场化进程竞争力	6	0	0.0	4	66.7	2	33.3	0	0.0	优势
	小　计	18	1	5.6	8	44.4	9	50.0	0	0.0	中势
统筹协调竞争力	统筹发展竞争力	8	0	0.0	0	0.0	3	37.5	5	62.5	劣势
	协调发展竞争力	8	0	0.0	4	50.0	2	25.0	2	25.0	中势
	小　计	16	0	0.0	4	25.0	5	31.3	7	43.8	劣势
合　计		210	5	2.4	38	18.1	98	46.7	69	32.9	中势

基于图 14-2 和表 14-3，从四级指标来看，强势指标 5 个，占指标总数的 2.4%；优势指标有 38 个，占指标总数的 18.1%；中势指标有 98 个，占指标总数的

46.7%；劣势指标 69 个，占指标总数的 32.9%。从三级指标来看，没有强势指标；优势指标 4 个，占三级指标总数的 16%；中势指标 12 个，占三级指标总数的 48%；劣势指标 9 个，占三级指标总数的 36%。反映到二级指标上来，没有强势指标和优势指标，中势指标有 5 个，占二级指标总数的 55.5%，劣势指标有 4 个，占二级指标总数的 44.5%。综合来看，由于中势指标在指标体系中居于主导地位，2016 年江西省经济综合竞争力处于中势地位。

4. 江西省经济综合竞争力四级指标优劣势对比分析

表 14-4　2016 年江西省经济综合竞争力各级指标优劣势比较

二级指标	优劣势	四级指标
宏观经济竞争力（27 个）	强势指标	（0 个）
	优势指标	地区生产总值增长率、固定资产投资额增长率、全社会消费品零售总额增长率、所有制经济结构优化度、城乡经济结构优化度、贸易结构优化度、出口增长率（7 个）
	劣势指标	人均地区生产总值、财政总收入、人均财政收入、全社会消费品零售总额、人均全社会消费品零售总额、产业结构优化度、进出口增长率、实际 FDI 增长率、对外直接投资额（9 个）
产业经济竞争力（40 个）	强势指标	工业资产总额增长率、工业资产总贡献率（2 个）
	优势指标	农民人均纯收入增长率、规模以上工业利润总额、工业成本费用利润率、服务业增加值增长率、限额以上批零企业利税率、规模以上企业平均利润、规模以上企业劳动效率（7 个）
	劣势指标	农产品出口占农林牧渔总产值比重、工业全员劳动生产率、人均服务业增加值、限额以上批发零售企业主营业务收入、限额以上餐饮企业利税率、旅游外汇收入、规模以上企业平均资产、城镇就业人员平均工资、工业企业 R&D 经费投入强度（9 个）
可持续发展竞争力（24 个）	强势指标	森林覆盖率（1 个）
	优势指标	人均年水资源量（1 个）
	劣势指标	人均耕地面积、人均牧草地面积、主要能源矿产基础储量、人均主要能源矿产基础储量、人均工业固体废物排放量、人均治理工业污染投资额、一般工业固体废物综合利用率、生活垃圾无害化处理率、15~64 岁人口比例、大专以上教育程度人口比例、平均受教育程度（11 个）
财政金融竞争力（22 个）	强势指标	（0 个）
	优势指标	税收收入占财政总收入比重（1 个）
	劣势指标	地方财政收入、地方财政收入占 GDP 比重、人均地方财政收入、人均地方财政支出、地方财政收入增长率、地方财政支出增长率、税收收入增长率、人均存款余额、人均贷款余额、中长期贷款占贷款余额比重、保险密度、国内上市公司数、国内上市公司市值（13 个）
知识经济竞争力（29 个）	强势指标	（0 个）
	优势指标	高技术产业收入占工业增加值比重、公共教育经费占财政支出比重、万人中小学学校数、万人高等学校在校学生数、文化制造业营业收入、报纸出版数（6 个）
	劣势指标	发明专利授权量、人均教育经费、城镇居民人均文化娱乐支出、农村居民人均文化娱乐支出、城镇居民人均文化娱乐支出占消费性支出比重（5 个）
发展环境竞争力（18 个）	强势指标	社会捐赠款物（1 个）
	优势指标	人均内河航道里程、罚没收入占财政收入比重（2 个）
	劣势指标	人均邮电业务总量、电话普及率、互联网普及率、人均耗电量、外资企业数增长率、万人商标注册件数、查处商标侵权假冒案件、每十万人交通事故发生数（8 个）

续表

二级指标	优劣势	四级指标
政府作用竞争力（16个）	强势指标	（0个）
	优势指标	政府消费对民间消费的拉动、调控城乡消费差距（2个）
	劣势指标	财政支出对GDP增长的拉动、物价调控、规范税收、固定资产投资价格指数、城市城镇社区服务设施数、医疗保险覆盖率、失业保险覆盖率（7个）
发展水平竞争力（18个）	强势指标	城市平均建成区面积比重（1个）
	优势指标	高技术产业占工业增加值比重、信息产业增加值占GDP比重、人均拥有道路面积、人均公共绿地面积、非公有制经济产值占全社会总产值比重、社会投资占投资总额比重、亿元以上商品市场成交额占全社会消费品零售总额比重、居民消费支出占总消费支出比重（8个）
	劣势指标	（0个）
统筹协调竞争力（16个）	强势指标	（0个）
	优势指标	环境竞争力与宏观经济竞争力比差、资源竞争力与宏观经济竞争力比差、人力资源竞争力与宏观经济竞争力比差、城乡居民人均现金消费支出比差（4个）
	劣势指标	社会劳动生产率、能源使用下降率、万元GDP综合能耗下降率、生产税净额和营业盈余占GDP比重、固定资产投资额占GDP比重、城乡居民家庭人均收入比差、全社会消费品零售总额与外贸出口总额比差（7个）

14.2　江西省经济综合竞争力各级指标具体分析

1. 江西省宏观经济竞争力指标排名变化情况

表14-5　2015～2016年江西省宏观经济竞争力指标组排位及变化趋势

指　标	2015年	2016年	排位升降	优劣势
1　宏观经济竞争力	18	16	2	中势
1.1　经济实力竞争力	19	20	-1	中势
地区生产总值	18	16	2	中势
地区生产总值增长率	5	5	0	优势
人均地区生产总值	24	23	1	劣势
财政总收入	20	23	-3	劣势
财政总收入增长率	17	16	1	中势
人均财政收入	23	29	-6	劣势
固定资产投资额	14	13	1	中势
固定资产投资额增长率	11	5	6	优势
人均固定资产投资额	19	16	3	中势
全社会消费品零售总额	22	21	1	劣势
全社会消费品零售总额增长率	8	8	0	优势
人均全社会消费品零售总额	24	24	0	劣势
1.2　经济结构竞争力	19	9	10	优势
产业结构优化度	28	27	1	劣势
所有制经济结构优化度	7	7	0	优势

续表

指　标	2015 年	2016 年	排位升降	优劣势
城乡经济结构优化度	10	9	1	优势
就业结构优化度	18	18	0	中势
资本形成结构优化度	31	20	11	中势
贸易结构优化度	10	8	2	优势
1.3　经济外向度竞争力	16	14	2	中势
进出口总额	17	17	0	中势
进出口增长率	5	27	-22	劣势
出口总额	12	16	-4	中势
出口增长率	5	4	1	优势
实际 FDI	15	15	0	中势
实际 FDI 增长率	22	21	1	劣势
外贸依存度	15	15	0	中势
对外企业数	13	14	-1	中势
对外直接投资额	17	24	-7	劣势

2. 江西省产业经济竞争力指标排名变化情况

表 14-6　2015~2016 年江西省产业经济竞争力指标组排位及变化趋势

指　标	2015 年	2016 年	排位升降	优劣势
2　产业经济竞争力	19	18	1	中势
2.1　农业竞争力	21	21	0	劣势
农业增加值	16	16	0	中势
农业增加值增长率	16	11	5	中势
人均农业增加值	23	20	3	中势
农民人均纯收入	12	11	1	中势
农民人均纯收入增长率	6	10	-4	优势
农产品出口占农林牧渔总产值比重	22	24	-2	劣势
人均主要农产品产量	11	12	-1	中势
农业机械化水平	22	16	6	中势
农村人均用电量	21	20	1	中势
财政支农资金比重	13	15	-2	中势
2.2　工业竞争力	11	13	-2	中势
工业增加值	17	15	2	中势
工业增加值增长率	12	17	-5	中势
人均工业增加值	19	18	1	中势
工业资产总额	19	19	0	中势
工业资产总额增长率	2	2	0	强势
工业资产总贡献率	1	1	0	强势
规模以上工业主营业务收入	14	12	2	中势
规模以上工业利润总额	12	10	2	优势
工业全员劳动生产率	25	28	-3	劣势
工业成本费用利润率	11	8	3	优势

续表

指　标	2015 年	2016 年	排位升降	优劣势
2.3　服务业竞争力	25	17	8	中势
服务业增加值	21	20	1	中势
服务业增加值增长率	14	4	10	优势
人均服务业增加值	26	26	0	劣势
服务业从业人员数	20	20	0	中势
限额以上批发零售企业主营业务收入	26	25	1	劣势
限额以上批零企业利税率	4	4	0	优势
限额以上餐饮企业利税率	31	22	9	劣势
旅游外汇收入	21	21	0	劣势
商品房销售收入	16	16	0	中势
电子商务营业额	16	15	1	中势
2.4　企业竞争力	24	22	2	劣势
规模以上工业企业数	13	12	1	中势
规模以上企业平均资产	27	27	0	劣势
规模以上企业平均收入	13	15	-2	中势
规模以上企业平均利润	10	9	1	优势
规模以上企业劳动效率	10	9	1	优势
城镇就业人员平均工资	28	25	3	劣势
新产品销售收入占主营业务收入比重	22	16	6	中势
产品质量抽查合格率	23	20	3	中势
工业企业 R&D 经费投入强度	26	24	2	劣势
中国驰名商标持有量	19	19	0	中势

3. 江西省可持续发展竞争力指标排名变化情况

表 14-7　2015～2016 年江西省可持续发展竞争力指标组排位及变化趋势

指　标	2015 年	2016 年	排位升降	优劣势
3　可持续发展竞争力	24	24	0	劣势
3.1　资源竞争力	23	24	-1	劣势
人均国土面积	16	16	0	中势
人均可使用海域和滩涂面积	13	13	0	中势
人均年水资源量	4	5	-1	优势
耕地面积	20	20	0	中势
人均耕地面积	23	23	0	劣势
人均牧草地面积	23	23	0	劣势
主要能源矿产基础储量	24	24	0	劣势
人均主要能源矿产基础储量	26	26	0	劣势
人均森林储积量	12	12	0	中势
3.2　环境竞争力	5	7	-2	优势
森林覆盖率	2	2	0	强势
人均废水排放量	20	20	0	中势
人均工业废气排放量	15	15	0	中势
人均工业固体废物排放量	22	24	-2	劣势

续表

指　标	2015 年	2016 年	排位升降	优劣势
人均治理工业污染投资额	22	25	-3	劣势
一般工业固体废物综合利用率	20	30	-10	劣势
生活垃圾无害化处理率	18	21	-3	劣势
自然灾害直接经济损失	13	16	-3	中势
3.3　人力资源竞争力	26	28	-2	劣势
常住人口增长率	21	18	3	中势
15~64 岁人口比例	28	28	0	劣势
文盲率	13	16	-3	中势
大专以上教育程度人口比例	24	26	-2	劣势
平均受教育程度	21	23	-2	劣势
人口健康素质	12	17	-5	中势
职业学校毕业生数	12	15	-3	中势

4. 江西省财政金融竞争力指标排名变化情况

表 14-8　2015~2016 年江西省财政金融竞争力指标组排位及变化趋势

指　标	2015 年	2016 年	排位升降	优劣势
4　财政金融竞争力	16	27	-11	劣势
4.1　财政竞争力	10	24	-14	劣势
地方财政收入	15	25	-10	劣势
地方财政支出	15	19	-4	中势
地方财政收入占 GDP 比重	10	27	-17	劣势
地方财政支出占 GDP 比重	11	16	-5	中势
税收收入占 GDP 比重	11	12	-1	中势
税收收入占财政总收入比重	10	8	2	优势
人均地方财政收入	17	30	-13	劣势
人均地方财政支出	23	24	-1	劣势
人均税收收入	18	16	2	中势
地方财政收入增长率	3	25	-22	劣势
地方财政支出增长率	9	22	-13	劣势
税收收入增长率	3	26	-23	劣势
4.2　金融竞争力	27	24	3	劣势
存款余额	20	19	1	中势
人均存款余额	26	26	0	劣势
贷款余额	21	18	3	中势
人均贷款余额	28	26	2	劣势
中长期贷款占贷款余额比重	23	22	1	劣势
保险费净收入	18	18	0	中势
保险密度	23	24	-1	劣势
保险深度	18	19	-1	中势
国内上市公司数	21	22	-1	劣势
国内上司公司市值	25	24	1	劣势

5. 江西省知识经济竞争力指标排名变化情况

表 14－9　2015～2016 年江西省知识经济竞争力指标组排位及变化趋势

指　标	2015 年	2016 年	排位升降	优劣势
5　知识经济竞争力	16	16	0	中势
5.1　科技竞争力	18	16	2	中势
R&D 人员	19	18	1	中势
R&D 经费	18	18	0	中势
R&D 经费投入强度	16	15	1	中势
发明专利授权量	23	24	－1	劣势
技术市场成交合同金额	16	18	－2	中势
财政科技支出占地方财政支出比重	11	11	0	中势
高技术产业主营业务收入	14	13	1	中势
高技术产业收入占工业增加值比重	9	8	1	优势
高技术产品出口额占商品出口额比重	17	16	1	中势
5.2　教育竞争力	9	11	－2	中势
教育经费	15	16	－1	中势
教育经费占 GDP 比重	10	11	－1	中势
人均教育经费	19	21	－2	劣势
公共教育经费占财政支出比重	7	9	－2	优势
人均文化教育支出占个人消费支出比重	16	20	－4	中势
万人中小学学校数	8	8	0	优势
万人中小学专任教师数	11	13	－2	中势
高等学校数	12	12	0	中势
高校专任教师数	14	14	0	中势
万人高等学校在校学生数	10	10	0	优势
5.3　文化竞争力	19	19	0	中势
文化制造业营业收入	9	8	1	优势
文化批发零售业营业收入	19	19	0	中势
文化服务业企业营业收入	16	18	－2	中势
图书和期刊出版数	13	15	－2	中势
报纸出版数	12	10	2	优势
印刷用纸量	17	18	－1	中势
城镇居民人均文化娱乐支出	25	29	－4	劣势
农村居民人均文化娱乐支出	20	26	－6	劣势
城镇居民人均文化娱乐指出占消费性支出比重	14	21	－7	劣势
农村居民人均文化娱乐支出占消费性支出比重	17	18	－1	中势

6. 江西省发展环境竞争力指标排名变化情况

表 14－10　2015～2016 年江西省发展环境竞争力指标组排位及变化趋势

指　标	2015 年	2016 年	排位升降	优劣势
6　发展环境竞争力	18	20	－2	中势
6.1　基础设施竞争力	20	20	0	中势
铁路网线密度	15	16	－1	中势
公路网线密度	15	15	0	中势
人均内河航道里程	8	8	0	优势
全社会旅客周转量	10	11	－1	中势
全社会货物周转量	15	15	0	中势
人均邮电业务总量	27	25	2	劣势
电话普及率	31	31	0	劣势
互联网普及率	24	29	－5	劣势
人均耗电量	27	26	1	劣势
6.2　软环境竞争力	17	19	－2	中势
外资企业数增长率	13	27	－14	劣势
万人外资企业数	17	17	0	中势
个体私营企业数增长率	14	13	1	中势
万人个体私营企业数	21	20	1	中势
万人商标注册件数	24	25	－1	劣势
查处商标侵权假冒案件	22	23	－1	劣势
每十万人交通事故发生数	27	24	3	劣势
罚没收入占财政收入比重	4	7	－3	优势
社会捐赠款物	5	3	2	强势

7. 江西省政府作用竞争力指标排名变化情况

表 14－11　2015～2016 年江西省政府作用竞争力指标组排位及变化趋势

指　标	2015 年	2016 年	排位升降	优劣势
7　政府作用竞争力	18	26	－8	劣势
7.1　政府发展经济竞争力	15	14	1	中势
财政支出用于基本建设投资比重	23	12	11	中势
财政支出对 GDP 增长的拉动	21	21	0	劣势
政府公务员对经济的贡献	21	18	3	中势
政府消费对民间消费的拉动	2	4	－2	优势
财政投资对社会投资的拉动	7	15	－8	中势
7.2　政府规调经济竞争力	13	24	－11	劣势
物价调控	17	23	－6	劣势

续表

指　标	2015 年	2016 年	排位升降	优劣势
调控城乡消费差距	8	8	0	优势
统筹经济社会发展	21	20	1	中势
规范税收	29	29	0	劣势
固定资产投资价格指数	2	25	-23	劣势
7.3　政府保障经济竞争力	28	26	2	劣势
城市城镇社区服务设施数	21	22	-1	劣势
医疗保险覆盖率	26	27	-1	劣势
养老保险覆盖率	19	17	2	中势
失业保险覆盖率	30	29	1	劣势
最低工资标准	15	16	-1	中势
城镇登记失业率	15	17	-2	中势

8. 江西省发展水平竞争力指标排名变化情况

表 14-12　2015～2016 年江西省发展水平竞争力指标组排位及变化趋势

指　标	2015 年	2016 年	排位升降	优劣势
8　发展水平竞争力	10	11	-1	中势
8.1　工业化进程竞争力	12	13	-1	中势
工业增加值占 GDP 比重	9	12	-3	中势
工业增加值增长率	12	17	-5	中势
高技术产业占工业增加值比重	9	7	2	优势
高技术产品出口额占商品出口额比重	17	17	0	中势
信息产业增加值占 GDP 比重	11	10	1	优势
工农业增加值比值	16	18	-2	中势
8.2　城市化进程竞争力	10	10	0	优势
城镇化率	19	20	-1	中势
城镇居民人均可支配收入	15	15	0	中势
城市平均建成区面积比重	2	2	0	强势
人均拥有道路面积	11	10	1	优势
人均日生活用水量	14	16	-2	中势
人均公共绿地面积	9	10	-1	优势
8.3　市场化进程竞争力	8	7	1	优势
非公有制经济产值占全社会总产值比重	7	7	0	优势
社会投资占投资总额比重	5	9	-4	优势
私有和个体企业从业人员比重	12	12	0	中势
亿元以上商品市场成交额	15	15	0	中势
亿元以上商品市场成交额占全社会消费品零售总额比重	10	10	0	优势
居民消费支出占总消费支出比重	2	4	-2	优势

9. 江西省统筹协调竞争力指标排名变化情况

表 14－13　2015～2016 年江西省统筹协调竞争力指标组排位及变化趋势

指　标	2015 年	2016 年	排位升降	优劣势
9　统筹协调竞争力	21	31	－10	劣势
9.1　统筹发展竞争力	30	31	－1	劣势
社会劳动生产率	23	22	1	劣势
使用能源下降率	20	29	－9	劣势
万元 GDP 综合能耗下降率	22	24	－2	劣势
非农用地产出率	16	15	1	中势
生产税净额和营业盈余占 GDP 比重	28	28	0	劣势
最终消费率	18	19	－1	中势
固定资产投资额占 GDP 比重	23	22	1	劣势
固定资产交付使用率	18	18	0	中势
9.2　协调发展竞争力	3	11	－8	中势
环境竞争力与宏观经济竞争力比差	10	10	0	优势
资源竞争力与宏观经济竞争力比差	11	10	1	优势
人力资源竞争力与宏观经济竞争力比差	10	6	4	优势
资源竞争力与工业竞争力比差	12	20	－8	中势
环境竞争力与工业竞争力比差	16	13	3	中势
城乡居民家庭人均收入比差	22	23	－1	劣势
城乡居民人均现金消费支出比差	8	9	－1	优势
全社会消费品零售总额与外贸出口总额比差	9	22	－13	劣势

B.16
15
山东省经济综合竞争力评价分析报告

山东省简称鲁，地处中国东部、黄河下游，东临海洋、西部自北而南依次与河北、河南、安徽、江苏4省接壤，是中国主要沿海省份之一。全省陆地总面积15.67万平方公里，2016年全省常住人口为9947万人，地区生产总值为68024亿元，同比增长7.6%，人均GDP达68733元。本部分通过分析2015～2016年山东省经济综合竞争力以及各要素竞争力的排名变化，从中找出山东省经济综合竞争力的推动点及影响因素，为进一步提升山东省经济综合竞争力提供决策参考。

15.1 山东省经济综合竞争力总体分析

1. 山东省经济综合竞争力一级指标概要分析

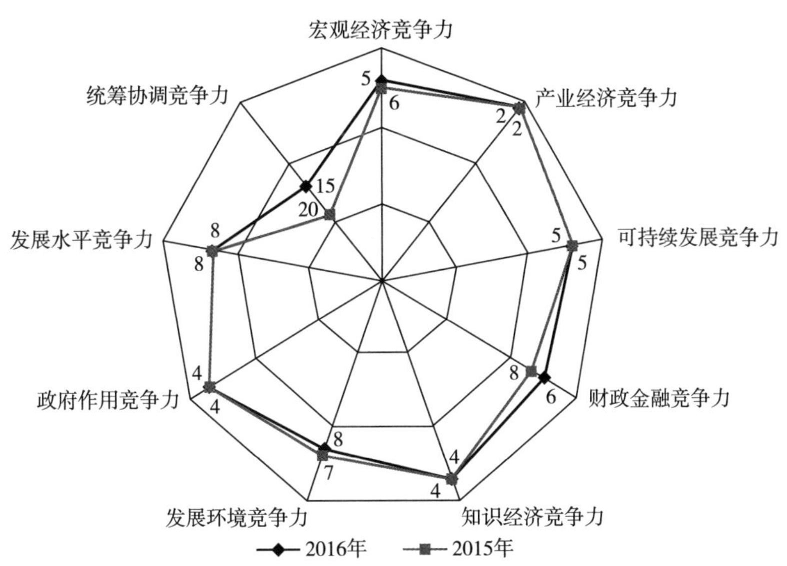

图15－1　2015～2016年山东省经济综合竞争力二级指标比较

（1）从综合排位看，2016年山东省经济综合竞争力综合排位在全国居第6位，这表明其在全国处于优势地位；与2015年相比，综合排位没有发生变化。

（2）从指标所处区位看，8个指标处于上游区，其中产业经济竞争力为山东省经济综合竞争力的强势指标。

表 15－1　2015～2016 年山东省经济综合竞争力二级指标比较

项目 年份	宏观经济竞争力	产业经济竞争力	可持续发展竞争力	财政金融竞争力	知识经济竞争力	发展环境竞争力	政府作用竞争力	发展水平竞争力	统筹协调竞争力	**综合排位**
2015	6	2	5	8	4	7	4	8	20	6
2016	5	2	5	6	4	8	4	8	15	6
升降	1	0	0	2	0	－1	0	0	5	0
优劣度	优势	强势	优势	优势	优势	优势	优势	优势	中势	优势

（3）从指标变化趋势看，9 个二级指标中，有 3 个指标处于上升趋势，分别为宏观经济竞争力、财政金融竞争力和统筹协调竞争力，这些是山东省经济综合竞争力的上升动力所在；有 5 个指标排位没有发生变化，分别为产业经济竞争力、可持续发展竞争力、知识经济竞争力、政府作用竞争力和发展水平竞争力；有 1 个指标处于下降趋势，为发展环境竞争力，是山东省经济综合竞争力的下降拉力所在。

2. 山东省经济综合竞争力各级指标动态变化分析

表 15－2　2015～2016 年山东省经济综合竞争力各级指标排位变化情况

单位：个，%

二级指标	三级指标	四级指标数	上升		保持		下降		变化趋势
			指标数	比重	指标数	比重	指标数	比重	
宏观经济竞争力	经济实力竞争力	12	4	33.3	3	25.0	5	41.7	保持
	经济结构竞争力	6	2	33.3	2	33.3	2	33.3	上升
	经济外向度竞争力	9	3	33.3	4	44.4	2	22.2	保持
	小　计	27	9	33.3	9	33.3	9	33.3	上升
产业经济竞争力	农业竞争力	10	2	20.0	5	50.0	3	30.0	保持
	工业竞争力	10	1	10.0	5	50.0	4	40.0	下降
	服务业竞争力	10	3	30.0	5	50.0	2	20.0	保持
	企业竞争力	10	4	40.0	3	30.0	3	30.0	下降
	小　计	40	10	25.0	18	45.0	12	30.0	保持
可持续发展竞争力	资源竞争力	9	0	0.0	9	100.0	0	0.0	保持
	环境竞争力	8	3	37.5	2	25.0	3	37.5	下降
	人力资源竞争力	7	2	28.6	2	28.6	3	42.9	上升
	小　计	24	5	20.8	13	54.2	6	25.0	保持
财政金融竞争力	财政竞争力	12	3	25.0	2	16.7	7	58.3	上升
	金融竞争力	10	3	30.0	6	60.0	1	10.0	上升
	小　计	22	6	27.3	8	36.4	8	36.4	上升
知识经济竞争力	科技竞争力	9	1	11.1	6	66.7	2	22.2	上升
	教育竞争力	10	4	40.0	5	50.0	1	10.0	保持
	文化竞争力	10	4	40.0	4	40.0	2	20.0	保持
	小　计	29	9	31.0	15	51.7	5	17.2	保持

续表

二级指标	三级指标	四级指标数	上升		保持		下降		变化趋势
			指标数	比重	指标数	比重	指标数	比重	
发展环境竞争力	基础设施竞争力	9	2	22.2	4	44.4	3	33.3	保持
	软环境竞争力	9	1	11.1	5	55.6	3	33.3	上升
	小　计	18	3	16.7	9	50.0	6	33.3	下降
政府作用竞争力	政府发展经济竞争力	5	2	40.0	2	40.0	1	20.0	保持
	政府规调经济竞争力	5	3	60.0	1	20.0	1	20.0	下降
	政府保障经济竞争力	6	1	16.7	2	33.3	3	50.0	下降
	小　计	16	6	37.5	5	31.3	5	31.3	保持
发展水平竞争力	工业化进程竞争力	6	2	33.3	0	0.0	4	66.7	下降
	城市化进程竞争力	6	1	16.7	3	50.0	2	33.3	保持
	市场化进程竞争力	6	2	33.3	1	16.7	3	50.0	保持
	小　计	18	5	27.8	4	22.2	9	50.0	保持
统筹协调竞争力	统筹发展竞争力	8	4	50.0	3	37.5	1	12.5	上升
	协调发展竞争力	8	1	12.5	2	25.0	5	62.5	下降
	小　计	16	5	31.3	5	31.3	6	37.5	上升
合　计		210	58	27.6	86	41.0	66	31.4	保持

从表15－2可以看出，210个四级指标中，上升指标有58个，占指标总数的27.6%；下降指标有66个，占指标总数的31.4%；保持不变的指标有86个，占指标总数的41.0%。综上所述，山东省经济综合竞争力上升的动力和下降的拉力大致相当，且排位保持不变的指标占较大比重，2015～2016年山东省经济综合竞争力排位保持不变。

3. 山东省经济综合竞争力各级指标优劣势结构分析

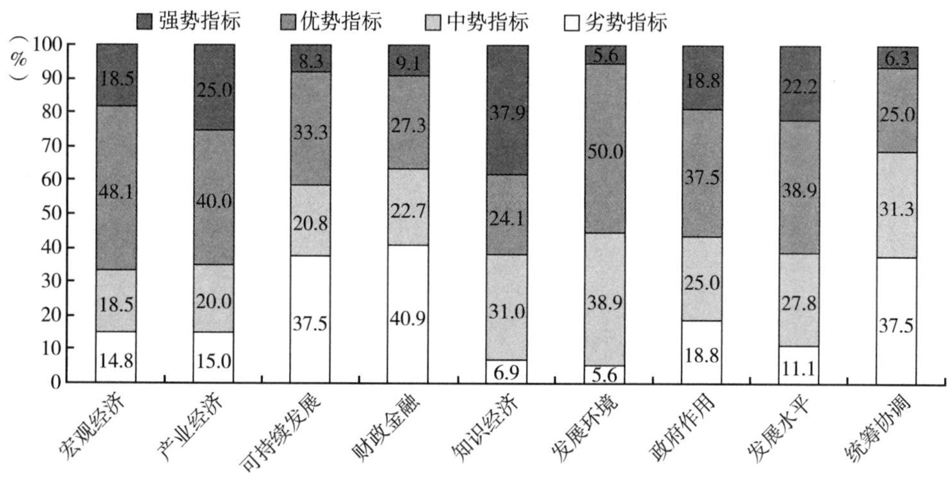

图15－2　2016年山东省经济综合竞争力各级指标优劣势比较

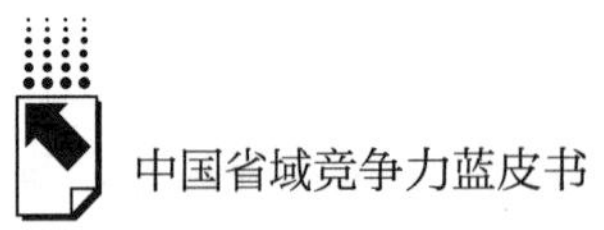

表 15－3　2016 年山东省经济综合竞争力各级指标优劣势情况

单位：个，%

二级指标	三级指标	四级指标数	强势指标		优势指标		中势指标		劣势指标		优劣势
			个数	比重	个数	比重	个数	比重	个数	比重	
宏观经济竞争力	经济实力竞争力	12	4	33.3	3	25.0	3	25.0	2	16.7	强势
	经济结构竞争力	6	1	16.7	2	33.3	2	33.3	1	16.7	优势
	经济外向度竞争力	9	0	0.0	8	88.9	0	0.0	1	11.1	优势
	小　计	27	5	18.5	13	48.1	5	18.5	4	14.8	优势
产业经济竞争力	农业竞争力	10	2	20.0	5	50.0	1	10.0	2	20.0	强势
	工业竞争力	10	4	40.0	2	20.0	2	20.0	2	20.0	强势
	服务业竞争力	10	2	20.0	5	50.0	2	20.0	1	10.0	优势
	企业竞争力	10	2	20.0	4	40.0	3	30.0	1	10.0	优势
	小　计	40	10	25.0	16	40.0	8	20.0	6	15.0	强势
可持续发展竞争力	资源竞争力	9	0	0.0	3	33.3	2	22.2	4	44.4	中势
	环境竞争力	8	1	12.5	3	37.5	0	0.0	4	50.0	中势
	人力资源竞争力	7	1	14.3	2	28.6	3	42.9	1	14.3	优势
	小　计	24	2	8.3	8	33.3	5	20.8	9	37.5	优势
财政金融竞争力	财政竞争力	12	1	8.3	2	16.7	2	16.7	7	58.3	中势
	金融竞争力	10	1	10.0	4	40.0	3	30.0	2	20.0	优势
	小　计	22	2	9.1	6	27.3	5	22.7	9	40.9	优势
知识经济竞争力	科技竞争力	9	3	33.3	5	55.6	1	11.1	0	0.0	优势
	教育竞争力	10	4	40.0	0	0.0	4	40.0	2	20.0	优势
	文化竞争力	10	4	40.0	2	20.0	4	40.0	0	0.0	优势
	小　计	29	11	37.9	7	24.1	9	31.0	2	6.9	优势
发展环境竞争力	基础设施竞争力	9	1	11.1	4	44.4	3	33.3	1	11.1	优势
	软环境竞争力	9	0	0.0	5	55.6	4	44.4	0	0.0	优势
	小　计	18	1	5.6	9	50.0	7	38.9	1	5.6	优势
政府作用竞争力	政府发展经济竞争力	5	3	60.0	1	20.0	0	0.0	1	20.0	强势
	政府规调经济竞争力	5	0	0.0	2	40.0	1	20.0	2	40.0	中势
	政府保障经济竞争力	6	0	0.0	3	50.0	3	50.0	0	0.0	中势
	小　计	16	3	18.8	6	37.5	4	25.0	3	18.8	优势
发展水平竞争力	工业化进程竞争力	6	0	0.0	3	50.0	3	50.0	0	0.0	中势
	城市化进程竞争力	6	2	33.3	1	16.7	1	16.7	2	33.3	优势
	市场化进程竞争力	6	2	33.3	3	50.0	1	16.7	0	0.0	优势
	小　计	18	4	22.2	7	38.9	5	27.8	2	11.1	优势
统筹协调竞争力	统筹发展竞争力	8	0	0.0	3	37.5	3	37.5	2	25.0	中势
	协调发展竞争力	8	1	12.5	1	12.5	2	25.0	4	50.0	劣势
	小　计	16	1	6.3	4	25.0	5	31.3	6	37.5	中势
合　计		210	39	18.6	76	36.2	53	25.2	42	20.0	优势

基于图 15－2 和表 15－3，具体到四级指标，强势指标 39 个，占指标总数的 18.6%；优势指标 76 个，占指标总数的 36.2%；中势指标 53 个，占指标总数的

25.2%；劣势指标42个，占指标总数的20.0%。三级指标中，强势指标4个，占三级指标总数的16.0%；优势指标13个，占三级指标总数的52.0%；中势指标7个，占三级指标总数的28.0%；劣势指标1个，占三级指标总数的4.0%。从二级指标看，强势指标1个，占二级指标总数的11.1%；优势指标有7个，占二级指标总数的77.8%；中势指标有1个，占二级指标总数的11.1%；没有劣势指标。综合来看，由于优势指标在指标体系中居于主导地位，2016年山东省经济综合竞争力处于优势地位。

4. 山东省经济综合竞争力四级指标优劣势对比分析

表15-4　2016年山东省经济综合竞争力各级指标优劣势情况

二级指标	优劣势	四级指标
宏观经济竞争力（27个）	强势指标	地区生产总值、财政总收入、固定资产投资额、全社会消费品零售总额、就业结构优化度（5个）
	优势指标	人均地区生产总值、人均固定资产投资额、人均全社会消费品零售总额、所有制经济结构优化度、贸易结构优化度、进出口总额、进出口增长率、出口总额、实际FDI、实际FDI增长率、外贸依存度、外资企业数、对外直接投资额（13个）
	劣势指标	财政总收入增长率、人均财政收入、资本形成结构优化度、出口增长率（4个）
产业经济竞争力（40个）	强势指标	农业增加值、农业机械化水平、工业增加值、工业资产总额、规模以上工业主营业务收入、规模以上工业利润总额、服务业增加值、服务业从业人员数、规模以上企业劳动效率、中国驰名商标持有量（10个）
	优势指标	人均农业增加值、农民人均纯收入、农产品出口占农林牧渔总产值比重、人均主要农产品产量、农村人均用电量、人均工业增加值、工业资产总贡献率、人均服务业增加值、限额以上批发零售企业主营业务收入、旅游外汇收入、商品房销售收入、电子商务销售额、规模以上工业企业数、规模以上企业平均收入、规模以上企业平均利润、产品质量抽查合格率（16个）
	劣势指标	农民人均纯收入增长率、财政支农资金比重、工业资产总额增长率、工业全员劳动生产率、限额以上餐饮企业利税率、规模以上企业平均资产（6个）
可持续发展竞争力（24个）	强势指标	生活垃圾无害化处理率、人口健康素质（2个）
	优势指标	人均可使用海域和滩涂面积、耕地面积、主要能源矿产基础储量、人均治理工业污染投资额、一般工业固体废物综合利用率、自然灾害直接经济损失、常住人口增长率、职业学校毕业生数（8个）
	劣势指标	人均国土面积、人均年水资源量、人均耕地面积、人均森林储积量、森林覆盖率、人均废水排放量、人均工业废气排放量、人均工业固体废物排放量、文盲率（9个）
财政金融竞争力（22个）	强势指标	地方财政收入、保险费净收入（2个）
	优势指标	地方财政支出、税收收入占财政总收入比重、存款余额、贷款余额、国内上市公司数、国内上市公司市值（6个）
	劣势指标	地方财政收入占GDP比重、地方财政支出占GDP比重、税收收入占GDP比重、人均地方财政收入、人均地方财政支出、地方财政收入增长率、地方财政支出增长率、中长期贷款占贷款余额比重、保险深度（9个）
知识经济竞争力（29个）	强势指标	R&D经费、R&D经费投入强度、高技术产业主营业务收入、教育经费、公共教育经费占财政支出比重、高等学校数、高校专任教师数、文化制造业营业收入、图书和期刊出版数、报纸出版数、印刷用纸量（11个）
	优势指标	R&D人员、发明专利授权量、技术市场成交合同金额、财政科技支出占地方财政支出比重、高技术产业收入占工业增加值比重、文化批发零售业营业收入、文化服务业企业营业收入（7个）
	劣势指标	教育经费占GDP比重、人均教育经费（2个）

续表

<table>
<tr><th>二级指标</th><th>优劣势</th><th>四级指标</th></tr>
<tr><td rowspan="3">发展环境竞争力（18个）</td><td>强势指标</td><td>公路网线密度（1个）</td></tr>
<tr><td>优势指标</td><td>铁路网线密度、全社会旅客周转量、全社会货物周转量、人均耗电量、万人外资企业数、个体私营企业数增长率、万人个体私营企业数、万人商标注册件数、查处商标侵权假冒案件（9个）</td></tr>
<tr><td>劣势指标</td><td>人均内河航道里程（1个）</td></tr>
<tr><td rowspan="3">政府作用竞争力（16个）</td><td>强势指标</td><td>财政支出对GDP增长的拉动、政府消费对民间消费的拉动、财政投资对社会投资的拉动（3个）</td></tr>
<tr><td>优势指标</td><td>政府公务员对经济的贡献、统筹经济社会发展、固定资产投资价格指数、城市城镇社区服务设施数、医疗保险覆盖率、最低工资标准（6个）</td></tr>
<tr><td>劣势指标</td><td>财政支出用于基本建设投资比重、物价调控、调控城乡消费差距（3个）</td></tr>
<tr><td rowspan="3">发展水平竞争力（18个）</td><td>强势指标</td><td>人均拥有道路面积、人均公共绿地面积、亿元以上商品市场成交额、居民消费支出占总消费支出比重（4个）</td></tr>
<tr><td>优势指标</td><td>工业增加值占GDP比重、高技术产业占工业增加值比重、工农业增加值比值、城镇居民人均可支配收入、非公有制经济产值占全社会总产值比重、社会投资占投资总额比重、亿元以上商品市场成交额占全社会消费品零售总额比重（7个）</td></tr>
<tr><td>劣势指标</td><td>城市平均建成区面积比重、人均日生活用水量（2个）</td></tr>
<tr><td rowspan="3">统筹协调竞争力（16个）</td><td>强势指标</td><td>环境竞争力与工业竞争力比差（1个）</td></tr>
<tr><td>优势指标</td><td>社会劳动生产率、非农用地产出率、固定资产投资额占GDP比重、人力资源竞争力与宏观经济竞争力比差（4个）</td></tr>
<tr><td>劣势指标</td><td>生产税净额和营业盈余占GDP比重、最终消费率、环境竞争力与宏观经济竞争力比差、资源竞争力与工业竞争力比差、城乡居民人均现金消费支出比差、全社会消费品零售总额与外贸出口总额比差（6个）</td></tr>
</table>

15.2 山东省经济综合竞争力各级指标具体分析

1. 山东省宏观经济竞争力指标排名变化情况

表15－5 2015～2016年山东省宏观经济竞争力指标组排位及变化趋势

指 标	2015年	2016年	排位升降	优劣势
1 宏观经济竞争力	6	5	1	优势
1.1 经济实力竞争力	2	2	0	强势
地区生产总值	3	3	0	强势
地区生产总值增长率	20	16	4	中势
人均地区生产总值	10	9	1	优势
财政总收入	4	3	1	强势
财政总收入增长率	14	24	－10	劣势
人均财政收入	12	23	－11	劣势
固定资产投资额	1	1	0	强势

续表

指 标	2015 年	2016 年	排位升降	优劣势
固定资产投资额增长率	14	16	-2	中势
人均固定资产投资额	8	9	-1	优势
全社会消费品零售总额	2	2	0	强势
全社会消费品零售总额增长率	16	18	-2	中势
人均全社会消费品零售总额	8	7	1	优势
1.2 经济结构竞争力	10	7	3	优势
产业结构优化度	14	16	-2	中势
所有制经济结构优化度	3	5	-2	优势
城乡经济结构优化度	13	13	0	中势
就业结构优化度	2	2	0	强势
资本形成结构优化度	30	21	9	劣势
贸易结构优化度	5	4	1	优势
1.3 经济外向度竞争力	6	6	0	优势
进出口总额	5	5	0	优势
进出口增长率	22	5	17	优势
出口总额	5	5	0	优势
出口增长率	20	26	-6	劣势
实际 FDI	6	6	0	优势
实际 FDI 增长率	21	10	11	优势
外贸依存度	8	9	-1	优势
外资企业数	6	6	0	优势
对外直接投资额	5	4	1	优势

2. 山东省产业经济竞争力指标排名变化情况

表 15-6 2015~2016 年山东省产业经济竞争力指标组排位及变化趋势

指 标	2015 年	2016 年	排位升降	优劣势
2 产业经济竞争力	2	2	0	强势
2.1 农业竞争力	1	1	0	强势
农业增加值	1	1	0	强势
农业增加值增长率	15	14	1	中势
人均农业增加值	10	10	0	优势
农民人均纯收入	8	8	0	优势
农民人均纯收入增长率	21	22	-1	劣势
农产品出口占农林牧渔总产值比重	6	5	1	优势
人均主要农产品产量	8	8	0	优势
农业机械化水平	1	2	-1	强势
农村人均用电量	10	10	0	优势
财政支农资金比重	18	22	-4	劣势
2.2 工业竞争力	2	3	-1	强势
工业增加值	3	3	0	强势

续表

指　标	2015 年	2016 年	排位升降	优劣势
工业增加值增长率	10	14	-4	中势
人均工业增加值	8	8	0	优势
工业资产总额	2	3	-1	强势
工业资产总额增长率	11	25	-14	劣势
工业资产总贡献率	4	4	0	优势
规模以上工业主营业务收入	2	2	0	强势
规模以上工业利润总额	2	2	0	强势
工业全员劳动生产率	24	22	2	劣势
工业成本费用利润率	15	19	-4	中势
2.3　服务业竞争力	6	6	0	优势
服务业增加值	3	3	0	强势
服务业增加值增长率	21	18	3	中势
人均服务业增加值	8	7	1	优势
服务业从业人员数	3	3	0	强势
限额以上批发零售企业主营业务收入	7	7	0	优势
限额以上批零企业利税率	10	13	-3	中势
限额以上餐饮企业利税率	27	26	1	劣势
旅游外汇收入	8	9	-1	优势
商品房销售收入	4	4	0	优势
电子商务销售额	4	4	0	优势
2.4　企业竞争力	4	5	-1	优势
规模以上工业企业数	3	4	-1	优势
规模以上企业平均资产	22	22	0	劣势
规模以上企业平均收入	12	9	3	优势
规模以上企业平均利润	12	10	2	优势
规模以上企业劳动效率	3	3	0	强势
城镇就业人员平均工资	16	14	2	中势
新产品销售收入占主营业务收入比重	11	13	-2	中势
产品质量抽查合格率	13	10	3	优势
工业企业 R&D 经费投入强度	10	11	-1	中势
中国驰名商标持有量	2	2	0	强势

3. 山东省可持续发展竞争力指标排名变化情况

表 15－7　2015～2016 年山东省可持续发展竞争力指标组排位及变化趋势

指　标	2015 年	2016 年	排位升降	优劣势
3　可持续发展竞争力	5	5	0	优势
3.1　资源竞争力	12	12	0	中势
人均国土面积	27	27	0	劣势
人均可使用海域和滩涂面积	4	4	0	优势
人均年水资源量	28	28	0	劣势

续表

指 标	2015 年	2016 年	排位升降	优劣势
耕地面积	4	4	0	优势
人均耕地面积	22	22	0	劣势
人均牧草地面积	20	20	0	中势
主要能源矿产基础储量	8	8	0	优势
人均主要能源矿产基础储量	16	16	0	中势
人均森林储积量	27	27	0	劣势
3.2 环境竞争力	13	15	-2	中势
森林覆盖率	23	23	0	劣势
人均废水排放量	23	22	1	劣势
人均工业废气排放量	19	22	-3	劣势
人均工业固体废物排放量	19	21	-2	劣势
人均治理工业污染投资额	6	5	1	优势
一般工业固体废物综合利用率	5	8	-3	优势
生活垃圾无害化处理率	1	1	0	强势
自然灾害直接经济损失	16	10	6	优势
3.3 人力资源竞争力	6	5	1	优势
常住人口增长率	18	6	12	优势
15~64 岁人口比例	19	20	-1	中势
文盲率	23	23	0	劣势
大专以上教育程度人口比例	16	17	-1	中势
平均受教育程度	17	19	-2	中势
人口健康素质	7	3	4	强势
职业学校毕业生数	5	5	0	优势

4. 山东省财政金融竞争力指标排名变化情况

表 15-8 2015~2016 年山东省财政金融竞争力指标组排位及变化趋势

指 标	2015 年	2016 年	排位升降	优劣势
4 财政金融竞争力	8	6	2	优势
4.1 财政竞争力	15	14	1	中势
地方财政收入	3	3	0	强势
地方财政支出	3	4	-1	优势
地方财政收入占 GDP 比重	26	28	-2	劣势
地方财政支出占 GDP 比重	31	30	1	劣势
税收收入占 GDP 比重	24	26	-2	劣势
税收收入占财政总收入比重	20	9	11	优势
人均地方财政收入	12	23	-11	劣势
人均地方财政支出	29	26	3	劣势
人均税收收入	11	11	0	中势

续表

指　标	2015 年	2016 年	排位升降	优劣势
地方财政收入增长率	21	23	-2	劣势
地方财政支出增长率	13	24	-11	劣势
税收收入增长率	14	18	-4	中势
4.2　金融竞争力	7	6	1	优势
存款余额	6	6	0	优势
人均存款余额	15	14	1	中势
贷款余额	4	4	0	优势
人均贷款余额	14	16	-2	中势
中长期贷款占贷款余额比重	30	27	3	劣势
保险费净收入	3	3	0	强势
保险密度	13	11	2	中势
保险深度	24	24	0	劣势
国内上市公司数	6	6	0	优势
国内上市公司市值	6	6	0	优势

5. 山东省知识经济竞争力指标排名变化情况

表 15-9　2015～2016 年山东省知识经济竞争力指标组排位及变化趋势

指　标	2015 年	2016 年	排位升降	优劣势
5　知识经济竞争力	4	4	0	优势
5.1　科技竞争力	6	5	1	优势
R&D 人员	4	4	0	优势
R&D 经费	3	3	0	强势
R&D 经费投入强度	4	2	2	强势
发明专利授权量	6	6	0	优势
技术市场成交合同金额	8	8	0	优势
财政科技支出占地方财政支出比重	9	9	0	优势
高技术产业主营业务收入	3	3	0	强势
高技术产业收入占工业增加值比重	8	9	-1	优势
高技术产品出口额占商品出口额比重	14	18	-4	中势
5.2　教育竞争力	4	4	0	优势
教育经费	3	3	0	强势
教育经费占 GDP 比重	30	30	0	劣势
人均教育经费	23	23	0	劣势
公共教育经费占财政支出比重	1	1	0	强势
人均文化教育支出占个人消费支出比重	19	16	3	中势
万人中小学学校数	21	20	1	中势
万人中小学专任教师数	17	16	1	中势
高等学校数	2	3	-1	强势

续表

指　标	2015 年	2016 年	排位升降	优劣势
高校专任教师数	2	2	0	强势
万人高等学校在校学生数	12	11	1	中势
5.3　文化竞争力	4	4	0	优势
文化制造业营业收入	3	3	0	强势
文化批发零售业营业收入	6	5	1	优势
文化服务业企业营业收入	9	8	1	优势
图书和期刊出版数	2	3	-1	强势
报纸出版数	3	2	1	强势
印刷用纸量	1	1	0	强势
城镇居民人均文化娱乐支出	16	16	0	中势
农村居民人均文化娱乐支出	17	20	-3	中势
城镇居民人均文化娱乐支出占消费性支出比重	20	19	1	中势
农村居民人均文化娱乐支出占消费性支出比重	16	16	0	中势

6. 山东省发展环境竞争力指标排名变化情况

表 15－10　2015～2016 年山东省发展环境竞争力指标组排位及变化趋势

指　标	2015 年	2016 年	排位升降	优劣势
6　发展环境竞争力	7	8	-1	优势
6.1　基础设施竞争力	7	7	0	优势
铁路网线密度	6	6	0	优势
公路网线密度	2	3	-1	强势
人均内河航道里程	25	25	0	劣势
全社会旅客周转量	7	8	-1	优势
全社会货物周转量	7	7	0	优势
人均邮电业务总量	20	15	5	中势
电话普及率	19	17	2	中势
互联网普及率	13	17	-4	中势
人均耗电量	8	8	0	优势
6.2　软环境竞争力	11	9	2	优势
外资企业数增长率	6	14	-8	中势
万人外资企业数	9	9	0	优势
个体私营企业数增长率	6	6	0	优势
万人个体私营企业数	8	8	0	优势
万人商标注册件数	9	9	0	优势
查处商标侵权假冒案件	9	9	0	优势
每十万人交通事故发生数	14	18	-4	中势
罚没收入占财政收入比重	17	11	6	中势
社会捐赠款物	11	13	-2	中势

7. 山东省政府作用竞争力指标排名变化情况

表 15－11　2015～2016 年山东省政府作用竞争力指标组排位及变化趋势

指　标	2015 年	2016 年	排位升降	优劣势
7　政府作用竞争力	4	4	0	优势
7.1　政府发展经济竞争力	1	1	0	强势
财政支出用于基本建设投资比重	28	26	2	劣势
财政支出对 GDP 增长的拉动	1	1	0	强势
政府公务员对经济的贡献	7	7	0	优势
政府消费对民间消费的拉动	4	1	3	强势
财政投资对社会投资的拉动	2	3	－1	强势
7.2　政府规调经济竞争力	9	14	－5	中势
物价调控	9	24	－15	劣势
调控城乡消费差距	21	21	0	劣势
统筹经济社会发展	10	5	5	优势
规范税收	16	15	1	中势
固定资产投资价格指数	11	6	5	优势
7.3　政府保障经济竞争力	8	11	－3	中势
城市城镇社区服务设施数	5	5	0	优势
医疗保险覆盖率	9	10	－1	优势
养老保险覆盖率	12	14	－2	中势
失业保险覆盖率	10	11	－1	中势
最低工资标准	10	7	3	优势
城镇登记失业率	15	15	0	中势

8. 山东省发展水平竞争力指标排名变化情况

表 15－12　2015～2016 年山东省发展水平竞争力指标组排位及变化趋势

指　标	2015 年	2016 年	排位升降	优劣势
8　发展水平竞争力	8	8	0	优势
8.1　工业化进程竞争力	10	11	－1	中势
工业增加值占 GDP 比重	10	6	4	优势
工业增加值增长率	10	14	－4	中势
高技术产业占工业增加值比重	8	9	－1	优势
高技术产品出口额占商品出口额比重	13	14	－1	中势
信息产业增加值占 GDP 比重	9	11	－2	中势
工农业增加值比值	8	7	1	优势
8.2　城市化进程竞争力	9	9	0	优势
城镇化率	12	12	0	中势
城镇居民人均可支配收入	8	8	0	优势
城市平均建成区面积比重	26	26	0	劣势

续表

指　标	2015 年	2016 年	排位升降	优劣势
人均拥有道路面积	1	2	-1	强势
人均日生活用水量	21	22	-1	劣势
人均公共绿地面积	4	3	1	强势
8.3　市场化进程竞争力	4	4	0	优势
非公有制经济产值占全社会总产值比重	3	5	-2	优势
社会投资占投资总额比重	2	6	-4	优势
私有和个体企业从业人员比重	16	15	1	中势
亿元以上商品市场成交额	3	3	0	强势
亿元以上商品市场成交额占全社会消费品零售总额比重	8	9	-1	优势
居民消费支出占总消费支出比重	4	1	3	强势

9. 山东省统筹协调竞争力指标排名变化情况

表 15-13　2015~2016 年山东省统筹协调竞争力指标组排位及变化趋势

指　标	2015 年	2016 年	排位升降	优劣势
9　统筹协调竞争力	20	15	5	中势
9.1　统筹发展竞争力	26	12	14	中势
社会劳动生产率	9	10	-1	优势
能源使用下降率	17	13	4	中势
万元 GDP 综合能耗下降率	24	15	9	中势
非农用地产出率	8	8	0	优势
生产税净额和营业盈余占 GDP 比重	26	26	0	劣势
最终消费率	29	24	5	劣势
固定资产投资额占 GDP 比重	9	9	0	优势
固定资产交付使用率	15	14	1	中势
9.2　协调发展竞争力	11	22	-11	劣势
环境竞争力与宏观经济竞争力比差	27	28	-1	劣势
资源竞争力与宏观经济竞争力比差	13	13	0	中势
人力资源竞争力与宏观经济竞争力比差	5	7	-2	优势
资源竞争力与工业竞争力比差	11	21	-10	劣势
环境竞争力与工业竞争力比差	3	2	1	强势
城乡居民家庭人均收入比差	19	19	0	中势
城乡居民人均现金消费支出比差	21	22	-1	劣势
全社会消费品零售总额与外贸出口总额比差	11	21	-10	劣势

B.17

16 河南省经济综合竞争力评价分析报告

河南省简称豫，位于中国中东部，黄河中下游，黄淮海平原西南部，大部分地区在黄河以南，北承河北省、山西省，东接山东省、安徽省，南连湖北省，西邻陕西省。全省总面积约16.7万平方公里，2016年全省常住人口为9532万人，地区生产总值为40472亿元，同比增长8.1%，人均GDP达42575元。本部分通过分析2015~2016年河南省经济综合竞争力以及各要素竞争力的排名变化，从中找出河南省经济综合竞争力的推动点及影响因素，为进一步提升河南省经济综合竞争力提供决策参考。

16.1 河南省经济综合竞争力总体分析

1. 河南省经济综合竞争力一级指标概要分析

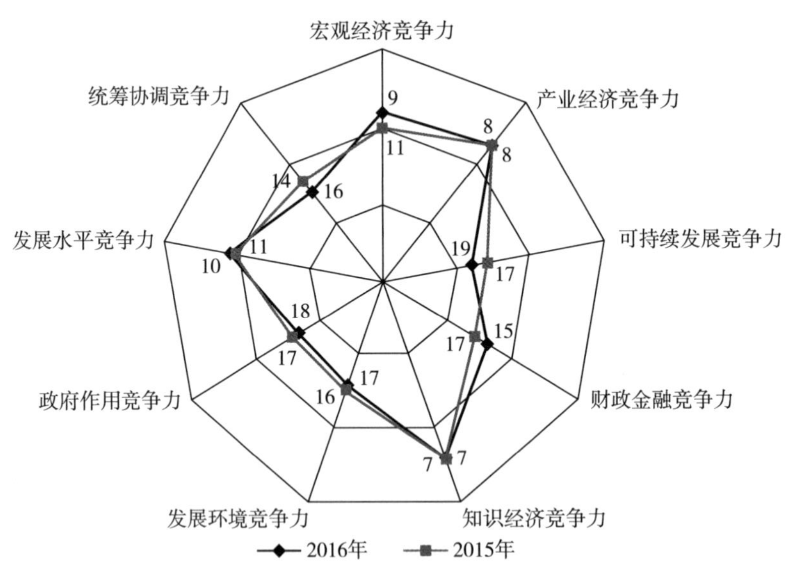

图16－1　2015~2016年河南省经济综合竞争力二级指标比较

（1）从综合排位看，2016年河南省经济综合竞争力综合排位在全国居第9位，这表明其在全国处于优势地位；与2015年相比，综合排位没有发生变化。

（2）从指标所处区位看，4个指标处于上游区，其中宏观经济竞争力、产业经济竞争力、知识经济竞争力和发展水平竞争力等4个指标为河南省经济综合竞争力的优势指标。

表 16－1 2015～2016 年河南省经济综合竞争力二级指标比较

项目 年份	宏观经济竞争力	产业经济竞争力	可持续发展竞争力	财政金融竞争力	知识经济竞争力	发展环境竞争力	政府作用竞争力	发展水平竞争力	统筹协调竞争力	**综合排位**
2015	11	8	17	17	7	16	17	11	14	9
2016	9	8	19	15	7	17	18	10	16	9
升降	2	0	－2	2	0	－1	－1	1	－2	0
优劣度	优势	优势	中势	中势	优势	中势	中势	优势	中势	优势

（3）从指标变化趋势看，9 个二级指标中，有 3 个指标处于上升趋势，分别为宏观经济竞争力、财政金融竞争力和发展水平竞争力，这些是河南省经济综合竞争力的上升动力所在；有 2 个指标排位没有发生变化，分别为产业经济竞争力和知识经济竞争力；有 4 个指标处于下降趋势，为可持续发展竞争力、发展环境竞争力、政府作用竞争力和统筹协调竞争力，这些是河南省经济综合竞争力的下降拉力所在。

2. 河南省经济综合竞争力各级指标动态变化分析

表 16－2 2015～2016 年河南省经济综合竞争力各级指标排位变化情况

单位：个，%

二级指标	三级指标	四级指标数	上升		保持		下降		变化趋势
			指标数	比重	指标数	比重	指标数	比重	
宏观经济竞争力	经济实力竞争力	12	7	58.3	4	33.3	1	8.3	上升
	经济结构竞争力	6	2	33.3	3	50.0	1	16.7	上升
	经济外向度竞争力	9	4	44.4	3	33.3	2	22.2	下降
	小 计	27	13	48.1	10	37.0	4	14.8	上升
产业经济竞争力	农业竞争力	10	3	30.0	2	20.0	5	50.0	保持
	工业竞争力	10	2	20.0	7	70.0	1	10.0	保持
	服务业竞争力	10	3	30.0	6	60.0	1	10.0	上升
	企业竞争力	10	3	30.0	6	60.0	1	10.0	下降
	小 计	40	11	27.5	21	52.5	8	20.0	保持
可持续发展竞争力	资源竞争力	9	0	0.0	8	88.9	1	11.1	保持
	环境竞争力	8	4	50.0	1	12.5	3	37.5	上升
	人力资源竞争力	7	3	42.9	3	42.9	1	14.3	下降
	小 计	24	7	29.2	12	50.0	5	20.8	下降
财政金融竞争力	财政竞争力	12	5	41.7	3	25.0	4	33.3	上升
	金融竞争力	10	6	60.0	0	0.0	4	40.0	上升
	小 计	22	11	50.0	3	13.6	8	36.4	上升
知识经济竞争力	科技竞争力	9	6	66.7	3	33.3	0	0.0	下降
	教育竞争力	10	3	30.0	2	20.0	5	50.0	保持
	文化竞争力	10	3	30.0	2	20.0	5	50.0	上升
	小 计	29	12	41.4	7	24.1	10	34.5	保持

续表

二级指标	三级指标	四级指标数	上升		保持		下降		变化趋势
			指标数	比重	指标数	比重	指标数	比重	
发展环境竞争力	基础设施竞争力	9	2	22.2	6	66.7	1	11.1	上升
	软环境竞争力	9	2	22.2	1	11.1	6	66.7	下降
	小　计	18	4	22.2	7	38.9	7	38.9	下降
政府作用竞争力	政府发展经济竞争力	5	2	40.0	1	20.0	2	40.0	上升
	政府规调经济竞争力	5	3	60.0	1	20.0	1	20.0	下降
	政府保障经济竞争力	6	1	16.7	1	16.7	4	66.7	下降
	小　计	16	6	37.5	3	18.8	7	43.8	下降
发展水平竞争力	工业化进程竞争力	6	5	83.3	1	16.7	0	0.0	上升
	城市化进程竞争力	6	2	33.3	2	33.3	2	33.3	上升
	市场化进程竞争力	6	2	33.3	2	33.3	2	33.3	保持
	小　计	18	9	50.0	5	27.8	4	22.2	上升
统筹协调竞争力	统筹发展竞争力	8	3	37.5	1	12.5	4	50.0	上升
	协调发展竞争力	8	3	37.5	3	37.5	2	25.0	下降
	小　计	16	6	37.5	4	25.0	6	37.5	下降
合　计		210	79	37.6	72	34.3	59	28.1	保持

从表 16－2 可以看出，210 个四级指标中，上升指标有 79 个，占指标总数的 37.6%；下降指标有 59 个，占指标总数的 28.1%；保持不变的指标有 72 个，占指标总数的 34.3%。综上所述，河南省经济综合竞争力上升的动力大于下降的拉力，但排位保持不变的指标占较大比重，2015～2016 年河南省经济综合竞争力排位保持不变。

3. 河南省经济综合竞争力各级指标优劣势结构分析

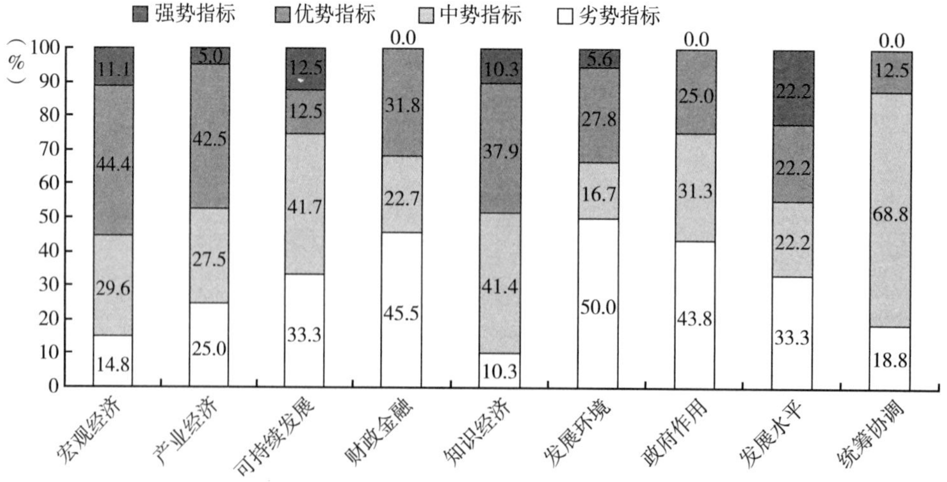

图 16－2　2016 年河南省经济综合竞争力各级指标优劣势比较

表 16－3　2016 年河南省经济综合竞争力各级指标优劣势情况

单位：个，%

二级指标	三级指标	四级指标数	强势指标		优势指标		中势指标		劣势指标		优劣势
			个数	比重	个数	比重	个数	比重	个数	比重	
宏观经济竞争力	经济实力竞争力	12	1	8.3	7	58.3	3	25.0	1	8.3	优势
	经济结构竞争力	6	2	33.3	2	33.3	0	0.0	2	33.3	中势
	经济外向度竞争力	9	0	0.0	3	33.3	5	55.6	1	11.1	中势
	小　计	27	3	11.1	12	44.4	8	29.6	4	14.8	优势
产业经济竞争力	农业竞争力	10	2	20.0	2	20.0	3	30.0	3	30.0	优势
	工业竞争力	10	0	0.0	6	60.0	3	30.0	1	10.0	优势
	服务业竞争力	10	0	0.0	7	70.0	1	10.0	2	20.0	优势
	企业竞争力	10	0	0.0	2	20.0	4	40.0	4	40.0	中势
	小　计	40	2	5.0	17	42.5	11	27.5	10	25.0	优势
可持续发展竞争力	资源竞争力	9	1	11.1	1	11.1	3	33.3	4	44.4	劣势
	环境竞争力	8	0	0.0	2	25.0	6	75.0	0	0.0	中势
	人力资源竞争力	7	2	28.6	0	0.0	1	14.3	4	57.1	中势
	小　计	24	3	12.5	3	12.5	10	41.7	8	33.3	中势
财政金融竞争力	财政竞争力	12	0	0.0	3	25.0	3	25.0	6	50.0	中势
	金融竞争力	10	0	0.0	4	40.0	2	20.0	4	40.0	中势
	小　计	22	0	0.0	7	31.8	5	22.7	10	45.5	中势
知识经济竞争力	科技竞争力	9	1	11.1	4	44.4	4	44.4	0	0.0	优势
	教育竞争力	10	2	20.0	3	30.0	4	40.0	1	10.0	优势
	文化竞争力	10	0	0.0	4	40.0	4	40.0	2	20.0	优势
	小　计	29	3	10.3	11	37.9	12	41.4	3	10.3	优势
发展环境竞争力	基础设施竞争力	9	1	11.1	3	33.3	1	11.1	4	44.4	中势
	软环境竞争力	9	0	0.0	2	22.2	2	22.2	5	55.6	劣势
	小　计	18	1	5.6	5	27.8	3	16.7	9	50.0	中势
政府作用竞争力	政府发展经济竞争力	5	0	0.0	2	40.0	2	40.0	1	20.0	优势
	政府规调经济竞争力	5	0	0.0	2	40.0	1	20.0	2	40.0	优势
	政府保障经济竞争力	6	0	0.0	0	0.0	2	33.3	4	66.7	劣势
	小　计	16	0	0.0	4	25.0	5	31.3	7	43.8	中势
发展水平竞争力	工业化进程竞争力	6	2	33.3	2	33.3	2	33.3	0	0.0	优势
	城市化进程竞争力	6	0	0.0	1	16.7	0	0.0	5	83.3	劣势
	市场化进程竞争力	6	2	33.3	1	16.7	2	33.3	1	16.7	中势
	小　计	18	4	22.2	4	22.2	4	22.2	6	33.3	优势
统筹协调竞争力	统筹发展竞争力	8	0	0.0	1	12.5	6	75.0	1	12.5	中势
	协调发展竞争力	8	0	0.0	1	12.5	5	62.5	2	25.0	中势
	小　计	16	0	0.0	2	12.5	11	68.8	3	18.8	中势
合　计		210	16	7.6	65	31.0	69	32.9	60	28.6	优势

基于图 16－2 和表 16－3，具体到四级指标，强势指标 16 个，占指标总数的 7.6%；优势指标 65 个，占指标总数的 31.0%；中势指标 69 个，占指标总数的

32.9%；劣势指标60个，占指标总数的28.6%。三级指标中，没有强势指标；优势指标10个，占三级指标总数的40.0%；中势指标11个，占三级指标总数的44.0%；劣势指标4个，占三级指标总数的16.0%。从二级指标看，没有强势指标；优势指标有4个，占二级指标总数的44.4%；中势指标有5个，占二级指标总数的55.6%；没有劣势指标。综合来看，由于优势指标在指标体系中比重较高，2016年河南省经济综合竞争力处于优势地位。

4. 河南省经济综合竞争力四级指标优劣势对比分析

表16-4　2016年河南省经济综合竞争力各级指标优劣势情况

二级指标	优劣势	四级指标
宏观经济竞争力（27个）	强势指标	固定资产投资额、所有制经济结构优化度、资本形成结构优化度(3个)
	优势指标	地区生产总值、地区生产总值增长率、财政总收入、财政总收入增长率、固定资产投资额增长率、全社会消费品零售总额、全社会消费品零售总额增长率、城乡经济结构优化度、就业结构优化度、进出口增长率、出口总额、实际FDI增长率(12个)
	劣势指标	人均财政收入、产业结构优化度、贸易结构优化度、出口增长率(4个)
产业经济竞争力（40个）	强势指标	农业增加值、农业机械化水平(2个)
	优势指标	农业增加值增长率、人均主要农产品产量、工业增加值、工业资产总额、工业资产总额增长率、工业资产总贡献率、规模以上工业主营业务收入、规模以上工业利润总额、服务业增加值、服务业增加值增长率、服务业从业人员数、限额以上批发零售企业主营业务收入、限额以上批零企业利税率、商品房销售收入、电子商务销售额、规模以上工业企业数、产品质量抽查合格率(17个)
	劣势指标	人均农业增加值、农民人均纯收入增长率、财政支农资金比重、工业全员劳动生产率、人均服务业增加值、限额以上餐饮企业利税率、规模以上企业平均资产、规模以上企业劳动效率、城镇就业人员平均工资、工业企业R&D经费投入强度(10个)
可持续发展竞争力（24个）	强势指标	耕地面积、人口健康素质、职业学校毕业生数(3个)
	优势指标	主要能源矿产基础储量、人均工业废气排放量、人均治理工业污染投资额(3个)
	劣势指标	人均国土面积、人均年水资源量、人均牧草地面积、人均森林储积量、常住人口增长率、15~64岁人口比例、大专以上教育程度人口比例、平均受教育程度(8个)
财政金融竞争力（22个）	强势指标	(0个)
	优势指标	地方财政收入、地方财政支出、税收收入增长率、存款余额、贷款余额、保险费净收入、保险深度(7个)
	劣势指标	地方财政收入占GDP比重、地方财政支出占GDP比重、税收收入占GDP比重、人均地方财政收入、人均地方财政支出、人均税收收入、人均存款余额、人均贷款余额、中长期贷款占贷款余额比重、保险密度(10个)
知识经济竞争力（29个）	强势指标	高技术产品出口额占商品出口额比重、万人中小学学校数、高校专任教师数(3个)
	优势指标	R&D人员、R&D经费、高技术产业主营业务收入、高技术产业收入占工业增加值比重、教育经费、万人中小学专任教师数、高等学校数、文化制造业营业收入、文化批发零售业营业收入、图书和期刊出版数、报纸出版数(11个)
	劣势指标	人均教育经费、城镇居民人均文化娱乐支出、农村居民人均文化娱乐支出(3个)
发展环境竞争力（18个）	强势指标	全社会旅客周转量(1个)
	优势指标	铁路网线密度、公路网线密度、全社会货物周转量、查处商标侵权假冒案件、罚没收入占财政收入比重(5个)
	劣势指标	人均内河航道里程、人均邮电业务总量、电话普及率、互联网普及率、万人外资企业数、个体私营企业数增长率、万人个体私营企业数、万人商标注册件数、每十万人交通事故发生数(9个)

续表

二级指标	优劣势	四级指标
政府作用竞争力（16个）	强势指标	（0个）
	优势指标	财政支出对GDP增长的拉动、财政投资对社会投资的拉动、统筹经济社会发展、固定资产投资价格指数（4个）
	劣势指标	财政支出用于基本建设投资比重、物价调控、规范税收、医疗保险覆盖率、养老保险覆盖率、失业保险覆盖率、城镇登记失业率（7个）
发展水平竞争力（18个）	强势指标	工业增加值占GDP比重、高技术产品出口额占商品出口额比重、非公有制经济产值占全社会总产值比重、社会投资占投资总额比重（4个）
	优势指标	高技术产业占工业增加值比重、信息产业增加值占GDP比重、城市平均建成区面积比重、亿元以上商品市场成交额（4个）
	劣势指标	城镇化率、城镇居民人均可支配收入、人均拥有道路面积、人均日生活用水量、人均公共绿地面积、私有和个体企业从业人员比重（6个）
统筹协调竞争力（16个）	强势指标	（0个）
	优势指标	能源使用下降率、环境竞争力与工业竞争力比差（2个）
	劣势指标	社会劳动生产率、资源竞争力与工业竞争力比差、城乡居民家庭人均收入比差（3个）

16.2　河南省经济综合竞争力各级指标具体分析

1. 河南省宏观经济竞争力指标排名变化情况

表16－5　2015～2016年河南省宏观经济竞争力指标组排位及变化趋势

指　标	2015年	2016年	排位升降	优劣势
1　宏观经济竞争力	11	9	2	优势
1.1　经济实力竞争力	10	5	5	优势
地区生产总值	5	5	0	优势
地区生产总值增长率	13	9	4	优势
人均地区生产总值	22	20	2	中势
财政总收入	14	8	6	优势
财政总收入增长率	16	6	10	优势
人均财政收入	29	27	2	劣势
固定资产投资额	3	3	0	强势
固定资产投资额增长率	9	4	5	优势
人均固定资产投资额	21	19	2	中势
全社会消费品零售总额	5	5	0	优势
全社会消费品零售总额增长率	4	9	－5	优势
人均全社会消费品零售总额	19	19	0	中势
1.2　经济结构竞争力	18	17	1	中势
产业结构优化度	26	28	－2	劣势
所有制经济结构优化度	6	3	3	强势
城乡经济结构优化度	8	8	0	优势

续表

指　标	2015年	2016年	排位升降	优劣势
就业结构优化度	4	4	0	优势
资本形成结构优化度	11	3	8	强势
贸易结构优化度	31	31	0	劣势
1.3　经济外向度竞争力	12	15	-3	中势
进出口总额	11	11	0	中势
进出口增长率	2	8	-6	优势
出口总额	10	7	3	优势
出口增长率	7	28	-21	劣势
实际FDI	16	14	2	中势
实际FDI增长率	9	6	3	优势
外贸依存度	16	16	0	中势
外资企业数	12	12	0	中势
对外直接投资额	12	11	1	中势

2. 河南省产业经济竞争力指标排名变化情况

表16-6　2015~2016年河南省产业经济竞争力指标组排位及变化趋势

指　标	2015年	2016年	排位升降	优劣势
2　产业经济竞争力	8	8	0	优势
2.1　农业竞争力	4	4	0	优势
农业增加值	2	2	0	强势
农业增加值增长率	13	10	3	优势
人均农业增加值	19	22	-3	劣势
农民人均纯收入	17	18	-1	中势
农民人均纯收入增长率	20	24	-4	劣势
农产品出口占农林牧渔总产值比重	21	20	1	中势
人均主要农产品产量	6	6	0	优势
农业机械化水平	2	1	1	强势
农村人均用电量	14	15	-1	中势
财政支农资金比重	19	21	-2	劣势
2.2　工业竞争力	5	5	0	优势
工业增加值	5	5	0	优势
工业增加值增长率	14	11	3	中势
人均工业增加值	16	15	1	中势
工业资产总额	5	5	0	优势
工业资产总额增长率	8	8	0	优势
工业资产总贡献率	7	7	0	优势
规模以上工业主营业务收入	4	4	0	优势
规模以上工业利润总额	4	4	0	优势
工业全员劳动生产率	29	29	0	劣势
工业成本费用利润率	7	13	-6	中势

续表

指 标	2015 年	2016 年	排位升降	优劣势
2.3 服务业竞争力	10	8	2	优势
服务业增加值	7	7	0	优势
服务业增加值增长率	8	7	1	优势
人均服务业增加值	25	25	0	劣势
服务业从业人员数	4	4	0	优势
限额以上批发零售企业主营业务收入	11	10	1	优势
限额以上批零企业利税率	5	5	0	优势
限额以上餐饮企业利税率	30	31	-1	劣势
旅游外汇收入	20	20	0	中势
商品房销售收入	7	6	1	优势
电子商务销售额	7	7	0	优势
2.4 企业竞争力	17	18	-1	中势
规模以上工业企业数	5	5	0	优势
规模以上企业平均资产	23	23	0	劣势
规模以上企业平均收入	14	14	0	中势
规模以上企业平均利润	8	11	-3	中势
规模以上企业劳动效率	24	23	1	劣势
城镇就业人员平均工资	31	31	0	劣势
新产品销售收入占主营业务收入比重	18	18	0	中势
产品质量抽查合格率	7	6	1	优势
工业企业 R&D 经费投入强度	24	23	1	劣势
中国驰名商标持有量	13	13	0	中势

3. 河南省可持续发展竞争力指标排名变化情况

表 16-7 2015~2016 年河南省可持续发展竞争力指标组排位及变化趋势

指 标	2015 年	2016 年	排位升降	优劣势
3 可持续发展竞争力	17	19	-2	中势
3.1 资源竞争力	22	22	0	劣势
人均国土面积	25	25	0	劣势
人均可使用海域和滩涂面积	13	13	0	中势
人均年水资源量	24	25	-1	劣势
耕地面积	3	3	0	强势
人均耕地面积	18	18	0	中势
人均牧草地面积	28	28	0	劣势
主要能源矿产基础储量	9	9	0	优势
人均主要能源矿产基础储量	15	15	0	中势
人均森林储积量	24	24	0	劣势
3.2 环境竞争力	15	13	2	中势
森林覆盖率	20	20	0	中势
人均废水排放量	15	13	2	中势
人均工业废气排放量	17	10	7	优势

续表

指　标	2015 年	2016 年	排位升降	优劣势
人均工业固体废物排放量	15	16	-1	中势
人均治理工业污染投资额	21	9	12	优势
一般工业固体废物综合利用率	10	12	-2	中势
生活垃圾无害化处理率	16	12	4	中势
自然灾害直接经济损失	9	20	-11	中势
3.3　人力资源竞争力	11	15	-4	中势
常住人口增长率	23	21	2	劣势
15~64 岁人口比例	29	29	0	劣势
文盲率	15	19	-4	中势
大专以上教育程度人口比例	29	29	0	劣势
平均受教育程度	23	21	2	劣势
人口健康素质	3	2	1	强势
职业学校毕业生数	3	3	0	强势

4. 河南省财政金融竞争力指标排名变化情况

表 16-8　2015~2016 年河南省财政金融竞争力指标组排位及变化趋势

指　标	2015 年	2016 年	排位升降	优劣势
4　财政金融竞争力	17	15	2	中势
4.1　财政竞争力	21	18	3	中势
地方财政收入	8	6	2	优势
地方财政支出	5	5	0	优势
地方财政收入占 GDP 比重	29	24	5	劣势
地方财政支出占 GDP 比重	25	26	-1	劣势
税收收入占 GDP 比重	30	30	0	劣势
税收收入占财政总收入比重	13	15	-2	中势
人均地方财政收入	28	28	0	劣势
人均地方财政支出	31	30	1	劣势
人均税收收入	29	28	1	劣势
地方财政收入增长率	8	15	-7	中势
地方财政支出增长率	20	12	8	中势
税收收入增长率	8	9	-1	优势
4.2　金融竞争力	13	11	2	中势
存款余额	10	9	1	优势
人均存款余额	29	30	-1	劣势
贷款余额	11	10	1	优势
人均贷款余额	31	30	1	劣势
中长期贷款占贷款余额比重	28	26	2	劣势
保险费净收入	5	7	-2	优势
保险密度	20	21	-1	劣势
保险深度	9	10	-1	优势
国内上市公司数	13	12	1	中势
国内上市公司市值	13	12	1	中势

5. 河南省知识经济竞争力指标排名变化情况

表 16－9　2015～2016 年河南省知识经济竞争力指标组排位及变化趋势

指　标	2015 年	2016 年	排位升降	优劣势
5　知识经济竞争力	7	7	0	优势
5.1　科技竞争力	8	9	－1	优势
R&D 人员	5	5	0	优势
R&D 经费	7	7	0	优势
R&D 经费投入强度	13	13	0	中势
发明专利授权量	14	13	1	中势
技术市场成交合同金额	22	20	2	中势
财政科技支出占地方财政支出比重	18	17	1	中势
高技术产业主营业务收入	6	5	1	优势
高技术产业收入占工业增加值比重	11	10	1	优势
高技术产品出口额占商品出口额比重	2	1	1	强势
5.2　教育竞争力	5	5	0	优势
教育经费	4	5	－1	优势
教育经费占 GDP 比重	17	18	－1	中势
人均教育经费	26	29	－3	劣势
公共教育经费占财政支出比重	3	15	－12	中势
人均文化教育支出占个人消费支出比重	13	14	－1	中势
万人中小学学校数	2	2	0	强势
万人中小学专任教师数	7	5	2	优势
高等学校数	4	4	0	优势
高校专任教师数	4	3	1	强势
万人高等学校在校学生数	19	17	2	中势
5.3　文化竞争力	9	8	1	优势
文化制造业营业收入	6	6	0	优势
文化批发零售业营业收入	9	8	1	优势
文化服务业企业营业收入	10	12	－2	中势
图书和期刊出版数	11	9	2	优势
报纸出版数	5	6	－1	优势
印刷用纸量	11	11	0	中势
城镇居民人均文化娱乐支出	21	24	－3	劣势
农村居民人均文化娱乐支出	24	25	－1	劣势
城镇居民人均文化娱乐支出占消费性支出比重	10	12	－2	中势
农村居民人均文化娱乐支出占消费性支出比重	15	14	1	中势

6. 河南省发展环境竞争力指标排名变化情况

表 16－10　2015～2016 年河南省发展环境竞争力指标组排位及变化趋势

指　标	2015 年	2016 年	排位升降	优劣势
6　发展环境竞争力	16	17	－1	中势
6.1　基础设施竞争力	12	11	1	中势
铁路网线密度	8	8	0	优势
公路网线密度	5	4	1	优势
人均内河航道里程	23	23	0	劣势
全社会旅客周转量	2	2	0	强势
全社会货物周转量	9	9	0	优势
人均邮电业务总量	25	27	－2	劣势
电话普及率	26	26	0	劣势
互联网普及率	28	27	1	劣势
人均耗电量	19	19	0	中势
6.2　软环境竞争力	24	25	－1	劣势
外资企业数增长率	29	11	18	中势
万人外资企业数	28	28	0	劣势
个体私营企业数增长率	8	29	－21	劣势
万人个体私营企业数	25	27	－2	劣势
万人商标注册件数	21	22	－1	劣势
查处商标侵权假冒案件	4	6	－2	优势
每十万人交通事故发生数	29	30	－1	劣势
罚没收入占财政收入比重	8	10	－2	优势
社会捐赠款物	15	11	4	中势

7. 河南省政府作用竞争力指标排名变化情况

表 16－11　2015～2016 年河南省政府作用竞争力指标组排位及变化趋势

指　标	2015 年	2016 年	排位升降	优劣势
7　政府作用竞争力	17	18	－1	中势
7.1　政府发展经济竞争力	10	9	1	优势
财政支出用于基本建设投资比重	18	21	－3	劣势
财政支出对 GDP 增长的拉动	7	6	1	优势
政府公务员对经济的贡献	19	19	0	中势
政府消费对民间消费的拉动	16	17	－1	中势
财政投资对社会投资的拉动	5	4	1	优势
7.2　政府规调经济竞争力	8	9	－1	优势
物价调控	12	22	－10	劣势
调控城乡消费差距	16	15	1	中势

续表

指　标	2015年	2016年	排位升降	优劣势
统筹经济社会发展	6	4	2	优势
规范税收	28	28	0	劣势
固定资产投资价格指数	9	7	2	优势
7.3　政府保障经济竞争力	25	28	-3	劣势
城市城镇社区服务设施数	19	20	-1	中势
医疗保险覆盖率	31	31	0	劣势
养老保险覆盖率	26	25	1	劣势
失业保险覆盖率	23	26	-3	劣势
最低工资标准	10	12	-2	中势
城镇登记失业率	10	22	-12	劣势

8. 河南省发展水平竞争力指标排名变化情况

表16-12　2015～2016年河南省发展水平竞争力指标组排位及变化趋势

指　标	2015年	2016年	排位升降	优劣势
8 发展水平竞争力	11	10	1	优势
8.1　工业化进程竞争力	7	4	3	优势
工业增加值占GDP比重	3	1	2	强势
工业增加值增长率	14	11	3	中势
高技术产业占工业增加值比重	11	10	1	优势
高技术产品出口额占商品出口额比重	1	1	0	强势
信息产业增加值占GDP比重	10	9	1	优势
工农业增加值比值	18	16	2	中势
8.2　城市化进程竞争力	26	25	1	劣势
城镇化率	27	25	2	劣势
城镇居民人均可支配收入	24	25	-1	劣势
城市平均建成区面积比重	4	4	0	优势
人均拥有道路面积	26	26	0	劣势
人均日生活用水量	30	28	2	劣势
人均公共绿地面积	28	29	-1	劣势
8.3　市场化进程竞争力	11	11	0	中势
非公有制经济产值占全社会总产值比重	6	3	3	强势
社会投资占投资总额比重	1	1	0	强势
私有和个体企业从业人员比重	31	30	1	劣势
亿元以上商品市场成交额	10	10	0	优势
亿元以上商品市场成交额占全社会消费品零售总额比重	15	16	-1	中势
居民消费支出占总消费支出比重	16	17	-1	中势

9. 河南省统筹协调竞争力指标排名变化情况

表 16-13　2015~2016 年河南省统筹协调竞争力指标组排位及变化趋势

指　标	2015 年	2016 年	排位升降	优劣势
9　统筹协调竞争力	14	16	-2	中势
9.1　统筹发展竞争力	19	14	5	中势
社会劳动生产率	26	26	0	劣势
能源使用下降率	8	5	3	优势
万元 GDP 综合能耗下降率	11	12	-1	中势
非农用地产出率	10	11	-1	中势
生产税净额和营业盈余占 GDP 比重	13	15	-2	中势
最终消费率	17	16	1	中势
固定资产投资额占 GDP 比重	18	20	-2	中势
固定资产交付使用率	20	17	3	中势
9.2　协调发展竞争力	17	19	-2	中势
环境竞争力与宏观经济竞争力比差	18	18	0	中势
资源竞争力与宏观经济竞争力比差	12	11	1	中势
人力资源竞争力与宏观经济竞争力比差	19	12	7	中势
资源竞争力与工业竞争力比差	10	23	-13	劣势
环境竞争力与工业竞争力比差	6	6	0	优势
城乡居民家庭人均收入比差	24	24	0	劣势
城乡居民人均现金消费支出比差	16	17	-1	中势
全社会消费品零售总额与外贸出口总额比差	19	16	3	中势

B.18
17
湖北省经济综合竞争力评价分析报告

湖北省简称鄂，位于长江中游，周边分别与河南省、安徽省、江西省、湖南省、重庆市、陕西省为邻。省域内多湖泊，有“千湖之省”之称。全省面积 18 万平方公里，2016 年总人口为 5885 万人，全省地区生产总值达 32665 亿元，同比增长 8.1%，人均 GDP 达 55665 元。本部分通过分析 2015～2016 年湖北省经济综合竞争力以及各要素竞争力的排名变化，从中找出湖北省经济综合竞争力的推动点及影响因素，为进一步提升湖北省经济综合竞争力提供决策参考。

17.1 湖北省经济综合竞争力总体分析

1. 湖北省经济综合竞争力一级指标概要分析

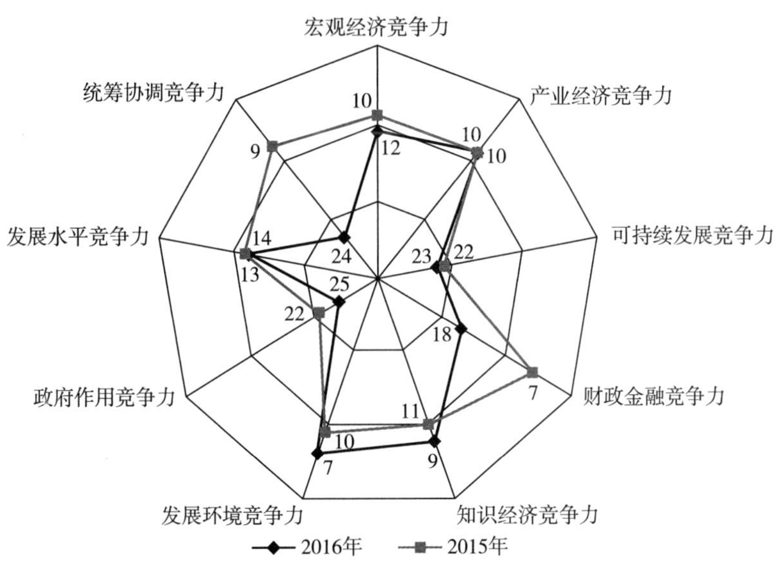

图 17－1 2015～2016 年湖北省经济综合竞争力二级指标比较雷达图

（1）从综合排位的变化比较看，2016 年湖北省经济综合竞争力综合排位在全国处于第 11 位，表明其在全国处于中势地位；与 2015 年相比，综合排位下降了 1 位。

（2）从指标所处区位看，处于上游区的指标有 3 个，为产业经济竞争力、知识经济竞争力和发展环境竞争力；处于下游区的指标有 3 个，为可持续发展竞争力、政府作

表 17－1　2015～2016 年湖北省经济综合竞争力二级指标比较

项目 年份	宏观经济竞争力	产业经济竞争力	可持续发展竞争力	财政金融竞争力	知识经济竞争力	发展环境竞争力	政府作用竞争力	发展水平竞争力	统筹协调竞争力	**综合排位**
2015	10	10	22	7	11	10	22	13	9	10
2016	12	10	23	18	9	7	25	14	24	11
升降	－2	0	－1	－11	2	3	－3	－1	－15	－1
优劣度	中势	优势	劣势	中势	优势	优势	劣势	中势	劣势	中势

用竞争力和统筹协调竞争力；其他 3 个指标均处于中游区。

（3）从指标变化趋势看，9 个二级指标中，有 2 个指标处于上升趋势，为知识经济竞争力和发展环境竞争力，这些是湖北省经济综合竞争力的上升动力所在；有 1 个指标排位没有发生变化，为产业经济竞争力；其余指标处于下降趋势，为宏观经济竞争力、可持续发展竞争力、财政金融竞争力、政府作用竞争力、发展水平竞争力和统筹协调竞争力，这些是湖北省经济综合竞争力的下降拉力所在。

2. 湖北省经济综合竞争力各级指标动态变化分析

表 17－2　2015～2016 年湖北省经济综合竞争力各级指标排位变化态势比较

单位：个，%

二级指标	三级指标	四级指标数	上升		保持		下降		变化趋势
			指标数	比重	指标数	比重	指标数	比重	
宏观经济竞争力	经济实力竞争力	12	6	50.0	2	16.7	4	33.3	保持
	经济结构竞争力	6	2	33.3	2	33.3	2	33.3	下降
	经济外向度竞争力	9	3	33.3	1	11.1	5	55.6	下降
	小　计	27	11	40.7	5	18.5	11	40.7	下降
产业经济竞争力	农业竞争力	10	2	20.0	4	40.0	4	40.0	下降
	工业竞争力	10	4	40.0	3	30.0	3	30.0	下降
	服务业竞争力	10	4	40.0	4	40.0	2	20.0	下降
	企业竞争力	10	4	40.0	4	40.0	2	20.0	保持
	小　计	40	14	35.0	15	37.5	11	27.5	保持
可持续发展竞争力	资源竞争力	9	1	11.1	8	88.9	0	0.0	上升
	环境竞争力	8	3	37.5	3	37.5	2	25.0	下降
	人力资源竞争力	7	2	28.6	1	14.3	4	57.1	上升
	小　计	24	6	25.0	12	50.0	6	25.0	下降
财政金融竞争力	财政竞争力	12	0	0.0	2	16.7	10	83.3	下降
	金融竞争力	10	4	40.0	3	30.0	3	30.0	下降
	小　计	22	4	18.2	5	22.7	13	59.1	下降
知识经济竞争力	科技竞争力	9	2	22.2	7	77.8	0	0.0	上升
	教育竞争力	10	6	60.0	3	30.0	1	10.0	上升
	文化竞争力	10	1	10.0	2	20.0	7	70.0	下降
	小　计	29	9	31.0	12	41.4	8	27.6	上升

续表

二级指标	三级指标	四级指标数	上升		保持		下降		变化趋势
			指标数	比重	指标数	比重	指标数	比重	
发展环境竞争力	基础设施竞争力	9	5	55.6	1	11.1	3	33.3	下降
	软环境竞争力	9	3	33.3	4	44.4	2	22.2	上升
	小　计	18	8	44.4	5	27.8	5	27.8	上升
政府作用竞争力	政府发展经济竞争力	5	4	80.0	0	0.0	1	20.0	上升
	政府规调经济竞争力	5	2	40.0	1	20.0	2	40.0	下降
	政府保障经济竞争力	6	1	16.7	1	16.7	4	66.7	下降
	小　计	16	7	43.8	2	12.5	7	43.8	下降
发展水平竞争力	工业化进程竞争力	6	3	50.0	0	0.0	3	50.0	上升
	城市化进程竞争力	6	0	0.0	4	66.7	2	33.3	下降
	市场化进程竞争力	6	3	50.0	2	33.3	1	16.7	保持
	小　计	18	6	33.3	6	33.3	6	33.3	下降
统筹协调竞争力	统筹发展竞争力	8	2	25.0	2	25.0	4	50.0	下降
	协调发展竞争力	8	3	37.5	2	25.0	3	37.5	上升
	小　计	16	5	31.3	4	25.0	7	43.8	下降
合　计		210	70	33.3	66	31.4	74	35.2	下降

从表 17 - 2 可以看出，210 个四级指标中，上升指标有 70 个，占指标总数的 33.3%；下降指标有 74 个，占指标总数的 35.2%；保持指标有 66 个，占指标总数的 31.4%。综上所述，上升的动力小于下降的拉力，2015 ~ 2016 年湖北省经济综合竞争力排位下降 1 位，在全国处于第 11 位。

3. 湖北省经济综合竞争力各级指标优劣势结构分析

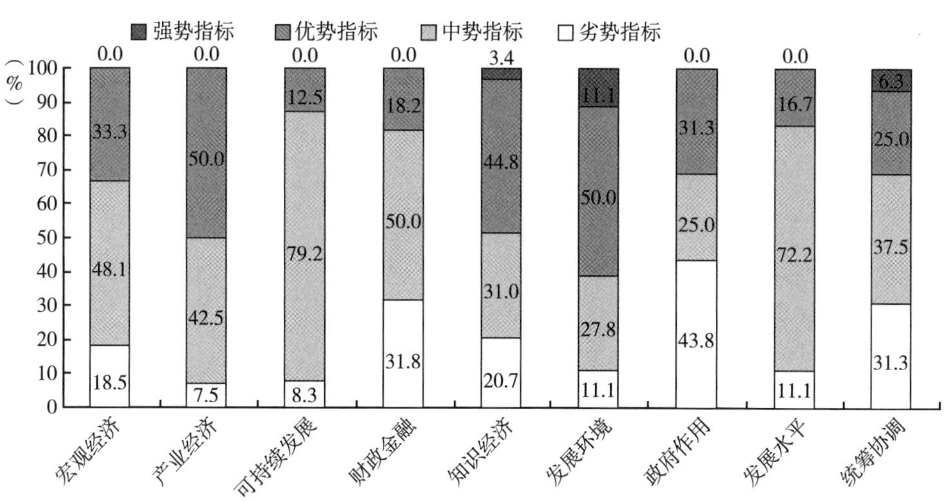

图 17 - 2　2016 年湖北省经济综合竞争力各级指标优劣势比较

表 17－3　2016 年湖北省经济综合竞争力各级指标优劣势比较

单位：个，%

二级指标	三级指标	四级指标数	强势指标		优势指标		中势指标		劣势指标		优劣势
			个数	比重	个数	比重	个数	比重	个数	比重	
宏观经济竞争力	经济实力竞争力	12	0	0.0	6	50.0	4	33.3	2	16.7	中势
	经济结构竞争力	6	0	0.0	2	33.3	3	50.0	1	16.7	中势
	经济外向度竞争力	9	0	0.0	1	11.1	6	66.7	2	22.2	劣势
	小　计	27	0	0.0	9	33.3	13	48.1	5	18.5	中势
产业经济竞争力	农业竞争力	10	0	0.0	5	50.0	4	40.0	1	10.0	中势
	工业竞争力	10	0	0.0	6	60.0	4	40.0	0	0.0	优势
	服务业竞争力	10	0	0.0	5	50.0	5	50.0	0	0.0	优势
	企业竞争力	10	0	0.0	4	40.0	4	40.0	2	20.0	中势
	小　计	40	0	0.0	20	50.0	17	42.5	3	7.5	优势
可持续发展竞争力	资源竞争力	9	0	0.0	0	0.0	8	88.9	1	11.1	劣势
	环境竞争力	8	0	0.0	1	12.5	6	75.0	1	12.5	劣势
	人力资源竞争力	7	0	0.0	2	28.6	5	71.4	0	0.0	中势
	小　计	24	0	0.0	3	12.5	19	79.2	2	8.3	劣势
财政金融竞争力	财政竞争力	12	0	0.0	1	8.3	5	41.7	6	50.0	劣势
	金融竞争力	10	0	0.0	3	30.0	6	60.0	1	10.0	中势
	小　计	22	0	0.0	4	18.2	11	50.0	7	31.8	中势
知识经济竞争力	科技竞争力	9	1	11.1	5	55.6	3	33.3	0	0.0	中势
	教育竞争力	10	0	0.0	4	40.0	1	10.0	5	50.0	中势
	文化竞争力	10	0	0.0	4	40.0	5	50.0	1	10.0	优势
	小　计	29	1	3.4	13	44.8	9	31.0	6	20.7	优势
发展环境竞争力	基础设施竞争力	9	0	0.0	4	44.4	3	33.3	2	22.2	中势
	软环境竞争力	9	2	22.2	5	55.6	2	22.2	0	0.0	优势
	小　计	18	2	11.1	9	50.0	5	27.8	2	11.1	优势
政府作用竞争力	政府发展经济竞争力	5	0	0.0	3	60.0	2	40.0	0	0.0	优势
	政府规调经济竞争力	5	0	0.0	1	20.0	1	20.0	3	60.0	劣势
	政府保障经济竞争力	6	0	0.0	1	16.7	1	16.7	4	66.7	劣势
	小　计	16	0	0.0	5	31.3	4	25.0	7	43.8	劣势
发展水平竞争力	工业化进程竞争力	6	0	0.0	1	16.7	5	83.3	0	0.0	中势
	城市化进程竞争力	6	0	0.0	1	16.7	4	66.7	1	16.7	中势
	市场化进程竞争力	6	0	0.0	1	16.7	5	83.3	0	0.0	中势
	小　计	18	0	0.0	3	16.7	13	72.2	2	11.1	中势
统筹协调竞争力	统筹发展竞争力	8	0	0.0	1	12.5	5	62.5	2	25.0	劣势
	协调发展竞争力	8	1	12.5	3	37.5	1	12.5	3	37.5	优势
	小　计	16	1	6.3	4	25.0	6	37.5	5	31.3	劣势
合　计		210	4	1.9	70	33.3	97	46.2	39	18.6	中势

基于图 17－2 和表 17－3，从四级指标来看，强势指标 4 个，占指标总数的 1.9%；优势指标 70 个，占指标总数的 33.3%；中势指标 97 个，占指标总数的 46.2%；劣势

指标39个，占指标总数的18.6%。从三级指标来看，没有强势指标；优势指标6个，占三级指标总数的24.0%；中势指标12个，占三级指标总数的48.0%；劣势指标7个，占三级指标总数的28.0%。从二级指标来看，没有强势指标；优势指标、中势指标和劣势指标的数量都是3个，分别占二级指标总数的33.3%。综合来看，由于中势指标在指标体系中居于主导地位，优势指标又明显多于劣势指标，2016年湖北省经济综合竞争力处于中势地位。

4. 湖北省经济综合竞争力四级指标优劣势对比分析

表17-4　2016年湖北省经济综合竞争力各级指标优劣势比较

二级指标	优劣势	四级指标
宏观经济竞争力（27个）	强势指标	（0个）
	优势指标	地区生产总值、地区生产总值增长率、固定资产投资额、固定资产投资额增长率、全社会消费品零售总额、全社会消费品零售总额增长率、城乡经济结构优化度、资本形成结构优化度、实际FDI（9个）
	劣势指标	财政总收入、人均财政收入、产业结构优化度、进出口增长率、外贸依存度（5个）
产业经济竞争力（40个）	强势指标	（0个）
	优势指标	农业增加值、人均农业增加值、农民人均纯收入、人均主要农产品产量、农业机械化水平、工业增加值、工业增加值增长率、人均工业增加值、工业资产总额、规模以上工业主营业务收入、规模以上工业利润总额、服务业增加值、服务业从业人员数、限额以上批发零售企业主营业务收入、限额以上批零企业利税率、商品房销售收入、规模以上工业企业数、规模以上企业劳动效率、工业企业R&D经费投入强度、中国驰名商标持有量（20个）
	劣势指标	农民人均纯收入增长率、规模以上企业平均资产、规模以上企业平均收入（3个）
可持续发展竞争力（24个）	强势指标	（0个）
	优势指标	人均工业废气排放量、大专以上教育程度人口比例、人口健康素质（3个）
	劣势指标	人均牧草地面积、自然灾害直接经济损失（2个）
财政金融竞争力（22个）	强势指标	（0个）
	优势指标	税收收入占财政总收入比重、保险费净收入、国内上市公司数、国内上市公司市值（4个）
	劣势指标	地方财政收入占GDP比重、地方财政支出占GDP比重、税收收入占GDP比重、人均地方财政收入、人均地方财政支出、地方财政收入增长率、保险深度（7个）
知识经济竞争力（29个）	强势指标	技术市场成交合同金额（1个）
	优势指标	R&D人员、R&D经费、R&D经费投入强度、发明专利授权量、财政科技支出占地方财政支出比重、教育经费、高等学校数、高校专任教师数、万人高等学校在校学生数、文化服务业企业营业收入、图书和期刊出版数、报纸出版数、农村居民人均文化娱乐支出（13个）
	劣势指标	教育经费占GDP比重、人均教育经费、公共教育经费占财政支出比重、万人中小学学校数、万人中小学专任教师数、城镇居民人均文化娱乐支出（6个）
发展环境竞争力（18个）	强势指标	个体私营企业数增长率、每十万人交通事故发生数（2个）
	优势指标	公路网线密度、人均内河航道里程、全社会旅客周转量、全社会货物周转量、外资企业数增长率、万人外资企业数、查处商标侵权假冒案件、罚没收入占财政收入比重、社会捐赠款物（9个）
	劣势指标	电话数普及率、人均耗电量（2个）

续表

二级指标	优劣势	四级指标
政府作用竞争力(16个)	强势指标	(0个)
	优势指标	财政支出用于基本建设投资比重、财政支出对GDP增长的拉动、政府公务员对经济的贡献、调控城乡消费差距、城市城镇社区服务设施数(5个)
	劣势指标	物价调控、规范税收、固定资产投资价格指数、医疗保险覆盖率、养老保险覆盖率、失业保险覆盖率、城镇登记失业率(7个)
发展水平竞争力(18个)	强势指标	(0个)
	优势指标	工业增加值增长率、人均日生活用水量、私有和个体企业从业人员比重(3个)
	劣势指标	城市平均建成区面积比重、人均公共绿地面积(2个)
统筹协调竞争力(16个)	强势指标	城乡居民人均现金消费支出比差(1个)
	优势指标	非农用地产出率、资源竞争力与宏观经济竞争力比差、环境竞争力与工业竞争力比差、全社会消费品零售总额与外贸出口总额比差(4个)
	劣势指标	最终消费率、固定资产交付使用率、环境竞争力与宏观经济竞争力比差、资源竞争力与工业竞争力比差、城乡居民家庭人均收入比差(5个)

17.2 湖北省经济综合竞争力各级指标具体分析

1. 湖北省宏观经济竞争力指标排名变化情况

表17-5 2015~2016年湖北省宏观经济竞争力指标组排位及变化趋势

指标	2015年	2016年	排位升降	优劣势
1 宏观经济竞争力	10	12	-2	中势
1.1 经济实力竞争力	12	12	0	中势
地区生产总值	8	7	1	优势
地区生产总值增长率	7	10	-3	优势
人均地区生产总值	13	11	2	中势
财政总收入	19	24	-5	劣势
财政总收入增长率	25	17	8	中势
人均财政收入	27	30	-3	劣势
固定资产投资额	7	7	0	优势
固定资产投资额增长率	8	7	1	优势
人均固定资产投资额	13	11	2	中势
全社会消费品零售总额	6	6	0	优势
全社会消费品零售总额增长率	2	10	-8	优势
人均全社会消费品零售总额	12	11	1	中势
1.2 经济结构竞争力	11	12	-1	中势
产业结构优化度	21	21	0	劣势
所有制经济结构优化度	14	13	1	中势
城乡经济结构优化度	6	7	-1	优势

续表

指标	2015 年	2016 年	排位升降	优劣势
就业结构优化度	19	19	0	中势
资本形成结构优化度	21	10	11	优势
贸易结构优化度	9	19	-10	中势
1.3 经济外向度竞争力	15	22	-7	劣势
进出口总额	15	16	-1	中势
进出口增长率	3	26	-23	劣势
出口总额	16	15	1	中势
出口增长率	3	17	-14	中势
实际 FDI	11	10	1	优势
实际 FDI 增长率	12	16	-4	中势
外贸依存度	20	22	-2	劣势
外资企业数	11	11	0	中势
对外直接投资额	21	20	1	中势

2. 湖北省产业经济竞争力指标排名变化情况

表 17-6 2015~2016 年湖北省产业经济竞争力指标组排位及变化趋势

指 标	2015 年	2016 年	排位升降	优劣势
2 产业经济竞争力	10	10	0	优势
2.1 农业竞争力	9	13	-4	中势
农业增加值	8	6	2	优势
农业增加值增长率	12	14	-2	中势
人均农业增加值	7	7	0	优势
农民人均纯收入	10	10	0	优势
农民人均纯收入增长率	12	27	-15	劣势
农产品出口占农林牧渔总产值比重	14	16	-2	中势
人均主要农产品产量	10	10	0	优势
农业机械化水平	8	9	-1	优势
农村人均用电量	16	16	0	中势
财政支农资金比重	25	20	5	中势
2.2 工业竞争力	7	9	-2	优势
工业增加值	7	7	0	优势
工业增加值增长率	4	6	-2	优势
人均工业增加值	11	10	1	优势
工业资产总额	11	10	1	优势
工业资产总额增长率	15	12	3	中势
工业资产总贡献率	12	12	0	中势
规模以上工业主营业务收入	7	7	0	优势
规模以上工业利润总额	7	9	-2	优势
工业全员劳动生产率	17	12	5	中势
工业成本费用利润率	16	18	-2	中势

续表

指　标	2015 年	2016 年	排位升降	优劣势
2.3　服务业竞争力	9	10	-1	优势
服务业增加值	11	10	1	优势
服务业增加值增长率	10	15	-5	中势
人均服务业增加值	12	12	0	中势
服务业从业人员数	10	10	0	优势
限额以上批发零售企业主营业务收入	9	9	0	优势
限额以上批零企业利税率	7	6	1	优势
限额以上餐饮企业利税率	20	19	1	中势
旅游外汇收入	13	13	0	中势
商品房销售收入	8	9	-1	优势
电子商务销售额	13	11	2	中势
2.4　企业竞争力	11	11	0	中势
规模以上工业企业数	8	8	0	优势
规模以上企业平均资产	26	26	0	劣势
规模以上企业平均收入	24	23	1	劣势
规模以上企业平均利润	18	18	0	中势
规模以上企业劳动效率	11	10	1	优势
城镇就业人员平均工资	20	19	1	中势
新产品销售收入占主营业务收入比重	10	11	-1	中势
产品质量抽查合格率	15	11	4	中势
工业企业 R&D 经费投入强度	9	10	-1	优势
中国驰名商标持有量	8	8	0	优势

3. 湖北省可持续发展竞争力指标排名变化情况

表 17-7　2015~2016 年湖北省可持续发展竞争力指标组排位及变化趋势

指　标	2015 年	2016 年	排位升降	优劣势
3　可持续发展竞争力	22	23	-1	劣势
3.1　资源竞争力	24	23	1	劣势
人均国土面积	19	19	0	中势
人均可使用海域和滩涂面积	13	13	0	中势
人均年水资源量	16	12	4	中势
耕地面积	11	11	0	中势
人均耕地面积	16	16	0	中势
人均牧草地面积	21	21	0	劣势
主要能源矿产基础储量	17	17	0	中势
人均主要能源矿产基础储量	19	19	0	中势
人均森林储积量	17	17	0	中势
3.2　环境竞争力	16	28	-12	劣势
森林覆盖率	13	13	0	中势
人均废水排放量	22	18	4	中势
人均工业废气排放量	9	9	0	优势
人均工业固体废物排放量	11	11	0	中势

续表

指　标	2015 年	2016 年	排位升降	优劣势
人均治理工业污染投资额	26	12	14	中势
一般工业固体废物综合利用率	12	17	-5	中势
生活垃圾无害化处理率	22	20	2	中势
自然灾害直接经济损失	18	31	-13	劣势
3.3　人力资源竞争力	20	12	8	中势
常住人口增长率	16	20	-4	中势
15～64 岁人口比例	13	15	-2	中势
文盲率	21	18	3	中势
大专以上教育程度人口比例	9	10	-1	优势
平均受教育程度	12	12	0	中势
人口健康素质	19	7	12	优势
职业学校毕业生数	15	17	-2	中势

4. 湖北省财政金融竞争力指标排名变化情况

表 17－8　2015～2016 年湖北省财政金融竞争力指标组排位及变化趋势

指　标	2015 年	2016 年	排位升降	优劣势
4　财政金融竞争力	7	18	-11	中势
4.1　财政竞争力	7	21	-14	劣势
地方财政收入	9	20	-11	中势
地方财政支出	8	11	-3	中势
地方财政收入占 GDP 比重	22	29	-7	劣势
地方财政支出占 GDP 比重	21	23	-2	劣势
税收收入占 GDP 比重	23	23	0	劣势
税收收入占财政总收入比重	1	5	-4	优势
人均地方财政收入	15	29	-14	劣势
人均地方财政支出	19	21	-2	劣势
人均税收收入	15	15	0	中势
地方财政收入增长率	1	27	-26	劣势
地方财政支出增长率	2	16	-14	中势
税收收入增长率	2	11	-9	中势
4.2　金融竞争力	12	13	-1	中势
存款余额	11	11	0	中势
人均存款余额	20	19	1	中势
贷款余额	12	11	1	中势
人均贷款余额	20	19	1	中势
中长期贷款占贷款余额比重	11	13	-2	中势
保险费净收入	10	10	0	优势
保险密度	18	20	-2	中势
保险深度	17	22	-5	劣势
国内上市公司数	10	9	1	优势
国内上市公司市值	9	9	0	优势

5. 湖北省知识经济竞争力指标排名变化情况

表 17－9　2015～2016 年湖北省知识经济竞争力指标组排位及变化趋势

指　标	2015 年	2016 年	排位升降	优劣势
5　知识经济竞争力	11	9	2	优势
5.1　科技竞争力	12	11	1	中势
R&D 人员	9	9	0	优势
R&D 经费	6	6	0	优势
R&D 经费投入强度	8	8	0	优势
发明专利授权量	9	9	0	优势
技术市场成交合同金额	2	2	0	强势
财政科技支出占地方财政支出比重	8	8	0	优势
高技术产业主营业务收入	12	12	0	中势
高技术产业收入占工业增加值比重	17	15	2	中势
高技术产品出口额占商品出口额比重	16	13	3	中势
5.2　教育竞争力	19	14	5	中势
教育经费	12	10	2	优势
教育经费占 GDP 比重	28	27	1	劣势
人均教育经费	28	26	2	劣势
公共教育经费占财政支出比重	26	21	5	劣势
人均文化教育支出占个人消费支出比重	15	17	-2	中势
万人中小学学校数	23	21	2	劣势
万人中小学专任教师数	27	26	1	劣势
高等学校数	5	5	0	优势
高校专任教师数	6	6	0	优势
万人高等学校在校学生数	7	7	0	优势
5.3　文化竞争力	8	9	-1	优势
文化制造业营业收入	13	12	1	中势
文化批发零售业营业收入	8	13	-5	中势
文化服务业企业营业收入	7	7	0	优势
图书和期刊出版数	4	6	-2	优势
报纸出版数	8	9	-1	优势
印刷用纸量	9	13	-4	中势
城镇居民人均文化娱乐支出	22	22	0	劣势
农村居民人均文化娱乐支出	8	10	-2	优势
城镇居民人均文化娱乐支出占消费性支出比重	19	20	-1	中势
农村居民人均文化娱乐支出占消费性支出比重	12	17	-5	中势

6. 湖北省发展环境竞争力指标排名变化情况

表 17－10　2015～2016 年湖北省发展环境竞争力指标组排位及变化趋势

指标	2015 年	2016 年	排位升降	优劣势
6　发展环境竞争力	10	7	3	优势
6.1　基础设施竞争力	11	12	－1	中势
铁路网线密度	19	20	－1	中势
公路网线密度	7	8	－1	优势
人均内河航道里程	4	4	0	优势
全社会旅客周转量	6	5	1	优势
全社会货物周转量	11	10	1	优势
人均邮电业务总量	17	14	3	中势
电话普及率	25	24	1	劣势
互联网普及率	18	20	－2	中势
人均耗电量	23	22	1	劣势
6.2　软环境竞争力	9	4	5	优势
外资企业数增长率	2	7	－5	优势
万人外资企业数	10	10	0	优势
个体私营企业数增长率	18	2	16	强势
万人个体私营企业数	12	12	0	中势
万人商标注册件数	15	15	0	中势
查处商标侵权假冒案件	5	5	0	优势
每十万人交通事故发生数	26	3	23	强势
罚没收入占财政收入比重	5	9	－4	优势
社会捐赠款物	17	9	8	优势

7. 湖北省政府作用竞争力指标排名变化情况

表 17－11　2015～2016 年湖北省政府作用竞争力指标组排位及变化趋势

指标	2015 年	2016 年	排位升降	优劣势
7　政府作用竞争力	22	25	－3	劣势
7.1　政府发展经济竞争力	12	10	2	优势
财政支出用于基本建设投资比重	19	9	10	优势
财政支出对 GDP 增长的拉动	11	8	3	优势
政府公务员对经济的贡献	11	10	1	优势
政府消费对民间消费的拉动	14	11	3	中势
财政投资对社会投资的拉动	8	17	－9	中势
7.2　政府规调经济竞争力	25	28	－3	劣势
物价调控	19	26	－7	劣势
调控城乡消费差距	3	4	－1	优势

续表

指标	2015 年	2016 年	排位升降	优劣势
统筹经济社会发展	19	12	7	中势
规范税收	30	30	0	劣势
固定资产投资价格指数	29	28	1	劣势
7.3 政府保障经济竞争力	19	23	-4	劣势
城市城镇社区服务设施数	9	8	1	优势
医疗保险覆盖率	23	24	-1	劣势
养老保险覆盖率	16	21	-5	劣势
失业保险覆盖率	21	21	0	劣势
最低工资标准	14	15	-1	中势
城镇登记失业率	6	29	-23	劣势

8. 湖北省发展水平竞争力指标排名变化情况

表 17-12　2015~2016 年湖北省发展水平竞争力指标组排位及变化趋势

指　标	2015 年	2016 年	排位升降	优劣势
8　发展水平竞争力	13	14	-1	中势
8.1　工业化进程竞争力	15	14	1	中势
工业增加值占 GDP 比重	15	13	2	中势
工业增加值增长率	4	6	-2	优势
高技术产业占工业增加值比重	13	14	-1	中势
高技术产品出口额占商品出口额比重	16	12	4	中势
信息产业增加值占 GDP 比重	14	15	-1	中势
工农业增加值比值	21	20	1	中势
8.2　城市化进程竞争力	18	19	-1	中势
城镇化率	13	13	0	中势
城镇居民人均可支配收入	13	13	0	中势
城市平均建成区面积比重	20	21	-1	劣势
人均拥有道路面积	13	13	0	劣势
人均日生活用水量	7	8	-1	优势
人均公共绿地面积	25	25	0	劣势
8.3　市场化进程竞争力	12	12	0	中势
非公有制经济产值占全社会总产值比重	14	13	1	中势
社会投资占投资总额比重	12	18	-6	中势
私有和个体企业从业人员比重	7	7	0	优势
亿元以上商品市场成交额	14	14	0	中势
亿元以上商品市场成交额占全社会消费品零售总额比重	20	19	1	中势
居民消费支出占总消费支出比重	14	11	3	中势

9. 湖北省统筹协调竞争力指标排名变化情况

表 17－13　2015～2016 年湖北省统筹协调竞争力指标组排位及变化趋势

指　标	2015 年	2016 年	排位升降	优劣势
9　统筹协调竞争力	9	24	－15	劣势
9.1　统筹发展竞争力	12	26	－14	劣势
社会劳动生产率	14	14	0	中势
能源使用下降率	12	16	－4	中势
万元 GDP 综合能耗下降率	4	17	－13	中势
非农用地产出率	11	10	1	优势
生产税净额和营业盈余占 GDP 比重	20	20	0	中势
最终消费率	26	25	1	劣势
固定资产投资额占 GDP 比重	14	15	－1	中势
固定资产交付使用率	5	21	－16	劣势
9.2　协调发展竞争力	12	8	4	优势
环境竞争力与宏观经济竞争力比差	19	26	－7	劣势
资源竞争力与宏观经济竞争力比差	9	9	0	优势
人力资源竞争力与宏观经济竞争力比差	11	15	－4	中势
资源竞争力与工业竞争力比差	9	22	－13	劣势
环境竞争力与工业竞争力比差	8	5	3	优势
城乡居民家庭人均收入比差	26	25	1	劣势
城乡居民人均现金消费支出比差	3	3	0	强势
全社会消费品零售总额与外贸出口总额比差	24	10	14	优势

B.19
18
湖南省经济综合竞争力评价分析报告

湖南省简称湘，位于长江中下游南岸，东与江西为邻，北和湖北为界，西连四川、贵州，南接广东、广西，是我国东南部地区腹地。全省面积21万平方公里，2016年总人口为6822万人，全省地区生产总值达31551亿元，同比增长8.0%，人均GDP达46382元。本部分通过分析2015～2016年湖南省经济综合竞争力以及各要素竞争力的排名变化，从中找出湖南省经济综合竞争力的推动点及影响因素，为进一步提升湖南省经济综合竞争力提供决策参考。

18.1 湖南省经济综合竞争力总体分析

1. 湖南省经济综合竞争力一级指标概要分析

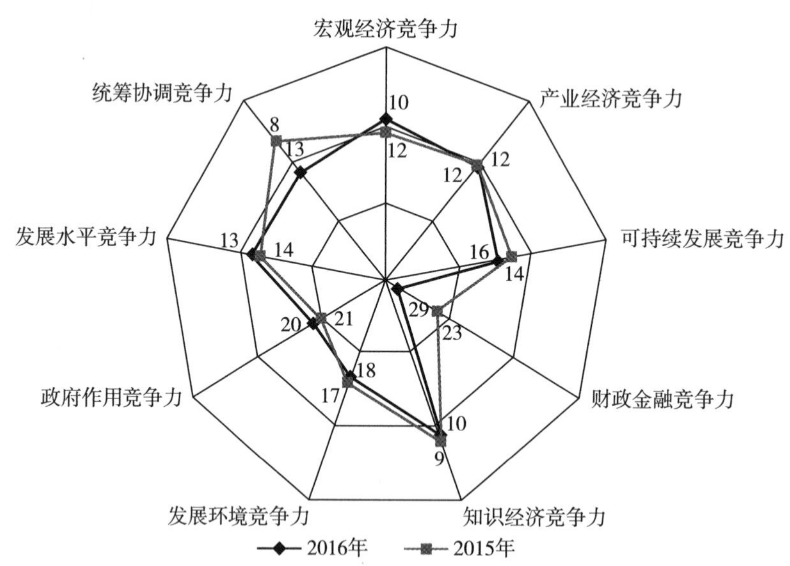

图18-1　2015～2016年湖南省经济综合竞争力二级指标比较雷达图

（1）从综合排位的变化比较看，2016年湖南省经济综合竞争力综合排位在全国处于第12位，表明其在全国处于居中偏上位置；与2015年相比，综合排位上升了1位。

（2）从指标所处区位看，有2个处于上游区的指标，为宏观经济竞争力和知识经济竞争力；有1个处于下游区的指标，为财政金融竞争力，其他指标均处于中游区。

表 18－1　2015～2016 年湖南省经济综合竞争力二级指标比较

项目 年份	宏观经济竞争力	产业经济竞争力	可持续发展竞争力	财政金融竞争力	知识经济竞争力	发展环境竞争力	政府作用竞争力	发展水平竞争力	统筹协调竞争力	综合排位
2015	12	12	14	23	9	17	21	14	8	13
2016	10	12	16	29	10	18	20	13	13	12
升降	2	0	－2	－6	－1	－1	1	1	－5	1
优劣度	优势	中势	中势	劣势	优势	中势	中势	中势	中势	中势

（3）从指标变化趋势看，9 个二级指标中，有 3 个指标处于上升趋势，为宏观经济竞争力、政府作用竞争力和发展水平竞争力，这些是湖南省经济综合竞争力的上升动力所在；有 1 个指标排位没有发生变化，为产业经济竞争力；其余 5 个指标处于下降趋势。

2. 湖南省经济综合竞争力各级指标动态变化分析

表 18－2　2015～2016 年湖南省经济综合竞争力各级指标排位变化态势比较

单位：个，%

二级指标	三级指标	四级指标数	上升		保持		下降		变化趋势
			指标数	比重	指标数	比重	指标数	比重	
宏观经济竞争力	经济实力竞争力	12	5	41.7	5	41.7	2	16.7	上升
	经济结构竞争力	6	2	33.3	4	66.7	0	0.0	上升
	经济外向度竞争力	9	4	44.4	1	11.1	4	44.4	上升
	小　计	27	11	40.7	10	37.0	6	22.2	上升
产业经济竞争力	农业竞争力	10	2	20.0	3	30.0	5	50.0	上升
	工业竞争力	10	4	40.0	3	30.0	3	30.0	下降
	服务业竞争力	10	4	40.0	5	50.0	1	10.0	保持
	企业竞争力	10	4	40.0	3	30.0	3	30.0	上升
	小　计	40	14	35.0	14	35.0	12	30.0	保持
可持续发展竞争力	资源竞争力	9	0	0.0	9	100.0	0	0.0	保持
	环境竞争力	8	3	37.5	1	12.5	4	50.0	上升
	人力资源竞争力	7	5	71.4	1	14.3	1	14.3	下降
	小　计	24	8	33.3	11	45.8	5	20.8	下降
财政金融竞争力	财政竞争力	12	5	41.7	3	25.0	4	33.3	下降
	金融竞争力	10	4	40.0	4	40.0	2	20.0	下降
	小　计	22	9	40.9	7	31.8	6	27.3	下降
知识经济竞争力	科技竞争力	9	3	33.3	2	22.2	4	44.4	保持
	教育竞争力	10	0	0.0	6	60.0	4	40.0	下降
	文化竞争力	10	3	30.0	3	30.0	4	40.0	保持
	小　计	29	6	20.7	11	37.9	12	41.4	下降
发展环境竞争力	基础设施竞争力	9	2	22.2	7	77.8	0	0.0	保持
	软环境竞争力	9	2	22.2	1	11.1	6	66.7	下降
	小　计	18	4	22.2	8	44.4	6	33.3	下降

续表

二级指标	三级指标	四级指标数	上升		保持		下降		变化趋势
			指标数	比重	指标数	比重	指标数	比重	
政府作用竞争力	政府发展经济竞争力	5	2	40.0	1	20.0	2	40.0	下降
	政府规调经济竞争力	5	1	20.0	2	40.0	2	40.0	保持
	政府保障经济竞争力	6	3	50.0	1	16.7	2	33.3	上升
	小　计	16	6	37.5	4	25.0	6	37.5	上升
发展水平竞争力	工业化进程竞争力	6	1	16.7	2	33.3	3	50.0	下降
	城市化进程竞争力	6	3	50.0	2	33.3	1	16.7	上升
	市场化进程竞争力	6	1	16.7	2	33.3	3	50.0	保持
	小　计	18	5	27.8	6	33.3	7	38.9	上升
统筹协调竞争力	统筹发展竞争力	8	2	25.0	2	25.0	4	50.0	下降
	协调发展竞争力	8	2	25.0	4	50.0	2	25.0	上升
	小　计	16	4	25.0	6	37.5	6	37.5	下降
合　计		210	67	31.9	77	36.7	66	31.4	上升

从表 18－2 可以看出，210 个四级指标中，上升指标有 67 个，占指标总数的 31.9%；下降指标有 66 个，占指标总数的 31.4%；保持指标有 77 个，占指标总数的 36.7%。指标上升的动力略大于下降的拉力，2015～2016 年湖南省经济综合竞争力排位上升 1 位，在全国排名第 12 位。

3. 湖南省经济综合竞争力各级指标优劣势结构分析

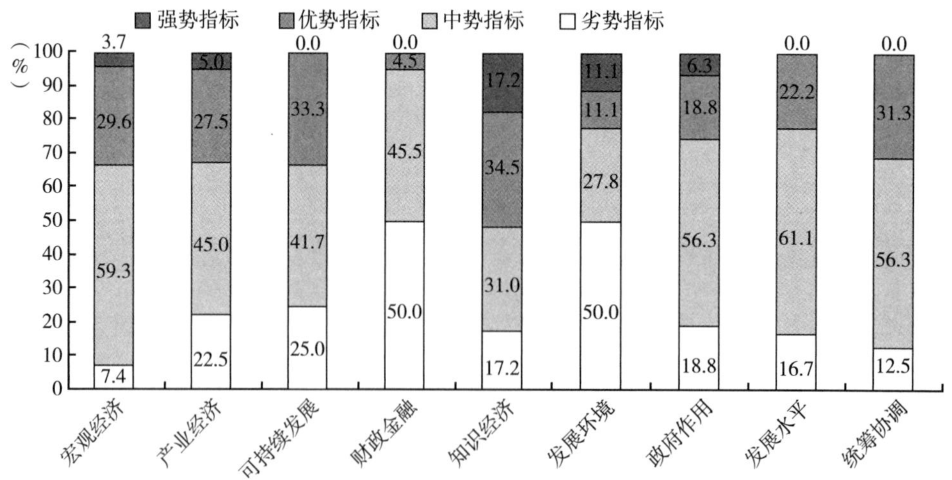

图 18－2　2016 年湖南省经济综合竞争力各级指标优劣势比较

表 18－3　2016 年湖南省经济综合竞争力各级指标优劣势比较

单位：个，%

二级指标	三级指标	四级指标数	强势指标		优势指标		中势指标		劣势指标		优劣势
			个数	比重	个数	比重	个数	比重	个数	比重	
宏观经济竞争力	经济实力竞争力	12	0	0.0	6	50.0	6	50.0	0	0.0	优势
	经济结构竞争力	6	0	0.0	1	16.7	5	83.3	0	0.0	中势
	经济外向度竞争力	9	1	11.1	1	11.1	5	55.6	2	22.2	中势
	小　计	27	1	3.7	8	29.6	16	59.3	2	7.4	优势
产业经济竞争力	农业竞争力	10	0	0.0	2	20.0	5	50.0	3	30.0	优势
	工业竞争力	10	1	10.0	2	20.0	6	60.0	1	10.0	中势
	服务业竞争力	10	1	10.0	2	20.0	6	60.0	1	10.0	中势
	企业竞争力	10	0	0.0	5	50.0	1	10.0	4	40.0	优势
	小　计	40	2	5.0	11	27.5	18	45.0	9	22.5	中势
可持续发展竞争力	资源竞争力	9	0	0.0	1	11.1	5	55.6	3	33.3	劣势
	环境竞争力	8	0	0.0	4	50.0	2	25.0	2	25.0	优势
	人力资源竞争力	7	0	0.0	3	42.9	3	42.9	1	14.3	中势
	小　计	24	0	0.0	8	33.3	10	41.7	6	25.0	中势
财政金融竞争力	财政竞争力	12	0	0.0	0	0.0	5	41.7	7	58.3	劣势
	金融竞争力	10	0	0.0	1	10.0	5	50.0	4	40.0	中势
	小　计	22	0	0.0	1	4.5	10	45.5	11	50.0	劣势
知识经济竞争力	科技竞争力	9	0	0.0	3	33.3	5	55.6	1	11.1	中势
	教育竞争力	10	1	10.0	3	30.0	2	20.0	4	40.0	中势
	文化竞争力	10	4	40.0	4	40.0	2	20.0	0	0.0	优势
	小　计	29	5	17.2	10	34.5	9	31.0	5	17.2	优势
发展环境竞争力	基础设施竞争力	9	2	22.2	0	0.0	3	33.3	4	44.4	中势
	软环境竞争力	9	0	0.0	2	22.2	2	22.2	5	55.6	中势
	小　计	18	2	11.1	2	11.1	5	27.8	9	50.0	中势
政府作用竞争力	政府发展经济竞争力	5	0	0.0	1	20.0	4	80.0	0	0.0	中势
	政府规调经济竞争力	5	0	0.0	1	20.0	3	60.0	1	20.0	劣势
	政府保障经济竞争力	6	1	16.7	1	16.7	2	33.3	2	33.3	中势
	小　计	16	1	6.3	3	18.8	9	56.3	3	18.8	中势
发展水平竞争力	工业化进程竞争力	6	0	0.0	1	16.7	4	66.7	1	16.7	中势
	城市化进程竞争力	6	0	0.0	2	33.3	2	33.3	2	33.3	中势
	市场化进程竞争力	6	0	0.0	1	16.7	5	83.3	0	0.0	中势
	小　计	18	0	0.0	4	22.2	11	61.1	3	16.7	中势
统筹协调竞争力	统筹发展竞争力	8	0	0.0	1	12.5	6	75.0	1	12.5	中势
	协调发展竞争力	8	0	0.0	4	50.0	3	37.5	1	12.5	优势
	小　计	16	0	0.0	5	31.3	9	56.3	2	12.5	中势
合　计		210	11	5.2	52	24.8	97	46.2	50	23.8	中势

基于图 18－2 和表 18－3，从四级指标来看，强势指标 11 个，占指标总数的 5.2%；优势指标 52 个，占指标总数的 24.8%；中势指标 97 个，占指标总数的

46.2%；劣势指标50个，占指标总数的23.8%。从三级指标来看，没有强势指标；优势指标6个，占三级指标总数的24%；中势指标16个，占三级指标总数的64%；劣势指标3个，占三级指标总数的12%。反映到二级指标上来，没有强势指标，有2个优势指标，有6个中势指标。综合来看，由于中势指标在指标体系中居于主导地位，2016年湖南省经济综合竞争力处于中势地位。

4. 湖南省经济综合竞争力四级指标优劣势对比分析

表18-4　2016年湖南省经济综合竞争力各级指标优劣势比较

二级指标	优劣势	四级指标
宏观经济竞争力（27个）	强势指标	出口增长率(1个)
	优势指标	地区生产总值、财政总收入、财政总收入增长率、固定资产投资额、固定资产投资额增长率、全社会消费品零售总额、所有制经济结构优化度、对外直接投资额(8个)
	劣势指标	进出口增长率、外贸依存度(2个)
产业经济竞争力（40个）	强势指标	工业资产总贡献率、限额以上批零企业利税率(2个)
	优势指标	农业增加值、农业机械化水平、工业增加值、工业资产总额增长率、服务业增加值、服务业增加值增长率、规模以上工业企业数、新产品销售收入占主营业务收入比重、产品质量抽查合格率、工业企业R&D经费投入强度、中国驰名商标持有量(11个)
	劣势指标	农业增加值增长率、农产品出口占农林牧渔总产值比重、农村人均用电量、工业成本费用利润率、限额以上餐饮企业利税率、规模以上企业平均资产、规模以上企业平均收入、规模以上企业平均利润、城镇就业人员平均工资(9个)
可持续发展竞争力（24个）	强势指标	(0个)
	优势指标	人均年水资源量、森林覆盖率、人均工业废气排放量、人均工业固体废物排放量、生活垃圾无害化处理率、文盲率、人口健康素质、职业学校毕业生数(8个)
	劣势指标	人均耕地面积、主要能源矿产基础储量、人均主要能源矿产基础储量、人均治理工业污染投资额、自然灾害直接经济损失、15~64岁人口比例(6个)
财政金融竞争力（22个）	强势指标	(0个)
	优势指标	中长期贷款占贷款余额比重(1个)
	劣势指标	地方财政收入占GDP比重、地方财政支出占GDP比重、税收收入占GDP比重、人均地方财政收入、人均地方财政支出、人均税收收入、地方财政支出增长率、人均存款余额、人均贷款余额、保险密度、保险深度(11个)
知识经济竞争力（29个）	强势指标	人均文化教育支出占个人消费支出比重、图书和期刊出版数、农村居民人均文化娱乐支出、城镇居民人均文化娱乐支出占消费性支出比重、农村居民人均文化娱乐支出占消费性支出比重(5个)
	优势指标	R&D人员、R&D经费、高技术产品出口额占商品出口额比重、教育经费、高等学校数、高校专任教师数、文化制造业营业收入、文化服务业企业营业收入、印刷用纸量、城镇居民人均文化娱乐支出(10个)
	劣势指标	财政科技支出占地方财政支出比重、教育经费占GDP比重、人均教育经费、万人中小学专任教师数、万人高等学校在校学生数(5个)
发展环境竞争力（18个）	强势指标	人均内河航道里程、全社会旅客周转量(2个)
	优势指标	个体私营企业数增长率、罚没收入占财政收入比重(2个)
	劣势指标	人均邮电业务总量、电话普及率、互联网普及率、人均耗电量、万人外资企业数、万人个体私营企业数、万人商标注册件数、每十万人交通事故发生数、社会捐赠款物(9个)

续表

二级指标	优劣势	四级指标
政府作用竞争力（16 个）	强势指标	城镇登记失业率（1 个）
	优势指标	财政支出对 GDP 增长的拉动、统筹经济社会发展、城市城镇社区服务设施数（3 个）
	劣势指标	固定资产投资价格指数、医疗保险覆盖率、最低工资标准（3 个）
发展水平竞争力（18 个）	强势指标	（0 个）
	优势指标	高技术产品出口额占商品出口额比重、城市平均建成区面积比重、人均日生活用水量、非公有制经济产值占全社会总产值比重（4 个）
	劣势指标	工农业增加值比值、城镇化率、人均公共绿地面积（3 个）
统筹协调竞争力（16 个）	强势指标	（0 个）
	优势指标	万元 GDP 综合能耗下降率、资源竞争力与宏观经济竞争力比差、人力资源竞争力与宏观经济竞争力比差、城乡居民人均现金消费支出比差、全社会消费品零售总额与外贸出口总额比差（5 个）
	劣势指标	生产税净额和营业盈余占 GDP 比重、资源竞争力与工业竞争力比差（2 个）

18.2　湖南省经济综合竞争力各级指标具体分析

1. 湖南省宏观经济竞争力指标排名变化情况

表 18－5　2015～2016 年湖南省宏观经济竞争力指标组排位及变化趋势

指标	2015 年	2016 年	排位升降	优劣势
1　宏观经济竞争力	12	10	2	优势
1.1　经济实力竞争力	11	10	1	优势
地区生产总值	9	9	0	优势
地区生产总值增长率	12	12	0	中势
人均地区生产总值	16	16	0	中势
财政总收入	11	6	5	优势
财政总收入增长率	13	7	6	优势
人均财政收入	21	18	3	中势
固定资产投资额	9	9	0	优势
固定资产投资额增长率	3	6	－3	优势
人均固定资产投资额	22	20	2	中势
全社会消费品零售总额	10	9	1	优势
全社会消费品零售总额增长率	5	11	－6	中势
人均全社会消费品零售总额	15	15	0	中势
1.2　经济结构竞争力	14	11	3	中势
产业结构优化度	19	17	2	中势
所有制经济结构优化度	8	8	0	优势
城乡经济结构优化度	20	20	0	中势
就业结构优化度	11	11	0	中势
资本形成结构优化度	18	11	7	中势

续表

指标	2015 年	2016 年	排位升降	优劣势
贸易结构优化度	18	18	0	中势
1.3 经济外向度竞争力	19	18	1	中势
进出口总额	19	20	-1	中势
进出口增长率	6	29	-23	劣势
出口总额	17	18	-1	中势
出口增长率	4	2	2	强势
实际 FDI	17	18	-1	中势
实际 FDI 增长率	18	17	1	中势
外贸依存度	26	26	0	劣势
外资企业数	16	15	1	中势
对外直接投资额	15	10	5	优势

2. 湖南省产业经济竞争力指标排名变化情况

表 18-6　2015~2016 年湖南省产业经济竞争力指标组排位及变化趋势

指　标	2015 年	2016 年	排位升降	优劣势
2 产业经济竞争力	12	12	0	中势
2.1 农业竞争力	10	8	2	优势
农业增加值	6	7	-1	优势
农业增加值增长率	22	21	1	劣势
人均农业增加值	11	12	-1	中势
农民人均纯收入	15	13	2	中势
农民人均纯收入增长率	11	14	-3	中势
农产品出口占农林牧渔总产值比重	23	26	-3	劣势
人均主要农产品产量	13	13	0	中势
农业机械化水平	5	5	0	优势
农村人均用电量	25	25	0	劣势
财政支农资金比重	17	18	-1	中势
2.2 工业竞争力	12	14	-2	中势
工业增加值	10	9	1	优势
工业增加值增长率	11	18	-7	中势
人均工业增加值	17	16	1	中势
工业资产总额	18	17	1	中势
工业资产总额增长率	16	9	7	优势
工业资产总贡献率	2	2	0	强势
规模以上工业主营业务收入	11	11	0	中势
规模以上工业利润总额	14	14	0	中势
工业全员劳动生产率	14	17	-3	中势
工业成本费用利润率	20	22	-2	劣势
2.3 服务业竞争力	12	12	0	中势
服务业增加值	10	9	1	优势

续表

指　标	2015 年	2016 年	排位升降	优劣势
服务业增加值增长率	6	6	0	优势
人均服务业增加值	18	17	1	中势
服务业从业人员数	11	11	0	中势
限额以上批发零售企业主营业务收入	17	16	1	中势
限额以上批零企业利税率	3	3	0	强势
限额以上餐饮企业利税率	23	23	0	劣势
旅游外汇收入	18	18	0	中势
商品房销售收入	14	13	1	中势
电子商务销售额	15	16	-1	中势
2.4　企业竞争力	9	8	1	优势
规模以上工业企业数	10	10	0	优势
规模以上企业平均资产	29	29	0	劣势
规模以上企业平均收入	26	25	1	劣势
规模以上企业平均利润	20	21	-1	劣势
规模以上企业劳动效率	20	19	1	中势
城镇就业人员平均工资	24	22	2	劣势
新产品销售收入占主营业务收入比重	4	6	-2	优势
产品质量抽查合格率	10	9	1	优势
工业企业 R&D 经费投入强度	7	9	-2	优势
中国驰名商标持有量	6	6	0	优势

3. 湖南省可持续发展竞争力指标排名变化情况

表 18-7　2015~2016 年湖南省可持续发展竞争力指标组排位及变化趋势

指　标	2015 年	2016 年	排位升降	优劣势
3　可持续发展竞争力	14	16	-2	中势
3.1　资源竞争力	27	27	0	劣势
人均国土面积	20	20	0	中势
人均可使用海域和滩涂面积	13	13	0	中势
人均年水资源量	9	9	0	优势
耕地面积	17	17	0	中势
人均耕地面积	24	24	0	劣势
人均牧草地面积	17	17	0	中势
主要能源矿产基础储量	22	22	0	劣势
人均主要能源矿产基础储量	27	27	0	劣势
人均森林储积量	18	18	0	中势
3.2　环境竞争力	8	6	2	优势
森林覆盖率	8	8	0	优势
人均废水排放量	18	16	2	中势
人均工业废气排放量	5	7	-2	优势
人均工业固体废物排放量	8	7	1	优势

续表

指　标	2015 年	2016 年	排位升降	优劣势
人均治理工业污染投资额	20	26	-6	劣势
一般工业固体废物综合利用率	13	11	2	中势
生活垃圾无害化处理率	5	8	-3	优势
自然灾害直接经济损失	25	27	-2	劣势
3.3　人力资源竞争力	14	18	-4	中势
常住人口增长率	14	19	-5	中势
15~64 岁人口比例	27	27	0	劣势
文盲率	9	8	1	优势
大专以上教育程度人口比例	20	18	2	中势
平均受教育程度	13	11	2	中势
人口健康素质	6	5	1	优势
职业学校毕业生数	9	8	1	优势

4. 湖南省财政金融竞争力指标排名变化情况

表 18-8　2015~2016 年湖南省财政金融竞争力指标组排位及变化趋势

指　标	2015 年	2016 年	排位升降	优劣势
4　财政金融竞争力	23	29	-6	劣势
4.1　财政竞争力	26	31	-5	劣势
地方财政收入	13	12	1	中势
地方财政支出	10	13	-3	中势
地方财政收入占 GDP 比重	28	25	3	劣势
地方财政支出占 GDP 比重	22	27	-5	劣势
税收收入占 GDP 比重	31	31	0	劣势
税收收入占财政总收入比重	23	20	3	中势
人均地方财政收入	26	26	0	劣势
人均地方财政支出	28	28	0	劣势
人均税收收入	28	27	1	劣势
地方财政收入增长率	16	17	-1	中势
地方财政支出增长率	14	30	-16	劣势
税收收入增长率	15	12	3	中势
4.2　金融竞争力	16	18	-2	中势
存款余额	13	12	1	中势
人均存款余额	28	27	1	劣势
贷款余额	15	14	1	中势
人均贷款余额	30	29	1	劣势
中长期贷款占贷款余额比重	5	5	0	优势
保险费净收入	12	12	0	中势
保险密度	24	25	-1	劣势
保险深度	23	25	-2	劣势
国内上市公司数	11	11	0	中势
国内上市公司市值	11	11	0	中势

5. 湖南省知识经济竞争力指标排名变化情况

表 18－9 2015～2016 年湖南省知识经济竞争力指标组排位及变化趋势

指 标	2015 年	2016 年	排位升降	优劣势
5 知识经济竞争力	9	10	－1	优势
5.1 科技竞争力	14	14	0	中势
R&D 人员	11	10	1	优势
R&D 经费	9	8	1	优势
R&D 经费投入强度	11	11	0	中势
发明专利授权量	11	12	－1	中势
技术市场成交合同金额	14	17	－3	中势
财政科技支出占地方财政支出比重	21	22	－1	劣势
高技术产业主营业务收入	13	14	－1	中势
高技术产业收入占工业增加值比重	16	16	0	中势
高技术产品出口额占商品出口额比重	11	7	4	优势
5.2 教育竞争力	11	13	－2	中势
教育经费	7	8	－1	优势
教育经费占 GDP 比重	20	23	－3	劣势
人均教育经费	29	30	－1	劣势
公共教育经费占财政支出比重	13	19	－6	中势
人均文化教育支出占个人消费支出比重	1	1	0	强势
万人中小学学校数	17	17	0	中势
万人中小学专任教师数	23	23	0	劣势
高等学校数	6	6	0	优势
高校专任教师数	9	9	0	优势
万人高等学校在校学生数	22	22	0	劣势
5.3 文化竞争力	7	7	0	优势
文化制造业营业收入	4	4	0	优势
文化批发零售业营业收入	11	12	－1	中势
文化服务业企业营业收入	8	9	－1	优势
图书和期刊出版数	3	2	1	强势
报纸出版数	10	13	－3	中势
印刷用纸量	6	9	－3	优势
城镇居民人均文化娱乐支出	5	4	1	优势
农村居民人均文化娱乐支出	4	3	1	强势
城镇居民人均文化娱乐支出占消费性支出比重	1	1	0	强势
农村居民人均文化娱乐支出占消费性支出比重	3	3	0	强势

6. 湖南省发展环境竞争力指标排名变化情况

表 18－10　2015～2016 年湖南省发展环境竞争力指标组排位及变化趋势

指标	2015 年	2016 年	排位升降	优劣势
6　发展环境竞争力	17	18	－1	中势
6.1　基础设施竞争力	15	15	0	中势
铁路网线密度	21	19	2	中势
公路网线密度	12	12	0	中势
人均内河航道里程	3	3	0	强势
全社会旅客周转量	3	3	0	强势
全社会货物周转量	14	14	0	中势
人均邮电业务总量	31	28	3	劣势
电话普及率	29	29	0	劣势
互联网普及率	25	25	0	劣势
人均耗电量	30	30	0	劣势
6.2　软环境竞争力	19	20	－1	中势
外资企业数增长率	10	13	－3	中势
万人外资企业数	27	27	0	劣势
个体私营企业数增长率	24	10	14	优势
万人个体私营企业数	24	23	1	劣势
万人商标注册件数	20	21	－1	劣势
查处商标侵权假冒案件	12	16	－4	中势
每十万人交通事故发生数	15	23	－8	劣势
罚没收入占财政收入比重	6	8	－2	优势
社会捐赠款物	7	28	－21	劣势

7. 湖南省政府作用竞争力指标排名变化情况

表 18－11　2015～2016 年湖南省政府作用竞争力指标组排位及变化趋势

指标	2015 年	2016 年	排位升降	优劣势
7　政府作用竞争力	21	20	1	中势
7.1　政府发展经济竞争力	13	15	－2	中势
财政支出用于基本建设投资比重	12	17	－5	中势
财政支出对 GDP 增长的拉动	10	9	1	优势
政府公务员对经济的贡献	15	15	0	中势
政府消费对民间消费的拉动	13	14	－1	中势
财政投资对社会投资的拉动	14	11	3	中势
7.2　政府规调经济竞争力	23	23	0	劣势
物价调控	14	19	－5	中势
调控城乡消费差距	9	12	－3	中势
统筹经济社会发展	8	8	0	优势

续表

指标	2015 年	2016 年	排位升降	优劣势
规范税收	20	14	6	中势
固定资产投资价格指数	31	31	0	劣势
7.3 政府保障经济竞争力	21	16	5	中势
城市城镇社区服务设施数	11	10	1	优势
医疗保险覆盖率	21	21	0	劣势
养老保险覆盖率	13	16	-3	中势
失业保险覆盖率	14	13	1	中势
最低工资标准	28	30	-2	劣势
城镇登记失业率	29	3	26	强势

8. 湖南省发展水平竞争力指标排名变化情况

表 18-12 2015~2016 年湖南省发展水平竞争力指标组排位及变化趋势

指 标	2015 年	2016 年	排位升降	优劣势
8 发展水平竞争力	14	13	1	中势
8.1 工业化进程竞争力	13	15	-2	中势
工业增加值占 GDP 比重	16	16	0	中势
工业增加值增长率	11	18	-7	中势
高技术产业占工业增加值比重	15	17	-2	中势
高技术产品出口额占商品出口额比重	8	8	0	优势
信息产业增加值占 GDP 比重	15	16	-1	中势
工农业增加值比值	22	21	1	劣势
8.2 城市化进程竞争力	19	15	4	中势
城镇化率	21	21	0	劣势
城镇居民人均可支配收入	11	11	0	中势
城市平均建成区面积比重	11	9	2	优势
人均拥有道路面积	18	20	-2	中势
人均日生活用水量	6	5	1	优势
人均公共绿地面积	30	28	2	劣势
8.3 市场化进程竞争力	14	14	0	中势
非公有制经济产值占全社会总产值比重	8	8	0	优势
社会投资占投资总额比重	18	20	-2	中势
私有和个体企业从业人员比重	19	18	1	中势
亿元以上商品市场成交额	11	11	0	中势
亿元以上商品市场成交额占全社会消费品零售总额比重	14	15	-1	中势
居民消费支出占总消费支出比重	13	14	-1	中势

9. 湖南省统筹协调竞争力指标排名变化情况

表 18－13　2015～2016 年湖南省统筹协调竞争力指标组排位及变化趋势

指　标	2015 年	2016 年	排位升降	优劣势
9　统筹协调竞争力	8	13	－5	中势
9.1　统筹发展竞争力	9	17	－8	中势
社会劳动生产率	19	18	1	中势
能源使用下降率	5	14	－9	中势
万元 GDP 综合能耗下降率	9	10	－1	优势
非农用地产出率	13	13	0	中势
生产税净额和营业盈余占 GDP 比重	16	21	－5	劣势
最终消费率	15	17	－2	中势
固定资产投资额占 GDP 比重	13	13	0	中势
固定资产交付使用率	19	15	4	中势
9.2　协调发展竞争力	13	5	8	优势
环境竞争力与宏观经济竞争力比差	15	15	0	中势
资源竞争力与宏观经济竞争力比差	8	8	0	优势
人力资源竞争力与宏观经济竞争力比差	16	10	6	优势
资源竞争力与工业竞争力比差	8	24	－16	劣势
环境竞争力与工业竞争力比差	15	15	0	中势
城乡居民家庭人均收入比差	12	12	0	中势
城乡居民人均现金消费支出比差	9	10	－1	优势
全社会消费品零售总额与外贸出口总额比差	26	7	19	优势

B.20

19 广东省经济综合竞争力评价分析报告

广东省简称粤，北接湖南省、江西省，东连福建省，西邻广西壮族自治区，南隔琼州海峡与海南省相望。全省土地总面积 17.8 万平方公里，2016 年全市常住人口为 10999 万人，地区生产总值为8.08 万亿元，同比增长7.5%，人均GDP 达74016 元。本部分通过分析 2015 ~2016 年广东省经济综合竞争力以及各要素竞争力的排名变化，从中找出广东省经济综合竞争力的推动点及影响因素，为进一步提升广东省经济综合竞争力提供决策参考。

19.1 广东省经济综合竞争力总体分析

1. 广东省经济综合竞争力一级指标概要分析

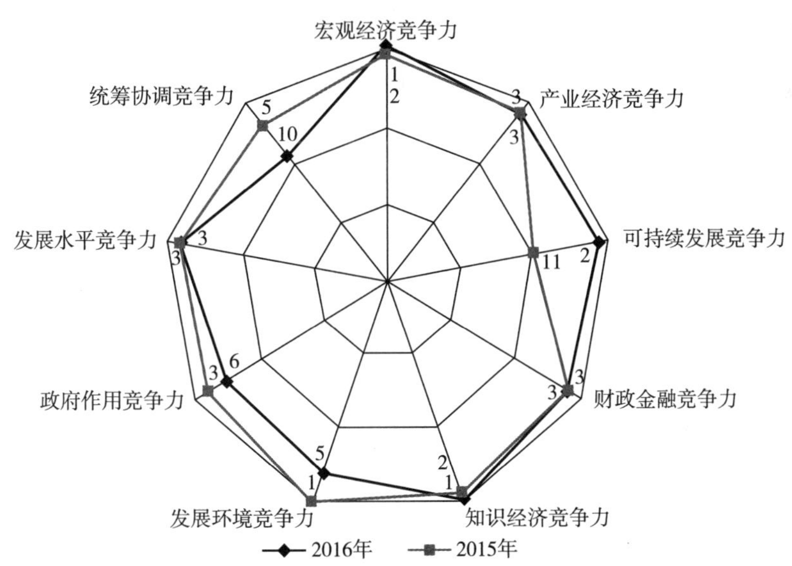

图 19 -1　2015 ~2016 年广东省经济综合竞争力二级指标比较雷达图

（1）从综合排位看，2016 年广东省经济综合竞争力综合排位在全国居第 2 位，这表明其在全国处于强势地位；与 2015 年相比，综合排位没有发生变化。

（2）从指标所处区位看，9 个指标均处于上游区，其中宏观经济竞争力、产业经济竞争力、可持续发展竞争力、财政金融竞争力、知识经济竞争力和发展水平竞争力等6 个

表 19－1　2015～2016 年广东省经济综合竞争力二级指标比较

项目 年份	宏观经济竞争力	产业经济竞争力	可持续发展竞争力	财政金融竞争力	知识经济竞争力	发展环境竞争力	政府作用竞争力	发展水平竞争力	统筹协调竞争力	**综合排位**
2015	2	3	11	3	2	1	3	3	5	2
2016	1	3	2	3	1	5	6	3	10	2
升降	1	0	9	0	1	－4	－3	0	－5	0
优劣度	强势	强势	强势	强势	强势	优势	优势	强势	优势	强势

指标为广东省经济综合竞争力的强势指标。

（3）从指标变化趋势看，9 个二级指标中，有 3 个指标处于上升趋势，分别为宏观经济竞争力、可持续发展竞争力和知识经济竞争力，这些是广东省经济综合竞争力的上升动力所在；有 3 个指标排位没有发生变化，分别为产业经济竞争力、财政金融竞争力和发展水平竞争力；有 3 个指标处于下降趋势，分别为发展环境竞争力、政府作用竞争力和统筹协调竞争力，是广东省经济综合竞争力的下降拉力所在。

2. 广东省经济综合竞争力各级指标动态变化分析

表 19－2　2015～2016 年广东省经济综合竞争力各级指标排位变化情况

单位：个，%

二级指标	三级指标	四级指标数	上升		保持		下降		变化趋势
			指标数	比重	指标数	比重	指标数	比重	
宏观经济竞争力	经济实力竞争力	12	3	25.0	4	33.3	5	41.7	上升
	经济结构竞争力	6	0	0.0	5	83.3	1	16.7	下降
	经济外向度竞争力	9	4	44.4	4	44.4	1	11.1	保持
	小　计	27	7	25.9	13	48.1	7	25.9	上升
产业经济竞争力	农业竞争力	10	4	40.0	5	50.0	1	10.0	下降
	工业竞争力	10	4	40.0	4	40.0	2	20.0	上升
	服务业竞争力	10	1	10.0	8	80.0	1	10.0	保持
	企业竞争力	10	3	30.0	6	60.0	1	10.0	保持
	小　计	40	12	30.0	23	57.5	5	12.5	保持
可持续发展竞争力	资源竞争力	9	1	11.1	8	88.9	0	0.0	上升
	环境竞争力	8	3	37.5	3	37.5	2	25.0	上升
	人力资源竞争力	7	3	42.9	3	42.9	1	14.3	上升
	小　计	24	7	29.2	14	58.3	3	12.5	上升
财政金融竞争力	财政竞争力	12	3	25.0	2	16.7	7	58.3	下降
	金融竞争力	10	3	30.0	5	50.0	2	20.0	下降
	小　计	22	6	27.3	7	31.8	9	40.9	保持
知识经济竞争力	科技竞争力	9	2	22.2	6	66.7	1	11.1	上升
	教育竞争力	10	3	30.0	3	30.0	4	40.0	上升
	文化竞争力	10	2	20.0	5	50.0	3	30.0	上升
	小　计	29	7	24.1	14	48.3	8	27.6	上升

续表

二级指标	三级指标	四级指标数	上升		保持		下降		变化趋势
			指标数	比重	指标数	比重	指标数	比重	
发展环境竞争力	基础设施竞争力	9	0	0.0	7	77.8	2	22.2	保持
	软环境竞争力	9	2	22.2	4	44.4	3	33.3	下降
	小　计	18	2	11.1	11	61.1	5	27.8	下降
政府作用竞争力	政府发展经济竞争力	5	1	20.0	3	60.0	1	20.0	上升
	政府规调经济竞争力	5	2	40.0	0	0.0	3	60.0	下降
	政府保障经济竞争力	6	0	0.0	4	66.7	2	33.3	保持
	小　计	16	3	18.8	7	43.8	6	37.5	下降
发展水平竞争力	工业化进程竞争力	6	2	33.3	3	50.0	1	16.7	保持
	城市化进程竞争力	6	1	16.7	3	50.0	2	33.3	保持
	市场化进程竞争力	6	1	16.7	3	50.0	2	33.3	下降
	小　计	18	4	22.2	9	50.0	5	27.8	保持
统筹协调竞争力	统筹发展竞争力	8	1	12.5	2	25.0	5	62.5	上升
	协调发展竞争力	8	3	37.5	2	25.0	3	37.5	下降
	小　计	16	4	25.0	4	25.0	8	50.0	下降
合　计		210	52	24.8	102	48.6	56	26.7	保持

从表 19－2 可以看出，210 个四级指标中，上升指标有 52 个，占指标总数的 24.8%；下降指标有 56 个，占指标总数的 26.7%；保持不变的指标有 102 个，占指标总数的 48.6%。综上所述，广东省经济综合竞争力上升的动力和下降的拉力大致相当，且排位保持不变的指标占较大比重，2015～2016 年广东省经济综合竞争力排位保持不变。

3. 广东省经济综合竞争力各级指标优劣势结构分析

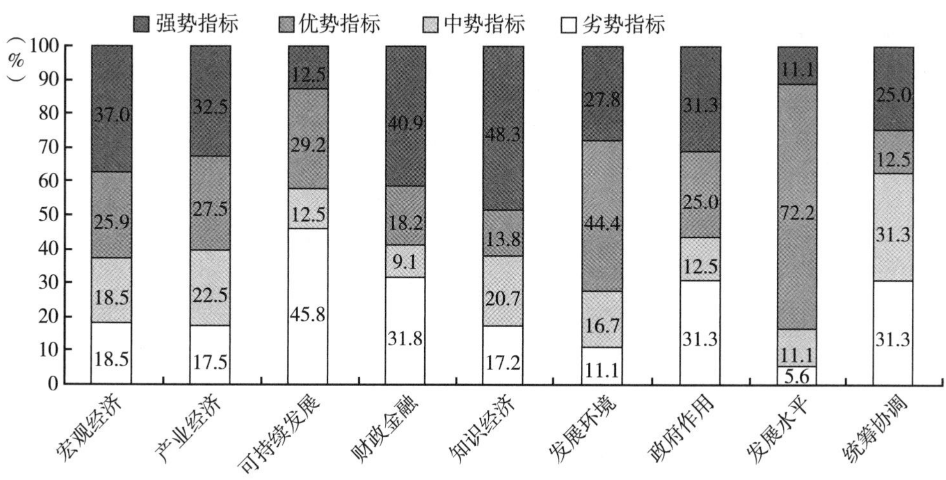

图 19－2　2016 年广东省经济综合竞争力各级指标优劣势比较

表 19－3　2016 年广东省经济综合竞争力各级指标优劣势情况

单位：个，%

二级指标	三级指标	四级指标数	强势指标		优势指标		中势指标		劣势指标		优劣势
			个数	比重	个数	比重	个数	比重	个数	比重	
宏观经济竞争力	经济实力竞争力	12	3	25.0	3	25.0	2	16.7	4	33.3	强势
	经济结构竞争力	6	1	16.7	3	50.0	1	16.7	1	16.7	优势
	经济外向度竞争力	9	6	66.7	1	11.1	2	22.2	0	0.0	强势
	小　计	27	10	37.0	7	25.9	5	18.5	5	18.5	强势
产业经济竞争力	农业竞争力	10	0	0.0	4	40.0	3	30.0	3	30.0	中势
	工业竞争力	10	4	40.0	3	30.0	2	20.0	1	10.0	强势
	服务业竞争力	10	6	60.0	2	20.0	2	20.0	0	0.0	强势
	企业竞争力	10	3	30.0	2	20.0	2	20.0	3	30.0	优势
	小　计	40	13	32.5	11	27.5	9	22.5	7	17.5	强势
可持续发展竞争力	资源竞争力	9	0	0.0	1	11.1	1	11.1	7	77.8	劣势
	环境竞争力	8	1	12.5	3	37.5	1	12.5	3	37.5	优势
	人力资源竞争力	7	2	28.6	3	42.9	1	14.3	1	14.3	强势
	小　计	24	3	12.5	7	29.2	3	12.5	11	45.8	强势
财政金融竞争力	财政竞争力	12	4	33.3	2	16.7	1	8.3	5	41.7	优势
	金融竞争力	10	5	50.0	2	20.0	1	10.0	2	20.0	强势
	小　计	22	9	40.9	4	18.2	2	9.1	7	31.8	强势
知识经济竞争力	科技竞争力	9	7	77.8	1	11.1	1	11.1	0	0.0	强势
	教育竞争力	10	2	20.0	1	10.0	4	40.0	3	30.0	强势
	文化竞争力	10	5	50.0	2	20.0	1	10.0	2	20.0	强势
	小　计	29	14	48.3	4	13.8	6	20.7	5	17.2	强势
发展环境竞争力	基础设施竞争力	9	4	44.4	3	33.3	2	22.2	0	0.0	强势
	软环境竞争力	9	1	11.1	5	55.6	1	11.1	2	22.2	优势
	小　计	18	5	27.8	8	44.4	3	16.7	2	11.1	优势
政府作用竞争力	政府发展经济竞争力	5	0	0.0	3	60.0	1	20.0	1	20.0	优势
	政府规调经济竞争力	5	0	0.0	1	20.0	1	20.0	3	60.0	劣势
	政府保障经济竞争力	6	5	83.3	0	0.0	0	0.0	1	16.7	强势
	小　计	16	5	31.3	4	25.0	2	12.5	5	31.3	优势
发展水平竞争力	工业化进程竞争力	6	2	33.3	4	66.7	0	0.0	0	0.0	强势
	城市化进程竞争力	6	0	0.0	4	66.7	1	16.7	1	16.7	优势
	市场化进程竞争力	6	0	0.0	5	83.3	1	16.7	0	0.0	优势
	小　计	18	2	11.1	13	72.2	2	11.1	1	5.6	强势
统筹协调竞争力	统筹发展竞争力	8	2	25.0	1	12.5	3	37.5	2	25.0	优势
	协调发展竞争力	8	2	25.0	1	12.5	2	25.0	3	37.5	劣势
	小　计	16	4	25.0	2	12.5	5	31.3	5	31.3	优势
合　计		210	65	31.0	60	28.6	37	17.6	48	22.9	强势

基于图 19－2 和表 19－3，具体到四级指标，强势指标 65 个，占指标总数的 31%；优势指标 60 个，占指标总数的 28.6%；中势指标 37 个，占指标总数的 17.6%；劣势

指标48个，占指标总数的22.9%。三级指标中，强势指标12个，占三级指标总数的48%；优势指标9个，占三级指标总数的36%；中势指标1个，占三级指标总数的4%；劣势指标3个，占三级指标总数的12%。从二级指标看，强势指标6个，占二级指标总数的66.7%；优势指标有3个，占二级指标总数的33.3%；没有中势指标和劣势指标。综合来看，由于强势指标在指标体系中居于主导地位，2016年广东省经济综合竞争力处于强势地位。

4. 广东省经济综合竞争力四级指标优劣势对比分析

表19-4　2016年广东省经济综合竞争力各级指标优劣势情况

二级指标	优劣势	四级指标
宏观经济竞争力(27个)	强势指标	地区生产总值、财政总收入、全社会消费品零售总额、贸易结构优化度、进出口总额、出口总额、实际FDI、外贸依存度、外资企业数、对外直接投资额(10个)
	优势指标	人均地区生产总值、固定资产投资额、人均全社会消费品零售总额、产业结构优化度、所有制经济结构优化度、就业结构优化度、实际FDI增长率(7个)
	劣势指标	地区生产总值增长率、财政总收入增长率、人均财政收入、人均固定资产投资额、资本形成结构优化度(5个)
产业经济竞争力(40个)	强势指标	工业增加值、工业资产总额、规模以上工业主营业务收入、规模以上工业利润总额、服务业增加值、服务业从业人员数、限额以上批发零售企业主营业务收入、旅游外汇收入、商品房销售收入、电子商务销售额、规模以上工业企业数、新产品销售收入占主营业务收入比重、中国驰名商标持有量(13个)
	优势指标	农业增加值、农民人均纯收入、农产品出口占农林牧渔总产值比重、农村人均用电量、工业增加值增长率、人均工业增加值、工业资产总额增长率、人均服务业增加值、限额以上餐饮企业利税率、城镇就业人员平均工资、工业企业R&D经费投入强度(11个)
	劣势指标	农业增加值增长率、人均主要农产品产量、财政支农资金比重、工业全员劳动生产率、规模以上企业平均资产、规模以上企业劳动效率、产品质量抽查合格率(7个)
可持续发展竞争力(24个)	强势指标	人均工业固体废物排放量、常住人口增长率、职业学校毕业生数(3个)
	优势指标	人均可使用海域和滩涂面积、森林覆盖率、人均工业废气排放量、一般工业固体废物综合利用率、15~64岁人口比例、文盲率、平均受教育程度(7个)
	劣势指标	人均国土面积、耕地面积、人均耕地面积、人均牧草地面积、主要能源矿产基础储量、人均主要能源矿产基础储量、人均森林储积量、人均废水排放量、人均治理工业污染投资额、自然灾害直接经济损失、人口健康素质(11个)
财政金融竞争力(22个)	强势指标	地方财政收入、地方财政支出、税收收入占财政总收入比重、税收收入增长率、存款余额、中长期贷款占贷款余额比重、保险费净收入、国内上市公司数、国内上市公司市值(9个)
	优势指标	税收收入占GDP比重、人均税收收入、人均存款余额、保险密度(4个)
	劣势指标	地方财政收入占GDP比重、地方财政支出占GDP比重、人均地方财政收入、地方财政收入增长率、地方财政支出增长率、贷款余额、人均贷款余额(7个)
知识经济竞争力(29个)	强势指标	R&D人员、R&D经费、R&D经费投入强度、发明专利授权量、财政科技支出占地方财政支出比重、高技术产业主营业务收入、高技术产业收入占工业增加值比重、教育经费、高等学校数、文化制造业营业收入、文化批发零售业营业收入、文化服务业企业营业收入、报纸出版数、印刷用纸量(14个)
	优势指标	技术市场成交合同金额、高校专任教师数、图书和期刊出版数、城镇居民人均文化娱乐支出(4个)
	劣势指标	教育经费占GDP比重、人均文化教育支出占个人消费支出比重、万人中小学学校数、城镇居民人均文化娱乐支出占消费性支出比重、农村居民人均文化娱乐支出占消费性支出比重(5个)

续表

二级指标	优劣势	四级指标
发展环境竞争力(18个)	强势指标	全社会旅客周转量、全社会货物周转量、电话普及率、互联网普及率、查处商标侵权假冒案件(5个)
	优势指标	公路网线密度、人均邮电业务总量、人均耗电量、万人外资企业数、万人个体私营企业数、万人商标注册件数、每十万人交通事故发生数、社会捐赠款物(8个)
	劣势指标	个体私营企业数增长率、罚没收入占财政收入比重(2个)
政府作用竞争力(16个)	强势指标	城市城镇社区服务设施数、医疗保险覆盖率、养老保险覆盖率、失业保险覆盖率、最低工资标准(5个)
	优势指标	财政支出对GDP增长的拉动、政府公务员对经济的贡献、政府消费对民间消费的拉动、规范税收(4个)
	劣势指标	财政支出用于基本建设投资比重、物价调控、调控城乡消费差距、固定资产投资价格指数、城镇登记失业率(5个)
发展水平竞争力(18个)	强势指标	高技术产业占工业增加值比重、信息产业增加值占GDP比重(2个)
	优势指标	工业增加值占GDP比重、工业增加值增长率、高技术产品出口额占商品出口额比重、工农业增加值比值、城镇化率、城镇居民人均可支配收入、人均日生活用水量、人均公共绿地面积、非公有制经济产值占全社会总产值比重、社会投资占投资总额比重、私有和个体企业从业人员比重、亿元以上商品市场成交额、居民消费支出占总消费支出比重(13个)
	劣势指标	人均拥有道路面积(1个)
统筹协调竞争力(16个)	强势指标	非农用地产出率、固定资产投资额占GDP比重、人力资源竞争力与宏观经济竞争力比差、环境竞争力与工业竞争力比差(4个)
	优势指标	社会劳动生产率、资源竞争力与宏观经济竞争力比差(2个)
	劣势指标	能源使用下降率、固定资产交付使用率、环境竞争力与宏观经济竞争力比差、资源竞争力与工业竞争力比差、全社会消费品零售总额与外贸出口总额比差(5个)

19.2 广东省经济综合竞争力各级指标具体分析

1. 广东省宏观经济竞争力指标排名变化情况

表19-5 2015~2016年广东省宏观经济竞争力指标组排位及变化趋势

指 标	2015年	2016年	排位升降	优劣势
1 宏观经济竞争力	2	1	1	强势
1.1 经济实力竞争力	4	3	1	强势
地区生产总值	1	1	0	强势
地区生产总值增长率	18	21	-3	劣势
人均地区生产总值	8	7	1	优势
财政总收入	2	2	0	强势
财政总收入增长率	20	23	-3	劣势
人均财政收入	15	24	-9	劣势
固定资产投资额	4	4	0	优势

续表

指　标	2015 年	2016 年	排位升降	优劣势
固定资产投资额增长率	10	19	-9	中势
人均固定资产投资额	29	28	1	劣势
全社会消费品零售总额	1	1	0	强势
全社会消费品零售总额增长率	15	19	-4	中势
人均全社会消费品零售总额	7	6	1	优势
1.2　经济结构竞争力	3	4	-1	优势
产业结构优化度	8	8	0	优势
所有制经济结构优化度	4	4	0	优势
城乡经济结构优化度	19	19	0	中势
就业结构优化度	5	5	0	优势
资本形成结构优化度	20	24	-4	劣势
贸易结构优化度	1	1	0	强势
1.3　经济外向度竞争力	1	1	0	强势
进出口总额	1	1	0	强势
进出口增长率	14	20	-6	中势
出口总额	1	1	0	强势
出口增长率	16	15	1	中势
实际 FDI	3	2	1	强势
实际 FDI 增长率	20	5	15	优势
外贸依存度	2	2	0	强势
外资企业数	1	1	0	强势
对外直接投资额	3	1	2	强势

2. 广东省产业经济竞争力指标排名变化情况

表 19－6　2015～2016 年广东省产业经济竞争力指标组排位及变化趋势

指　标	2015 年	2016 年	排位升降	优劣势
2　产业经济竞争力	3	3	0	强势
2.1　农业竞争力	18	19	-1	中势
农业增加值	7	5	2	优势
农业增加值增长率	23	22	1	劣势
人均农业增加值	13	14	-1	中势
农民人均纯收入	7	7	0	优势
农民人均纯收入增长率	14	13	1	中势
农产品出口占农林牧渔总产值比重	7	7	0	优势
人均主要农产品产量	28	28	0	劣势
农业机械化水平	16	15	1	中势
农村人均用电量	4	4	0	优势
财政支农资金比重	29	29	0	劣势
2.2　工业竞争力	3	2	1	强势
工业增加值	1	1	0	强势

续表

指　标	2015 年	2016 年	排位升降	优劣势
工业增加值增长率	7	10	-3	优势
人均工业增加值	7	6	1	优势
工业资产总额	3	2	1	强势
工业资产总额增长率	9	5	4	优势
工业资产总贡献率	14	14	0	中势
规模以上工业主营业务收入	3	3	0	强势
规模以上工业利润总额	3	3	0	强势
工业全员劳动生产率	31	30	1	劣势
工业成本费用利润率	10	14	-4	中势
2.3　服务业竞争力	1	1	0	强势
服务业增加值	1	1	0	强势
服务业增加值增长率	23	19	4	中势
人均服务业增加值	6	6	0	优势
服务业从业人员数	1	1	0	强势
限额以上批发零售企业主营业务收入	2	2	0	强势
限额以上批零企业利税率	18	20	-2	中势
限额以上餐饮企业利税率	6	6	0	优势
旅游外汇收入	1	1	0	强势
商品房销售收入	1	1	0	强势
电子商务销售额	1	1	0	强势
2.4　企业竞争力	7	7	0	优势
规模以上工业企业数	2	2	0	强势
规模以上企业平均资产	24	24	0	劣势
规模以上企业平均收入	20	19	1	中势
规模以上企业平均利润	14	14	0	中势
规模以上企业劳动效率	29	29	0	劣势
城镇就业人员平均工资	7	6	1	优势
新产品销售收入占主营业务收入比重	6	3	3	强势
产品质量抽查合格率	28	30	-2	劣势
工业企业 R&D 经费投入强度	4	4	0	优势
中国驰名商标持有量	1	1	0	强势

3. 广东省可持续发展竞争力指标排名变化情况

表 19－7　2015～2016 年广东省可持续发展竞争力指标组排位及变化趋势

指　标	2015 年	2016 年	排位升降	优劣势
3　可持续发展竞争力	11	2	9	强势
3.1　资源竞争力	26	25	1	劣势
人均国土面积	26	26	0	劣势
人均可使用海域和滩涂面积	6	6	0	优势
人均年水资源量	15	14	1	中势

续表

指　标	2015 年	2016 年	排位升降	优劣势
耕地面积	21	21	0	劣势
人均耕地面积	29	29	0	劣势
人均牧草地面积	22	22	0	劣势
主要能源矿产基础储量	27	27	0	劣势
人均主要能源矿产基础储量	29	29	0	劣势
人均森林储积量	21	21	0	劣势
3.2　环境竞争力	26	9	17	优势
森林覆盖率	6	6	0	优势
人均废水排放量	30	30	0	劣势
人均工业废气排放量	3	4	-1	优势
人均工业固体废物排放量	3	3	0	强势
人均治理工业污染投资额	23	24	-1	劣势
一般工业固体废物综合利用率	6	5	1	优势
生活垃圾无害化处理率	21	19	2	中势
自然灾害直接经济损失	31	22	9	劣势
3.3　人力资源竞争力	3	2	1	强势
常住人口增长率	4	3	1	强势
15~64 岁人口比例	7	9	-2	优势
文盲率	6	6	0	优势
大专以上教育程度人口比例	19	11	8	中势
平均受教育程度	7	7	0	优势
人口健康素质	31	30	1	劣势
职业学校毕业生数	2	2	0	强势

4. 广东省财政金融竞争力指标排名变化情况

表 19-8　2015~2016 年广东省财政金融竞争力指标组排位及变化趋势

指　标	2015 年	2016 年	排位升降	优劣势
4　财政金融竞争力	3	3	0	强势
4.1　财政竞争力	3	4	-1	优势
地方财政收入	1	2	-1	强势
地方财政支出	1	1	0	强势
地方财政收入占 GDP 比重	12	30	-18	劣势
地方财政支出占 GDP 比重	26	29	-3	劣势
税收收入占 GDP 比重	5	4	1	优势
税收收入占财政总收入比重	3	2	1	强势
人均地方财政收入	6	24	-18	劣势
人均地方财政支出	13	16	-3	中势
人均税收收入	6	6	0	优势

续表

指　标	2015 年	2016 年	排位升降	优劣势
地方财政收入增长率	6	30	-24	劣势
地方财政支出增长率	1	21	-20	劣势
税收收入增长率	7	2	5	强势
4.2　金融竞争力	2	3	-1	强势
存款余额	1	1	0	强势
人均存款余额	5	5	0	优势
贷款余额	1	27	-26	劣势
人均贷款余额	6	31	-25	劣势
中长期贷款占贷款余额比重	12	1	11	强势
保险费净收入	1	1	0	强势
保险密度	7	6	1	优势
保险深度	14	13	1	中势
国内上市公司数	1	1	0	强势
国内上市公司市值	2	2	0	强势

5. 广东省知识经济竞争力指标排名变化情况

表 19-9　2015~2016 年广东省知识经济竞争力指标组排位及变化趋势

指　标	2015 年	2016 年	排位升降	优劣势
5　知识经济竞争力	2	1	1	强势
5.1　科技竞争力	2	1	1	强势
R&D 人员	2	2	0	强势
R&D 经费	1	1	0	强势
R&D 经费投入强度	3	3	0	强势
发明专利授权量	3	3	0	强势
技术市场成交合同金额	5	5	0	优势
财政科技支出占地方财政支出比重	2	1	1	强势
高技术产业主营业务收入	1	1	0	强势
高技术产业收入占工业增加值比重	2	1	1	强势
高技术产品出口额占商品出口额比重	9	12	-3	中势
5.2　教育竞争力	3	2	1	强势
教育经费	1	1	0	强势
教育经费占 GDP 比重	23	24	-1	劣势
人均教育经费	12	12	0	中势
公共教育经费占财政支出比重	18	16	2	中势
人均文化教育支出占个人消费支出比重	23	25	-2	劣势
万人中小学学校数	24	23	1	劣势
万人中小学专任教师数	13	14	-1	中势
高等学校数	2	2	0	强势

续表

指　标	2015年	2016年	排位升降	优劣势
高校专任教师数	3	4	-1	优势
万人高等学校在校学生数	15	14	1	中势
5.3　文化竞争力	2	1	1	强势
文化制造业营业收入	1	1	0	强势
文化批发零售业营业收入	3	2	1	强势
文化服务业企业营业收入	3	3	0	强势
图书和期刊出版数	5	7	-2	优势
报纸出版数	1	1	0	强势
印刷用纸量	2	2	0	强势
城镇居民人均文化娱乐支出	6	6	0	优势
农村居民人均文化娱乐支出	15	19	-4	中势
城镇居民人均文化娱乐支出占消费性支出比重	24	23	1	劣势
农村居民人均文化娱乐支出占消费性支出比重	24	25	-1	劣势

6. 广东省发展环境竞争力指标排名变化情况

表19－10　2015～2016年广东省发展环境竞争力指标组排位及变化趋势

指　标	2015年	2016年	排位升降	优劣势
6　发展环境竞争力	1	5	-4	优势
6.1　基础设施竞争力	2	2	0	强势
铁路网线密度	17	17	0	中势
公路网线密度	10	10	0	优势
人均内河航道里程	10	11	-1	中势
全社会旅客周转量	1	1	0	强势
全社会货物周转量	1	2	-1	强势
人均邮电业务总量	4	4	0	优势
电话普及率	3	3	0	强势
互联网普及率	3	3	0	强势
人均耗电量	10	10	0	优势
6.2　软环境竞争力	4	8	-4	优势
外资企业数增长率	26	12	14	中势
万人外资企业数	6	6	0	优势
个体私营企业数增长率	27	26	1	劣势
万人个体私营企业数	9	9	0	优势
万人商标注册件数	4	4	0	优势
查处商标侵权假冒案件	1	1	0	强势
每十万人交通事故发生数	5	7	-2	优势
罚没收入占财政收入比重	26	28	-2	劣势
社会捐赠款物	3	5	-2	优势

7. 广东省政府作用竞争力指标排名变化情况

表 19－11　2015～2016 年广东省政府作用竞争力指标组排位及变化趋势

指　标	2015 年	2016 年	排位升降	优劣势
7　政府作用竞争力	3	6	－3	优势
7.1　政府发展经济竞争力	8	6	2	优势
财政支出用于基本建设投资比重	25	25	0	劣势
财政支出对 GDP 增长的拉动	6	5	1	优势
政府公务员对经济的贡献	4	4	0	优势
政府消费对民间消费的拉动	7	8	－1	优势
财政投资对社会投资的拉动	16	16	0	中势
7.2　政府规调经济竞争力	24	27	－3	劣势
物价调控	20	28	－8	劣势
调控城乡消费差距	23	24	－1	劣势
统筹经济社会发展	27	13	14	中势
规范税收	8	6	2	优势
固定资产投资价格指数	26	30	－4	劣势
7.3　政府保障经济竞争力	1	1	0	强势
城市城镇社区服务设施数	1	1	0	强势
医疗保险覆盖率	2	2	0	强势
养老保险覆盖率	2	2	0	强势
失业保险覆盖率	2	2	0	强势
最低工资标准	2	3	－1	强势
城镇登记失业率	4	28	－24	劣势

8. 广东省发展水平竞争力指标排名变化情况

表 19－12　2015～2016 年广东省发展水平竞争力指标组排位及变化趋势

指　标	2015 年	2016 年	排位升降	优劣势
8　发展水平竞争力	3	3	0	强势
8.1　工业化进程竞争力	2	2	0	强势
工业增加值占 GDP 比重	8	7	1	优势
工业增加值增长率	7	10	－3	优势
高技术产业占工业增加值比重	2	1	1	强势
高技术产品出口额占商品出口额比重	7	7	0	优势
信息产业增加值占 GDP 比重	1	1	0	强势
工农业增加值比值	5	5	0	优势
8.2　城市化进程竞争力	4	4	0	优势
城镇化率	4	4	0	优势
城镇居民人均可支配收入	5	5	0	优势
城市平均建成区面积比重	12	11	1	中势

续表

指　标	2015 年	2016 年	排位升降	优劣势
人均拥有道路面积	22	24	-2	劣势
人均日生活用水量	4	4	0	优势
人均公共绿地面积	3	4	-1	优势
8.3 市场化进程竞争力	5	6	-1	优势
非公有制经济产值占全社会总产值比重	4	4	0	优势
社会投资占投资总额比重	8	8	0	优势
私有和个体企业从业人员比重	6	6	0	优势
亿元以上商品市场成交额	5	6	-1	优势
亿元以上商品市场成交额占全社会消费品零售总额比重	18	17	1	中势
居民消费支出占总消费支出比重	7	8	-1	优势

9. 广东省统筹协调竞争力指标排名变化情况

表 19-13　2015～2016 年广东省统筹协调竞争力指标组排位及变化趋势

指　标	2015 年	2016 年	排位升降	优劣势
9　统筹协调竞争力	5	10	-5	优势
9.1 统筹发展竞争力	7	6	1	优势
社会劳动生产率	7	5	2	优势
能源使用下降率	11	29	-18	劣势
万元 GDP 综合能耗下降率	15	19	-4	中势
非农用地产出率	3	3	0	强势
生产税净额和营业盈余占 GDP 比重	14	17	-3	中势
最终消费率	15	20	-5	中势
固定资产投资额占 GDP 比重	1	1	0	强势
固定资产交付使用率	6	24	-18	劣势
9.2 协调发展竞争力	6	21	-15	劣势
环境竞争力与宏观经济竞争力比差	31	30	1	劣势
资源竞争力与宏观经济竞争力比差	4	4	0	优势
人力资源竞争力与宏观经济竞争力比差	4	2	2	强势
资源竞争力与工业竞争力比差	4	28	-24	劣势
环境竞争力与工业竞争力比差	1	3	-2	强势
城乡居民家庭人均收入比差	13	13	0	中势
城乡居民人均现金消费支出比差	23	19	4	中势
全社会消费品零售总额与外贸出口总额比差	1	31	-30	劣势

B.21
20
广西壮族自治区经济综合竞争力评价分析报告

广西壮族自治区简称桂，地处华南地区西部，北靠贵州省、湖南省，东接广东省，西连云南省并与越南交界，南濒南海。全区土地面积23.67万平方公里，北部湾海域面积12.93万平方公里，2016年全市常住人口为4838万人，地区生产总值为18318亿元，同比增长7.3%，人均GDP达38027元。本部分通过分析2015～2016年广西壮族自治区经济综合竞争力以及各要素竞争力的排名变化，从中找出广西壮族自治区经济综合竞争力的推动点及影响因素，为进一步提升广西壮族自治区经济综合竞争力提供决策参考。

20.1 广西壮族自治区经济综合竞争力总体分析

1. 广西壮族自治区经济综合竞争力一级指标概要分析

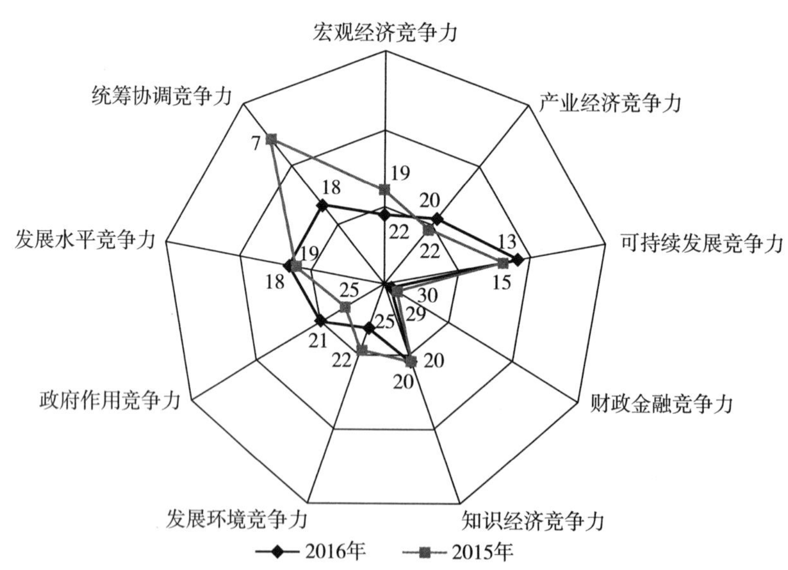

图20－1 2015～2016年广西壮族自治区经济综合竞争力二级指标比较雷达图

（1）从综合排位看，2016年广西壮族自治区经济综合竞争力综合排位在全国居第21位，表明其在全国处于劣势地位；与2015年相比，综合排名下降2位。

（2）从指标所处区位看，没有处于上游区的二级指标，其中宏观经济竞争力、财政金融竞争力、发展环境竞争力和政府作用竞争力等4个指标为广西经济综合竞争力的

表 20－1 2015～2016 年广西壮族自治区经济综合竞争力二级指标比较

项目 年份	宏观经济竞争力	产业经济竞争力	可持续发展竞争力	财政金融竞争力	知识经济竞争力	发展环境竞争力	政府作用竞争力	发展水平竞争力	统筹协调竞争力	**综合排位**
2015	19	22	15	29	20	22	25	19	7	19
2016	22	20	13	30	20	25	21	18	18	21
升降	－3	2	2	－1	0	－3	4	1	－11	－2
优劣度	劣势	中势	中势	劣势	中势	劣势	劣势	中势	中势	劣势

劣势指标。

（3）从指标变化趋势看，9 个二级指标中，有 4 个指标处于上升趋势，分别为产业经济竞争力、可持续发展竞争力、政府作用竞争力和发展水平竞争力，这些是广西壮族自治区经济综合竞争力的上升动力所在；有 1 个指标排位没有发生变化，为知识经济竞争力；有 4 个指标处于下降趋势，为宏观经济竞争力、财政金融竞争力、发展环境竞争力和统筹协调竞争力，是广西壮族自治区经济综合竞争力的下降拉力所在。

2. 广西壮族自治区经济综合竞争力各级指标动态变化分析

表 20－2 2015～2016 年广西壮族自治区经济综合竞争力各级指标排位变化情况

单位：个，%

二级指标	三级指标	四级指标数	上升		保持		下降		变化趋势
			指标数	比重	指标数	比重	指标数	比重	
宏观经济竞争力	经济实力竞争力	12	3	25.0	4	33.3	5	41.7	下降
	经济结构竞争力	6	1	16.7	2	33.3	3	50.0	下降
	经济外向度竞争力	9	1	11.1	2	22.2	6	66.7	下降
	小　计	27	5	18.5	8	29.6	14	51.9	下降
产业经济竞争力	农业竞争力	10	5	50.0	3	30.0	2	20.0	上升
	工业竞争力	10	5	50.0	3	30.0	2	20.0	保持
	服务业竞争力	10	1	10.0	7	70.0	2	20.0	上升
	企业竞争力	10	2	20.0	5	50.0	3	30.0	保持
	小　计	40	13	32.5	18	45.0	9	22.5	上升
可持续发展竞争力	资源竞争力	9	2	22.2	6	66.7	1	11.1	下降
	环境竞争力	8	3	37.5	2	25.0	3	37.5	上升
	人力资源竞争力	7	4	57.1	1	14.3	2	28.6	上升
	小　计	24	9	37.5	9	37.5	6	25.0	上升
财政金融竞争力	财政竞争力	12	6	50.0	3	25.0	3	25.0	上升
	金融竞争力	10	2	20.0	4	40.0	4	40.0	下降
	小　计	22	8	36.4	7	31.8	7	31.8	下降
知识经济竞争力	科技竞争力	9	5	55.6	2	22.2	2	22.2	保持
	教育竞争力	10	7	70.0	1	10.0	2	20.0	上升
	文化竞争力	10	4	40.0	6	60.0	0	0.0	上升
	小　计	29	16	55.2	9	31.0	4	13.8	保持

续表

二级指标	三级指标	四级指标数	上升		保持		下降		变化趋势
			指标数	比重	指标数	比重	指标数	比重	
发展环境竞争力	基础设施竞争力	9	0	0.0	5	55.6	4	44.4	下降
	软环境竞争力	9	1	11.1	2	22.2	6	66.7	下降
	小　计	18	1	5.6	7	38.9	10	55.6	下降
政府作用竞争力	政府发展经济竞争力	5	2	40.0	0	0.0	3	60.0	下降
	政府规调经济竞争力	5	3	60.0	0	0.0	2	40.0	上升
	政府保障经济竞争力	6	3	50.0	0	0.0	3	50.0	下降
	小　计	16	8	50.0	0	0.0	8	50.0	上升
发展水平竞争力	工业化进程竞争力	6	3	50.0	1	16.7	2	33.3	下降
	城市化进程竞争力	6	2	33.3	2	33.3	2	33.3	上升
	市场化进程竞争力	6	1	16.7	1	16.7	4	66.7	下降
	小　计	18	6	33.3	4	22.2	8	44.4	上升
统筹协调竞争力	统筹发展竞争力	8	4	50.0	2	25.0	2	25.0	下降
	协调发展竞争力	8	4	50.0	1	12.5	3	37.5	下降
	小　计	16	8	50.0	3	18.8	5	31.3	下降
合　计		210	74	35.2	65	31.0	71	33.8	下降

从表 20－2 可以看出，210 个四级指标中，上升指标有 74 个，占指标总数的 35.2%；下降指标有 71 个，占指标总数的 33.8%；保持不变的指标有 65 个，占指标总数的 31.0%。综上所述，广西壮族自治区经济综合竞争力上升的动力和下降的拉力大致相当，受指标变化的综合影响，2015～2016 年广西壮族自治区经济综合竞争力排位有所下降。

3. 广西壮族自治区经济综合竞争力各级指标优劣势结构分析

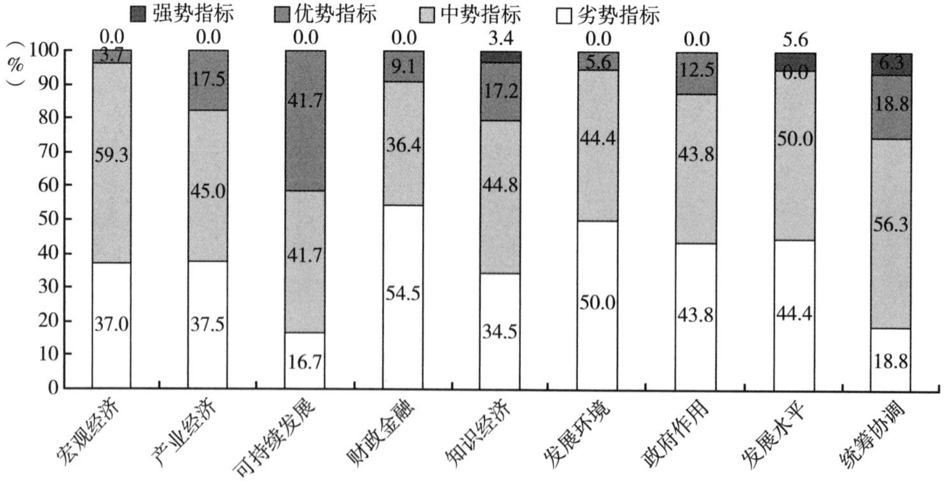

图 20－2　2016 年广西壮族自治区经济综合竞争力各级指标优劣势比较

表 20－3　2016 年广西壮族自治区经济综合竞争力各级指标优劣势情况

单位：个，%

二级指标	三级指标	四级指标数	强势指标		优势指标		中势指标		劣势指标		优劣势
			个数	比重	个数	比重	个数	比重	个数	比重	
宏观经济竞争力	经济实力竞争力	12	0	0.0	1	8.3	7	58.3	4	33.3	劣势
	经济结构竞争力	6	0	0.0	0	0.0	2	33.3	4	66.7	劣势
	经济外向度竞争力	9	0	0.0	0	0.0	7	77.8	2	22.2	中势
	小　计	27	0	0.0	1	3.7	16	59.3	10	37.0	劣势
产业经济竞争力	农业竞争力	10	0	0.0	3	30.0	4	40.0	3	30.0	中势
	工业竞争力	10	0	0.0	2	20.0	6	60.0	2	20.0	中势
	服务业竞争力	10	0	0.0	0	0.0	4	40.0	6	60.0	劣势
	企业竞争力	10	0	0.0	2	20.0	4	40.0	4	40.0	劣势
	小　计	40	0	0.0	7	17.5	18	45.0	15	37.5	中势
可持续发展竞争力	资源竞争力	9	0	0.0	3	33.3	6	66.7	0	0.0	中势
	环境竞争力	8	0	0.0	4	50.0	3	37.5	1	12.5	强势
	人力资源竞争力	7	0	0.0	3	42.9	1	14.3	3	42.9	劣势
	小　计	24	0	0.0	10	41.7	10	41.7	4	16.7	中势
财政金融竞争力	财政竞争力	12	0	0.0	1	8.3	7	58.3	4	33.3	劣势
	金融竞争力	10	0	0.0	1	10.0	1	10.0	8	80.0	劣势
	小　计	22	0	0.0	2	9.1	8	36.4	12	54.5	劣势
知识经济竞争力	科技竞争力	9	0	0.0	1	11.1	3	33.3	5	55.6	中势
	教育竞争力	10	1	10.0	2	20.0	6	60.0	1	10.0	中势
	文化竞争力	10	0	0.0	2	20.0	4	40.0	4	40.0	中势
	小　计	29	1	3.4	5	17.2	13	44.8	10	34.5	中势
发展环境竞争力	基础设施竞争力	9	0	0.0	1	11.1	2	22.2	6	66.7	劣势
	软环境竞争力	9	0	0.0	0	0.0	6	66.7	3	33.3	劣势
	小　计	18	0	0.0	1	5.6	8	44.4	9	50.0	劣势
政府作用竞争力	政府发展经济竞争力	5	0	0.0	1	20.0	3	60.0	1	20.0	中势
	政府规调经济竞争力	5	0	0.0	0	0.0	4	80.0	1	20.0	中势
	政府保障经济竞争力	6	0	0.0	1	16.7	0	0.0	5	83.3	劣势
	小　计	16	0	0.0	2	12.5	7	43.8	7	43.8	劣势
发展水平竞争力	工业化进程竞争力	6	0	0.0	0	0.0	5	83.3	1	16.7	中势
	城市化进程竞争力	6	1	16.7	0	0.0	1	16.7	4	66.7	劣势
	市场化进程竞争力	6	0	0.0	0	0.0	3	50.0	3	50.0	劣势
	小　计	18	1	5.6	0	0.0	9	50.0	8	44.4	中势
统筹协调竞争力	统筹发展竞争力	8	0	0.0	2	25.0	4	50.0	2	25.0	劣势
	协调发展竞争力	8	1	12.5	1	12.5	5	62.5	1	12.5	优势
	小　计	16	1	6.3	3	18.8	9	56.3	3	18.8	中势
合　计		210	3	1.4	31	14.8	98	46.7	78	37.1	劣势

基于图 20－2 和表 20－3，具体到四级指标，强势指标 3 个，占指标总数的 1.4%；优势指标 31 个，占指标总数的 14.8%；中势指标 98 个，占指标总数的 46.7%；劣势

指标78个，占指标总数的37.1%。三级指标中，强势指标1个，占三级指标总数的4%；优势指标1个，占三级指标总数的4%；中势指标10个，占三级指标总数的40%；劣势指标13个，占三级指标总数的52%。从二级指标来看，没有强势指标和优势指标；中势指标有5个，占二级指标总数的55.5%；劣势指标4个，占二级指标总数的44.4%。综合来看，由于中势指标和劣势指标在指标体系中居于主导地位，2016年广西壮族自治区经济综合竞争力处于劣势地位。

4. 广西壮族自治区经济综合竞争力四级指标优劣势对比分析

表20－4　2016年广西壮族自治区经济综合竞争力各级指标优劣势情况

二级指标	优劣势	四级指标
宏观经济竞争力（27个）	强势指标	（0个）
	优势指标	固定资产投资额增长率（1个）
	劣势指标	地区生产总值增长率、人均地区生产总值、人均固定资产投资额、人均全社会消费品零售总额、产业结构优化度、城乡经济结构优化度、就业结构优化度、贸易结构优化度、实际FDI增长率、对外直接投资额（10个）
产业经济竞争力（40个）	强势指标	（0个）
	优势指标	农业增加值、农民人均纯收入增长率、农业机械化水平、工业资产总贡献率、工业全员劳动生产率、规模以上企业平均收入、规模以上企业平均利润（7个）
	劣势指标	农民人均纯收入、人均主要农产品产量、农村人均用电量、人均工业增加值、工业资产总额、服务业增加值、服务业增加值增长率、人均服务业增加值、限额以上批发零售企业主营业务收入、限额以上批零企业利税率、电子商务销售额、城镇就业人员平均工资、产品质量抽查合格率、工业企业R&D经费投入强度、中国驰名商标持有量（15个）
可持续发展竞争力（24个）	强势指标	（0个）
	优势指标	人均可使用海域和滩涂面积、人均年水资源量、人均森林储积量、森林覆盖率、人均工业废气排放量、生活垃圾无害化处理率、自然灾害直接经济损失、常住人口增长率、文盲率、职业学校毕业生数（10个）
	劣势指标	人均治理工业污染投资额、15～64岁人口比例、大专以上教育程度人口比例、平均受教育程度（4个）
财政金融竞争力（22个）	强势指标	（0个）
	优势指标	地方财政收入增长率、中长期贷款占贷款余额比重（2个）
	劣势指标	税收收入占GDP比重、税收收入占财政总收入比重、人均地方财政支出、人均税收收入、存款余额、人均存款余额、人均贷款余额、保险费净收入、保险密度、保险深度、国内上市公司数、国内上市公司市值（12个）
知识经济竞争力（29个）	强势指标	公共教育经费占财政支出比重（1个）
	优势指标	高技术产品出口额占商品出口额比重、教育经费占GDP比重、万人中小学学校数、图书和期刊出版数、印刷用纸量（5个）
	劣势指标	R&D人员、R&D经费、R&D经费投入强度、技术市场成交合同金额、财政科技支出占地方财政支出比重、人均教育经费、文化批发零售业营业收入、文化服务业企业营业收入、城镇居民人均文化娱乐支出、农村居民人均文化娱乐支出（10个）
发展环境竞争力（18个）	强势指标	（0个）
	优势指标	人均内河航道里程（1个）
	劣势指标	铁路网线密度、公路网线密度、人均邮电业务总量、电话普及率、互联网普及率、人均耗电量、万人商标注册件数、每十万人交通事故发生数、社会捐赠款物（9个）

续表

二级指标	优劣势	四级指标
政府作用竞争力(16个)	强势指标	(0个)
	优势指标	财政支出用于基本建设投资比重、城市城镇社区服务设施数(2个)
	劣势指标	财政投资对社会投资的拉动、规范税收、医疗保险覆盖率、养老保险覆盖率、失业保险覆盖率、最低工资标准、城镇登记失业率(7个)
发展水平竞争力(18个)	强势指标	人均日生活用水量(1个)
	优势指标	(0个)
	劣势指标	工农业增加值比值、城镇化率、城镇居民人均可支配收入、城市平均建成区面积比重、人均公共绿地面积、私有和个体企业从业人员比重、亿元以上商品市场成交额、亿元以上商品市场成交额占全社会消费品零售总额比重(8个)
统筹协调竞争力(16个)	强势指标	环境竞争力与宏观经济竞争力比差(1个)
	优势指标	万元GDP综合能耗下降率、固定资产交付使用率、城乡居民家庭人均收入比差(3个)
	劣势指标	社会劳动生产率、能源使用下降率、环境竞争力与工业竞争力比差(3个)

20.2 广西壮族自治区经济综合竞争力各级指标具体分析

1. 广西壮族自治区宏观经济竞争力指标排名变化情况

表20-5 2015~2016年广西壮族自治区宏观经济竞争力指标组排位及变化趋势

指 标	2015年	2016年	排位升降	优劣势
1 宏观经济竞争力	19	22	-3	劣势
1.1 经济实力竞争力	16	22	-6	劣势
地区生产总值	17	17	0	中势
地区生产总值增长率	15	23	-8	劣势
人均地区生产总值	26	26	0	劣势
财政总收入	9	13	-4	中势
财政总收入增长率	6	19	-13	中势
人均财政收入	14	20	-6	中势
固定资产投资额	15	14	1	中势
固定资产投资额增长率	5	10	-5	优势
人均固定资产投资额	24	22	2	劣势
全社会消费品零售总额	19	19	0	中势
全社会消费品零售总额增长率	19	16	3	中势
人均全社会消费品零售总额	23	23	0	劣势
1.2 经济结构竞争力	20	21	-1	劣势
产业结构优化度	31	31	0	劣势
所有制经济结构优化度	16	17	-1	中势
城乡经济结构优化度	24	22	2	劣势
就业结构优化度	23	23	0	劣势
资本形成结构优化度	9	13	-4	中势

续表

指　标	2015 年	2016 年	排位升降	优劣势
贸易结构优化度	25	28	-3	劣势
1.3　经济外向度竞争力	18	19	-1	中势
进出口总额	14	14	0	中势
进出口增长率	7	12	-5	中势
出口总额	19	20	-1	中势
出口增长率	6	16	-10	中势
实际 FDI	19	20	-1	中势
实际 FDI 增长率	16	24	-8	劣势
外贸依存度	13	13	0	中势
外资企业数	20	19	1	中势
对外直接投资额	24	25	-1	劣势

2. 广西壮族自治区产业经济竞争力指标排名变化情况

表 20-6　2015~2016 年广西壮族自治区产业经济竞争力指标组排位及变化趋势

指　标	2015 年	2016 年	排位升降	优劣势
2　产业经济竞争力	22	20	2	中势
2.1　农业竞争力	20	14	6	中势
农业增加值	10	9	1	优势
农业增加值增长率	16	20	-4	中势
人均农业增加值	12	13	-1	中势
农民人均纯收入	22	22	0	劣势
农民人均纯收入增长率	17	6	11	优势
农产品出口占农林牧渔总产值比重	11	11	0	中势
人均主要农产品产量	21	21	0	劣势
农业机械化水平	11	10	1	优势
农村人均用电量	28	26	2	劣势
财政支农资金比重	15	13	2	中势
2.2　工业竞争力	20	20	0	中势
工业增加值	18	17	1	中势
工业增加值增长率	5	13	-8	中势
人均工业增加值	23	22	1	劣势
工业资产总额	25	24	1	劣势
工业资产总额增长率	18	18	0	中势
工业资产总贡献率	5	5	0	优势
规模以上工业主营业务收入	18	17	1	中势
规模以上工业利润总额	18	18	0	中势
工业全员劳动生产率	10	9	1	优势
工业成本费用利润率	12	16	-4	中势
2.3　服务业竞争力	22	21	1	劣势
服务业增加值	22	21	1	劣势

续表

指　标	2015 年	2016 年	排位升降	优劣势
服务业增加值增长率	18	25	-7	劣势
人均服务业增加值	28	28	0	劣势
服务业从业人员数	17	17	0	中势
限额以上批发零售企业主营业务收入	21	21	0	劣势
限额以上批零企业利税率	22	22	0	劣势
限额以上餐饮企业利税率	9	11	-2	中势
旅游外汇收入	12	12	0	中势
商品房销售收入	18	18	0	中势
电子商务销售额	22	22	0	劣势
2.4　企业竞争力	26	26	0	劣势
规模以上工业企业数	18	18	0	中势
规模以上企业平均资产	20	20	0	中势
规模以上企业平均收入	10	6	4	优势
规模以上企业平均利润	7	7	0	优势
规模以上企业劳动效率	13	14	-1	中势
城镇就业人员平均工资	21	23	-2	劣势
新产品销售收入占主营业务收入比重	17	15	2	中势
产品质量抽查合格率	21	24	-3	劣势
工业企业 R&D 经费投入强度	29	29	0	劣势
中国驰名商标持有量	30	30	0	劣势

3. 广西壮族自治区可持续发展竞争力指标排名变化情况

表 20-7　2015～2016 年广西壮族自治区可持续发展竞争力指标组排位及变化趋势

指　标	2015 年	2016 年	排位升降	优劣势
3　可持续发展竞争力	15	13	2	中势
3.1　资源竞争力	16	17	-1	中势
人均国土面积	13	13	0	中势
人均可使用海域和滩涂面积	10	10	0	优势
人均年水资源量	3	7	-4	优势
耕地面积	16	16	0	中势
人均耕地面积	15	15	0	中势
人均牧草地面积	18	18	0	中势
主要能源矿产基础储量	21	20	1	中势
人均主要能源矿产基础储量	22	20	2	中势
人均森林储积量	9	9	0	优势
3.2　环境竞争力	2	1	1	强势
森林覆盖率	4	4	0	优势
人均废水排放量	16	11	5	中势
人均工业废气排放量	7	8	-1	优势
人均工业固体废物排放量	13	13	0	中势

续表

指 标	2015 年	2016 年	排位升降	优劣势
人均治理工业污染投资额	14	22	-8	劣势
一般工业固体废物综合利用率	16	14	2	中势
生活垃圾无害化处理率	9	10	-1	优势
自然灾害直接经济损失	10	5	5	优势
3.3 人力资源竞争力	23	21	2	劣势
常住人口增长率	7	10	-3	优势
15~64 岁人口比例	31	30	1	劣势
文盲率	12	10	2	优势
大专以上教育程度人口比例	28	28	0	劣势
平均受教育程度	25	22	3	劣势
人口健康素质	14	20	-6	中势
职业学校毕业生数	8	7	1	优势

4. 广西壮族自治区财政金融竞争力指标排名变化情况

表 20-8 2015~2016 年广西壮族自治区财政金融竞争力指标组排位及变化趋势

指 标	2015 年	2016 年	排位升降	优劣势
4 财政金融竞争力	29	30	-1	劣势
4.1 财政竞争力	29	22	7	劣势
地方财政收入	22	15	7	中势
地方财政支出	18	20	-2	中势
地方财政收入占 GDP 比重	24	11	13	中势
地方财政支出占 GDP 比重	16	17	-1	中势
税收收入占 GDP 比重	27	28	-1	劣势
税收收入占财政总收入比重	29	23	6	劣势
人均地方财政收入	29	20	9	中势
人均地方财政支出	27	27	0	劣势
人均税收收入	30	30	0	劣势
地方财政收入增长率	23	8	15	优势
地方财政支出增长率	18	11	7	中势
税收收入增长率	17	17	0	中势
4.2 金融竞争力	24	28	-4	劣势
存款余额	21	21	0	劣势
人均存款余额	31	31	0	劣势
贷款余额	20	19	1	中势
人均贷款余额	29	28	1	劣势
中长期贷款占贷款余额比重	7	7	0	优势
保险费净收入	23	24	-1	劣势
保险密度	28	29	-1	劣势
保险深度	27	30	-3	劣势
国内上市公司数	21	21	0	劣势
国内上市公司市值	24	25	-1	劣势

5. 广西壮族自治区知识经济竞争力指标排名变化情况

表 20－9 2015～2016 年广西壮族自治区知识经济竞争力指标组排位及变化趋势

指 标	2015 年	2016 年	排位升降	优劣势
5 知识经济竞争力	20	20	0	中势
5.1 科技竞争力	20	20	0	中势
R&D 人员	23	23	0	劣势
R&D 经费	23	23	0	劣势
R&D 经费投入强度	25	27	－2	劣势
发明专利授权量	17	16	1	中势
技术市场成交合同金额	27	25	2	劣势
财政科技支出占地方财政支出比重	19	25	－6	劣势
高技术产业主营业务收入	20	19	1	中势
高技术产业收入占工业增加值比重	20	19	1	中势
高技术产品出口额占商品出口额比重	12	9	3	优势
5.2 教育竞争力	20	15	5	中势
教育经费	18	14	4	中势
教育经费占 GDP 比重	11	10	1	优势
人均教育经费	24	22	2	劣势
公共教育经费占财政支出比重	2	3	－1	强势
人均文化教育支出占个人消费支出比重	14	11	3	中势
万人中小学学校数	6	7	－1	优势
万人中小学专任教师数	15	12	3	中势
高等学校数	18	18	0	中势
高校专任教师数	21	20	1	中势
万人高等学校在校学生数	24	19	5	中势
5.3 文化竞争力	15	14	1	中势
文化制造业营业收入	16	16	0	中势
文化批发零售业营业收入	21	21	0	劣势
文化服务业企业营业收入	21	21	0	劣势
图书和期刊出版数	8	8	0	优势
报纸出版数	18	18	0	中势
印刷用纸量	7	7	0	优势
城镇居民人均文化娱乐支出	29	27	2	劣势
农村居民人均文化娱乐支出	25	21	4	劣势
城镇居民人均文化娱乐支出占消费性支出比重	12	11	1	中势
农村居民人均文化娱乐支出占消费性支出比重	13	12	1	中势

6. 广西壮族自治区发展环境竞争力指标排名变化情况

表 20－10　2015～2016 年广西壮族自治区发展环境竞争力指标组排位及变化趋势

指　标	2015 年	2016 年	排位升降	优劣势
6　发展环境竞争力	22	25	－3	劣势
6.1　基础设施竞争力	25	26	－1	劣势
铁路网线密度	20	21	－1	劣势
公路网线密度	25	25	0	劣势
人均内河航道里程	9	9	0	优势
全社会旅客周转量	14	14	0	中势
全社会货物周转量	13	13	0	中势
人均邮电业务总量	26	31	－5	劣势
电话普及率	28	28	0	劣势
互联网普及率	22	23	－1	劣势
人均耗电量	24	25	－1	劣势
6.2　软环境竞争力	20	23	－3	劣势
外资企业数增长率	12	17	－5	中势
万人外资企业数	18	18	0	中势
个体私营企业数增长率	5	12	－7	中势
万人个体私营企业数	14	15	－1	中势
万人商标注册件数	30	30	0	劣势
查处商标侵权假冒案件	13	12	1	中势
每十万人交通事故发生数	25	28	－3	劣势
罚没收入占财政收入比重	10	12	－2	中势
社会捐赠款物	28	30	－2	劣势

7. 广西壮族自治区政府作用竞争力指标排名变化情况

表 20－11　2015～2016 年广西壮族自治区政府作用竞争力指标组排位及变化趋势

指　标	2015 年	2016 年	排位升降	优劣势
7　政府作用竞争力	25	21	4	劣势
7.1　政府发展经济竞争力	16	17	－1	中势
财政支出用于基本建设投资比重	8	6	2	优势
财政支出对 GDP 增长的拉动	16	15	1	中势
政府公务员对经济的贡献	16	17	－1	中势
政府消费对民间消费的拉动	11	15	－4	中势
财政投资对社会投资的拉动	22	25	－3	劣势
7.2　政府规调经济竞争力	22	15	7	中势
物价调控	18	13	5	中势
调控城乡消费差距	15	14	1	中势

续表

指　标	2015 年	2016 年	排位升降	优劣势
统筹经济社会发展	12	14	-2	中势
规范税收	23	25	-2	劣势
固定资产投资价格指数	23	14	9	中势
7.3　政府保障经济竞争力	23	24	-1	劣势
城市城镇社区服务设施数	8	9	-1	优势
医疗保险覆盖率	24	23	1	劣势
养老保险覆盖率	25	22	3	劣势
失业保险覆盖率	25	23	2	劣势
最低工资标准	26	28	-2	劣势
城镇登记失业率	8	24	-16	劣势

8. 广西壮族自治区发展水平竞争力指标排名变化情况

表 20-12　2015~2016 年广西壮族自治区发展水平竞争力指标组排位及变化趋势

指　标	2015 年	2016 年	排位升降	优劣势
8　发展水平竞争力	19	18	1	中势
8.1　工业化进程竞争力	16	18	-2	中势
工业增加值占 GDP 比重	17	15	2	中势
工业增加值增长率	5	13	-8	中势
高技术产业占工业增加值比重	19	18	1	中势
高技术产品出口额占商品出口额比重	14	16	-2	中势
信息产业增加值占 GDP 比重	16	13	3	中势
工农业增加值比值	24	24	0	劣势
8.2　城市化进程竞争力	27	26	1	劣势
城镇化率	26	27	-1	劣势
城镇居民人均可支配收入	17	21	-4	劣势
城市平均建成区面积比重	24	24	0	劣势
人均拥有道路面积	12	11	1	中势
人均日生活用水量	3	2	1	强势
人均公共绿地面积	22	22	0	劣势
8.3　市场化进程竞争力	18	21	-3	劣势
非公有制经济产值占全社会总产值比重	16	17	-1	中势
社会投资占投资总额比重	14	16	-2	中势
私有和个体企业从业人员比重	26	24	2	劣势
亿元以上商品市场成交额	20	21	-1	劣势
亿元以上商品市场成交额占全社会消费品零售总额比重	21	21	0	劣势
居民消费支出占总消费支出比重	11	15	-4	中势

9. 广西壮族自治区统筹协调竞争力指标排名变化情况

表 20－13　2015～2016 年广西壮族自治区统筹协调竞争力指标组排位及变化趋势

指　标	2015 年	2016 年	排位升降	优劣势
9　统筹协调竞争力	7	18	－11	中势
9.1　统筹发展竞争力	11	22	－11	劣势
社会劳动生产率	25	25	0	劣势
能源使用下降率	6	24	－18	劣势
万元 GDP 综合能耗下降率	18	6	12	优势
非农用地产出率	20	20	0	中势
生产税净额和营业盈余占 GDP 比重	12	11	1	中势
最终消费率	13	14	－1	中势
固定资产投资额占 GDP 比重	19	18	1	中势
固定资产交付使用率	11	8	3	优势
9.2　协调发展竞争力	4	9	－5	优势
环境竞争力与宏观经济竞争力比差	6	3	3	强势
资源竞争力与宏观经济竞争力比差	19	18	1	中势
人力资源竞争力与宏观经济竞争力比差	14	20	－6	中势
资源竞争力与工业竞争力比差	17	16	1	中势
环境竞争力与工业竞争力比差	24	24	0	劣势
城乡居民家庭人均收入比差	8	10	－2	优势
城乡居民人均现金消费支出比差	15	14	1	中势
全社会消费品零售总额与外贸出口总额比差	12	20	－8	中势

B.22
21
海南省经济综合竞争力评价分析报告

海南省简称琼，位于中国南部海域，北隔琼州海峡与广东省相望。全省陆地（主要包括海南岛和西沙、中沙、南沙群岛和南海诸岛）总面积3.5万平方公里，海域面积约200万平方公里，2016年全市常住人口为917万人，地区生产总值为4053亿元，同比增长7.5%，人均GDP达44347元。本部分通过分析2015～2016年海南省经济综合竞争力以及各要素竞争力的排名变化，从中找出海南省经济综合竞争力的推动点及影响因素，为进一步提升海南省经济综合竞争力提供决策参考。

21.1 海南省经济综合竞争力总体分析

1. 海南省经济综合竞争力一级指标概要分析

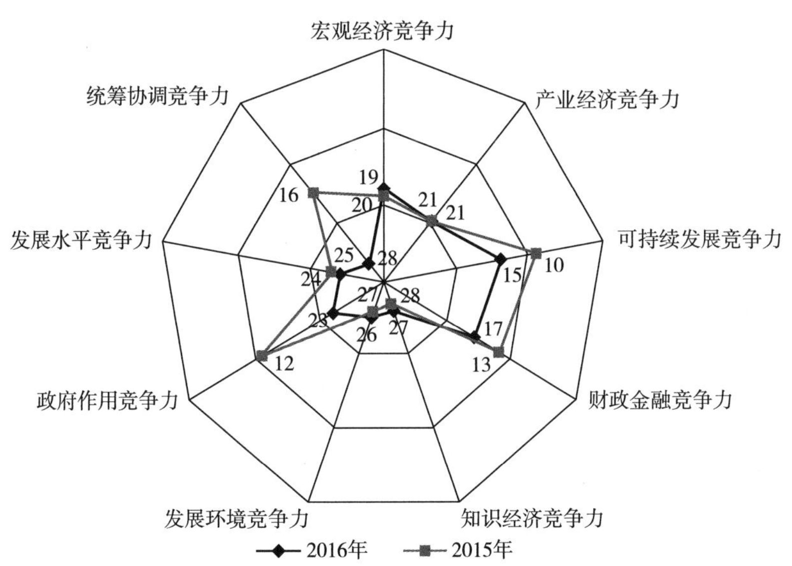

图21－1 2015～2016年海南省经济综合竞争力二级指标比较雷达图

（1）从综合排位看，2016年海南省经济综合竞争力综合排位在全国居第25位，这表明其在全国处于劣势地位；与2015年相比，综合排位下降了5位。

（2）从指标所处区位看，3个指标处于中游区，为宏观经济竞争力、可持续发展竞争力和财政金融竞争力；其余6个指标处于下游区。

表 21-1　2015～2016 年海南省经济综合竞争力二级指标表现情况

年份＼项目	宏观经济竞争力	产业经济竞争力	可持续发展竞争力	财政金融竞争力	知识经济竞争力	发展环境竞争力	政府作用竞争力	发展水平竞争力	统筹协调竞争力	**综合排位**
2015	20	21	10	13	28	27	12	24	16	20
2016	19	21	15	17	27	26	23	25	28	25
升降	1	0	-5	-4	1	1	-11	-1	-12	-5
优劣度	中势	劣势	中势	中势	劣势	劣势	劣势	劣势	劣势	劣势

（3）从指标变化趋势看，9 个二级指标中，有 3 个指标处于上升趋势，分别为宏观经济竞争力、知识经济竞争力和发展环境竞争力；有 1 个指标排位没有发生变化，为产业经济竞争力；有 5 个指标处于下降趋势，分别为可持续发展竞争力、财政金融竞争力、政府作用竞争力、发展水平竞争力和统筹协调竞争力，这些是海南省经济综合竞争力的下降拉力所在。

2. 海南省经济综合竞争力各级指标动态变化分析

表 21-2　2015～2016 年海南省经济综合竞争力各级指标排位变化情况

单位：个，%

二级指标	三级指标	四级指标数	上升		保持		下降		变化趋势
			指标数	比重	指标数	比重	指标数	比重	
宏观经济竞争力	经济实力竞争力	12	7	58.3	2	16.7	3	25.0	下降
	经济结构竞争力	6	0	0.0	3	50.0	3	50.0	下降
	经济外向度竞争力	9	3	33.3	1	11.1	5	55.6	上升
	小　计	27	10	37.0	6	22.2	11	40.7	上升
产业经济竞争力	农业竞争力	10	2	20.0	5	50.0	3	30.0	下降
	工业竞争力	10	0	0.0	6	60.0	4	40.0	下降
	服务业竞争力	10	5	50.0	5	50.0	0	0.0	上升
	企业竞争力	10	0	0.0	5	50.0	5	50.0	下降
	小　计	40	7	17.5	21	52.5	12	30.0	保持
可持续发展竞争力	资源竞争力	9	3	33.3	5	55.6	1	11.1	上升
	环境竞争力	8	1	12.5	4	50.0	3	37.5	下降
	人力资源竞争力	7	4	57.1	0	0.0	3	42.9	保持
	小　计	24	8	33.3	9	37.5	7	29.2	下降
财政金融竞争力	财政竞争力	12	6	50.0	3	25.0	3	25.0	保持
	金融竞争力	10	3	30.0	4	40.0	3	30.0	下降
	小　计	22	9	40.9	7	31.8	6	27.3	下降
知识经济竞争力	科技竞争力	9	2	22.2	5	55.6	2	22.2	保持
	教育竞争力	10	5	50.0	3	30.0	2	20.0	上升
	文化竞争力	10	4	40.0	6	60.0	0	0.0	保持
	小　计	29	11	37.9	14	48.3	4	13.8	上升

续表

二级指标	三级指标	四级指标数	上升		保持		下降		变化趋势
			指标数	比重	指标数	比重	指标数	比重	
发展环境竞争力	基础设施竞争力	9	3	33.3	5	55.6	1	11.1	上升
	软环境竞争力	9	4	44.4	3	33.3	2	22.2	上升
	小　计	18	7	38.9	8	44.4	3	16.7	上升
政府作用竞争力	政府发展经济竞争力	5	1	20.0	1	20.0	3	60.0	下降
	政府规调经济竞争力	5	1	20.0	0	0.0	4	80.0	下降
	政府保障经济竞争力	6	1	16.7	3	50.0	2	33.3	下降
	小　计	16	3	18.8	4	25.0	9	56.3	下降
发展水平竞争力	工业化进程竞争力	6	2	33.3	3	50.0	1	16.7	上升
	城市化进程竞争力	6	3	50.0	0	0.0	3	50.0	下降
	市场化进程竞争力	6	1	16.7	1	16.7	4	66.7	下降
	小　计	18	6	33.3	4	22.2	8	44.4	下降
统筹协调竞争力	统筹发展竞争力	8	4	50.0	2	25.0	2	25.0	下降
	协调发展竞争力	8	3	37.5	2	25.0	3	37.5	下降
	小　计	16	7	43.8	4	25.0	5	31.3	下降
合　计		210	68	32.4	77	36.7	65	31.0	下降

从表21－2可以看出，210个四级指标中，上升指标有68个，占指标总数的32.4%；下降指标有65个，占指标总数的31.0%；保持不变的指标有77个，占指标总数的36.7%。尽管上升指标的数量略大于下降指标的数量，但由于指标下降的幅度较大，2015～2016年海南省经济综合竞争力排位处于下降趋势。

3. 海南省经济综合竞争力各级指标优劣势结构分析

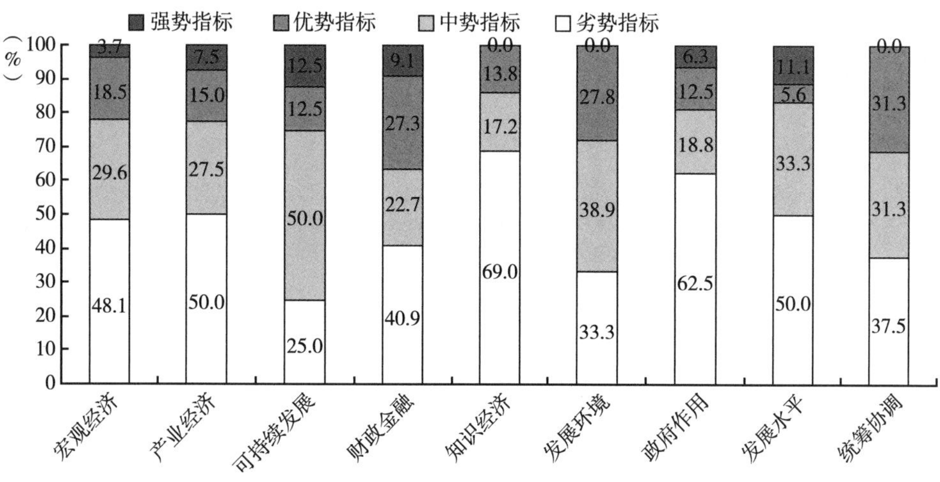

图21－2　2016年海南省经济综合竞争力各级指标优劣势比较

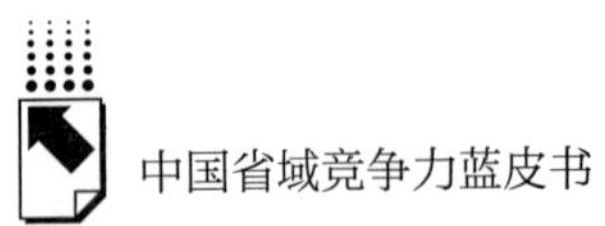

表 21 – 3　2016 年海南省经济综合竞争力各级指标优劣势情况

单位：个，%

二级指标	三级指标	四级指标数	强势指标		优势指标		中势指标		劣势指标		优劣势
			个数	比重	个数	比重	个数	比重	个数	比重	
宏观经济竞争力	经济实力竞争力	12	0	0.0	2	16.7	2	16.7	8	66.7	劣势
	经济结构竞争力	6	0	0.0	1	16.7	4	66.7	1	16.7	中势
	经济外向度竞争力	9	1	11.1	2	22.2	2	22.2	4	44.4	优势
	小　计	27	1	3.7	5	18.5	8	29.6	13	48.1	中势
产业经济竞争力	农业竞争力	10	1	10.0	1	10.0	5	50.0	3	30.0	中势
	工业竞争力	10	0	0.0	1	10.0	1	10.0	8	80.0	劣势
	服务业竞争力	10	1	10.0	1	10.0	2	20.0	6	60.0	中势
	企业竞争力	10	1	10.0	3	30.0	3	30.0	3	30.0	中势
	小　计	40	3	7.5	6	15.0	11	27.5	20	50.0	劣势
可持续发展竞争力	资源竞争力	9	1	11.1	1	11.1	4	44.4	3	33.3	优势
	环境竞争力	8	2	25.0	2	25.0	3	37.5	1	12.5	强势
	人力资源竞争力	7	0	0.0	0	0.0	5	71.4	2	28.6	劣势
	小　计	24	3	12.5	3	12.5	12	50.0	6	25.0	中势
财政金融竞争力	财政竞争力	12	1	8.3	6	50.0	2	16.7	3	25.0	中势
	金融竞争力	10	1	10.0	0	0.0	3	30.0	6	60.0	劣势
	小　计	22	2	9.1	6	27.3	5	22.7	9	40.9	中势
知识经济竞争力	科技竞争力	9	0	0.0	0	0.0	1	11.1	8	88.9	劣势
	教育竞争力	10	0	0.0	4	40.0	2	20.0	4	40.0	劣势
	文化竞争力	10	0	0.0	0	0.0	2	20.0	8	80.0	劣势
	小　计	29	0	0.0	4	13.8	5	17.2	20	69.0	劣势
发展环境竞争力	基础设施竞争力	9	0	0.0	3	33.3	4	44.4	2	22.2	劣势
	软环境竞争力	9	0	0.0	2	22.2	3	33.3	4	44.4	劣势
	小　计	18	0	0.0	5	27.8	7	38.9	6	33.3	劣势
政府作用竞争力	政府发展经济竞争力	5	0	0.0	0	0.0	1	20.0	4	80.0	劣势
	政府规调经济竞争力	5	0	0.0	1	20.0	1	20.0	3	60.0	劣势
	政府保障经济竞争力	6	1	16.7	1	16.7	1	16.7	3	50.0	优势
	小　计	16	1	6.3	2	12.5	3	18.8	10	62.5	劣势
发展水平竞争力	工业化进程竞争力	6	0	0.0	0	0.0	1	16.7	5	83.3	劣势
	城市化进程竞争力	6	1	16.7	1	16.7	3	50.0	1	16.7	中势
	市场化进程竞争力	6	1	16.7	0	0.0	2	33.3	3	50.0	中势
	小　计	18	2	11.1	1	5.6	6	33.3	9	50.0	劣势
统筹协调竞争力	统筹发展竞争力	8	0	0.0	2	25.0	2	25.0	4	50.0	劣势
	协调发展竞争力	8	0	0.0	3	37.5	3	37.5	2	25.0	劣势
	小　计	16	0	0.0	5	31.3	5	31.3	6	37.5	劣势
合　计		210	12	5.7	37	17.6	62	29.5	99	47.1	劣势

基于图 21 – 2 和表 21 – 3，具体到四级指标，强势指标 12 个，占指标总数的 5.7%；优势指标 37 个，占指标总数的 17.6%；中势指标 62 个，占指标总数的

29.5%；劣势指标99个，占指标总数的47.1%。三级指标中，强势指标1个，占三级指标总数的4%；优势指标3个，占三级指标总数的12%；中势指标7个，占三级指标总数的28%；劣势指标14个，占三级指标总数的56%。从二级指标看，没有强势指标和优势指标；中势指标有3个，占二级指标总数的33.3%；劣势指标有6个，占二级指标总数的66.7%。综合来看，由于劣势指标在指标体系中居于主导地位，2016年海南省经济综合竞争力处于劣势地位。

4. 海南省经济综合竞争力四级指标优劣势对比分析

表21-4　2016年海南省经济综合竞争力各级指标优劣势情况

二级指标	优劣势	四级指标
宏观经济竞争力（27个）	强势指标	实际FDI增长率（1个）
	优势指标	人均财政收入、固定资产投资额增长率、产业结构优化度、出口增长率、外贸依存度（5个）
	劣势指标	地区生产总值、地区生产总值增长率、财政总收入、财政总收入增长率、固定资产投资额、全社会消费品零售总额、全社会消费品零售总额增长率、人均全社会消费品零售总额、就业结构优化度、进出口总额、进出口增长率、出口总额、外资企业数（13个）
产业经济竞争力（40个）	强势指标	人均农业增加值、限额以上餐饮企业利税率、规模以上企业平均收入（3个）
	优势指标	农村居民人均纯收入增长率、工业全员劳动生产率、服务业增加值增长率、规模以上企业平均资产、规模以上企业平均利润、规模以上企业劳动效率（6个）
	劣势指标	农业增加值、农业机械化水平、农村人均用电量、工业增加值、工业增加值增长率、人均工业增加值、工业资产总额、工业资产总额增长率、工业资产总贡献率、规模以上工业主营业务收入、规模以上工业利润总额、服务业增加值、服务业从业人员数、限额以上批发零售企业主营业务收入、旅游外汇收入、商品房销售收入、电子商务销售额、规模以上工业企业数、工业企业R&D经费投入强度、中国驰名商标持有量（20个）
可持续发展竞争力（24个）	强势指标	人均可使用海域和滩涂面积、人均工业废气排放量、人均工业固体废物排放量（3个）
	优势指标	人均年水资源量、森林覆盖率、生活垃圾无害化处理率（3个）
	劣势指标	耕地面积、主要能源矿产基础储量、人均主要能源矿产基础储量、人均治理工业污染投资额、大专以上教育程度人口比例、职业学校毕业生数（6个）
财政金融竞争力（22个）	强势指标	税收收入占GDP比重、中长期贷款占贷款余额比重（2个）
	优势指标	地方财政收入占GDP比重、地方财政支出占GDP比重、人均地方财政收入、人均地方财政支出、人均税收收入、地方财政支出增长率（6个）
	劣势指标	地方财政收入、地方财政支出、税收收入增长率、存款余额、贷款余额、保险费净收入、保险密度、国内上市公司数、国内上市公司市值（9个）
知识经济竞争力（29个）	强势指标	（0个）
	优势指标	教育经费占GDP比重、人均教育经费、万人中小学学校数、万人中小学专任教师数（4个）
	劣势指标	R&D人员、R&D经费、R&D经费投入强度、发明专利授权量、技术市场成交合同金额、财政科技支出占地方财政支出比重、高技术产业主营业务收入、高技术产品出口额占商品出口额比重、教育经费、高等学校数、高校专任教师数、万人高等学校在校学生数、文化制造业营业收入、文化批发零售业营业收入、文化服务业企业营业收入、图书和期刊出版数、报纸出版数、印刷用纸量、城镇居民人均文化娱乐支出、城镇居民人均文化娱乐支出占消费性支出比重（20个）
发展环境竞争力（18个）	强势指标	（0个）
	优势指标	铁路网线密度、人均邮电业务总量、电话普及率、万人商标注册件数、每十万人交通事故发生数（5个）
	劣势指标	全社会旅客周转量、全社会货物周转量、万人个体私营企业数、查处商标侵权假冒案件、罚没收入占财政收入比重、社会捐赠款物（6个）

续表

二级指标	优劣势	四级指标
政府作用竞争力（16个）	强势指标	失业保险覆盖率（1个）
	优势指标	规范税收、医疗保险覆盖率（2个）
	劣势指标	财政支出对GDP增长的拉动、政府公务员对经济的贡献、政府消费对民间消费的拉动、财政投资对社会投资的拉动、物价调控、统筹经济社会发展、固定资产投资价格指数、城市城镇社区服务设施数、最低工资标准、城镇登记失业率（10个）
发展水平竞争力（18个）	强势指标	人均日生活用水量、社会投资占投资总额比重（2个）
	优势指标	人均拥有道路面积（1个）
	劣势指标	工业增加值占GDP比重、工业增加值增长率、高技术产品出口额占商品出口额比重、信息产业增加值占GDP比重、工农业增加值比值、城市平均建成区面积比重、亿元以上商品市场成交额、亿元以上商品市场成交额占全社会消费品零售总额比重、居民消费支出占总消费支出比重（9个）
统筹协调竞争力（16个）	强势指标	0个
	优势指标	生产税净额和营业盈余占GDP比重、最终消费率、环境竞争力与宏观经济竞争力比差、资源竞争力与工业竞争力比差、全社会消费品零售总额与外贸出口总额比差（5个）
	劣势指标	社会劳动生产率、能源使用下降率、非农用地产出率、固定资产交付使用率、资源竞争力与宏观经济竞争力比差、环境竞争力与工业竞争力比差（6个）

21.2 海南省经济综合竞争力各级指标具体分析

1. 海南省宏观经济竞争力指标排名变化情况

表21-5 2015~2016年海南省宏观经济竞争力指标组排位及变化趋势

指 标	2015年	2016年	排位升降	优劣势
1 宏观经济竞争力	20	19	1	中势
1.1 经济实力竞争力	23	28	-5	劣势
地区生产总值	28	28	0	劣势
地区生产总值增长率	23	22	1	劣势
人均地区生产总值	18	17	1	中势
财政总收入	25	30	-5	劣势
财政总收入增长率	8	22	-14	劣势
人均财政收入	7	6	1	优势
固定资产投资额	29	28	1	劣势
固定资产投资额增长率	21	9	12	优势
人均固定资产投资额	20	18	2	中势
全社会消费品零售总额	28	28	0	劣势
全社会消费品零售总额增长率	25	23	2	劣势
人均全社会消费品零售总额	21	22	-1	劣势
1.2 经济结构竞争力	8	18	-10	中势
产业结构优化度	4	5	-1	优势
所有制经济结构优化度	11	15	-4	中势

续表

指　标	2015 年	2016 年	排位升降	优劣势
城乡经济结构优化度	12	12	0	中势
就业结构优化度	29	29	0	劣势
资本形成结构优化度	1	15	-14	中势
贸易结构优化度	16	16	0	中势
1.3 经济外向度竞争力	22	9	13	优势
进出口总额	25	26	-1	劣势
进出口增长率	16	30	-14	劣势
出口总额	27	27	0	劣势
出口增长率	11	5	6	优势
实际 FDI	24	16	8	中势
实际 FDI 增长率	28	1	27	强势
外贸依存度	9	10	-1	优势
外资企业数	24	25	-1	劣势
对外直接投资额	13	18	-5	中势

2. 海南省产业经济竞争力指标排名变化情况

表 21-6　2015~2016 年海南省产业经济竞争力指标组排位及变化趋势

指　标	2015 年	2016 年	排位升降	优劣势
2 产业经济竞争力	21	21	0	劣势
2.1 农业竞争力	12	16	-4	中势
农业增加值	24	24	0	劣势
农业增加值增长率	4	12	-8	中势
人均农业增加值	1	1	0	强势
农民人均纯收入	16	15	1	中势
农民人均纯收入增长率	9	9	0	优势
农产品出口占农林牧渔总产值比重	12	13	-1	中势
人均主要农产品产量	19	19	0	中势
农业机械化水平	28	27	1	劣势
农村人均用电量	29	29	0	劣势
财政支农资金比重	10	12	-2	中势
2.2 工业竞争力	25	27	-2	劣势
工业增加值	30	30	0	劣势
工业增加值增长率	23	24	-1	劣势
人均工业增加值	30	30	0	劣势
工业资产总额	30	30	0	劣势
工业资产总额增长率	5	29	-24	劣势
工业资产总贡献率	23	23	0	劣势
规模以上工业主营业务收入	30	30	0	劣势
规模以上工业利润总额	26	28	-2	劣势
工业全员劳动生产率	4	4	0	优势
工业成本费用利润率	9	15	-6	中势

续表

指　标	2015 年	2016 年	排位升降	优劣势
2.3　服务业竞争力	24	19	5	中势
服务业增加值	28	28	0	劣势
服务业增加值增长率	18	8	10	优势
人均服务业增加值	13	13	0	中势
服务业从业人员数	28	28	0	劣势
限额以上批发零售企业主营业务收入	28	28	0	劣势
限额以上批零企业利税率	20	11	9	中势
限额以上餐饮企业利税率	3	3	0	强势
旅游外汇收入	26	25	1	劣势
商品房销售收入	24	22	2	劣势
电子商务销售额	26	24	2	劣势
2.4　企业竞争力	8	12	-4	中势
规模以上工业企业数	30	30	0	劣势
规模以上企业平均资产	5	5	0	优势
规模以上企业平均收入	3	3	0	强势
规模以上企业平均利润	4	5	-1	优势
规模以上企业劳动效率	7	7	0	优势
城镇就业人员平均工资	15	16	-1	中势
新产品销售收入占主营业务收入比重	16	20	-4	中势
产品质量抽查合格率	5	19	-14	中势
工业企业 R&D 经费投入强度	17	26	-9	劣势
中国驰名商标持有量	29	29	0	劣势

3. 海南省可持续发展竞争力指标排名变化情况

表 21－7　2015～2016 年海南省可持续发展竞争力指标组排位及变化趋势

指　标	2015 年	2016 年	排位升降	优劣势
3　可持续发展竞争力	10	15	-5	中势
3.1　资源竞争力	10	9	1	优势
人均国土面积	15	15	0	中势
人均可使用海域和滩涂面积	1	1	0	强势
人均年水资源量	12	4	8	优势
耕地面积	26	26	0	劣势
人均耕地面积	21	20	1	中势
人均牧草地面积	14	13	1	中势
主要能源矿产基础储量	28	28	0	劣势
人均主要能源矿产基础储量	20	21	-1	劣势
人均森林储积量	11	11	0	中势
3.2　环境竞争力	1	2	-1	强势
森林覆盖率	5	5	0	优势
人均废水排放量	11	19	-8	中势
人均工业废气排放量	2	2	0	强势
人均工业固体废物排放量	2	2	0	强势

续表

指　标	2015年	2016年	排位升降	优劣势
人均治理工业污染投资额	29	27	2	劣势
一般工业固体废物综合利用率	15	15	0	中势
生活垃圾无害化处理率	4	5	-1	优势
自然灾害直接经济损失	6	13	-7	中势
3.3 人力资源竞争力	25	25	0	劣势
常住人口增长率	12	15	-3	中势
15~64岁人口比例	20	18	2	中势
文盲率	16	14	2	中势
大专以上教育程度人口比例	23	22	1	劣势
平均受教育程度	14	15	-1	中势
人口健康素质	17	18	-1	中势
职业学校毕业生数	27	26	1	劣势

4. 海南省财政金融竞争力指标排名变化情况

表21-8　2015~2016年海南省财政金融竞争力指标组排位及变化趋势

指　标	2015年	2016年	排位升降	优劣势
4 财政金融竞争力	13	17	-4	中势
4.1 财政竞争力	11	11	0	中势
地方财政收入	28	28	0	劣势
地方财政支出	30	28	2	劣势
地方财政收入占GDP比重	3	5	-2	优势
地方财政支出占GDP比重	8	5	3	优势
税收收入占GDP比重	3	3	0	强势
税收收入占财政总收入比重	24	17	7	中势
人均地方财政收入	9	8	1	优势
人均地方财政支出	9	8	1	优势
人均税收收入	7	7	0	优势
地方财政收入增长率	4	11	-7	中势
地方财政支出增长率	19	5	14	优势
税收收入增长率	6	24	-18	劣势
4.2 金融竞争力	20	27	-7	劣势
存款余额	28	28	0	劣势
人均存款余额	14	11	3	中势
贷款余额	28	28	0	劣势
人均贷款余额	13	11	2	中势
中长期贷款占贷款余额比重	1	2	-1	强势
保险费净收入	29	29	0	劣势
保险密度	21	22	-1	劣势
保险深度	19	20	-1	中势
国内上市公司数	25	25	0	劣势
国内上市公司市值	27	26	1	劣势

5. 海南省知识经济竞争力指标排名变化情况

表 21－9　2015～2016 年海南省知识经济竞争力指标组排位及变化趋势

指　标	2015 年	2016 年	排位升降	优劣势
5　知识经济竞争力	28	27	1	劣势
5.1　科技竞争力	28	28	0	劣势
R&D 人员	29	29	0	劣势
R&D 经费	29	29	0	劣势
R&D 经费投入强度	29	30	－1	劣势
发明专利授权量	29	29	0	劣势
技术市场成交合同金额	30	30	0	劣势
财政科技支出占地方财政支出比重	27	21	6	劣势
高技术产业主营业务收入	27	27	0	劣势
高技术产业收入占工业增加值比重	15	12	3	中势
高技术产品出口额占商品出口额比重	27	28	－1	劣势
5.2　教育竞争力	28	26	2	劣势
教育经费	28	28	0	劣势
教育经费占 GDP 比重	7	7	0	优势
人均教育经费	8	7	1	优势
公共教育经费占财政支出比重	19	18	1	中势
人均文化教育支出占个人消费支出比重	28	19	9	中势
万人中小学学校数	11	10	1	优势
万人中小学专任教师数	6	7	－1	优势
高等学校数	29	28	1	劣势
高校专任教师数	28	28	0	劣势
万人高等学校在校学生数	20	21	－1	劣势
5.3　文化竞争力	29	29	0	劣势
文化制造业营业收入	25	25	0	劣势
文化批发零售业营业收入	29	29	0	劣势
文化服务业企业营业收入	23	22	1	劣势
图书和期刊出版数	28	28	0	劣势
报纸出版数	28	28	0	劣势
印刷用纸量	28	28	0	劣势
城镇居民人均文化娱乐支出	30	30	0	劣势
农村居民人均文化娱乐支出	18	13	5	中势
城镇居民人均文化娱乐支出占消费性支出比重	29	27	2	劣势
农村居民人均文化娱乐支出占消费性支出比重	14	11	3	中势

6. 海南省发展环境竞争力指标排名变化情况

表 21－10　2015～2016 年海南省发展环境竞争力指标组排位及变化趋势

指　标	2015 年	2016 年	排位升降	优劣势
6　发展环境竞争力	27	26	1	劣势
6.1　基础设施竞争力	24	21	3	劣势
铁路网线密度	9	9	0	优势
公路网线密度	20	19	1	中势
人均内河航道里程	19	19	0	中势
全社会旅客周转量	29	30	－1	劣势
全社会货物周转量	27	27	0	劣势
人均邮电业务总量	9	9	0	优势
电话普及率	8	8	0	优势
互联网普及率	16	12	4	中势
人均耗电量	21	20	1	中势
6.2　软环境竞争力	28	27	1	劣势
外资企业数增长率	20	15	5	中势
万人外资企业数	11	11	0	中势
个体私营企业数增长率	22	20	2	中势
万人个体私营企业数	26	25	1	劣势
万人商标注册件数	10	10	0	优势
查处商标侵权假冒案件	27	27	0	劣势
每十万人交通事故发生数	4	8	－4	优势
罚没收入占财政收入比重	25	27	－2	劣势
社会捐赠款物	29	24	5	劣势

7. 海南省政府作用竞争力指标排名变化情况

表 21－11　2015～2016 年海南省政府作用竞争力指标组排位及变化趋势

指　标	2015 年	2016 年	排位升降	优劣势
7　政府作用竞争力	12	23	－11	劣势
7.1　政府发展经济竞争力	25	27	－2	劣势
财政支出用于基本建设投资比重	20	11	9	中势
财政支出对 GDP 增长的拉动	24	25	－1	劣势
政府公务员对经济的贡献	24	24	0	劣势
政府消费对民间消费的拉动	26	27	－1	劣势
财政投资对社会投资的拉动	18	24	－6	劣势
7.2　政府规调经济竞争力	18	30	－12	劣势
物价调控	5	30	－25	劣势

续表

指　标	2015 年	2016 年	排位升降	优劣势
调控城乡消费差距	19	18	1	中势
统筹经济社会发展	16	21	-5	劣势
规范税收	3	4	-1	优势
固定资产投资价格指数	28	29	-1	劣势
7.3　政府保障经济竞争力	4	8	-4	优势
城市城镇社区服务设施数	27	27	0	劣势
医疗保险覆盖率	6	6	0	优势
养老保险覆盖率	4	11	-7	中势
失业保险覆盖率	1	1	0	强势
最低工资标准	30	27	3	劣势
城镇登记失业率	3	30	-27	劣势

8. 海南省发展水平竞争力指标排名变化情况

表 21－12　2015～2016 年海南省发展水平竞争力指标组排位及变化趋势

指　标	2015 年	2016 年	排位升降	优劣势
8　发展水平竞争力	24	25	-1	劣势
8.1　工业化进程竞争力	28	27	1	劣势
工业增加值占 GDP 比重	30	30	0	劣势
工业增加值增长率	23	24	-1	劣势
高技术产业占工业增加值比重	17	13	4	中势
高技术产品出口额占商品出口额比重	27	27	0	劣势
信息产业增加值占 GDP 比重	26	25	1	劣势
工农业增加值比值	31	31	0	劣势
8.2　城市化进程竞争力	15	18	-3	中势
城镇化率	16	14	2	中势
城镇居民人均可支配收入	19	18	1	中势
城市平均建成区面积比重	21	25	-4	劣势
人均拥有道路面积	10	8	2	优势
人均日生活用水量	2	3	-1	强势
人均公共绿地面积	13	19	-6	中势
8.3　市场化进程竞争力	19	20	-1	中势
非公有制经济产值占全社会总产值比重	11	15	-4	中势
社会投资占投资总额比重	10	3	7	强势
私有和个体企业从业人员比重	13	14	-1	中势
亿元以上商品市场成交额	30	30	0	劣势
亿元以上商品市场成交额占全社会消费品零售总额比重	30	31	-1	劣势
居民消费支出占总消费支出比重	26	27	-1	劣势

9. 海南省统筹协调竞争力指标排名变化情况

表 21－13　2015～2016 年海南省统筹协调竞争力指标组排位及变化趋势

指　标	2015 年	2016 年	排位升降	优劣势
9　统筹协调竞争力	16	28	－12	劣势
9.1　统筹发展竞争力	17	28	－11	劣势
社会劳动生产率	22	21	1	劣势
能源使用下降率	29	26	3	劣势
万元 GDP 综合能耗下降率	29	20	9	中势
非农用地产出率	22	22	0	劣势
生产税净额和营业盈余占 GDP 比重	4	4	0	优势
最终消费率	6	7	－1	优势
固定资产投资额占 GDP 比重	17	16	1	中势
固定资产交付使用率	1	31	－30	劣势
9.2　协调发展竞争力	22	24	－2	劣势
环境竞争力与宏观经济竞争力比差	4	4	0	优势
资源竞争力与宏观经济竞争力比差	21	22	－1	劣势
人力资源竞争力与宏观经济竞争力比差	12	13	－1	中势
资源竞争力与工业竞争力比差	23	7	16	优势
环境竞争力与工业竞争力比差	29	31	－2	劣势
城乡居民家庭人均收入比差	20	20	0	中势
城乡居民人均现金消费支出比差	19	18	1	中势
全社会消费品零售总额与外贸出口总额比差	18	8	10	优势

B.23
22
重庆市经济综合竞争力评价分析报告

重庆市简称渝，位于青藏高原与长江中下游平原的过渡地带，北与四川省、陕西省相连，东与湖北省、湖南省相接，南与贵州省相邻，西与云南省交界。全市面积8.5万平方公里，2016年全市常住人口为3048万人，地区生产总值为17741亿元，同比增长10.7%，人均GDP达58502元。本部分通过分析2015～2016年重庆市经济综合竞争力以及各要素竞争力的排名变化，从中找出重庆市经济综合竞争力的推动点及影响因素，为进一步提升重庆市经济综合竞争力提供决策参考。

22.1 重庆市经济综合竞争力总体分析

1. 重庆市经济综合竞争力一级指标概要分析

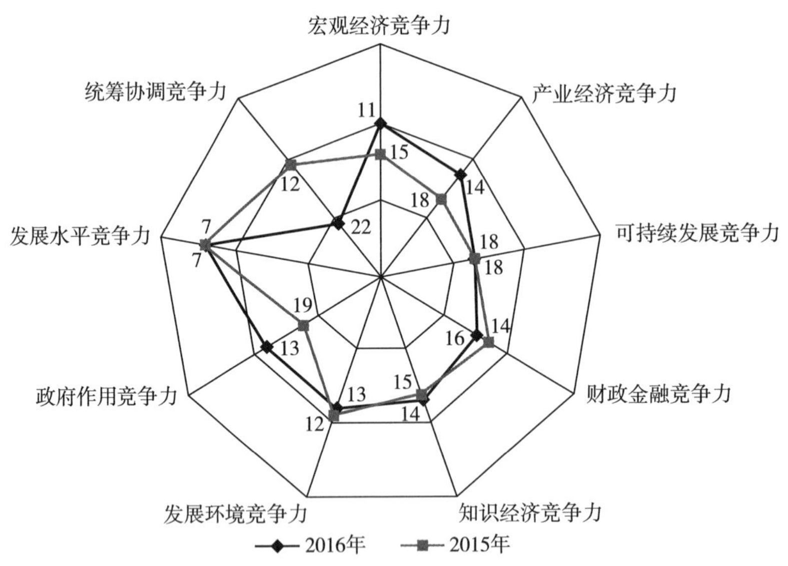

图22－1　2015～2016年重庆市经济综合竞争力二级指标比较雷达图

（1）从综合排位看，2016年重庆市经济综合竞争力综合排位在全国居第10位，表明其在全国处于优势地位；与2015年相比，综合排位上升了2位。

（2）从指标所处区位看，处于上游区的指标有1个，为发展水平竞争力；处于下游区的指标有1个，为统筹协调竞争力；其余指标均处于中游区。

表 22－1 2015～2016 年重庆市经济综合竞争力二级指标比较

年份＼项目	宏观经济竞争力	产业经济竞争力	可持续发展竞争力	财政金融竞争力	知识经济竞争力	发展环境竞争力	政府作用竞争力	发展水平竞争力	统筹协调竞争力	综合排位
2015	15	18	18	14	15	12	19	7	12	12
2016	11	14	18	16	14	13	13	7	22	10
升降	4	4	0	－2	1	－1	6	0	－10	2
优劣度	中势	中势	中势	中势	中势	中势	中势	优势	劣势	优势

（3）从指标变化趋势看，9 个二级指标中，有 4 个指标处于上升趋势，分别为宏观经济竞争力、产业经济竞争力、知识经济竞争力和政府作用竞争力，这些是重庆市经济综合竞争力的上升动力所在；有 2 个指标排位没有发生变化，分别为可持续发展竞争力和发展水平竞争力；有 3 个指标处于下降趋势，分别为财政金融竞争力、发展环境竞争力和统筹协调竞争力。

2. 重庆市经济综合竞争力各级指标动态变化分析

表 22－2 2015～2016 年重庆市经济综合竞争力各级指标排位变化情况

单位：个，%

二级指标	三级指标	四级指标数	上升		保持		下降		变化趋势
			指标数	比重	指标数	比重	指标数	比重	
宏观经济竞争力	经济实力竞争力	12	5	41.7	6	50.0	1	8.3	上升
	经济结构竞争力	6	3	50.0	1	16.7	2	33.3	保持
	经济外向度竞争力	9	4	44.4	3	33.3	2	22.2	上升
	小　计	27	12	44.4	10	37.0	5	18.5	上升
产业经济竞争力	农业竞争力	10	4	40.0	5	50.0	1	10.0	上升
	工业竞争力	10	7	70.0	1	10.0	2	20.0	下降
	服务业竞争力	10	3	30.0	3	30.0	4	40.0	下降
	企业竞争力	10	5	50.0	3	30.0	2	20.0	上升
	小　计	40	19	47.5	12	30.0	9	22.5	上升
可持续发展竞争力	资源竞争力	9	0	0.0	8	88.9	1	11.1	保持
	环境竞争力	8	2	25.0	2	25.0	4	50.0	下降
	人力资源竞争力	7	5	71.4	0	0.0	2	28.6	上升
	小　计	24	7	29.2	10	41.7	7	29.2	保持
财政金融竞争力	财政竞争力	12	4	33.3	2	16.7	6	50.0	下降
	金融竞争力	10	4	40.0	1	10.0	5	50.0	下降
	小　计	22	8	36.4	3	13.6	11	50.0	下降
知识经济竞争力	科技竞争力	9	4	44.4	4	44.4	1	11.1	下降
	教育竞争力	10	5	50.0	4	40.0	1	10.0	上升
	文化竞争力	10	3	30.0	4	40.0	3	30.0	保持
	小　计	29	12	41.4	12	41.4	5	17.2	上升

续表

二级指标	三级指标	四级指标数	上升		保持		下降		变化趋势
			指标数	比重	指标数	比重	指标数	比重	
发展环境竞争力	基础设施竞争力	9	4	44.4	4	44.4	1	11.1	保持
	软环境竞争力	9	2	22.2	3	33.3	4	44.4	下降
	小　计	18	6	33.3	7	38.9	5	27.8	下降
政府作用竞争力	政府发展经济竞争力	5	4	80.0	0	0.0	1	20.0	下降
	政府规调经济竞争力	5	3	60.0	1	20.0	1	20.0	上升
	政府保障经济竞争力	6	2	33.3	2	33.3	2	33.3	下降
	小　计	16	9	56.3	3	18.8	4	25.0	上升
发展水平竞争力	工业化进程竞争力	6	2	33.3	3	50.0	1	16.7	保持
	城市化进程竞争力	6	0	0.0	5	83.3	1	16.7	下降
	市场化进程竞争力	6	3	50.0	3	50.0	0	0.0	上升
	小　计	18	5	27.8	11	61.1	2	11.1	保持
统筹协调竞争力	统筹发展竞争力	8	3	37.5	2	25.0	3	37.5	保持
	协调发展竞争力	8	4	50.0	0	0.0	4	50.0	下降
	小　计	16	7	43.8	2	12.5	7	43.8	下降
合　计		210	85	40.5	70	33.3	55	26.2	上升

从表 22－2 可以看出，210 个四级指标中，上升指标有 85 个，占指标总数的 40.5%；下降指标有 55 个，占指标总数的 26.2%；保持不变的指标有 70 个，占指标总数的 33.3%。指标上升的动力大于下降的拉力，2015～2016 年重庆市经济综合竞争力排位处于上升趋势。

3. 重庆市经济综合竞争力各级指标优劣势结构分析

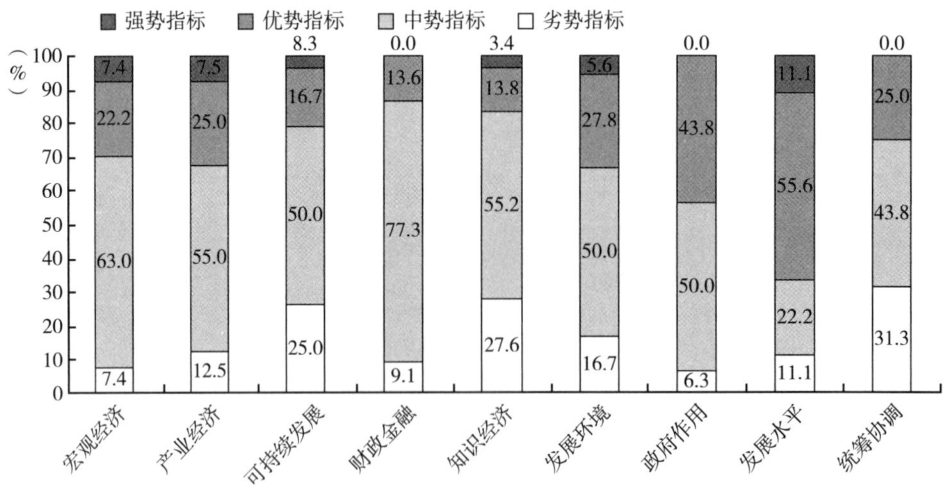

图 22－2　2016 年重庆市经济综合竞争力各级指标优劣势比较

表 22－3　2016 年重庆市经济综合竞争力各级指标优劣势情况

单位：个，%

二级指标	三级指标	四级指标数	强势指标		优势指标		中势指标		劣势指标		优劣势
			个数	比重	个数	比重	个数	比重	个数	比重	
宏观经济竞争力	经济实力竞争力	12	2	16.7	3	25.0	7	58.3	0	0.0	中势
	经济结构竞争力	6	0	0.0	2	33.3	3	50.0	1	16.7	中势
	经济外向度竞争力	9	0	0.0	1	11.1	7	77.8	1	11.1	中势
	小　计	27	2	7.4	6	22.2	17	63.0	2	7.4	中势
产业经济竞争力	农业竞争力	10	1	10.0	1	10.0	5	50.0	3	30.0	劣势
	工业竞争力	10	2	20.0	2	20.0	6	60.0	0	0.0	中势
	服务业竞争力	10	0	0.0	4	40.0	4	40.0	2	20.0	中势
	企业竞争力	10	0	0.0	3	30.0	7	70.0	0	0.0	优势
	小　计	40	3	7.5	10	25.0	22	55.0	5	12.5	中势
可持续发展竞争力	资源竞争力	9	0	0.0	0	0.0	6	66.7	3	33.3	劣势
	环境竞争力	8	1	12.5	3	37.5	2	25.0	2	25.0	优势
	人力资源竞争力	7	1	14.3	1	14.3	4	57.1	1	14.3	中势
	小　计	24	2	8.3	4	16.7	12	50.0	6	25.0	中势
财政金融竞争力	财政竞争力	12	0	0.0	1	8.3	10	83.3	1	8.3	中势
	金融竞争力	10	0	0.0	2	20.0	7	70.0	1	10.0	中势
	小　计	22	0	0.0	3	13.6	17	77.3	2	9.1	中势
知识经济竞争力	科技竞争力	9	1	11.1	3	33.3	5	55.6	0	0.0	优势
	教育竞争力	10	0	0.0	1	10.0	5	50.0	4	40.0	劣势
	文化竞争力	10	0	0.0	0	0.0	6	60.0	4	40.0	劣势
	小　计	29	1	3.4	4	13.8	16	55.2	8	27.6	中势
发展环境竞争力	基础设施竞争力	9	1	11.1	1	11.1	6	66.7	1	11.1	中势
	软环境竞争力	9	0	0.0	4	44.4	3	33.3	2	22.2	中势
	小　计	18	1	5.6	5	27.8	9	50.0	3	16.7	中势
政府作用竞争力	政府发展经济竞争力	5	0	0.0	2	40.0	3	60.0	0	0.0	中势
	政府规调经济竞争力	5	0	0.0	2	40.0	2	40.0	1	20.0	中势
	政府保障经济竞争力	6	0	0.0	3	50.0	3	50.0	0	0.0	中势
	小　计	16	0	0.0	7	43.8	8	50.0	1	6.3	中势
发展水平竞争力	工业化进程竞争力	6	2	33.3	3	50.0	1	16.7	0	0.0	优势
	城市化进程竞争力	6	0	0.0	2	33.3	2	33.3	2	33.3	中势
	市场化进程竞争力	6	0	0.0	5	83.3	1	16.7	0	0.0	优势
	小　计	18	2	11.1	10	55.6	4	22.2	2	11.1	优势
统筹协调竞争力	统筹发展竞争力	8	0	0.0	3	37.5	2	25.0	3	37.5	劣势
	协调发展竞争力	8	0	0.0	1	12.5	5	62.5	2	25.0	劣势
	小　计	16	0	0.0	4	25.0	7	43.8	5	31.3	劣势
合　计		210	11	5.2	53	25.2	112	53.3	34	16.2	优势

基于图 22－2 和表 22－3，具体到四级指标，强势指标 11 个，占指标总数的 5.2%；优势指标 53 个，占指标总数的 25.2%；中势指标 112 个，占指标总数的

53.3%；劣势指标34个，占指标总数的16.2%。三级指标中，没有强势指标；优势指标5个，占三级指标总数的20%；中势指标14个，占三级指标总数的56%；劣势指标6个，占三级指标总数的24%。从二级指标看，没有强势指标；优势指标有1个，占二级指标总数的11.1%；中势指标有7个，占二级指标总数的77.8%；劣势指标1个，占二级指标总数的11.1%。综合来看，2016年重庆市经济综合竞争力处于优势地位。

4. 重庆市经济综合竞争力四级指标优劣势对比分析

表22-4　2016年重庆市经济综合竞争力各级指标优劣势情况

二级指标	优劣势	四级指标
宏观经济竞争力(27个)	强势指标	地区生产总值增长率、全社会消费品零售总额增长率(2个)
	优势指标	人均地区生产总值、人均财政收入、人均固定资产投资额、就业结构优化度、贸易结构优化度、出口增长率(6个)
	劣势指标	资本形成结构优化度、进出口增长率(2个)
产业经济竞争力(40个)	强势指标	农民人均纯收入增长率、工业增加值增长率、工业资产总额增长率(3个)
	优势指标	农业增加值增长率、工业资产总贡献率、工业成本费用利润率、服务业增加值增长率、人均服务业增加值、限额以上批零企业利税率、电子商务销售额、规模以上企业平均利润、新产品销售收入占主营业务收入比重、工业企业R&D经费投入强度(10个)
	劣势指标	农业增加值、农业机械化水平、财政支农资金比重、服务业从业人员数、限额以上餐饮企业利税率(5个)
可持续发展竞争力(24个)	强势指标	生活垃圾无害化处理率、人口健康素质(2个)
	优势指标	人均工业固体废物排放量、一般工业固体废物综合利用率、自然灾害直接经济损失、常住人口增长率(4个)
	劣势指标	人均国土面积、耕地面积、人均耕地面积、人均废水排放量、人均治理工业污染投资额、15~64岁人口比例(6个)
财政金融竞争力(22个)	强势指标	0个
	优势指标	人均税收收入、人均存款余额、中长期贷款占贷款余额比重(3个)
	劣势指标	税收收入增长率、保险费净收入(2个)
知识经济竞争力(29个)	强势指标	高技术产品出口额占商品出口额比重(1个)
	优势指标	R&D经费投入强度、高技术产业主营业务收入、高技术产业收入占工业增加值比重、万人高等学校在校学生数(4个)
	劣势指标	教育经费、公共教育经费占财政支出比重、人均文化教育支出占个人消费支出比重、万人中小学学校数、报纸出版数、印刷用纸量、城镇居民人均文化娱乐支出、城镇居民人均文化娱乐支出占消费性支出比重(8个)
发展环境竞争力(18个)	强势指标	公路网线密度(1个)
	优势指标	人均内河航道里程、外资企业数增长率、万人个体私营企业数、万人商标注册件数、社会捐赠款物(5个)
	劣势指标	人均耗电量、查处商标侵权假冒案件、罚没收入占财政收入比重(3个)
政府作用竞争力(16个)	强势指标	(0个)
	优势指标	政府公务员对经济的贡献、政府消费对民间消费的拉动、统筹经济社会发展、固定资产投资价格指数、养老保险覆盖率、失业保险覆盖率、城镇登记失业率(7个)
	劣势指标	规范税收(1个)

续表

二级指标	优劣势	四级指标
发展水平竞争力（18 个）	强势指标	工业增加值增长率、高技术产品出口额占商品出口额比重（2 个）
	优势指标	高技术产业占工业增加值比重、信息产业增加值占 GDP 比重、工农业增加值比值、城镇化率、人均公共绿地面积、社会投资占投资总额比重、私有和个体企业从业人员比重、亿元以上商品市场成交额、亿元以上商品市场成交额占全社会消费品零售总额比重、居民消费支出占总消费支出比重（10 个）
	劣势指标	城市平均建成区面积比重、人均拥有道路面积（2 个）
统筹协调竞争力（16 个）	强势指标	（0 个）
	优势指标	社会劳动生产率、万元 GDP 综合能耗下降率、非农用地产出率、资源竞争力与宏观经济竞争力比差（4 个）
	劣势指标	能源使用下降率、生产税净额和营业盈余占 GDP 比重、最终消费率、资源竞争力与工业竞争力比差、全社会消费品零售总额与外贸出口总额比差（5 个）

22.2　重庆市经济综合竞争力各级指标具体分析

1. 重庆市宏观经济竞争力指标排名变化情况

表 22－5　2015～2016 年重庆市宏观经济竞争力指标组排位及变化趋势

指　标	2015 年	2016 年	排位升降	优劣势
1　宏观经济竞争力	15	11	4	中势
1.1　经济实力竞争力	13	11	2	中势
地区生产总值	20	20	0	中势
地区生产总值增长率	2	1	1	强势
人均地区生产总值	11	10	1	优势
财政总收入	18	15	3	中势
财政总收入增长率	23	12	11	中势
人均财政收入	13	10	3	优势
固定资产投资额	16	16	0	中势
固定资产投资额增长率	7	12	－5	中势
人均固定资产投资额	10	10	0	优势
全社会消费品零售总额	18	18	0	中势
全社会消费品零售总额增长率	1	1	0	强势
人均全社会消费品零售总额	13	13	0	中势
1.2　经济结构竞争力	16	16	0	中势
产业结构优化度	12	13	－1	中势
所有制经济结构优化度	13	12	1	中势
城乡经济结构优化度	18	17	1	中势
就业结构优化度	6	6	0	优势
资本形成结构优化度	26	27	－1	劣势
贸易结构优化度	11	10	1	优势

续表

指　标	2015 年	2016 年	排位升降	优劣势
1.3　经济外向度竞争力	24	12	12	中势
进出口总额	12	12	0	中势
进出口增长率	28	24	4	劣势
出口总额	11	11	0	中势
出口增长率	28	7	21	优势
实际 FDI	13	12	1	中势
实际 FDI 增长率	15	15	0	中势
外贸依存度	10	11	-1	中势
外资企业数	18	17	1	中势
对外直接投资额	11	14	-3	中势

2. 重庆市产业经济竞争力指标排名变化情况

表 22-6　2015～2016 年重庆市产业经济竞争力指标组排位及变化趋势

指　标	2015 年	2016 年	排位升降	优劣势
2　产业经济竞争力	18	14	4	中势
2.1　农业竞争力	25	22	3	劣势
农业增加值	22	22	0	劣势
农业增加值增长率	10	7	3	优势
人均农业增加值	14	11	3	中势
农民人均纯收入	20	20	0	中势
农民人均纯收入增长率	3	3	0	强势
农产品出口占农林牧渔总产值比重	24	15	9	中势
人均主要农产品产量	20	20	0	中势
农业机械化水平	24	23	1	劣势
农村人均用电量	13	14	-1	中势
财政支农资金比重	27	27	0	劣势
2.2　工业竞争力	13	15	-2	中势
工业增加值	20	19	1	中势
工业增加值增长率	1	3	-2	强势
人均工业增加值	13	11	2	中势
工业资产总额	23	20	3	中势
工业资产总额增长率	6	3	3	强势
工业资产总贡献率	10	10	0	优势
规模以上工业主营业务收入	17	15	2	中势
规模以上工业利润总额	17	15	2	中势
工业全员劳动生产率	21	19	2	中势
工业成本费用利润率	6	7	-1	优势
2.3　服务业竞争力	15	16	-1	中势
服务业增加值	17	16	1	中势

续表

指 标	2015 年	2016 年	排位升降	优劣势
服务业增加值增长率	3	5	-2	优势
人均服务业增加值	11	10	1	优势
服务业从业人员数	21	21	0	劣势
限额以上批发零售企业主营业务收入	13	13	0	中势
限额以上批零企业利税率	8	10	-2	优势
限额以上餐饮企业利税率	29	30	-1	劣势
旅游外汇收入	15	15	0	中势
商品房销售收入	13	15	-2	中势
电子商务销售额	10	8	2	优势
2.4 企业竞争力	14	10	4	优势
规模以上工业企业数	15	15	0	中势
规模以上企业平均资产	21	19	2	中势
规模以上企业平均收入	15	13	2	中势
规模以上企业平均利润	9	8	1	优势
规模以上企业劳动效率	18	16	2	中势
城镇就业人员平均工资	9	11	-2	中势
新产品销售收入占主营业务收入比重	3	5	-2	优势
产品质量抽查合格率	25	12	13	中势
工业企业 R&D 经费投入强度	8	8	0	优势
中国驰名商标持有量	17	17	0	中势

3. 重庆市可持续发展竞争力指标排名变化情况

表 22-7 2015~2016 年重庆市可持续发展竞争力指标组排位及变化趋势

指 标	2015 年	2016 年	排位升降	优劣势
3 可持续发展竞争力	18	18	0	中势
3.1 资源竞争力	28	28	0	劣势
人均国土面积	21	21	0	劣势
人均可使用海域和滩涂面积	13	13	0	中势
人均年水资源量	17	17	0	中势
耕地面积	22	22	0	劣势
人均耕地面积	20	21	-1	劣势
人均牧草地面积	15	15	0	中势
主要能源矿产基础储量	16	16	0	中势
人均主要能源矿产基础储量	17	17	0	中势
人均森林储积量	19	19	0	中势
3.2 环境竞争力	4	8	-4	优势
森林覆盖率	12	12	0	中势
人均废水排放量	21	26	-5	劣势
人均工业废气排放量	16	14	2	中势
人均工业固体废物排放量	6	6	0	优势

续表

指　标	2015 年	2016 年	排位升降	优劣势
人均治理工业污染投资额	27	30	-3	劣势
一般工业固体废物综合利用率	8	9	-1	优势
生活垃圾无害化处理率	10	3	7	强势
自然灾害直接经济损失	7	9	-2	优势
3.3　人力资源竞争力	17	16	1	中势
常住人口增长率	11	5	6	优势
15～64 岁人口比例	23	24	-1	劣势
文盲率	19	12	7	中势
大专以上教育程度人口比例	17	16	1	中势
平均受教育程度	19	18	1	中势
人口健康素质	2	1	1	强势
职业学校毕业生数	18	19	-1	中势

4. 重庆市财政金融竞争力指标排名变化情况

表 22－8　2015～2016 年重庆市财政金融竞争力指标组排位及变化趋势

指　标	2015 年	2016 年	排位升降	优劣势
4　财政金融竞争力	14	16	-2	中势
4.1　财政竞争力	14	15	-1	中势
地方财政收入	16	17	-1	中势
地方财政支出	23	17	6	中势
地方财政收入占 GDP 比重	7	12	-5	中势
地方财政支出占 GDP 比重	17	11	6	中势
税收收入占 GDP 比重	10	11	-1	中势
税收收入占财政总收入比重	16	16	0	中势
人均地方财政收入	8	14	-6	中势
人均地方财政支出	10	14	-4	中势
人均税收收入	10	10	0	优势
地方财政收入增长率	27	16	11	中势
地方财政支出增长率	28	18	10	中势
税收收入增长率	5	21	-16	劣势
4.2　金融竞争力	14	16	-2	中势
存款余额	17	16	1	中势
人均存款余额	9	9	0	优势
贷款余额	16	15	1	中势
人均贷款余额	11	12	-1	中势
中长期贷款占贷款余额比重	8	6	2	优势
保险费净收入	19	21	-2	劣势
保险密度	10	12	-2	中势
保险深度	11	18	-7	中势
国内上市公司数	15	17	-2	中势
国内上市公司市值	16	15	1	中势

5. 重庆市知识经济竞争力指标排名变化情况

表 22-9 2015~2016 年重庆市知识经济竞争力指标组排位及变化趋势

指 标	2015 年	2016 年	排位升降	优劣势
5 知识经济竞争力	15	14	1	中势
5.1 科技竞争力	9	10	-1	优势
R&D 人员	16	16	0	中势
R&D 经费	16	16	0	中势
R&D 经费投入强度	10	10	0	优势
发明专利授权量	18	17	1	中势
技术市场成交合同金额	17	14	3	中势
财政科技支出占地方财政支出比重	20	16	4	中势
高技术产业主营业务收入	11	9	2	优势
高技术产业收入占工业增加值比重	5	5	0	优势
高技术产品出口额占商品出口额比重	1	2	-1	强势
5.2 教育竞争力	25	24	1	劣势
教育经费	21	21	0	劣势
教育经费占 GDP 比重	16	16	0	中势
人均教育经费	15	13	2	中势
公共教育经费占财政支出比重	25	25	0	劣势
人均文化教育支出占个人消费支出比重	25	21	4	劣势
万人中小学学校数	19	22	-3	劣势
万人中小学专任教师数	19	18	1	中势
高等学校数	21	20	1	中势
高校专任教师数	19	19	0	中势
万人高等学校在校学生数	6	5	1	优势
5.3 文化竞争力	25	25	0	劣势
文化制造业营业收入	15	15	0	中势
文化批发零售业营业收入	13	15	-2	中势
文化服务业企业营业收入	11	11	0	中势
图书和期刊出版数	20	20	0	中势
报纸出版数	22	24	-2	劣势
印刷用纸量	20	22	-2	劣势
城镇居民人均文化娱乐支出	23	21	2	劣势
农村居民人均文化娱乐支出	16	16	0	中势
城镇居民人均文化娱乐支出占消费性支出比重	26	24	2	劣势
农村居民人均文化娱乐支出占消费性支出比重	18	15	3	中势

6. 重庆市发展环境竞争力指标排名变化情况

表 22－10　2015～2016 年重庆市发展环境竞争力指标组排位及变化趋势

指　标	2015 年	2016 年	排位升降	优劣势
6　发展环境竞争力	12	13	－1	中势
6.1　基础设施竞争力	14	14	0	中势
铁路网线密度	16	14	2	中势
公路网线密度	3	2	1	强势
人均内河航道里程	5	5	0	优势
全社会旅客周转量	18	18	0	中势
全社会货物周转量	18	18	0	中势
人均邮电业务总量	11	11	0	中势
电话普及率	13	12	1	中势
互联网普及率	16	18	－2	中势
人均耗电量	22	21	1	劣势
6.2　软环境竞争力	12	16	－4	中势
外资企业数增长率	15	6	9	优势
万人外资企业数	12	12	0	中势
个体私营企业数增长率	12	15	－3	中势
万人个体私营企业数	6	6	0	优势
万人商标注册件数	8	8	0	优势
查处商标侵权假冒案件	25	24	1	劣势
每十万人交通事故发生数	11	15	－4	中势
罚没收入占财政收入比重	23	25	－2	劣势
社会捐赠款物	4	7	－3	优势

7. 重庆市政府作用竞争力指标排名变化情况

表 22－11　2015～2016 年重庆市政府作用竞争力指标组排位及变化趋势

指　标	2015 年	2016 年	排位升降	优劣势
7　政府作用竞争力	19	13	6	中势
7.1　政府发展经济竞争力	11	12	－1	中势
财政支出用于基本建设投资比重	7	16	－9	中势
财政支出对 GDP 增长的拉动	15	12	3	中势
政府公务员对经济的贡献	9	8	1	优势
政府消费对民间消费的拉动	10	9	1	优势
财政投资对社会投资的拉动	24	14	10	中势
7.2　政府规调经济竞争力	26	20	6	中势
物价调控	10	17	－7	中势

续表

指　标	2015 年	2016 年	排位升降	优劣势
调控城乡消费差距	17	16	1	中势
统筹经济社会发展	11	7	4	优势
规范税收	31	31	0	劣势
固定资产投资价格指数	19	5	14	优势
7.3　政府保障经济竞争力	13	14	-1	中势
城市城镇社区服务设施数	14	14	0	中势
医疗保险覆盖率	20	20	0	中势
养老保险覆盖率	11	8	3	优势
失业保险覆盖率	6	8	-2	优势
最低工资标准	17	19	-2	中势
城镇登记失业率	22	10	12	优势

8. 重庆市发展水平竞争力指标排名变化情况

表 22-12　2015~2016 年重庆市发展水平竞争力指标组排位及变化趋势

指　标	2015 年	2016 年	排位升降	优劣势
8　发展水平竞争力	7	7	0	优势
8.1　工业化进程竞争力	5	5	0	优势
工业增加值占 GDP 比重	20	18	2	中势
工业增加值增长率	1	3	-2	强势
高技术产业占工业增加值比重	5	5	0	优势
高技术产品出口额占商品出口额比重	4	3	1	强势
信息产业增加值占 GDP 比重	4	4	0	优势
工农业增加值比值	10	10	0	优势
8.2　城市化进程竞争力	16	17	-1	中势
城镇化率	9	9	0	优势
城镇居民人均可支配收入	12	12	0	中势
城市平均建成区面积比重	28	29	-1	劣势
人均拥有道路面积	27	27	0	劣势
人均日生活用水量	20	20	0	中势
人均公共绿地面积	5	5	0	优势
8.3　市场化进程竞争力	6	5	1	优势
非公有制经济产值占全社会总产值比重	13	12	1	中势
社会投资占投资总额比重	20	10	10	优势
私有和个体企业从业人员比重	5	5	0	优势
亿元以上商品市场成交额	9	9	0	优势
亿元以上商品市场成交额占全社会消费品零售总额比重	5	5	0	优势
居民消费支出占总消费支出比重	10	9	1	优势

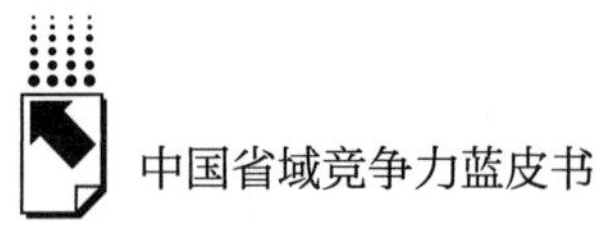

9. 重庆市统筹协调竞争力指标排名变化情况

表 22－13　2015～2016 年重庆市统筹协调竞争力指标组排位及变化趋势

指　标	2015 年	2016 年	排位升降	优劣势
9　统筹协调竞争力	12	22	－10	劣势
9.1　统筹发展竞争力	21	21	0	劣势
社会劳动生产率	12	9	3	优势
能源使用下降率	15	23	－8	劣势
万元 GDP 综合能耗下降率	12	6	6	优势
非农用地产出率	9	9	0	优势
生产税净额和营业盈余占 GDP 比重	30	30	0	劣势
最终消费率	22	23	－1	劣势
固定资产投资额占 GDP 比重	16	14	2	中势
固定资产交付使用率	12	19	－7	中势
9.2　协调发展竞争力	5	23	－18	劣势
环境竞争力与宏观经济竞争力比差	13	16	－3	中势
资源竞争力与宏观经济竞争力比差	7	6	1	优势
人力资源竞争力与宏观经济竞争力比差	18	14	4	中势
资源竞争力与工业竞争力比差	7	25	－18	劣势
环境竞争力与工业竞争力比差	19	16	3	中势
城乡居民家庭人均收入比差	14	15	－1	中势
城乡居民人均现金消费支出比差	17	16	1	中势
全社会消费品零售总额与外贸出口总额比差	7	25	－18	劣势

B.24

23 四川省经济综合竞争力评价分析报告

四川省简称川或蜀，地处长江上游，北与青海省、甘肃省、陕西省相接，东与重庆市相连，南与贵州省、云南省为邻，西与西藏自治区交界。全省面积为48.5万平方公里，全省物产丰富，素有“天府之国”美称。2016年全省常住人口为8262万人，地区生产总值为32935亿元，同比增长7.8%，人均GDP达40003元。本部分通过分析2015~2016年四川省经济综合竞争力以及各要素竞争力的排名变化，从中找出四川省经济综合竞争力的推动点及影响因素，为进一步提升四川省经济综合竞争力提供决策参考。

23.1 四川省经济综合竞争力总体分析

1. 四川省经济综合竞争力一级指标概要分析

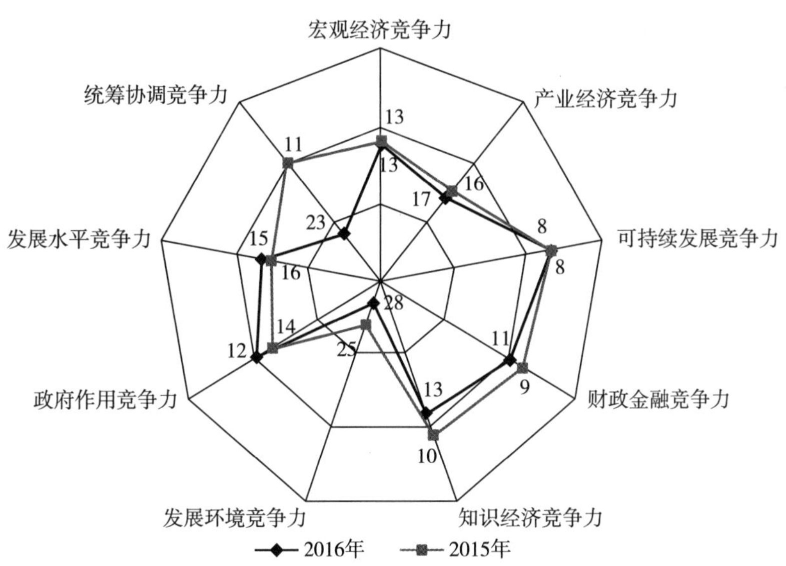

图23-1 2015~2016年四川省经济综合竞争力二级指标比较雷达图

（1）从综合排位看，2016年四川省经济综合竞争力综合排位在全国居第14位，这表明其在全国处于中势地位；与2015年相比，综合排位没有变化。

（2）从指标所处区位看，处于上游区的指标有1个，为可持续发展竞争力；处于中游区的指标有6个，分别为宏观经济竞争力、产业经济竞争力、财政金融竞争力、知

表 23－1　2015～2016 年四川省经济综合竞争力二级指标比较

项目 年份	宏观经济竞争力	产业经济竞争力	可持续发展竞争力	财政金融竞争力	知识经济竞争力	发展环境竞争力	政府作用竞争力	发展水平竞争力	统筹协调竞争力	**综合排位**
2015	13	16	8	9	10	25	14	16	11	14
2016	13	17	8	11	13	28	12	15	23	14
升降	0	-1	0	-2	-3	-3	2	1	-12	0
优劣度	中势	中势	优势	中势	中势	劣势	中势	中势	劣势	中势

识经济竞争力、政府作用竞争力和发展水平竞争力；处于下游区的指标有 2 个，为发展环境竞争力和统筹协调竞争力。

（3）从指标变化趋势看，9 个二级指标中，有 2 个指标处于上升趋势，分别为政府作用竞争力和发展水平竞争力，这些是四川省经济综合竞争力的上升动力所在；有 2 个指标排位没有发生变化，分别为宏观经济竞争力和可持续发展竞争力；有 5 个指标处于下降趋势，分别为产业经济竞争力、财政金融竞争力、知识经济竞争力、发展环境竞争力和统筹协调竞争力，是四川省经济综合竞争力的下降拉力所在。

2. 四川省经济综合竞争力各级指标动态变化分析

表 23－2　2015～2016 年四川省经济综合竞争力各级指标排位变化情况

单位：个，%

二级指标	三级指标	四级指标数	上升		保持		下降		变化趋势
			指标数	比重	指标数	比重	指标数	比重	
宏观经济竞争力	经济实力竞争力	12	3	25.0	5	41.7	4	33.3	下降
	经济结构竞争力	6	3	50.0	2	33.3	1	16.7	上升
	经济外向度竞争力	9	5	55.6	3	33.3	1	11.1	上升
	小　计	27	11	40.7	10	37.0	6	22.2	保持
产业经济竞争力	农业竞争力	10	3	30.0	5	50.0	2	20.0	上升
	工业竞争力	10	1	10.0	4	40.0	5	50.0	下降
	服务业竞争力	10	6	60.0	3	30.0	1	10.0	上升
	企业竞争力	10	2	20.0	4	40.0	4	40.0	保持
	小　计	40	12	30.0	16	40.0	12	30.0	下降
可持续发展竞争力	资源竞争力	9	0	0.0	8	88.9	1	11.1	上升
	环境竞争力	8	4	50.0	2	25.0	2	25.0	上升
	人力资源竞争力	7	0	0.0	1	14.3	6	85.7	下降
	小　计	24	4	16.7	11	45.8	9	37.5	保持
财政金融竞争力	财政竞争力	12	2	16.7	1	8.3	9	75.0	上升
	金融竞争力	10	4	40.0	4	40.0	2	20.0	下降
	小　计	22	6	27.3	5	22.7	11	50.0	下降
知识经济竞争力	科技竞争力	9	2	22.2	3	33.3	4	44.4	下降
	教育竞争力	10	1	10.0	6	60.0	3	30.0	保持
	文化竞争力	10	3	30.0	1	10.0	6	60.0	保持
	小　计	29	6	20.7	10	34.5	13	44.8	下降

续表

二级指标	三级指标	四级指标数	上升		保持		下降		变化趋势
			指标数	比重	指标数	比重	指标数	比重	
发展环境竞争力	基础设施竞争力	9	2	22.2	4	44.4	3	33.3	下降
	软环境竞争力	9	2	22.2	3	33.3	4	44.4	下降
	小　计	18	4	22.2	7	38.9	7	38.9	下降
政府作用竞争力	政府发展经济竞争力	5	2	40.0	1	20.0	2	40.0	上升
	政府规调经济竞争力	5	0	0.0	1	20.0	4	80.0	下降
	政府保障经济竞争力	6	4	66.7	1	16.7	1	16.7	上升
	小　计	16	6	37.5	3	18.8	7	43.8	上升
发展水平竞争力	工业化进程竞争力	6	1	16.7	2	33.3	3	50.0	保持
	城市化进程竞争力	6	4	66.7	1	16.7	1	16.7	上升
	市场化进程竞争力	6	2	33.3	0	0.0	4	66.7	上升
	小　计	18	7	38.9	3	16.7	8	44.4	上升
统筹协调竞争力	统筹发展竞争力	8	1	12.5	3	37.5	4	50.0	下降
	协调发展竞争力	8	5	62.5	1	12.5	2	25.0	上升
	小　计	16	6	37.5	4	25.0	6	37.5	下降
合　计		210	62	29.5	69	32.9	79	37.6	保持

从表 23－2 可以看出，210 个四级指标中，上升指标有 62 个，占指标总数的 29.5%；下降指标有 79 个，占指标总数的 37.6%；保持不变的指标有 69 个，占指标总数的 32.9%。综上所述，四川省经济综合竞争力上升的动力小于下降的拉力，且排位保持不变的指标占较大比重，2015～2016 年四川省经济综合竞争力排位保持不变。

3. 四川省经济综合竞争力各级指标优劣势结构分析

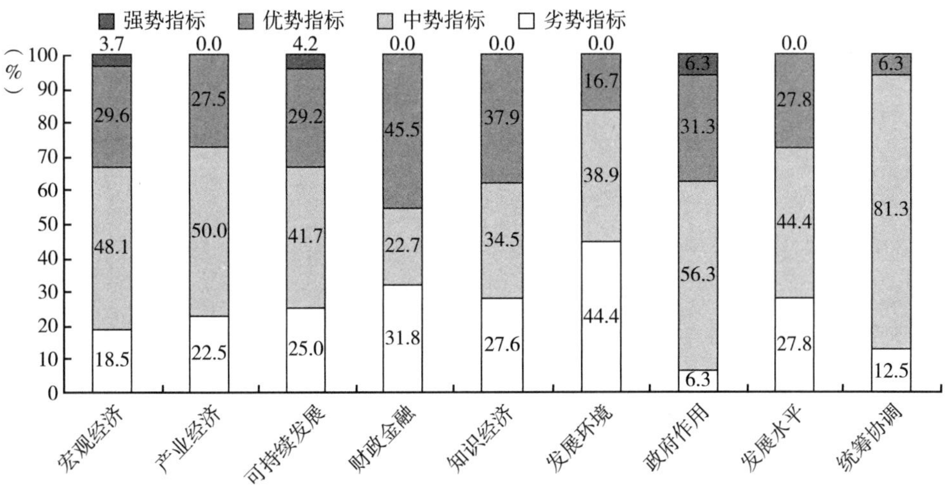

图 23－2　2016 年四川省经济综合竞争力各级指标优劣势比较

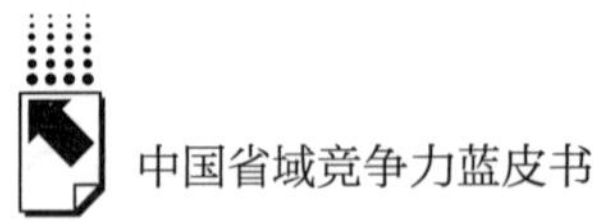

表 23-3 2016 年四川省经济综合竞争力各级指标优劣势情况

单位：个，%

二级指标	三级指标	四级指标数	强势指标		优势指标		中势指标		劣势指标		优劣势
			个数	比重	个数	比重	个数	比重	个数	比重	
宏观经济竞争力	经济实力竞争力	12	0	0.0	6	50.0	2	16.7	4	33.3	中势
	经济结构竞争力	6	0	0.0	1	16.7	5	83.3	0	0.0	优势
	经济外向度竞争力	9	1	11.1	1	11.1	6	66.7	1	11.1	中势
	小　计	27	1	3.7	8	29.6	13	48.1	5	18.5	中势
产业经济竞争力	农业竞争力	10	0	0.0	3	30.0	4	40.0	3	30.0	优势
	工业竞争力	10	0	0.0	3	30.0	4	40.0	3	30.0	中势
	服务业竞争力	10	0	0.0	4	40.0	6	60.0	0	0.0	优势
	企业竞争力	10	0	0.0	1	10.0	6	60.0	3	30.0	中势
	小　计	40	0	0.0	11	27.5	20	50.0	9	22.5	中势
可持续发展竞争力	资源竞争力	9	0	0.0	5	55.6	4	44.4	0	0.0	中势
	环境竞争力	8	0	0.0	1	12.5	5	62.5	2	25.0	中势
	人力资源竞争力	7	1	14.3	1	14.3	1	14.3	4	57.1	优势
	小　计	24	1	4.2	7	29.2	10	41.7	6	25.0	优势
财政金融竞争力	财政竞争力	12	0	0.0	3	25.0	4	33.3	5	41.7	中势
	金融竞争力	10	0	0.0	7	70.0	1	10.0	2	20.0	优势
	小　计	22	0	0.0	10	45.5	5	22.7	7	31.8	中势
知识经济竞争力	科技竞争力	9	0	0.0	5	55.6	4	44.4	0	0.0	中势
	教育竞争力	10	0	0.0	3	30.0	3	30.0	4	40.0	优势
	文化竞争力	10	0	0.0	3	30.0	3	30.0	4	40.0	劣势
	小　计	29	0	0.0	11	37.9	10	34.5	8	27.6	中势
发展环境竞争力	基础设施竞争力	9	0	0.0	2	22.2	3	33.3	4	44.4	劣势
	软环境竞争力	9	0	0.0	1	11.1	4	44.4	4	44.4	劣势
	小　计	18	0	0.0	3	16.7	7	38.9	8	44.4	劣势
政府作用竞争力	政府发展经济竞争力	5	0	0.0	2	40.0	3	60.0	0	0.0	中势
	政府规调经济竞争力	5	0	0.0	0	0.0	4	80.0	1	20.0	劣势
	政府保障经济竞争力	6	1	16.7	3	50.0	2	33.3	0	0.0	优势
	小　计	16	1	6.3	5	31.3	9	56.3	1	6.3	中势
发展水平竞争力	工业化进程竞争力	6	0	0.0	3	50.0	1	16.7	2	33.3	优势
	城市化进程竞争力	6	0	0.0	1	16.7	3	50.0	2	33.3	劣势
	市场化进程竞争力	6	0	0.0	1	16.7	4	66.7	1	16.7	中势
	小　计	18	0	0.0	5	27.8	8	44.4	5	27.8	中势
统筹协调竞争力	统筹发展竞争力	8	0	0.0	1	12.5	6	75.0	1	12.5	劣势
	协调发展竞争力	8	0	0.0	0	0.0	7	87.5	1	12.5	中势
	小　计	16	0	0.0	1	6.3	13	81.3	2	12.5	劣势
合　计		210	3	1.4	61	29.0	95	45.2	51	24.3	中势

基于图 23-2 和表 23-3，具体到四级指标，强势指标 3 个，占指标总数的 1.4%；优势指标 61 个，占指标总数的 29.0%；中势指标 95 个，占指标总数的 45.2%；劣势

指标51个，占指标总数的24.3%。三级指标中，没有强势指标；优势指标8个，占三级指标总数的32%；中势指标11个，占三级指标总数的44%；劣势指标6个，占三级指标总数的24%。从二级指标看，没有强势指标；优势指标有1个，占二级指标总数的11.1%；中势指标有6个，占二级指标总数的66.7%；劣势指标有2个，占二级指标总数的22.2%。综合来看，由于中势指标在指标体系中居于主导地位，2016年四川省经济综合竞争力处于中势地位。

4. 四川省经济综合竞争力四级指标优劣势对比分析

表23-4　2016年四川省经济综合竞争力各级指标优劣势情况

二级指标	优劣势	四级指标
宏观经济竞争力（27个）	强势指标	进出口增长率(1个)
	优势指标	地区生产总值、财政总收入、固定资产投资额、固定资产投资额增长率、全社会消费品零售总额、全社会消费品零售总额增长率、就业结构优化度、外资企业数(8个)
	劣势指标	人均地区生产总值、财政总收入增长率、人均财政收入、人均固定资产投资额、实际FDI增长率(5个)
产业经济竞争力（40个）	强势指标	(0个)
	优势指标	农业增加值、农民人均纯收入增长率、农业机械化水平、工业增加值、工业资产总额、规模以上工业主营业务收入、服务业增加值、服务业从业人员数、限额以上批零企业利税率、商品房销售收入、中国驰名商标持有量(11个)
	劣势指标	农民人均纯收入、农产品出口占农林牧渔总产值比重、农村人均用电量、工业增加值增长率、人均工业增加值、工业资产总额增长率、新产品销售收入占主营业务收入比重、产品质量抽查合格率、工业企业R&D经费投入强度(9个)
可持续发展竞争力（24个）	强势指标	职业学校毕业生数(1个)
	优势指标	人均国土面积、耕地面积、人均牧草地面积、主要能源矿产基础储量、人均森林储积量、人均工业废气排放量、人口健康素质(7个)
	劣势指标	人均治理工业污染投资额、一般工业固体废物综合利用率、15~64岁人口比例、文盲率、大专以上教育程度人口比例、平均受教育程度(6个)
财政金融竞争力（22个）	强势指标	(0个)
	优势指标	地方财政收入、地方财政支出、地方财政支出增长率、存款余额、贷款余额、保险费净收入、保险密度、保险深度、国内上市公司数、国内上市公司市值(10个)
	劣势指标	地方财政支出占GDP比重、人均地方财政收入、人均地方财政支出、人均税收收入、税收收入增长率、人均贷款余额、中长期贷款占贷款余额比重(7个)
知识经济竞争力（29个）	强势指标	(0个)
	优势指标	发明专利授权量、技术市场成交合同金额、高技术产业主营业务收入、高技术产业收入占工业增加值比重、高技术产品出口额占商品出口额比重、教育经费、高等学校数、高校专任教师数、文化制造业营业收入、文化服务业企业营业收入、报纸出版数(11个)
	劣势指标	人均教育经费、人均文化教育支出占个人消费支出比重、万人中小学学校数、万人中小学专任教师数、城镇居民人均文化娱乐支出、农村居民人均文化娱乐支出、城镇居民人均文化娱乐支出占消费性支出比重、农村居民人均文化娱乐支出占消费性支出比重(8个)
发展环境竞争力（18个）	强势指标	(0个)
	优势指标	人均内河航道里程、全社会旅客周转量、社会捐赠款物(3个)
	劣势指标	铁路网线密度、公路网线密度、互联网普及率、人均耗电量、外资企业数增长率、万人个体私营企业数、每十万人交通事故发生数、罚没收入占财政收入比重(8个)

续表

二级指标	优劣势	四级指标
政府作用竞争力（16个）	强势指标	养老保险覆盖率（1个）
	优势指标	财政支出用于基本建设投资比重、政府消费对民间消费的拉动、城市城镇社区服务设施数、医疗保险覆盖率、城镇登记失业率（5个）
	劣势指标	固定资产投资价格指数（1个）
发展水平竞争力（18个）	强势指标	（0个）
	优势指标	高技术产业占工业增加值比重、高技术产品出口额占商品出口额比重、信息产业增加值占GDP比重、人均日生活用水量、居民消费支出占总消费支出比重（5个）
	劣势指标	工业增加值增长率、工农业增加值比值、城镇化率、人均拥有道路面积、社会投资占投资总额比重（5个）
统筹协调竞争力（16个）	强势指标	（0个）
	优势指标	固定资产交付使用率（1个）
	劣势指标	社会劳动生产率、人力资源竞争力与宏观经济竞争力比差（2个）

23.2　四川省经济综合竞争力各级指标具体分析

1. 四川省宏观经济竞争力指标排名变化情况

表23－5　2015～2016年四川省宏观经济竞争力指标组排位及变化趋势

指　标	2015年	2016年	排位升降	优劣势
1　宏观经济竞争力	13	13	0	中势
1.1　经济实力竞争力	9	14	-5	中势
地区生产总值	6	6	0	优势
地区生产总值增长率	21	14	7	中势
人均地区生产总值	23	24	-1	劣势
财政总收入	5	10	-5	优势
财政总收入增长率	9	31	-22	劣势
人均财政收入	11	26	-15	劣势
固定资产投资额	8	8	0	优势
固定资产投资额增长率	25	8	17	优势
人均固定资产投资额	26	26	0	劣势
全社会消费品零售总额	7	7	0	优势
全社会消费品零售总额增长率	7	4	3	优势
人均全社会消费品零售总额	18	18	0	中势
1.2　经济结构竞争力	12	10	2	优势
产业结构优化度	20	14	6	中势
所有制经济结构优化度	12	11	1	中势
城乡经济结构优化度	15	15	0	中势
就业结构优化度	7	7	0	优势

续表

指　标	2015 年	2016 年	排位升降	优劣势
资本形成结构优化度	15	16	-1	中势
贸易结构优化度	13	11	2	中势
1.3 经济外向度竞争力	26	11	15	中势
进出口总额	13	13	0	中势
进出口增长率	26	3	23	强势
出口总额	14	12	2	中势
出口增长率	27	19	8	中势
实际 FDI	12	11	1	中势
实际 FDI 增长率	23	22	1	劣势
外贸依存度	19	19	0	中势
外资企业数	10	10	0	优势
对外直接投资额	14	15	-1	中势

2. 四川省产业经济竞争力指标排名变化情况

表 23-6　2015~2016 年四川省产业经济竞争力指标组排位及变化趋势

指　标	2015 年	2016 年	排位升降	优劣势
2　产业经济竞争力	16	17	-1	中势
2.1 农业竞争力	13	7	6	优势
农业增加值	4	4	0	优势
农业增加值增长率	20	17	3	中势
人均农业增加值	18	19	-1	中势
农民人均纯收入	21	21	0	劣势
农民人均纯收入增长率	7	7	0	优势
农产品出口占农林牧渔总产值比重	29	29	0	劣势
人均主要农产品产量	15	14	1	中势
农业机械化水平	9	8	1	优势
农村人均用电量	22	22	0	劣势
财政支农资金比重	14	17	-3	中势
2.2 工业竞争力	18	19	-1	中势
工业增加值	9	10	-1	优势
工业增加值增长率	25	22	3	劣势
人均工业增加值	22	23	-1	劣势
工业资产总额	7	8	-1	优势
工业资产总额增长率	22	27	-5	劣势
工业资产总贡献率	18	18	0	中势
规模以上工业主营业务收入	10	10	0	优势
规模以上工业利润总额	11	11	0	中势
工业全员劳动生产率	18	18	0	中势
工业成本费用利润率	18	20	-2	中势

续表

指　标	2015 年	2016 年	排位升降	优劣势
2.3　服务业竞争力	11	9	2	优势
服务业增加值	9	8	1	优势
服务业增加值增长率	22	20	2	中势
人均服务业增加值	24	20	4	中势
服务业从业人员数	6	6	0	优势
限额以上批发零售企业主营业务收入	12	12	0	中势
限额以上批零企业利税率	9	8	1	优势
限额以上餐饮企业利税率	16	15	1	中势
旅游外汇收入	16	16	0	中势
商品房销售收入	6	7	-1	优势
电子商务销售额	17	14	3	中势
2.4　企业竞争力	19	19	0	中势
规模以上工业企业数	11	11	0	中势
规模以上企业平均资产	18	18	0	中势
规模以上企业平均收入	19	20	-1	中势
规模以上企业平均利润	16	16	0	中势
规模以上企业劳动效率	19	15	4	中势
城镇就业人员平均工资	13	12	1	中势
新产品销售收入占主营业务收入比重	20	21	-1	劣势
产品质量抽查合格率	12	22	-10	劣势
工业企业 R&D 经费投入强度	21	22	-1	劣势
中国驰名商标持有量	10	10	0	优势

3. 四川省可持续发展竞争力指标排名变化情况

表 23-7　2015~2016 年四川省可持续发展竞争力指标组排位及变化趋势

指　标	2015 年	2016 年	排位升降	优劣势
3　可持续发展竞争力	8	8	0	优势
3.1　资源竞争力	14	13	1	中势
人均国土面积	10	10	0	优势
人均可使用海域和滩涂面积	13	13	0	中势
人均年水资源量	10	11	-1	中势
耕地面积	6	6	0	优势
人均耕地面积	19	19	0	中势
人均牧草地面积	7	7	0	优势
主要能源矿产基础储量	6	6	0	优势
人均主要能源矿产基础储量	13	13	0	中势
人均森林储积量	6	6	0	优势
3.2　环境竞争力	21	12	9	中势
森林覆盖率	17	17	0	中势
人均废水排放量	8	14	-6	中势
人均工业废气排放量	4	5	-1	优势

续表

指　标	2015 年	2016 年	排位升降	优劣势
人均工业固体废物排放量	14	12	2	中势
人均治理工业污染投资额	30	29	1	劣势
一般工业固体废物综合利用率	29	29	0	劣势
生活垃圾无害化处理率	14	13	1	中势
自然灾害直接经济损失	26	11	15	中势
3.3　人力资源竞争力	4	9	-5	优势
常住人口增长率	13	14	-1	中势
15~64 岁人口比例	22	25	-3	劣势
文盲率	25	26	-1	劣势
大专以上教育程度人口比例	22	25	-3	劣势
平均受教育程度	26	27	-1	劣势
人口健康素质	5	6	-1	优势
职业学校毕业生数	1	1	0	强势

4. 四川省财政金融竞争力指标排名变化情况

表 23-8　2015~2016 年四川省财政金融竞争力指标组排位及变化趋势

指　标	2015 年	2016 年	排位升降	优劣势
4　财政金融竞争力	9	11	-2	中势
4.1　财政竞争力	20	19	1	中势
地方财政收入	7	9	-2	优势
地方财政支出	4	10	-6	优势
地方财政收入占 GDP 比重	17	19	-2	中势
地方财政支出占 GDP 比重	12	21	-9	劣势
税收收入占 GDP 比重	18	20	-2	中势
税收收入占财政总收入比重	26	12	14	中势
人均地方财政收入	23	27	-4	劣势
人均地方财政支出	25	29	-4	劣势
人均税收收入	23	23	0	劣势
地方财政收入增长率	18	20	-2	中势
地方财政支出增长率	17	9	8	优势
税收收入增长率	21	22	-1	劣势
4.2　金融竞争力	6	7	-1	优势
存款余额	7	7	0	优势
人均存款余额	16	17	-1	中势
贷款余额	7	6	1	优势
人均贷款余额	22	21	1	劣势
中长期贷款占贷款余额比重	9	30	-21	劣势
保险费净收入	6	5	1	优势
保险密度	12	7	5	优势
保险深度	4	4	0	优势
国内上市公司数	7	7	0	优势
国内上市公司市值	8	8	0	优势

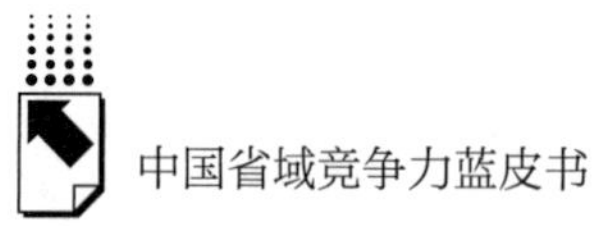

5. 四川省知识经济竞争力指标排名变化情况

表 23－9　2015～2016 年四川省知识经济竞争力指标组排位及变化趋势

指　标	2015 年	2016 年	排位升降	优劣势
5　知识经济竞争力	10	13	－3	中势
5.1　科技竞争力	11	13	－2	中势
R&D 人员	13	13	0	中势
R&D 经费	15	13	2	中势
R&D 经费投入强度	19	18	1	中势
发明专利授权量	8	8	0	优势
技术市场成交合同金额	9	10	－1	优势
财政科技支出占地方财政支出比重	16	18	－2	中势
高技术产业主营业务收入	5	7	－2	优势
高技术产业收入占工业增加值比重	7	7	0	优势
高技术产品出口额占商品出口额比重	3	6	－3	优势
5.2　教育竞争力	10	10	0	优势
教育经费	6	6	0	优势
教育经费占 GDP 比重	13	13	0	中势
人均教育经费	25	25	0	劣势
公共教育经费占财政支出比重	17	12	5	中势
人均文化教育支出占个人消费支出比重	29	30	－1	劣势
万人中小学学校数	22	24	－2	劣势
万人中小学专任教师数	22	22	0	劣势
高等学校数	10	10	0	优势
高校专任教师数	5	5	0	优势
万人高等学校在校学生数	17	18	－1	中势
5.3　文化竞争力	21	21	0	劣势
文化制造业营业收入	8	9	－1	优势
文化批发零售业营业收入	12	11	1	中势
文化服务业企业营业收入	13	10	3	优势
图书和期刊出版数	12	14	－2	中势
报纸出版数	7	7	0	优势
印刷用纸量	13	14	－1	中势
城镇居民人均文化娱乐支出	27	26	1	劣势
农村居民人均文化娱乐支出	29	30	－1	劣势
城镇居民人均文化娱乐支出占消费性支出比重	28	29	－1	劣势
农村居民人均文化娱乐支出占消费性支出比重	28	29	－1	劣势

6. 四川省发展环境竞争力指标排名变化情况

表 23－10　2015～2016 年四川省发展环境竞争力指标组排位及变化趋势表

指　标	2015 年	2016 年	排位升降	优劣势
6　发展环境竞争力	25	28	－3	劣势
6.1　基础设施竞争力	22	24	－2	劣势
铁路网线密度	26	26	0	劣势
公路网线密度	21	21	0	劣势
人均内河航道里程	7	7	0	优势
全社会旅客周转量	11	10	1	优势
全社会货物周转量	19	20	－1	中势
人均邮电业务总量	19	19	0	中势
电话普及率	18	20	－2	中势
互联网普及率	27	24	3	劣势
人均耗电量	26	27	－1	劣势
6.2　软环境竞争力	26	29	－3	劣势
外资企业数增长率	18	23	－5	劣势
万人外资企业数	19	19	0	中势
个体私营企业数增长率	25	18	7	中势
万人个体私营企业数	29	29	0	劣势
万人商标注册件数	13	13	0	中势
查处商标侵权假冒案件	10	11	－1	中势
每十万人交通事故发生数	21	27	－6	劣势
罚没收入占财政收入比重	22	21	1	劣势
社会捐赠款物	6	8	－2	优势

7. 四川省政府作用竞争力指标排名变化情况

表 23－11　2015～2016 年四川省政府作用竞争力指标组排位及变化趋势表

指　标	2015 年	2016 年	排位升降	优劣势
7　政府作用竞争力	14	12	2	中势
7.1　政府发展经济竞争力	17	16	1	中势
财政支出用于基本建设投资比重	13	10	3	优势
财政支出对 GDP 增长的拉动	20	17	3	中势
政府公务员对经济的贡献	20	20	0	中势
政府消费对民间消费的拉动	6	7	－1	优势
财政投资对社会投资的拉动	19	20	－1	中势
7.2　政府规调经济竞争力	17	21	－4	劣势
物价调控	16	20	－4	中势

续表

指　标	2015 年	2016 年	排位升降	优劣势
调控城乡消费差距	13	13	0	中势
统筹经济社会发展	17	19	-2	中势
规范税收	17	20	-3	中势
固定资产投资价格指数	12	21	-9	劣势
7.3　政府保障经济竞争力	10	7	3	优势
城市城镇社区服务设施数	7	7	0	优势
医疗保险覆盖率	8	7	1	优势
养老保险覆盖率	5	3	2	强势
失业保险覆盖率	16	15	1	中势
最低工资标准	17	19	-2	中势
城镇登记失业率	30	4	26	优势

8. 四川省发展水平竞争力指标排名变化情况

表 23-12　2015~2016 年四川省发展水平竞争力指标组排位及变化趋势

指　标	2015 年	2016 年	排位升降	优劣势
8　发展水平竞争力	16	15	1	中势
8.1　工业化进程竞争力	8	8	0	优势
工业增加值占 GDP 比重	19	19	0	中势
工业增加值增长率	25	22	3	劣势
高技术产业占工业增加值比重	7	8	-1	优势
高技术产品出口额占商品出口额比重	5	6	-1	优势
工农业增加值比值	23	23	0	劣势
8.2　城市化进程竞争力	28	24	4	劣势
城镇化率	24	24	0	劣势
城镇居民人均可支配收入	21	20	1	中势
城市平均建成区面积比重	27	12	15	中势
人均拥有道路面积	21	22	-1	劣势
人均日生活用水量	8	7	1	优势
人均公共绿地面积	19	16	3	中势
8.3　市场化进程竞争力	17	16	1	中势
非公有制经济产值占全社会总产值比重	12	11	1	中势
社会投资占投资总额比重	23	24	-1	劣势
私有和个体企业从业人员比重	27	17	10	中势
亿元以上商品市场成交额	12	13	-1	中势
亿元以上商品市场成交额占全社会消费品零售总额比重	17	18	-1	中势
居民消费支出占总消费支出比重	6	7	-1	优势

9. 四川省统筹协调竞争力指标排名变化情况

表 23 – 13　2015 ~ 2016 年四川省统筹协调竞争力指标组排位及变化趋势

指　标	2015 年	2016 年	排位升降	优劣势
9　统筹协调竞争力	11	23	-12	劣势
9.1　统筹发展竞争力	5	23	-18	劣势
社会劳动生产率	24	24	0	劣势
能源使用下降率	7	15	-8	中势
万元 GDP 综合能耗下降率	7	15	-8	中势
非农用地产出率	19	19	0	中势
生产税净额和营业盈余占 GDP 比重	15	16	-1	中势
最终消费率	14	15	-1	中势
固定资产投资额占 GDP 比重	12	12	0	中势
固定资产交付使用率	16	7	9	优势
9.2　协调发展竞争力	20	17	3	中势
环境竞争力与宏观经济竞争力比差	22	17	5	中势
资源竞争力与宏观经济竞争力比差	15	16	-1	中势
人力资源竞争力与宏观经济竞争力比差	23	21	2	劣势
资源竞争力与工业竞争力比差	18	14	4	中势
环境竞争力与工业竞争力比差	13	19	-6	中势
城乡居民家庭人均收入比差	17	17	0	中势
城乡居民人均现金消费支出比差	13	12	1	中势
全社会消费品零售总额与外贸出口总额比差	21	12	9	中势

B.25
24
贵州省经济综合竞争力评价分析报告

贵州省简称黔，地处我国西南地区云贵高原，东靠湖南，南邻广西，西毗云南，北连四川和贵州省。全省国土总面积 17.6 万平方公里，山地面积占 80% 以上。2016 年全省常住人口为 3555 万人，地区生产总值为 11777 亿元，同比增长 10.5%，人均 GDP 达 33246 元。本部分通过分析 2015～2016 年贵州省经济综合竞争力以及各要素竞争力的排名变化，从中找出贵州省经济综合竞争力的推动点及影响因素，为进一步提升贵州省经济综合竞争力提供决策参考。

24.1 贵州省经济综合竞争力总体分析

1. 贵州省经济综合竞争力一级指标概要分析

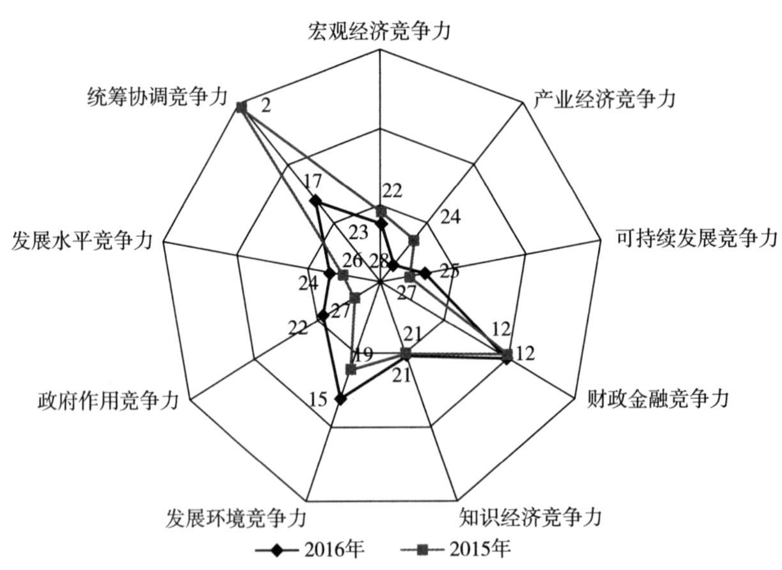

图 24－1 2015～2016 年贵州省经济综合竞争力二级指标比较雷达图

（1）从综合排位看，2016 年贵州省经济综合竞争力综合排位在全国居第 23 位，表明其在全国处于劣势地位；与 2015 年相比，综合排位没有发生变化。

（2）从指标所处区位看，没有优势指标，仅有 3 个中势指标，分别为财政金融竞争力、发展环境竞争力和统筹协调竞争力，其余 6 个均为劣势指标。

表 24-1 2015~2016 年贵州省经济综合竞争力二级指标比较

年份＼项目	宏观经济竞争力	产业经济竞争力	可持续发展竞争力	财政金融竞争力	知识经济竞争力	发展环境竞争力	政府作用竞争力	发展水平竞争力	统筹协调竞争力	**综合排位**
2015	22	24	27	12	21	19	27	26	2	23
2016	23	28	25	12	21	15	22	24	17	23
升降	-1	-4	2	0	0	4	5	2	-15	0
优劣度	劣势	劣势	劣势	中势	劣势	中势	劣势	劣势	中势	劣势

（3）从指标变化趋势看，9 个二级指标中，有 4 个指标处于上升趋势，分别为可持续发展竞争力、发展环境竞争力、政府作用竞争力和发展水平竞争力，这些是贵州省经济综合竞争力的上升动力所在；有 2 个指标排位没有发生变化，分别为财政金融竞争力和知识经济竞争力；有 3 个指标处于下降趋势，为宏观经济竞争力、产业经济竞争力和统筹协调竞争力，这些是贵州省经济综合竞争力的下降拉力所在。

2. 贵州省经济综合竞争力各级指标动态变化分析

表 24-2 2015~2016 年贵州省经济综合竞争力各级指标排位变化情况

单位：个，%

二级指标	三级指标	四级指标数	上升		保持		下降		变化趋势
			指标数	比重	指标数	比重	指标数	比重	
宏观经济竞争力	经济实力竞争力	12	7	58.3	4	33.3	1	8.3	上升
	经济结构竞争力	6	1	16.7	2	33.3	3	50.0	上升
	经济外向度竞争力	9	2	22.2	4	44.4	3	33.3	下降
	小　计	27	10	37.0	10	37.0	7	25.9	下降
产业经济竞争力	农业竞争力	10	2	20.0	5	50.0	3	30.0	上升
	工业竞争力	10	5	50.0	3	30.0	2	20.0	上升
	服务业竞争力	10	4	40.0	5	50.0	1	10.0	上升
	企业竞争力	10	3	30.0	4	40.0	3	30.0	下降
	小　计	40	14	35.0	17	42.5	9	22.5	下降
可持续发展竞争力	资源竞争力	9	0	0.0	7	77.8	2	22.2	保持
	环境竞争力	8	1	12.5	2	25.0	5	62.5	下降
	人力资源竞争力	7	2	28.6	2	28.6	3	42.9	下降
	小　计	24	3	12.5	11	45.8	10	41.7	上升
财政金融竞争力	财政竞争力	12	8	66.7	1	8.3	3	25.0	上升
	金融竞争力	10	5	50.0	3	30.0	2	20.0	下降
	小　计	22	13	59.1	4	18.2	5	22.7	保持
知识经济竞争力	科技竞争力	9	7	77.8	1	11.1	1	11.1	上升
	教育竞争力	10	7	70.0	2	20.0	1	10.0	上升
	文化竞争力	10	4	40.0	4	40.0	2	20.0	保持
	小　计	29	18	62.1	7	24.1	4	13.8	保持

续表

二级指标	三级指标	四级指标数	上升		保持		下降		变化趋势
			指标数	比重	指标数	比重	指标数	比重	
发展环境竞争力	基础设施竞争力	9	0	0.0	4	44.4	5	55.6	上升
	软环境竞争力	9	4	44.4	3	33.3	2	22.2	上升
	小　计	18	4	22.2	7	38.9	7	38.9	上升
政府作用竞争力	政府发展经济竞争力	5	3	60.0	2	40.0	0	0.0	上升
	政府规调经济竞争力	5	4	80.0	1	20.0	0	0.0	上升
	政府保障经济竞争力	6	1	16.7	2	33.3	3	50.0	保持
	小　计	16	8	50.0	5	31.3	3	18.8	上升
发展水平竞争力	工业化进程竞争力	6	5	83.3	1	16.7	0	0.0	下降
	城市化进程竞争力	6	2	33.3	3	50.0	1	16.7	上升
	市场化进程竞争力	6	6	100.0	0	0.0	0	0.0	上升
	小　计	18	13	72.2	4	22.2	1	5.6	上升
统筹协调竞争力	统筹发展竞争力	8	0	0.0	3	37.5	5	62.5	下降
	协调发展竞争力	8	4	50.0	2	25.0	2	25.0	上升
	小　计	16	4	25.0	5	31.3	7	43.8	下降
合　计		210	87	41.4	70	33.3	53	25.2	保持

从表 24－2 可以看出，210 个四级指标中，上升指标有 87 个，占指标总数的 41.4%；下降指标有 53 个，占指标总数的 25.2%；保持不变的指标有 70 个，占指标总数的 33.3%。综上所述，虽然贵州省经济综合竞争力上升的动力大于下降的拉力，但排位保持不变的指标占较大比重，2015～2016 年贵州省经济综合竞争力排位保持不变。

3. 贵州省经济综合竞争力各级指标优劣势结构分析

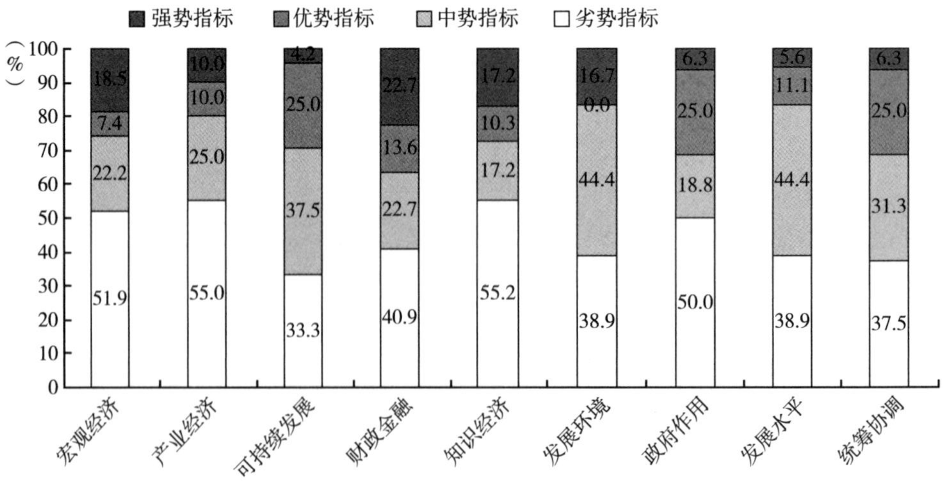

图 24－2　2016 年贵州省经济综合竞争力各级指标优劣势比较

表 24－3　2016 年贵州省经济综合竞争力各级指标优劣势情况

单位：个，%

二级指标	三级指标	四级指标数	强势指标		优势指标		中势指标		劣势指标		优劣势
			个数	比重	个数	比重	个数	比重	个数	比重	
宏观经济竞争力	经济实力竞争力	12	3	25.0	1	8.3	3	25.0	5	41.7	中势
	经济结构竞争力	6	0	0.0	1	16.7	3	50.0	2	33.3	劣势
	经济外向度竞争力	9	2	22.2	0	0.0	0	0.0	7	77.8	劣势
	小　计	27	5	18.5	2	7.4	6	22.2	14	51.9	劣势
产业经济竞争力	农业竞争力	10	1	10.0	2	20.0	3	30.0	4	40.0	中势
	工业竞争力	10	1	10.0	1	10.0	3	30.0	5	50.0	劣势
	服务业竞争力	10	2	20.0	0	0.0	2	20.0	6	60.0	中势
	企业竞争力	10	0	0.0	1	10.0	2	20.0	7	70.0	劣势
	小　计	40	4	10.0	4	10.0	10	25.0	22	55.0	劣势
可持续发展竞争力	资源竞争力	9	0	0.0	4	44.4	5	55.6	0	0.0	中势
	环境竞争力	8	1	12.5	0	0.0	3	37.5	4	50.0	中势
	人力资源竞争力	7	0	0.0	2	28.6	1	14.3	4	57.1	劣势
	小　计	24	1	4.2	6	25.0	9	37.5	8	33.3	劣势
财政金融竞争力	财政竞争力	12	4	33.3	3	25.0	4	33.3	1	8.3	优势
	金融竞争力	10	1	10.0	0	0.0	1	10.0	8	80.0	劣势
	小　计	22	5	22.7	3	13.6	5	22.7	9	40.9	中势
知识经济竞争力	科技竞争力	9	0	0.0	0	0.0	1	11.1	8	88.9	劣势
	教育竞争力	10	3	30.0	2	20.0	2	20.0	3	30.0	优势
	文化竞争力	10	2	20.0	1	10.0	2	20.0	5	50.0	劣势
	小　计	29	5	17.2	3	10.3	5	17.2	16	55.2	劣势
发展环境竞争力	基础设施竞争力	9	0	0.0	0	0.0	4	44.4	5	55.6	劣势
	软环境竞争力	9	3	33.3	0	0.0	4	44.4	2	22.2	优势
	小　计	18	3	16.7	0	0.0	8	44.4	7	38.9	中势
政府作用竞争力	政府发展经济竞争力	5	0	0.0	1	20.0	1	20.0	3	60.0	劣势
	政府规调经济竞争力	5	1	20.0	2	40.0	0	0.0	2	40.0	优势
	政府保障经济竞争力	6	0	0.0	1	16.7	2	33.3	3	50.0	劣势
	小　计	16	1	6.3	4	25.0	3	18.8	8	50.0	劣势
发展水平竞争力	工业化进程竞争力	6	1	16.7	0	0.0	2	33.3	3	50.0	劣势
	城市化进程竞争力	6	0	0.0	1	16.7	2	33.3	3	50.0	劣势
	市场化进程竞争力	6	0	0.0	1	16.7	4	66.7	1	16.7	中势
	小　计	18	1	5.6	2	11.1	8	44.4	7	38.9	劣势
统筹协调竞争力	统筹发展竞争力	8	0	0.0	2	25.0	2	25.0	4	50.0	劣势
	协调发展竞争力	8	1	12.5	2	25.0	3	37.5	2	25.0	强势
	小　计	16	1	6.3	4	25.0	5	31.3	6	37.5	中势
合　计		210	26	12.4	28	13.3	59	28.1	97	46.2	劣势

基于图 24－2 和表 24－3，具体到四级指标，强势指标 26 个，占指标总数的 12.4%；优势指标 28 个，占指标总数的 13.3%；中势指标 59 个，占指标总数的

28.1%；劣势指标97个，占指标总数的46.2%。三级指标中，强势指标1个，占三级指标总数的4%；优势指标4个，占三级指标总数的16%；中势指标6个，占三级指标总数的24%；劣势指标14个，占三级指标总数的56%。从二级指标看，没有强势指标和优势指标；中势指标有3个，占二级指标总数的33.3%；劣势指标6个，占二级指标总数的66.7%。综合来看，由于劣势指标在指标体系中居于主导地位，2016年贵州省经济综合竞争力处于劣势地位。

4. 贵州省经济综合竞争力四级指标优劣势对比分析

表24－4　2016年贵州省经济综合竞争力各级指标优劣势情况

二级指标	优劣势	四级指标
宏观经济竞争力(27个)	强势指标	地区生产总值增长率、固定资产投资额增长率、全社会消费品零售总额增长率、出口增长率、实际FDI增长率(5个)
	优势指标	财政总收入增长率、就业结构优化度(2个)
	劣势指标	地区生产总值、人均地区生产总值、人均固定资产投资额、全社会消费品零售总额、人均全社会消费品零售总额、城乡经济结构优化度、贸易结构优化度、进出口总额、进出口增长率、出口总额、实际FDI、外贸依存度、外资企业数、对外直接投资额(14个)
产业经济竞争力(40个)	强势指标	农业增加值增长率、工业增加值增长率、服务业增加值增长率、限额以上批零企业利税率(4个)
	优势指标	农民人均纯收入增长率、财政支农资金比重、工业成本费用利润率、城镇就业人员平均工资(4个)
	劣势指标	农民人均纯收入、农产品出口占农林牧渔总产值比重、人均主要农产品产量、农村人均用电量、工业增加值、人均工业增加值、工业资产总额、规模以上工业主营业务收入、规模以上工业利润总额、服务业增加值、人均服务业增加值、服务业从业人员数、限额以上批发零售企业主营业务收入、限额以上餐饮企业利税率、旅游外汇收入、规模以上企业平均资产、规模以上企业平均收入、规模以上企业劳动效率、新产品销售收入占主营业务收入比重、产品质量抽查合格率、工业企业R&D经费投入强度、中国驰名商标持有量(22个)
可持续发展竞争力(24个)	强势指标	人均废水排放量(1个)
	优势指标	人均年水资源量、人均耕地面积、主要能源矿产基础储量、人均主要能源矿产基础储量、人口健康素质、职业学校毕业生数(6个)
	劣势指标	人均工业废气排放量、人均治理工业污染投资额、生活垃圾无害化处理率、自然灾害直接经济损失、15～64岁人口比例、文盲率、大专以上教育程度人口比例、平均受教育程度(8个)
财政金融竞争力(22个)	强势指标	地方财政收入占GDP比重、地方财政支出占GDP比重、地方财政收入增长率、地方财政支出增长率、中长期贷款占贷款余额比重(5个)
	优势指标	税收收入占GDP比重、人均地方财政收入、人均地方财政支出(3个)
	劣势指标	税收收入占财政总收入比重、存款余额、人均存款余额、贷款余额、人均贷款余额、保险费净收入、保险密度、保险深度、国内上市公司数(9个)
知识经济竞争力(29个)	强势指标	公共教育经费占财政支出比重、人均文化教育支出占个人消费支出比重、万人中小学专任教师数、城镇居民人均文化娱乐支出占消费性支出比重、农村居民人均文化娱乐支出占消费性支出比重(5个)
	优势指标	教育经费占GDP比重、万人中小学学校数、城镇居民人均文化娱乐支出(3个)
	劣势指标	R&D人员、R&D经费、R&D经费投入强度、发明专利授权量、技术市场成交合同金额、高技术产业主营业务收入、高技术产业收入占工业增加值比重、高技术产品出口额占商品出口额比重、高等学校数、高校专任教师数、万人高等学校在校学生数、文化制造业营业收入、文化批发零售业营业收入、图书和期刊出版数、报纸出版数、印刷用纸量(16个)

续表

二级指标	优劣势	四级指标
发展环境竞争力(18个)	强势指标	外资企业数增长率、个体私营企业数增长率、每十万人交通事故发生数(3个)
	优势指标	(0个)
	劣势指标	铁路网线密度、全社会货物周转量、人均邮电业务总量、电话普及率、互联网普及率、万人外资企业数、万人商标注册件数(7个)
政府作用竞争力(16个)	强势指标	固定资产投资价格指数(1个)
	优势指标	政府消费对民间消费的拉动、物价调控、规范税收、城市城镇社区服务设施数(4个)
	劣势指标	财政支出用于基本建设投资比重、财政支出对GDP增长的拉动、政府公务员对经济的贡献、调控城乡消费差距、统筹经济社会发展、医疗保险覆盖率、养老保险覆盖率、失业保险覆盖率(8个)
发展水平竞争力(18个)	强势指标	工业增加值增长率(1个)
	优势指标	人均公共绿地面积、居民消费支出占总消费支出比重(2个)
	劣势指标	工业增加值占GDP比重、高技术产品出口额占商品出口额比重、工农业增加值比值、城镇化率、城镇居民人均可支配收入、人均拥有道路面积、社会投资占投资总额比重(7个)
统筹协调竞争力(16个)	强势指标	城乡居民家庭人均收入比差(1个)
	优势指标	万元GDP综合能耗下降率、生产税净额和营业盈余占GDP比重、环境竞争力与宏观经济竞争力比差、全社会消费品零售总额与外贸出口总额比差(4个)
	劣势指标	社会劳动生产率、非农用地产出率、固定资产投资额占GDP比重、固定资产交付使用率、环境竞争力与工业竞争力比差、城乡居民人均现金消费支出比差(6个)

24.2 贵州省经济综合竞争力各级指标具体分析

1. 贵州省宏观经济竞争力指标排名变化情况

表24-5 2015~2016年贵州省宏观经济竞争力指标组排位及变化趋势

指 标	2015年	2016年	排位升降	优劣势
1 宏观经济竞争力	22	23	-1	劣势
1.1 经济实力竞争力	24	18	6	中势
地区生产总值	25	25	0	劣势
地区生产总值增长率	3	2	1	强势
人均地区生产总值	29	29	0	劣势
财政总收入	24	17	7	中势
财政总收入增长率	27	4	23	优势
人均财政收入	26	16	10	中势
固定资产投资额	22	20	2	中势
固定资产投资额增长率	1	2	-1	强势
人均固定资产投资额	27	23	4	劣势
全社会消费品零售总额	25	25	0	劣势
全社会消费品零售总额增长率	10	2	8	强势
人均全社会消费品零售总额	31	31	0	劣势

续表

指　标	2015 年	2016 年	排位升降	优劣势
1.2　经济结构竞争力	26	24	2	劣势
产业结构优化度	16	20	-4	中势
所有制经济结构优化度	22	19	3	中势
城乡经济结构优化度	30	30	0	劣势
就业结构优化度	8	8	0	优势
资本形成结构优化度	16	19	-3	中势
贸易结构优化度	24	25	-1	劣势
1.3　经济外向度竞争力	9	27	-18	劣势
进出口总额	27	27	0	劣势
进出口增长率	1	31	-30	劣势
出口总额	25	26	-1	劣势
出口增长率	1	1	0	强势
实际 FDI	26	26	0	劣势
实际 FDI 增长率	7	2	5	强势
外贸依存度	28	30	-2	劣势
外资企业数	27	27	0	劣势
对外直接投资额	31	29	2	劣势

2. 贵州省产业经济竞争力指标排名变化情况

表 24-6　2015～2016 年贵州省产业经济竞争力指标组排位及变化趋势

指　标	2015 年	2016 年	排位升降	优劣势
2　产业经济竞争力	24	28	-4	劣势
2.1　农业竞争力	22	20	2	中势
农业增加值	17	17	0	中势
农业增加值增长率	1	1	0	强势
人均农业增加值	22	18	4	中势
农民人均纯收入	30	30	0	劣势
农民人均纯收入增长率	2	4	-2	优势
农产品出口占农林牧渔总产值比重	27	27	0	劣势
人均主要农产品产量	22	22	0	劣势
农业机械化水平	19	20	-1	中势
农村人均用电量	24	23	1	劣势
财政支农资金比重	8	9	-1	优势
2.2　工业竞争力	22	21	1	劣势
工业增加值	25	24	1	劣势
工业增加值增长率	3	2	1	强势
人均工业增加值	27	26	1	劣势
工业资产总额	26	26	0	劣势
工业资产总额增长率	3	19	-16	中势
工业资产总贡献率	16	16	0	中势
规模以上工业主营业务收入	24	24	0	劣势
规模以上工业利润总额	22	21	1	劣势

续表

指　标	2015 年	2016 年	排位升降	优劣势
工业全员劳动生产率	16	14	2	中势
工业成本费用利润率	4	5	-1	优势
2.3　服务业竞争力	16	15	1	中势
服务业增加值	25	25	0	劣势
服务业增加值增长率	7	1	6	强势
人均服务业增加值	29	29	0	劣势
服务业从业人员数	22	22	0	劣势
限额以上批发零售企业主营业务收入	23	22	1	劣势
限额以上批零企业利税率	2	2	0	强势
限额以上餐饮企业利税率	24	27	-3	劣势
旅游外汇收入	27	27	0	劣势
商品房销售收入	21	20	1	中势
电子商务销售额	20	19	1	中势
2.4　企业竞争力	29	31	-2	劣势
规模以上工业企业数	20	20	0	中势
规模以上企业平均资产	17	21	-4	劣势
规模以上企业平均收入	28	28	0	劣势
规模以上企业平均利润	15	19	-4	中势
规模以上企业劳动效率	25	24	1	劣势
城镇就业人员平均工资	12	9	3	优势
新产品销售收入占主营业务收入比重	29	26	3	劣势
产品质量抽查合格率	20	31	-11	劣势
工业企业 R&D 经费投入强度	25	25	0	劣势
中国驰名商标持有量	28	28	0	劣势

3. 贵州省可持续发展竞争力指标排名变化情况

表 24-7　2015~2016 年贵州省可持续发展竞争力指标组排位及变化趋势

指　标	2015 年	2016 年	排位升降	优劣势
3　可持续发展竞争力	27	25	2	劣势
3.1　资源竞争力	15	15	0	中势
人均国土面积	12	12	0	中势
人均可使用海域和滩涂面积	13	13	0	中势
人均年水资源量	8	10	-2	优势
耕地面积	15	15	0	中势
人均耕地面积	9	9	0	优势
人均牧草地面积	13	14	-1	中势
主要能源矿产基础储量	5	5	0	优势
人均主要能源矿产基础储量	6	6	0	优势
人均森林储积量	13	13	0	中势
3.2　环境竞争力	11	17	-6	中势
森林覆盖率	15	15	0	中势
人均废水排放量	3	3	0	强势

续表

指　标	2015 年	2016 年	排位升降	优劣势
人均工业废气排放量	20	23	-3	劣势
人均工业固体废物排放量	18	20	-2	中势
人均治理工业污染投资额	24	28	-4	劣势
一般工业固体废物综合利用率	18	16	2	中势
生活垃圾无害化处理率	19	22	-3	劣势
自然灾害直接经济损失	14	25	-11	劣势
3.3　人力资源竞争力	29	30	-1	劣势
常住人口增长率	15	13	2	中势
15~64 岁人口比例	30	31	-1	劣势
文盲率	29	29	0	劣势
大专以上教育程度人口比例	30	30	0	劣势
平均受教育程度	29	30	-1	劣势
人口健康素质	1	8	-7	优势
职业学校毕业生数	17	10	7	优势

4. 贵州省财政金融竞争力指标排名变化情况

表 24-8　2015~2016 年贵州省财政金融竞争力指标组排位及变化趋势

指　标	2015 年	2016 年	排位升降	优劣势
4　财政金融竞争力	12	12	0	中势
4.1　财政竞争力	8	7	1	优势
地方财政收入	23	11	12	中势
地方财政支出	21	12	9	中势
地方财政收入占 GDP 比重	5	3	2	强势
地方财政支出占 GDP 比重	6	3	3	强势
税收收入占 GDP 比重	4	6	-2	优势
税收收入占财政总收入比重	6	27	-21	劣势
人均地方财政收入	21	10	11	优势
人均地方财政支出	17	10	7	优势
人均税收收入	19	19	0	中势
地方财政收入增长率	7	3	4	强势
地方财政支出增长率	11	2	9	强势
税收收入增长率	1	19	-18	中势
4.2　金融竞争力	22	29	-7	劣势
存款余额	25	22	3	劣势
人均存款余额	30	24	6	劣势
贷款余额	25	22	3	劣势
人均贷款余额	27	23	4	劣势
中长期贷款占贷款余额比重	2	3	-1	强势
保险费净收入	27	27	0	劣势
保险密度	30	30	0	劣势
保险深度	22	26	-4	劣势
国内上市公司数	28	28	0	劣势
国内上市公司市值	21	16	5	中势

5. 贵州省知识经济竞争力指标排名变化情况

表 24 -9 2015 ~2016 年贵州省知识经济竞争力指标组排位及变化趋势

指 标	2015 年	2016 年	排位升降	优劣势
5 知识经济竞争力	21	21	0	劣势
5.1 科技竞争力	24	23	1	劣势
R&D 人员	25	25	0	劣势
R&D 经费	26	25	1	劣势
R&D 经费投入强度	27	26	1	劣势
发明专利授权量	24	23	1	劣势
技术市场成交合同金额	25	26	-1	劣势
财政科技支出占地方财政支出比重	14	12	2	中势
高技术产业主营业务收入	23	22	1	劣势
高技术产业收入占工业增加值比重	23	21	2	劣势
高技术产品出口额占商品出口额比重	25	23	2	劣势
5.2 教育竞争力	12	8	4	优势
教育经费	19	18	1	中势
教育经费占 GDP 比重	4	4	0	优势
人均教育经费	16	14	2	中势
公共教育经费占财政支出比重	4	2	2	强势
人均文化教育支出占个人消费支出比重	3	3	0	强势
万人中小学学校数	3	4	-1	优势
万人中小学专任教师数	3	2	1	强势
高等学校数	22	21	1	劣势
高校专任教师数	24	23	1	劣势
万人高等学校在校学生数	28	26	2	劣势
5.3 文化竞争力	22	22	0	劣势
文化制造业营业收入	22	21	1	劣势
文化批发零售业营业收入	22	22	0	劣势
文化服务业企业营业收入	20	20	0	中势
图书和期刊出版数	25	25	0	劣势
报纸出版数	26	27	-1	劣势
印刷用纸量	25	26	-1	劣势
城镇居民人均文化娱乐支出	11	10	1	优势
农村居民人均文化娱乐支出	21	18	3	中势
城镇居民人均文化娱乐支出占消费性支出比重	3	3	0	强势
农村居民人均文化娱乐支出占消费性支出比重	4	1	3	强势

6. 贵州省发展环境竞争力指标排名变化情况

表 24－10　2015～2016 年贵州省发展环境竞争力指标组排位及变化趋势

指　标	2015 年	2016 年	排位升降	优劣势
6　发展环境竞争力	19	15	4	中势
6.1　基础设施竞争力	23	22	1	劣势
铁路网线密度	23	23	0	劣势
公路网线密度	13	13	0	中势
人均内河航道里程	12	12	0	中势
全社会旅客周转量	15	15	0	中势
全社会货物周转量	25	26	－1	劣势
人均邮电业务总量	21	24	－3	劣势
电话普及率	24	25	－1	劣势
互联网普及率	29	30	－1	劣势
人均耗电量	17	18	－1	中势
6.2　软环境竞争力	15	7	8	优势
外资企业数增长率	3	3	0	强势
万人外资企业数	30	30	0	劣势
个体私营企业数增长率	2	3	－1	强势
万人个体私营企业数	20	17	3	中势
万人商标注册件数	28	28	0	劣势
查处商标侵权假冒案件	18	15	3	中势
每十万人交通事故发生数	31	2	29	强势
罚没收入占财政收入比重	19	13	6	中势
社会捐赠款物	10	12	－2	中势

7. 贵州省政府作用竞争力指标排名变化情况

表 24－11　2015～2016 年贵州省政府作用竞争力指标组排位及变化趋势

指　标	2015 年	2016 年	排位升降	优劣势
7　政府作用竞争力	27	22	5	劣势
7.1　政府发展经济竞争力	23	22	1	劣势
财政支出用于基本建设投资比重	24	23	1	劣势
财政支出对 GDP 增长的拉动	26	26	0	劣势
政府公务员对经济的贡献	28	28	0	劣势
政府消费对民间消费的拉动	8	6	2	优势
财政投资对社会投资的拉动	15	12	3	中势
7.2　政府规调经济竞争力	28	6	22	优势
物价调控	26	5	21	优势

续表

指　标	2015 年	2016 年	排位升降	优劣势
调控城乡消费差距	28	28	0	劣势
统筹经济社会发展	23	22	1	劣势
规范税收	12	9	3	优势
固定资产投资价格指数	22	1	21	强势
7.3　政府保障经济竞争力	22	22	0	劣势
城市城镇社区服务设施数	6	6	0	优势
医疗保险覆盖率	25	25	0	劣势
养老保险覆盖率	28	29	-1	劣势
失业保险覆盖率	26	24	2	劣势
最低工资标准	10	12	-2	中势
城镇登记失业率	14	19	-5	中势

8. 贵州省发展水平竞争力指标排名变化情况

表 24-12　2015~2016 年贵州省发展水平竞争力指标组排位及变化趋势

指　标	2015 年	2016 年	排位升降	优劣势
8　发展水平竞争力	26	24	2	劣势
8.1　工业化进程竞争力	20	21	-1	劣势
工业增加值占 GDP 比重	23	22	1	劣势
工业增加值增长率	3	2	1	强势
高技术产业占工业增加值比重	22	20	2	中势
高技术产品出口额占商品出口额比重	26	25	1	劣势
信息产业增加值占 GDP 比重	21	19	2	中势
工农业增加值比值	25	25	0	劣势
8.2　城市化进程竞争力	31	30	1	劣势
城镇化率	30	30	0	劣势
城镇居民人均可支配收入	28	28	0	劣势
城市平均建成区面积比重	17	20	-3	中势
人均拥有道路面积	28	28	0	劣势
人均日生活用水量	18	15	3	中势
人均公共绿地面积	14	7	7	优势
8.3　市场化进程竞争力	24	18	6	中势
非公有制经济产值占全社会总产值比重	22	19	3	中势
社会投资占投资总额比重	29	22	7	劣势
私有和个体企业从业人员比重	23	20	3	中势
亿元以上商品市场成交额	22	20	2	中势
亿元以上商品市场成交额占全社会消费品零售总额比重	16	11	5	中势
居民消费支出占总消费支出比重	8	6	2	优势

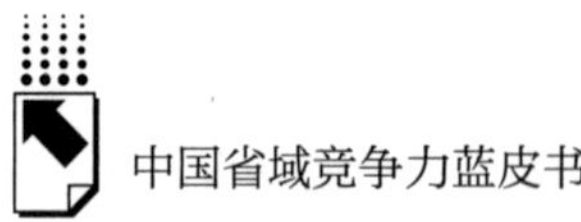

9. 贵州省统筹协调竞争力指标排名变化情况

表 24-13 2015~2016 年贵州省统筹协调竞争力指标组排位及变化趋势

指　标	2015 年	2016 年	排位升降	优劣势
9 统筹协调竞争力	2	17	-15	中势
9.1 统筹发展竞争力	3	27	-24	劣势
社会劳动生产率	27	27	0	劣势
能源使用下降率	9	18	-9	中势
万元 GDP 综合能耗下降率	5	9	-4	优势
非农用地产出率	21	21	0	劣势
生产税净额和营业盈余占 GDP 比重	6	6	0	优势
最终消费率	11	12	-1	中势
固定资产投资额占 GDP 比重	24	27	-3	劣势
固定资产交付使用率	7	25	-18	劣势
9.2 协调发展竞争力	7	3	4	强势
环境竞争力与宏观经济竞争力比差	9	8	1	优势
资源竞争力与宏观经济竞争力比差	20	20	0	中势
人力资源竞争力与宏观经济竞争力比差	7	11	-4	中势
资源竞争力与工业竞争力比差	19	13	6	中势
环境竞争力与工业竞争力比差	22	23	-1	劣势
城乡居民家庭人均收入比差	2	2	0	强势
城乡居民人均现金消费支出比差	28	27	1	劣势
全社会消费品零售总额与外贸出口总额比差	17	6	11	优势

B.26
25
云南省经济综合竞争力评价分析报告

云南省简称滇，位于中国西南地区云贵高原，东部与广西、贵州相连，北部与四川和重庆为邻，西北紧靠西藏，西部与缅甸接壤，南与老挝、越南毗邻，是中国通往东南亚、南亚的门户。全省面积39.4万平方公里，2016年全省常住人口为4771万人，地区生产总值为14788亿元，同比增长8.7%，人均GDP达31093元。本部分通过分析2015～2016年云南省经济综合竞争力以及各要素竞争力的排名变化，从中找出云南省经济综合竞争力的推动点及影响因素，为进一步提升云南省经济综合竞争力提供决策参考。

25.1 云南省经济综合竞争力总体分析

1. 云南省经济综合竞争力一级指标概要分析

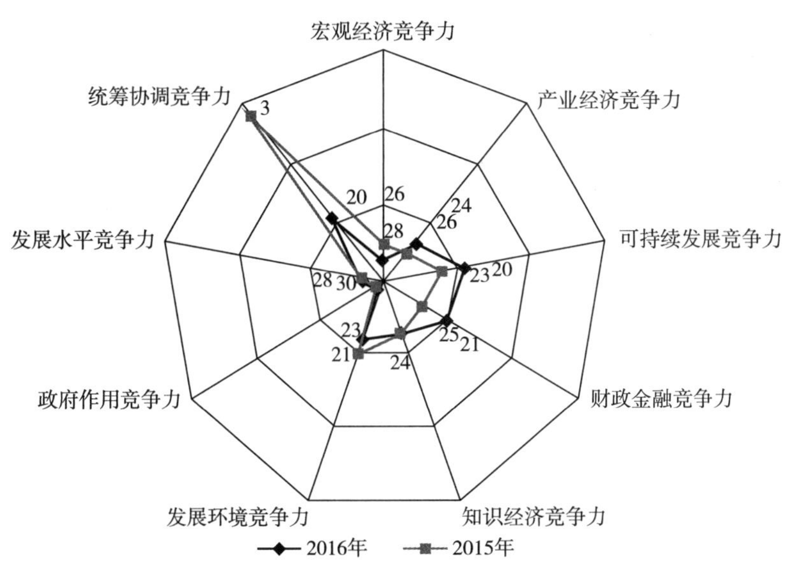

图25－1 2015～2016年云南省经济综合竞争力二级指标比较雷达图

（1）从综合排位看，2016年云南省经济综合竞争力综合排位在全国居第27位，表明其在全国处于劣势地位；与2015年相比，综合排位下降1位。

（2）从指标所处区位看，没有指标处于上游区；处于中游区的指标有2个，分别

表 25－1　2015～2016 年云南省经济综合竞争力二级指标比较

项目 年份	宏观经济竞争力	产业经济竞争力	可持续发展竞争力	财政金融竞争力	知识经济竞争力	发展环境竞争力	政府作用竞争力	发展水平竞争力	统筹协调竞争力	**综合排位**
2015	26	26	23	25	24	21	30	28	3	26
2016	28	24	20	21	24	23	30	28	20	27
升降	－2	2	3	4	0	－2	0	0	－17	－1
优劣度	劣势	劣势	中势	劣势	劣势	劣势	劣势	劣势	中势	劣势

为可持续发展竞争力和统筹协调竞争力；处于下游区的指标有 7 个，分别为宏观经济竞争力、产业经济竞争力、财政金融竞争力、知识经济竞争力、发展环境竞争力、政府作用竞争力和发展水平竞争力。

（3）从指标变化趋势看，9 个二级指标中，有 3 个指标处于上升趋势，分别为产业经济竞争力、可持续发展竞争力和财政金融竞争力，这些是云南省经济综合竞争力的上升动力所在；有 3 个指标排位没有发生变化，分别为知识经济竞争力、政府作用竞争力和发展水平竞争力；有 3 个指标处于下降趋势，为宏观经济竞争力、发展环境竞争力和统筹协调竞争力，是云南省经济综合竞争力的下降拉力所在。

2. 云南省经济综合竞争力各级指标动态变化分析

表 25－2　2015～2016 年云南省经济综合竞争力各级指标排位变化情况

单位：个，%

二级指标	三级指标	四级指标数	上升		保持		下降		变化趋势
			指标数	比重	指标数	比重	指标数	比重	
宏观经济竞争力	经济实力竞争力	12	8	66.7	1	8.3	3	25.0	下降
	经济结构竞争力	6	1	16.7	4	66.7	1	16.7	上升
	经济外向度竞争力	9	3	33.3	1	11.1	5	55.6	上升
	小　计	27	12	44.4	6	22.2	9	33.3	下降
产业经济竞争力	农业竞争力	10	3	30.0	3	30.0	4	40.0	上升
	工业竞争力	10	1	10.0	5	50.0	4	40.0	保持
	服务业竞争力	10	3	30.0	5	50.0	2	20.0	保持
	企业竞争力	10	6	60.0	1	10.0	3	30.0	上升
	小　计	40	13	32.5	14	35.0	13	32.5	上升
可持续发展竞争力	资源竞争力	9	0	0.0	8	88.9	1	11.1	保持
	环境竞争力	8	3	37.5	1	12.5	4	50.0	上升
	人力资源竞争力	7	2	28.6	2	28.6	3	42.9	上升
	小　计	24	5	20.8	11	45.8	8	33.3	上升
财政金融竞争力	财政竞争力	12	6	50.0	2	16.7	4	33.3	上升
	金融竞争力	10	2	20.0	1	10.0	7	70.0	下降
	小　计	22	8	36.4	3	13.6	11	50.0	上升
知识经济竞争力	科技竞争力	9	2	22.2	4	44.4	3	33.3	保持
	教育竞争力	10	4	40.0	4	40.0	2	20.0	上升
	文化竞争力	10	4	40.0	3	30.0	3	30.0	上升
	小　计	29	10	34.5	11	37.9	8	27.6	保持

续表

二级指标	三级指标	四级指标数	上升		保持		下降		变化趋势
			指标数	比重	指标数	比重	指标数	比重	
发展环境竞争力	基础设施竞争力	9	1	11.1	5	55.6	3	33.3	保持
	软环境竞争力	9	4	44.4	1	11.1	4	44.4	下降
	小　计	18	5	27.8	6	33.3	7	38.9	下降
政府作用竞争力	政府发展经济竞争力	5	2	40.0	2	40.0	1	20.0	上升
	政府规调经济竞争力	5	3	60.0	1	20.0	1	20.0	上升
	政府保障经济竞争力	6	2	33.3	1	16.7	3	50.0	上升
	小　计	16	7	43.8	4	25.0	5	31.3	保持
发展水平竞争力	工业化进程竞争力	6	1	16.7	3	50.0	2	33.3	保持
	城市化进程竞争力	6	3	50.0	2	33.3	1	16.7	上升
	市场化进程竞争力	6	2	33.3	2	33.3	2	33.3	保持
	小　计	18	6	33.3	7	38.9	5	27.8	保持
统筹协调竞争力	统筹发展竞争力	8	0	0.0	2	25.0	6	75.0	下降
	协调发展竞争力	8	3	37.5	4	50.0	1	12.5	上升
	小　计	16	3	18.8	6	37.5	7	43.8	下降
合　计		210	69	32.9	68	32.4	73	34.8	下降

从表25－2可以看出，210个四级指标中，上升指标有69个，占指标总数的32.9%；下降指标有73个，占指标总数的34.8%；保持不变的指标有68个，占指标总数的32.4%。综上所述，云南省经济综合竞争力下降的拉力大于上升的动力，2015～2016年云南省经济综合竞争力排位下降。

3. 云南省经济综合竞争力各级指标优劣势结构分析

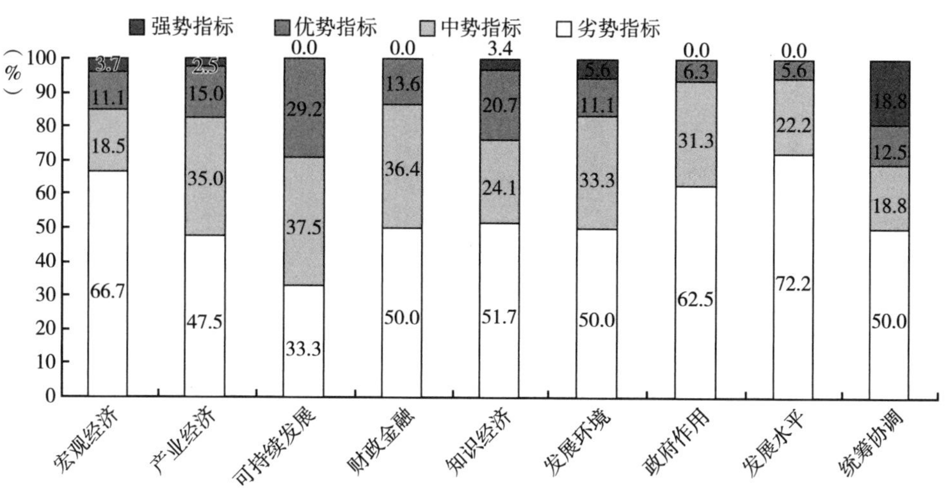

图25－2　2016年云南省经济综合竞争力各级指标优劣势比较

表 25 -3　2016 年云南省经济综合竞争力各级指标优劣势情况

单位：个，%

二级指标	三级指标	四级指标数	强势指标		优势指标		中势指标		劣势指标		优劣势
			个数	比重	个数	比重	个数	比重	个数	比重	
宏观经济竞争力	经济实力竞争力	12	1	8.3	2	16.7	1	8.3	8	66.7	劣势
	经济结构竞争力	6	0	0.0	0	0.0	2	33.3	4	66.7	劣势
	经济外向度竞争力	9	0	0.0	1	11.1	2	22.2	6	66.7	中势
	小　计	27	1	3.7	3	11.1	5	18.5	18	66.7	劣势
产业经济竞争力	农业竞争力	10	1	10.0	3	30.0	3	30.0	3	30.0	中势
	工业竞争力	10	0	0.0	1	10.0	3	30.0	6	60.0	劣势
	服务业竞争力	10	0	0.0	2	20.0	5	50.0	3	30.0	中势
	企业竞争力	10	0	0.0	0	0.0	3	30.0	7	70.0	劣势
	小　计	40	1	2.5	6	15.0	14	35.0	19	47.5	劣势
可持续发展竞争力	资源竞争力	9	0	0.0	5	55.6	4	44.4	0	0.0	优势
	环境竞争力	8	0	0.0	2	25.0	1	12.5	5	62.5	中势
	人力资源竞争力	7	0	0.0	0	0.0	4	57.1	3	42.9	劣势
	小　计	24	0	0.0	7	29.2	9	37.5	8	33.3	中势
财政金融竞争力	财政竞争力	12	0	0.0	2	16.7	5	41.7	5	41.7	中势
	金融竞争力	10	0	0.0	1	10.0	3	30.0	6	60.0	劣势
	小　计	22	0	0.0	3	13.6	8	36.4	11	50.0	劣势
知识经济竞争力	科技竞争力	9	0	0.0	0	0.0	0	0.0	9	100.0	劣势
	教育竞争力	10	1	10.0	3	30.0	4	40.0	2	20.0	中势
	文化竞争力	10	0	0.0	3	30.0	3	30.0	4	40.0	劣势
	小　计	29	1	3.4	6	20.7	7	24.1	15	51.7	劣势
发展环境竞争力	基础设施竞争力	9	0	0.0	0	0.0	2	22.2	7	77.8	劣势
	软环境竞争力	9	1	11.1	2	22.2	4	44.4	2	22.2	中势
	小　计	18	1	5.6	2	11.1	6	33.3	9	50.0	劣势
政府作用竞争力	政府发展经济竞争力	5	0	0.0	1	20.0	1	20.0	3	60.0	劣势
	政府规调经济竞争力	5	0	0.0	0	0.0	2	40.0	3	60.0	劣势
	政府保障经济竞争力	6	0	0.0	0	0.0	2	33.3	4	66.7	劣势
	小　计	16	0	0.0	1	6.3	5	31.3	10	62.5	劣势
发展水平竞争力	工业化进程竞争力	6	0	0.0	0	0.0	1	16.7	5	83.3	劣势
	城市化进程竞争力	6	0	0.0	1	16.7	2	33.3	3	50.0	劣势
	市场化进程竞争力	6	0	0.0	0	0.0	1	16.7	5	83.3	劣势
	小　计	18	0	0.0	1	5.6	4	22.2	13	72.2	劣势
统筹协调竞争力	统筹发展竞争力	8	1	12.5	1	12.5	2	25.0	4	50.0	中势
	协调发展竞争力	8	2	25.0	1	12.5	1	12.5	4	50.0	中势
	小　计	16	3	18.8	2	12.5	3	18.8	8	50.0	中势
合　计		210	7	3.3	31	14.8	61	29.0	111	52.9	劣势

基于图 25 - 2 和表 25 - 3，具体到四级指标，强势指标 7 个，占指标总数的 3.3%；优势指标 31 个，占指标总数的 14.8%；中势指标 61 个，占指标总数的

29.0%；劣势指标111个，占指标总数的52.9%。三级指标中，没有强势指标；优势指标1个，占三级指标总数的4%；中势指标9个，占三级指标总数的36%；劣势指标15个，占三级指标总数的60%。从二级指标看，没有强势指标和优势指标；中势指标有2个，占二级指标总数的22.2%；劣势指标7个，占二级指标总数的77.8%。综合来看，由于劣势指标在指标体系中居于主导地位，2016年云南省经济综合竞争力处于劣势地位。

4. 云南省经济综合竞争力四级指标优劣势对比分析

表25-4　2016年云南省经济综合竞争力各级指标优劣势情况

二级指标	优劣势	四级指标
宏观经济竞争力(27个)	强势指标	固定资产投资额增长率(1个)
	优势指标	地区生产总值增长率、全社会消费品零售总额增长率、出口增长率(3个)
	劣势指标	地区生产总值、人均地区生产总值、财政总收入、财政总收入增长率、人均财政收入、人均固定资产投资额、全社会消费品零售总额、人均全社会消费品零售总额、所有制经济结构优化度、城乡经济结构优化度、资本形成结构优化度、贸易结构优化度、进出口总额、出口总额、实际FDI、实际FDI增长率、外贸依存度、外资企业数(18个)
产业经济竞争力(40个)	强势指标	农业增加值增长率(1个)
	优势指标	农民人均纯收入增长率、农产品出口占农林牧渔总产值比重、财政支农资金比重、工业全员劳动生产率、限额以上批零企业利税率、旅游外汇收入(6个)
	劣势指标	人均农业增加值、农民人均纯收入、农村人均用电量、工业增加值、人均工业增加值、工业资产总额、规模以上工业主营业务收入、规模以上工业利润总额、工业成本费用利润率、服务业增加值、人均服务业增加值、限额以上餐饮企业利税率、规模以上工业企业数、规模以上企业平均收入、规模以上企业平均利润、规模以上企业劳动效率、新产品销售收入占主营业务收入比重、产品质量抽查合格率、中国驰名商标持有量(19个)
可持续发展竞争力(24个)	强势指标	(0个)
	优势指标	人均国土面积、人均年水资源量、耕地面积、人均耕地面积、人均森林储积量、森林覆盖率、人均废水排放量(7个)
	劣势指标	人均工业固体废物排放量、人均治理工业污染投资额、一般工业固体废物综合利用率、生活垃圾无害化处理率、自然灾害直接经济损失、文盲率、大专以上教育程度人口比例、平均受教育程度(8个)
财政金融竞争力(22个)	强势指标	(0个)
	优势指标	地方财政收入占GDP比重、地方财政支出占GDP比重、中长期贷款占贷款余额比重(3个)
	劣势指标	税收收入占财政总收入比重、人均地方财政收入、人均地方财政支出、人均税收收入、税收收入增长率、人均存款余额、人均贷款余额、保险费净收入、保险密度、国内上市公司数、国内上市公司市值(11个)
知识经济竞争力(29个)	强势指标	万人中小学学校数(1个)
	优势指标	教育经费占GDP比重、人均文化教育支出占个人消费支出比重、万人中小学专任教师数、文化批发零售业营业收入、城镇居民人均文化娱乐支出占消费性支出比重、农村居民人均文化娱乐支出占消费性支出比重(6个)
	劣势指标	R&D人员、R&D经费、R&D经费投入强度、发明专利授权量、技术市场成交合同金额、财政科技支出占地方财政支出比重、高技术产业主营业务收入、高技术产业收入占工业增加值比重、高技术产品出口额占商品出口额比重、高校专任教师数、万人高等学校在校学生数、报纸出版数、印刷用纸量、城镇居民人均文化娱乐支出、农村居民人均文化娱乐支出(15个)

续表

二级指标	优劣势	四级指标
发展环境竞争力（18个）	强势指标	罚没收入占财政收入比重(1个)
	优势指标	外资企业数增长率、个体私营企业数增长率(2个)
	劣势指标	铁路网线密度、公路网线密度、全社会旅客周转量、全社会货物周转量、电话普及率、互联网普及率、人均耗电量、万人外资企业数、万人商标注册件数(9个)
政府作用竞争力（16个）	强势指标	(0个)
	优势指标	财政支出用于基本建设投资比重(1个)
	劣势指标	财政支出对GDP增长的拉动、政府公务员对经济的贡献、财政投资对社会投资的拉动、调控城乡消费差距、统筹经济社会发展、固定资产投资价格指数、城市城镇社区服务设施数、医疗保险覆盖率、养老保险覆盖率、失业保险覆盖率(10个)
发展水平竞争力（18个）	强势指标	(0个)
	优势指标	城市平均建成区面积比重(1个)
	劣势指标	工业增加值占GDP比重、高技术产业占工业增加值比重、高技术产品出口额占商品出口额比重、信息产业增加值占GDP比重、工农业增加值比值、城镇化率、人均日生活用水量、人均公共绿地面积、非公有制经济产值占全社会总产值比重、社会投资占投资总额比重、私有和个体企业从业人员比重、亿元以上商品市场成交额、亿元以上商品市场成交额占全社会消费品零售总额比重(13个)
统筹协调竞争力（16个）	强势指标	万元GDP综合能耗下降率、环境竞争力与宏观经济竞争力比差、城乡居民家庭人均收入比差(3个)
	优势指标	最终消费率、资源竞争力与工业竞争力比差(2个)
	劣势指标	社会劳动生产率、非农用地产出率、固定资产投资额占GDP比重、固定资产交付使用率、资源竞争力与宏观经济竞争力比差、人力资源竞争力与宏观经济竞争力比差、环境竞争力与工业竞争力比差、城乡居民人均现金消费支出比差(8个)

25.2 云南省经济综合竞争力各级指标具体分析

1. 云南省宏观经济竞争力指标排名变化情况

表25－5　2015～2016年云南省宏观经济竞争力指标组排位及变化趋势

指　标	2015年	2016年	排位升降	优劣势
1　宏观经济竞争力	26	28	－2	劣势
1.1　经济实力竞争力	21	26	－5	劣势
地区生产总值	23	22	1	劣势
地区生产总值增长率	10	6	4	优势
人均地区生产总值	30	30	0	劣势
财政总收入	12	21	－9	劣势
财政总收入增长率	15	29	－14	劣势
人均财政收入	17	28	－11	劣势
固定资产投资额	19	15	4	中势
固定资产投资额增长率	4	3	1	强势

续表

指　标	2015 年	2016 年	排位升降	优劣势
人均固定资产投资额	28	27	1	劣势
全社会消费品零售总额	24	23	1	劣势
全社会消费品零售总额增长率	18	6	12	优势
人均全社会消费品零售总额	30	29	1	劣势
1.2　经济结构竞争力	31	29	2	劣势
产业结构优化度	15	15	0	中势
所有制经济结构优化度	29	28	1	劣势
城乡经济结构优化度	29	29	0	劣势
就业结构优化度	20	20	0	中势
资本形成结构优化度	24	25	-1	劣势
贸易结构优化度	30	30	0	劣势
1.3　经济外向度竞争力	21	20	1	中势
进出口总额	22	23	-1	劣势
进出口增长率	10	18	-8	中势
出口总额	22	22	0	劣势
出口增长率	12	6	6	优势
实际 FDI	23	24	-1	劣势
实际 FDI 增长率	13	28	-15	劣势
外贸依存度	22	23	-1	劣势
外资企业数	22	21	1	劣势
对外直接投资额	18	13	5	中势

2. 云南省产业经济竞争力指标排名变化情况

表 25－6　2015～2016 年云南省产业经济竞争力指标组排位及变化趋势

指　标	2015 年	2016 年	排位升降	优劣势
2　产业经济竞争力	26	24	2	劣势
2.1　农业竞争力	16	15	1	中势
农业增加值	14	14	0	中势
农业增加值增长率	2	3	-1	强势
人均农业增加值	25	24	1	劣势
农民人均纯收入	28	28	0	劣势
农民人均纯收入增长率	4	5	-1	优势
农产品出口占农林牧渔总产值比重	8	8	0	优势
人均主要农产品产量	18	17	1	中势
农业机械化水平	13	11	2	中势
农村人均用电量	27	28	-1	劣势
财政支农资金比重	7	10	-3	优势
2.2　工业竞争力	23	23	0	劣势
工业增加值	23	23	0	劣势

续表

指 标	2015 年	2016 年	排位升降	优劣势
工业增加值增长率	16	20	-4	中势
人均工业增加值	28	28	0	劣势
工业资产总额	20	22	-2	劣势
工业资产总额增长率	27	13	14	中势
工业资产总贡献率	19	19	0	中势
规模以上工业主营业务收入	25	25	0	劣势
规模以上工业利润总额	23	24	-1	劣势
工业全员劳动生产率	7	7	0	优势
工业成本费用利润率	23	27	-4	劣势
2.3 服务业竞争力	20	20	0	中势
服务业增加值	23	23	0	劣势
服务业增加值增长率	18	15	3	中势
人均服务业增加值	30	30	0	劣势
服务业从业人员数	16	16	0	中势
限额以上批发零售企业主营业务收入	19	18	1	中势
限额以上批零企业利税率	6	9	-3	优势
限额以上餐饮企业利税率	25	25	0	劣势
旅游外汇收入	9	8	1	优势
商品房销售收入	19	19	0	中势
电子商务销售额	9	20	-11	中势
2.4 企业竞争力	31	30	1	劣势
规模以上工业企业数	23	22	1	劣势
规模以上企业平均资产	11	13	-2	中势
规模以上企业平均收入	25	27	-2	劣势
规模以上企业平均利润	22	28	-6	劣势
规模以上企业劳动效率	22	21	1	劣势
城镇就业人员平均工资	23	18	5	中势
新产品销售收入占主营业务收入比重	26	22	4	劣势
产品质量抽查合格率	31	28	3	劣势
工业企业 R&D 经费投入强度	18	16	2	中势
中国驰名商标持有量	21	21	0	劣势

3. 云南省可持续发展竞争力指标排名变化情况

表 25-7 2015~2016 年云南省可持续发展竞争力指标组排位及变化趋势

指 标	2015 年	2016 年	排位升降	优劣势
3 可持续发展竞争力	23	20	3	中势
3.1 资源竞争力	8	8	0	优势
人均国土面积	7	7	0	优势
人均可使用海域和滩涂面积	13	13	0	中势
人均年水资源量	6	8	-2	优势

续表

指　标	2015 年	2016 年	排位升降	优劣势
耕地面积	8	8	0	优势
人均耕地面积	8	8	0	优势
人均牧草地面积	12	12	0	中势
主要能源矿产基础储量	12	12	0	中势
人均主要能源矿产基础储量	11	11	0	中势
人均森林储积量	4	4	0	优势
3.2　环境竞争力	14	11	3	中势
森林覆盖率	7	7	0	优势
人均废水排放量	4	7	-3	优势
人均工业废气排放量	12	18	-6	中势
人均工业固体废物排放量	24	23	1	劣势
人均治理工业污染投资额	17	23	-6	劣势
一般工业固体废物综合利用率	26	23	3	劣势
生活垃圾无害化处理率	23	26	-3	劣势
自然灾害直接经济损失	27	21	6	劣势
3.3　人力资源竞争力	24	22	2	劣势
常住人口增长率	17	16	1	中势
15～64 岁人口比例	18	17	1	中势
文盲率	27	28	-1	劣势
大专以上教育程度人口比例	27	27	0	劣势
平均受教育程度	28	28	0	劣势
人口健康素质	10	11	-1	中势
职业学校毕业生数	11	12	-1	中势

4. 云南省财政金融竞争力指标排名变化情况

表 25-8　2015～2016 年云南省财政金融竞争力指标组排位及变化趋势

指　标	2015 年	2016 年	排位升降	优劣势
4　财政金融竞争力	25	21	4	劣势
4.1　财政竞争力	24	20	4	中势
地方财政收入	20	16	4	中势
地方财政支出	13	16	-3	中势
地方财政收入占 GDP 比重	9	9	0	优势
地方财政支出占 GDP 比重	7	9	-2	优势
税收收入占 GDP 比重	13	14	-1	中势
税收收入占财政总收入比重	25	21	4	劣势
人均地方财政收入	25	21	4	劣势
人均地方财政支出	22	23	-1	劣势
人均税收收入	26	26	0	劣势

续表

指　标	2015 年	2016 年	排位升降	优劣势
地方财政收入增长率	22	12	10	中势
地方财政支出增长率	22	15	7	中势
税收收入增长率	28	27	1	劣势
4.2　金融竞争力	19	23	-4	劣势
存款余额	19	20	-1	中势
人均存款余额	27	28	-1	劣势
贷款余额	18	17	1	中势
人均贷款余额	23	24	-1	劣势
中长期贷款占贷款余额比重	10	8	2	优势
保险费净收入	20	23	-3	劣势
保险密度	26	28	-2	劣势
保险深度	10	16	-6	中势
国内上市公司数	24	24	0	劣势
国内上市公司市值	26	27	-1	劣势

5. 云南省知识经济竞争力指标排名变化情况

表 25-9　2015~2016 年云南省知识经济竞争力指标组排位及变化趋势

指　标	2015 年	2016 年	排位升降	优劣势
5　知识经济竞争力	24	24	0	劣势
5.1　科技竞争力	27	27	0	劣势
R&D 人员	24	24	0	劣势
R&D 经费	24	24	0	劣势
R&D 经费投入强度	26	25	1	劣势
发明专利授权量	22	22	0	劣势
技术市场成交合同金额	19	21	-2	劣势
财政科技支出占地方财政支出比重	25	27	-2	劣势
高技术产业主营业务收入	25	25	0	劣势
高技术产业收入占工业增加值比重	27	29	-2	劣势
高技术产品出口额占商品出口额比重	28	27	1	劣势
5.2　教育竞争力	21	19	2	中势
教育经费	13	12	1	中势
教育经费占 GDP 比重	6	6	0	优势
人均教育经费	21	19	2	中势
公共教育经费占财政支出比重	15	17	-2	中势
人均文化教育支出占个人消费支出比重	10	8	2	优势
万人中小学学校数	4	3	1	强势
万人中小学专任教师数	10	10	0	优势
高等学校数	19	19	0	中势

续表

指 标	2015 年	2016 年	排位升降	优劣势
高校专任教师数	22	22	0	劣势
万人高等学校在校学生数	27	28	-1	劣势
5.3 文化竞争力	24	23	1	劣势
文化制造业营业收入	20	20	0	中势
文化批发零售业营业收入	15	10	5	优势
文化服务业企业营业收入	19	16	3	中势
图书和期刊出版数	18	19	-1	中势
报纸出版数	25	25	0	劣势
印刷用纸量	19	21	-2	劣势
城镇居民人均文化娱乐支出	18	23	-5	劣势
农村居民人均文化娱乐支出	28	27	1	劣势
城镇居民人均文化娱乐支出占消费性支出比重	8	8	0	优势
农村居民人均文化娱乐支出占消费性支出比重	11	10	1	优势

6. 云南省发展环境竞争力指标排名变化情况

表 25－10 2015～2016 年云南省发展环境竞争力指标组排位及变化趋势

指 标	2015 年	2016 年	排位升降	优劣势
6 发展环境竞争力	21	23	-2	劣势
6.1 基础设施竞争力	29	29	0	劣势
铁路网线密度	28	27	1	劣势
公路网线密度	22	22	0	劣势
人均内河航道里程	17	17	0	中势
全社会旅客周转量	21	21	0	劣势
全社会货物周转量	23	24	-1	劣势
人均邮电业务总量	16	17	-1	中势
电话普及率	27	27	0	劣势
互联网普及率	31	31	0	劣势
人均耗电量	20	23	-3	劣势
6.2 软环境竞争力	8	14	-6	中势
外资企业数增长率	7	9	-2	优势
万人外资企业数	21	23	-2	劣势
个体私营企业数增长率	1	7	-6	优势
万人个体私营企业数	19	18	1	中势
万人商标注册件数	25	23	2	劣势
查处商标侵权假冒案件	20	18	2	中势
每十万人交通事故发生数	20	20	0	中势
罚没收入占财政收入比重	9	3	6	强势
社会捐赠款物	9	15	-6	中势

7. 云南省政府作用竞争力指标排名变化情况

表 25－11　2015～2016 年云南省政府作用竞争力指标组排位及变化趋势

指　标	2015 年	2016 年	排位升降	优劣势
7　政府作用竞争力	30	30	0	劣势
7.1　政府发展经济竞争力	24	23	1	劣势
财政支出用于基本建设投资比重	6	8	－2	优势
财政支出对 GDP 增长的拉动	25	24	1	劣势
政府公务员对经济的贡献	25	25	0	劣势
政府消费对民间消费的拉动	20	19	1	中势
财政投资对社会投资的拉动	26	26	0	劣势
7.2　政府规调经济竞争力	30	29	1	劣势
物价调控	28	11	17	中势
调控城乡消费差距	30	27	3	劣势
统筹经济社会发展	29	26	3	劣势
规范税收	14	16	－2	中势
固定资产投资价格指数	27	27	0	劣势
7.3　政府保障经济竞争力	30	29	1	劣势
城市城镇社区服务设施数	24	24	0	劣势
医疗保险覆盖率	28	30	－2	劣势
养老保险覆盖率	30	28	2	劣势
失业保险覆盖率	29	30	－1	劣势
最低工资标准	13	14	－1	中势
城镇登记失业率	26	12	14	中势

8. 云南省发展水平竞争力指标排名变化情况

表 25－12　2015～2016 年云南省发展水平竞争力指标组排位及变化趋势

指　标	2015 年	2016 年	排位升降	优劣势
8　发展水平竞争力	28	28	0	劣势
8.1　工业化进程竞争力	26	26	0	劣势
工业增加值占 GDP 比重	26	26	0	劣势
工业增加值增长率	16	20	－4	中势
高技术产业占工业增加值比重	26	29	－3	劣势
高技术产品出口额占商品出口额比重	28	28	0	劣势
信息产业增加值占 GDP 比重	28	27	1	劣势
工农业增加值比值	26	26	0	劣势
8.2　城市化进程竞争力	29	28	1	劣势
城镇化率	28	28	0	劣势
城镇居民人均可支配收入	18	16	2	中势
城市平均建成区面积比重	10	10	0	优势

续表

指　标	2015 年	2016 年	排位升降	优劣势
人均拥有道路面积	19	14	5	中势
人均日生活用水量	23	24	-1	劣势
人均公共绿地面积	26	23	3	劣势
8.3　市场化进程竞争力	28	28	0	劣势
非公有制经济产值占全社会总产值比重	29	28	1	劣势
社会投资占投资总额比重	28	29	-1	劣势
私有和个体企业从业人员比重	20	25	-5	劣势
亿元以上商品市场成交额	25	25	0	劣势
亿元以上商品市场成交额占全社会消费品零售总额比重	24	24	0	劣势
居民消费支出占总消费支出比重	20	19	1	中势

9. 云南省统筹协调竞争力指标排名变化情况

表 25-13　2015～2016 年云南省统筹协调竞争力指标组排位及变化趋势

指　标	2015 年	2016 年	排位升降	优劣势
9　统筹协调竞争力	3	20	-17	中势
9.1　统筹发展竞争力	2	19	-17	中势
社会劳动生产率	29	29	0	劣势
能源使用下降率	1	20	-19	中势
万元 GDP 综合能耗下降率	2	3	-1	强势
非农用地产出率	25	25	0	劣势
生产税净额和营业盈余占 GDP 比重	17	18	-1	中势
最终消费率	2	4	-2	优势
固定资产投资额占 GDP 比重	21	24	-3	劣势
固定资产交付使用率	7	23	-16	劣势
9.2　协调发展竞争力	21	20	1	中势
环境竞争力与宏观经济竞争力比差	3	2	1	强势
资源竞争力与宏观经济竞争力比差	25	25	0	劣势
人力资源竞争力与宏观经济竞争力比差	25	28	-3	劣势
资源竞争力与工业竞争力比差	24	10	14	优势
环境竞争力与工业竞争力比差	26	26	0	劣势
城乡居民家庭人均收入比差	3	3	0	强势
城乡居民人均现金消费支出比差	30	30	0	劣势
全社会消费品零售总额与外贸出口总额比差	16	13	3	中势

B.27
26
西藏自治区经济综合竞争力评价分析报告

西藏自治区简称藏，位于我国西南边疆，东靠四川省，北连新疆维吾尔自治区、青海省，南部和西部与缅甸、印度、不丹、尼泊尔等国接壤。西藏自治区地处青藏高原，素有“世界屋脊”之称。全区土地面积 122 万多平方公里，是中国五大牧区之一，2016 年全区常住人口为 331 万人，地区生产总值为 1151 亿元，同比增长 10.1%，人均 GDP 达 35184 元。本部分通过分析 2015～2016 年西藏自治区经济综合竞争力以及各要素竞争力的排名变化，从中找出西藏自治区经济综合竞争力的推动点及影响因素，为进一步提升西藏自治区经济综合竞争力提供决策参考。

26.1 西藏自治区经济综合竞争力总体分析

1. 西藏自治区经济综合竞争力一级指标概要分析

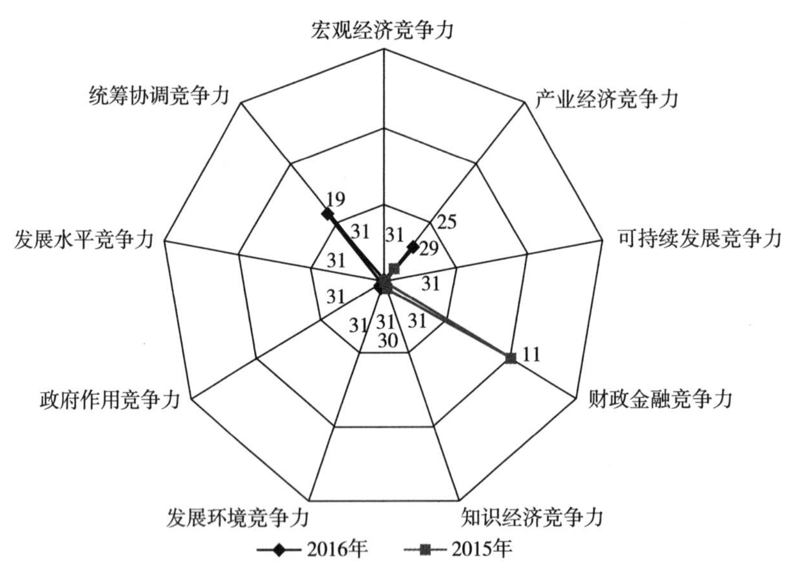

图 26－1　2015～2016 年西藏自治区经济综合竞争力二级指标比较雷达图

（1）从综合排位看，2016 年西藏自治区经济综合竞争力综合排位在全国居第 31 位，表明其在全国处于劣势地位；与 2015 年相比，综合排位没有发生变化。

（2）从指标所处区位看，没有指标处于上游区；处于中游区的指标有 1 个，为统筹协调竞争力；处于下游区的指标有 8 个，分别为宏观经济竞争力、产业经济竞争力、

表 26-1　2015～2016 年西藏自治区经济综合竞争力二级指标比较

项目 年份	宏观经济竞争力	产业经济竞争力	可持续发展竞争力	财政金融竞争力	知识经济竞争力	发展环境竞争力	政府作用竞争力	发展水平竞争力	统筹协调竞争力	**综合排位**
2015	31	29	31	11	30	31	31	31	31	31
2016	31	25	31	31	31	31	31	31	19	31
升降	0	4	0	-20	-1	0	0	0	12	0
优劣度	劣势	劣势	劣势	劣势	劣势	劣势	劣势	劣势	中势	劣势

可持续发展竞争力、财政金融竞争力、知识经济竞争力、发展环境竞争力、政府作用竞争力、发展水平竞争力。

（3）从指标变化趋势看，9 个二级指标中，有 2 个指标处于上升趋势，分别为产业经济竞争力和统筹协调竞争力，这些是西藏自治区经济综合竞争力的上升动力所在；有 5 个指标排位没有发生变化，分别为宏观经济竞争力、可持续发展竞争力、发展环境竞争力、政府作用竞争力和发展水平竞争力；有 2 个指标处于下降趋势，为财政金融竞争力和知识经济竞争力，是西藏自治区经济综合竞争力的下降拉力所在。

2. 西藏自治区经济综合竞争力各级指标动态变化分析

表 26-2　2015～2016 年西藏自治区经济综合竞争力各级指标排位变化情况

单位：个，%

二级指标	三级指标	四级指标数	上升		保持		下降		变化趋势
			指标数	比重	指标数	比重	指标数	比重	
宏观经济竞争力	经济实力竞争力	12	3	25.0	6	50.0	3	25.0	下降
	经济结构竞争力	6	1	16.7	2	33.3	3	50.0	下降
	经济外向度竞争力	9	2	22.2	5	55.6	2	22.2	上升
	小　计	27	6	22.2	13	48.1	8	29.6	保持
产业经济竞争力	农业竞争力	10	5	50.0	3	30.0	2	20.0	上升
	工业竞争力	10	3	30.0	6	60.0	1	10.0	上升
	服务业竞争力	10	1	10.0	7	70.0	2	20.0	上升
	企业竞争力	10	3	30.0	6	60.0	1	10.0	上升
	小　计	40	12	30.0	22	55.0	6	15.0	上升
可持续发展竞争力	资源竞争力	9	0	0.0	9	100.0	0	0.0	保持
	环境竞争力	8	1	12.5	4	50.0	3	37.5	上升
	人力资源竞争力	7	2	28.6	4	57.1	1	14.3	保持
	小　计	24	3	12.5	17	70.8	4	16.7	保持
财政金融竞争力	财政竞争力	12	7	58.3	4	33.3	1	8.3	下降
	金融竞争力	10	2	20.0	7	70.0	1	10.0	保持
	小　计	22	9	40.9	11	50.0	2	9.1	下降
知识经济竞争力	科技竞争力	9	1	11.1	7	77.8	1	11.1	保持
	教育竞争力	10	2	20.0	5	50.0	3	30.0	下降
	文化竞争力	10	0	0.0	10	100.0	0	0.0	保持
	小　计	29	3	10.3	22	75.9	4	13.8	下降

续表

二级指标	三级指标	四级指标数	上升		保持		下降		变化趋势
			指标数	比重	指标数	比重	指标数	比重	
发展环境竞争力	基础设施竞争力	9	1	11.1	7	77.8	1	11.1	保持
	软环境竞争力	9	2	22.2	2	22.2	5	55.6	保持
	小　计	18	3	16.7	9	50.0	6	33.3	保持
政府作用竞争力	政府发展经济竞争力	5	0	0.0	5	100.0	0	0.0	保持
	政府规调经济竞争力	5	1	20.0	3	60.0	1	20.0	保持
	政府保障经济竞争力	6	1	16.7	3	50.0	2	33.3	保持
	小　计	16	2	12.5	11	68.8	3	18.8	保持
发展水平竞争力	工业化进程竞争力	6	1	16.7	4	66.7	1	16.7	下降
	城市化进程竞争力	6	1	16.7	2	33.3	3	50.0	下降
	市场化进程竞争力	6	1	16.7	3	50.0	2	33.3	保持
	小　计	18	3	16.7	9	50.0	6	33.3	保持
统筹协调竞争力	统筹发展竞争力	8	3	37.5	2	25.0	3	37.5	上升
	协调发展竞争力	8	3	37.5	4	50.0	1	12.5	上升
	小　计	16	6	37.5	6	37.5	4	25.0	上升
合　计		210	47	22.4	120	57.1	43	20.5	保持

从表 26－2 可以看出，210 个四级指标中，上升指标有 47 个，占指标总数的 22.4%；下降指标有 43 个，占指标总数的 20.5%；保持不变的指标有 120 个，占指标总数的 57.1%。综上所述，西藏自治区经济综合竞争力上升的动力和下降的拉力大致相当，且排位保持不变的指标占较大比重，2016 年西藏自治区经济综合竞争力排位保持不变。

3. 西藏自治区经济综合竞争力各级指标优劣势结构分析

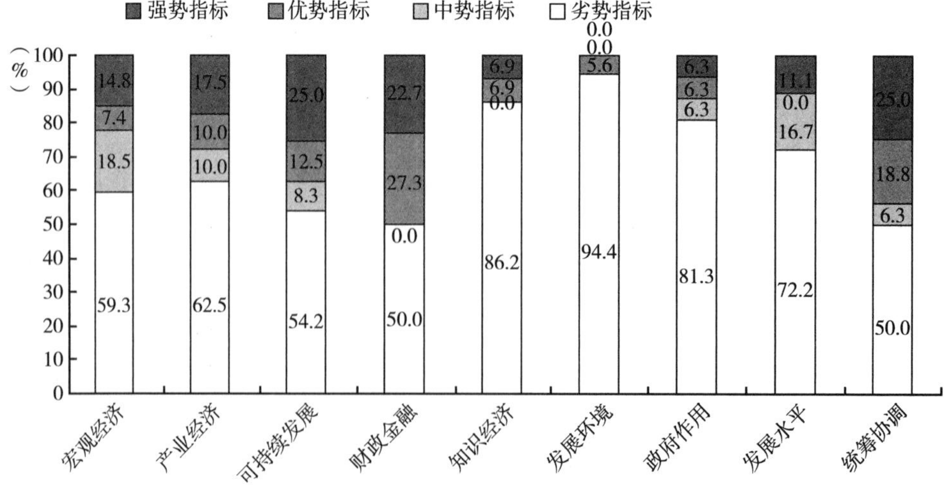

图 26－2　2016 年西藏自治区经济综合竞争力各级指标优劣势比较

表 26－3 2016 年西藏自治区经济综合竞争力各级指标优劣势情况

单位：个，%

二级指标	三级指标	四级指标数	强势指标		优势指标		中势指标		劣势指标		优劣势
			个数	比重	个数	比重	个数	比重	个数	比重	
宏观经济竞争力	经济实力竞争力	12	4	33.3	0	0.0	2	16.7	6	50.0	劣势
	经济结构竞争力	6	0	0.0	2	33.3	1	16.7	3	50.0	劣势
	经济外向度竞争力	9	0	0.0	0	0.0	2	22.2	7	77.8	劣势
	小　计	27	4	14.8	2	7.4	5	18.5	16	59.3	劣势
产业经济竞争力	农业竞争力	10	1	10.0	2	20.0	2	20.0	5	50.0	劣势
	工业竞争力	10	3	30.0	1	10.0	0	0.0	6	60.0	劣势
	服务业竞争力	10	1	10.0	1	10.0	1	10.0	7	70.0	中势
	企业竞争力	10	2	20.0	0	0.0	1	10.0	7	70.0	劣势
	小　计	40	7	17.5	4	10.0	4	10.0	25	62.5	劣势
可持续发展竞争力	资源竞争力	9	4	44.4	1	11.1	1	11.1	3	33.3	强势
	环境竞争力	8	1	12.5	2	25.0	1	12.5	4	50.0	劣势
	人力资源竞争力	7	1	14.3	0	0.0	0	0.0	6	85.7	劣势
	小　计	24	6	25.0	3	12.5	2	8.3	13	54.2	劣势
财政金融竞争力	财政竞争力	12	5	41.7	3	25.0	0	0.0	4	33.3	劣势
	金融竞争力	10	0	0.0	3	30.0	0	0.0	7	70.0	劣势
	小　计	22	5	22.7	6	27.3	0	0.0	11	50.0	劣势
知识经济竞争力	科技竞争力	9	0	0.0	0	0.0	0	0.0	9	100.0	劣势
	教育竞争力	10	2	20.0	2	20.0	0	0.0	6	60.0	劣势
	文化竞争力	10	0	0.0	0	0.0	0	0.0	10	100.0	劣势
	小　计	29	2	6.9	2	6.9	0	0.0	25	86.2	劣势
发展环境竞争力	基础设施竞争力	9	0	0.0	0	0.0	0	0.0	9	100.0	劣势
	软环境竞争力	9	0	0.0	0	0.0	1	11.1	8	88.9	劣势
	小　计	18	0	0.0	0	0.0	1	5.6	17	94.4	劣势
政府作用竞争力	政府发展经济竞争力	5	1	20.0	0	0.0	0	0.0	4	80.0	劣势
	政府规调经济竞争力	5	0	0.0	1	20.0	1	20.0	3	60.0	劣势
	政府保障经济竞争力	6	0	0.0	0	0.0	0	0.0	6	100.0	劣势
	小　计	16	1	6.3	1	6.3	1	6.3	13	81.3	劣势
发展水平竞争力	工业化进程竞争力	6	1	16.7	0	0.0	0	0.0	5	83.3	劣势
	城市化进程竞争力	6	1	16.7	0	0.0	2	33.3	3	50.0	劣势
	市场化进程竞争力	6	0	0.0	0	0.0	1	16.7	5	83.3	劣势
	小　计	18	2	11.1	0	0.0	3	16.7	13	72.2	劣势
统筹协调竞争力	统筹发展竞争力	8	2	25.0	1	12.5	0	0.0	5	62.5	劣势
	协调发展竞争力	8	2	25.0	2	25.0	1	12.5	3	37.5	优势
	小　计	16	4	25.0	3	18.8	1	6.3	8	50.0	中势
合　计		210	31	14.8	21	10.0	17	8.1	141	67.1	劣势

基于图 26－2 和表 26－3，具体到四级指标，强势指标 31 个，占指标总数的 14.8%；优势指标 21 个，占指标总数的 10%；中势指标 17 个，占指标总数的 8.1%；劣势指标 141 个，占指标总数的 67.1%。三级指标中，强势指标 1 个，占三级指标总数的 4%；优势指标 1 个，占三级指标总数的 4%；中势指标 1 个，占三级指标总数的 4%；劣势指标 22 个，占三级指标总数的 88%。从二级指标看，没有强势指标和优势指标；中势指标有 1 个，占二级指标总数的 11.1%；劣势指标有 8 个，占二级指标总

数的88.9%。综合来看，由于劣势指标在指标体系中居于主导地位，2016年西藏自治区经济综合竞争力处于劣势地位。

4. 西藏自治区经济综合竞争力四级指标优劣势对比分析

表26-4　2016年西藏自治区经济综合竞争力各级指标优劣势情况

二级指标	优劣势	四级指标
宏观经济竞争力(27个)	强势指标	地区生产总值增长率、人均财政收入、固定资产投资额增长率、全社会消费品零售总额增长率(4个)
	优势指标	产业结构优化度、资本形成结构优化度(2个)
	劣势指标	地区生产总值、人均地区生产总值、财政总收入、固定资产投资额、全社会消费品零售总额、人均全社会消费品零售总额、所有制经济结构优化度、城乡经济结构优化度、就业结构优化度、进出口总额、进出口增长率、出口总额、实际FDI、外贸依存度、外资企业数、对外直接投资额(16个)
产业经济竞争力(40个)	强势指标	农民人均纯收入增长率、工业增加值增长率、工业资产总额增长率、工业成本费用利润率、限额以上批零企业利税率、规模以上企业平均资产、城镇就业人员平均工资(7个)
	优势指标	农业增加值增长率、财政支农资金比重、工业全员劳动生产率、限额以上餐饮企业利税率(4个)
	劣势指标	农业增加值、人均农业增加值、农民人均纯收入、农业机械化水平、农村人均用电量、工业增加值、人均工业增加值、工业资产总额、工业资产总贡献率、规模以上工业主营业务收入、规模以上工业利润总额、服务业增加值、人均服务业增加值、服务业从业人员数、限额以上批发零售企业主营业务收入、旅游外汇收入、商品房销售收入、电子商务销售额、规模以上工业企业数、规模以上企业平均收入、规模以上企业劳动效率、新产品销售收入占主营业务收入比重、产品质量抽查合格率、工业企业R&D经费投入强度、中国驰名商标持有量(25个)
可持续发展竞争力(24个)	强势指标	人均国土面积、人均年水资源量、人均牧草地面积、人均森林储积量、人均废水排放量、常住人口增长率(6个)
	优势指标	人均耕地面积、人均工业固体废物排放量、自然灾害直接经济损失(3个)
	劣势指标	耕地面积、主要能源矿产基础储量、人均主要能源矿产基础储量、森林覆盖率、人均治理工业污染投资额、一般工业固体废物综合利用率、生活垃圾无害化处理率、15~64岁人口比例、文盲率、大专以上教育程度人口比例、平均受教育程度、人口健康素质、职业学校毕业生数(13个)
财政金融竞争力(22个)	强势指标	地方财政收入占GDP比重、地方财政支出占GDP比重、人均地方财政收入、人均地方财政支出、地方财政收入增长率(5个)
	优势指标	税收收入占GDP比重、地方财政支出增长率、税收收入增长率、人均存款余额、人均贷款余额、中长期贷款占贷款余额比重(6个)
	劣势指标	地方财政收入、地方财政支出、税收收入占财政总收入比重、人均税收收入、存款余额、贷款余额、保险费净收入、保险密度、保险深度、国内上市公司数、国内上市公司市值(11个)
知识经济竞争力(29个)	强势指标	教育经费占GDP比重、万人中小学专任教师数(2个)
	优势指标	人均教育经费、万人中小学学校数(2个)
	劣势指标	R&D人员、R&D经费、R&D经费投入强度、发明专利授权量、技术市场成交合同金额、财政科技支出占地方财政支出比重、高技术产业主营业务收入、高技术产业收入占工业增加值比重、高技术产品出口额占商品出口额比重、教育经费、公共教育经费占财政支出比重、人均文化教育支出占个人消费支出比重、高等学校数、高校专任教师数、万人高等学校在校学生数、文化制造业营业收入、文化批发零售业营业收入、文化服务业企业营业收入、图书和期刊出版数、报纸出版数、印刷用纸量、城镇居民人均文化娱乐支出、农村居民人均文化娱乐支出、城镇居民人均文化娱乐支出占消费性支出比重、农村居民人均文化娱乐支出占消费性支出比重(25个)

续表

二级指标	优劣势	四级指标
发展环境竞争力（18个）	强势指标	（0个）
	优势指标	（0个）
	劣势指标	铁路网线密度、公路网线密度、人均内河航道里程、全社会旅客周转量、全社会货物周转量、人均邮电业务总量、电话普及率、互联网普及率、人均耗电量、外资企业数增长率、万人外资企业数、个体私营企业数增长率、万人个体私营企业数、万人商标注册件数、查处商标侵权假冒案件、每十万人交通事故发生数、社会捐赠款物（17个）
政府作用竞争力（16个）	强势指标	财政支出用于基本建设投资比重（1个）
	优势指标	规范税收（1个）
	劣势指标	财政支出对GDP增长的拉动、政府公务员对经济的贡献、政府消费对民间消费的拉动、财政投资对社会投资的拉动、物价调控、调控城乡消费差距、统筹经济社会发展、城市城镇社区服务设施数、医疗保险覆盖率、养老保险覆盖率、失业保险覆盖率、最低工资标准、城镇登记失业率（13个）
发展水平竞争力（18个）	强势指标	工业增加值增长率、人均日生活用水量（2个）
	优势指标	（0个）
	劣势指标	工业增加值占GDP比重、高技术产业占工业增加值比重、高技术产品出口额占商品出口额比重、信息产业增加值占GDP比重、工农业增加值比值、城镇化率、城镇居民人均可支配收入、人均公共绿地面积、非公有制经济产值占全社会总产值比重、社会投资占投资总额比重、亿元以上商品市场成交额、亿元以上商品市场成交额占全社会消费品零售总额比重、居民消费支出占总消费支出比重（13个）
统筹协调竞争力（16个）	强势指标	生产税净额和营业盈余占GDP比重、最终消费率、环境竞争力与宏观经济竞争力比差、资源竞争力与工业竞争力比差（4个）
	优势指标	能源使用下降率、城乡居民家庭人均收入比差、全社会消费品零售总额与外贸出口总额比差（3个）
	劣势指标	社会劳动生产率、万元GDP综合能耗下降率、非农用地产出率、固定资产投资额占GDP比重、固定资产交付使用率、资源竞争力与宏观经济竞争力比差、环境竞争力与工业竞争力比差、城乡居民人均现金消费支出比差（8个）

26.2 西藏自治区经济综合竞争力各级指标具体分析

1. 西藏自治区宏观经济竞争力指标排名变化情况

表26-5 2015～2016年西藏自治区宏观经济竞争力指标组排位及变化趋势

指 标	2015年	2016年	排位升降	优劣势
1 宏观经济竞争力	31	31	0	劣势
1.1 经济实力竞争力	28	31	-3	劣势
地区生产总值	31	31	0	劣势
地区生产总值增长率	1	3	-2	强势
人均地区生产总值	28	28	0	劣势
财政总收入	27	29	-2	劣势

续表

指　标	2015 年	2016 年	排位升降	优劣势
财政总收入增长率	5	14	-9	中势
人均财政收入	1	1	0	强势
固定资产投资额	31	31	0	劣势
固定资产投资额增长率	2	1	1	强势
人均固定资产投资额	15	13	2	中势
全社会消费品零售总额	31	31	0	劣势
全社会消费品零售总额增长率	6	3	3	强势
人均全社会消费品零售总额	25	25	0	劣势
1.2　经济结构竞争力	30	31	-1	劣势
产业结构优化度	3	7	-4	优势
所有制经济结构优化度	24	25	-1	劣势
城乡经济结构优化度	27	27	0	劣势
就业结构优化度	25	25	0	劣势
资本形成结构优化度	5	7	-2	优势
贸易结构优化度	15	14	1	中势
1.3　经济外向度竞争力	31	28	3	劣势
进出口总额	30	30	0	劣势
进出口增长率	31	23	8	劣势
出口总额	30	30	0	劣势
出口增长率	31	14	17	中势
实际 FDI	31	31	0	劣势
实际 FDI 增长率	5	12	-7	中势
外贸依存度	29	29	0	劣势
外资企业数	31	31	0	劣势
对外直接投资额	27	31	-4	劣势

2. 西藏自治区产业经济竞争力指标排名变化情况

表 26-6　2015~2016 年西藏自治区产业经济竞争力指标组排位及变化趋势

指　标	2015 年	2016 年	排位升降	优劣势
2　产业经济竞争力	29	25	4	劣势
2.1　农业竞争力	27	23	4	劣势
农业增加值	31	30	1	劣势
农业增加值增长率	19	8	11	优势
人均农业增加值	30	29	1	劣势
农民人均纯收入	27	27	0	劣势

续表

指　标		2015 年	2016 年	排位升降	优劣势
	农民人均纯收入增长率	1	1	0	强势
	农产品出口占农林牧渔总产值比重	28	14	14	中势
	人均主要农产品产量	17	18	-1	中势
	农业机械化水平	26	25	1	劣势
	农村人均用电量	31	31	0	劣势
	财政支农资金比重	6	7	-1	优势
2.2	工业竞争力	24	22	2	劣势
	工业增加值	31	31	0	劣势
	工业增加值增长率	2	1	1	强势
	人均工业增加值	31	31	0	劣势
	工业资产总额	31	31	0	劣势
	工业资产总额增长率	1	1	0	强势
	工业资产总贡献率	31	31	0	劣势
	规模以上工业主营业务收入	31	31	0	劣势
	规模以上工业利润总额	29	31	-2	劣势
	工业全员劳动生产率	11	6	5	优势
	工业成本费用利润率	24	1	23	强势
2.3	服务业竞争力	19	18	1	中势
	服务业增加值	31	31	0	劣势
	服务业增加值增长率	25	13	12	中势
	人均服务业增加值	21	22	-1	劣势
	服务业从业人员数	31	31	0	劣势
	限额以上批发零售企业主营业务收入	31	31	0	劣势
	限额以上批零企业利税率	1	1	0	强势
	限额以上餐饮企业利税率	4	8	-4	优势
	旅游外汇收入	28	28	0	劣势
	商品房销售收入	31	31	0	劣势
	电子商务销售额	31	31	0	劣势
2.4	企业竞争力	30	29	1	劣势
	规模以上工业企业数	31	31	0	劣势
	规模以上企业平均资产	3	3	0	强势
	规模以上企业平均收入	31	31	0	劣势
	规模以上企业平均利润	29	20	9	中势
	规模以上企业劳动效率	31	30	1	劣势
	城镇就业人员平均工资	3	3	0	强势
	新产品销售收入占主营业务收入比重	28	27	1	劣势
	产品质量抽查合格率	19	25	-6	劣势
	工业企业 R&D 经费投入强度	31	31	0	劣势
	中国驰名商标持有量	31	31	0	劣势

3. 西藏自治区可持续发展竞争力指标排名变化情况

表 26－7　2015～2016 年西藏自治区可持续发展竞争力指标组排位及变化趋势

指　标	2015 年	2016 年	排位升降	优劣势
3　可持续发展竞争力	31	31	0	劣势
3.1　资源竞争力	2	2	0	强势
人均国土面积	1	1	0	强势
人均可使用海域和滩涂面积	13	13	0	中势
人均年水资源量	1	1	0	强势
耕地面积	28	28	0	劣势
人均耕地面积	7	7	0	优势
人均牧草地面积	1	1	0	强势
主要能源矿产基础储量	30	30	0	劣势
人均主要能源矿产基础储量	28	28	0	劣势
人均森林储积量	1	1	0	强势
3.2　环境竞争力	28	24	4	劣势
森林覆盖率	25	25	0	劣势
人均废水排放量	1	1	0	强势
人均工业废气排放量	6	16	－10	中势
人均工业固体废物排放量	9	10	－1	优势
人均治理工业污染投资额	31	31	0	劣势
一般工业固体废物综合利用率	31	31	0	劣势
生活垃圾无害化处理率	24	27	－3	劣势
自然灾害直接经济损失	21	7	14	优势
3.3　人力资源竞争力	31	31	0	劣势
常住人口增长率	2	1	1	强势
15～64 岁人口比例	26	22	4	劣势
文盲率	31	31	0	劣势
大专以上教育程度人口比例	31	31	0	劣势
平均受教育程度	31	31	0	劣势
人口健康素质	26	27	－1	劣势
职业学校毕业生数	31	31	0	劣势

4. 西藏自治区财政金融竞争力指标排名变化情况

表 26－8　2015～2016 年西藏自治区财政金融竞争力指标组排位及变化趋势

指　标	2015 年	2016 年	排位升降	优劣势
4　财政金融竞争力	11	31	－20	劣势
4.1　财政竞争力	6	27	－21	劣势
地方财政收入	31	29	2	劣势
地方财政支出	29	29	0	劣势
地方财政收入占 GDP 比重	8	1	7	强势
地方财政支出占 GDP 比重	1	1	0	强势

续表

指　标	2015 年	2016 年	排位升降	优劣势
税收收入占 GDP 比重	12	9	3	优势
税收收入占财政总收入比重	31	31	0	劣势
人均地方财政收入	22	1	21	强势
人均地方财政支出	1	1	0	强势
人均税收收入	24	21	3	劣势
地方财政收入增长率	2	1	1	强势
地方财政支出增长率	6	7	-1	优势
税收收入增长率	19	4	15	优势
4.2　金融竞争力	31	31	0	劣势
存款余额	31	31	0	劣势
人均存款余额	7	7	0	优势
贷款余额	31	31	0	劣势
人均贷款余额	16	8	8	优势
中长期贷款占贷款余额比重	3	9	-6	优势
保险费净收入	31	31	0	劣势
保险密度	31	31	0	劣势
保险深度	31	31	0	劣势
国内上市公司数	30	29	1	劣势
国内上市公司市值	30	30	0	劣势

5. 西藏自治区知识经济竞争力指标排名变化情况

表 26-9　2015～2016 年西藏自治区知识经济竞争力指标组排位及变化趋势

指　标	2015 年	2016 年	排位升降	优劣势
5　知识经济竞争力	30	31	-1	劣势
5.1　科技竞争力	31	31	0	劣势
R&D 人员	31	31	0	劣势
R&D 经费	31	31	0	劣势
R&D 经费投入强度	31	31	0	劣势
发明专利授权量	31	31	0	劣势
技术市场成交合同金额	31	31	0	劣势
财政科技支出占地方财政支出比重	31	31	0	劣势
高技术产业主营业务收入	31	31	0	劣势
高技术产业收入占工业增加值比重	18	25	-7	劣势
高技术产品出口额占商品出口额比重	31	30	1	劣势
5.2　教育竞争力	23	27	-4	劣势
教育经费	31	31	0	劣势
教育经费占 GDP 比重	1	1	0	强势
人均教育经费	2	4	-2	优势
公共教育经费占财政支出比重	30	28	2	劣势
人均文化教育支出占个人消费支出比重	31	31	0	劣势

续表

指　标	2015 年	2016 年	排位升降	优劣势
万人中小学学校数	7	5	2	优势
万人中小学专任教师数	2	3	-1	强势
高等学校数	31	31	0	劣势
高校专任教师数	31	31	0	劣势
万人高等学校在校学生数	29	30	-1	劣势
5.3　文化竞争力	31	31	0	劣势
文化制造业营业收入	31	31	0	劣势
文化批发零售业营业收入	31	31	0	劣势
文化服务业企业营业收入	31	31	0	劣势
图书和期刊出版数	30	30	0	劣势
报纸出版数	31	31	0	劣势
印刷用纸量	31	31	0	劣势
城镇居民人均文化娱乐支出	31	31	0	劣势
农村居民人均文化娱乐支出	31	31	0	劣势
城镇居民人均文化娱乐支出占消费性支出比重	31	31	0	劣势
农村居民人均文化娱乐支出占消费性支出比重	31	31	0	劣势

6. 西藏自治区发展环境竞争力指标排名变化情况

表 26-10　2015~2016 年西藏自治区发展环境竞争力指标组排位及变化趋势

指　标	2015	2016	排位升降	优劣势
6　发展环境竞争力	31	31	0	劣势
6.1　基础设施竞争力	31	31	0	劣势
铁路网线密度	31	31	0	劣势
公路网线密度	31	31	0	劣势
人均内河航道里程	28	28	0	劣势
全社会旅客周转量	31	31	0	劣势
全社会货物周转量	31	31	0	劣势
人均邮电业务总量	14	22	-8	劣势
电话普及率	22	22	0	劣势
互联网普及率	22	21	1	劣势
人均耗电量	31	31	0	劣势
6.2　软环境竞争力	31	31	0	劣势
外资企业数增长率	31	31	0	劣势
万人外资企业数	24	25	-1	劣势
个体私营企业数增长率	30	31	-1	劣势
万人个体私营企业数	31	31	0	劣势
万人商标注册件数	29	27	2	劣势
查处商标侵权假冒案件	30	31	-1	劣势
每十万人交通事故发生数	22	26	-4	劣势
罚没收入占财政收入比重	28	16	12	中势
社会捐赠款物	8	26	-18	劣势

7. 西藏自治区政府作用竞争力指标排名变化情况

表 26－11　2015～2016 年西藏自治区政府作用竞争力指标组排位及变化趋势

指　标	2015 年	2016 年	排位升降	优劣势
7　政府作用竞争力	31	31	0	劣势
7.1　政府发展经济竞争力	31	31	0	劣势
财政支出用于基本建设投资比重	1	1	0	强势
财政支出对 GDP 增长的拉动	31	31	0	劣势
政府公务员对经济的贡献	31	31	0	劣势
政府消费对民间消费的拉动	31	31	0	劣势
财政投资对社会投资的拉动	31	31	0	劣势
7.2　政府规调经济竞争力	31	31	0	劣势
物价调控	29	29	0	劣势
调控城乡消费差距	31	31	0	劣势
统筹经济社会发展	30	31	－1	劣势
规范税收	5	5	0	优势
固定资产投资价格指数	17	16	1	中势
7.3　政府保障经济竞争力	31	31	0	劣势
城市城镇社区服务设施数	31	31	0	劣势
医疗保险覆盖率	29	26	3	劣势
养老保险覆盖率	31	31	0	劣势
失业保险覆盖率	31	31	0	劣势
最低工资标准	26	28	－2	劣势
城镇登记失业率	5	26	－21	劣势

8. 西藏自治区发展水平竞争力指标排名变化情况

表 26－12　2015～2016 年西藏自治区发展水平竞争力指标组排位及变化趋势

指　标	2015 年	2016 年	排位升降	优劣势
8　发展水平竞争力	31	31	0	劣势
8.1　工业化进程竞争力	27	31	－4	劣势
工业增加值占 GDP 比重	31	31	0	劣势
工业增加值增长率	2	1	1	强势
高技术产业占工业增加值比重	18	24	－6	劣势
高技术产品出口额占商品出口额比重	31	31	0	劣势
信息产业增加值占 GDP 比重	31	31	0	劣势
工农业增加值比值	30	30	0	劣势
8.2　城市化进程竞争力	25	31	－6	劣势
城镇化率	31	31	0	劣势
城镇居民人均可支配收入	25	23	2	劣势
城市平均建成区面积比重	13	15	－2	中势

续表

指　标	2015 年	2016 年	排位升降	优劣势
人均拥有道路面积	2	12	-10	中势
人均日生活用水量	1	1	0	强势
人均公共绿地面积	20	30	-10	劣势
8.3　市场化进程竞争力	31	31	0	劣势
非公有制经济产值占全社会总产值比重	24	25	-1	劣势
社会投资占投资总额比重	31	31	0	劣势
私有和个体企业从业人员比重	15	16	-1	中势
亿元以上商品市场成交额	31	31	0	劣势
亿元以上商品市场成交额占全社会消费品零售总额比重	31	30	1	劣势
居民消费支出占总消费支出比重	31	31	0	劣势

9. 西藏自治区统筹协调竞争力指标排名变化情况

表 26-13　2015~2016 年西藏自治区统筹协调竞争力指标组排位及变化趋势

指　标	2015 年	2016 年	排位升降	优劣势
9　统筹协调竞争力	31	19	12	中势
9.1　统筹发展竞争力	28	25	3	劣势
社会劳动生产率	31	30	1	劣势
能源使用下降率	30	7	23	优势
万元 GDP 综合能耗下降率	30	25	5	劣势
非农用地产出率	31	31	0	劣势
生产税净额和营业盈余占 GDP 比重	1	2	-1	强势
最终消费率	1	1	0	强势
固定资产投资额占 GDP 比重	29	31	-2	劣势
固定资产交付使用率	23	29	-6	劣势
9.2　协调发展竞争力	29	7	22	优势
环境竞争力与宏观经济竞争力比差	1	1	0	强势
资源竞争力与宏观经济竞争力比差	31	31	0	劣势
人力资源竞争力与宏观经济竞争力比差	9	16	-7	中势
资源竞争力与工业竞争力比差	30	2	28	强势
环境竞争力与工业竞争力比差	23	21	2	劣势
城乡居民家庭人均收入比差	5	5	0	优势
城乡居民人均现金消费支出比差	31	31	0	劣势
全社会消费品零售总额与外贸出口总额比差	27	4	23	优势

B.28
27
陕西省经济综合竞争力评价分析报告

陕西省简称陕，东隔黄河与山西相望，西连甘肃、宁夏回族自治区，北邻内蒙古自治区，南连四川、重庆，东南与河南、湖北接壤。全省面积20.6万平方公里，2016年总人口为3813万人，全省地区生产总值达19400亿元，同比增长7.6%，人均GDP达51015元。本部分通过分析2015～2016年陕西省经济综合竞争力以及各要素竞争力的排名变化，从中找出陕西省经济综合竞争力的推动点及影响因素，为进一步提升陕西省经济综合竞争力提供决策参考。

27.1 陕西省经济综合竞争力总体分析

1. 陕西省经济综合竞争力一级指标概要分析

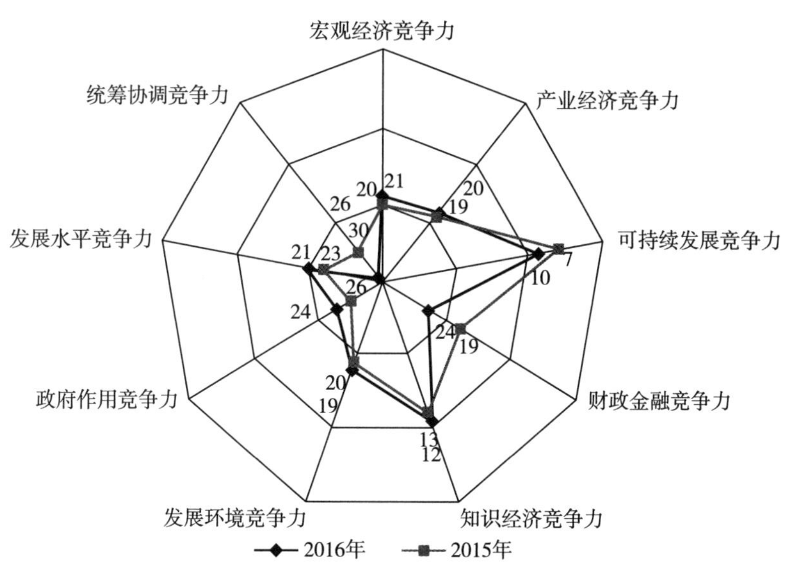

图27－1 2015～2016年陕西省经济综合竞争力二级指标比较雷达图

（1）从综合排位的变化看，2016年陕西省经济综合竞争力综合排位在全国处于第20位，表明其在全国处于中势地位；与2015年相比，综合排位下降了2位。

（2）从指标所处区位看，处于上游区的指标有1个，为可持续发展竞争力；处于中游区的指标有4个，分别为宏观经济竞争力、产业经济竞争力、知识经济竞争力和发

表 27－1　2015～2016 年陕西省经济综合竞争力二级指标比较

项目 年份	宏观经济竞争力	产业经济竞争力	可持续发展竞争力	财政金融竞争力	知识经济竞争力	发展环境竞争力	政府作用竞争力	发展水平竞争力	统筹协调竞争力	**综合排位**
2015	21	20	7	19	13	20	26	23	26	18
2016	20	19	10	24	12	19	24	21	30	20
升降	1	1	－3	－5	1	1	2	2	－4	－2
优劣度	中势	中势	优势	劣势	中势	中势	劣势	劣势	劣势	中势

展环境竞争力；处于下游区的指标有 4 个，分别为财政金融竞争力、政府作用竞争力、发展水平竞争力和统筹协调竞争力。

（3）从指标变化趋势看，9 个二级指标中，有 6 个指标处于上升趋势，分别为宏观经济竞争力、产业经济竞争力、知识经济竞争力、发展环境竞争力、政府作用竞争力和发展水平竞争力，这些是陕西省经济综合竞争力的上升动力所在；有 3 个指标处于下降趋势，分别为可持续发展竞争力、财政金融竞争力和统筹协调竞争力，这些是陕西省经济综合竞争力的下降拉力所在。

2. 陕西省经济综合竞争力各级指标动态变化分析

表 27－2　2015～2016 年陕西省经济综合竞争力各级指标排位变化态势比较

二级指标	三级指标	四级指标数	上升		保持		下降		变化趋势
			指标数	比重	指标数	比重	指标数	比重	
宏观经济竞争力	经济实力竞争力	12	10	83.3	2	16.7	0	0.0	上升
	经济结构竞争力	6	2	33.3	2	33.3	2	33.3	保持
	经济外向度竞争力	9	1	11.1	3	33.3	5	55.6	下降
	小　计	27	13	48.1	7	25.9	7	25.9	上升
产业经济竞争力	农业竞争力	10	2	20.0	5	50.0	3	30.0	保持
	工业竞争力	10	3	30.0	5	50.0	2	20.0	上升
	服务业竞争力	10	2	20.0	5	50.0	3	30.0	下降
	企业竞争力	10	2	20.0	3	30.0	5	50.0	保持
	小　计	40	9	22.5	18	45.0	13	32.5	上升
可持续发展竞争力	资源竞争力	9	0	0.0	8	88.9	1	11.1	上升
	环境竞争力	8	4	50.0	1	12.5	3	37.5	上升
	人力资源竞争力	7	0	0.0	3	42.9	4	57.1	下降
	小　计	24	4	16.7	12	50.0	8	33.3	下降
财政金融竞争力	财政竞争力	12	1	8.3	0	0.0	11	91.7	下降
	金融竞争力	10	4	40.0	1	10.0	5	50.0	下降
	小　计	22	5	22.7	1	4.5	16	72.7	下降
知识经济竞争力	科技竞争力	9	2	22.2	5	55.6	2	22.2	保持
	教育竞争力	10	1	10.0	4	40.0	5	50.0	保持
	文化竞争力	10	4	40.0	2	20.0	4	40.0	保持
	小　计	29	7	24.1	11	37.9	11	37.9	上升

续表

二级指标	三级指标	四级指标数	上升		保持		下降		变化趋势
			指标数	比重	指标数	比重	指标数	比重	
发展环境竞争力	基础设施竞争力	9	1	11.1	7	77.8	1	11.1	保持
	软环境竞争力	9	3	33.3	1	11.1	5	55.6	保持
	小　计	18	4	22.2	8	44.4	6	33.3	上升
政府作用竞争力	政府发展经济竞争力	5	3	60.0	1	20.0	1	20.0	上升
	政府规调经济竞争力	5	4	80.0	0	0.0	1	20.0	上升
	政府保障经济竞争力	6	1	16.7	0	0.0	5	83.3	上升
	小　计	16	8	50.0	1	6.3	7	43.8	上升
发展水平竞争力	工业化进程竞争力	6	5	83.3	1	16.7	0	0.0	上升
	城市化进程竞争力	6	0	0.0	4	66.7	2	33.3	下降
	市场化进程竞争力	6	2	33.3	1	16.7	3	50.0	下降
	小　计	18	7	38.9	6	33.3	5	27.8	上升
统筹协调竞争力	统筹发展竞争力	8	3	37.5	1	12.5	4	50.0	上升
	协调发展竞争力	8	5	62.5	2	25.0	1	12.5	上升
	小　计	16	8	50.0	3	18.8	5	31.3	下降
合　计		210	65	31.0	67	31.9	78	37.1	下降

从表 27－2 可以看出，210 个四级指标中，上升指标有 65 个，占指标总数的 31%；下降指标有 78 个，占指标总数的 37.1%；保持不变的指标有 67 个，占指标总数的 31.9%。综上所述，陕西省经济综合竞争力下降的拉力大于上升的动力，2016 年陕西省经济综合竞争力排位下降。

3. 陕西省经济综合竞争力各级指标优劣势结构分析

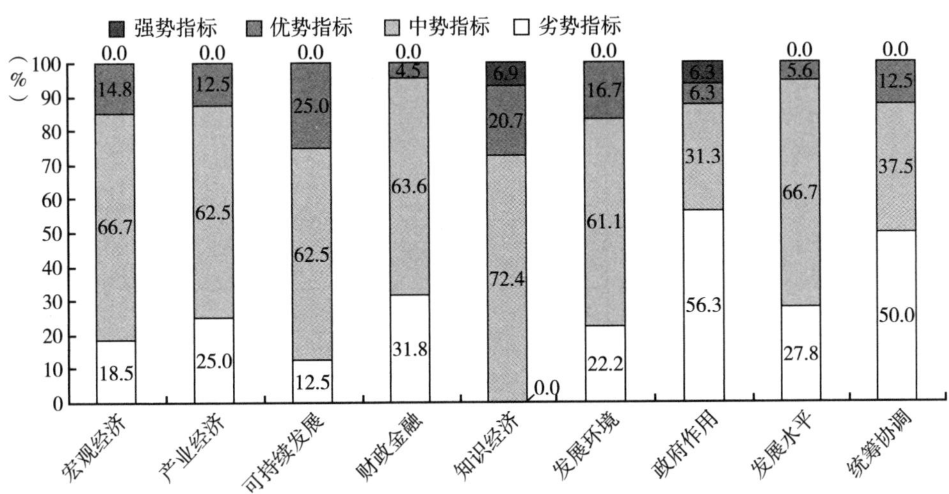

图 27－2　2016 年陕西省经济综合竞争力各级指标优劣势比较

表 27-3　2016 年陕西省经济综合竞争力各级指标优劣势比较

二级指标	三级指标	四级指标数	强势指标		优势指标		中势指标		劣势指标		优劣势
			个数	比重	个数	比重	个数	比重	个数	比重	
宏观经济竞争力	经济实力竞争力	12	0	0.0	3	25.0	9	75.0	0	0.0	中势
	经济结构竞争力	6	0	0.0	0	0.0	3	50.0	3	50.0	劣势
	经济外向度竞争力	9	0	0.0	1	11.1	6	66.7	2	22.2	劣势
	小　计	27	0	0.0	4	14.8	18	66.7	5	18.5	中势
产业经济竞争力	农业竞争力	10	0	0.0	0	0.0	7	70.0	3	30.0	劣势
	工业竞争力	10	0	0.0	3	30.0	7	70.0	0	0.0	中势
	服务业竞争力	10	0	0.0	0	0.0	6	60.0	4	40.0	劣势
	企业竞争力	10	0	0.0	2	20.0	5	50.0	3	30.0	中势
	小　计	40	0	0.0	5	12.5	25	62.5	10	25.0	中势
可持续发展竞争力	资源竞争力	9	0	0.0	4	44.4	4	44.4	1	11.1	中势
	环境竞争力	8	0	0.0	2	25.0	5	62.5	1	12.5	优势
	人力资源竞争力	7	0	0.0	0	0.0	6	85.7	1	14.3	中势
	小　计	24	0	0.0	6	25.0	15	62.5	3	12.5	优势
财政金融竞争力	财政竞争力	12	0	0.0	0	0.0	5	41.7	7	58.3	劣势
	金融竞争力	10	0	0.0	1	10.0	9	90.0	0	0.0	中势
	小　计	22	0	0.0	1	4.5	14	63.6	7	31.8	劣势
知识经济竞争力	科技竞争力	9	1	11.1	1	11.1	7	77.8	0	0.0	中势
	教育竞争力	10	1	10.0	3	30.0	6	60.0	0	0.0	优势
	文化竞争力	10	0	0.0	2	20.0	8	80.0	0	0.0	中势
	小　计	29	2	6.9	6	20.7	21	72.4	0	0.0	中势
发展环境竞争力	基础设施竞争力	9	0	0.0	2	22.2	6	66.7	1	11.1	中势
	软环境竞争力	9	0	0.0	1	11.1	5	55.6	3	33.3	劣势
	小　计	18	0	0.0	3	16.7	11	61.1	4	22.2	中势
政府作用竞争力	政府发展经济竞争力	5	0	0.0	1	20.0	2	40.0	2	40.0	中势
	政府规调经济竞争力	5	1	20.0	0	0.0	1	20.0	3	60.0	中势
	政府保障经济竞争力	6	0	0.0	0	0.0	2	33.3	4	66.7	劣势
	小　计	16	1	6.3	1	6.3	5	31.3	9	56.3	劣势
发展水平竞争力	工业化进程竞争力	6	0	0.0	0	0.0	6	100.0	0	0.0	中势
	城市化进程竞争力	6	0	0.0	1	16.7	5	83.3	0	0.0	中势
	市场化进程竞争力	6	0	0.0	0	0.0	1	16.7	5	83.3	劣势
	小　计	18	0	0.0	1	5.6	12	66.7	5	27.8	劣势
统筹协调竞争力	统筹发展竞争力	8	0	0.0	0	0.0	2	25.0	6	75.0	劣势
	协调发展竞争力	8	0	0.0	2	25.0	4	50.0	2	25.0	优势
	小　计	16	0	0.0	2	12.5	6	37.5	8	50.0	劣势
合　计		210	3	1.4	29	13.8	127	60.5	51	24.3	中势

基于图 27-2 和表 27-3，从四级指标来看，强势指标 3 个，占指标总数的 1.4%；优势指标 29 个，占指标总数的 13.8%；中势指标 127 个，占指标总数的 60.5%；劣势

指标51个，占指标总数的24.3%。从三级指标来看，优势指标3个，占三级指标总数的12%；中势指标13个，占三级指标总数的52%；劣势指标9个，占三级指标总数的36%。反映到二级指标上来，优势指标1个，占二级指标总数的11.11%；中势指标4个，占二级指标总数的44.4%；劣势指标4个，占二级指标总数的44.4%。综合来看，由于中势指标在指标体系中居于主导地位，2016年陕西省经济综合竞争力处于中势地位。

4. 陕西省经济综合竞争力四级指标优劣势对比分析

表27-4　2016年陕西省经济综合竞争力各级指标优劣势比较

二级指标	优劣势	四级指标
宏观经济竞争力(27个)	强势指标	(0个)
	优势指标	财政总收入增长率、人均固定资产投资额、全社会消费品零售总额增长率、进出口增长率(4个)
	劣势指标	产业结构优化度、所有制经济结构优化度、城乡经济结构优化度、出口增长率、对外直接投资额(5个)
产业经济竞争力(40个)	强势指标	(0个)
	优势指标	工业资产总额增长率、工业全员劳动生产率、工业成本费用利润率、规模以上企业平均资产、规模以上企业平均利润(5个)
	劣势指标	农民人均纯收入、农产品出口占农林牧渔总产值比重、人均主要农产品产量、服务业增加值增长率、限额以上餐饮企业利税率、商品房销售收入、电子商务销售额、新产品销售收入占主营业务收入比重、产品质量抽查合格率、中国驰名商标持有量(10个)
可持续发展竞争力(24个)	强势指标	(0个)
	优势指标	人均牧草地面积、主要能源矿产基础储量、人均主要能源矿产基础储量、人均森林储积量、森林覆盖率、一般工业固体废物综合利用率(6个)
	劣势指标	人均年水资源量、人均工业固体废物排放量、常住人口增长率(3个)
财政金融竞争力(22个)	强势指标	(0个)
	优势指标	中长期贷款占贷款余额比重(1个)
	劣势指标	地方财政收入、地方财政支出、地方财政收入占GDP比重、税收收入占GDP比重、人均地方财政收入、地方财政支出增长率、税收收入增长率(7个)
知识经济竞争力(29个)	强势指标	技术市场成交合同金额、万人高等学校在校学生数(2个)
	优势指标	发明专利授权量、公共教育经费占财政支出比重、人均文化教育支出占个人消费支出比重、高校专任教师数、城镇居民人均文化娱乐支出占消费性支出比重、农村居民人均文化娱乐支出占消费性支出比重(6个)
	劣势指标	(0个)
发展环境竞争力(18个)	强势指标	(0个)
	优势指标	人均邮电业务总量、电话普及率、外资企业数增长率(3个)
	劣势指标	人均内河航道里程、个体私营企业数增长率、万人个体私营企业数、社会捐赠款物(4个)
政府作用竞争力(16个)	强势指标	物价调控(1个)
	优势指标	财政支出用于基本建设投资比重(1个)
	劣势指标	政府公务员对经济的贡献、财政投资对社会投资的拉动、调控城乡消费差距、规范税收、固定资产投资价格指数、医疗保险覆盖率、养老保险覆盖率、失业保险覆盖率、最低工资标准(9个)

续表

二级指标	优劣势	四级指标
发展水平竞争力（18个）	强势指标	（0个）
	优势指标	城市平均建成区面积比重（1个）
	劣势指标	非公有制经济产值占全社会总产值比重、社会投资占投资总额比重、私有和个体企业从业人员比重、亿元以上商品市场成交额、亿元以上商品市场成交额占全社会消费品零售总额比重（5个）
统筹协调竞争力（16个）	强势指标	（0个）
	优势指标	环境竞争力与宏观经济竞争力比差、城乡居民家庭人均收入比差（2个）
	劣势指标	能源使用下降率、万元GDP综合能耗下降率、生产税净额和营业盈余占GDP比重、最终消费率、固定资产投资额占GDP比重、固定资产交付使用率、人力资源竞争力与宏观经济竞争力比差、城乡居民人均现金消费支出比差（8个）

27.2 陕西省经济综合竞争力各级指标具体分析

1. 陕西省宏观经济竞争力指标排名变化情况

表 27－5 2015～2016年陕西省宏观经济竞争力指标组排位及变化趋势

指 标	2015年	2016年	排位升降	优劣势
1 宏观经济竞争力	21	20	1	中势
1.1 经济实力竞争力	20	13	7	中势
地区生产总值	15	15	0	中势
地区生产总值增长率	22	16	6	中势
人均地区生产总值	14	13	1	中势
财政总收入	21	14	7	中势
财政总收入增长率	21	5	16	优势
人均财政收入	22	14	8	中势
固定资产投资额	12	12	0	中势
固定资产投资额增长率	27	11	16	中势
人均固定资产投资额	9	7	2	优势
全社会消费品零售总额	17	16	1	中势
全社会消费品零售总额增长率	12	7	5	优势
人均全社会消费品零售总额	17	16	1	中势
1.2 经济结构竞争力	25	25	0	劣势
产业结构优化度	24	26	－2	劣势
所有制经济结构优化度	25	24	1	劣势
城乡经济结构优化度	26	26	0	劣势
就业结构优化度	13	13	0	中势
资本形成结构优化度	12	17	－5	中势
贸易结构优化度	21	20	1	中势

续表

指 标	2015 年	2016 年	排位升降	优劣势
1.3 经济外向度竞争力	17	29	-12	劣势
进出口总额	18	18	0	中势
进出口增长率	4	4	0	优势
出口总额	18	17	1	中势
出口增长率	10	29	-19	劣势
实际 FDI	18	19	-1	中势
实际 FDI 增长率	11	20	-9	中势
外贸依存度	18	18	0	中势
外资企业数	15	16	-1	中势
对外直接投资额	22	23	-1	劣势

2. 陕西省产业经济竞争力指标排名变化情况

表 27-6 2015~2016 年陕西省产业经济竞争力指标组排位及变化趋势

指 标	2015 年	2016 年	排位升降	优劣势
2 产业经济竞争力	20	19	1	中势
2.1 农业竞争力	24	24	0	劣势
农业增加值	18	18	0	中势
农业增加值增长率	8	12	-4	中势
人均农业增加值	17	17	0	中势
农民人均纯收入	26	26	0	劣势
农民人均纯收入增长率	8	19	-11	中势
农产品出口占农林牧渔总产值比重	25	25	0	劣势
人均主要农产品产量	24	25	-1	劣势
农业机械化水平	18	17	1	中势
农村人均用电量	15	13	2	中势
财政支农资金比重	16	16	0	中势
2.2 工业竞争力	15	12	3	中势
工业增加值	14	12	2	中势
工业增加值增长率	26	19	7	中势
人均工业增加值	12	12	0	中势
工业资产总额	16	16	0	中势
工业资产总额增长率	13	7	6	优势
工业资产总贡献率	13	13	0	中势
规模以上工业主营业务收入	19	19	0	中势
规模以上工业利润总额	16	17	-1	中势
工业全员劳动生产率	5	5	0	优势
工业成本费用利润率	5	6	-1	优势
2.3 服务业竞争力	21	22	-1	劣势
服务业增加值	18	18	0	中势

续表

指　标	2015 年	2016 年	排位升降	优劣势
服务业增加值增长率	12	23	-11	劣势
人均服务业增加值	17	16	1	中势
服务业从业人员数	13	13	0	中势
限额以上批发零售企业主营业务收入	18	17	1	中势
限额以上批零企业利税率	15	15	0	中势
限额以上餐饮企业利税率	26	28	-2	劣势
旅游外汇收入	11	11	0	中势
商品房销售收入	20	21	-1	劣势
电子商务销售额	21	21	0	劣势
2.4　企业竞争力	20	20	0	中势
规模以上工业企业数	19	17	2	中势
规模以上企业平均资产	10	10	0	优势
规模以上企业平均收入	11	12	-1	中势
规模以上企业平均利润	5	6	-1	优势
规模以上企业劳动效率	17	17	0	中势
城镇就业人员平均工资	19	20	-1	中势
新产品销售收入占主营业务收入比重	25	23	2	劣势
产品质量抽查合格率	27	29	-2	劣势
工业企业 R&D 经费投入强度	11	14	-3	中势
中国驰名商标持有量	22	22	0	劣势

3. 陕西省可持续发展竞争力指标排名变化情况

表 27-7　2015~2016 年陕西省可持续发展竞争力指标组排位及变化趋势

指　标	2015 年	2016 年	排位升降	优劣势
3　可持续发展竞争力	7	10	-3	优势
3.1　资源竞争力	17	16	1	中势
人均国土面积	11	11	0	中势
人均可使用海域和滩涂面积	13	13	0	中势
人均年水资源量	20	22	-2	劣势
耕地面积	19	19	0	中势
人均耕地面积	12	12	0	中势
人均牧草地面积	8	8	0	优势
主要能源矿产基础储量	4	4	0	优势
人均主要能源矿产基础储量	5	5	0	优势
人均森林储积量	10	10	0	优势
3.2　环境竞争力	7	4	3	优势
森林覆盖率	10	10	0	优势
人均废水排放量	13	15	-2	中势
人均工业废气排放量	24	19	5	中势
人均工业固体废物排放量	23	22	1	劣势

续表

指　标	2015 年	2016 年	排位升降	优劣势
人均治理工业污染投资额	11	15	-4	中势
一般工业固体废物综合利用率	14	10	4	优势
生活垃圾无害化处理率	11	14	-3	中势
自然灾害直接经济损失	15	12	3	中势
3.3　人力资源竞争力	9	17	-8	中势
常住人口增长率	22	22	0	劣势
15~64 岁人口比例	11	11	0	中势
文盲率	14	17	-3	中势
大专以上教育程度人口比例	4	15	-11	中势
平均受教育程度	6	13	-7	中势
人口健康素质	11	13	-2	中势
职业学校毕业生数	16	16	0	中势

4. 陕西省财政金融竞争力指标排名变化情况

表 27-8　2015~2016 年陕西省财政金融竞争力指标组排位及变化趋势

指　标	2015 年	2016 年	排位升降	优劣势
4　财政金融竞争力	19	24	-5	劣势
4.1　财政竞争力	23	29	-6	劣势
地方财政收入	18	22	-4	劣势
地方财政支出	16	21	-5	劣势
地方财政收入占 GDP 比重	15	21	-6	劣势
地方财政支出占 GDP 比重	15	18	-3	中势
税收收入占 GDP 比重	22	25	-3	劣势
税收收入占财政总收入比重	11	14	-3	中势
人均地方财政收入	14	22	-8	劣势
人均地方财政支出	15	18	-3	中势
人均税收收入	17	18	-1	中势
地方财政收入增长率	24	18	6	中势
地方财政支出增长率	24	27	-3	劣势
税收收入增长率	26	30	-4	劣势
4.2　金融竞争力	15	17	-2	中势
存款余额	15	15	0	中势
人均存款余额	12	13	-1	中势
贷款余额	17	16	1	中势
人均贷款余额	17	15	2	中势
中长期贷款占贷款余额比重	6	4	2	优势
保险费净收入	16	15	1	中势
保险密度	16	17	-1	中势
保险深度	13	14	-1	中势
国内上市公司数	15	16	-1	中势
国内上市公司市值	15	17	-2	中势

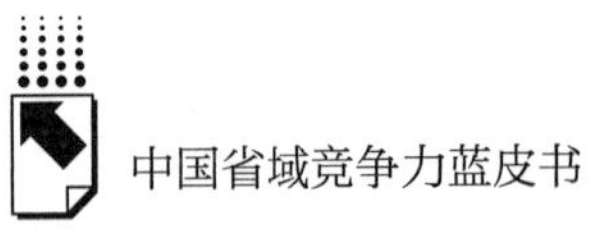

5. 陕西省知识经济竞争力指标排名变化情况

表 27－9　2015～2016 年陕西省知识经济竞争力指标组排位及变化趋势

指　标	2015 年	2016 年	排位升降	优劣势
5　知识经济竞争力	13	12	1	中势
5.1　科技竞争力	15	15	0	中势
R&D 人员	17	17	0	中势
R&D 经费	17	17	0	中势
R&D 经费投入强度	15	17	－2	中势
发明专利授权量	10	10	0	优势
技术市场成交合同金额	3	3	0	强势
财政科技支出占地方财政支出比重	15	14	1	中势
高技术产业主营业务收入	18	16	2	中势
高技术产业收入占工业增加值比重	19	20	－1	中势
高技术产品出口额占商品出口额比重	15	15	0	中势
5.2　教育竞争力	6	6	0	优势
教育经费	14	17	－3	中势
教育经费占 GDP 比重	12	12	0	中势
人均教育经费	13	16	－3	中势
公共教育经费占财政支出比重	6	8	－2	优势
人均文化教育支出占个人消费支出比重	5	4	1	优势
万人中小学学校数	13	14	－1	中势
万人中小学专任教师数	12	15	－3	中势
高等学校数	13	13	0	中势
高校专任教师数	10	10	0	优势
万人高等学校在校学生数	3	3	0	强势
5.3　文化竞争力	13	13	0	中势
文化制造业营业收入	19	18	1	中势
文化批发零售业营业收入	16	16	0	中势
文化服务业企业营业收入	17	17	0	中势
图书和期刊出版数	17	18	－1	中势
报纸出版数	21	20	1	中势
印刷用纸量	14	17	－3	中势
城镇居民人均文化娱乐支出	14	11	3	中势
农村居民人均文化娱乐支出	11	14	－3	中势
城镇居民人均文化娱乐支出占消费性支出比重	7	4	3	优势
农村居民人均文化娱乐支出占消费性支出比重	5	8	－3	优势

6. 陕西省发展环境竞争力指标排名变化情况

表 27－10 2015～2016 年陕西省发展环境竞争力指标组排位及变化趋势

指 标	2015 年	2016 年	排位升降	优劣势
6 发展环境竞争力	20	19	1	中势
6.1 基础设施竞争力	17	17	0	中势
铁路网线密度	18	18	0	中势
公路网线密度	18	18	0	中势
人均内河航道里程	21	21	0	劣势
全社会旅客周转量	13	13	0	中势
全社会货物周转量	17	17	0	中势
人均邮电业务总量	10	10	0	优势
电话普及率	9	9	0	优势
互联网普及率	14	15	－1	中势
人均耗电量	18	17	1	中势
6.2 软环境竞争力	21	21	0	劣势
外资企业数增长率	22	4	18	优势
万人外资企业数	16	15	1	中势
个体私营企业数增长率	11	22	－11	劣势
万人个体私营企业数	23	24	－1	劣势
万人商标注册件数	11	11	0	中势
查处商标侵权假冒案件	16	17	－1	中势
每十万人交通事故发生数	12	14	－2	中势
罚没收入占财政收入比重	13	19	－6	中势
社会捐赠款物	25	21	4	劣势

7. 陕西省政府作用竞争力指标排名变化情况

表 27－11 2015～2016 年陕西省政府作用竞争力指标组排位及变化趋势

指 标	2015 年	2016 年	排位升降	优劣势
7 政府作用竞争力	26	24	2	劣势
7.1 政府发展经济竞争力	19	18	1	中势
财政支出用于基本建设投资比重	9	7	2	优势
财政支出对 GDP 增长的拉动	17	13	4	中势
政府公务员对经济的贡献	22	22	0	劣势
政府消费对民间消费的拉动	21	20	1	中势
财政投资对社会投资的拉动	20	21	－1	劣势
7.2 政府规调经济竞争力	21	18	3	中势
物价调控	4	3	1	强势

续表

指　标	2015 年	2016 年	排位升降	优劣势
调控城乡消费差距	25	22	3	劣势
统筹经济社会发展	14	16	-2	中势
规范税收	24	22	2	劣势
固定资产投资价格指数	24	22	2	劣势
7.3　政府保障经济竞争力	29	27	2	劣势
城市城镇社区服务设施数	15	16	-1	中势
医疗保险覆盖率	30	28	2	劣势
养老保险覆盖率	24	26	-2	劣势
失业保险覆盖率	24	25	-1	劣势
最低工资标准	20	22	-2	劣势
城镇登记失业率	17	18	-1	中势

8. 陕西省发展水平竞争力指标排名变化情况

表 27－12　2015～2016 年陕西省发展水平竞争力指标组排位及变化趋势

指　标	2015 年	2016 年	排位升降	优劣势
8　发展水平竞争力	23	21	2	劣势
8.1　工业化进程竞争力	18	17	1	中势
工业增加值占 GDP 比重	11	11	0	中势
工业增加值增长率	26	19	7	中势
高技术产业占工业增加值比重	20	19	1	中势
高技术产品出口额占商品出口额比重	15	11	4	中势
信息产业增加值占 GDP 比重	19	18	1	中势
工农业增加值比值	13	12	1	中势
8.2　城市化进程竞争力	12	13	-1	中势
城镇化率	18	18	0	中势
城镇居民人均可支配收入	16	19	-3	中势
城市平均建成区面积比重	5	5	0	优势
人均拥有道路面积	15	15	0	中势
人均日生活用水量	19	19	0	中势
人均公共绿地面积	15	17	-2	中势
8.3　市场化进程竞争力	26	27	-1	劣势
非公有制经济产值占全社会总产值比重	25	24	1	劣势
社会投资占投资总额比重	25	25	0	劣势
私有和个体企业从业人员比重	18	23	-5	劣势
亿元以上商品市场成交额	21	23	-2	劣势
亿元以上商品市场成交额占全社会消费品零售总额比重	25	27	-2	劣势
居民消费支出占总消费支出比重	21	20	1	中势

9. 陕西省统筹协调竞争力指标排名变化情况

表 27－13 2015～2016 年陕西省统筹协调竞争力指标组排位及变化趋势

指 标	2015 年	2016 年	排位升降	优劣势
9 统筹协调竞争力	26	30	－4	劣势
9.1 统筹发展竞争力	31	30	1	劣势
社会劳动生产率	13	12	1	中势
能源使用下降率	27	26	1	劣势
万元 GDP 综合能耗下降率	28	30	－2	劣势
非农用地产出率	12	12	0	中势
生产税净额和营业盈余占 GDP 比重	25	22	3	劣势
最终消费率	23	27	－4	劣势
固定资产投资额占 GDP 比重	22	23	－1	劣势
固定资产交付使用率	14	22	－8	劣势
9.2 协调发展竞争力	16	10	6	优势
环境竞争力与宏观经济竞争力比差	7	5	2	优势
资源竞争力与宏观经济竞争力比差	18	17	1	中势
人力资源竞争力与宏观经济竞争力比差	26	26	0	劣势
资源竞争力与工业竞争力比差	15	17	－2	中势
环境竞争力与工业竞争力比差	20	14	6	中势
城乡居民家庭人均收入比差	6	6	0	优势
城乡居民人均现金消费支出比差	25	24	1	劣势
全社会消费品零售总额与外贸出口总额比差	23	15	8	中势

B.29
28
甘肃省经济综合竞争力评价分析报告

甘肃省简称甘，地处黄河上游的青藏高原、蒙新高原、黄土高原交汇地带，东接陕西省，东北与宁夏回族自治区相邻，南靠四川省，西连青海省、新疆维吾尔自治区，北与内蒙古自治区交界，并与蒙古人民共和国接壤，总面积45.4万平方公里，2016年全省常住人口为2610万人，地区生产总值为7200亿元，同比增长7.6%，人均GDP达27643元。本部分通过分析2015～2016年甘肃省经济综合竞争力以及各要素竞争力的排名变化，从中找出甘肃省经济综合竞争力的推动点及影响因素，为进一步提升甘肃省经济综合竞争力提供决策参考。

28.1 甘肃省经济综合竞争力总体分析

1. 甘肃省经济综合竞争力一级指标概要分析

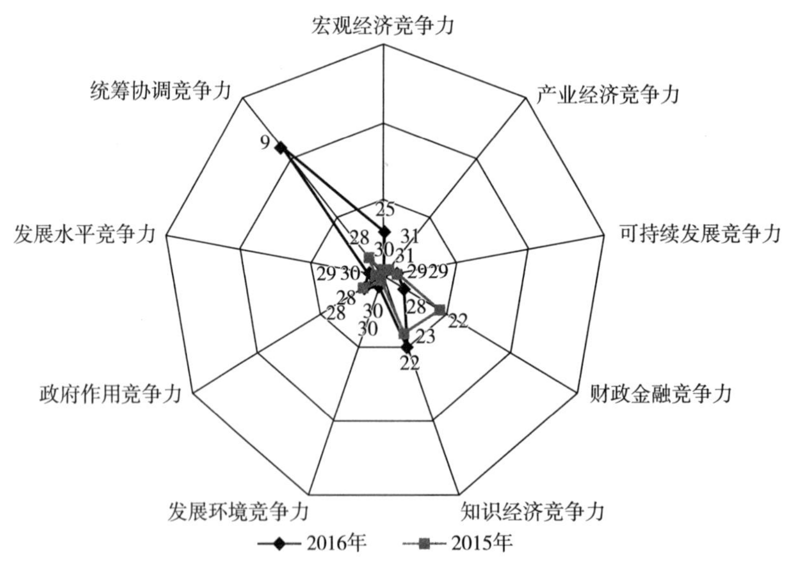

图28－1 2015～2016年甘肃省经济综合竞争力二级指标比较雷达图

（1）从综合排位看，2016年甘肃省经济综合竞争力综合排位在全国居第29位，表明其在全国处于劣势地位；与2015年相比，综合排位上升了1位。

（2）从指标所处区位看，1个指标处于上游区，为统筹协调竞争力；其余8个指标

表 28-1 2015~2016 年甘肃省经济综合竞争力二级指标比较

项目 年份	宏观经济竞争力	产业经济竞争力	可持续发展竞争力	财政金融竞争力	知识经济竞争力	发展环境竞争力	政府作用竞争力	发展水平竞争力	统筹协调竞争力	**综合排位**
2015	30	31	29	22	23	30	28	30	28	30
2016	25	31	29	28	22	30	28	29	9	29
升降	5	0	0	-6	1	0	0	1	19	1
优劣度	劣势	劣势	劣势	劣势	劣势	劣势	劣势	劣势	优势	劣势

均处于下游区。

（3）从指标变化趋势看，9 个二级指标中，有 4 个指标处于上升趋势，分别为宏观经济竞争力、知识经济竞争力、发展水平竞争力和统筹协调竞争力，这些是甘肃省经济综合竞争力的上升动力所在；有 4 个指标排位没有发生变化，分别为产业经济竞争力、可持续发展竞争力、发展环境竞争力和政府作用竞争力；有 1 个指标处于下降趋势，为财政金融竞争力，是甘肃省经济综合竞争力的下降拉力所在。

2. 甘肃省经济综合竞争力各级指标动态变化分析

表 28-2 2015~2016 年甘肃省经济综合竞争力各级指标排位变化情况

单位：个，%

二级指标	三级指标	四级指标数	上升		保持		下降		变化趋势
			指标数	比重	指标数	比重	指标数	比重	
宏观经济竞争力	经济实力竞争力	12	6	50.0	5	41.7	1	8.3	上升
	经济结构竞争力	6	1	16.7	4	66.7	1	16.7	保持
	经济外向度竞争力	9	3	33.3	4	44.4	2	22.2	上升
	小　计	27	10	37.0	13	48.1	4	14.8	上升
产业经济竞争力	农业竞争力	10	1	10.0	4	40.0	5	50.0	下降
	工业竞争力	10	2	20.0	5	50.0	3	30.0	保持
	服务业竞争力	10	3	30.0	5	50.0	2	20.0	下降
	企业竞争力	10	2	20.0	4	40.0	4	40.0	上升
	小　计	40	8	20.0	18	45.0	14	35.0	保持
可持续发展竞争力	资源竞争力	9	0	0.0	7	77.8	2	22.2	下降
	环境竞争力	8	4	50.0	3	37.5	1	12.5	上升
	人力资源竞争力	7	4	57.1	0	0.0	3	42.9	保持
	小　计	24	8	33.3	10	41.7	6	25.0	保持
财政金融竞争力	财政竞争力	12	3	25.0	4	33.3	5	41.7	下降
	金融竞争力	10	2	20.0	6	60.0	2	20.0	上升
	小　计	22	5	22.7	10	45.5	7	31.8	下降
知识经济竞争力	科技竞争力	9	1	11.1	3	33.3	5	55.6	下降
	教育竞争力	10	4	40.0	5	50.0	1	10.0	上升
	文化竞争力	10	5	50.0	4	40.0	1	10.0	保持
	小　计	29	10	34.5	12	41.4	7	24.1	上升

续表

二级指标	三级指标	四级指标数	上升		保持		下降		变化趋势
			指标数	比重	指标数	比重	指标数	比重	
发展环境竞争力	基础设施竞争力	9	1	11.1	6	66.7	2	22.2	保持
	软环境竞争力	9	1	11.1	3	33.3	5	55.6	上升
	小　计	18	2	11.1	9	50.0	7	38.9	保持
政府作用竞争力	政府发展经济竞争力	5	1	20.0	4	80.0	0	0.0	保持
	政府规调经济竞争力	5	3	60.0	0	0.0	2	40.0	上升
	政府保障经济竞争力	6	0	0.0	2	33.3	4	66.7	下降
	小　计	16	4	25.0	6	37.5	6	37.5	保持
发展水平竞争力	工业化进程竞争力	6	2	33.3	1	16.7	3	50.0	上升
	城市化进程竞争力	6	2	33.3	3	50.0	1	16.7	上升
	市场化进程竞争力	6	2	33.3	2	33.3	2	33.3	保持
	小　计	18	6	33.3	6	33.3	6	33.3	上升
统筹协调竞争力	统筹发展竞争力	8	6	75.0	1	12.5	1	12.5	上升
	协调发展竞争力	8	6	75.0	1	12.5	1	12.5	上升
	小　计	16	12	75.0	2	12.5	2	12.5	上升
合　计		210	65	31.0	86	41.0	59	28.1	上升

从表 28－2 可以看出，210 个四级指标中，上升指标有 65 个，占指标总数的 31.0%；下降指标有 59 个，占指标总数的 28.1%；保持不变的指标有 86 个，占指标总数的 41.0%。综上所述，甘肃省经济综合竞争力上升的动力略大于下降的拉力，2016 年甘肃省经济综合竞争力排位上升。

3. 甘肃省经济综合竞争力各级指标优劣势结构分析

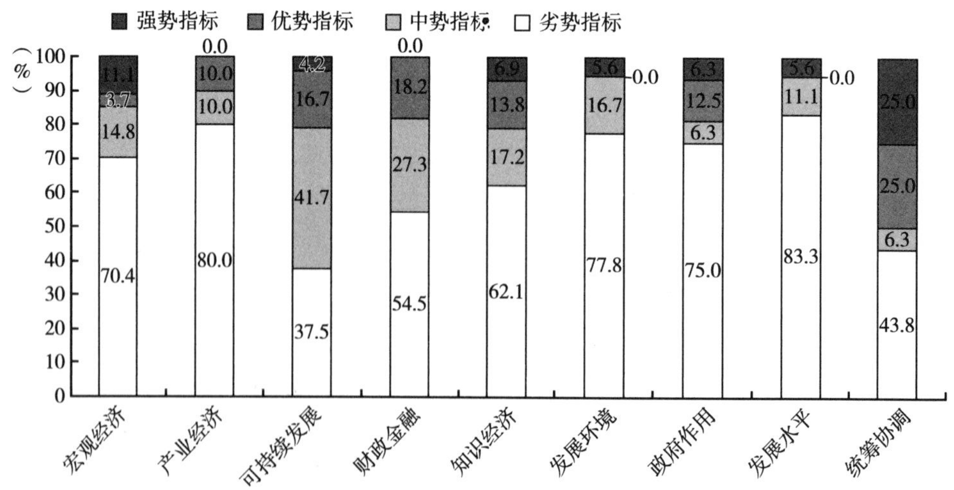

图 28－2　2016 年甘肃省经济综合竞争力各级指标优劣势比较

表 28-3 2016 年甘肃省经济综合竞争力各级指标优劣势情况

单位：个，%

二级指标	三级指标	四级指标数	强势指标		优势指标		中势指标		劣势指标		优劣势
			个数	比重	个数	比重	个数	比重	个数	比重	
宏观经济竞争力	经济实力竞争力	12	1	8.3	0	0.0	3	25.0	8	66.7	劣势
	经济结构竞争力	6	1	16.7	1	16.7	0	0.0	4	66.7	劣势
	经济外向度竞争力	9	1	11.1	0	0.0	1	11.1	7	77.8	劣势
	小　计	27	3	11.1	1	3.7	4	14.8	19	70.4	劣势
产业经济竞争力	农业竞争力	10	0	0.0	2	20.0	1	10.0	7	70.0	劣势
	工业竞争力	10	0	0.0	0	0.0	0	0.0	10	100.0	劣势
	服务业竞争力	10	0	0.0	0	0.0	0	0.0	10	100.0	劣势
	企业竞争力	10	0	0.0	2	20.0	3	30.0	5	50.0	劣势
	小　计	40	0	0.0	4	10.0	4	10.0	32	80.0	劣势
可持续发展竞争力	资源竞争力	9	0	0.0	4	44.4	4	44.4	1	11.1	中势
	环境竞争力	8	1	12.5	0	0.0	3	37.5	4	50.0	劣势
	人力资源竞争力	7	0	0.0	0	0.0	3	42.9	4	57.1	劣势
	小　计	24	1	4.2	4	16.7	10	41.7	9	37.5	劣势
财政金融竞争力	财政竞争力	12	0	0.0	3	25.0	4	33.3	5	41.7	劣势
	金融竞争力	10	0	0.0	1	10.0	2	20.0	7	70.0	劣势
	小　计	22	0	0.0	4	18.2	6	27.3	12	54.5	劣势
知识经济竞争力	科技竞争力	9	0	0.0	0	0.0	2	22.2	7	77.8	劣势
	教育竞争力	10	2	20.0	2	20.0	2	20.0	4	40.0	中势
	文化竞争力	10	0	0.0	2	20.0	1	10.0	7	70.0	劣势
	小　计	29	2	6.9	4	13.8	5	17.2	18	62.1	劣势
发展环境竞争力	基础设施竞争力	9	0	0.0	0	0.0	3	33.3	6	66.7	劣势
	软环境竞争力	9	1	11.1	0	0.0	0	0.0	8	88.9	劣势
	小　计	18	1	5.6	0	0.0	3	16.7	14	77.8	劣势
政府作用竞争力	政府发展经济竞争力	5	0	0.0	1	20.0	0	0.0	4	80.0	劣势
	政府规调经济竞争力	5	1	20.0	1	20.0	0	0.0	3	60.0	中势
	政府保障经济竞争力	6	0	0.0	0	0.0	1	16.7	5	83.3	劣势
	小　计	16	1	6.3	2	12.5	1	6.3	12	75.0	劣势
发展水平竞争力	工业化进程竞争力	6	0	0.0	0	0.0	0	0.0	6	100.0	劣势
	城市化进程竞争力	6	1	16.7	0	0.0	2	33.3	3	50.0	劣势
	市场化进程竞争力	6	0	0.0	0	0.0	0	0.0	6	100.0	劣势
	小　计	18	1	5.6	0	0.0	2	11.1	15	83.3	劣势
统筹协调竞争力	统筹发展竞争力	8	3	37.5	2	25.0	0	0.0	3	37.5	优势
	协调发展竞争力	8	1	12.5	2	25.0	1	12.5	4	50.0	中势
	小　计	16	4	25.0	4	25.0	1	6.3	7	43.8	优势
合　计		210	13	6.2	23	11.0	36	17.1	138	65.7	劣势

基于图 28-2 和表 28-3，具体到四级指标，强势指标 13 个，占指标总数的 6.2%；优势指标 23 个，占指标总数的 11.0%；中势指标 36 个，占指标总数的

17.1%；劣势指标138个，占指标总数的65.7%。三级指标中，没有强势指标；优势指标1个，占三级指标总数的4%；中势指标4个，占三级指标总数的16%；劣势指标20个，占三级指标总数的80%。从二级指标看，没有强势指标和中势指标；优势指标有1个，占二级指标总数的11.1%；劣势指标有8个，占二级指标总数的88.9%。综合来看，由于劣势指标在指标体系中居于主导地位，2016年甘肃省经济综合竞争力处于劣势地位。

4. 甘肃省经济综合竞争力四级指标优劣势对比分析

表28－4　2016年甘肃省经济综合竞争力各级指标优劣势情况

二级指标	优劣势	四级指标
宏观经济竞争力（27个）	强势指标	财政总收入增长率、资本形成结构优化度、进出口增长率（3个）
	优势指标	产业结构优化度（1个）
	劣势指标	地区生产总值、人均地区生产总值、财政总收入、固定资产投资额、人均固定资产投资额、全社会消费品零售总额、全社会消费品零售总额增长率、人均全社会消费品零售总额、所有制经济结构优化度、城乡经济结构优化度、就业结构优化度、贸易结构优化度、进出口总额、出口总额、实际FDI、实际FDI增长率、外贸依存度、外资企业数、对外直接投资额（19个）
产业经济竞争力（40个）	强势指标	（0个）
	优势指标	农业增加值增长率、财政支农资金比重、规模以上企业平均资产、产品质量抽查合格率（4个）
	劣势指标	农业增加值、人均农业增加值、农民人均纯收入、农民人均纯收入增长率、农产品出口占农林牧渔总产值比重、农业机械化水平、农村人均用电量、工业增加值、工业增加值增长率、人均工业增加值、工业资产总额、工业资产总额增长率、工业资产总贡献率、规模以上工业主营业务收入、规模以上工业利润总额、工业全员劳动生产率、工业成本费用利润率、服务业增加值、服务业增加值增长率、人均服务业增加值、服务业从业人员数、限额以上批发零售企业主营业务收入、限额以上批零企业利税率、限额以上餐饮企业利税率、旅游外汇收入、商品房销售收入、电子商务销售额、规模以上工业企业数、规模以上企业平均利润、城镇就业人员平均工资、新产品销售收入占主营业务收入比重、中国驰名商标持有量（32个）
可持续发展竞争力（24个）	强势指标	人均废水排放量（1个）
	优势指标	人均国土面积、耕地面积、人均耕地面积、人均牧草地面积（4个）
	劣势指标	人均年水资源量、森林覆盖率、人均工业废气排放量、一般工业固体废物综合利用率、生活垃圾无害化处理率、常住人口增长率、文盲率、平均受教育程度、职业学校毕业生数（9个）
财政金融竞争力（22个）	强势指标	（0个）
	优势指标	地方财政收入占GDP比重、地方财政支出占GDP比重、地方财政收入增长率、保险深度（4个）
	劣势指标	地方财政收入、地方财政支出、税收收入占财政总收入比重、人均税收收入、地方财政支出增长率、存款余额、人均存款余额、贷款余额、保险费净收入、保险密度、国内上市公司数、国内上市公司市值（12个）
知识经济竞争力（29个）	强势指标	教育经费占GDP比重、万人中小学学校数（2个）
	优势指标	人均文化教育支出占个人消费支出比重、万人中小学专任教师数、城镇居民人均文化娱乐支出占消费性支出比重、农村居民人均文化娱乐支出占消费性支出比重（4个）
	劣势指标	R&D人员、R&D经费、R&D经费投入强度、发明专利授权量、财政科技支出占地方财政支出比重、高技术产业主营业务收入、高技术产业收入占工业增加值比重、教育经费、高等学校数、高校专任教师数、万人高等学校在校学生数、文化制造业营业收入、文化批发零售业营业收入、文化服务业企业营业收入、图书和期刊出版数、报纸出版数、印刷用纸量、农村居民人均文化娱乐支出（18个）

续表

二级指标	优劣势	四级指标
发展环境竞争力（18个）	强势指标	罚没收入占财政收入比重（1个）
	优势指标	（0个）
	劣势指标	铁路网线密度、公路网线密度、全社会货物周转量、人均邮电业务总量、电话普及率、互联网普及率、外资企业数增长率、万人外资企业数、个体私营企业数增长率、万人个体私营企业数、万人商标注册件数、查处商标侵权假冒案件、每十万人交通事故发生数、社会捐赠款物（14个）
政府作用竞争力（16个）	强势指标	固定资产投资价格指数（1个）
	优势指标	财政支出用于基本建设投资比重、物价调控（2个）
	劣势指标	财政支出对GDP增长的拉动、政府公务员对经济的贡献、政府消费对民间消费的拉动、财政投资对社会投资的拉动、调控城乡消费差距、统筹经济社会发展、规范税收、医疗保险覆盖率、养老保险覆盖率、失业保险覆盖率、最低工资标准、城镇登记失业率（12个）
发展水平竞争力（18个）	强势指标	城市平均建成区面积比重（1个）
	优势指标	（0个）
	劣势指标	工业增加值占GDP比重、工业增加值增长率、高技术产业占工业增加值比重、高技术产品出口额占商品出口额比重、信息产业增加值占GDP比重、工农业增加值比值、城镇化率、城镇居民人均可支配收入、人均日生活用水量、非公有制经济产值占全社会总产值比重、社会投资占投资总额比重、私有和个体企业从业人员比重、亿元以上商品市场成交额、亿元以上商品市场成交额占全社会消费品零售总额比重、居民消费支出占总消费支出比重（15个）
统筹协调竞争力（16个）	强势指标	能源使用下降率、万元GDP综合能耗下降率、最终消费率、城乡居民家庭人均收入比差（4个）
	优势指标	生产税净额和营业盈余占GDP比重、固定资产交付使用率、资源竞争力与工业竞争力比差、全社会消费品零售总额与外贸出口总额比差（4个）
	劣势指标	社会劳动生产率、非农用地产出率、固定资产投资额占GDP比重、资源竞争力与宏观经济竞争力比差、人力资源竞争力与宏观经济竞争力比差、环境竞争力与工业竞争力比差、城乡居民人均现金消费支出比差（7个）

28.2　甘肃省经济综合竞争力各级指标具体分析

1. 甘肃省宏观经济竞争力指标排名变化情况

表28－5　2015～2016年甘肃省宏观经济竞争力指标组排位及变化趋势

指　标	2015年	2016年	排位升降	优劣势
1　宏观经济竞争力	30	25	5	劣势
1.1　经济实力竞争力	31	21	10	劣势
地区生产总值	27	27	0	劣势
地区生产总值增长率	16	16	0	中势
人均地区生产总值	31	31	0	劣势
财政总收入	30	22	8	劣势

续表

指　标	2015 年	2016 年	排位升降	优劣势
财政总收入增长率	30	1	29	强势
人均财政收入	30	15	15	中势
固定资产投资额	25	24	1	劣势
固定资产投资额增长率	20	15	5	中势
人均固定资产投资额	25	24	1	劣势
全社会消费品零售总额	26	26	0	劣势
全社会消费品零售总额增长率	22	24	-2	劣势
人均全社会消费品零售总额	28	28	0	劣势
1.2　经济结构竞争力	28	28	0	劣势
产业结构优化度	10	10	0	优势
所有制经济结构优化度	31	31	0	劣势
城乡经济结构优化度	31	31	0	劣势
就业结构优化度	21	21	0	劣势
资本形成结构优化度	6	1	5	强势
贸易结构优化度	20	21	-1	劣势
1.3　经济外向度竞争力	27	21	6	劣势
进出口总额	28	28	0	劣势
进出口增长率	24	2	22	强势
出口总额	29	29	0	劣势
出口增长率	9	13	-4	中势
实际 FDI	29	29	0	劣势
实际 FDI 增长率	26	29	-3	劣势
外贸依存度	30	28	2	劣势
外资企业数	26	26	0	劣势
对外直接投资额	29	21	8	劣势

2. 甘肃省产业经济竞争力指标排名变化情况

表 28-6　2015~2016 年甘肃省产业经济竞争力指标组排位及变化趋势

指　标	2015 年	2016 年	排位升降	优劣势
2　产业经济竞争力	31	31	0	劣势
2.1　农业竞争力	23	29	-6	劣势
农业增加值	23	23	0	劣势
农业增加值增长率	5	4	1	优势
人均农业增加值	27	27	0	劣势
农民人均纯收入	31	31	0	劣势

续表

指　标	2015 年	2016 年	排位升降	优劣势
农民人均纯收入增长率	5	26	-21	劣势
农产品出口占农林牧渔总产值比重	18	23	-5	劣势
人均主要农产品产量	16	16	0	中势
农业机械化水平	17	21	-4	劣势
农村人均用电量	26	27	-1	劣势
财政支农资金比重	2	5	-3	优势
2.2　工业竞争力	31	31	0	劣势
工业增加值	27	27	0	劣势
工业增加值增长率	31	25	6	劣势
人均工业增加值	29	29	0	劣势
工业资产总额	27	27	0	劣势
工业资产总额增长率	25	26	-1	劣势
工业资产总贡献率	26	26	0	劣势
规模以上工业主营业务收入	26	27	-1	劣势
规模以上工业利润总额	31	30	1	劣势
工业全员劳动生产率	22	24	-2	劣势
工业成本费用利润率	31	31	0	劣势
2.3　服务业竞争力	29	31	-2	劣势
服务业增加值	27	27	0	劣势
服务业增加值增长率	16	22	-6	劣势
人均服务业增加值	31	31	0	劣势
服务业从业人员数	26	26	0	劣势
限额以上批发零售企业主营业务收入	24	24	0	劣势
限额以上批零企业利税率	28	25	3	劣势
限额以上餐饮企业利税率	18	21	-3	劣势
旅游外汇收入	31	31	0	劣势
商品房销售收入	28	27	1	劣势
电子商务销售额	29	28	1	劣势
2.4　企业竞争力	27	23	4	劣势
规模以上工业企业数	27	27	0	劣势
规模以上企业平均资产	9	9	0	优势
规模以上企业平均收入	5	11	-6	中势
规模以上企业平均利润	31	31	0	劣势
规模以上企业劳动效率	8	11	-3	中势
城镇就业人员平均工资	22	24	-2	劣势
新产品销售收入占主营业务收入比重	21	30	-9	劣势
产品质量抽查合格率	30	4	26	优势
工业企业 R&D 经费投入强度	23	20	3	中势
中国驰名商标持有量	24	24	0	劣势

3. 甘肃省可持续发展竞争力指标排名变化情况

表 28－7　2015～2016 年甘肃省可持续发展竞争力指标组排位及变化趋势

指　标	2015 年	2016 年	排位升降	优劣势
3　可持续发展竞争力	29	29	0	劣势
3.1　资源竞争力	13	14	－1	中势
人均国土面积	5	5	0	优势
人均可使用海域和滩涂面积	13	13	0	中势
人均年水资源量	22	23	－1	劣势
耕地面积	10	10	0	优势
人均耕地面积	5	5	0	优势
人均牧草地面积	5	5	0	优势
主要能源矿产基础储量	14	15	－1	中势
人均主要能源矿产基础储量	12	12	0	中势
人均森林储积量	14	14	0	中势
3.2　环境竞争力	29	27	2	劣势
森林覆盖率	27	27	0	劣势
人均废水排放量	2	2	0	强势
人均工业废气排放量	23	21	2	劣势
人均工业固体废物排放量	21	18	3	中势
人均治理工业污染投资额	28	19	9	中势
一般工业固体废物综合利用率	25	21	4	劣势
生活垃圾无害化处理率	31	31	0	劣势
自然灾害直接经济损失	11	14	－3	中势
3.3　人力资源竞争力	27	27	0	劣势
常住人口增长率	25	24	1	劣势
15～64 岁人口比例	14	12	2	中势
文盲率	28	27	1	劣势
大专以上教育程度人口比例	18	20	－2	中势
平均受教育程度	27	26	1	劣势
人口健康素质	14	15	－1	中势
职业学校毕业生数	20	21	－1	劣势

4. 甘肃省财政金融竞争力指标排名变化情况

表 28－8　2015～2016 年甘肃省财政金融竞争力指标组排位及变化趋势

指　标	2015 年	2016 年	排位升降	优劣势
4　财政金融竞争力	22	28	－6	劣势
4.1　财政竞争力	16	23	－7	劣势
地方财政收入	27	27	0	劣势
地方财政支出	27	27	0	劣势
地方财政收入占 GDP 比重	21	8	13	优势
地方财政支出占 GDP 比重	3	6	－3	优势

续表

指　标	2015 年	2016 年	排位升降	优劣势
税收收入占 GDP 比重	19	19	0	中势
税收收入占财政总收入比重	8	26	-18	劣势
人均地方财政收入	31	19	12	中势
人均地方财政支出	16	19	-3	中势
人均税收收入	31	31	0	劣势
地方财政收入增长率	13	7	6	优势
地方财政支出增长率	10	29	-19	劣势
税收收入增长率	4	20	-16	中势
4.2　金融竞争力	29	25	4	劣势
存款余额	27	27	0	劣势
人均存款余额	23	23	0	劣势
贷款余额	27	25	2	劣势
人均贷款余额	21	17	4	中势
中长期贷款占贷款余额比重	17	17	0	中势
保险费净收入	26	26	0	劣势
保险密度	25	26	-1	劣势
保险深度	7	8	-1	优势
国内上市公司数	25	25	0	劣势
国内上市公司市值	28	28	0	劣势

5. 甘肃省知识经济竞争力指标排名变化情况

表 28-9　2015~2016 年甘肃省知识经济竞争力指标组排位及变化趋势

指　标	2015 年	2016 年	排位升降	优劣势
5　知识经济竞争力	23	22	1	劣势
5.1　科技竞争力	23	24	-1	劣势
R&D 人员	26	26	0	劣势
R&D 经费	25	26	-1	劣势
R&D 经费投入强度	20	21	-1	劣势
发明专利授权量	25	25	0	劣势
技术市场成交合同金额	12	13	-1	中势
财政科技支出占地方财政支出比重	26	28	-2	劣势
高技术产业主营业务收入	26	26	0	劣势
高技术产业收入占工业增加值比重	26	28	-2	劣势
高技术产品出口额占商品出口额比重	18	17	1	中势
5.2　教育竞争力	22	18	4	中势
教育经费	27	25	2	劣势
教育经费占 GDP 比重	3	2	1	强势
人均教育经费	17	17	0	中势
公共教育经费占财政支出比重	20	11	9	中势
人均文化教育支出占个人消费支出比重	8	6	2	优势

续表

指　标	2015 年	2016 年	排位升降	优劣势
万人中小学学校数	1	1	0	强势
万人中小学专任教师数	4	4	0	优势
高等学校数	26	26	0	劣势
高校专任教师数	25	25	0	劣势
万人高等学校在校学生数	23	25	-2	劣势
5.3　文化竞争力	26	26	0	劣势
文化制造业营业收入	29	28	1	劣势
文化批发零售业营业收入	23	23	0	劣势
文化服务业企业营业收入	28	29	-1	劣势
图书和期刊出版数	21	21	0	劣势
报纸出版数	23	22	1	劣势
印刷用纸量	26	25	1	劣势
城镇居民人均文化娱乐支出	19	19	0	中势
农村居民人均文化娱乐支出	23	22	1	劣势
城镇居民人均文化娱乐支出占消费性支出比重	9	9	0	优势
农村居民人均文化娱乐支出占消费性支出比重	9	7	2	优势

6. 甘肃省发展环境竞争力指标排名变化情况

表 28－10　2015～2016 年甘肃省发展环境竞争力指标组排位及变化趋势

指　标	2015 年	2016 年	排位升降	优劣势
6　发展环境竞争力	30	30	0	劣势
6.1　基础设施竞争力	30	30	0	劣势
铁路网线密度	27	28	-1	劣势
公路网线密度	27	27	0	劣势
人均内河航道里程	20	20	0	中势
全社会旅客周转量	16	16	0	中势
全社会货物周转量	21	21	0	劣势
人均邮电业务总量	24	30	-6	劣势
电话普及率	23	23	0	劣势
互联网普及率	30	28	2	劣势
人均耗电量	16	16	0	中势
6.2　软环境竞争力	27	24	3	劣势
外资企业数增长率	23	29	-6	劣势
万人外资企业数	31	31	0	劣势
个体私营企业数增长率	9	23	-14	劣势
万人个体私营企业数	28	28	0	劣势
万人商标注册件数	31	31	0	劣势
查处商标侵权假冒案件	17	21	-4	劣势
每十万人交通事故发生数	18	22	-4	劣势
罚没收入占财政收入比重	14	2	12	强势
社会捐赠款物	21	29	-8	劣势

7. 甘肃省政府作用竞争力指标排名变化情况

表 28-11 2015~2016 年甘肃省政府作用竞争力指标组排位及变化趋势

指 标	2015 年	2016 年	排位升降	优劣势
7 政府作用竞争力	28	28	0	劣势
7.1 政府发展经济竞争力	26	26	0	劣势
财政支出用于基本建设投资比重	5	5	0	优势
财政支出对 GDP 增长的拉动	29	29	0	劣势
政府公务员对经济的贡献	30	30	0	劣势
政府消费对民间消费的拉动	22	21	1	劣势
财政投资对社会投资的拉动	27	27	0	劣势
7.2 政府规调经济竞争力	27	17	10	中势
物价调控	21	4	17	优势
调控城乡消费差距	29	30	-1	劣势
统筹经济社会发展	28	23	5	劣势
规范税收	26	27	-1	劣势
固定资产投资价格指数	10	3	7	强势
7.3 政府保障经济竞争力	26	30	-4	劣势
城市城镇社区服务设施数	12	12	0	中势
医疗保险覆盖率	27	29	-2	劣势
养老保险覆盖率	29	30	-1	劣势
失业保险覆盖率	28	28	0	劣势
最低工资标准	25	26	-1	劣势
城镇登记失业率	2	31	-29	劣势

8. 甘肃省发展水平竞争力指标排名变化情况

表 28-12 2015~2016 年甘肃省发展水平竞争力指标组排位及变化趋势

指 标	2015 年	2016 年	排位升降	优劣势
8 发展水平竞争力	30	29	1	劣势
8.1 工业化进程竞争力	31	25	6	劣势
工业增加值占 GDP 比重	28	27	1	劣势
工业增加值增长率	31	25	6	劣势
高技术产业占工业增加值比重	27	28	-1	劣势
高技术产品出口额占商品出口额比重	22	23	-1	劣势
信息产业增加值占 GDP 比重	22	23	-1	劣势
工农业增加值比值	27	27	0	劣势
8.2 城市化进程竞争力	24	22	2	劣势
城镇化率	29	29	0	劣势
城镇居民人均可支配收入	31	31	0	劣势
城市平均建成区面积比重	3	3	0	强势

续表

指　标	2015 年	2016 年	排位升降	优劣势
人均拥有道路面积	16	15	1	中势
人均日生活用水量	24	25	-1	劣势
人均公共绿地面积	17	12	5	中势
8.3　市场化进程竞争力	29	29	0	劣势
非公有制经济产值占全社会总产值比重	31	31	0	劣势
社会投资占投资总额比重	26	27	-1	劣势
私有和个体企业从业人员比重	25	22	3	劣势
亿元以上商品市场成交额	27	27	0	劣势
亿元以上商品市场成交额占全社会消费品零售总额比重	22	23	-1	劣势
居民消费支出占总消费支出比重	22	21	1	劣势

9. 甘肃省统筹协调竞争力指标排名变化情况

表 28-13　2015～2016 年甘肃省统筹协调竞争力指标组排位及变化趋势

指　标	2015 年	2016 年	排位升降	优劣势
9　统筹协调竞争力	28	9	19	优势
9.1　统筹发展竞争力	15	7	8	优势
社会劳动生产率	30	31	-1	劣势
能源使用下降率	10	2	8	强势
万元 GDP 综合能耗下降率	5	2	3	强势
非农用地产出率	28	28	0	劣势
生产税净额和营业盈余占 GDP 比重	8	7	1	优势
最终消费率	3	2	1	强势
固定资产投资额占 GDP 比重	30	29	1	劣势
固定资产交付使用率	26	10	16	优势
9.2　协调发展竞争力	28	13	15	中势
环境竞争力与宏观经济竞争力比差	5	14	-9	中势
资源竞争力与宏观经济竞争力比差	24	21	3	劣势
人力资源竞争力与宏观经济竞争力比差	28	24	4	劣势
资源竞争力与工业竞争力比差	28	8	20	优势
环境竞争力与工业竞争力比差	31	30	1	劣势
城乡居民家庭人均收入比差	1	1	0	强势
城乡居民人均现金消费支出比差	29	28	1	劣势
全社会消费品零售总额与外贸出口总额比差	25	5	20	优势

B.30
29
青海省经济综合竞争力评价分析报告

青海省简称青，位于青藏高原东北部，分别与甘肃省、四川省、西藏自治区、新疆维吾尔自治区相连。境内的青海湖是中国最大的内陆高原咸水湖，也是长江、黄河源头所在。青海省土地面积72万平方公里，2016年全省常住人口为593万人，地区生产总值为2572亿元，同比增长8%，人均GDP达43531元。本部分通过分析2015～2016年青海省经济综合竞争力以及各要素竞争力的排名变化，从中找出青海省经济综合竞争力的推动点及影响因素，为进一步提升青海省经济综合竞争力提供决策参考。

29.1 青海省经济综合竞争力总体分析

1. 青海省经济综合竞争力一级指标概要分析

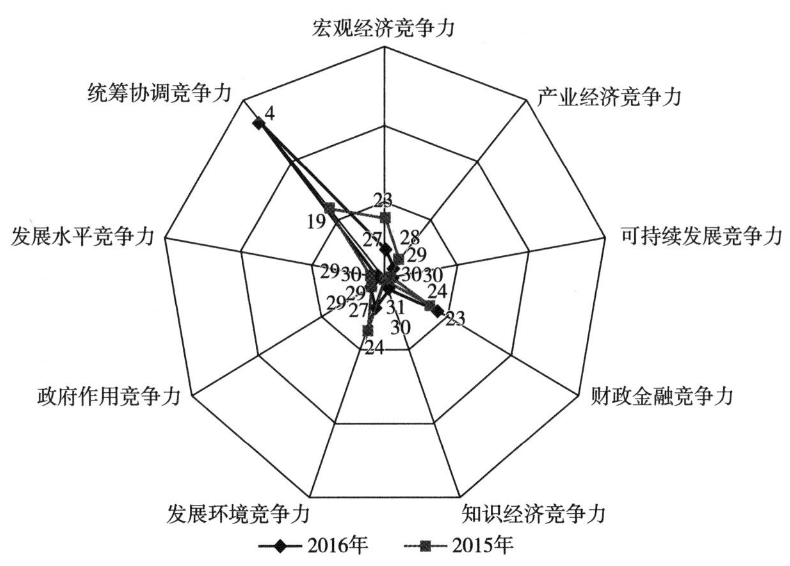

图29－1　2015～2016年青海省经济综合竞争力二级指标比较雷达图

（1）从综合排位看，2016年青海省经济综合竞争力综合排位在全国居第30位，表明其在全国处于劣势地位；与2015年相比，综合排位下降了1位。

（2）从指标所处区位看，9个二级指标中，仅有1个指标处于上游区，为统筹协调竞争力；其余指标均处于下游区。

表 29－1　2015～2016 年青海省经济综合竞争力二级指标表现情况

项目 / 年份	宏观经济竞争力	产业经济竞争力	可持续发展竞争力	财政金融竞争力	知识经济竞争力	发展环境竞争力	政府作用竞争力	发展水平竞争力	统筹协调竞争力	综合排位
2015	23	28	30	24	31	24	29	29	19	29
2016	27	29	30	23	30	27	29	30	4	30
升降	－4	－1	0	1	1	－3	0	－1	15	－1
优劣度	劣势	劣势	劣势	劣势	劣势	劣势	劣势	劣势	优势	劣势

（3）从指标变化趋势看，9 个二级指标中，有 3 个指标处于上升趋势，分别为财政金融竞争力、知识经济竞争力和统筹协调竞争力，这些是青海省经济综合竞争力的上升动力所在；有 2 个指标排位没有发生变化，分别为可持续发展竞争力和政府作用竞争力；有 4 个指标处于下降趋势，分别为宏观经济竞争力、产业经济竞争力、发展环境竞争力和发展水平竞争力，这些是青海省经济综合竞争力的下降拉力所在。

2. 青海省经济综合竞争力各级指标动态变化分析

表 29－2　2015～2016 年青海省经济综合竞争力各级指标排位变化情况

单位：个，%

二级指标	三级指标	四级指标数	上升		保持		下降		变化趋势
			指标数	比重	指标数	比重	指标数	比重	
宏观经济竞争力	经济实力竞争力	12	5	41.7	4	33.3	3	25.0	下降
	经济结构竞争力	6	1	16.7	3	50.0	2	33.3	上升
	经济外向度竞争力	9	0	0.0	6	66.7	3	33.3	下降
	小　计	27	6	22.2	13	48.1	8	29.6	下降
产业经济竞争力	农业竞争力	10	3	30.0	6	60.0	1	10.0	上升
	工业竞争力	10	2	20.0	6	60.0	2	20.0	上升
	服务业竞争力	10	3	30.0	5	50.0	2	20.0	上升
	企业竞争力	10	3	30.0	6	60.0	1	10.0	下降
	小　计	40	11	27.5	23	57.5	6	15.0	下降
可持续发展竞争力	资源竞争力	9	0	0.0	9	100.0	0	0.0	保持
	环境竞争力	8	3	37.5	2	25.0	3	37.5	保持
	人力资源竞争力	7	3	42.9	2	28.6	2	28.6	上升
	小　计	24	6	25.0	13	54.2	5	20.8	保持
财政金融竞争力	财政竞争力	12	3	25.0	3	25.0	6	50.0	上升
	金融竞争力	10	2	20.0	5	50.0	3	30.0	下降
	小　计	22	5	22.7	8	36.4	9	40.9	上升
知识经济竞争力	科技竞争力	9	2	22.2	4	44.4	3	33.3	保持
	教育竞争力	10	1	10.0	7	70.0	2	20.0	保持
	文化竞争力	10	4	40.0	4	40.0	2	20.0	保持
	小　计	29	7	24.1	15	51.7	7	24.1	上升

续表

二级指标	三级指标	四级指标数	上升		保持		下降		变化趋势
			指标数	比重	指标数	比重	指标数	比重	
发展环境竞争力	基础设施竞争力	9	2	22.2	7	77.8	0	0.0	下降
	软环境竞争力	9	2	22.2	1	11.1	6	66.7	下降
	小　计	18	4	22.2	8	44.4	6	33.3	下降
政府作用竞争力	政府发展经济竞争力	5	1	20.0	3	60.0	1	20.0	上升
	政府规调经济竞争力	5	2	40.0	0	0.0	3	60.0	上升
	政府保障经济竞争力	6	1	16.7	3	50.0	2	33.3	上升
	小　计	16	4	25.0	6	37.5	6	37.5	保持
发展水平竞争力	工业化进程竞争力	6	4	66.7	2	33.3	0	0.0	上升
	城市化进程竞争力	6	3	50.0	3	50.0	0	0.0	上升
	市场化进程竞争力	6	1	16.7	3	50.0	2	33.3	保持
	小　计	18	8	44.4	8	44.4	2	11.1	下降
统筹协调竞争力	统筹发展竞争力	8	5	62.5	2	25.0	1	12.5	上升
	协调发展竞争力	8	4	50.0	2	25.0	2	25.0	上升
	小　计	16	9	56.3	4	25.0	3	18.8	上升
合　计		210	60	28.6	98	46.7	52	24.8	下降

从表 29－2 可以看出，210 个四级指标中，上升指标有 60 个，占指标总数的 28.6%；下降指标有 52 个，占指标总数的 24.8%；保持不变的指标有 98 个，占指标总数的 46.7%。综上所述，青海省经济综合竞争力上升的动力略大于下降的拉力，但受其他外部因素的综合影响，2015～2016 年青海省经济综合竞争力排位处于下降趋势。

3. 青海省经济综合竞争力各级指标优劣势结构分析

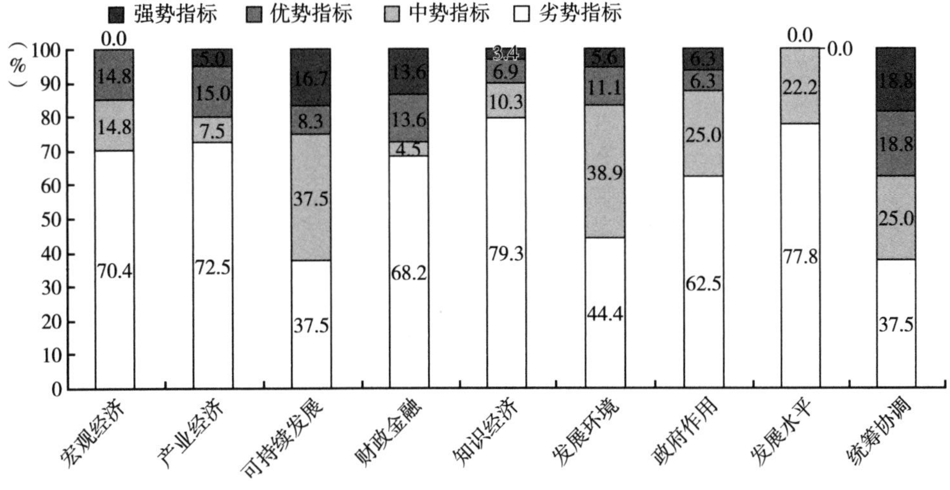

图 29－2　2016 年青海省经济综合竞争力各级指标优劣势比较

表 29－3　2016 年青海省经济综合竞争力各级指标优劣势情况

单位：个，%

二级指标	三级指标	四级指标数	强势指标		优势指标		中势指标		劣势指标		优劣势
			个数	比重	个数	比重	个数	比重	个数	比重	
宏观经济竞争力	经济实力竞争力	12	0	0.0	3	25.0	4	33.3	5	41.7	劣势
	经济结构竞争力	6	0	0.0	1	16.7	0	0.0	5	83.3	劣势
	经济外向度竞争力	9	0	0.0	0	0.0	0	0.0	9	100.0	劣势
	小　计	27	0	0.0	4	14.8	4	14.8	19	70.4	劣势
产业经济竞争力	农业竞争力	10	0	0.0	3	30.0	0	0.0	7	70.0	劣势
	工业竞争力	10	1	10.0	0	0.0	1	10.0	8	80.0	劣势
	服务业竞争力	10	0	0.0	1	10.0	1	10.0	8	80.0	劣势
	企业竞争力	10	1	10.0	2	20.0	1	10.0	6	60.0	劣势
	小　计	40	2	5.0	6	15.0	3	7.5	29	72.5	劣势
可持续发展竞争力	资源竞争力	9	3	33.3	1	11.1	4	44.4	1	11.1	优势
	环境竞争力	8	1	12.5	1	12.5	2	25.0	4	50.0	劣势
	人力资源竞争力	7	0	0.0	0	0.0	3	42.9	4	57.1	劣势
	小　计	24	4	16.7	2	8.3	9	37.5	9	37.5	劣势
财政金融竞争力	财政竞争力	12	3	25.0	2	16.7	0	0.0	7	58.3	中势
	金融竞争力	10	0	0.0	1	10.0	1	10.0	8	80.0	劣势
	小　计	22	3	13.6	3	13.6	1	4.5	15	68.2	劣势
知识经济竞争力	科技竞争力	9	0	0.0	0	0.0	0	0.0	9	100.0	劣势
	教育竞争力	10	1	10.0	2	20.0	1	10.0	6	60.0	劣势
	文化竞争力	10	0	0.0	0	0.0	2	20.0	8	80.0	劣势
	小　计	29	1	3.4	2	6.9	3	10.3	23	79.3	劣势
发展环境竞争力	基础设施竞争力	9	1	11.1	2	22.2	2	22.2	4	44.4	劣势
	软环境竞争力	9	0	0.0	0	0.0	5	55.6	4	44.4	劣势
	小　计	18	1	5.6	2	11.1	7	38.9	8	44.4	劣势
政府作用竞争力	政府发展经济竞争力	5	1	20.0	0	0.0	0	0.0	4	80.0	劣势
	政府规调经济竞争力	5	0	0.0	1	20.0	2	40.0	2	40.0	劣势
	政府保障经济竞争力	6	0	0.0	0	0.0	2	33.3	4	66.7	劣势
	小　计	16	1	6.3	1	6.3	4	25.0	10	62.5	劣势
发展水平竞争力	工业化进程竞争力	6	0	0.0	0	0.0	2	33.3	4	66.7	劣势
	城市化进程竞争力	6	0	0.0	0	0.0	2	33.3	4	66.7	劣势
	市场化进程竞争力	6	0	0.0	0	0.0	0	0.0	6	100.0	劣势
	小　计	18	0	0.0	0	0.0	4	22.2	14	77.8	劣势
统筹协调竞争力	统筹发展竞争力	8	3	37.5	1	12.5	1	12.5	3	37.5	优势
	协调发展竞争力	8	0	0.0	2	25.0	3	37.5	3	37.5	优势
	小　计	16	3	18.8	3	18.8	4	25.0	6	37.5	优势
合　计		210	15	7.1	23	11.0	39	18.6	133	63.3	劣势

基于图 29－2 和表 29－3，从四级指标来看，强势指标 15 个，占四级指标总数的 7.1%；优势指标 23 个，占四级指标总数的 11.0%；中势指标 39 个，占四级指标总数

的18.6%；劣势指标133个，占四级指标总数的63.3%。从三级指标来看，没有强势指标；优势指标3个，占三级指标总数的12%；中势指标1个，占三级指标总数的4%；劣势指标21个，占三级指标总数的84%。从二级指标来看，没有强势指标和中势指标；优势指标有1个，占二级指标总数的11.1%；劣势指标有8个，占二级指标总数的88.9%。综合来看，由于劣势指标在指标体系中居于主导地位，2016年青海省经济综合竞争力处于劣势地位。

4. 青海省经济综合竞争力四级指标优劣势对比分析

表29-4　2016年青海省经济综合竞争力各级指标优劣势情况

二级指标	优劣势	四级指标
宏观经济竞争力（27个）	强势指标	（0个）
	优势指标	财政总收入增长率、人均财政收入、人均固定资产投资额、资本形成结构优化度（4个）
	劣势指标	地区生产总值、财政总收入、固定资产投资额、全社会消费品零售总额、人均全社会消费品零售总额、产业结构优化度、所有制经济结构优化度、城乡经济结构优化度、就业结构优化度、贸易结构优化度、进出口总额、进出口增长率、出口总额、出口增长率、实际FDI、实际FDI增长率、外贸依存度、外资企业数、对外直接投资额（19个）
产业经济竞争力（40个）	强势指标	工业全员劳动生产率、规模以上企业平均资产（2个）
	优势指标	农业增加值增长率、农民人均纯收入增长率、财政支农资金比重、限额以上餐饮企业利税率、规模以上企业平均收入、城镇就业人员平均工资（6个）
	劣势指标	农业增加值、人均农业增加值、农民人均纯收入、农产品出口占农林牧渔总产值比重、人均主要农产品产量、农业机械化水平、农村人均用电量、工业增加值、工业增加值增长率、人均工业增加值、工业资产总额、工业资产总贡献率、规模以上工业主营业务收入、规模以上工业利润总额、工业成本费用利润率、服务业增加值、服务业增加值增长率、人均服务业增加值、服务业从业人员数、限额以上批发零售企业主营业务收入、旅游外汇收入、商品房销售收入、电子商务销售额、规模以上工业企业数、规模以上企业平均利润、规模以上企业劳动效率、新产品销售收入占主营业务收入比重、工业企业R&D经费投入强度、中国驰名商标持有量（29个）
可持续发展竞争力（24个）	强势指标	人均国土面积、人均年水资源量、人均牧草地面积、人均治理工业污染投资额（4个）
	优势指标	人均主要能源矿产基础储量、自然灾害直接经济损失（2个）
	劣势指标	耕地面积、森林覆盖率、人均工业废气排放量、人均工业固体废物排放量、一般工业固体废物综合利用率、文盲率、大专以上教育程度人口比例、平均受教育程度、职业学校毕业生数（9个）
财政金融竞争力（22个）	强势指标	地方财政收入占GDP比重、地方财政支出占GDP比重、地方财政收入增长率（3个）
	优势指标	人均地方财政收入、人均地方财政支出、人均贷款余额（3个）
	劣势指标	地方财政收入、地方财政支出、税收收入占GDP比重、税收收入占财政总收入比重、人均税收收入、地方财政支出增长率、税收收入增长率、存款余额、贷款余额、中长期贷款占贷款余额比重、保险费净收入、保险密度、保险深度、国内上市公司数、国内上市公司市值（15个）
知识经济竞争力（29个）	强势指标	教育经费占GDP比重（1个）
	优势指标	人均教育经费、万人中小学专任教师数（2个）
	劣势指标	R&D人员、R&D经费、R&D经费投入强度、发明专利授权量、技术市场成交合同金额、财政科技支出占地方财政支出比重、高技术产业主营业务收入、高技术产业收入占工业增加值比重、高技术产品出口额占商品出口额比重、教育经费、公共教育经费占财政支出比重、人均文化教育支出占个人消费支出比重、高等学校数、高校专任教师数、万人高等学校在校学生数、文化制造业营业收入、文化批发零售业营业收入、文化服务业企业营业收入、图书和期刊出版数、报纸出版数、印刷用纸量、农村居民人均文化娱乐支出、农村居民人均文化娱乐支出占消费性支出比重（23个）

续表

二级指标	优劣势	四级指标
发展环境竞争力(18个)	强势指标	人均耗电量(1个)
	优势指标	人均内河航道里程、互联网普及率(2个)
	劣势指标	铁路网线密度、公路网线密度、全社会旅客周转量、全社会货物周转量、万人外资企业数、万人商标注册件数、查处商标侵权假冒案件、社会捐赠款物(8个)
政府作用竞争力(16个)	强势指标	财政支出用于基本建设投资比重(1个)
	优势指标	规范税收(1个)
	劣势指标	财政支出对GDP增长的拉动、政府公务员对经济的贡献、政府消费对民间消费的拉动、财政投资对社会投资的拉动、调控城乡消费差距、统筹经济社会发展、城市城镇社区服务设施数、失业保险覆盖率、最低工资标准、城镇登记失业率(10个)
发展水平竞争力(18个)	强势指标	(0个)
	优势指标	(0个)
	劣势指标	工业增加值增长率、高技术产业占工业增加值比重、高技术产品出口额占商品出口额比重、信息产业增加值占GDP比重、城镇化率、城镇居民人均可支配收入、人均拥有道路面积、人均公共绿地面积、非公有制经济产值占全社会总产值比重、社会投资占投资总额比重、私有和个体企业从业人员比重、亿元以上商品市场成交额、亿元以上商品市场成交额占全社会消费品零售总额比重、居民消费支出占总消费支出比重(14个)
统筹协调竞争力(16个)	强势指标	万元GDP综合能耗下降率、生产税净额和营业盈余占GDP比重、最终消费率(3个)
	优势指标	能源使用下降率、资源竞争力与工业竞争力比差、城乡居民家庭人均收入比差(3个)
	劣势指标	非农用地产出率、固定资产投资额占GDP比重、固定资产交付使用率、资源竞争力与宏观经济竞争力比差、环境竞争力与工业竞争力比差、城乡居民人均现金消费支出比差(6个)

29.2 青海省经济综合竞争力各级指标具体分析

1. 青海省宏观经济竞争力指标排名变化情况

表29-5　2015~2016年青海省宏观经济竞争力指标组排位及变化趋势

指　标	2015年	2016年	排位升降	优劣势
1　宏观经济竞争力	23	27	-4	劣势
1.1　经济实力竞争力	22	24	-2	劣势
地区生产总值	30	30	0	劣势
地区生产总值增长率	14	12	2	中势
人均地区生产总值	17	18	-1	中势
财政总收入	29	28	1	劣势
财政总收入增长率	18	8	10	优势
人均财政收入	8	4	4	优势
固定资产投资额	30	30	0	劣势
固定资产投资额增长率	17	18	-1	中势
人均固定资产投资额	5	5	0	优势
全社会消费品零售总额	30	30	0	劣势

续表

指　标	2015 年	2016 年	排位升降	优劣势
全社会消费品零售总额增长率	11	14	-3	中势
人均全社会消费品零售总额	27	26	1	劣势
1.2 经济结构竞争力	27	26	1	劣势
产业结构优化度	23	24	-1	劣势
所有制经济结构优化度	27	27	0	劣势
城乡经济结构优化度	28	28	0	劣势
就业结构优化度	24	24	0	劣势
资本形成结构优化度	13	6	7	优势
贸易结构优化度	23	24	-1	劣势
1.3 经济外向度竞争力	11	31	-20	劣势
进出口总额	31	31	0	劣势
进出口增长率	11	25	-14	劣势
出口总额	31	31	0	劣势
出口增长率	2	27	-25	劣势
实际 FDI	30	30	0	劣势
实际 FDI 增长率	3	26	-23	劣势
外贸依存度	31	31	0	劣势
外资企业数	30	30	0	劣势
对外直接投资额	30	30	0	劣势

2. 青海省产业经济竞争力指标排名变化情况

表 29-6　2015~2016 年青海省产业经济竞争力指标组排位及变化趋势

指　标	2015 年	2016 年	排位升降	优劣势
2 产业经济竞争力	28	29	-1	劣势
2.1 农业竞争力	29	27	2	劣势
农业增加值	27	27	0	劣势
农业增加值增长率	7	5	2	优势
人均农业增加值	26	26	0	劣势
农民人均纯收入	29	29	0	劣势
农民人均纯收入增长率	19	8	11	优势
农产品出口占农林牧渔总产值比重	30	31	-1	劣势
人均主要农产品产量	26	26	0	劣势
农业机械化水平	29	29	0	劣势
农村人均用电量	30	30	0	劣势
财政支农资金比重	9	8	1	优势
2.2 工业竞争力	29	26	3	劣势
工业增加值	29	29	0	劣势
工业增加值增长率	24	21	3	劣势
人均工业增加值	18	21	-3	劣势
工业资产总额	29	29	0	劣势
工业资产总额增长率	17	17	0	中势
工业资产总贡献率	28	28	0	劣势

续表

指 标	2015年	2016年	排位升降	优劣势
规模以上工业主营业务收入	29	29	0	劣势
规模以上工业利润总额	28	29	-1	劣势
工业全员劳动生产率	3	3	0	强势
工业成本费用利润率	28	26	2	劣势
2.3 服务业竞争力	31	29	2	劣势
服务业增加值	30	30	0	劣势
服务业增加值增长率	26	28	-2	劣势
人均服务业增加值	22	21	1	劣势
服务业从业人员数	30	30	0	劣势
限额以上批发零售企业主营业务收入	29	29	0	劣势
限额以上批零企业利税率	19	12	7	中势
限额以上餐饮企业利税率	15	10	5	优势
旅游外汇收入	29	29	0	劣势
商品房销售收入	30	30	0	劣势
电子商务销售额	25	26	-1	劣势
2.4 企业竞争力	22	25	-3	劣势
规模以上工业企业数	29	29	0	劣势
规模以上企业平均资产	2	2	0	强势
规模以上企业平均收入	9	10	-1	优势
规模以上企业平均利润	23	22	1	劣势
规模以上企业劳动效率	23	22	1	劣势
城镇就业人员平均工资	8	8	0	优势
新产品销售收入占主营业务收入比重	31	31	0	劣势
产品质量抽查合格率	18	14	4	中势
工业企业 R&D 经费投入强度	30	30	0	劣势
中国驰名商标持有量	27	27	0	劣势

3. 青海省可持续发展竞争力指标排名变化情况

表 29-7 2015~2016 年青海省可持续发展竞争力指标组排位及变化趋势

指 标	2015年	2016年	排位升降	优劣势
3 可持续发展竞争力	30	30	0	劣势
3.1 资源竞争力	4	4	0	优势
人均国土面积	2	2	0	强势
人均可使用海域和滩涂面积	13	13	0	中势
人均年水资源量	2	2	0	强势
耕地面积	27	27	0	劣势
人均耕地面积	13	13	0	中势
人均牧草地面积	2	2	0	强势
主要能源矿产基础储量	19	19	0	中势
人均主要能源矿产基础储量	7	7	0	优势
人均森林储积量	15	15	0	中势
3.2 环境竞争力	30	30	0	劣势
森林覆盖率	30	30	0	劣势

续表

指　标	2015年	2016年	排位升降	优劣势
人均废水排放量	7	17	-10	中势
人均工业废气排放量	27	28	-1	劣势
人均工业固体废物排放量	31	31	0	劣势
人均治理工业污染投资额	8	3	5	强势
一般工业固体废物综合利用率	27	24	3	劣势
生活垃圾无害化处理率	26	18	8	中势
自然灾害直接经济损失	5	6	-1	优势
3.3 人力资源竞争力	30	29	1	劣势
常住人口增长率	10	12	-2	中势
15~64岁人口比例	16	14	2	中势
文盲率	30	30	0	劣势
大专以上教育程度人口比例	25	23	2	劣势
平均受教育程度	30	29	1	劣势
人口健康素质	13	15	-2	中势
职业学校毕业生数	30	30	0	劣势

4. 青海省财政金融竞争力指标排名变化情况

表29-8　2015~2016年青海省财政金融竞争力指标组排位及变化趋势

指　标	2015年	2016年	排位升降	优劣势
4　财政金融竞争力	24	23	1	劣势
4.1 财政竞争力	18	13	5	中势
地方财政收入	30	30	0	劣势
地方财政支出	28	30	-2	劣势
地方财政收入占GDP比重	19	2	17	强势
地方财政支出占GDP比重	2	2	0	强势
税收收入占GDP比重	15	21	-6	劣势
税收收入占财政总收入比重	30	30	0	劣势
人均地方财政收入	18	4	14	优势
人均地方财政支出	3	4	-1	优势
人均税收收入	16	22	-6	劣势
地方财政收入增长率	11	2	9	强势
地方财政支出增长率	25	26	-1	劣势
税收收入增长率	11	31	-20	劣势
4.2 金融竞争力	28	30	-2	劣势
存款余额	29	29	0	劣势
人均存款余额	11	12	-1	中势
贷款余额	30	30	0	劣势
人均贷款余额	9	7	2	优势
中长期贷款占贷款余额比重	4	31	-27	劣势
保险费净收入	30	30	0	劣势
保险密度	27	27	0	劣势
保险深度	26	28	-2	劣势
国内上市公司数	31	29	2	劣势
国内上市公司市值	29	29	0	劣势

5. 青海省知识经济竞争力指标排名变化情况

表 29－9　2015～2016 年青海省知识经济竞争力指标组排位及变化趋势

指　标	2015 年	2016 年	排位升降	优劣势
5　知识经济竞争力	31	30	1	劣势
5.1　科技竞争力	30	30	0	劣势
R&D 人员	30	30	0	劣势
R&D 经费	30	30	0	劣势
R&D 经费投入强度	30	29	1	劣势
发明专利授权量	30	30	0	劣势
技术市场成交合同金额	21	22	－1	劣势
财政科技支出占地方财政支出比重	30	30	0	劣势
高技术产业主营业务收入	28	29	－1	劣势
高技术产业收入占工业增加值比重	28	26	2	劣势
高技术产品出口额占商品出口额比重	29	30	－1	劣势
5.2　教育竞争力	31	31	0	劣势
教育经费	29	29	0	劣势
教育经费占 GDP 比重	2	3	－1	强势
人均教育经费	5	5	0	优势
公共教育经费占财政支出比重	31	30	1	劣势
人均文化教育支出占个人消费支出比重	22	22	0	劣势
万人中小学学校数	10	11	－1	中势
万人中小学专任教师数	9	9	0	优势
高等学校数	30	30	0	劣势
高校专任教师数	30	30	0	劣势
万人高等学校在校学生数	31	31	0	劣势
5.3　文化竞争力	30	30	0	劣势
文化制造业营业收入	26	24	2	劣势
文化批发零售业营业收入	25	25	0	劣势
文化服务业企业营业收入	30	28	2	劣势
图书和期刊出版数	31	31	0	劣势
报纸出版数	30	30	0	劣势
印刷用纸量	30	30	0	劣势
城镇居民人均文化娱乐支出	20	18	2	中势
农村居民人均文化娱乐支出	27	28	－1	劣势
城镇居民人均文化娱乐支出占消费性支出比重	23	18	5	中势
农村居民人均文化娱乐支出占消费性支出比重	21	22	－1	劣势

6. 青海省发展环境竞争力指标排名变化情况

表 29 – 10　2015 ~ 2016 年青海省发展环境竞争力指标组排位及变化趋势

指　标	2015 年	2016 年	排位升降	优劣势
6　发展环境竞争力	24	27	–3	劣势
6.1　基础设施竞争力	21	23	–2	劣势
铁路网线密度	30	30	0	劣势
公路网线密度	30	30	0	劣势
人均内河航道里程	11	10	1	优势
全社会旅客周转量	28	28	0	劣势
全社会货物周转量	30	30	0	劣势
人均邮电业务总量	13	13	0	中势
电话普及率	16	16	0	中势
互联网普及率	11	10	1	优势
人均耗电量	2	2	0	强势
6.2　软环境竞争力	23	26	–3	劣势
外资企业数增长率	19	18	1	中势
万人外资企业数	20	21	–1	劣势
个体私营企业数增长率	16	19	–3	中势
万人个体私营企业数	17	19	–2	中势
万人商标注册件数	26	26	0	劣势
查处商标侵权假冒案件	29	30	–1	劣势
每十万人交通事故发生数	9	12	–3	中势
罚没收入占财政收入比重	11	18	–7	中势
社会捐赠款物	27	23	4	劣势

7. 青海省政府作用竞争力指标排名变化情况

表 29 – 11　2015 ~ 2016 年青海省政府作用竞争力指标组排位及变化趋势

指　标	2015 年	2016 年	排位升降	优劣势
7　政府作用竞争力	29	29	0	劣势
7.1　政府发展经济竞争力	30	28	2	劣势
财政支出用于基本建设投资比重	3	2	1	强势
财政支出对 GDP 增长的拉动	30	30	0	劣势
政府公务员对经济的贡献	26	26	0	劣势
政府消费对民间消费的拉动	28	29	–1	劣势
财政投资对社会投资的拉动	30	30	0	劣势
7.2　政府规调经济竞争力	29	22	7	劣势
物价调控	31	18	13	中势

续表

指　标	2015 年	2016 年	排位升降	优劣势
调控城乡消费差距	18	23	-5	劣势
统筹经济社会发展	31	30	1	劣势
规范税收	6	7	-1	优势
固定资产投资价格指数	16	19	-3	中势
7.3 政府保障经济竞争力	27	25	2	劣势
城市城镇社区服务设施数	29	29	0	劣势
医疗保险覆盖率	18	18	0	中势
养老保险覆盖率	22	15	7	中势
失业保险覆盖率	27	27	0	劣势
最低工资标准	30	31	-1	劣势
城镇登记失业率	13	21	-8	劣势

8. 青海省发展水平竞争力指标排名变化情况

表 29－12　2015～2016 年青海省发展水平竞争力指标组排位及变化趋势

指　标	2015 年	2016 年	排位升降	优劣势
8　发展水平竞争力	29	30	-1	劣势
8.1 工业化进程竞争力	25	23	2	劣势
工业增加值占 GDP 比重	18	17	1	中势
工业增加值增长率	24	21	3	劣势
高技术产业占工业增加值比重	28	27	1	劣势
高技术产品出口额占商品出口额比重	29	29	0	劣势
信息产业增加值占 GDP 比重	24	22	2	劣势
工农业增加值比值	14	14	0	中势
8.2 城市化进程竞争力	30	29	1	劣势
城镇化率	23	23	0	劣势
城镇居民人均可支配收入	29	27	2	劣势
城市平均建成区面积比重	18	17	1	中势
人均拥有道路面积	29	29	0	劣势
人均日生活用水量	17	17	0	中势
人均公共绿地面积	27	26	1	劣势
8.3 市场化进程竞争力	30	30	0	劣势
非公有制经济产值占全社会总产值比重	27	27	0	劣势
社会投资占投资总额比重	30	30	0	劣势
私有和个体企业从业人员比重	22	26	-4	劣势
亿元以上商品市场成交额	29	29	0	劣势
亿元以上商品市场成交额占全社会消费品零售总额比重	29	28	1	劣势
居民消费支出占总消费支出比重	28	29	-1	劣势

9. 青海省统筹协调竞争力指标排名变化情况

表 29 – 13　2015 ~ 2016 年青海省统筹协调竞争力指标组排位及变化趋势

指　标	2015 年	2016 年	排位升降	优劣势
9　统筹协调竞争力	19	4	15	优势
9.1　统筹发展竞争力	13	5	8	优势
社会劳动生产率	17	17	0	中势
能源使用下降率	23	4	19	优势
万元 GDP 综合能耗下降率	19	1	18	强势
非农用地产出率	29	29	0	劣势
生产税净额和营业盈余占 GDP 比重	5	3	2	强势
最终消费率	5	3	2	强势
固定资产投资额占 GDP 比重	31	30	1	劣势
固定资产交付使用率	4	25	-21	劣势
9.2　协调发展竞争力	24	6	18	优势
环境竞争力与宏观经济竞争力比差	24	19	5	中势
资源竞争力与宏观经济竞争力比差	26	26	0	劣势
人力资源竞争力与宏观经济竞争力比差	8	19	-11	中势
资源竞争力与工业竞争力比差	27	4	23	优势
环境竞争力与工业竞争力比差	25	22	3	劣势
城乡居民家庭人均收入比差	4	4	0	优势
城乡居民人均现金消费支出比差	18	21	-3	劣势
全社会消费品零售总额与外贸出口总额比差	22	11	11	中势

B.31
30
宁夏回族自治区经济综合竞争力评价分析报告

宁夏回族自治区简称宁，是中国五大自治区之一，是中华文明的发祥地之一。位于中国西部的黄河上游地区，东邻陕西省，西部、北部接内蒙古自治区，南部与甘肃省相连。南北相距约456公里，东西相距约250公里，全区面积6.6平方公里。2016年全区常住人口为675万人，地区生产总值为3169亿元，同比增长8.1%，人均GDP达47194元。本部分通过分析2015~2016年宁夏回族自治区经济综合竞争力以及各要素竞争力的排名变化，从中找出宁夏回族自治区经济综合竞争力的推动点及影响因素，为进一步提升宁夏回族自治区经济综合竞争力提供决策参考。

30.1 宁夏回族自治区经济综合竞争力总体分析

1. 宁夏回族自治区经济综合竞争力一级指标概要分析

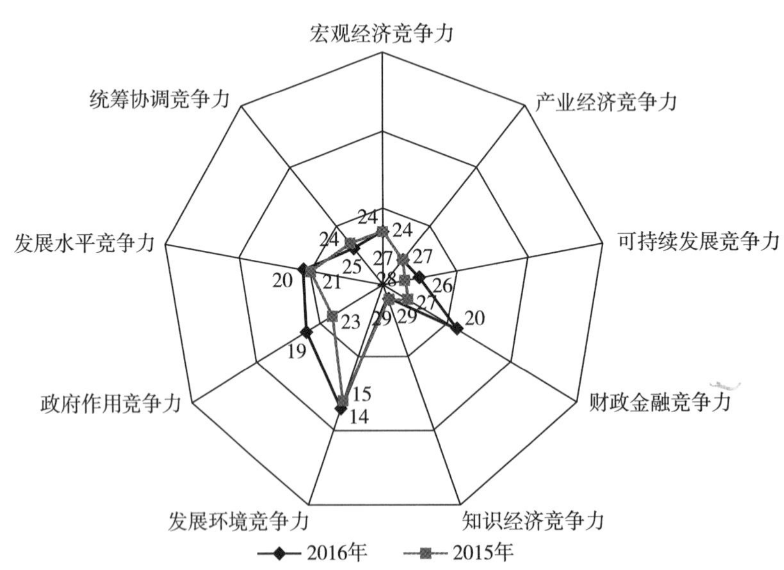

图30-1 2015~2016年宁夏回族自治区经济综合竞争力二级指标比较雷达图

（1）从综合排位看，2016年宁夏回族自治区经济综合竞争力综合排位在全国居第26位，表明其在全国处于劣势地位；与2015年相比，综合排位下降了1位。

表 30－1 2015～2016 年宁夏回族自治区经济综合竞争力二级指标表现情况

年份＼项目	宏观经济竞争力	产业经济竞争力	可持续发展竞争力	财政金融竞争力	知识经济竞争力	发展环境竞争力	政府作用竞争力	发展水平竞争力	统筹协调竞争力	**综合排位**
2015	24	27	28	27	29	15	23	21	24	25
2016	24	27	26	20	29	14	19	20	25	26
升降	0	0	2	7	0	1	4	1	－1	－1
优劣度	劣势	劣势	劣势	中势	劣势	中势	中势	中势	劣势	劣势

（2）从指标所处区位看，9 个指标均处于中下游区，其中财政金融竞争力、发展环境竞争力、政府作用竞争力、发展水平竞争力 4 个指标为宁夏回族自治区经济综合竞争力的中势指标。

（3）从指标变化趋势看，9 个二级指标中，有 5 个指标处于上升趋势，分别为可持续发展竞争力、财政金融竞争力、发展环境竞争力、政府作用竞争力、发展水平竞争力，这些是宁夏回族自治区经济综合竞争力上升的动力所在；有 3 个指标排位没有发生变化，分别为宏观经济竞争力、产业经济竞争力和知识经济竞争力；有 1 个指标处于下降趋势，为统筹协调竞争力，这是宁夏回族自治区经济综合竞争力下降的拉力所在。

2. 宁夏回族自治区经济综合竞争力各级指标动态变化分析

表 30－2 2015～2016 年宁夏回族自治区经济综合竞争力各级指标排位变化情况

单位：个，%

二级指标	三级指标	四级指标数	上升		保持		下降		变化趋势
			指标数	比重	指标数	比重	指标数	比重	
宏观经济竞争力	经济实力竞争力	12	4	33.3	6	50.0	2	16.7	保持
	经济结构竞争力	6	2	33.3	2	33.3	2	33.3	上升
	经济外向度竞争力	9	2	22.2	4	44.4	3	33.3	下降
	小　计	27	8	29.6	12	44.4	7	25.9	保持
产业经济竞争力	农业竞争力	10	3	30.0	4	40.0	3	30.0	保持
	工业竞争力	10	5	50.0	5	50.0	0	0.0	上升
	服务业竞争力	10	1	10.0	6	60.0	3	30.0	保持
	企业竞争力	10	6	60.0	3	30.0	1	10.0	上升
	小　计	40	15	37.5	18	45.0	7	17.5	保持
可持续发展竞争力	资源竞争力	9	1	11.1	7	77.8	1	11.1	下降
	环境竞争力	8	2	25.0	3	37.5	3	37.5	保持
	人力资源竞争力	7	5	71.4	2	28.6	0	0.0	上升
	小　计	24	8	33.3	12	50.0	4	16.7	上升
财政金融竞争力	财政竞争力	12	4	33.3	1	8.3	7	58.3	上升
	金融竞争力	10	3	30.0	6	60.0	1	10.0	上升
	小　计	22	7	31.8	7	31.8	8	36.4	上升
知识经济竞争力	科技竞争力	9	4	44.4	4	44.4	1	11.1	上升
	教育竞争力	10	1	10.0	5	50.0	4	40.0	保持
	文化竞争力	10	0	0.0	4	40.0	6	60.0	保持
	小　计	29	5	17.2	13	44.8	11	37.9	保持

续表

二级指标	三级指标	四级指标数	上升		保持		下降		变化趋势
			指标数	比重	指标数	比重	指标数	比重	
发展环境竞争力	基础设施竞争力	9	2	22.2	6	66.7	1	11.1	保持
	软环境竞争力	9	4	44.4	0	0.0	5	55.6	上升
	小　计	18	6	33.3	6	33.3	6	33.3	上升
政府作用竞争力	政府发展经济竞争力	5	1	20.0	2	40.0	2	40.0	下降
	政府规调经济竞争力	5	0	0.0	3	60.0	2	40.0	下降
	政府保障经济竞争力	6	4	66.7	1	16.7	1	16.7	上升
	小　计	16	5	31.3	6	37.5	5	31.3	上升
发展水平竞争力	工业化进程竞争力	6	5	83.3	0	0.0	1	16.7	上升
	城市化进程竞争力	6	2	33.3	3	50.0	1	16.7	上升
	市场化进程竞争力	6	2	33.3	2	33.3	2	33.3	保持
	小　计	18	9	50.0	5	27.8	4	22.2	上升
统筹协调竞争力	统筹发展竞争力	8	3	37.5	3	37.5	2	25.0	上升
	协调发展竞争力	8	5	62.5	1	12.5	2	25.0	下降
	小　计	16	8	50.0	4	25.0	4	25.0	下降
合　计		210	71	33.8	83	39.5	56	26.7	下降

从表 30－2 可以看出，210 个四级指标中，上升指标有 71 个，占指标总数的 33.8%；下降指标有 56 个，占指标总数的 26.7%；保持不变的指标有 83 个，占指标总数的 39.5%。综上所述，宁夏回族自治区经济综合竞争力上升的动力大于下降的拉力，但受其他外部因素的综合影响，2015～2016 年宁夏回族自治区经济综合竞争力排位处于下降趋势。

3. 宁夏回族自治区经济综合竞争力各级指标优劣势结构分析

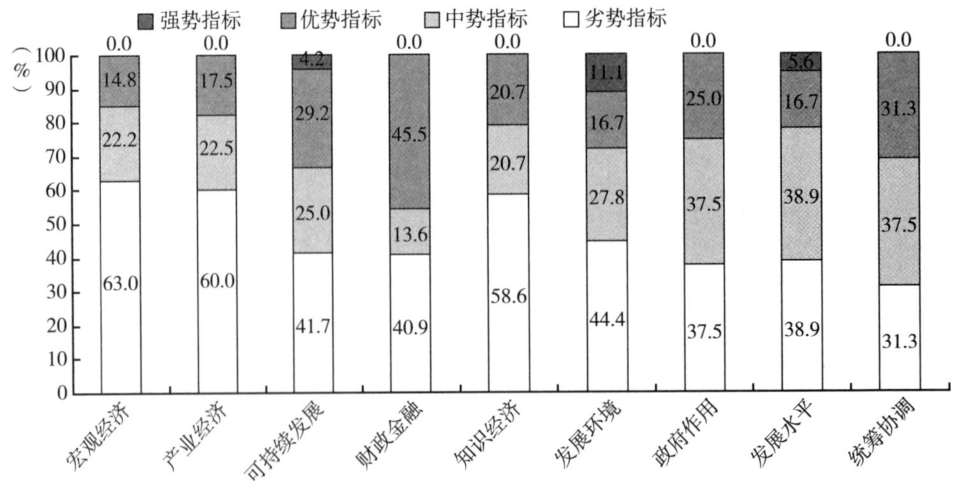

图 30－2　2016 年宁夏回族自治区经济综合竞争力各级指标优劣势比较

表 30－3　2016 年宁夏回族自治区经济综合竞争力各级指标优劣势情况

单位：个，%

二级指标	三级指标	四级指标数	强势指标		优势指标		中势指标		劣势指标		优劣势
			个数	比重	个数	比重	个数	比重	个数	比重	
宏观经济竞争力	经济实力竞争力	12	0	0.0	3	25.0	2	16.7	7	58.3	劣势
	经济结构竞争力	6	0	0.0	0	0.0	3	50.0	3	50.0	中势
	经济外向度竞争力	9	0	0.0	1	11.1	1	11.1	7	77.8	劣势
	小　计	27	0	0.0	4	14.8	6	22.2	17	63.0	劣势
产业经济竞争力	农业竞争力	10	0	0.0	3	30.0	1	10.0	6	60.0	劣势
	工业竞争力	10	0	0.0	1	10.0	3	30.0	6	60.0	劣势
	服务业竞争力	10	0	0.0	1	10.0	1	10.0	8	80.0	劣势
	企业竞争力	10	0	0.0	2	20.0	4	40.0	4	40.0	劣势
	小　计	40	0	0.0	7	17.5	9	22.5	24	60.0	劣势
可持续发展竞争力	资源竞争力	9	0	0.0	4	44.4	2	22.2	3	33.3	中势
	环境竞争力	8	1	12.5	1	12.5	2	25.0	4	50.0	劣势
	人力资源竞争力	7	0	0.0	2	28.6	2	28.6	3	42.9	劣势
	小　计	24	1	4.2	7	29.2	6	25.0	10	41.7	劣势
财政金融竞争力	财政竞争力	12	0	0.0	6	50.0	2	16.7	4	33.3	中势
	金融竞争力	10	0	0.0	4	40.0	1	10.0	5	50.0	劣势
	小　计	22	0	0.0	10	45.5	3	13.6	9	40.9	中势
知识经济竞争力	科技竞争力	9	0	0.0	0	0.0	3	33.3	6	66.7	劣势
	教育竞争力	10	0	0.0	5	50.0	0	0.0	5	50.0	劣势
	文化竞争力	10	0	0.0	1	10.0	3	30.0	6	60.0	劣势
	小　计	29	0	0.0	6	20.7	6	20.7	17	58.6	劣势
发展环境竞争力	基础设施竞争力	9	1	11.1	1	11.1	2	22.2	5	55.6	中势
	软环境竞争力	9	1	11.1	2	22.2	3	33.3	3	33.3	优势
	小　计	18	2	11.1	3	16.7	5	27.8	8	44.4	中势
政府作用竞争力	政府发展经济竞争力	5	0	0.0	0	0.0	2	40.0	3	60.0	劣势
	政府规调经济竞争力	5	0	0.0	1	20.0	3	60.0	1	20.0	中势
	政府保障经济竞争力	6	0	0.0	3	50.0	1	16.7	2	33.3	优势
	小　计	16	0	0.0	4	25.0	6	37.5	6	37.5	中势
发展水平竞争力	工业化进程竞争力	6	0	0.0	0	0.0	4	66.7	2	33.3	劣势
	城市化进程竞争力	6	1	16.7	1	16.7	2	33.3	2	33.3	中势
	市场化进程竞争力	6	0	0.0	2	33.3	1	16.7	3	50.0	劣势
	小　计	18	1	5.6	3	16.7	7	38.9	7	38.9	中势
统筹协调竞争力	统筹发展竞争力	8	0	0.0	3	37.5	2	25.0	3	37.5	中势
	协调发展竞争力	8	0	0.0	2	25.0	4	50.0	2	25.0	劣势
	小　计	16	0	0.0	5	31.3	6	37.5	5	31.3	劣势
合　计		210	4	1.9	49	23.3	54	25.7	103	49.1	劣势

基于图 30－2 和表 30－3，从四级指标来看，强势指标 4 个，占四级指标总数的 1.9%；优势指标 49 个，占四级指标总数的 23.3%；中势指标 54 个，占四级指标总数

的25.7%；劣势指标103个，占四级指标总数的49.1%。从三级指标来看，没有强势指标；优势指标2个，占三级指标总数的8%；中势指标7个，占三级指标总数的28%；劣势指标16个，占三级指标总数的64%。从二级指标来看，没有强势指标和优势指标；劣势指标有5个，占二级指标总数的55.6%。综合来看，由于劣势指标在指标体系中居于主导地位，2016年宁夏回族自治区经济综合竞争力处于劣势地位。

4. 宁夏回族自治区经济综合竞争力四级指标优劣势对比分析

表30-4 2016年宁夏回族自治区经济综合竞争力各级指标优劣势情况

二级指标	优劣势	四级指标
宏观经济竞争力（27个）	强势指标	（0个）
	优势指标	地区生产总值增长率、财政总收入增长率、人均固定资产投资额、出口增长率(4个)
	劣势指标	地区生产总值、财政总收入、固定资产投资额、固定资产投资额增长率、全社会消费品零售总额、全社会消费品零售总额增长率、人均全社会消费品零售总额、城乡经济结构优化度、就业结构优化度、贸易结构优化度、进出口总额、出口总额、实际FDI、实际FDI增长率、外贸依存度、外贸企业数、对外直接投资额(17个)
产业经济竞争力（40个）	强势指标	（0个）
	优势指标	农业增加值增长率、人均主要农产品产量、财政支农资金比重、工业资产总额增长率、限额以上餐饮企业利税率、规模以上企业平均资产、城镇就业人员平均工资(7个)
	劣势指标	农业增加值、人均农业增加值、农民人均纯收入、农民人均纯收入增长率、农业机械化水平、农村人均用电量、工业增加值、工业资产总额、工业资产总贡献率、规模以上工业主营业务收入、规模以上工业利润总额、工业成本费用利润率、服务业增加值、服务业增加值增长率、服务业从业人员数、限额以上批发零售企业主营业务收入、限额以上批零企业利税率、旅游外汇收入、商品房销售收入、电子商务销售额、规模以上工业企业数、规模以上企业平均利润、新产品销售收入占主营业务收入比重、中国驰名商标持有量(24个)
可持续发展竞争力（24个）	强势指标	人均治理工业污染投资额(1个)
	优势指标	人均国土面积、人均耕地面积、人均牧草地面积、人均主要能源矿产基础储量、自然灾害直接经济损失、常住人口自然增长率、大专以上教育程度人口比例(7个)
	劣势指标	人均年水资源量、耕地面积、人均森林储积量、森林覆盖率、人均废水排放量、人均工业废气排放量、人均工业固体废物排放量、文盲率、人口健康素质、职业学校毕业生数(10个)
财政金融竞争力（22个）	强势指标	（0个）
	优势指标	地方财政收入占GDP比重、地方财政支出占GDP比重、人均地方财政收入、人均地方财政支出、地方财政收入增长率、地方财政支出增长率、人均贷款余额、中长期贷款占贷款余额比重、保险密度、保险深度(10个)
	劣势指标	地方财政收入、地方财政支出、税收收入占财政总收入比重、税收收入增长率、存款余额、贷款余额、保险费净收入、国内上市公司数、国内上市公司市值(9个)
知识经济竞争力（29个）	强势指标	（0个）
	优势指标	教育经费占GDP比重、人均教育经费、人均文化教育支出占个人消费支出比重、万人中小学学校数、万人中小学专任教师数、城镇居民人均文化娱乐支出占消费性支出比重(6个)
	劣势指标	R&D人员、R&D经费、发明专利授权量、技术市场成交合同金额、高技术产业主营业务收入、高技术产业收入占工业增加值比重、教育经费、公共教育经费占财政支出比重、高等学校数、高校专任教师数、万人高等学校在校学生数、文化制造业营业收入、文化批发零售业营业收入、文化服务业企业营业收入、图书和期刊出版数、报纸出版数、印刷用纸量(17个)

续表

二级指标	优劣势	四级指标
发展环境竞争力（18个）	强势指标	人均耗电量、外资企业数增长率(2个)
	优势指标	人均邮电业务总量、个体私营企业数增长率、每十万人交通事故发生数(3个)
	劣势指标	铁路网线密度、公路网线密度、人均内河航道里程、全社会旅客周转量、全社会货物周转量、万人外资企业数、查处商标侵权假冒案件、社会捐赠款物(8个)
政府作用竞争力（16个）	强势指标	(0个)
	优势指标	物价调控、失业保险覆盖率、养老保险覆盖率、城镇登记失业率(4个)
	劣势指标	财政支出对GDP增长的拉动、政府公务员对经济的贡献、政府消费对民间消费的拉动、统筹经济社会发展、城市城镇社区服务设施数、最低工资标准(6个)
发展水平竞争力（18个）	强势指标	人均公共绿地面积(1个)
	优势指标	人均拥有道路面积、私有和个体企业从业人员比重、亿元以上商品市场成交额占全社会消费品零售总额比重(3个)
	劣势指标	高技术产业占工业增加值比重、信息产业增加值占GDP比重、城镇居民人均可支配收入、城市平均建成区面积比重、社会投资占投资总额比重、亿元以上商品市场成交额、居民消费支出占总消费支出比重(7个)
统筹协调竞争力（16个）	强势指标	(0个)
	优势指标	万元GDP综合能耗下降率、生产税净额和营业盈余占GDP比重、最终消费率、环境竞争力与宏观经济竞争力比差、城乡居民家庭人均收入比差(5个)
	劣势指标	能源使用下降率、非农用地产出率、固定资产投资额占GDP比重、人力资源竞争力与宏观经济竞争力比差、环境竞争力与工业竞争力比差(5个)

30.2　宁夏回族自治区经济综合竞争力各级指标具体分析

1. 宁夏回族自治区宏观经济竞争力指标排名变化情况

表30-5　2015~2016年宁夏回族自治区宏观经济竞争力指标组排位及变化趋势

指　标	2015年	2016年	排位升降	优劣势
1　宏观经济竞争力	24	24	0	劣势
1.1　经济实力竞争力	27	27	0	劣势
地区生产总值	29	29	0	劣势
地区生产总值增长率	17	10	7	优势
人均地区生产总值	15	15	0	中势
财政总收入	31	31	0	劣势
财政总收入增长率	26	10	16	优势
人均财政收入	16	12	4	中势
固定资产投资额	28	29	-1	劣势
固定资产投资额增长率	22	22	0	劣势
人均固定资产投资额	6	6	0	优势
全社会消费品零售总额	29	29	0	劣势

续表

指　标	2015 年	2016 年	排位升降	优劣势
全社会消费品零售总额增长率	29	27	2	劣势
人均全社会消费品零售总额	26	27	-1	劣势
1.2　经济结构竞争力	21	19	2	中势
产业结构优化度	18	18	0	中势
所有制经济结构优化度	21	20	1	中势
城乡经济结构优化度	22	23	-1	劣势
就业结构优化度	22	22	0	劣势
资本形成结构优化度	17	12	5	中势
贸易结构优化度	22	23	-1	劣势
1.3　经济外向度竞争力	13	25	-12	优势
进出口总额	29	29	0	劣势
进出口增长率	23	19	4	中势
出口总额	28	28	0	劣势
出口增长率	25	10	15	优势
实际 FDI	27	28	-1	劣势
实际 FDI 增长率	1	30	-29	劣势
外贸依存度	24	24	0	劣势
对外企业数	29	29	0	劣势
对外直接投资额	16	28	-12	劣势

2. 宁夏回族自治区产业经济竞争力指标排名变化情况

表 30-6　2015～2016 年宁夏回族自治区产业经济竞争力指标组排位及变化趋势

指　标	2015 年	2016 年	排位升降	优劣势
2　产业经济竞争力	27	27	0	劣势
2.1　农业竞争力	26	26	0	劣势
农业增加值	26	26	0	劣势
农业增加值增长率	11	8	3	优势
人均农业增加值	20	23	-3	劣势
农民人均纯收入	25	25	0	劣势
农民人均纯收入增长率	25	21	4	劣势
农产品出口占农林牧渔总产值比重	19	19	0	中势
人均主要农产品产量	5	5	0	优势
农业机械化水平	25	26	-1	劣势
农村人均用电量	20	21	-1	劣势
财政支农资金比重	5	4	1	优势
2.2　工业竞争力	27	25	2	劣势
工业增加值	28	28	0	劣势
工业增加值增长率	13	12	1	中势
人均工业增加值	21	19	2	中势
工业资产总额	28	28	0	劣势
工业资产总额增长率	7	6	1	优势
工业资产总贡献率	29	29	0	劣势

续表

指　标	2015 年	2016 年	排位升降	优劣势
规模以上工业主营业务收入	28	28	0	劣势
规模以上工业利润总额	27	27	0	劣势
工业全员劳动生产率	20	16	4	中势
工业成本费用利润率	29	25	4	劣势
2.3　服务业竞争力	30	30	0	劣势
服务业增加值	29	29	0	劣势
服务业增加值增长率	30	21	9	劣势
人均服务业增加值	16	18	-2	中势
服务业从业人员数	29	29	0	劣势
限额以上批发零售企业主营业务收入	30	30	0	劣势
限额以上批零企业利税率	23	26	-3	劣势
限额以上餐饮企业利税率	8	9	-1	优势
旅游外汇收入	30	30	0	劣势
商品房销售收入	29	29	0	劣势
电子商务销售额	30	30	0	劣势
2.4　企业竞争力	28	24	4	劣势
规模以上工业企业数	28	28	0	劣势
规模以上企业平均资产	8	6	2	优势
规模以上企业平均收入	22	18	4	中势
规模以上企业平均利润	28	24	4	劣势
规模以上企业劳动效率	21	18	3	中势
城镇就业人员平均工资	10	10	0	优势
新产品销售收入占主营业务收入比重	15	25	-10	劣势
产品质量抽查合格率	26	17	9	中势
工业企业 R&D 经费投入强度	22	18	4	中势
中国驰名商标持有量	25	25	0	劣势

3. 宁夏回族自治区可持续发展竞争力指标排名变化情况

表 30-7　2015～2016 年宁夏回族自治区可持续发展竞争力指标组排位及变化趋势

指　标	2015 年	2016 年	排位升降	优劣势
3　可持续发展竞争力	28	26	2	劣势
3.1　资源竞争力	19	20	-1	中势
人均国土面积	8	8	0	优势
人均可使用海域和滩涂面积	13	13	0	中势
人均年水资源量	29	30	-1	劣势
耕地面积	25	25	0	劣势
人均耕地面积	6	6	0	优势
人均牧草地面积	6	6	0	优势
主要能源矿产基础储量	15	14	1	中势
人均主要能源矿产基础储量	4	4	0	优势
人均森林储积量	26	26	0	劣势
3.2　环境竞争力	23	23	0	劣势
森林覆盖率	26	26	0	劣势

续表

指　标	2015 年	2016 年	排位升降	优劣势
人均废水排放量	19	21	-2	劣势
人均工业废气排放量	31	31	0	劣势
人均工业固体废物排放量	27	28	-1	劣势
人均治理工业污染投资额	2	1	1	强势
一般工业固体废物综合利用率	17	20	-3	中势
生活垃圾无害化处理率	25	16	9	中势
自然灾害直接经济损失	4	4	0	优势
3.3　人力资源竞争力	28	23	5	劣势
常住人口增长率	6	4	2	优势
15~64 岁人口比例	17	13	4	中势
文盲率	26	25	1	劣势
大专以上教育程度人口比例	8	7	1	优势
平均受教育程度	20	14	6	中势
人口健康素质	29	29	0	劣势
职业学校毕业生数	29	29	0	劣势

4. 宁夏回族自治区财政金融竞争力指标排名变化情况

表 30-8　2015~2016 年宁夏回族自治区财政金融竞争力指标组排位及变化趋势

指　标	2015 年	2016 年	排位升降	优劣势
4　财政金融竞争力	27	20	7	中势
4.1　财政竞争力	19	16	3	中势
地方财政收入	29	31	-2	劣势
地方财政支出	31	31	0	劣势
地方财政收入占 GDP 比重	13	7	6	优势
地方财政支出占 GDP 比重	5	7	-2	优势
税收收入占 GDP 比重	14	15	-1	中势
税收收入占财政总收入比重	19	24	-5	劣势
人均地方财政收入	13	9	4	优势
人均地方财政支出	6	9	-3	优势
人均税收收入	12	13	-1	中势
地方财政收入增长率	15	10	5	优势
地方财政支出增长率	23	4	19	优势
税收收入增长率	23	28	-5	劣势
4.2　金融竞争力	30	26	4	劣势
存款余额	30	30	0	劣势
人均存款余额	19	18	1	中势
贷款余额	29	29	0	劣势
人均贷款余额	10	10	0	优势
中长期贷款占贷款余额比重	14	10	4	优势
保险费净收入	28	28	0	劣势
保险密度	15	10	5	优势
保险深度	8	9	-1	优势
国内上市公司数	29	29	0	劣势
国内上市公司市值	31	31	0	劣势

5. 宁夏回族自治区知识经济竞争力指标排名变化情况

表 30－9 2015～2016 年宁夏回族自治区知识经济竞争力指标组排位及变化趋势

指 标	2015 年	2016 年	排位升降	优劣势
5 知识经济竞争力	29	29	0	劣势
5.1 科技竞争力	26	25	1	劣势
R&D 人员	28	28	0	劣势
R&D 经费	28	28	0	劣势
R&D 经费投入强度	21	19	2	中势
发明专利授权量	28	28	0	劣势
技术市场成交合同金额	28	29	－1	劣势
财政科技支出占地方财政支出比重	13	13	0	中势
高技术产业主营业务收入	29	28	1	劣势
高技术产业收入占工业增加值比重	30	27	3	劣势
高技术产品出口额占商品出口额比重	22	19	3	中势
5.2 教育竞争力	30	30	0	劣势
教育经费	30	30	0	劣势
教育经费占 GDP 比重	8	9	－1	优势
人均教育经费	11	9	2	优势
公共教育经费占财政支出比重	29	29	0	劣势
人均文化教育支出占个人消费支出比重	4	10	－6	优势
万人中小学学校数	5	6	－1	优势
万人中小学专任教师数	8	8	0	优势
高等学校数	28	28	0	劣势
高校专任教师数	29	29	0	劣势
万人高等学校在校学生数	21	23	－2	劣势
5.3 文化竞争力	27	27	0	劣势
文化制造业营业收入	28	29	－1	劣势
文化批发零售业营业收入	30	30	0	劣势
文化服务员企业营业收入	29	30	－1	劣势
图书和期刊出版数	29	29	0	劣势
报纸出版数	29	29	0	劣势
印刷用纸量	29	29	0	劣势
城镇居民人均文化娱乐支出	9	14	－5	中势
农村居民人均文化娱乐支出	14	15	－1	中势
城镇居民人均文化娱乐支出占消费性支出比重	4	10	－6	优势
农村居民人均文化娱乐支出占消费性支出比重	10	13	－3	中势

6. 宁夏回族自治区发展环境竞争力指标排名变化情况

表 30－10　2015～2016 年宁夏回族自治区发展环境竞争力指标组排位及变化趋势

指　标	2015 年	2016 年	排位升降	优劣势
6　发展环境竞争力	15	14	1	中势
6.1　基础设施竞争力	16	16	0	中势
铁路网线密度	22	22	0	劣势
公路网线密度	24	24	0	劣势
人均内河航道里程	22	22	0	劣势
全社会旅客周转量	30	29	1	劣势
全社会货物周转量	29	29	0	劣势
人均邮电业务总量	8	8	0	优势
电话普及率	10	13	－3	中势
互联网普及率	20	16	4	中势
人均耗电量	1	1	0	强势
6.2　软环境竞争力	14	10	4	优势
外资企业数增长率	5	2	3	强势
万人外资企业数	23	22	1	劣势
个体私营企业数增长率	4	5	－1	优势
万人个体私营企业数	15	13	2	中势
万人商标注册件数	23	20	3	中势
查处商标侵权假冒案件	28	29	－1	劣势
每十万人交通事故发生数	3	5	－2	优势
罚没收入占财政收入比重	15	17	－2	中势
社会捐赠款物	30	31	－1	劣势

7. 宁夏回族自治区政府作用竞争力指标排名变化情况

表 30－11　2015～2016 年宁夏回族自治区政府作用竞争力指标组排位及变化趋势

指　标	2015 年	2016 年	排位升降	优劣势
7　政府作用竞争力	23	19	4	中势
7.1　政府发展经济竞争力	28	29	－1	劣势
财政支出用于基本建设投资比重	10	20	－10	中势
财政支出对 GDP 增长的拉动	27	27	0	劣势
政府公务员对经济的贡献	23	23	0	劣势
政府消费对民间消费的拉动	27	28	－1	劣势
财政投资对社会投资的拉动	25	18	7	中势
7.2　政府规调经济竞争力	16	19	－3	中势
物价调控	8	8	0	优势

续表

指　标	2015 年	2016 年	排位升降	优劣势
调控城乡消费差距	20	20	0	中势
统筹经济社会发展	26	29	-3	劣势
规范税收	13	13	0	中势
固定资产投资价格指数	6	17	-11	中势
7.3　政府保障经济竞争力	14	6	8	优势
城市城镇社区服务设施数	30	30	0	劣势
医疗保险覆盖率	13	11	2	中势
养老保险覆盖率	8	5	3	优势
失业保险覆盖率	7	5	2	优势
最低工资标准	20	22	-2	劣势
城镇登记失业率	27	6	21	优势

8. 宁夏回族自治区发展水平竞争力指标排名变化情况

表 30-12　2015~2016 年宁夏回族自治区发展水平竞争力指标组排位及变化趋势

指　标	2015 年	2016 年	排位升降	优劣势
8　发展水平竞争力	21	20	1	中势
8.1　工业化进程竞争力	24	22	2	劣势
工业增加值占 GDP 比重	22	20	2	中势
工业增加值增长率	13	12	1	中势
高技术产业占工业增加值比重	30	26	4	劣势
高技术产品出口额占商品出口额比重	24	19	5	中势
信息产业增加值占 GDP 比重	29	30	-1	劣势
工农业增加值比值	15	13	2	中势
8.2　城市化进程竞争力	13	12	1	中势
城镇化率	15	15	0	中势
城镇居民人均可支配收入	26	26	0	劣势
城市平均建成区面积比重	25	27	-2	劣势
人均拥有道路面积	5	4	1	优势
人均日生活用水量	13	11	2	中势
人均公共绿地面积	2	2	0	强势
8.3　市场化进程竞争力	22	22	0	劣势
非公有制经济产值占全社会总产值比重	21	20	1	中势
社会投资占投资总额比重	21	23	-2	劣势
私有和个体企业从业人员比重	11	9	2	优势
亿元以上商品市场成交额	28	28	0	劣势
亿元以上商品市场成交额占全社会消费品零售总额比重	7	7	0	优势
居民消费支出占总消费支出比重	27	28	-1	劣势

9. 宁夏回族自治区统筹协调竞争力指标排名变化情况

表 30 - 13　2015 ~ 2016 年宁夏回族自治区统筹协调竞争力指标组排位及变化趋势

指　标	2015 年	2016 年	排位升降	优劣势
9　统筹协调竞争力	24	25	-1	劣势
9.1　统筹发展竞争力	29	20	9	中势
社会劳动生产率	15	15	0	中势
能源使用下降率	25	26	-1	劣势
万元 GDP 综合能耗下降率	31	5	26	优势
非农用地产出率	26	23	3	劣势
生产税净额和营业盈余占 GDP 比重	3	5	-2	优势
最终消费率	9	9	0	优势
固定资产投资额占 GDP 比重	28	28	0	劣势
固定资产交付使用率	22	20	2	中势
9.2　协调发展竞争力	19	25	-6	劣势
环境竞争力与宏观经济竞争力比差	12	9	3	优势
资源竞争力与宏观经济竞争力比差	16	15	1	中势
人力资源竞争力与宏观经济竞争力比差	20	25	-5	劣势
资源竞争力与工业竞争力比差	21	12	9	中势
环境竞争力与工业竞争力比差	27	25	2	劣势
城乡居民家庭人均收入比差	10	9	1	优势
城乡居民人均生活消费支出比差	20	20	0	中势
全社会消费品零售总额与外贸出口总额比差	14	18	-4	中势

B.32

31 新疆维吾尔自治区经济综合竞争力评价分析报告

新疆维吾尔自治区简称新，地处中国西北边疆，东部与甘肃、青海相连，南部与西藏相邻，西部和北部分别与巴基斯坦、印度、阿富汗、塔吉克斯坦、吉尔吉斯斯坦、哈萨克斯坦、俄罗斯、蒙古等国接壤，是国境线最长、交界邻国最多的省区。新疆维吾尔自治区总面积为166万多平方公里，是全国土地面积最大的省区。2016年全区常住人口为2398万人，地区生产总值为9650亿元，同比增长7.6%，人均GDP达40564元。本部分通过分析2015～2016年新疆维吾尔自治区经济综合竞争力以及各要素竞争力的排名变化，从中找出新疆维吾尔自治区经济综合竞争力的推动点及影响因素，为进一步提升新疆维吾尔自治区经济综合竞争力提供决策参考。

31.1 新疆维吾尔自治区经济综合竞争力总体分析

1. 新疆维吾尔自治区经济综合竞争力一级指标概要分析

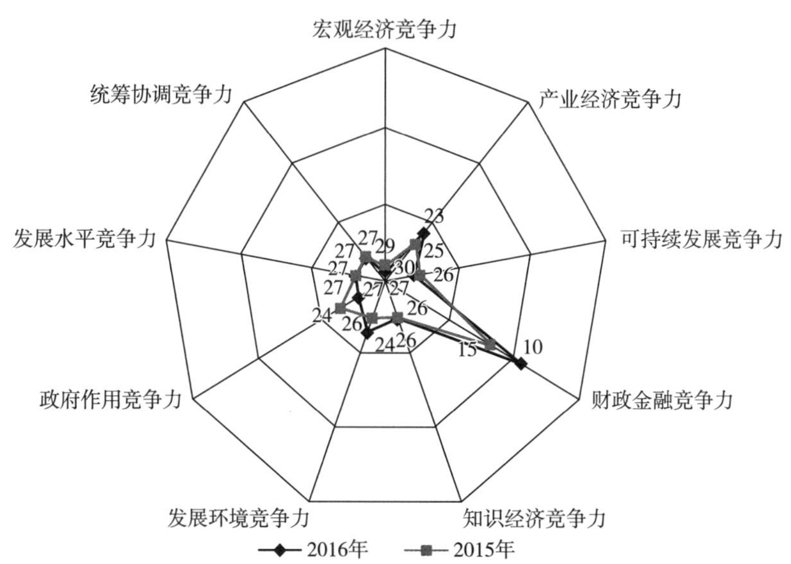

图31－1 2015～2016年新疆维吾尔自治区经济综合竞争力二级指标比较雷达图

表 31-1　2015~2016 年新疆维吾尔自治区经济综合竞争力二级指标表现情况

项目 年份	宏观经济竞争力	产业经济竞争力	可持续发展竞争力	财政金融竞争力	知识经济竞争力	发展环境竞争力	政府作用竞争力	发展水平竞争力	统筹协调竞争力	**综合排位**
2015	29	25	26	15	26	26	24	27	27	28
2016	30	23	27	10	26	24	27	27	27	28
升降	-1	2	-1	5	0	2	-3	0	0	0
优劣度	劣势	劣势	劣势	优势	劣势	劣势	劣势	劣势	劣势	劣势

（1）从综合排位看，2016 年新疆维吾尔自治区经济综合竞争力综合排位在全国居第 28 位，表明其在全国处于劣势地位；与 2015 年相比，综合排位保持不变。

（2）从指标所处区位看，9 个二级指标中，处于上游区的指标有 1 个，为财政金融竞争力；其余 8 个二级指标均处于下游区。

（3）从指标变化趋势看，9 个二级指标中，有 3 个指标处于上升趋势，分别为产业经济竞争力、财政金融竞争力和发展环境竞争力，这些是新疆维吾尔自治区经济综合竞争力上升的动力所在；有 3 个指标排位没有发生变化，分别为知识经济竞争力、发展水平竞争力和统筹协调竞争力；有 3 个指标处于下降趋势，分别为宏观经济竞争力、可持续发展竞争力和政府作用竞争力，这些是新疆维吾尔自治区经济综合竞争力下降的拉力所在。

2. 新疆维吾尔自治区经济综合竞争力各级指标动态变化分析

表 31-2　2015~2016 年新疆维吾尔自治区经济综合竞争力各级指标排位变化情况

单位：个，%

二级指标	三级指标	四级指标数	上升		保持		下降		变化趋势
			指标数	比重	指标数	比重	指标数	比重	
宏观经济竞争力	经济实力竞争力	12	4	33.3	3	25.0	5	41.7	上升
	经济结构竞争力	6	0	0.0	4	66.7	2	33.3	下降
	经济外向度竞争力	9	6	66.7	2	22.2	1	11.1	下降
	小　计	27	10	37.0	9	33.3	8	29.6	下降
产业经济竞争力	农业竞争力	10	6	60.0	3	30.0	1	10.0	上升
	工业竞争力	10	5	50.0	4	40.0	1	10.0	上升
	服务业竞争力	10	2	20.0	3	30.0	5	50.0	下降
	企业竞争力	10	0	0.0	3	30.0	7	70.0	下降
	小　计	40	13	32.5	13	32.5	14	35.0	上升
可持续发展竞争力	资源竞争力	9	0	0.0	8	88.9	1	11.1	保持
	环境竞争力	8	1	12.5	4	50.0	3	37.5	保持
	人力资源竞争力	7	1	14.3	1	14.3	5	71.4	下降
	小　计	24	2	8.3	13	54.2	9	37.5	下降
财政金融竞争力	财政竞争力	12	9	75.0	2	16.7	1	8.3	上升
	金融竞争力	10	1	10.0	5	50.0	4	40.0	上升
	小　计	22	10	45.5	7	31.8	5	22.7	上升

续表

二级指标	三级指标	四级指标数	上升		保持		下降		变化趋势
			指标数	比重	指标数	比重	指标数	比重	
知识经济竞争力	科技竞争力	9	2	22.2	7	77.8	0	0.0	保持
	教育竞争力	10	4	40.0	4	40.0	2	20.0	上升
	文化竞争力	10	5	50.0	3	30.0	2	20.0	保持
	小　计	29	11	37.9	14	48.3	4	13.8	保持
发展环境竞争力	基础设施竞争力	9	1	11.1	7	77.8	1	11.1	上升
	软环境竞争力	9	3	33.3	3	33.3	3	33.3	保持
	小　计	18	4	22.2	10	55.6	4	22.2	上升
政府作用竞争力	政府发展经济竞争力	5	0	0.0	4	80.0	1	20.0	下降
	政府规调经济竞争力	5	0	0.0	0	0.0	5	100.0	下降
	政府保障经济竞争力	6	1	16.7	0	0.0	5	83.3	下降
	小　计	16	1	6.3	4	25.0	11	68.8	下降
发展水平竞争力	工业化进程竞争力	6	2	33.3	4	66.7	0	0.0	上升
	城市化进程竞争力	6	3	50.0	0	0.0	3	50.0	下降
	市场化进程竞争力	6	1	16.7	4	66.7	1	16.7	上升
	小　计	18	6	33.3	8	44.4	4	22.2	保持
统筹协调竞争力	统筹发展竞争力	8	4	50.0	3	37.5	1	12.5	下降
	协调发展竞争力	8	4	50.0	1	12.5	3	37.5	下降
	小　计	16	8	50.0	4	25.0	4	25.0	保持
合　计		210	65	31.0	82	39.0	63	30.0	保持

从表31－2可以看出，210个四级指标中，上升指标有65个，占指标总数的31.0%；下降指标有63个，占指标总数的30.0%；保持不变的指标有82个，占指标总数的39.0%。综上所述，新疆维吾尔自治区经济综合竞争力上升的动力略大于下降的拉力，但受其他外部因素的综合影响，2015～2016年新疆维吾尔自治区经济综合竞争力排位仍保持不变。

3. 新疆维吾尔自治区经济综合竞争力各级指标优劣势结构分析

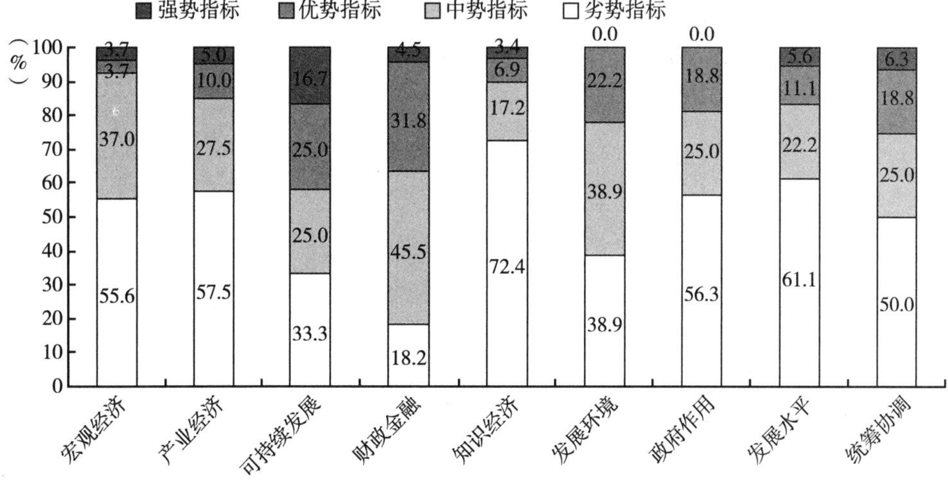

图31－2　2016年新疆维吾尔自治区经济综合竞争力各级指标优劣势比较

表 31 -3　2016 年新疆维吾尔自治区经济综合竞争力各级指标优劣势情况

二级指标	三级指标	四级指标数	强势指标		优势指标		中势指标		劣势指标		优劣势
			个数	比重(%)	个数	比重(%)	个数	比重(%)	个数	比重(%)	
宏观经济竞争力	经济实力竞争力	12	1	8.3	0	0.0	4	33.3	7	58.3	劣势
	经济结构竞争力	6	0	0.0	1	16.7	1	16.7	4	66.7	劣势
	经济外向度竞争力	9	0	0.0	0	0.0	5	55.6	4	44.4	劣势
	小　计	27	1	3.7	1	3.7	10	37.0	15	55.6	劣势
产业经济竞争力	农业竞争力	10	2	20.0	2	20.0	5	50.0	1	10.0	中势
	工业竞争力	10	0	0.0	0	0.0	2	20.0	8	80.0	劣势
	服务业竞争力	10	0	0.0	1	10.0	2	20.0	7	70.0	劣势
	企业竞争力	10	0	0.0	1	10.0	2	20.0	7	70.0	劣势
	小　计	40	2	5.0	4	10.0	11	27.5	23	57.5	劣势
可持续发展竞争力	资源竞争力	9	3	33.3	4	44.4	2	22.2	0	0.0	优势
	环境竞争力	8	0	0.0	1	12.5	2	25.0	5	62.5	劣势
	人力资源竞争力	7	1	14.3	1	14.3	2	28.6	3	42.9	劣势
	小　计	24	4	16.7	6	25.0	6	25.0	8	33.3	劣势
财政金融竞争力	财政竞争力	12	1	8.3	6	50.0	4	33.3	1	8.3	优势
	金融竞争力	10	0	0.0	1	10.0	6	60.0	3	30.0	中势
	小　计	22	1	4.5	7	31.8	10	45.5	4	18.2	优势
知识经济竞争力	科技竞争力	9	0	0.0	0	0.0	0	0.0	9	100.0	劣势
	教育竞争力	10	1	10.0	2	20.0	2	20.0	5	50.0	劣势
	文化竞争力	10	0	0.0	0	0.0	3	30.0	7	70.0	劣势
	小　计	29	1	3.4	2	6.9	5	17.2	21	72.4	劣势
发展环境竞争力	基础设施竞争力	9	0	0.0	2	22.2	3	33.3	4	44.4	劣势
	软环境竞争力	9	0	0.0	2	22.2	4	44.4	3	33.3	劣势
	小　计	18	0	0.0	4	22.2	7	38.9	7	38.9	劣势
政府作用竞争力	政府发展经济竞争力	5	0	0.0	1	20.0	0	0.0	4	80.0	劣势
	政府规调经济竞争力	5	0	0.0	1	20.0	1	20.0	3	60.0	劣势
	政府保障经济竞争力	6	0	0.0	1	16.7	3	50.0	2	33.3	中势
	小　计	16	0	0.0	3	18.8	4	25.0	9	56.3	劣势
发展水平竞争力	工业化进程竞争力	6	0	0.0	0	0.0	0	0.0	6	100.0	劣势
	城市化进程竞争力	6	0	0.0	2	33.3	3	50.0	1	16.7	劣势
	市场化进程竞争力	6	1	16.7	0	0.0	1	16.7	4	66.7	劣势
	小　计	18	1	5.6	2	11.1	4	22.2	11	61.1	劣势
统筹协调竞争力	统筹发展竞争力	8	1	12.5	1	12.5	2	25.0	4	50.0	劣势
	协调发展竞争力	8	0	0.0	2	25.0	2	25.0	4	50.0	劣势
	小　计	16	1	6.3	3	18.8	4	25.0	8	50.0	劣势
合　计		210	11	5.2	32	15.2	61	29.0	106	50.5	劣势

基于图 31 -2 和表 31 -3，从四级指标来看，强势指标 11 个，占四级指标总数的 5.2%；优势指标 32 个，占四级指标总数的 15.2%；中势指标 61 个，占四级指标总数

的29.0%；劣势指标106个，占四级指标总数的50.5%。从三级指标来看，没有强势指标；优势指标2个，占三级指标总数的8%；中势指标3个，占三级指标总数的12%；劣势指标20个，占三级指标总数的80%。从二级指标来看，没有强势指标；优势指标有1个，占二级指标总数的11.1%；劣势指标有8个，占二级指标总数的88.9%。综合来看，由于劣势指标在指标体系中居于主导地位，2016年新疆维吾尔自治区经济综合竞争力处于劣势地位。

4. 新疆维吾尔自治区经济综合竞争力四级指标优劣势对比分析

表31－4 2016年新疆维吾尔自治区经济综合竞争力各级指标优劣势情况

二级指标	优劣势	四级指标
宏观经济竞争力（27个）	强势指标	财政总收入增长率(1个)
	优势指标	资本形成结构优化度(1个)
	劣势指标	地区生产总值、人均地区生产总值、固定资产投资额、全社会消费品零售总额、全社会消费品零售总额增长率、人均全社会消费品零售总额、固定资产投资额增长率、所有制经济结构优化度、城乡经济结构优化度、就业结构优化度、贸易结构优化度、实际FDI、出口增长率、外资企业数、对外直接投资额(15个)
产业经济竞争力（40个）	强势指标	农业增加值增长率、财政支农资金比重(2个)
	优势指标	人均农业增加值、人均主要农产品产量、限额以上餐饮企业利税率、规模以上企业平均资产(4个)
	劣势指标	农民人均纯收入、工业增加值、工业增加值增长率、人均工业增加值、工业资产总额、工业资产总贡献率、规模以上工业主营业务收入、规模以上工业利润总额、工业成本费用利润率、服务业增加值、人均服务业增加值、服务业从业人员数、限额以上批零企业利税率、旅游外汇收入、商品房销售收入、电子商务销售额、规模以上工业企业数、规模以上企业平均收入、规模以上企业平均利润、新产品销售收入占主营业务收入比重、产品质量抽查合格率、工业企业R&D经费投入强度、中国驰名商标持有量(23个)
可持续发展竞争力（24个）	强势指标	人均国土面积、主要能源矿产基础储量、人均主要能源矿产基础储量、常住人口增长率(4个)
	优势指标	人均年水资源量、人均耕地面积、人均牧草地面积、人均森林储积量、人均废水排放量、文盲率(6个)
	劣势指标	森林覆盖率、人均工业废气排放量、人均工业固体废物排放量、一般工业固体废物综合利用率、生活垃圾无害化处理率、人口健康素质、15～64岁人口比例、职业学校毕业生数(8个)
财政金融竞争力（22个）	强势指标	地方财政支出增长率(1个)
	优势指标	地方财政收入占GDP比重、地方财政支出占GDP比重、税收收入占GDP比重、人均地方财政收入、人均地方财政支出、地方财政收入增长率、保险深度(7个)
	劣势指标	税收收入占财政总收入比重、存款余额、贷款余额、保险费净收入(4个)
知识经济竞争力（29个）	强势指标	万人中小学专任教师数(1个)
	优势指标	教育经费占GDP比重、人均教育经费(2个)
	劣势指标	R&D人员、R&D经费、R&D经费投入强度、发明专利授权量、技术市场成交合同金额、财政科技支出占地方财政支出比重、高技术产业主营业务收入、高技术产业收入占工业增加值比重、高技术产品出口额占商品出口额比重、教育经费、人均文化教育支出占个人消费支出比重、高等学校数、高校专任教师数、万人高等学校在校学生数、文化制造业营业收入、文化批发零售业营业收入、文化服务业企业营业收入、报纸出版数、印刷用纸量、农村居民人均文化娱乐支出、农村居民人均文化娱乐支出占消费性支出比重(21个)

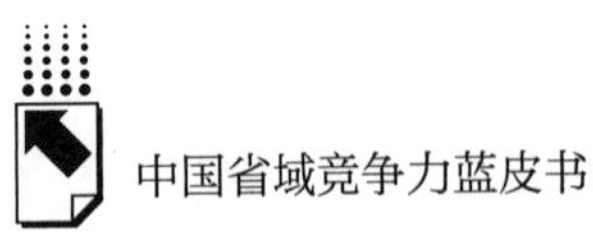

续表

二级指标	优劣势	四级指标
发展环境竞争力（18个）	强势指标	（0个）
	优势指标	互联网普及率、人均耗电量、外资企业数增长率、每十万人交通事故发生数（4个）
	劣势指标	铁路网线密度、公路网线密度、人均内河航道里程、全社会货物周转量、万人外资企业数、万人个体私营企业数、罚没收入占财政收入比重（7个）
政府作用竞争力（16个）	强势指标	（0个）
	优势指标	财政支出用于基本建设投资比重、物价调控、最低工资标准（3个）
	劣势指标	财政支出对GDP增长的拉动、政府公务员对经济的贡献、政府消费对民间消费的拉动、财政投资对社会投资的拉动、调控城乡消费差距、统筹经济社会发展、固定资产投资价格指数、城市城镇社区服务设施数、城镇登记失业率（9个）
发展水平竞争力（18个）	强势指标	亿元以上商品市场成交额占全社会消费品零售总额比重（1个）
	优势指标	城市平均建成区面积比重、人均拥有道路面积（2个）
	劣势指标	工业增加值占GDP比重、工业增加值增长率、高技术产业规模以上企业产值、高技术产业占工业增加值比重、高技术产品出口额占商品出口额比重、信息产业增加值占GDP比重、工农业增加值比值、城镇化率、非公有制经济产值占全社会总产值比重、社会投资占投资总额比重、私有和个体企业从业人员比重、居民消费支出占总消费支出比重（11个）
统筹协调竞争力（16个）	强势指标	生产税净额和营业盈余占GDP比重（1个）
	优势指标	最终消费率、资源竞争力与工业竞争力比差、城乡居民家庭人均收入比差（3个）
	劣势指标	能源使用下降率、万元GDP综合能耗下降率、非农用地产出率、固定资产投资额占GDP比重、资源竞争力与宏观经济竞争力比差、人力资源竞争力与宏观经济竞争力比差、城乡居民人均现金消费比差、全社会消费品零售总额与外贸出口总额比差（8个）

31.2 新疆维吾尔自治区经济综合竞争力各级指标具体分析

1. 新疆维吾尔自治区宏观经济竞争力指标排名变化情况

表31－5 2015～2016年新疆维吾尔自治区宏观经济竞争力指标组排位及变化趋势

指　标	2015年	2016年	排位升降	优劣势
1 宏观经济竞争力	29	30	－1	劣势
1.1 经济实力竞争力	26	25	1	劣势
地区生产总值	26	26	0	劣势
地区生产总值增长率	8	16	－8	中势
人均地区生产总值	20	21	－1	劣势
财政总收入	26	18	8	中势
财政总收入增长率	29	3	26	强势
人均财政收入	24	11	13	中势
固定资产投资额	23	23	0	劣势
固定资产投资额增长率	12	30	－18	劣势
人均固定资产投资额	12	15	－3	中势
全社会消费品零售总额	27	27	0	劣势

续表

指　标	2015年	2016年	排位升降	优劣势
全社会消费品零售总额增长率	30	25	5	劣势
人均全社会消费品零售总额	29	30	-1	劣势
1.2　经济结构竞争力	29	30	-1	劣势
产业结构优化度	17	19	-2	中势
所有制经济结构优化度	26	26	0	劣势
城乡经济结构优化度	23	24	-1	劣势
就业结构优化度	31	31	0	劣势
资本形成结构优化度	4	4	0	优势
贸易结构优化度	29	29	0	劣势
1.3　经济外向度竞争力	28	30	-2	劣势
进出口总额	20	19	1	中势
进出口增长率	29	17	12	中势
出口总额	20	19	1	中势
出口增长率	29	31	-2	劣势
实际FDI	28	27	1	劣势
实际FDI增长率	17	11	6	中势
外贸依存度	12	12	0	中势
外资企业数	28	28	0	劣势
对外直接投资额	23	22	1	劣势

2. 新疆维吾尔自治区产业经济竞争力指标排名变化情况

表31-6　2015~2016年新疆维吾尔自治区产业经济竞争力指标组排位及变化趋势

指　标	2015年	2016年	排位升降	优劣势
2　产业经济竞争力	25	23	2	劣势
2.1　农业竞争力	14	12	2	中势
农业增加值	21	19	2	中势
农业增加值增长率	2	2	0	强势
人均农业增加值	9	8	1	优势
农民人均纯收入	24	23	1	劣势
农民人均纯收入增长率	26	20	6	中势
农产品出口占农林牧渔总产值比重	15	18	-3	中势
人均主要农产品产量	4	4	0	优势
农业机械化水平	20	14	6	中势
农村人均用电量	11	11	0	中势
财政支农资金比重	3	2	1	强势
2.2　工业竞争力	26	24	2	劣势
工业增加值	26	26	0	劣势
工业增加值增长率	28	26	2	劣势
人均工业增加值	25	25	0	劣势
工业资产总额	21	21	0	劣势
工业资产总额增长率	12	11	1	中势
工业资产总贡献率	24	24	0	劣势

续表

指　标	2015 年	2016 年	排位升降	优劣势
规模以上工业主营业务收入	27	26	1	劣势
规模以上工业利润总额	25	23	2	劣势
工业全员劳动生产率	8	11	-3	中势
工业成本费用利润率	25	24	1	劣势
2.3　服务业竞争力	18	25	-7	劣势
服务业增加值	26	26	0	劣势
服务业增加值增长率	2	17	-15	中势
人均服务业增加值	20	23	-3	劣势
服务业从业人员数	23	23	0	劣势
限额以上批发零售企业主营业务收入	20	20	0	中势
限额以上批零企业利税率	30	28	2	劣势
限额以上餐饮企业利税率	5	4	1	优势
旅游外汇收入	22	23	-1	劣势
商品房销售收入	25	28	-3	劣势
电子商务销售额	23	27	-4	劣势
2.4　企业竞争力	25	28	-3	劣势
规模以上工业企业数	26	26	0	劣势
规模以上企业平均资产	6	8	-2	优势
规模以上企业平均收入	17	22	-5	劣势
规模以上企业平均利润	21	23	-2	劣势
规模以上企业劳动效率	15	20	-5	中势
城镇就业人员平均工资	11	13	-2	中势
新产品销售收入占主营业务收入比重	23	24	-1	劣势
产品质量抽查合格率	22	26	-4	劣势
工业企业 R&D 经费投入强度	27	27	0	劣势
中国驰名商标持有量	25	25	0	劣势

3. 新疆维吾尔自治区可持续发展竞争力指标排名变化情况

表 31－7　2015～2016 年新疆维吾尔自治区可持续发展竞争力指标组排位及变化趋势

指　标	2015 年	2016 年	排位升降	优劣势
3　可持续发展竞争力	26	27	-1	劣势
3.1　资源竞争力	6	6	0	优势
人均国土面积	3	3	0	强势
人均可使用海域和滩涂面积	13	13	0	中势
人均年水资源量	5	6	-1	优势
耕地面积	12	12	0	中势
人均耕地面积	4	4	0	优势
人均牧草地面积	4	4	0	优势
主要能源矿产基础储量	3	3	0	强势
人均主要能源矿产基础储量	3	3	0	强势
人均森林储积量	8	8	0	优势
3.2　环境竞争力	31	31	0	劣势
森林覆盖率	31	31	0	劣势

续表

指　标	2015年	2016年	排位升降	优劣势
人均废水排放量	10	10	0	优势
人均工业废气排放量	28	29	-1	劣势
人均工业固体废物排放量	25	25	0	劣势
人均治理工业污染投资额	13	13	0	中势
一般工业固体废物综合利用率	21	25	-4	劣势
生活垃圾无害化处理率	28	29	-1	劣势
自然灾害直接经济损失	28	19	9	中势
3.3　人力资源竞争力	15	24	-9	劣势
常住人口增长率	1	2	-1	强势
15~64岁人口比例	24	26	-2	劣势
文盲率	11	10	1	优势
大专以上教育程度人口比例	11	12	-1	中势
平均受教育程度	15	17	-2	中势
人口健康素质	30	31	-1	劣势
职业学校毕业生数	23	23	0	劣势

4. 新疆维吾尔自治区财政金融竞争力指标排名变化情况

表31-8　2015~2016年新疆维吾尔自治区财政金融竞争力指标组排位及变化趋势

指　标	2015年	2016年	排位升降	优劣势
4　财政金融竞争力	15	10	5	优势
4.1　财政竞争力	12	8	4	优势
地方财政收入	24	18	6	中势
地方财政支出	22	18	4	中势
地方财政收入占GDP比重	6	4	2	优势
地方财政支出占GDP比重	4	4	0	优势
税收收入占GDP比重	9	8	1	优势
税收收入占财政总收入比重	5	28	-23	劣势
人均地方财政收入	11	7	4	优势
人均地方财政支出	8	7	1	优势
人均税收收入	14	14	0	中势
地方财政收入增长率	10	5	5	优势
地方财政支出增长率	12	3	9	强势
税收收入增长率	24	15	9	中势
4.2　金融竞争力	21	19	2	中势
存款余额	26	26	0	劣势
人均存款余额	17	20	-3	中势
贷款余额	26	26	0	劣势
人均贷款余额	15	18	-3	中势
中长期贷款占贷款余额比重	21	12	9	中势
保险费净收入	25	25	0	劣势
保险密度	9	18	-9	中势
保险深度	5	6	-1	优势
国内上市公司数	15	15	0	中势
国内上市公司市值	18	18	0	中势

5. 新疆维吾尔自治区知识经济竞争力指标排名变化情况

表 31 －9　2015～2016 年新疆维吾尔自治区知识经济竞争力指标组排位及变化趋势

指　标	2015 年	2016 年	排位升降	优劣势
5　知识经济竞争力	26	26	0	劣势
5.1　科技竞争力	29	29	0	劣势
R&D 人员	27	27	0	劣势
R&D 经费	27	27	0	劣势
R&D 经费投入强度	28	28	0	劣势
发明专利授权量	26	26	0	劣势
技术市场成交合同金额	29	28	1	劣势
财政科技支出占地方财政支出比重	23	23	0	劣势
高技术产业主营业务收入	30	30	0	劣势
高技术产业收入占工业增加值比重	31	31	0	劣势
高技术产品出口额占商品出口额比重	30	29	1	劣势
5.2　教育竞争力	24	22	2	劣势
教育经费	23	22	1	劣势
教育经费占 GDP 比重	5	5	0	优势
人均教育经费	7	8	－1	优势
公共教育经费占财政支出比重	11	14	－3	中势
人均文化教育支出占个人消费支出比重	26	24	2	劣势
万人中小学学校数	14	13	1	中势
万人中小学专任教师数	1	1	0	强势
高等学校数	27	27	0	劣势
高校专任教师数	27	27	0	劣势
万人高等学校在校学生数	30	29	1	劣势
5.3　文化竞争力	28	28	0	劣势
文化制造业营业收入	30	30	0	劣势
文化批发零售业营业收入	24	24	0	劣势
文化服务业企业营业收入	22	23	－1	劣势
图书和期刊出版数	16	17	－1	中势
报纸出版数	24	21	3	劣势
印刷用纸量	24	24	0	劣势
城镇居民人均文化娱乐支出	17	15	2	中势
农村居民人均文化娱乐支出	30	29	1	劣势
城镇居民人均文化娱乐支出占消费性支出比重	18	17	1	中势
农村居民人均文化娱乐支出占消费性支出比重	27	24	3	劣势

6. 新疆维吾尔自治区发展环境竞争力指标排名变化情况

表 31 –10　2015 ~ 2016 年新疆维吾尔自治区发展环境竞争力指标组排位及变化趋势

指　标	2015 年	2016 年	排位升降	优劣势
6　发展环境竞争力	26	24	2	劣势
6.1　基础设施竞争力	26	25	1	劣势
铁路网线密度	29	29	0	劣势
公路网线密度	29	29	0	劣势
人均内河航道里程	28	28	0	劣势
全社会旅客周转量	20	20	0	中势
全社会货物周转量	22	22	0	劣势
人均邮电业务总量	15	16	–1	中势
电话普及率	15	15	0	中势
互联网普及率	10	9	1	优势
人均耗电量	4	4	0	优势
6.2　软环境竞争力	22	22	0	劣势
外资企业数增长率	17	8	9	优势
万人外资企业数	25	24	1	劣势
个体私营企业数增长率	17	17	0	中势
万人个体私营企业数	18	21	–3	劣势
万人商标注册件数	14	14	0	中势
查处商标侵权假冒案件	15	14	1	中势
每十万人交通事故发生数	7	9	–2	优势
罚没收入占财政收入比重	20	24	–4	劣势
社会捐赠款物	19	19	0	中势

7. 新疆维吾尔自治区政府作用竞争力指标排名变化情况

表 31 –11　2015 ~ 2016 年新疆维吾尔自治区政府作用竞争力指标组排位及变化趋势

指　标	2015 年	2016 年	排位升降	优劣势
7　政府作用竞争力	24	27	–3	劣势
7.1　政府发展经济竞争力	29	30	–1	劣势
财政支出用于基本建设投资比重	2	4	–2	优势
财政支出对 GDP 增长的拉动	28	28	0	劣势
政府公务员对经济的贡献	29	29	0	劣势
政府消费对民间消费的拉动	30	30	0	劣势
财政投资对社会投资的拉动	29	29	0	劣势
7.2　政府规调经济竞争力	15	25	–10	劣势
物价调控	1	6	–5	优势

续表

指　标	2015 年	2016 年	排位升降	优劣势
调控城乡消费差距	27	29	-2	劣势
统筹经济社会发展	22	28	-6	劣势
规范税收	10	12	-2	中势
固定资产投资价格指数	20	23	-3	劣势
7.3　政府保障经济竞争力	12	19	-7	中势
城市城镇社区服务设施数	25	26	-1	劣势
医疗保险覆盖率	12	14	-2	中势
养老保险覆盖率	23	19	4	中势
失业保险覆盖率	13	14	-1	中势
最低工资标准	6	8	-2	优势
城镇登记失业率	7	27	-20	劣势

8. 新疆维吾尔自治区发展水平竞争力指标排名变化情况

表 31-12　2015~2016 年新疆维吾尔自治区发展水平竞争力指标组排位及变化趋势

指　标	2015 年	2016 年	排位升降	优劣势
8　发展水平竞争力	27	27	0	劣势
8.1　工业化进程竞争力	30	29	1	劣势
工业增加值占 GDP 比重	24	24	0	劣势
工业增加值增长率	28	26	2	劣势
高技术产业占工业增加值比重	31	31	0	劣势
高技术产品出口额占商品出口额比重	30	30	0	劣势
信息产业增加值占 GDP 比重	30	29	1	劣势
工农业增加值比值	28	28	0	劣势
8.2　城市化进程竞争力	20	21	-1	劣势
城镇化率	25	26	-1	劣势
城镇居民人均可支配收入	20	17	3	中势
城市平均建成区面积比重	6	7	-1	优势
人均拥有道路面积	9	7	2	优势
人均日生活用水量	15	18	-3	中势
人均公共绿地面积	24	18	6	中势
8.3　市场化进程竞争力	27	26	1	劣势
非公有制经济产值占全社会总产值比重	26	26	0	劣势
社会投资占投资总额比重	27	28	-1	劣势
私有和个体企业从业人员比重	24	21	3	劣势
亿元以上商品市场成交额	16	16	0	中势
亿元以上商品市场成交额占全社会消费品零售总额比重	3	3	0	强势
居民消费支出占总消费支出比重	30	30	0	劣势

9. 新疆维吾尔自治区统筹协调竞争力指标排名变化情况

表 31－13 2015～2016 年新疆维吾尔自治区统筹协调竞争力指标组排位及变化趋势

指 标	2015 年	2016 年	排位升降	优劣势
9 统筹协调竞争力	27	27	0	劣势
9.1 统筹发展竞争力	16	24	－8	劣势
社会劳动生产率	16	16	0	中势
能源使用下降率	26	31	－5	劣势
万元 GDP 综合能耗下降率	25	25	0	劣势
非农用地产出率	30	30	0	劣势
生产税净额和营业盈余占 GDP 比重	2	1	1	强势
最终消费率	7	5	2	优势
固定资产投资额占 GDP 比重	27	21	6	劣势
固定资产交付使用率	12	11	1	中势
9.2 协调发展竞争力	27	30	－3	劣势
环境竞争力与宏观经济竞争力比差	11	12	－1	中势
资源竞争力与宏观经济竞争力比差	28	28	0	劣势
人力资源竞争力与宏观经济竞争力比差	31	29	2	劣势
资源竞争力与工业竞争力比差	26	6	20	优势
环境竞争力与工业竞争力比差	21	18	3	中势
城乡居民家庭人均收入比差	9	8	1	优势
城乡居民人均现金消费支出比差	27	29	－2	劣势
全社会消费品零售总额与外贸出口总额比差	8	24	－16	劣势

Ⅲ 专题分析报告

Special Reports

B.33
专题一
十九大后中国经济发展的重点领域与发展方向

党的十八大以来，面对国内外经济形势的变化，我国不仅对经济发展阶段进行科学定位，提出经济发展进入新常态的重大判断和经济发展面临“三期叠加”的特殊情形，而且创新性地提出了一系列经济发展政策和措施，如提出五大发展理念、把供给侧结构性改革作为经济发展和经济工作的主线、全面深化改革、实施创新驱动发展战略、不断提高开放型经济水平等，对农业现代化、新型城镇化、生态文明建设、加快脱贫攻坚、“中国制造2025”、“互联网+”行动计划、创新创业等进行深入部署。我国牢牢把握经济发展重要战略机遇期，系统回答了中国经济怎么看、怎么走的问题，这是我国对世界经济发展周期性和我国经济发展阶段性特征的深刻把握和科学认识，也为世界经济经济发展作出重大理论贡献。中国经济发展的创新实践不仅有力地保障了经济持续稳定增长、加速新旧动能转化，而且进一步拓展了经济发展的空间，为引航中国经济指明了发展方向。

在新理念和新政策的引导下，十八大以来，我国经济发展取得了显著的成效，从经济总量上看，2016年我国经济总量达74.4万亿元，仅次于美国，占全球经济总量的比重为14.84%。2013~2016年，我国国内生产总值年均增长7.2%，高于同期世界平均水平（2.5%）和发展中经济体平均水平（4%），对世界经济增长的平均贡献率达到30%以上，超过美国、欧元区和日本贡献率的总和，居世界第一位，成为全球经济增长重要的动力源。从经济结构上看，在拉动经济增长的构成上，我国已经从以投资、出口为主逐步转向以消费为主，据统计，2013~2016年，我国最终消费支出对经济增长的年均贡献率为55%。在供给侧结构性改革的推动下，我国不断从主要依靠劳动力数量和资本存量增长拉动经济增长转向更多依靠科技创新和技术进步，我国科技经费投入规模位居世界第二，科技人员规模位居世界第一，创新驱动发展战略的实施催生了一系列新产业、新业态和新模式，供求结构失衡得到很大改善。我国基础设施建设不断完善，高速铁路营业里程、高速公路通车里程、4G 网络规模、互联网用户规模均位居世界第一，成为推动我国经济快速发展的有力支撑。在对外开放布局上，我国以全面开放为导向，积极构建陆海内外联动、东西双向开放的新型对外开放格局；以自贸区为依托，加快完善对外贸易、双向投资等开放新体制；以“一带一路”倡议为基点，推进区域经济合作，寻求互利共赢；以参与全球经济治理为契机，争夺话语权，努力推动全球经济治理体制变革。十八大以来，我国经济领域取得的一系列成就得益于跳出了原来的制度框架，通过全方位改革为经济发展输入强劲的动力，得益于敢于向经济发展中长期积累的矛盾挑战的勇气和决心，得益于立足人民的获得感和幸福感，得到广大群众的拥护。

党的十九大报告作出了中国特色社会主义进入新时代、我国社会主要矛盾已经转化为人民日益增长的美好生活需要和不平衡不充分的发展之间的矛盾等重大政治论断，这是对我国经济发展所处阶段的重新认识和定位，我国各项政策重点也要随着矛盾的转移而进行调整，与时俱进，解决发展中出现的新矛盾和新问题。十九大报告对决胜全面建成小康社会、开启全面建设社会主义现代化国家新征程进行了全面部署，其中包括创新性地提出了“建设现代化经济体系”。十九大报告提出：“我国经济已由高速增长阶段转向高质量发展阶段，正处在转变发展方式、优化经济结构、转换增长动力的攻关期，建设现代化经济体系是跨越关口的迫切要求和我国发展的战略目标。”短短的几句话精准地概括了我国经济发展所处的阶段，指出了下阶段我国经济发展的重点和方向，并凝练出了“建设现代化经济体系”的总纲领。我国经济发展要继续统筹推进“五位一体”总体布局和协调推进“四个全面”战略布局，以供给侧结构性改革为主线，做好稳增长、促改革、调结构、惠民生、防风险等各项工作，构建具有更好质量、更优效率、更强动力的现代经济体系。

一　十九大开启中国经济发展的新征程和新动力

十九大在我国经济结构调整和供给侧结构性改革取得阶段性成果的基础上，认清了中国经济发展所处的阶段，明确了中国经济发展的目标和方向，开启了中国经济发展的新征程。十九大报告敢于直面问题、直指矛盾、直推对策，所描绘的宏伟蓝图振奋人心、凝心聚力，进一步激发中国经济发展的新动力。

（一）十九大开启中国经济发展新征程

1.“两个一百年”奋斗目标的历史交汇期

党的十五大报告首次提出了“两个一百年”奋斗目标：第一个一百年，是到中国共产党成立 100 年时全面建成小康社会；第二个一百年，是到新中国成立 100 年时建成富强、民主、文明、和谐的社会主义现代化国家。第一个百年目标是让全体人民富起来，第二个百年目标是让国家强起来，从富走向强体现了经济发展的延续性和目标的持续性，是从一个高阶段迈向更高阶段的“继起”和“开往”。如今，在第一个百年目标即将实现之际，十九大报告提出，“从十九大到二十大，是‘两个一百年’奋斗目标的历史交汇期”。这不仅是时间上的交汇，更是经济发展任务和目标的交汇，从对物质生活的追求转向对更加美好的生活、更受尊重的地位、更高素质的社会、更加强大的国家的新期待。十九大报告把第二个一百年的奋斗目标细分为两个阶段来安排，并且将“美丽中国”纳入社会主义强国的目标之中，使社会主义强国建设有更明确的方向和目标，更加清晰地描绘了中华民族伟大复兴的路线图。

2. 全面建成小康社会的决胜期

小康社会是中华民族千百年来不断追求的理想社会，从改革开放初期邓小平同志提出到20世纪末“在中国建立一个小康社会”的奋斗目标，到党的十六大提出21世纪头20年全面建设惠及十几亿人口的更高水平的小康社会的目标，再到十七大提出全面建设小康社会的新要求，以及十八大把“全面建设小康社会”改为“全面建成小康社会”，小康社会的目标一步步更加具体和完善，也更加顺应了人民对美好生活的向往和期待。十九大报告指出，我国当前处于全面建成小康社会的决胜阶段，这既强调了离全面建成小康社会目标的实现只有不到四年时间的紧迫感和任务的艰巨性，特别是到2020年全国7000多万农村贫困人口全部脱贫，也强调了全面建成小康社会使命的光荣性，这是中华民族伟大复兴之路上的重大胜利。十九大报告进一步指出决胜期要打好三大攻坚战：防范化解重大风险、精准脱贫、污染防治，只有妥善处理好经济发展中的短板问题，才能在决胜期走得更稳。

3. 经济从高速增长转向高质量发展的攻关期

改革开放近40年的发展、经济的高速增长使我国成为世界第二大经济体，即使是在金融危机后全球经济增长低迷的环境下，我国依然保持较高的增长速度，成为全球经济增长的稳定器和引擎。1978～2016年，我国名义GDP年均增长率为15.24%，远高于世界平均水平，然而我国经济长期的高速增长是建立在资源要素的粗放式投入、生态环境破坏、大规模的廉价商品出口以及低效率的规模化投资基础上的，这些隐藏的矛盾和问题也随着经济发展进入新常态后不断浮现。我国经济发展进入新常态，是对我国经济发展表现出的速度变化、结构优化、动力转换等重要的阶段性特征所作出的重大战略判断，意味着我国必须改变传统的经济增长路径，在转变经济发展方式、优化经济结构、改善生态环境、提高发展质量中推动新旧动能的转换。党的十九大报告指出，我国经济已由高速增长阶段转向高质量发展阶段，正处在转变发展方式、优化经济结构、转换增长动力的攻关期。从高速增长到高质量增长必须打破体制机制的束缚，甚至以牺牲一定的经济利益为代价，攻关期的勇气和决心是高质量发展的前提。

4. 现代化经济体系构建的关键期

经济从高速增长转向高质量增长需要有完善的经济体系支撑，确保高质量增长的经济起点高、运行稳、动力足。党的十九大报告首次提出“建设现代化经济体系”，这是我们党根据新时代的历史方位、主要矛盾和发展目标作出的总体部署，是开启全面建设社会主义现代化国家新征程的重要任务和实现途径，是确保实现经济高质量增长而进行的系统性的安排，指明了今后经济发展的重点和关键领域。现代化经济体系旨在构建不同于传统经济发展方式的新路径，进一步解放和发展生产力，加快社会主义市场经济体制改革，激发全社会的创造力和活力，形成市场机制有效、微观主体有活力、宏观调控有度的经济体制，不断增强我国经济的创新力和竞争力。现代化经济体系的构建不仅是我国经济内生增长动力的诉求，也是形成更加稳定健康的经济基础的要求，在当前这一关键时期，需要理顺现代化经济体系的脉络，做好现代化经济体系构建的时间表。在稳中求进工作总基调的指引下，打好防范化解金融风险、精准脱贫、改善生态环境三大攻坚战，提高保障和改善民生水平，夯实现代化经济体系的基础，增强现代化经济体系构建的信心，为实现高质量的发展保驾护航。

5. 走向国际经济舞台中心的角色塑造期

2008 年国际金融危机爆发后，以中国为代表的新兴经济体经济增长表现十分抢眼，不仅担当了稳定世界经济增长的重任，而且积极参与全球经济治理，为重建国际经济新秩序提供了方案和智慧。中国在经济外交上提出的一系列新思想和新理念不仅得到了国际社会的广泛认可，也重塑了中国在国际上的经济地位和形象，中国不再是只会加工和出口廉价劳动密集型产品的国家，而是在产业链和价值链上日益占据重要地位，中国经济实力的日益强大也给其他国家带来更多的机会。近年来，习近平主席等中国领导人在联合国大会、G20 国家领导人峰会、金砖国家领导人会晤、亚太经合组织领导人会议、达沃斯世界经济论坛、博鳌亚洲论坛、“一带一路”国际合作高峰论坛等国际场合，都提出了中国有关全球经济治理的理念和倡议，特别是坚持共商、共建、共享理念的全球治理方案，符合世界各国的共同利益，顺应全球人民对和平与发展的期待。十九大报告中指出，“推动构建人类命运共同体”“积极参与全球治理体系改革和建设”，表达了我国作为负责任大国在全球经济治理中的使命感，也开启了我国特色经济外交的新征程，我国将在推进国际经济合作、促进利益共享等国际机制完善中贡献更多的中国智慧和力量。

（二）十九大激发中国经济发展新动力

动力足方能行得远，经济发展需要有源源不断的动力支撑，需要有新的要素注入，架构起经济发展的新体系。十九大报告中的一系列新思想、新理念、新举措、新判断，必将凝聚中国经济发展的新动力，改革、创新、开放、自信、民众、绿色将构筑新时代中国经济发展的动力体系，并提升中国经济发展的竞争力水平。

1. 改革的力量

十九大报告提出要“坚持全面深化改革”，这既是改革开放以来我国经济发展取得卓越成效的经验总结，更是过去 5 年破解我国经济发展瓶颈的利器，改革也将继续成为解决“新矛盾”、开启“新征程”的重要手段。改革的“全面性”凸显了改革领域的宽泛性，涉及经济发展的各个层面，只有从整体上破除束缚经济发展的体制机制，才能从根本上取得突破；改革的“深化性”体现了改革不是表面上的小修小补，而是能顺着问题找症结，解决深层次的矛盾，确保改革的彻底性。改革将进一步释放中国经济发展的新动能，改革对经济结构的调整也会使整个经济体系内的生产要素得以重新调整和组合，给予经济更大更自由的发展空间，源源不断地释放经济发展的新动力，勾勒新时代中国经济发展的新路径。

2. 创新的力量

创新是驱动经济发展永恒的动力，自人类社会产生以来，正是不断创新推动了社会的发展和更迭，推动了人类文明进步。创新在推动经济发展中扮演着重要角色，可以突破传统发展思维的束缚，拓展经济发展的新视野和新空间，形成矛盾解决的新方法和新思路，创新在任何时代都是永不褪色的主题。近年来，在创新驱动发展战略的推动下，我国创新呈现密集性、井喷式发展，创新的速度和效率呈现前所未有的提升。十九大报告提出“加快建设创新型国家”，并明确“创新是引领发展的第一动力，是建设现代化经济体系的战略支撑”，要“不断增强我国经济创新力和竞争力”。在现代化经济体系建设中，创新将更加聚焦于新模式、新技术、新业态、新产业，引发我国经济发展的巨大变革，创新先行将开辟我国经济发展的新路径，使经济发展更具活力。

3. 开放的力量

十八大以来，我国从推动形成全面开放新格局和构建人类命运共同体的全局战略高度，走出了一条中国特色的对外开放道路，将“走出去”和“引进来”的力量融入我国经济发展进程中，不仅大大提升了我国在全球经济治理中的地位和话语权，更形成了内外联动的经济发展机制，实现资源在更大空间范围内的优化配置。对内调整区域经济布局，加快中西部和沿江沿边地区开放，对外积极拓展开放空间，加快实施自由贸易区战略，推进区域经济一体化谈判进程，提出“一带一路”倡议，发起创办亚洲基础设施投资银行和设立丝路基金，举办二十国领导人杭州峰会、金砖国家领导人厦门会晤、亚信峰会等，前所未有的开放力度和独辟蹊径的开放模式，让世界更加了解中国，也让中国经济发展赢得了更多的资源和机遇。十九大报告指出，开放带来进步，封闭必然落后。中国开放的大门不会关闭，只会越开越大。报告也对开放进行总体部署，开放的力量将会形成我国经济发展强大的外推力，并转化为经济增长的内生动力。

4. 自信的力量

党的十八大以来，我国强调自信对中华民族的崛起和发展的重要作用，并明确提出要增强道路自信、理论自信、制度自信、文化自信，“四个自信”是对中国特色社会主义内在优势的集中阐述，是实现中华民族伟大复兴的精神支柱，是令整个民族为之振奋的力量。十九大报告纵观历史、展望未来，指出中国特色社会主义进入新时代意味着近代以来久经磨难的中华民族迎来了从站起来、富起来到强起来的伟大飞跃，迎来了实现中华民族伟大复兴的光明前景。这三个“起来”蕴含了中华民族的伟大奋斗历程，蕴含着满满的自豪感和自信心，用事实向世界证明了我们进行伟大斗争、建设伟大工程、推进伟大事业，必能实现伟大梦想。在充满光明与希望的复兴之路上，十九大报告已经描绘出宏伟蓝图，这种自信带来的是民族的力量，必将转化为每个中华儿女为之奋斗的力量，增强中国经济发展的底气和积极参与全球竞争的底气。

5. 民众的力量

人民群众是经济发展的主体，是推动社会变革的重要力量，只有坚持发展为了人民、发展依靠人民、发展成果由人民共享，才能使广大人民群众在发展中有更多的获得感和幸福感，进一步增强发展的动力。十八大以来，我们党和国家把增进人民福祉作为工作的出发点和落脚点，提出共享发展的理念，大力推进扶贫脱贫、缩小收入差距等工作，使发展成果更多更公平地惠及全体人民，促进社会公平正义，这一过程也赢得了广大民众的信任。人民群众生活水平的提高和对美好生活的切实感受引发了参与经济发展的更大激情。十九大报告从头至尾多次提到人民，彰显了人民的地位和人民的力量，明确提出“必须始终把人民利益摆在至高无上的地位，让改革发展成果更多更公平惠及全体人民，朝着实现全体人民共同富裕不断迈进”，并强调“带领人民创造美好生活，是我们党始终不渝的奋斗目标”。这是我们党对人民的庄严承诺，也是我们党孜孜追求的目标。广大人民群众将迸发出经济建设的巨大热情，开拓社会主义经济发展的新局面。

6. 绿色的力量

绿色是大自然的底色，是生命的象征，是人与自然和谐共处的底版，绿色代表着经济的可持续发展，是经济社会永续发展的动力。习近平总书记提出了“绿水青山就是金山银山”的科学论断，并鲜明提出了“牢固树立保护生态环境就是保护生产力、改善生态环境就是发展生产力的理念”，保护好生态环境可以源源不断地释放出生产力发展的巨大动力。十八大以来，我国对生态环境保护的认识和保护力度前所未有，生态环境保护被置于系统性、全局性的高度。我国对生态环境保护的决心也前所未有，坚决推进污染治理，坚决关停并转，坚决淘汰落后产能，倒逼我国经济结构调整升级。开展生态文明领域改革的顶层设计，从总体上对我国生态文明体制改革进行总体部署。十九大报告进一步提出，要“实行最严格的生态环境保护制度”“建设美丽中国”，并具体指出了生态环境保护的重点领域和措施，这将极大地约束市场主体行为，引导企业自主开展技术创新，积极调整产品结构，提高资源能源使用效率，开发新能源，催生新的产业部门，在人与自然的和谐相处中释放绿色发展的动能。

二　十九大后中国经济发展面临的新机遇和新挑战

（一）十九大后中国经济发展面临的新机遇

1. 开放型经济的升级发展

十九大报告指出，要“推动形成全面开放新格局”，这是中国特色社会主义新时代我国发展开放型经济新格局的战略选择，也是中国经济发展新周期的重大机遇。面对当前国际经济开发合作新格局，中国经济强调应全面深化经济改革开放，赋予新一轮改革开放新内涵，构建开放型经济新体制，以形成全面开放新格局，发展更高层次的开放型经济。在经济全球化背景下，“一带一路”倡议和自贸区战略的实施，为我国发展开放型经济提供了互利共赢的大平台；外贸新业态新模式的培育，为我国构建开放型经济新体系探索新路径；对外投资合作方式的创新，为我国提高开放型经济质量打造新优势；区域开发布局的优化，为我国推动开放型经济开辟新格局。可见，十九大后，在全方位和多层次对外开放格局中，中国将迎来开放型经济的升级发展，进一步拓展对外开放的广度、深度和敏感度，全面融入全球分工体系，积极推进新一轮经济全球化进程。

2. 数字经济形成发展新动能

从世界范围来看，当前全球经济形态呈现数字化特征，数字经济作为知识经济时代的新经济新业态，是推动经济实现包容性增长、协调性增长和可持续发展的强大驱动力。近年来，数字经济等新兴产业蓬勃发展，已成为中国经济发展的新动能和新引擎，对中国经济的引领作用非常显著。据《经济日报》统计，2016 年，中国数字经济的总量超过了 22 万亿元，占 GDP 的比重超过 30%①。同时，据工信部课题组预测，“十三五”期间，我国新兴信息产业的年均增速将保持在 15% 以上；2020 年底，该产业总体规模将突破 11 万亿元②。随着信息通信技术革命的发展及技术应用的普及，尤其是在国家大数据战略的持续推进下，数字经济的潜能将在十九大后得到充分发挥，是中国经济未来新势力的代表，将引领带动实体经济转型和创新。尤其是数字经济与传统产业的深度融合创新，渗透到国民经济各个领域，为中国经济发展提供新动能，以数字化、网络化和智能化聚力拓展国民经济发展新空间。

3. 共享经济创成经济新高地

数字经济将共享经济推向数字化高速路，共享经济将数字经济导向普惠化新征程。2017 年，我国首次将共享经济写入政府工作报告，全国各地陆续出台共享经济发展政策，政策红利日益凸显，推动共享经济健康发展。可见，十九大后，随着技术红利和政策红利的不断释放，共享经济将重塑社会组织和社会分工，在推动创新创业、吸收就业、化解过剩产能、协同创新等层面发挥举足轻重的作用。共享经济的出现和发展，不仅仅是商业模式的革命，它将进一步助力供给侧结构性改革，快速提升社会总供给能力，释放经济增长潜能，形成国民经济新高地，并在新一轮全球变革浪潮中更好地发挥战略支撑作用。据 2017 年《中国分享经济发展报告》统计，2016 年我国分享经济市场交易额约为 34520 亿元，比上年增长 103%，展示了广阔的发展前景。同时，根据全球顶级战略管理咨询公司罗兰贝格公开发布的报告，预计到 2018 年，中国共享经济市场规模将达 2300 亿美元，约占世界共享经济总额的 44%③。可见，中国共享经济发展迅猛，未来不仅将成为中国经济新高地，也将成为全球共享经济中心，成为共享经济的领

---

① 黄鑫、陈静、吉蕾蕾：《数字经济，中国经济发展新动能》，《经济日报》2017 年 12 月 5 日。

② 蒋媛媛：《发展数字经济　培育增长新动能》，《中国社会科学报》2017 年 7 月 26 日。

③ 罗兰贝格：《2018 年中国汽车共享出行市场分析预测报告》，https://www.rolandberger.com/zh/Publications/pub_china_s_car_sharing_mobility_market_2018.html，2017 - 3 - 15。

军力量。

4. 创新驱动引领中国智造

全球正迎来新一轮科技革命和产业革命，人工智能、大数据、区块链、量子科学等新技术不断取得新突破，科技创新为世界经济转型和全球化进程创造了新的机遇。中国经济正处于要素驱动、投资驱动、资本驱动转向创新驱动的关键点，抓住新一轮科技革命和产业革命的发展机遇，坚持创新驱动发展，以智能制造引领中国经济的跨越转型，推动中国产业走向全球价值链中高端，是中国全面建设现代化经济体系的重要战略部署。十九大强调，创新是引领发展的第一动力，在国际竞争和区域竞争中，创新能力越强，越能把握经济发展的先机。当前，中国经济正是在理论创新、制度创新、文化创新及其他各方面各领域的创新大环境中，借鉴西方发达国家的国家创新体系，加快建设创新型国家，推进“中国制造”向“中国智造”转变，并引领中国智造、中国创造走向国际市场。

（二）十九大后中国经济发展面临的新挑战

1. 经济结构不平衡

近年来，中国的经济发展进入新常态，经济增长持续减速。这既有金融危机后全球经济疲软的负面影响，也有中国经济内部结构性问题的诱发作用。受历史、文化、资源禀赋、市场等因素的影响，中国经济结构不平衡问题日益凸显，也制约了中国经济的平稳、健康和可持续发展。其中，中国的需求结构、产业结构、收入结构、城乡结构、国际收支结构等经济结构性问题，逐渐暴露出不平衡、不协调和不可持续等问题，已经形成制约中国经济发展的瓶颈因素。经济结构演化与经济增长质量有内在联系，二者相互促进、相互协调、相互制约，存在良性互动的双向耦合优化关系的同时，也存在彼此掣肘的不良耦合关系。中国经济正从高速增长转向高质量增长，经济结构不平衡问题导致经济增长的速度趋于下降，阻碍了中国经济的健康和可持续发展。中国的高储蓄率、高投资率、低消费率“两高一低”特征，将会在未来很长一段时间内持续，有可能进一步恶化原有的经济结构矛盾。因此，如何缓解或消除经济结构性失衡，是十九大后中国经济发展面临的重大挑战。

2. 实体经济基础不牢

实体经济是国民经济的“压舱石”，也是中国经济发展的根基。近年来，受全球金融危机影响，中国出口贸易增速减缓，投资和消费增长率有所下降，给中国实体经济带来深刻冲击。2017 年 11 月份主要宏观指标回落，显示中国经济下行压力加大，特别是产能过剩、节能减排、转型升级等客观问题，以及市场周期调整的影响，实体经济对市场经济预期不乐观，制造业投资、基础设施投资以及民间投资增速回落明显。可见，中国实体经济复苏基础仍不牢固①。当前，复杂多变的经济形势，融资困

① 《国务院再出三招为企业减负 1200 亿元》，陕西省中小企业促进局，http：//www. smte. gov. cn/html/100050/1214641. html，2017 -5 -18。

难、环保冲击、人才匮乏、生产成本等因素对实体经济产生了一定的冲击，导致实体经济企业数量增长趋缓、企业经济效益下滑，表明当前实体经济发展环境不乐观，中国实体经济回升动力有待提升。十九大后，中国经济该如何抢抓互联网机遇，优化实体经济环境，降低企业负担，推动实体经济实现破局，是中国实体经济面临的重要挑战。

3. 自主创新能力不强

十八大以来，国家出台了一系列创新政策，中国自主创新事业也取得了重大突破。但从整体来看，中国经济自主创新能力不强，尤其是企业的创新能力没有得到显著提升。《2017 年全球创新指数》统计显示，2017 年，中国创新指数排名居第 22 位，与 2016 年相比，上升了 3 位，成为唯一进入全球创新前 25 位的中等收入国家①，但与西方发达国家相比仍有较大差距。中国的创新体制仍然有很大的发展空间，《2017 年全球创新指数》统计显示，中国创新体系得分仅 54. 8 分，创新体系指标排名居第 78 位，居于劣势地位。从国内企业自主创新能力看，存在企业研发基础薄弱、企业研发强度较低、企业创新产出率较低、新技术产业化阻力大和优秀创新型企业数量少等问题，大部分企业不具备引领产业创新方向的实力。据科睿唯安（Clarivate Analytics）发布的“2016 年全球创新百强”，中国仅华为一家企业荣登榜单，排名居第 40 位，与全球创新百强机构仍有较大差距。可见，自主创新能力不强将是十九大后中国经济面临的又一大严峻挑战。

4. 生态环境保护不足

《2017 年全球创新指数》统计显示，在全球 127 个国家中，中国生态可持续指标得分 41. 4 分，排名居第 78 位，其中单位 GDP 能耗指标排名居第 98 位，环境绩效指标排名居第 93 位②。由于历史和工业发展背景因素，曾经以生态环境为代价换取经济发展，中国的生态可持续性大大落后于其他国家，在全球范围内处于弱势地位。当前，中国经济发展与生态环境不协调，是制约中国经济健康和可持续发展的瓶颈。国土资源问题、水安全问题、环境与健康问题、生物多样性问题、大气污染问题，已对我国经济发展造成不容置疑的威胁，并严重制约了生态经济发展。生态环境对经济发展的制约主要表现为生态经济发展不可持续、不稳定、不平衡、不协调等③。生态环境恶化和能源危机是中国经济面临的主要问题之一，十九大后，如何提高“经济—社会—环境”的耦合协调度，实现同步协调和耦合发展，是中国经济在未来很长一个时期都需要直面的挑战。

---

① WIPO. The Global Innovation Index 2017：Innovation Feeding the World. http：//www. wipo. int/wipo_ magazine/en/2017/03/article_ 0004. html，2017 -6.

② WIPO. The Global Innovation Index 2017：Innovation Feeding the World. http：//www. wipo. int/wipo_ magazine/en/2017/03/article_ 0004. html，2017 -6.

③ 林新波：《生态环境对经济发展制约的主要表现》，《生态经济》2011 年第 7 期，第 81 ~83 页。

三　十九大后中国经济发展的重点领域

党的十九大报告围绕基本建成社会主义现代化强国的目标，指出建设现代化经济体系是适应我国经济由高速增长阶段转向高质量发展阶段、跨越发展关口的迫切需要。围绕建设现代化经济体系，十九大后中国经济发展的重大战略部署将着重围绕以下几个方面展开。

（一）深化供给侧结构性改革，实现供需结构平衡

自 2014 年实施供给侧结构性改革以来，我国在“三去一降一补”方面取得了显著成效，但仍然面临一些矛盾：在去产能、去库存的过程中，存在“一刀切”现象，企业的生存、转型升级愈加艰难；在“腾笼换鸟”的过程中，存在新产能还没有形成但是落后产能已经被置换的现象。因此，如何处理这些矛盾，找到问题的关键节点和突破口仍然是十九大后的首要关注点。

1. 提高供给体系质量

党的十九大报告明确要提高供给体系质量。李克强总理曾经提出，“改善产品和服务供给要突出抓好‘提升消费品品质，促进制造业升级，加快现代服务业发展’”，可以说这是深化我国供给侧结构性改革的根本。当前我国供给体系供给品质和质量要求不高，供给结构与需求结构不相匹配，生产过程中的安全事故频发，节能、低碳、环保等标准相对较低①，未来迫切需要提高供给体系质量。要以全面质量管理理念来指导供给体系建设，企业、消费者、社会组织和政府都要积极参与到质量监管的过程中，构建全社会质量治理机制②。从企业角度来说，必须积极进行技术改造创新，提高智能装备制造水平，提升系统集成能力；积极采用国内外先进技术组织生产，以低碳、节能、环保的理念组织生产，规范产品生产流程，降低生产过程事故率；必须充分考虑新时代消费者需求的多样性、差异性和时效性，要开展定制化生产、柔性生产，加强品牌建设，不断创新商业模式，适应新时代消费者需求的变化。从消费者的角度而言，要积极行使消费者权利，让政府和企业意识到消费者权益保护的重要性。从社会组织而言，要充分发挥行业协会的桥梁纽带作用、新闻媒体的舆论监督作用，保护消费者的合法权益。从政府的角度而言，要建立更为严格的质量监管体系，让企业感受到法律的威慑力，严格把控产品质量，引导企业积极实施标准化战略，走品牌建设之路，主动改进质量、提升质量。

2. 加快新旧动能转换

党的十九大明确提出，“在中高端消费、创新引领、绿色低碳、共享经济、现代供

---

① 金碚：《供给侧结构性改革的根本目标是提高供给体系的质量和效率》，《求是》2016 年第 10 期，第 24 ~ 25 页。

② 刘刚：《建立政府质量监管体系的思考》，《质量与标准化》2014 年第 4 期，第 1 ~4 页。

应链、人力资本服务等领域培育新增长点，形成新动能”，这里的“新动能”是相对“旧动能”而言的，是从规模速度型向质量效益型、模仿跟踪型向创新型、GDP 导向引领型向可持续制度引领型、传统低端产业向新兴高端产业、粗放型增长向集约型增长转变过程中必备的动力转换[①]，加快形成以新技术、新业态、新模式和新产业为核心的“四新”动能。可以说新旧动能转换是供给侧结构性改革的动力源泉。过去几年，我国在新旧动能转换方面取得了显著的成效，包括传统产业不断转型升级，新型高端产业不断培育，但在转换过程中仍然面临企业新旧动能转换意识不强、创新投入不足、新旧动能转换保障措施建设滞后等问题。未来发展中，要进一步依托“互联网 +”、大数据、人工智能等改造传统产业流程，实现传统产业转型升级，促进传统产业向高附加值产业转移。要发展平台经济，大力推进信息化与工业化的融合发展，加快发展先进制造业，构建现代产业体系。要促进技术创新与商业模式创新的深度融合，推动产业发展低碳化，提高资源利用效率，着力推进绿色发展制度化。要引导重点企业延伸服务链条，提升工业设计、节能环保服务、检验检测、现代物流、信息技术服务等产业对制造业新旧动能转换的支撑能力。要进一步完善支撑新旧动能转换的条件，包括从投融资体系建设、人才培养、公共服务平台构建、行政审批制度改革等方面入手。

3. 加强基础设施建设

十九大报告指出，“加强水利、铁路、公路、水运、航空、管道、电网、信息、物流等基础设施网络建设”。可以说基础设施建设是供给侧结构性改革的重点领域。在“十二五”期间，我国的基础设施建设快速推进，尤其是高铁成为新时代中国的“四大发明”之一，至 2016 年底，中国高铁的运营里程已经超过了 2. 2 万公里，位居世界第一位[②]。根据世界经济论坛发布的《2015 ~ 2016 年全球竞争力报告》，中国的基础设施得分为 4. 73 分，在 140 个经济体中排在第 39 位[③]。和美、德、日相比，中国交通基础设施的质量尤其是港口、铁路、民航等还有很大的提升空间，信息通信基础设施建设亟须全面升级。因此，十九大后基础设施领域亦是要深化供给侧结构性改革，要依托智能制造、大数据、物联网等提高基础设施建设水平；要加大对航空和港口基础设施的投入力度，进一步完善多式联运的物流体系建设，提升基础设施建设对产业转型升级的支撑能力；要充分认识国外基础设施建设市场的重大需求，积极引导企业到海外尤其是“一带一路”沿线国家开展基础设施投资建设，加强与先进国家在技术、管理等领域的合作，积极借鉴发达国家的经验和做法。

4. 坚持“三去一降一补”

十九大报告指出，“坚持去产能、去库存、去杠杆、降成本、补短板，优化存量资源配置，扩大优质增量供给，实现供需的动态平衡”。2017 年，煤炭行业已经完成

---

① 李佐军：《培育壮大新动能，推动经济发展动力变革》，人民网，2017 - 10 - 24，http：//cpc. people. com. cn/19th/n1/2017/1024/c414305 - 29606412. html。

② 《迎接中共十九大——中国高铁篇》，中国新闻网，2017 - 10 - 11. http：//news. gaotie. cn/jianshe/2017 - 10 - 11/424633. html。

③ 李鹏飞：《供给侧结构性改革与中国基础设施建设》，《中国经济学人》2016 年第 4 期。

74%，钢铁行业已经全面完成目标，减税降费等措施给企业带来的减负将超过1万亿元①。但当前在“去”和“补”的过程中主要采取了一些行政命令手段，哪些要“去”，采取了“一刀切”的做法，对企业影响很大，往往出现新产能还没有培育出来，旧产能已经被去除，企业在结构调整期面临的压力更大。因此，继续深入实施“三去一降一补”仍然是十九大后的重点任务。对污染重、能耗高、工艺装备落后、安全隐患多的项目坚决予以淘汰；配合工业结构调整和转型升级的总体安排，统筹运用经济、行政、法律、金融等政策措施，采取市场化退出、兼并重组、扶持发展等方式，分类处置②；要积极探索低碳技术在生产过程中的运用，实现循环生产，控制能源消耗总量，促进低碳技术产业化；要加强国际产能合作，引导国内企业积极到“一带一路”沿线国家和地区投资，争取在全球范围内开展布局和配备资源，更有效地化解过剩产能；及时发布产业信息、建立评估和预警制度，严格控制高污染、高能耗的传统资源型行业发展，减少低端供给；要根据各个地区、各个产业、各个企业的实际，因地制宜实施“三去一降一补”，不能搞“一刀切”。

（二）深入实施创新驱动发展战略，加快建设创新型国家

十九大报告中有50多次提到“创新”，习总书记再次强调，“创新是引领发展的第一动力”，要“更加注重创新驱动，更加注重体系建设，更加注重集约高效，更加注重军民融合”。十八大以来，我们在创新驱动发展战略的引领下，取得了一系列显著的成效，创新驱动发展战略大力实施，创新型国家建设成果丰硕，包括科技创新能力有所提升。2016年全社会R&D占GDP比重达到2.1%，高新技术产业得到快速发展，“大众创业、万众创新”得到有力实施。但发展过程中仍然面临创新科技投入不足、创新环境有待进一步改善、创新体制机制瓶颈比较明显、全面创新理念贯彻落实不到位等问题。因此，要以理论创新、实践创新、制度创新、文化创新以及其他各方面的创新，引领中国加快建设创新型国家。

1.进一步完善国家创新系统建设

十九大报告中指出，我国实现世界科技强国分“三步走”：到2020年，我国将进入创新型国家行列；到2035年，我国将跻身创新型国家前列；到2050年，我国将成为社会主义现代化强国和世界科技强国③。而要实现这些目标，必须构建以科技创新为核心，融合商业模式创新、产业创新、金融创新、制度创新、管理创新等多个领域的创新生态系统。要积极完善政府、企业、高校、科研机构等创新主体的功能，明确各个主体在创新生态系统中的定位，强化各个主体之间的协同性，实现协同创新；要努力营造容

---

① 《“三去一降一补”成效外溢显著》，《光明日报》2017年8月21日，http：//society.people.com.cn/n1/2017/0821/c1008-29483227.html。

② 沈坤荣、李震：《供给侧结构性改革背景下制造业转型升级研究》，《中国高校社会科学》2017年第1期，第64~73页。

③ 习近平：《到2020年时使中国进入创新型国家行列》，新华社，2016-05-30.http：//finance.sina.com.cn/roll/2016-05-30/doc-ifxsqykt9994383.shtml。

忍失败、崇尚创新的文化氛围，强化人才、平台、知识产权等要素对创新生态系统建设的保障作用，加快引进高层次人才，加大力度培养创新创业团队，培养勇于担当的创新型人才队伍；要积极参与全球价值链分工，将创新链、产业链、价值链“三链合一”，提高在全球价值链中的地位，积极融入全球创新网络；要深化习近平新时代中国特色社会主义理论研究，这是我们党在过去五年所取得的最重大的理论创新成果，要瞄准世界科技前沿，要求我们必须强化基础研究。

2. 提高科技成果转化能力

十九大报告明确提出，“建立以企业为主体、市场为导向、产学研深度融合的技术创新体系，加强对中小企业创新的支持，促进科技成果转化”。可以说，产学研联盟、促进科技成果转化是我国建设创新型国家的路径选择。据媒体报道，2016 年，我国的科技成果转化率不足 30%，而发达国家的这一指标则高达 60% ~70%[①]，国务院办公厅也专门印发了《促进科技成果转移转化行动方案》。为此，十九大后，要进一步支持行业骨干企业与科研院所、高等学校签订战略合作协议，鼓励产学研政合作；要研究制定促进科技成果转化和产业化的指导意见，建立完善科技成果信息发布和共享平台，健全以技术交易市场为核心的技术转移和产业化服务体系；完善从企业创业孵化到产业化的全链条支撑服务体系。支持企业通过设立、兼并或收购等各种途径纳入国内甚至国外科研机构，鼓励其在研发中积极开展国际合作与交流；通过境外科技创新的方式带动国内产品和技术实现转型升级。

3. 调动和激发全社会的创新创业能力

十九大报告指出，“激发和保护企业家精神，鼓励更多社会主体投身创新创业”。早在 2014 年的夏季达沃斯论坛上，李克强总理就提出要掀起“大众创业”“草根创业”的新浪潮，在 2015 年政府工作报告中又提出了“大众创业、万众创新”。可以说创新创业是激发社会创意、创新、创造、创业活力的有效途径，助力实现经济高质量、可持续、有活力的发展。近年来，“大众创业、万众创新”的“双创”理念深入人心，国家和各地区也出台了一系列鼓励创新创业、促进众创空间发展的政策，在高新园区建设、众创空间培育等方面取得了显著的成效。但科技体制改革有待进一步深化，创新创业环境有待进一步优化，因此，十九大后，要建立有利于创新创业的生态环境，形成和谐积极向上的创新文化，积极打造有利于吸引人才、留住人才的生态环境。要引导创业者要有理性的思维，并不是所有的创新创业活动都能成功；要积极对接国内外高校、科研院所和龙头企业，引进或建设重大研发机构，培育新型创新创业孵化平台，创建“双创”示范基地，设立专业化众创空间，打造面向大众的“双创”全程服务体系。

（三）构建区域联动发展新机制，实现区域协调发展

党的十八大以来，我国采取了一系列措施，如开展精准扶贫，一些贫困地区和欠发

---

① 《有关数据显示我国科技成果转化率不足 30%》，中国经济网，2016 - 01 - 25，http://finance.sina.com.cn/roll/2016 - 01 - 25/doc - ifxnuvxc1956898.shtml。

达地区的发展状况明显改善，缩小了地区贫富差距，城市群带动经济增长效应不断显现，以京津冀、长三角、珠三角为代表的增长极继续发挥辐射带动作用。尽管如此，我国仍然面临进一步统筹协调区域发展关系的问题，党的十九大报告再次指出，“建立更加有效的区域协调发展新机制”，这为区域协调发展指明了方向。

1. 深入推进新型城镇化建设

在过去的五年里，我国的城镇化率年均提高 1.2 个百分点，作为现代化的必由之路，城镇化建设是我国内需潜力和发展动能之所在，尤其是新型城镇化建设对统筹城乡发展、实现产业融合互动、促进城乡一体化发展、实现资源节约集约，构建生态宜居和和谐发展的环境意义重大。2014 年新华社发布了《国家新型城镇化规划（2014 ~ 2020 年）》，指出新型城镇化是我国现代化的必由之路、是保持经济持续健康发展的强大引擎、是加快产业结构转型升级的重要抓手、是推进区域协调发展的有力支撑。但城镇化发展的背后也存在一系列问题，包括大量人口涌入城市，对城市的公共服务、基础设施建设等构成了较大压力，因此，十九大后，要通过全面实施居住证制度和推进教育、医疗等城镇基本公共服务覆盖常住人口等措施继续促进农业转移人口市民化，通过编制实施城市群规划、中心城市规划、专业特色小镇规划等重点培育发展城市群和新兴中小城市，通过城市基础设施建设、城市污染治理以及新型智慧型城市建设等提升城市功能和宜居水平，通过推动交通运输、信息网络等基础设施和公共服务向农村延伸，激发农村资源资产要素活力，健全农村集体产权制度等加快推进城乡发展一体化，进一步完善城乡土地制度、城镇化投融资机制等深化重点领域改革，要始终坚持以人为本的核心理念，推进新型城镇化建设。

2. 优化经济发展格局

十九大报告指出，要“强化举措推进西部大开发形成新格局，深化改革加快东北等老工业基地振兴，发挥优势推动中部地区崛起，创新引领率先实现东部地区优化”，可以说这是我国优化经济发展格局的具体指引。在过去几年中，我国区域协调发展战略得以很好地贯彻实施，尤其是以“一带一路”、长江经济带、京津冀协同发展为典型的区域战略成效显著，包括制发了一系列规划纲要、基础设施建设加快推进文件、重点工程项目加快落地措施等，但目前仍然存在区域经济发展差距较大等问题。因此，十九大后，仍然要进一步优化经济发展格局，在东北老工业基地振兴方面，要进一步推进国资国企改革，加强与周边地区的基础设施互联互通，推动东北地区与京津冀地区的融合发展，在创新合作、产业承接转移、生态环境联合保护治理等领域取得突破，促进装备制造业水平提升。在京津冀协同发展方面，要进一步优化京津冀城市群空间格局，打造以首都为核心的世界级城市群，构建完善便捷的交通网络，在更高的起点以更高的标准建设雄安新区。在长江经济带发展方面，坚持走生态优先、绿色发展之路，更好地发挥长江黄金水道的作用，加大长江经济带九省二市的协同联动发展，促进港口的合理布局和分工协作，加快上海国际航运中心、武汉长江中游航运中心、重庆长江上游航运中心和南京区域性航运物流中心的协同发展。西部开发方面，要加强其与“一带一路”建设、长江经济带建设的有效衔接，推动西部经济持续健康发展。推动西部地区陆地港建设，加快西部地区对中东部地区产业承接和转移，构筑资源优势突出、创新能力较强、产业链条齐备、生态承载合理的现代产业发展体系。

3. 坚持陆海统筹

陆海统筹战略是从我国陆海兼备的国情出发，在进一步优化提升陆域国土开发的基础上，充分发挥海洋在资源环境保障、经济发展中的作用，提升海洋在国家发展全局中的战略地位。在陆海统筹中要优化海陆资源开发、实现产业布局合理化、加强交通通道的建设、实现生态环境保护，并在这四者之间统筹协调，实现优势互补、互利共赢。经过近几年的发展，国家对海洋的管理和开发利用日渐优化，逐步构建和完善了以海洋旅游、海洋渔业等为主导和支撑的海洋经济体系，海洋基础设施建设不断完善，在陆海的生态环境保护方面取得了显著成效，但仍然存在瓶颈，如科技创新能力不足制约了海洋经济的发展，部分海洋产业过度发展导致海陆关系不协调的现象频发。在十九大后，要进一步优化陆海统筹国土开发空间布局，加强海岸线管理和沿海经济带的规划建设；统筹陆海资源（能源资源、矿产资源、耕地资源、淡水资源）的开发利用；深化沿海与内陆地区的产业分工与合作，加快实现对海洋渔业、海洋运输、滨海旅游等传统优势产业的改造升级，实现产业技术升级和产品更新换代；强化海洋生态环境和自然岸线保护，促进海洋资源可持续发展；充分利用"一带一路"沿线国家和地区的海洋资源，深化我国与"一带一路"沿线国家的陆海合作。

（四）推动形成全面开放新格局，发展更高层次开放型经济

习近平总书记在十九大报告中提出的"推动形成全面开放新格局"指出，要"发展更高层次的开放型经济"，"全面开放新格局"要进一步加大"一带一路"建设力度、探索自由贸易港建设，实现建设贸易强国的目标。全面开放新格局是发展更高层次的开放型经济的基本要求，发展更高层次的开放型经济是推动形成全面开放新格局的指南针。

1. 加大力度推动"一带一路"建设

自2013年习近平总书记提出"一带一路"倡议以来，在"五通"建设方面取得了显著成效，也因此得到了越来越多国家和社会组织的认可和支持。十九大关于《中国共产党章程（修正案）》的决议明确提出，将推进"一带一路"建设等内容写入党章。可以说十九大之后，"一带一路"建设会再上一个新台阶。因此，要进一步加强对"一带一路"沿线国家和地区的投资，积极吸引"一带一路"沿线国家和地区的力量参与中国经济社会发展。要深入贯彻落实供给侧结构性改革，将产能输出与促进国际产能合作紧密结合，进一步创新对外投资方式，加快培育具有竞争优势的企业。要加强中国与"一带一路"沿线国家和地区文化融合的纽带建设，以文化融合带动产业发展、贸易畅通。要将海上丝绸之路、陆上丝绸之路、空中丝绸之路和数字丝绸之路建设紧密联系起来。要加强与世界银行、国际货币基金组织、亚洲基础设施投资银行、WTO、国际劳工组织等国际机构的合作，充分发挥华侨华人在"一带一路"建设中的作用，尤其是

华侨华人中的专业人士如律师、会计师、金融师、工程师等的带动作用，通过当地办学的方式加强与“一带一路”沿线国家和地区的留学交流与教育合作。加大金融对“一带一路”建设的支持力度，以多样灵活的金融服务与产品供给促进我国企业更好地参与全球资源配置，包括国家、商业性金融机构等在内的资源要形成合力，共同推动“一带一路”沿线金融的合作与发展。

2. 探索建设自由贸易港

十九大报告中“赋予自由贸易试验区更大改革自主权，探索建设自由贸易港”的提法引起了各省份的广泛关注。作为我国深化改革的又一重大举措，自由贸易港的提出将对物流基础设施建设、港口综合竞争力提升、产港城一体化提出了更高的要求。自由贸易港是自由贸易试验区进一步升级发展的需要，各地区都在抓紧筹划探索自由贸易港的建设，如上海、宁波舟山、厦门、南沙、天津等地。从国家的角度来说，要进行全盘统筹规划，各地区要充分结合自身区位优势和资源禀赋，充分借鉴国际上先进的自由港如新加坡、汉堡、迪拜等的发展经验。要进一步深化改革，推动自由港在货物、人员、金融等方面真正实现自由化。要加强区港联动，加强海关、检验检疫等各个部门的协调，实现信息共享，提高运作效率。要强化区内区外联动发展，积极拓展自由贸易港的腹地资源。要积极借鉴现代供应链管理的整合、优化、协同、生态等理念，进一步创新贸易监管方式，提高监管效率。

3. 加强贸易强国建设

一个国家是否是贸易强国，除了看其贸易量的规模之外，更重要的是要关注这个国家的贸易结构是否优化、贸易综合竞争力情况以及在国际分工中的地位。贸易强国的建设一直是我们党的目标之一，尤其是结构的优化、综合竞争力的提升、国际分工地位的提升一直是我们在外贸发展中的风向标。经过多年的发展，尤其是入世以来，我国进出口贸易规模不断扩大，同时进出口商品结构也持续优化，外贸发展动能加快转换，对全球经济和贸易复苏的贡献加大。十九大报告中再次提出“拓展对外贸易，培育贸易新业态、新模式，推进贸易强国建设”的总要求。十九大后，我国要进一步加快外贸发展方式转变，从传统的以货物贸易为主转变为货物和服务贸易协调发展，注重提升服务贸易比重，依托“互联网 +”战略加快构建国际营销网络体系，进一步构建有利于货物贸易转型优化升级的贸易平台，鼓励发展外贸综合服务、跨境电子商务等新型贸易业态，依托供应链管理、现代信息技术等提高外贸综合水平，要充分借助“一带一路”高峰论坛办好进口博览会，促进国际贸易的开放型合作平台建设。

四　十九大后中国经济发展的目标方向

十九大报告提出中国特色社会主义进入新时代的论断，科学地判断了我国发展已处于新的历史方位，新时代我国社会主要矛盾发生了新变化，全面建设社会主义现代化国家的战略安排更契合实际，也赋予我国经济发展新的使命。在承前启后、继往开来的时代，我国经济发展既要立足现有的经济资源和基础，又要有新的站位和目标，同时也要正视我国当前存在的发展不平衡不充分等问题尚未解决，发展的质量和效益不高，创新能力不够强，实体经济水平有待进一步提升，生态环境保护任务仍然艰巨等。针对问题找对策，围绕发展寻路径，把经验总结与特色化方式相结合，开创新时代中国特色社会主义经济发展的新局面。十九大也为未来的经济发展架构起总体框架，即以建设现代化经济体系为总纲领，以推动经济高质量发展为引导，以转变发展方式、优化经济结构、转换增长动力为动力源，以全面建成社会主义现代化国家为归宿点，推动我国经济朝着更高质量、更高效率、更加公平、更可持续的方向发展，走出一条具有中国影响、中国特色、中国气势的现代经济发展道路，为世界经济发展提供中国样板，为维护世界经济稳定作出中国贡献。

（一）在转向经济高质量发展中找动力

经济高质量发展体系的构建是一个长期的过程，需要有源源不断的动力支撑。由于动力的变化也具有生命周期，随着经济发展中新问题新矛盾的更迭，需要在原有动力由盛转衰的过程中及时补充新的动力，以形成经济发展的“永动机”，确保经济发展的持续性。我国经济在转向高质量发展过程中，既需要有大的方向动力把握，即转变发展方式、优化经济结构、转换增长动力，又要针对经济发展中的具体问题和具体环节不断积蓄“小动力”，如经济发展各领域的改革、传统产业部门的改造、新兴产业部门的建立等。同时，在寻求新的动力支撑中还要遵循经济发展的规律，契合区域经济发展实际，不拔苗助长，在区域经济发展可承载的范围内生成相互适应、相互匹配的发展动力。十九大报告对未来经济发展的部署主要着眼于挖掘内生增长动力，从中国特色经济发展布局中孕育核心动力，当然也要瞄准当前国际科技和产业发展前沿，提前部署，抢抓国际经济发展的新机遇，巧用善用国际资源，选择输入国际上优质的发展动力，形成以内生动力为主、内外联动的动力体系。

（二）在做大做强实体经济中夯基础

党的十九大报告提出，建设现代化经济体系，必须把发展经济的着力点放在实体经济上。实体经济是经济发展最核心、最实在的内容，是社会财富和综合国力的基石，是参与国际竞争最稳定持久的竞争优势源泉，我国经济的高质量发展和社会主义现代化国家建设要以繁荣稳定的实体经济为保障。把实体经济摆在经济发展主心骨和脊梁柱的位置，做大做强实体经济就是要让实体经济的内涵更加丰富，内容进一步拓展。要以制造业为主战场，做大制造业的体量和质量，在改造传统制造业中焕发出新优势和新活力；要善于利用创新、敢于主动创新，推动实体经济与互联网、大数据、人工智能等深度融合，推动制造业生产方式向数字化、智能化、精细化、差异化、绿色化转变，构建先进制造业生产模式，成为我国实体经济发展最具潜力、最有活力的部分。加快发展现代服务业，促进制造业与服务业融合，形成系统化的产业网络，配之以完善的市场体制机制环境，使资本、技术、劳动、信息等各种要素在产业网络中自由流动，形成系统化、高效化的经济运行模式。只有做大做强做优实体经济，现代化经济体系的根基才会更加稳固，高质量的经济发展才能走得更远。

（三）在建设协同发展产业体系中强支撑

现代产业体系是现代化经济体系的重要支撑，其突破了传统产业发展的界限，是新技术、新产品、新业态、新模式不断涌现形成的新兴产业发展格局，是多种要素融合创新的结果。党的十九大报告对如何推动经济发展作出了科学的部署，如提出要着力加快实体经济、科技创新、现代金融、人力资源协同发展的产业体系。这里突出了未来我国产业发展不再是独立的，产业之间的融合会使各产业间的边界更加模糊，产业间的相互渗透也会使传统三大产业的划分重新定义，立体化、一体化的产业发展模式正在形成。产业体系的协同发展表明，要把各生产要素与经济发展协同起来，特别是通过供给侧结构性改革和体制机制改革，使科技创新、金融、人才等要素向实体经济集聚，并有机地组合在一起，形成分工有序、效用交错的格局，经济发展建立在真正依靠科技进步、资本配置优化和劳动者素质提高的基础上。协同发展的产业体系也要求各要素发展水平相当，要满足做大做强做优实体经济的需求，就要努力提高科技创新水平，特别是前沿技术和高端技术，大力培育现代金融新业态，引进和培养领军人才和高技能人才。要素的高端化才能真正推动实体经济发展的高端化，形成经济发展的强力支撑。

（四）在内外区域经济布局调整中拓空间

我国区域经济布局调整对内有利于促进区域经济协调发展，使资源要素在更大范围和更大空间内自由流动，在区域经济联动发展中推动经济发展整体水平的提升，对外有利于建立更加广泛的经济联系，在贸易投资往来中开拓更大的市场、利用更多的资源，让中国的改革红利和经济发展成果惠及更多的国家，彰显中国负责任大国的担当。党的十九大报告提出实施区域协调发展战略，具体提出要加大对贫困地区等的支持力度、以城市群为主体构建大中小城市和小城镇协调发展的城镇格局、支持资源型地区经济转型发展等区域经济发展政策，加上我国现有的四大区域板块和三大战略支撑的区域发展格局，必将形成各具特色的区域经济发展板块和区域经济发展格局，同时依托城市群形成若干个增长极。在对外经济发展空间拓展中，我国将以“一带一路”建设为重点，打造自贸试验区和自贸港区开放新高地，拓展我国与相邻国家或沿线国家合作的领域，构建区域经济发展合作联盟。借助 G20 峰会、金砖国家领导人会晤等平台，创新合作机制。在内外空间的拓展中真正形成陆海内外联动、东西双向互济的开放格局。

（五）在优化市场宏观环境和培育微观主体中激活力

经济高质量的发展离不开创新驱动，而创新又离不开自由宽松的环境和空间，在自由的创新环境中，创新活力来源于大胆的设想和尝试，来源于体系调整和要素重组开辟的新模式和新路径，来源于不惧失败的勇气和决心。十九大报告指出，必须加快构建市场机制有效、微观主体有活力、宏观调控有度的经济体制，这既是现代化经济体系的制度基础和保障，也是激发我国创新潜能和动力的前提。市场机制有效就是要不断完善社会主义市场经济体制，营造公平有序的竞争环境，使各种资源要素自由流动、高效配置，从而形成经济高质量发展的创新体系，创新资源得到充分培育、挖掘和利用。微观主体有活力就是尊重企业的市场主体地位，给予企业更大的经营决策自主权，发挥企业在创新中的主人翁意识，给予企业试错的机会，深化国企改革，支持民营经济发展，培育世界一流企业。宏观调控有度就是要在宏观调控上把握合理的尺度，政府鼓励创新又不直接干预创新，既不越位也不缺位，健全财政、货币、产业、区域等经济政策协调机制，提高政策效率。市场宏观环境优化和微观主体积极性相得益彰，将推动经济发展迸发出更大的活力。

（六）在统筹经济发展与建设美丽中国中谋和谐

经济发展与生态环境保护看似不可调和的矛盾，实际上是可以相互融合、互促互进的。“既要绿水青山，也要金山银山。宁要绿水青山，不要金山银山，而且绿水青山就是金山银山。”这是习近平总书记对经济建设和环境保护关系的全新认识，颠覆了传统的经济发展与环境保护不相容的认识，也形象地阐明了生态文明并不是对工业文明的替代和否定，而是给工业文明加上了新的理念和原则，赋予工业文明发展新的约束和方向。工业文明的发展不再仅以经济利益为目的，而是在尊重自然、顺应自然、保护自然的前提下实现人与自然、经济与环境的和谐统一。十九大报告把社会主义现代化奋斗目标从“富强民主文明和谐”进一步拓展为“富强民主文明和谐美丽”，增加了“美丽”二字，不仅提升了生态环境保护的地位，也与我国“五位一体”总体布局相对应，表明了我国生态环境保护与经济发展目标是统一的，并且是可以相互促进、共同实现的。现代化经济体系是绿色低碳循环发展的经济体系，是人与自然和谐共处的现代化建设新格局，是绿色发展和生态系统保障下更加安全的经济体系，经济发展和美丽中国建设将谱写出更加和谐的画面。

（七）在提升人民群众的获得感、幸福感、安全感中赢民心

进入新时代后，我国社会主要矛盾已经从原来的人民日益增长的物质文化需要同落后的社会生产之间的矛盾，转变为人民日益增长的美好生活需要和不平衡不充分的发展之间的矛盾。这一矛盾的转化凸显了人民群众对美好生活的追求已经从物质层面拓展到精神、文化等更高层面，从满足温饱转向对民主、法治、公平、正义、安全、环境等更加多元化的追求，这不仅是人民群众需求的提升，更是精神境界的提升，是人民群众整体素质提高的结果。经济发展是为了人民，也要依靠人民，十九大报告鲜明地洋溢着以人民为中心的思想，表明了我们党就是要通过更加平衡、更加充分的发展为人民谋求更大的幸福的决心。我国经济发展要始终站在人民群众的立场上，让人民群众有更稳定的工作、更满意的收入、更可靠的社会保障、更好的教育、更高水平的医疗卫生服务、更

优美的环境、更丰富的精神文化生活、更受尊重的地位等。经济发展的效果由人民群众来评价，经济发展的红利由人民群众来共享，在提升人民群众的获得感、幸福感和安全感中化解社会主要矛盾，赢得广大人民群众更大的拥护和支持。

（八）在培育国际经济竞争特色优势中筑地位

中国是有责任和担当的国家，中国的经济崛起不仅让国家更加强盛，也为全球经济发展注入了信心和动能。由《美国新闻与世界报道》发布的 2017 年“最佳国家”排名中，中国“经济影响力”获得满分 10 分，超过了美国，在“最佳创业国家”评价中，中国排名全球第二，中国全球经济影响力的不断增强为自己赢得了口碑和信任，也大大提升了中国在国际上的话语权。在全球经济结构升级和动能转变中，国际经济竞争将更加激烈，只有培育和锻造特色竞争优势才能比别国更加突出。十九大报告提出的建设现代化经济体系，并不是对市场经济国家经济体系的模仿，也不是原有经济体系的小修小补，而是要彻底改变过去主要靠要素投入、规模扩张、忽视质量效益的粗放式增长，跳出传统经济发展的思维框架，实现经济发展的“脱胎换骨”，更加重视创新、竞争等新兴要素。同时这些新兴要素又要充分汲取中华五千年文脉积淀，立足中华民族自强自信的根基，融合中国传统的经济发展优势、创新优势与现代经济发展新动能，在传承与开拓中凝聚中国经济的特色优势，这一特色优势是无法复制、难以被取代的，是中国积极参与国际竞争的理念诠释，更能确保中国国际竞争地位的稳固和提升。

五　十九大后中国经济发展的保障机制

（一）强化理论思想保障

新思想引领新时代，新使命开启新征程①。十八大以来，党中央围绕全球经济增长“长周期”和中国经济发展“新周期”的经济背景，提出了一系列新理论和新思想，如中国经济发展战略思想、中国经济发展策略思想、中国经济发展理念创新思想等，为中国经济复苏、健康可持续发展提供思想保障和理论支撑。十九大后，面对严峻复杂的国内外经济形势，结合经济新时代的新要求和新趋势，以习近平同志为核心的党中央领导坚持以新发展理念为主要内容的中国特色社会主义经济发展新理论和新思想，坚持以中国特色社会主义政治经济学最新成果为理论指导，坚持以人民为中心的经济发展思想，坚持以新理论和新思想引领中国经济发展新时代。2017 年中央经济工作会议指出，要坚持党对经济工作的集中统一领导，把握稳中求进的经济发展总基调和经济改革的正确方向；要坚持适应把握引领经济新常态，将五大发展理念贯穿经济发展全过程；要坚持

① 刘江：《理论界人士学习党的十九大精神：深刻把握新时代新思想新征程》，《经济日报》2017 年 10 月 26 日。

市场在资源配置中的决定性作用，扫除经济发展的体制机制障碍；要坚持适应我国经济发展主要矛盾变化，完善宏观调控，持续深入推进供给侧结构性改革；要坚持问题导向部署经济发展新战略，推动经济高质量发展①。强化理论思想保障，凝聚中国经济发展共识，进一步保障中国经济发展的重点领域和改革方向。

（二）强化要素供给保障

强化要素供给保障，提高供给体系质量，是十九大后中国深入开展供给侧结构性改革，实现效率变革、动力变革、质量变革的关键。其中，强化要素供给，主要涉及人才、资本、土地、技术等要素。首先，强化人才要素供给，夯实经济持续发展的根基。尤其是强化科技人才、专业人才、创新人才、国际化人才的自主供给，创新人才培育和人才发展体制机制，最大化激发人才创新创业潜力，为中国经济发展提供人才支撑。其次，强化资本要素供给，提高资本配置效率。深化金融体制改革，减少资本市场行政干预，逐步放宽民间资本市场准入，有序减少外资限制，稳步推进资本市场开放，建立具有中国特色的多层次资本市场体系，提高资本的供给效率和配置效率。再次，强化土地要素供给，促进土地资源的有效配置。土地要素是工业化经济发展的基础性要素，深化农村土地制度改革，建设城乡统一用地市场，实现农村与城市建设用地同权同价。最后，强化技术要素供给，引领创新驱动发展。创新是引领发展的第一动力，加快推动共性技术、前沿技术、颠覆性技术等创新技术产出，加快各项创新技术扩散和产业化进程，提高技术成果转化率，提高技术要素供给配置效率，从而建立深度融合的技术创新体系，实现中国经济转型升级和跨越式发展。扩大中高端要素供给，减少低端要素供给，提高全社会要素供给质量和全要素增长率，助力中国经济新动能转换。

（三）强化制度供给保障

十九大报告强调要“加快完善社会主义市场经济体制建设”，这是“建设现代化经济体系”的根本性制度保障。在建设现代化经济体系的过程中，强化制度供给保障，尤其是以简政放权为重点的体制机制改革，将在中国经济新旧动能转换、转型升级和可持续发展中发挥重要作用。第一，加强金融体制改革，如深化财税体制改革以建立现代财政制度，深化投融资体制改革以建立现代企业制度等，增强金融体制机制服务实体经济的能力；第二，加强资产管理体制改革，有序推进生态环境监管体制改革，打造中国高端生态经济和绿色经济；第三，加强市场准入负面清单制度改革，大幅度放宽市场准入，在简政放权的基础上，厘清政府与市场的关系，建立健全新型经济开放体系；第四，加强商事制度改革，完善市场监管，从追求“便利化”向追求“公平性”转变，建立稳定公平透明的营商环境，激发市场经济内在活力；第五，加强消费体制机制改革，推动消费结构升级，增加服务消费、信息消费、创新消费等中高端消费比重，发挥消费带动中国经济增长的基础性作用。

---

① 吴秋余、陆娅楠、王珂等：《推动高质量发展，“七个坚持”最重要》，《人民日报》2017 年 12 月 21 日。

（四）强化治理能力保障

社会治理是国家治理的重要组成部分，有效的社会治理体制是国家治理体系和治理能力现代化的重要基础[①]。同时，有效的国家治理也是一个国家的制度和制度执行能力的集中体现。加强和创新社会治理，不断优化国家治理体系，加快推进治理能力现代化，聚力共同打造共建共治共享的社会治理格局，是实现中国经济高质量发展的内在要求和重要保障。在新常态条件下，通过深化社会治理体制改革和创新社会治理方式，全面提高社会治理水平，建设中国特色的现代社会治理体系，从而引导社会发展与社会经济相适应。首先，以习近平中国特色社会主义经济思想为指导，坚持"以人民为中心"的价值立场，推进政府、社会组织和人民群众多元化主体共同参与社会治理，实现社会治理理念现代化；其次，以转变政府职能为前提，坚持简政放权和放管结合，推进社会治理的制度化、规范化和法治化，形成良性互动的社会治理体系，实现社会治理体系现代化；最后，以个体和组织为基础，坚持党的政治领导的政治方向，推进顶层设计与基层创新的良性互动，实现社会治理能力现代化。可见，通过提高社会治理的社会化、法治化、智能化和专业化水平，推进社会治理体系现代化，强化治理能力保障，预防和化解社会矛盾，将会给中国经济发展创造更加公平、有序、和谐的社会大环境。

（五）强化法制供给保障

依法治国是党领导人民治理国家的基本方略，中国特色社会主义进入新时代，也将对新时期的依法治国提出更高的要求。为应对世界经济新形势和国内经济新常态，中国必须持续推进供给侧结构性改革，加快构建推动创新发展的法制体系，强调运用法治思维和法治方式来推进新一轮改革开放进程。在法治框架下，充分发挥法治的引领和规范作用，建设法治国家、法治政府和法治社会"三位一体"的法制机制，实现全面依法治国。通过强化人权法治化、反腐法治化、监察法治化、社会治理法治化，推进反腐败国家立法、国家监察体制改革、社会治理体系改革，才能真正防范和化解经济风险，切实维护社会主义市场经济秩序。只有强化法制供给，加快建设中国特色社会主义法制体系，才能为中国新一轮经济变革提供全方位的保障，确保中国经济发展的新路径、新业态、新模式有序推行。

---

① 张开云、张兴杰：《提高社会治理的公众参与度》，《人民日报》2017 年 8 月 13 日。

B.34
专题二
十九大后中国区域发展的新格局与新动能

一 十八大以来中国区域发展的总体回顾

党的十八大以来，以习近平同志为核心的党中央准确把握中国经济发展所处历史新方位，作出经济发展进入“新常态”的重大判断，形成以新发展理念为指导、以供给侧结构性改革为主线的政策框架，在我国区域发展方面形成了一系列重要论述、采取了一系列重大创新性举措，我国区域发展呈现由不平衡向平衡、不协调向协调转变的良好态势。

（一）十八大以来中国区域发展取得的积极成效

1. 着力推进“一带一路”建设、京津冀协同发展和长江经济带建设三大战略

党的十八大以来，以习近平同志为核心的党中央高瞻远瞩、审时度势，先后提出了推进“一带一路”建设、京津冀协同发展和长江经济带建设三大战略，着眼于实现一体联动和重点突破相结合，促进区域协调发展。经过各方的不懈努力，三大战略均取得了明显进展。

就国内而言，“一带一路”贯穿我国诸多区域，其发展宗旨就是协调东中西部地区经济发展，促进东部制造业向西部转移，加快中西部基础设施建设，协调区域经济发展差异。近年来东部地区经济发展速度开始趋缓，经济发展面临转型，产业结构亟待转变。“一带一路”倡议为东部地区的经济发展打上一针“强心剂”，并采取了一系列开放政策，为东部地区建立进一步的开放机制奠定了基础，对促进东部地区经济发展产生重要影响。中部地区的崛起是“一带一路”建设中的重要一环，中部作为东西部之间的桥梁，同样具有战略性意义，中部地区的枢纽地位在“一带一路”建设中得到真正体现，并有望成为中国经济发展的心脏地带。我国西部地区资源丰富，市场潜力巨大，作为“丝绸之路经济带”途径省份最多的区域，凭借自身的地理位置、资源优势，通过加强与周边国家的贸易合作，完善基础设施建设。周边友好国家的丰富资源也会为西部经济发展提供良好的发展条件，成为西部地区经济发展的新增长点，缩小与东部地区经济差异指日可待。

京津冀协同发展战略通过探索人口经济密集地区的经济结构和空间结构调整，推动形成大的世界级城市群，提高城市群发展的质量和效益，并带动整个环渤海地区发展。按照党中央、国务院部署，自 2014 年以来，各项工作不断取得积极成效，明确协同发展的方向和路径，形成了比较完整的规划体系；着力聚焦重点领域，在交通一

体化、生态环境保护、产业升级转移三个领域率先突破，不断取得重要成果；加快构建协同发展体制机制，推动实施一批重大改革创新试验；致力于补齐协同发展短板，公共服务共建共享取得实质性突破；强化基础设施支撑，一批重大工程和重要项目落地建设。作为京津冀协同发展战略的核心，疏解北京非首都功能工作有序推进，北京城市副中心加快规划建设；实行集中疏解和分散疏解相结合，推动一批疏解示范项目向北京周边和天津、河北转移。尤其重要的是，中央决定设立河北雄安新区，这是深入推进京津冀协同发展的一项重大决策部署。雄安新区与规划建设的北京城市副中心一道，将在承接适宜功能和人口转移、推动京津冀协同发展方面发挥重要作用；同时，将在建设绿色生态宜居城市，实现创新发展、协调发展、开放发展方面提供示范。

长江经济带发展战略始终坚持生态优先、绿色发展，把修复长江生态环境摆在最重要位置，共抓大保护、不搞大开发，目前各项工作进展顺利，并取得积极成效。国家相继出台了指导意见和总体规划，明确了战略定位、主要目标和重点任务，以此为基础，制定了重点领域的专项规划和实施方案，建立清晰完善的规划体系，成为当前和今后长江经济带发展的基本遵循。全面开展生态环境保护专项行动、重点工程建设和制度建设，以畅通黄金水道为依托推进综合立体交通走廊建设，推进航道畅通和长江干线航道系统治理。依托重要试验平台，大力推进产业转型升级和新型城镇化建设，进一步培育形成带动区域协同发展的增长极。

2. 重大功能平台充分发挥试验探索、引领促进和辐射带动作用

党的十八大以来，以习近平同志为核心的党中央继续把重大功能平台建设放在促进区域协调发展的突出位置，进一步拓展领域、挖掘深度，充分发挥其试验探索、引领促进和辐射带动作用。

建立自由贸易试验区。在构建开放型经济新体制、建设国际化市场化法治化营商环境等方面先行先试。目前，已分 3 批设立了 11 个自由贸易试验区。首先，自贸区建设将会带动并推进金融、税收、贸易、政府管理等一系列改革措施的出台。同时，这些改革举措可为全国性的改革提供巨大的示范效应，在这个进程中，改革红利将会逐步释放出来，最终推动中国经济实现转型升级。其次，自贸区是打造中国经济升级版的重要引擎。当前，中国经济正处于转型升级的重要阶段。近年来，我国外贸大幅回落，对国内经济造成了巨大冲击，建立自贸区有助于提振外贸、稳定经济发展，为中国经济转型升级营造良好的发展环境。签订自贸协定、建立自贸区已经成为我国参与区域经济一体化、谋求新的经济增长点的第一选择。

继续有序推进新区建设。充分发挥新区作为深化改革开放重要试验田和落实新发展理念重要示范区的独特作用。除 2017 年 4 月设立的河北雄安新区，国家级新区已发展到 18 个，它们在发展中突出特色、强化创新、优化功能，成为区域协调发展的重要支撑和促进力量。

设立统一规范的国家生态文明试验区。围绕建设资源节约型、环境友好型社会，大力推进绿色发展、循环发展、低碳发展，弘扬生态文化，倡导绿色生活，进行加快建设

美丽城乡的探索试验。在综合考量的基础上，目前已选择福建、江西、贵州三省作为先行试点地区。

此外，根据实际需要，着眼于解决突出的矛盾和问题，我国着力推进临空经济区、海洋经济示范区、产业承接转移示范区、产城融合示范区、综合改革试验区、开放合作试验区等各具特色的功能平台建设。

3. 扎实推进以人为核心的新型城镇化，城乡发展差距逐步缩小

党的十八大以来，以习近平同志为核心的党中央遵循规律、顺势而为，大力推进以人为核心的新型城镇化建设。新型城镇化的快速发展，不仅有力支撑着现代化建设，成为培育发展新动能和推进供给侧结构性改革的重要抓手，而且有效发挥着对区域和农村的辐射带动作用，为缩小城乡发展差距、推进城乡发展一体化作出了重要贡献。同时城镇化是经济持续健康发展的强大引擎，农村人口向城镇转移，扩大消费群体、提升消费结构、释放消费潜力、带动相关领域巨大投资需求在于城镇化，扩大内需的最大潜力也在于城镇化。

在发展主线上，习近平总书记提出，要以人为本，推进以人为核心的城镇化，提高城镇人口素质和居民生活质量，把促进有能力在城镇稳定就业和生活的常住人口有序实现市民化作为首要任务。围绕解决突出问题推进改革、完善政策。提出着重解决好“三个1亿人”问题，引导约1亿人在中西部地区就近城镇化，出台推进户籍制度改革、实施支持转移人口市民化的财政政策、实施居住证制度等举措。围绕建立农业转移人口市民化成本分担机制、多元化可持续的城镇化投融资机制、农村土地制度改革等难点问题，选择不同区域的城市进行分类试点。2016年底，全国户籍人口城镇化率、常住人口城镇化率分别达到41.2%和57.35%，比2012年末分别提高5.9和4.75个百分点。同时强化规划引导，推动城镇化空间格局不断优化，推进大中城市周边就近城镇化提速，促进中心城市和中小城市协调协同发展，加强城乡统筹，注重促进城乡要素平等交换和公共资源均衡配置，促进城镇化和新农村建设协调推进，城乡发展差距逐步缩小。

（二）十八大以来中国区域发展存在的主要问题

十八大以来，从国内来看，中国经济发展进入了新常态；从国际来看，“一带一路”构想逐步付诸实践并取得显著成效。当前，中国区域发展的“4+3战略”日臻成熟，同时以经济发达程度和市场发育程度为导向制定的区域政策和区域规划进入发力期，区域发展迎来了转型期的机遇和挑战。中国抓住机遇，取得了显著的成效，但也暴露出一些问题，主要是区内发展、区域规划以及区域建设的问题。

1. 区域经济发展失衡问题依然存在

随着五大发展理念的提出、区域发展总体战略的深入，中国对区域经济发展失衡问题越来越关注。尽管西南地区在2016年已经是中国区域经济增长的中心，但是由于基数较低，总量仍然无法与东部地区抗衡。再加上东西部在自然条件、产业基础、发展历史、劳动力素质、对外开放观念以及体制机制上的区域差异，区域绝对差距仍然在扩

大，发展不平衡的现象依然存在。2013 年，东部地区与西部地区生产总值的差额为 252523.38 亿元，2015 年扩大到 272199.57 亿元；2013 年，东部地区与西部地区工业增加值的差额为 106207.05 亿元，2015 年扩大到 112942.55 亿元；2013 年，东部地区与西部地区居民人均可支配收入的差额为 147717 元，2015 年扩大到 171057.6 元。当前，中国东部地区对外开放水平高，且曾经得到过国家倾斜政策的支持，东部地区发展条件相对西部地区更加优良，东西区域之间的经济差距有进一步扩大的趋势。这不仅需要各界在意识上引起重视，更重要的是能从行动上作出努力。目前也存在南北失衡问题，往往遭到了忽视。2013 年，中国南部地区与北部地区生产总值的差额为 55720.08 亿元，2015 年扩大到 97850.61 亿元；2013 年，南部地区与北部地区工业增加值的差额为 17905.7 亿元，2015 年扩大到 31937.06 亿元；此外，居民人均可支配收入也在 2013 ~ 2015 年这短短两年时间里差距扩大到 2236.9 元。如今，中国北部地区还多为资源能源大省，产业结构单一，市场集中度过高，体制机制负担沉重，缺乏以创新为主导的内生增长动力，且多为优化开发区和限制开发区，区位条件相对弱于南部地区。根据要素流动的趋利性规律，生产要素倾向于流到南部地区，这不利于北部地区的发展，不利于缩小南北差距，更不利于南北之间进行良性互动。如若放任东西、南北失衡，将会产生马太效应，加剧区域经济失衡，会导致各区域的发展机会不平等，资源配置不合理，进而危害经济的健康发展和社会的和谐发展。另外，目前中国虽然对革命老区、少数民族地区、边疆地区等特殊地区加强了补助和扶持力度，但它们与发达地区相比还存在较大差距，城镇地区与农村地区的经济失衡现象也不容忽视。这些都是十九大后中国亟待解决的区域经济发展失衡问题。

2. 区域规划实施效果未达预期

十八大以来，中国为摆脱经济下行压力、国内产能过剩与就业压力等，已经通过区域规划设立了众多的经济区域，如“一带一路”、长江经济带、京津冀一体化、自贸区等，试图通过区域经济增长为中国经济崛起寻找新的突破口。一方面，从区域规划方式来看，由于目前区域规划方式是地方主导、上报中央批复，也就是中央尚未设立专门的部门负责协调全国经济的发展，区域之间没有共同的纽带进行连接，地方区域之间缺少协调规划。区域利益具有区际排他性，在现有的地方激励机制下形成的“行政区经济”模式，各地“以邻为壑”的心态十分普遍，各区域过度追求优惠政策，重视规划和战略层面的竞争，导致区域同质竞争、恶性竞争现象屡禁不止，从而引发了不同区域的“产业同构”“重复建设”“产能过剩”等问题，进而出现“地方保护”“行政壁垒”“市场分割”等行为，使得产品和要素难以自由流动，阻碍了经济一体化进程，更使得要素在更大范围内流动的成本增加，从而对优化资源配置、提高要素生产率和推进区域协调发展构成了障碍。此外，目前主张的“中央决策、地方执行”模式，实际上导致了中央约束能力有限、地方自主权限不足，也就是说，在法律意义上，调控区域发展的主要依据是党中央和国务院的文件，缺乏法律强制力，而地方各级政府都不是自主决策的部门，因此，地方在协商制定发展战略和计划时，仅限于地方政府的想法和规划，很难推进具有立法意义的政策协同，这不利于区域结合各地实际进行合作。另一方面，从区域规划的数量来看，区域规划的“泛化”趋势使区域政策的边际效应降低，而且存在重叠化、趋同化的倾向，也使得地区产业趋同、发展同质，不利于进行区域合作，更不利于加强区域联系。换句话说，如果所有的区域都得到政策倾斜，实际上就没有倾斜了，区域规划的实际作用将降低。

3. 国家级新区推动区域发展动力不足

国家级新区往往拥有较高的行政级别，因而能够尽量避免不同区域政策间的冲突。自十八大以来，三个国家重大区域发展战略的落实都离不开国家级新区的支撑。然而，目前国家级新区推动区域发展的动力不足。一方面，是因为国家级新区的开发模式仍然以投资为主，往往是通过完善基础设施和发展工业等途径来实现新区自身快速发展，这种模式对周边区域主要起到了虹吸作用，往往挤占了周边区域的发展资源。由于这种模式缺乏与周边地区的良性互动，从长期来看，国家级新区很容易同周边地区发生过度竞争，进而变成了“嵌入式”的孤岛经济，经验表明，这往往是不可持续的。因此，一旦国家级新区成了“政策洼地”，必定不利于区域整体格局的优化，从而不利于区域协调发展。另一方面，国家级新区虽然有国家允许的较大的制度创新自主权，但从目前来看，新区往往未完全发挥这一优势。如今，最新建立的雄安新区能否克服这些不足进而带动周边区域发展，还有待时间的检验。

二　十九大对中国区域发展提出的新要求

“实施区域协调发展战略”是十九大报告提出的贯彻新发展理念、建设现代化经济体系的重要举措，更是十九大对中国区域发展提出的新要求。中国幅员辽阔，人口众多，区域间资源禀赋有很大差异，导致了区域间经济社会发展不平衡，发展差距不断扩大。这不仅不利于社会的和谐稳定和国家的长治久安，更严重制约着社会主义现代化建设以及全面小康社会的建成。因此，结合区域实际，中国先后推出了西部开发、东北振兴、中部崛起、东部率先的区域发展总体战略。西部开发旨在使西部地区摆脱贫穷落后的局面；东北振兴则是为了有效应对东北老工业基地萧条的问题；中部崛起要解决的关键问题是中部塌陷；东部率先的主要目的是加快推动东部地区的经济结构调整和经济体制转轨，同时要承担起支持中西部地区加快发展的责任。也就是说，区域发展总体战略各有侧重，对于促进东中西和东北地区的共同发展具有非常重要的意义。

诚然，区域发展总体战略的实施取得了一定成效。一方面，该战略有效地遏制了区域发展差距进一步扩大。另一方面，该战略大大增强了区域发展的协调性。但是，由于区域互动机制并不完善，一些深层次问题正在逐渐凸显，实现区域协调发展仍然任重而道远。在经济新常态下，转变经济增长方式、调整经济结构、培育发展新动能是中国全面深化改革的核心。而区域协调发展可以优化资源的空间配置，提升潜在经济增长率，有利于推动中国全面深化改革。这就使得区域协调发展显得尤其重要。也正是在这一背景下，习近平总书记在十九大报告中明确提出要“实施区域协调发展战略”。区域协调发展战略是在区域发展总体战略的基础上提出的，是区域发展总体战略的进一步深化。具体来说，区域协调发展战略主要包含以下方面的内容。

第一，加大力度支持革命老区、民族地区、边疆地区、贫困地区加快发展。推动革命老区、民族地区、边疆地区、贫困地区的发展，是决胜全面建成小康社会的重要一环。由于这些地区基础设施落后，经济基础薄弱，中央政府主要通过财政转移支付手段来扶持这些地区的发展。中央政府还通过一些专项民生政策向这些地区倾斜，不断加大扶持力度。下一步，中央财政会进一步完善一般性转移支付增长机制，并重点增加对这些地区的转移支付，以支持这些地区进行改革开放、社会主义新农村建设，改善人民生活。

第二，强化举措推进西部大开发形成新格局，深化改革加快东北等老工业基地振兴，发挥优势推动中部地区崛起，创新引领率先实现东部地区优化发展，建立更加有效的区域协调发展新机制。虽然西部开发、东北振兴、中部崛起、东部率先的区域发展总体战略已经取得一定成效，但四大板块的发展差距依然较大。因此，面向四大板块，进一步各有侧重地深入实施发展战略势在必行。打造城市群、建设产业集群等都有利于推进西部大开发、形成新格局。实施创新驱动、支持民营经济发展、推进农业现代化等措施将加快东北等老工业基地振兴。充分发挥区位优势、后发优势、要素禀赋优势将会推动中部地区崛起。推动经济发展质量变革、效率变革、动力变革，建设现代化经济体系，必将实现东部地区的优化发展。

第三，以城市群为主体构建大中小城市和小城镇协调发展的城镇格局，加快农业转移人口市民化。城镇化是现代化的必由之路，必须深入推进新型城镇化建设。而新型城镇化建设的主体应是城市群。以城市群为主体引领城镇化发展不仅可以发挥不同规模城市或城镇的优势，而且可以拓展发展空间、释放发展潜力。农业转移人口是伴随城镇化快速发展而日益扩大的特殊群体，是推进新型城镇化的核心。因此，农业转移人口市民化是推进以人为核心的新型城镇化建设的首要任务。政府应从户籍制度、公共服务供给、人居环境等多方面入手，对症下药，有效推进农业转移人口市民化。

第四，以疏解北京非首都功能为“牛鼻子”推动京津冀协同发展，高起点规划、高标准建设雄安新区，以共抓大保护、不搞大开发为导向推动长江经济带发展。北京和天津已经过于“肥胖”，而周边的中小城市仍然比较“瘦弱”，京津冀发展不平衡问题突出，发展差距悬殊。疏解北京非首都功能将进一步优化首都功能，是推动京津冀协同发展的“牛鼻子”。雄安新区的建设是疏解北京非首都功能的重要一环。推动长江经济带发展必须从中华民族的长远利益考虑，坚持生态优先、绿色发展。

第五，支持资源型地区经济转型发展。资源型地区经济转型发展是建设现代化经济体系的必然要求，更是一场深刻的革命。资源型地区往往存在产业结构单一、经济结构失衡、环境污染和生态破坏严重等问题，这些问题严重影响了区域经济的发展和社会的和谐稳定。伴随经济发展进入新常态，中国经济进入了从高速增长向高质量发展转变的过渡阶段。资源型地区也迫切需要转型发展。因此，资源型地区应该坚持以新发展理念为指导，加快新旧动能转换，实现由“资源依赖”向“创新驱动”转变。

第六，加快边疆发展，确保边疆巩固、边境安全。坚持陆海统筹，加快建设海洋强国。边疆地区的经济社会发展相对滞后，政治安全稳定面临严峻挑战，长期来看可能影响整个国家的和谐稳定。因此，必须从精准脱贫、生态系统保护和修复等方面加快边疆发展。中国是一个陆海兼备的世界大国，但陆上软硬实力较强、海上力量相对薄弱的局面长期制约着中国成为海洋强国。由于国家安全与发展利益正逐渐向海洋扩展，加快建设海洋强国迫在眉睫，实施陆海统筹发展是建设海洋强国的重要途径。因此，坚持陆海统筹发展具有很强的战略意义，而且，加快建设海洋强国，也有利于维护国家主权和领土完整。

三　十九大后中国区域发展的新格局

“十三五”规划纲要明确提出，以区域发展总体战略为基础，以“一带一路”建设、京津冀协同发展、长江经济带发展为引领，形成沿海沿江沿线经济带为主的纵向横向经济轴带，塑造要素有序自由流动、主体功能约束有效、基本公共服务均等、资源环境可承载的区域协调发展新格局。这也是十九大后中国区域发展的新格局。西部开发、东北振兴、中部崛起、东部率先的区域发展总体战略是一项消除四大板块经济社会发展差距、实现区域协调发展的长期战略。这一战略是在中国区域发展不平衡、发展差距日益扩大的背景下提出的，是针对四大板块的经济社会发展现实而实施的差异性政策，符合中国的基本国情。因此，进一步推出区域发展战略，需要以区域总体战略为基础，才不会偏离实现区域协调发展的目标。中国区域发展的新格局是以“一带一路”建设、京津冀协同发展、长江经济带发展为引领。这不仅在一定程度上确立了“一带一路”建设、京津冀协同发展、长江经济带发展在未来中国区域发展中的重要地位，也标志着三者是未来中国国民经济新的增长极。

首先，“一带一路”建设是推进国际区域经济合作的新模式，涉及多个国家和地区。在国内，“一带一路”沿线共计18个省、自治区、直辖市。丝绸之路经济带圈定新疆、重庆、陕西、甘肃、宁夏、青海、内蒙古、黑龙江、吉林、辽宁、广西、云南、西藏13个省份。21世纪海上丝绸之路圈定上海、福建、广东、浙江、海南5省市。在国际上，“一带一路”贯穿亚欧非大陆。丝绸之路经济带重点贯通中国经中亚、俄罗斯至欧洲（波罗的海），中国经中亚、西亚至波斯湾、地中海，中国至东南亚、南亚、印度洋。21世纪海上丝绸之路重点方向是从中国沿海港口过南海到印度洋，延伸至欧洲，从中国沿海港口过南海到南太平洋。“一带一路”建设关键要做好“政策沟通”“道路联通”“贸易畅通”“货币流通”“民心相通”五个方面。“政策沟通”就是要加强政府间合作，共同制定加快“一带一路”建设的政策，为“一带一路”建设创造良好的政策条件，是“一带一路”建设的重要保障。“道路联通”就是要完善“一带一路”沿线国家或地区的基础设施，提升运载能力和运载速度，扩大信息交流，是“一带一路”建设的优先领域。“贸易畅通”就是要减少或消除贸易壁垒，让“一带一路”沿线国家或地区之间的贸易更加便利化、自由化，提高贸易水平，是“一带一路”建设的重点内容。“货币流通”就是要深化金融合作，推动人民币国际化，更好地为“一带一路”沿线国家或地区的企业提供金融服务，是“一带一路”建设的重要支撑。“民心相通”就是要广泛开展文化交流，进行民意沟通，让“一带一路”沿线国家或地区的人民更加了解“一带一路”，支持“一带一路”建设，有更多的获得感，是“一带一路”建设的社会根基。

其次，京津冀协同发展是以习近平同志为核心的党中央在新的历史条件下为解决京津冀地区发展不协调、不平衡问题作出的重大决策部署，同时又要发挥疏解北京非首都功能的作用。实际上，京津冀地区的区域合作发展起步较早，但没有取得较大成效。未来京津冀的协同发展要从四个方面入手。第一，疏解北京非首都功能。这是推动京津冀协同发展的“牛鼻子”，是首要任务。北京的人口规模已近天花板，资源环境超载现象非常突出，“大城市病”严重。应围绕“把北京建设成为国际一流的和谐宜居之都”的总体要求，从国家层面重新规划北京的发展定位。相对于北京的“肥胖”，周边的中小城市还较为“瘦弱”。因此，可以将部分产业、机构、人口等有序迁出，让周边的中小城市来承接，这不仅可以优化提升首都功能，也带动了周边地区的发展。第二，优化京津冀城市群空间格局。充分发挥北京“一核”作用，强化京津“双城”联动，提高区域性中心城市和节点城市的综合承载能力，形成定位清晰、分工合理、功能完善、生态宜居的现代城镇体系。第三，推动重点工作持续突破。继续完善京津冀地区的行政管理、公共服务体系、交通基础设施、生态环境保护等，打造优势产业集聚区，深化全面创新改革试验，做好北京原始创新、天津研发转化、河北推广应用的衔接。第四，筹办好北京 2022 年冬奥会和冬残奥会。这对京津冀协同发展有强有力的牵引作用。以“绿色、共享、开放、廉洁”为办奥理念，科学实施筹办工作。不仅要节约集约利用资源，而且要确保各项设施能够传承下去、造福人民。第五，高起点、高规划建设雄安新区。雄安新区的定位是疏解北京非首都功能的集中承载地。因此，设立河北雄安新区是历史性的战略抉择。建设雄安新区首先要完善基础设施和生态环境，提高其承载能力。进一步，要提高公共服务水平，缩小与京津双城的差距，增强要素资源的吸引力。

最后，长江经济带发展是国家的一项重大区域发展战略，也是新常态下推动中国经济持续稳定增长的重大战略举措之一。长江经济带有其特殊的地理区位优势，不仅贯穿东中西三大板块，与京九、京广等主要铁路干线交汇，而且连通丝绸之路经济带与海上丝绸之路，有利于从更高层面来统筹区域发展。长江经济带的发展要坚持生态优先、绿色发展，共抓大保护、不搞大开发的发展理念。因此，长江经济带发展的首要任务就是修复长江生态环境。一方面，要加快推进水污染治理，改善长江水质；另一方面，要加强长江水资源保护，减少生态破坏。长江经济带发展的第二个任务就是要建设现代化的综合性立体交通运输体系。以长江为依托，建设港口、铁路、机场等，实现江海联运、水陆空联运。第三个任务就是要在供给侧结构性改革的背景下，转变经济发展方式，调整产业结构。长江经济带建设有利于推动从东向西的产业梯度转移，实现区域统筹发展。第四个任务就是要建设现代化新型城镇体系。长江经济带有多个城市群，如长三角城市群、长江中游城市群、成渝城市群等，还有一些小城市和小城镇。应该以城市群为主体，构建大中小城市和小城镇协调发展的现代化城市网络。

四 十九大后中国区域发展的新动能

十九大报告对中国区域发展提出了新要求，将“实施区域协调发展战略”作为“建设现代化经济体系”“增强我国经济创新力和竞争力”的一个重要组成部分，进一步推动完善我国区域发展的新格局，也将更好地培育和释放我国区域发展的新动能。

（一）实施区域协调发展战略，激发区域发展新动能

十九大报告指出：“中国特色社会主义进入新时代，我国社会主要矛盾已经转化为人民日益增长的美好生活需要和不平衡不充分的发展之间的矛盾。”区域发展不平衡是“不平衡的发展”中的一个重要方面，解决区域发展不平衡问题、促进区域协调发展能够为我国区域经济发展提供新的动能。因此，十九大报告再次强调，要“实施区域协调发展战略”“建立更加有效的区域协调发展新机制”，丰富和完善了原有的区域发展战略，必将为区域发展注入新动能。十八大以来，中央高度重视促进区域协调发展，以区域发展总体战略为基础，以“三大战略”为引领，制定实施了一系列区域规划和政策举措，加大对落后地区的扶持力度，促进区域发展取得了新成就、形成了新格局，但区域发展面临的深层次矛盾依然存在，发展的不平衡、不协调问题仍然较为突出，进一步促进区域协调发展成为十九大后的一项重要任务。十九大报告提出实施区域协调发展战略，将加大对老少边穷等落后地区的扶持摆在了更加突出的位置，明确了影响区域协调发展的关键短板，并对东、中、西、东北四大地区发展战略重点进行了优化调整。同时，十九大报告还强化城市群在推进新型城镇化中的主体地位，突出强调京津冀协同发展、长江经济带发展等国家重大区域发展战略在推动区域协调发展过程中的引领、示范和带动作用。此外，针对东西部区域发展不平衡问题，一方面要求经济发展基础较好的东部地区不再一味强调增长速度，而要更加注重追求经济发展的质量和效益，另一方面要求中西部地区在保持较高经济增速的同时，注重传统产业转型升级和新兴产业培育发展，从而在实现区域均衡发展的基础上提升经济发展的质量。十九大报告对区域协调发展战略的全面提升，有利于激发区域发展新动能、释放区域发展新活力。

（二）加快创新驱动转型升级，释放区域发展新动能

十九大报告指出：“创新是引领发展的第一动力”，要在创新引领领域形成新动能。继续实施创新驱动发展战略、加快建设创新型国家是我国今后较长一段时间的重要任务和主攻方向。区域创新是创新型国家的重要组成部分，加快建设创新型国家，必须加快

构建区域创新体系，为区域经济发展和竞争力提升提供支撑和保障。创新不仅是先进地区保持核心竞争力、获取竞争优势的关键因素，也是后发地区实现跨越赶超、奋力崛起的根本途径，是扭转区域发展不平衡局面的重要手段。十八大以来，我国大力实施创新驱动发展战略，创新型国家建设成果丰硕，一系列重大科技成果相继问世，但是目前我国总体发展质量和效益还不高，创新能力还不够强。十九大报告对实施创新驱动发展战略提出了更高的要求，我们党要“更加自觉地投身改革创新时代潮流”，努力实现到2035年“跻身创新型国家前列”的宏伟目标。因此，十九大后各区域将更加注重创新发展，更加注重实施创新驱动发展战略，更加倡导创新文化，形成全社会尊重创新、鼓励创新、支持创新、保护创新的良好氛围，加快创新驱动区域经济转型升级，更好地释放区域发展新动能。

（三）深化供给侧结构性改革，蓄积区域发展新动能

推进供给侧结构性改革是我国综合研判国际经济形势、适应经济发展新常态作出的重大战略部署，是当前和今后一个时期我国经济工作的主线。十九大报告提出，要“深化供给侧结构性改革”，并将其列为“建设现代化经济体系”的首要任务，要求“以供给侧结构性改革为主线，推动经济发展质量变革、效率变革、动力变革，提高全要素生产率”，这是区域经济发展的根本方向，有利于蓄积区域发展新动能。2016年5月，中央全面深化改革领导小组第二十四次会议审议通过了《各地区以改革举措落实供给侧结构性改革情况》，强调各地区要把依靠全面深化改革、推进供给侧结构性改革摆上重要位置，要增强改革定力，抓住改革时间窗口，精准务实推进供给侧结构性改革。因此，推进供给侧结构性改革已成为各地区转变经济发展方式、提高经济发展质量、构建区域创新体系的重要抓手。按照党中央、国务院各项决策部署，各地区坚持把供给侧结构性改革作为经济工作的主线和深化改革的重中之重，持续推进去产能、去库存、去杠杆、降成本、补短板等“三去一降一补”五大重点任务，有效加快了新旧动能转换的步伐，取得了显著的进展。但推进供给侧结构性改革是一场硬仗，各地区必须贯彻落实十九大报告精神，坚定不移深化供给侧结构性改革，为区域经济持续健康发展蓄积新动能。

（四）加快推进生态文明建设，孕育区域发展新动能

生态文明建设是“五位一体”总体布局和“四个全面”战略布局的重要内容，是关系经济社会可持续发展和人民群众切身利益的全局性战略性问题。习近平总书记明确指出，各地区各部门要切实贯彻新发展理念，树立“绿水青山就是金山银山”的强烈意识，努力走向社会主义生态文明新时代。李克强总理强调，要坚持把生态文明建设放在更加突出的位置，推动形成生态环境友好型的发展新动能。十九大报告提出，要“加快生态文明体制改革，建设美丽中国”。当前，全球环境治理进入新阶段，全球经济正面临绿色转型的战略机遇期，我国的绿色转型也正进入快车道，人民群众对美好生态环境的需求越来越强烈，构建绿色、循环、低碳发展的产业体系以及有利于绿色消费

的行为模式和制度体系，不仅“迫在眉睫”，而且“势在必行”。这就要求各地区将优美的生态环境质量作为发展的目标，提供更多“优质生态产品”，满足人民日益增长的优美生态环境需要。生态文明建设的新要求必将孕育区域绿色发展的新动能、新优势。十九大报告对生态文明建设的诸多深刻论述，将为各地区开展生态文明建设和绿色发展实践指明路线图，推动形成新时代生态文明建设的新气象新格局，汇聚区域绿色发展新动能和建设美丽中国的强大合力。

（五）着力优化对外开放格局，打造区域发展新动能

“开放带来进步”，对外开放是抓住全球化机遇、加快发展的必由之路，扩大对外开放有利于增强发展新动能、增创竞争新优势。因此，“中国开放的大门不会关闭，只会越开越大”。十九大报告提出，要“推动形成全面开放新格局”，强调“优化区域开放布局，加大西部开放力度”。十九大后我国的对外开放将进入全面开放、深度开放、高水平开放的新阶段，形成陆海内外联动、东西双向互济的开放格局，各地区将更加积极主动地扩大对外开放，提升区域开放经济水平，在开放中培育和打造区域发展新动能。在开放发展的新时代，我国将以“一带一路”建设为重点，加快推动全面开放，尤其是中西部、东北地区开放，统筹推进“一带一路”与京津冀协同发展、长江经济带发展三大国家战略，实现区域发展战略对接，促进区域协调发展，加快形成内外统筹、南北互动、东中西协调的区域发展新格局，极大地释放区域发展的新动能。

五　十九大后加快实施中国区域协调发展战略的对策思路

党的十八大以来，我国采取了一系列重大区域发展战略与政策举措，切实缩小了区域发展差距，增强了区域发展的协调性，取得了显著的成效。但是，实现区域协调发展仍然面临着诸多挑战和困境，十九大报告提出，要“实施区域协调发展战略”“建立更加有效的区域协调发展新机制”，明确了实施区域协调发展战略的主要任务和战略取向，将区域协调发展战略提升到党和国家事业发展全局的高度，对于增强我国区域发展协同性、拓展区域发展新空间具有重大战略意义。按照十九大战略部署，加快实施区域协调发展战略应着重从以下几个方面推进。

（一）瞄准短板，支持老少边穷地区加快发展

老少边穷地区是我国特殊类型困难地区，是影响区域协调发展的重要短板和关键瓶颈。党的十九大报告提出，要加大力度支持革命老区、民族地区、边疆地区、贫困地区加快发展，将扶持老少边穷地区发展放在区域协调发展战略的优先位置，凸显了我们党对老少边穷地区的重视。当前，我国社会主要矛盾已经转化为人民日益增长的美好生活需要和不平衡不充分的发展之间的矛盾，区域发展不平衡是其中的一个主要方面，而老少边穷地区的发展滞后则是不平衡发展的重要原因之一。因此，十九大报

告提出要“坚决打赢脱贫攻坚战”“坚持精准扶贫、精准脱贫”，切实解决区域性整体贫困问题，做到脱真贫、真脱贫，重点就在于老少边穷地区。要加大力度支持老少边穷地区改善基础设施条件，加快各类基础设施向老少边穷地区延伸和倾斜，着力提高老少边穷地区基本公共服务能力，推动教育事业、卫生事业、文化事业等各项社会事业加快发展。积极培育和发展老少边穷地区的优势产业和特色经济，用好特色资源、发挥比较优势、释放发展潜力，进一步提高这些地区的自我发展能力和持续发展能力。加强老少边穷地区生态环境建设，突出绿色扶贫，守住生态和发展两条底线，促进老少边穷地区将生态资源转化为生态资本。坚持大扶贫格局，创新政府、企业、社会组织等多元化主体对口帮扶模式，通过东西部扶贫协作、金融扶贫、定点扶贫以及项目、技术、智力等灵活多样的扶贫方式，凝聚扶贫开发强大合力，加大对老少边穷地区扶贫支持力度。

（二）优化措施，深入实施区域发展总体战略

区域发展总体战略是“十一五”规划明确提出并持续推动实施的，为促进区域协调发展发挥了积极作用。当前，我国逐步形成“四大板块 + 三大战略 + 城镇组群”的区域发展战略体系，其中“四大板块”是基础，对区域协调发展进行统筹安排和总体部署。尽管在区域发展总体战略的推动下我国区域发展的协调性有所增强，但东中西部之间的差距依然存在，呈现新的变化和特点。深入实施区域发展总体战略核心是要实行分类指导，优化调整东、中、西、东北四大板块发展战略的重点任务。十九大报告提出，要“强化举措推进西部大开发形成新格局，深化改革加快东北等老工业基地振兴，发挥优势推动中部地区崛起，创新引领率先实现东部地区优化发展”。西部地区实施大开发战略以来，经济社会发展取得了重大进展，增长速度明显加快，但受限于交通区位和自然环境等因素，发展程度依然较低，需要采取强有力的举措加快推进发展，具体包括：进一步加强基础设施建设，抓住贫困地区脱贫这一历史机遇，稳步提高基本公共服务均等化水平；充分发挥“一带一路”建设的引领带动作用，加快对外开放步伐，提高开放型经济发展水平；着力加强特色优势产业发展，提升产业竞争力和市场化水平；持续推进西部地区生态环境建设，提升生态保障支持能力，筑牢国家生态安全屏障。东北地区面临的主要问题在于体制机制僵化，结构性矛盾突出，必须从深化体制机制改革上找出路，围绕制约东北振兴的主要问题重点突破，着力创新体制机制，加快促进政府职能转变，深化国有企业改革，积极改善营商环境，促进民营经济发展，进一步扩大对外开放与合作，推动改革深化，使东北经济真正“脱胎换骨”。中部地区承东启西、贯通南北，应进一步强化区位交通优势，构建现代综合交通体系和物流体系；激活人才、市场、资源等优势，加快建设现代产业体系，更好地承接东部地区产业转移和拓展西部地区市场；增强中心城市和重点城市群的集聚功能，优化资源配置和促进要素流动；全面融入“一带一路”建设，加快发展内陆开放型经济，提升中部地区整体竞争力。东部地区是我国经济发展的先行区，应着力强化作为改革开放创新领头羊的使命担当，不断深化自贸试验区等重大制度探索，引领新兴产业和现代服务业发展，打造具有国际影

响力的创新高地，在转型升级、体制创新和全面开放等方面继续走在全国前列，增创东部地区发展新优势。

（三）聚焦关键，着力创新区域协调发展机制

促进区域协调发展，增强区域发展的协同性、联动性、整体性，关键在于深化改革和体制机制创新。因此，党的十九大报告强调，要建立更加有效的区域协调发展新机制。加大区域协调发展制度建设力度，以体制机制创新作为推动区域协调发展的引擎，协调解决跨区域发展中的制度性难题，建立更加紧密的区域关系。要更加重视发挥市场机制的作用，破除阻碍区域合作与公平竞争的各种障碍和市场壁垒，促进生产要素跨区域有序自由流动，优化生产要素空间布局，推动区域经济分工与合作，加快建立全国统一开放、竞争有序的市场体系，提高区域资源配置效率，促进区域协调发展。要进一步创新区域合作机制，在优势互补、互利共赢的基础上开展区域间多层次、多形式、多领域的合作，特别要支持区域合作的组织保障、规划衔接、政策协调、利益分配、信息共享、争议解决等机制创新。要不断完善区域互利互助机制，进一步健全东部发达省份对中西部和东北欠发达省份的对口支援制度，在推动资金、项目帮扶的同时，要更加强调加大在教育、科技、人才等方面的帮扶力度，以增强欠发达地区自身发展能力，促进对口支援从单方受益为主向双方受益深化，形成区域良性互动的新局面。要建立健全区际补偿机制和利益平衡机制，在流域上中下游生态保护补偿、资源开采地区与资源利用地区之间的利益补偿等方面探索机制创新，促进区际利益协调平衡。

（四）合理布局，重塑新型城镇化发展新格局

城市群是我国经济发展的重要增长极，加快推进城市群建设是促进区域协调发展的重要抓手。党的十九大报告提出，要“以城市群为主体构建大中小城市和小城镇协调发展的城镇格局，加快农业转移人口市民化”，进一步明确了实施新型城镇化战略的主要路径和重点任务，强调了城市群在推进新型城镇化中的主体地位。要按照优化提升东部地区城市群、培育发展中西部地区城市群的要求，优化发展京津冀、长三角、珠三角三大城市群，持续推进东北地区、中原地区、长江中游、成渝地区、关中平原、北部湾等城市群建设，形成一批参与国际竞争与合作、促进区域协调发展的城市群。加强城市间分工协作，强化中心城市辐射带动功能，以城市群为抓手促进大中小城市协调发展，引导超大特大城市功能合理疏解，加快培育新兴中小城市，有序推进特色小城镇差异化建设。完善城市群在产业分工、基础设施、生态保护、环境治理等领域的协调联动机制，促进形成大中小城市和小城镇协调发展的城镇格局。同时，要加快农业转移人口市民化，推进新型城镇化建设。通过深化户籍制度改革、降低落户门槛、拓宽落户通道等具体措施，提升户籍人口城镇化率。鼓励以居住证为载体，建立与居住年限、参加社会保险年限等条件相挂钩的基本公共服务供给机制，并不断扩大公共服务覆盖范围以及提高服务标准。贯彻落实国家有关支持农业转移人口市民化的政策措施，释放政策红利，增强农业转移人口的归属感和获得感。

（五）突出重点，发挥重大区域战略引领作用

十八大以来，面对国内外发展形势的新变化，党中央提出了“一带一路”、京津冀协同发展、长江经济带“三大战略”，取得了显著的成效。党的十九大报告提出：“要以‘一带一路’建设为重点”，“推动形成全面开放新格局”；“以疏解北京非首都功能为‘牛鼻子’推动京津冀协同发展，高起点规划、高标准建设雄安新区。以共抓大保护、不搞大开发为导向推动长江经济带发展”。这表明，以“一带一路”、京津冀协同发展、长江经济带发展等为主的国家重大区域发展战略对于推动我国区域协调发展意义重大。要进一步加强“一带一路”建设与国家重大区域战略统筹对接，鼓励国内各个地区参与并融入“一带一路”建设，积极推动和落实“一带一路”国际合作高峰论坛成果，着力推进“五通”重大项目建设。紧紧抓住“疏解北京非首都功能”这一核心要求，推动京津冀协同发展，努力探索解决“大城市病”的中国特色道路。以交通、生态、产业三个领域为重点，促进京津冀形成交通互联、生态共治、产业关联的分工协作格局，建设京津冀协同创新共同体。要坚持“世界眼光、国际标准、中国特色、高点定位”的理念，高起点规划、高标准建设雄安新区，努力将其打造成为贯彻新发展理念的创新发展示范区，调整优化京津冀城市布局和空间结构，缩小河北与京津地区发展落差，推动大中城市错位发展和协调发展，有序有效有力疏解北京非首都功能。充分认识到长江经济带联通东中西部地区的独特优势，按照“共抓大保护，不搞大开发”的要求，把修复长江生态环境摆在突出位置，优化沿江城镇、人口和产业空间布局，推动长江上中下游互动合作，将长江经济带建设成为促进东中西区域协调发展的重要支撑带。

（六）陆海统筹，全面拓展蓝色经济发展空间

我国是海洋大国，海洋在国家发展全局和对外开放中的地位显著。因此，促进区域协调发展，必须坚持陆海统筹，加快建设海洋强国。要加快发展海洋经济，着力推进海洋经济领域供给侧结构性改革，优化调整海洋产业结构与产业布局，促进海洋产业集聚融合发展，积极延伸高端产业链，加快海洋传统产业转型升级，促进海洋新兴产业快速发展，实现海洋经济提质增效。大力推进海洋生态文明建设，深入实施以海洋生态系统为基础的综合管理，推动海洋生态保护体制创新和制度完善，通过制度和政策来规范和保障海洋生产方式的绿色化，提高海洋生态环保意识，加大对海岸带、沿海滩涂保护和开发管理力度。加快海洋开发利用技术创新，提高海洋科技研发质量和生态效率。深度参与全球海洋事业发展和海洋治理，加强与“一带一路”沿线国家尤其是21世纪海上丝绸之路沿线国家的战略对接，以发展蓝色经济为主线，开展海洋领域的深层次合作。统筹运用各种手段维护和拓展国家海洋权益，壮大海洋经济，建设海洋强国，保障海洋安全。

B.35 专题三 十九大后中国产业发展的重点领域与发展方向

十八大以来，党中央把握住“我国经济发展进入新常态”这个重大战略判断，通过转变发展方式与供给侧结构性改革，不断推进我国产业健康发展，使经济从中低端迈向中高端。实践证明，调整经济结构、转变发展方式既是解决当前我国经济运行深层次矛盾的现实选择，也是拓展未来空间、谋划更高水平发展的根本途径①。五年来，随着创新驱动发展战略的深入实施，结构调整和转型升级持续加快，新业态、新模式不断涌现，新产品新服务快速成长，新兴产业茁壮成长，新旧动能加速转换，发展空间进一步拓展……我国产业健康持续发展的动力强劲。但仍需要看到的是，目前产业面临的最大挑战仍然是需求不足、产能过剩，产业升级依然是进一步发展的关键。党的十九大报告明确指出，发展不平衡不充分的一些突出问题尚未解决，发展质量和效益还不高，创新能力不够强，实体经济水平有待提高，生态环境保护任重道远。十九大报告还提出，我国经济已由高速增长阶段转向高质量发展阶段，正处在转变发展方式、优化经济结构、转换增长动力的攻关期，推动产业健康发展，建设现代化经济体系是跨越这一关口的迫切要求。这些科学论断既为我国产业今后发展指明了方向，也对产业发展提出了新要求。为此，应适时抓住我国产业未来发展的重点领域，通过完善产业政策，推动我国产业向更高层次健康发展。

一 十八大以来中国产业发展状况分析

（一）十八大以来产业发展取得的成效

党的十八大以来，我国产业快速转型、健康发展，推动我国经济实现了平稳较快发展。2012 年以来，我国经济的平均增速达到 7.2%，在世界主要经济体中位居前列。同期，发达国家的平均经济增速只有 1.7%，其他金砖国家的平均经济增速同样为 1.7%，新兴经济体的平均增速也不过 4.4%，都明显低于我国经济增速②。取得如此成效，得力于我国产业的健康转型与创新发展。

---

① 顾阳：《迎接党的十九大　结构调整：引领经济发展走向更高形态》，中国经济网－《经济日报》，2017 年 10 月 15 日，http：//www.ce.cn/xwzx/gnsz/gdxw/201710/15/t20171015_ 26532480.shtml。

② 刘伟、陈彦斌：《十八大以来宏观调控的六大新思路》，《人民日报》2017 年 3 月 1 日，http：//www.gov.cn/xinwen/2017－03/01/content_ 5171929.htm。

1. 产业规划与产业政策适时调整

（1）把握产业发展方向，制定发展规划

金融危机后，我国经济尽管快速增长，但产业结构不合理，科技创新能力不强，核心技术缺乏，发展层次偏低，先进制造业和现代服务业发展滞后等矛盾和问题还比较突出。再加上发达国家实施“再工业化”战略，试图继续以核心技术和专业服务掌控全球价值链的高端环节，全球经济格局深度调整，产业竞争异常激烈。为有效应对上述局面，推动我国经济健康发展，党的十八大提出，推进经济结构战略性调整是加快转变经济发展方式的主攻方向，必须以改善需求结构、优化产业结构、促进区域协调发展、推进城镇化为重点，着力解决制约经济持续健康发展的重大结构性问题。这是党在全面把握国际经济格局调整和我国经济发展形势变化的基础上作出的重大战略部署。十八大报告还进一步提出，要着力构建现代产业发展新体系。这就意味着，我国产业发展必须把构建现代产业发展新体系作为优化产业结构的主要任务，促进第一、第二、第三产业协调发展，逐步形成以农业为基础、工业为主导、战略性新兴产业为先导、基础产业为支撑、服务业全面发展的产业格局①。

在经济发展新常态下，战略性新兴产业将突破传统产业发展瓶颈，为中国提供弯道超车、在国际竞争中占据有利地位的宝贵机遇②。未来 5 ~ 10 年，是全球新一轮科技革命和产业变革从蓄势待发到群体迸发的关键时期。信息革命进程持续快速演进，物联网、云计算、大数据、人工智能等技术广泛渗透经济社会各领域，信息经济繁荣程度成为国家实力的重要标志。创新驱动的新兴产业逐渐成为推动全球经济复苏和增长的主要动力，引发国际分工和国际贸易格局重构，全球创新经济发展进入新时代。可见，战略性新兴产业代表新一轮科技革命和产业变革的方向，是培育发展新动能、获取未来竞争新优势的关键领域。“十三五”时期，我国应把战略性新兴产业摆在经济社会发展更加突出的位置，大力构建现代产业新体系，推动经济社会持续健康发展。为此，2016 年 11 月 29 日，国务院颁布了《“十三五”国家战略性新兴产业发展规划》，明确了“十三五”时期我国多个战略性新兴产业的发展路径。

明确优化产业结构是加快转变经济发展方式的重要任务，以及战略性新兴产业发展的规划，为全面推进我国产业快速转型和健康发展指明了方向，提供了思路。同时也出台了一系列与之相关的产业政策，推进产业的快速转型与发展。

（2）供给侧结构性改革推动产业向中高端发展

2015 年后，我国经济进入了一个新阶段，经济的结构性分化趋于明显。产业结构问题突出表现在低附加值产业和高消耗、高污染、高排放的产业比重偏高，而高附加值产业、绿色低碳产业、具有国际竞争力的产业比重偏低。传统产业产能过剩，中低端产品过剩，而高端产品供应不足。为适应这种变化，在正视传统的需求管理还有一定优化提升空间的同时，迫切需要改善供给侧环境、优化供给侧机制，通过改革制度供给，大

① 苗圩：《优化产业结构是加快转变经济发展方式的重点任务》，《经济日报》2012 年 11 月 21 日，第 6 版。

② 顾阳：《战略性新兴产业成经济增长新引擎》，《经济日报》2017 年 1 月 20 日，第 12 版。

力激发微观经济主体活力，增强我国经济长期稳定发展的新动力。2015 年 11 月 10 日，习近平总书记在中央财经领导小组第十一次会议上首次提出，“着力加强供给侧结构性改革”。2015 年 12 月 18 日至 21 日召开的中央经济工作会议提出了配合供给侧结构性改革的五大政策支柱和五大任务。

供给侧结构性改革要求加快推进科技体制改革，促进高技术含量、高附加值产业的发展；需要加快生态文明体制改革，为绿色低碳产业发展提供动力；需要通过金融体制改革、社会保障体制改革等淘汰落后产能和“三高”行业等。供给侧结构性改革有力地推进了我国产业从传统中低端向中高端迈进。

（3）丰富和完善产业发展政策，引导经济健康发展

产业政策是引导经济运行和产业健康有序发展的主要工具之一，是政府与市场有机统一的集中体现。如何使其有效运用并充分发挥作用，有赖于政府与市场的合力作用。市场机制内化于产业政策不仅需要产业政策各自内部形成政府与市场的合力，还需要遵循产业发展规律，促进产业发展周期与产业政策周期形成合力。十八大以来，我国比较完整地形成了包括现代产业发展政策、开放政策、创新政策、绿色政策在内的产业政策体系，促进产业发展的政策更加丰富和完善①。

其一，实施创新驱动发展战略，加速新旧动能转换。2015 年李克强总理在政府工作报告中提出“大众创业、万众创新”，指出推动“大众创业、万众创新”，“既可以扩大就业、增加居民收入，又有利于促进社会纵向流动和公平正义”。2015 年 6 月 11 日印发《国务院关于大力推进大众创业万众创新若干政策措施的意见》，以激发亿万群众的智慧和创造力，推进“大众创业、万众创新”，打造发展新引擎、增强发展新动力。

其二，推进“一带一路”建设，促进产业开放发展。面对发达国家“逆全球化”倾向初显的新背景，我国积极推进“一带一路”建设，构建全球产业链、价值链、物流链，成为中国推动“新全球化”的重要途径②。2015 年 3 月 28 日，国家发展改革委、外交部、商务部联合发布了《推动共建丝绸之路经济带和 21 世纪海上丝绸之路的愿景与行动》，通过顶层设计推动我国产业走出去，在促进经济要素有序自由流动、资源高效配置和市场深度融合的同时，推动沿线各国实现经济政策协调，开展更大范围、更高水平、更深层次的区域合作，实现共同发展。

其三，做强做优制造业，打造世界制造强国。制造业是国民经济的主体，是立国之本、兴国之器、强国之基。当前新一轮科技革命和产业变革与我国加快转变经济发展方式形成历史性交汇，国际产业分工格局正在重塑。必须紧紧抓住这一重大历史机遇，加强统筹规划和前瞻部署，力争把我国建设成为引领世界制造业发展的制造业强国。为此，2015 年 5 月 8 日，国务院正式印发《中国制造 2025》，力争通过三步走实现制造强国的战略目标。第一步，力争用十年时间，迈入制造强国行列；第二步，到 2035 年，

① 胡鞍钢、程文银：《十八大以来我国产业政策逻辑——有效市场与有为政府合力中国产业政策实践》，《瞭望》2017 年第 36 期。

② 胡鞍钢、程文银：《十八大以来我国产业政策逻辑——有效市场与有为政府合力中国产业政策实践》，《瞭望》2017 年第 36 期。

我国制造业整体达到世界制造强国阵营中等水平；第三步，新中国成立一百年时，制造业大国地位更加巩固，综合实力进入世界制造强国前列。这一战略的实施不仅推动了我国当前制造业的积极转型升级，也为今后向制造业强国行列迈进作出了部署。

其四，实行绿色产业政策，推动我国产业可持续发展。超大规模工业化的最大制约瓶颈是资源环境，实施绿色政策，推动绿色生产、绿色制造、绿色能源、绿色消费，将绿色发展作为加快转变经济发展方式的重要着力点，成为未来产业发展的重要方向。十八届五中全会首次提出"五大发展"新理念，其中包括绿色发展。"十三五"规划就确立了 10 个资源环境指标，占经济社会发展 25 个指标的 40%，并全部作为约束性指标，对绿色产业、绿色产品、绿色服务给予政策扶持，引导市场、企业、消费者等发展绿色生产、选择绿色消费①。

总之，十八大以来我国产业基于发展理念转换与应对全球产业竞争，逐步形成了较为系统完整的产业政策体系，并以此为引导，推进我国产业向更加健康与现代的产业体系发展。

2. 产业结构不断优化调整

从表 3－1 可以看出，5 年来我国产业结构调整取得了积极成效。第三产业在 GDP 中的比重不断提高，从 2012 年的 44.6% 提高到了 2016 年的 51.6%；并且在 2013 年达到 46.1%，首次超过第二产业；2015 年进一步达到 50.2%，超过了 GDP 的一半。从图 3－1 中可以看出，第一产业和第二产业比重不断下降。第一产业从 2012 年的 10.1% 下降到 2016 年的 8.6%；在 2014 年降低到 GDP 的一成一下，仅占 9.2%。2016 年第二产业占 GDP 比重仅为 39.8%，首次下降到 40% 以下。

表 3－1　我国三次产业比重

单位：%

年份	2012	2013	2014	2015	2016
第一产业	10.1	10.0	9.2	8.9	8.6
第二产业	45.3	43.9	42.7	40.9	39.8
第三产业	44.6	46.1	48.1	50.2	51.6

数据来源：《中国统计年鉴》(2013～2017)。

经济增长动能也得到进一步改善。第三产业对国内生产总值的拉动作用不断提升，第一产业趋于稳定，第二产业则不断下降，反映了去产能背景下工业增幅有所放缓。同时，传统拉动我国经济增长的"三驾马车"投资、出口和消费，一改过去主要依靠投资与出口的情况，协调拉动作用显现，最终消费支出对 GDP 的贡献率更是从 2012 年的 54.9% 大幅提高到 2016 年的 64.6%。资本形成总额的贡献率基本稳定，从 2012 年的 43.4% 下降到 2016 年的 42.2%。货物和服务净出口的贡献率波动下降，从 2012 年的 1.7% 下降到 2016 年的 －6.8%（见表 3－2、图 3－2）。

① 胡鞍钢、程文银：《十八大以来我国产业政策逻辑》，《瞭望》2017 年第 36 期。

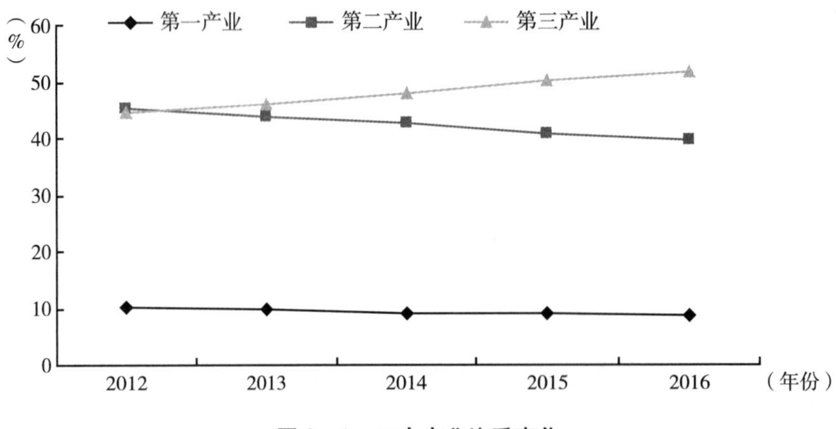

图 3-1 三次产业比重变化

表 3-2 三次产业对国内生产总值增长的拉动

单位：%

年份	国内生产总值	第一产业	第二产业	第三产业
2012	7.9	0.4	3.9	3.5
2013	7.8	0.3	3.8	3.7
2014	7.3	0.3	3.5	3.5
2015	6.9	0.3	2.9	3.7
2016	6.7	0.3	2.5	3.9

数据来源：《中国统计年鉴》(2017)。

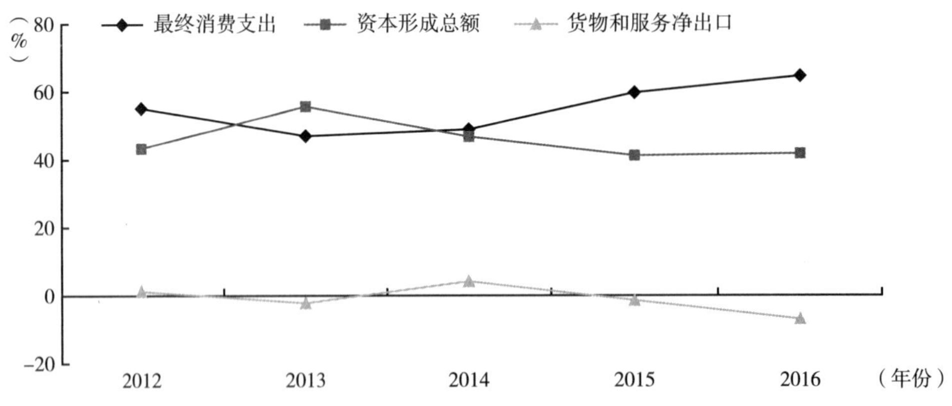

图 3-2 三大需求对国内生产总值的贡献率变化情况

3. 传统产业积极转型，新兴产业快速发展

进入新常态以来，我国通过供给侧结构性改革和经济发展转型，尤其是在创新驱动发展战略深入实施的过程中，"双创"对新动能的成长，带动传统产业的转型升级都发挥了积极作用。新产业、新技术、新业态、新模式与传统产业的融合，带动传统产业转型升级也取得了积极成效。一是创新驱动产业迈向了中高端，一些叫得响、数得着的重

大科技创新成果不断涌现。高速铁路、核电技术不断突破。人工智能、虚拟现实等新技术也加速兴起，分享经济新模式广泛渗透，分享经济正在从生活资源向生产资料资源方面延伸等。二是新兴产业领跑创新增长。2016 年前 11 个月，高技术制造业和创新产业增加值同比增长了 10.6% 和 10.87%，高技术制造业和创新产业的发展对整个产业链的带动、牵引不断增强。三是创新创业全面推向纵深，2016 年设立了 28 个双创示范基地，示范基地正在加快推进，全面创新改革实验也取得了突破，新兴产业创投引导基金已经投入运行①。在一系列有力措施的推动下，传统产业转型升级步伐不断加快。

高新技术产业发展迅速，积极推动“中国制造”向“中国智造”升级，推动中国经济向中高端迈进。依靠创新，我国新产业发展迅猛，符合产业升级和消费升级方向的新产品不断涌现。通过积极实施“互联网 +”和《中国制造 2025》，以大数据、物联网、人工智能为代表的新一代信息技术产业加速孕育，战略性新兴产业快速发展。2016 年，我国规模以上工业企业实现新产品销售收入 17.5 万亿元，比 2012 年增长 58%，年均增长 12.1%②。2013 ~ 2016 年，我国高技术制造业和装备制造业增加值年均增速分别高于规模以上工业企业增加值增速 3.8 个和 1.4 个百分点。多种投资主体与投资模式成为新产业崛起的强劲支撑。从 2013 年到 2016 年，我国高技术制造业投资年均增长 14.8%，高于同期工业投资增速 2.4 个百分点。不断增加的投入推进了我国产品专利的快速增长。2016 年，我国申请和授予发明专利量同比分别增长 21.4% 和 8.4%，发明专利授权量前 12 强企业中，属于新兴产业的就有 7 家③。当前，新兴经济形态方兴未艾，从表 3 -3 可以看出，规模以上工业企业的高技术产业无论企业个数，还是研发投入、产值、出口额、新产品销售收入和有效发明专利数，都呈现快速增长趋势。从图 3 -3、图 3 -4、图 3 -5 可以看出，企业个数与研发投入呈稳步增长趋势，有效发明专利数近两年来呈快速增长之势，反映了高技术产业创新成效不断提升。

表 3 -3　高技术产业（制造业）相关情况

年份	企业数（个）	主营业务收入（万元）	出口交货值（万元）	R&D 人员全时当量(人年)	R&D 经费支出（万元）	新产品销售收入（万元）	有效发明专利数（件）
2012	24636	1022840367	467010937	623249	17338101	255710383	115799
2013	26894	1160489010	492850906	670222	20343380	312296100	138785
2014	27939	1273676690	507652009	701440	22742749	354941746	108601
2015	29631	1399686469	509231256	726983	26266585	414134905	241404
2016	30798	1537963345	524446066	730681	29157462	479242433	316694

注：本表的数据口径为规模以上工业企业。

数据来源：《中国统计年鉴》（2017）。

① 徐绍史：《传统产业转型升级取得积极成效》，国新网，2017 年 1 月 10 日，http：//www.scio.gov.cn/xwfbh/xwbfbh/wqfbh/35861/35999/zy36003/Document/1539182/1539182.htm。

② 《创新驱动　腾飞翅膀》，《人民日报》2017 年 9 月 26 日，第 11 版。

③ 王政：《新产业点燃中国经济新引擎（跨越）》，《人民日报》2017 年 9 月 26 日，第 9 版。

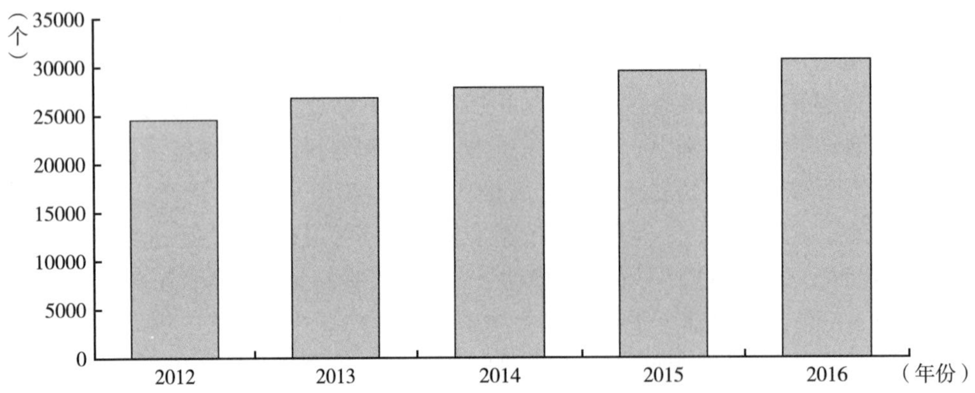

图 3－3　高新技术产业企业数

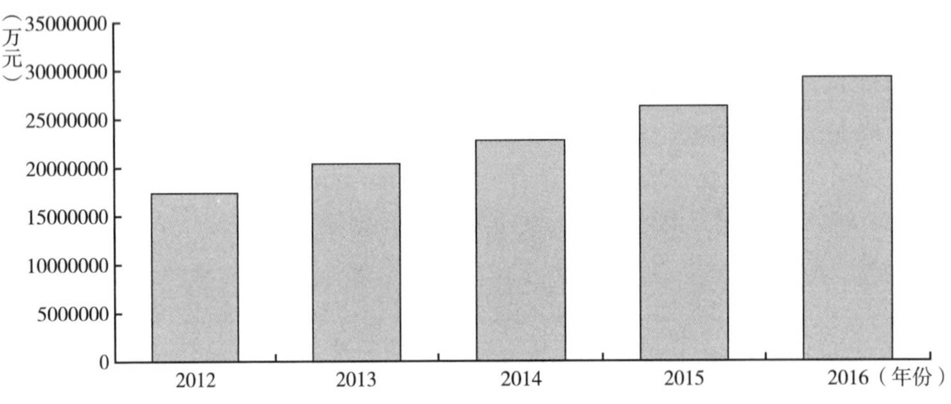

图 3－4　高新技术产业 R&D 经费支出情况

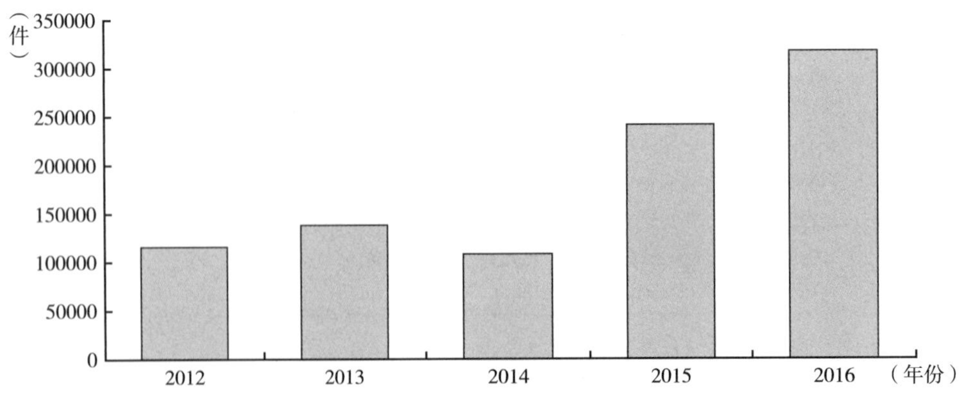

图 3－5　高新技术产业有效发明专利数

4. 区域产业布局与发展不断协调

为有效解决区域经济增长不平衡、区域发展不充分的问题，十八大以来，国家不断出台区域协同发展战略，积极推动区域产业合理布局与平衡发展。习近平同志曾指出，下好“十三五”时期发展的全国一盘棋，协调发展是制胜要诀①。为此，党的十八大以来，我国先后提出推进“一带一路”建设、京津冀协同发展和长江经济带发展三大战略，着眼于实现一体联动和重点突破相统一，促进区域协调发展。经过几年的努力，三大战略取得了显著进展。

“一带一路”建设扎实推进，与众多相关国家和地区、重要国际组织签署合作协议，形成了一批双多边合作规划纲要。通过“六廊六路多国多港”建设，陆续开工建设了一批重大工程和项目②。产能合作不断扩展，建立了一批重要的合作园区、合作项目和多种合作基金，带动了沿线区域的产业融合与协调发展。

2015 年 6 月颁布《京津冀协同发展规划纲要》，出台 12 个专项规划，协同发展规划体系“四梁八柱”基本建立，三省市加快打破“一亩三分地”思维定式，积极推进协调发展。通过集中疏解和分散疏解相结合，推动了一批疏解示范项目向北京周边和天津、河北转移。中央决定设立河北雄安新区，这是深入推进京津冀协同发展的一项重大决策部署，有力推动了京津冀协同发展。

长江经济带发展战略坚持生态优先、绿色发展的战略定位。为此，国家相继出台了指导意见和总体规划，明确了发展方向、目标和重点。以此为基础，制定了重点领域的专项规划和实施方案，形成了系统的规划政策体系。生态环境保护专项行动、重点工程建设和制度建设全面展开，“共抓大保护”取得积极成效。以畅通黄金水道为依托推进综合立体交通走廊建设，一批重点工程陆续开工。依托重要试验平台，大力推进产业转型升级和新型城镇化建设，进一步培育形成一批带动区域协同发展的增长极③。

在这些区域协调发展战略的引领下，以沿海沿江沿线经济带为主的纵向横向经济轴带正在全面形成，区域间产业布局更趋于合理，产业发展不平衡局面逐步改善。

5.“一带一路”带动产业进一步开放

“一带一路”倡议是顺应地区和全球合作潮流，契合沿线国家和地区发展需要，立足当前、着眼长远提出的重大倡议和构想。不仅给沿线国家和地区的发展带来了机遇，也为我国产业带来了更加开放的新格局。

基础设施互联互通是实施“一带一路”倡议的先导。一系列重大基础设施工程的投资建设，将构建一个由铁路、公路、航空、航海、油气管道、输电线路和通信网络等组成的综合性立体互联互通网络，彻底改变目前制约“一带一路”沿线国家深化合作的“薄弱环节”，为当今世界跨度最大、最具发展潜力的经济合作带奠定基础。目前，“一带一路”沿线部分国家基建投资支出不足，基础设施落后，相关指标如人均公路里程、人均铁路里程等远低于我国；同时，我国与“一带一路”对接的西北部各省区铁

① 范恒山：《十八大以来我国区域战略的创新发展（治国理政　新理念　新思想　新战略）》，《人民日报》2017 年 6 月 14 日，第 7 版。

② 范恒山：《十八大以来我国区域战略的创新发展（治国理政　新理念　新思想　新战略）》，《人民日报》2017 年 6 月 14 日，第 7 版。

③ 范恒山：《十八大以来我国区域战略的创新发展（治国理政　新理念　新思想　新战略）》，《人民日报》2017 年 6 月 14 日，第 7 版。

路、公路及高速公路密度也远远低于全国平均水平，基础设施需求旺盛。巨大的重大基础设施工程投资需求，为中国装备和国际产能合作结缘世界，推动开放型经济格局由“大进大出”向“优进优出”转变创造了难得的机遇。在“一带一路”倡议引领下，我国的工程企业开始快速扬帆出海。2016 年我国对外承包工程业务完成营业额 1594 亿美元，同比增长 3.5%。其中，在“一带一路”沿线国家完成营业额 760 亿美元，同比增长 9.7%，占对外承包工程业务完成营业额比重为 47.7%①。

“一带一路”建设还引导外资在我国进行合理投资。2017 年 1 ~ 11 月，全国新设立外商投资企业 30815 家，同比增长 26.5%；实际使用外资金额 8036.2 亿元人民币，同比增长 9.8%。其中高技术企业吸收外资延续良好增长态势。2017 年前 11 个月，高技术制造业实际使用外资 601.5 亿元人民币，同比增长 9.9%。高技术服务业实际使用外资 1771 亿元人民币，同比增长 100.9%。其中，“一带一路”沿线国内中部地区吸收外资保持增长势头。1 ~ 11 月，中部地区实际使用外资 520.9 亿元人民币，同比增长 29%。

（二）我国产业发展中需要改进的地方

1. 产业政策需适时调整，做好产业发展引领

十九大报告明确指出，社会主要矛盾已经出现了历史性新变化，已转化为“人民日益增长的美好生活需要和不平衡不充分的发展之间的矛盾”。这就意味着我国产业需要及时调整思路，应对这一矛盾。这就需要不断更新产业政策理念，继续通过供给侧结构性改革，引领产业从注重产量到注重产品质量，最大限度满足国内市场需求，还要进一步完善协调发展政策，推进区域间产业平衡发展。同时，还应根据“五大发展理念”适时制定产业引导政策，引导产业健康发展。

5 年来，域外国家不断调整产业政策，积极引导各国产业尤其是制造业加快发展。2012 年 2 月 22 日，美国国家科学技术委员会发布《国家先进制造战略规划》，该战略规划基于总统科学技术顾问委员会（PCAST）2011 年 6 月发布的《确保美国先进制造领导地位》白皮书，用于指导联邦政府支持先进制造研究开发的各项计划和行动。德国政府提出了产官学一体化的“工业 4.0”战略。英国政府启动了对未来制造业进行预测的战略研究项目，通过分析制造业面临的问题和挑战，提出英国制造业发展与复苏的政策。2013 年 10 月形成了《制造业的未来：英国面临的机遇与挑战》。2015 年 5 月 10 日，法国经济、工业就业部发布“未来工业”计划，作为“工业新法国”的核心内容，主要目标是建立更具竞争力的法国工业。这一系列国外产业政策的出台，表明全球制造业尤其是高端制造业的竞争愈加激烈。我国需要不断明确产业规划，进一步完善产业政策，在保证传统制造业不断升级的同时，在先进制造业领域能实现突破发展。通过提升产业国际竞争力，提高产业链控制力，在国际竞争中占领有利位置。

① 曾赛星、林翰：《“一带一路”基础设施建设的中国担当》，《光明日报》2017 年 4 月 25 日，第 14 版。

2. 三次产业就业结构不合理，新兴产业发展缓慢

我国产业结构尤其是产业就业结构仍然不够合理。从表 3 - 4 可以看出，尽管第一产业的就业比例不断下降，从 2012 年的 33.6% 下降到了 2016 年的 27.7%，但相较于 2016 年第一产业产值仅占 GDP 的 8.6%，就业比重还是太高，反映了第一产业劳动力过剩，有大量劳动力仍滞留在第一产业。尽管第三产业就业比重从 2012 年的 36.1% 上升到了 2016 年的 43.5%，但相比美国的 80%、日本的 70.7%、德国的 70.9%，仍然过低，第三产业的发展潜力没有得到充分发挥。

表 3 - 4　三次产业就业结构

单位：%

年份	第一产业	第二产业	第三产业
2012	33.6	30.3	36.1
2013	31.4	30.1	38.5
2014	29.5	29.9	40.6
2015	28.3	29.3	42.4
2016	27.7	28.8	43.5

数据来源：《中国统计年鉴》（2017）。

我国新兴产业发展缓慢，应用的普及度不高。当前，云计算、大数据等新兴技术快速发展，但在数据中心等基础设施加快建设的同时，相应的信息技术服务发展缓慢，缺乏市场的普及与应用。乡村等落后地区的移动数据设施缺乏，应用普及度极低。我国新兴领域企业的能力和水平难以满足市场需求。目前我国云服务企业在服务可靠性、服务流程合理性、服务界面易用性、服务协议规范性等方面均存在一定不足，与国际领先的云服务提供商相比存在一定差距。大数据企业对数据挖掘分析技术的把握尚不成熟，总体以跟随国外企业为主，难以满足大数据大规模应用的需求①。

3. 产业区域发展不平衡，地区间产业同构化现象较为普遍

由于各区域资源禀赋、发展基础差异等原因，不同地区经济发展不平衡。东部地区与东北地区、中西部地区在经济发展水平和产业结构方面还存在较大差距。从表 3 - 5 可以看出，就各省份 2016 年产业结构而言，东部地区第二、三产业发达，占 GDP 比重较大。而中西部地区第二、三产业增长速度虽然也较快，但在 GDP 中的份额有限，第一产业的比重总体上还较高。第一产业占比超过 10% 的有 16 个省份，除海南和河北外，皆为东北与中西部地区。第三产业占比超过 50% 的 12 个省份中，除山西、黑龙江、西藏、辽宁和甘肃外，都是东部沿海省份。

---

① 聂光悦、韩一正、王婉晖：《我国信息服务产业发展现状、存在问题及前景展望》，《科学与财富》2016 年第 18 期。

表 3－5　2016 年各地区三次产业构成

单位：%

地区	第一产业	第二产业	第三产业
北　京	0.5	19.3	80.2
天　津	1.2	42.3	56.4
河　北	10.9	47.6	41.5
山　西	6.0	38.5	55.5
内蒙古	9.0	47.2	43.8
辽　宁	9.8	38.7	51.5
吉　林	10.1	47.4	42.5
黑龙江	17.4	28.6	54.0
上　海	0.4	29.8	69.8
江　苏	5.3	44.7	50.0
浙　江	4.2	44.9	51.0
安　徽	10.5	48.4	41.0
福　建	8.2	48.9	42.9
江　西	10.3	47.7	42.0
山　东	7.2	46.1	46.7
河　南	10.6	47.6	41.8
湖　北	11.2	44.9	43.9
湖　南	11.3	42.3	46.4
广　东	4.6	43.4	52.0
广　西	15.3	45.2	39.6
海　南	23.4	22.4	54.3
重　庆	7.3	44.5	48.1
四　川	11.9	40.8	47.2
贵　州	15.7	39.7	44.7
云　南	14.8	38.5	46.7
西　藏	10.1	37.3	52.7
陕　西	8.7	48.9	42.3
甘　肃	13.7	34.9	51.4
青　海	8.6	48.6	42.8
宁　夏	7.6	47.0	45.4
新　疆	17.1	37.8	45.1

数据来源：《中国统计年鉴》（2017）。

长期以来，东北地区重工业与国企相对其他地区比重较高，当前调整产业结构任务较重。而中西部地区由于自然条件、区位等因素，经济发展落后于东部地区。近年来区域间的产业转移在一定程度上促进了中西部地区的产业发展，但地区间产业同构化问题突出，各地为增加财政税收，盲目承接转移产业，低水平引进大中项目，导致我国产业和企业组织结构存在低水平重复建设、分散规模小等问题。而且，中西部地区的创新驱动力不足，在某种程度上经济增长方式还没有根本改变，物耗高、能耗高、污染高的“三高”问题依然突出，存在一定程度的环境透支问题。

4. 产业走出去准备不足，未能有效对接开放需要

目前，我国工业初步完成了从技术引进、消化吸收到自主创新的产业发展过程，已经形成了产业国际输出能力。因此，“一带一路”建设有助于我国产业走出去向全球延伸，进而帮助国内产业转型升级。然而，当前我国产业走出去面临产业外向性不足的问题。一是传统内部区域空间格局有限。东部地区外向型发展程度已经很高，进一步增长的空间有限。再加上我国区域产业发展不平衡，制约了外向型经济竞争力的进一步提升。二是传统产业（出口）优势难以维系。我国前一轮外向型经济通过发挥自身比较优势，承接中低端产业和产品价值增值环节的国际梯度转移，在中低端产业尤其是制造业形成大规模生产能力和出口能力。然而，在新的发展条件和形势下，依托传统产业（出口）结构发展外向型经济，不仅难以有进一步拓展发展的空间，甚至可能遭遇被压缩的巨大风险，现实约束效应愈加明显①。

二　十九大对中国产业发展提出了新要求

（一）经济发展新形势，需要更加健康现代的产业体系

党的十九大报告指出，我国经济已由高速增长阶段转向高质量发展阶段，经济社会正发生根本性、深层次变革，建设现代化经济体系是跨越关口的迫切要求，也是我国当前发展阶段的战略目标。

改革开放 40 年来，我国取得的高速增长与世界经济发展紧密关联。目前，我国已成为世界上最大的货物出口国、第二大对外直接投资国、最大的外汇储备国。这表明，我国在全球体系中的地位十分重要，但这也从侧面反映了我国经济更容易受到世界经济的影响和冲击。尽管国际金融危机爆发已近十年，但金融危机对世界经济的影响仍未消退。2017 年 4 月，国际货币基金组织发布的《世界经济展望》预计未来五年世界经济平均增速为 3. 7%，比 2008 年金融危机前五年平均增速低 1. 4 个百分点。在未来较长一段时间内，外需低迷将成为我国面临的新常态②。为摆脱面临的经济困境，一些发达国家纷纷推出“再工业化”政策，这些政策很有可能导致某些制造业回流，给我国的制造业大国地位带来挑战。另外，经过几年的持续放缓，我国经济进入一个新的增长通道，即从高速增长进入中高速增长的新常态。在新常态下，经济发展方式正从规模扩张型粗放增长转向质量效率型集约增长。依靠人力资本高投入的劳动密集型产业和大量投资刺激需求增长，是过去长期以来支撑经济高速增长的主要动力，如今随着外部条件的变化、竞争的加剧，亟须调整和改造。针对国际国内经济发展的新形势，党的十九大报

---

① 戴翔、张二震：《我国外向型经济发展如何实现新突破》，《南京社会科学》2017 年第 9 期。

② 徐秀军：《中国经济发展的新环境与新思路》，《当代世界》2017 年第 9 期。

告作出“我国经济已由高速增长阶段转向高质量发展阶段”的判断，是继经济发展进入新常态后新的重大判断。过去我国依靠要素投入、外需拉动、规模扩张的增长模式，受到越来越明显的制约。必须按照党的十九大报告提出的要求，转变发展方式，优化经济结构，向高质量发展。

党的十九大报告提出，要着力加快形成实体经济、科技创新、现代金融、人力资源协同发展的产业体系。产业体系是经济体系的核心，面对国际经济格局深刻调整和国内经济转向高质量发展阶段的新形势，面对发展质量和效益不够高、创新能力不够强、实体经济水平有待提高的现实困境，加快建设协同发展的现代化产业体系显得尤为重要。当前，中国特色社会主义进入新时代，社会主要矛盾转化为人民日益增长的美好生活需要和不平衡不充分的发展之间的矛盾。只有坚持以经济建设为中心，加快建设协同发展的现代化产业体系，才能为满足人民日益增长的美好生活需要提供坚实的物质保障。实体经济是国民经济的根基命脉，建设现代化产业体系，必须把发展经济的着力点放在实体经济上，坚持狠抓实体经济发展不动摇。现代化产业体系的动力源是科技创新，必须坚定不移贯彻创新发展理念，深入实施创新驱动发展战略，大力推进科技创新。现代金融是现代化产业体系的血脉，必须大力发展现代金融，深化金融体制改革，增强金融服务实体经济能力，强化金融的实体经济输血功能。人力资源是现代化产业体系最宝贵的资源，必须大力开发人力资源，实行更加积极、开放、有效的人才政策，鼓励更多社会主体投身创新创业，走人才引领的产业发展之路①。

（二）建设创新型国家，实现赶超战略，需要产业创新性发展

党的十九大报告强调，创新是引领发展的第一动力，是建设现代化经济体系的战略支撑。按照党中央的决策部署，必须坚持实施创新驱动发展战略，强化创新第一动力的地位和作用，突出以科技创新引领全面创新。十九大报告中 10 多次提到科技、50 多次强调创新。停下就会被赶超，只有不断加大创新力度，才能保持领先，无论在理论层面还是在实践层面，创新对经济社会发展的重要性毋庸置疑。十九大报告还提出，加快建设创新型国家，到 2035 年跻身创新型国家前列。当前，新一轮科技革命和产业变革孕育兴起，信息技术、生物技术、制造技术等广泛渗透各个领域，大数据、云计算、移动互联网等新一代信息技术和智能制造技术正在引发国际产业分工重大调整。只有加快建设创新型国家，全面提高科技创新水平，才能在新一轮全球竞争中赢得战略先机②。

关于如何推进创新型国家建设，十九大报告在“贯彻新发展理念，建设现代化经济体系”部分为产业创新发展指明了前进方向。加快建设创新型国家，要瞄准世界科技前沿，强化基础研究，实现前瞻性基础研究、引领性原创成果重大突破。要加强应用基础研究，拓展实施国家重大科技项目，突出关键共性技术、前沿引领技术、现代工程技术、颠覆性技术创新。要加强国家创新体系建设，强化战略科技力量。要强化科技体

① 郝全洪：《加快建设现代化产业体系》，《学习时报》2017 年 12 月 4 日。

② 王志刚：《加快建设创新型国家》，《人民日报》2017 年 12 月 7 日。

制改革，建立以企业为主体、市场为导向、产学研深度融合的技术创新体系，加强对中小企业创新的支持，促进科技成果转化。要倡导创新文化，强化知识产权创造、保护、运用。要培养造就一大批具有国际水平的战略科技人才、科技领军人才、青年科技人才和高水平创新团队。

“抓创新就是抓发展，谋创新就是谋未来。”党的十八大以来，我国在创新发展方面取得了显著成就，2016 年科技进步对经济增长的贡献率达到 56.2%，有力推动了产业转型升级。经过长期努力，我国核心科技与发达国家的差距不断缩小。然而，我国基础研究依旧很薄弱，原创性技术、颠覆性技术相对不足，部分领域核心技术受制于人，必须加快突破。总之，新时代中国发展进入新阶段，必须加快建设创新型国家，实施创新驱动发展战略，不断丰富中国制造、中国智造的内涵，为中国产业和经济持续发展注入新动力，为实现现代化经济体系战略目标提供战略支撑。

（三）全面实现现代化，需要产业协调快速发展

党的十九大报告要求决胜全面建成小康社会、实现第一个百年奋斗目标，开启全面建设社会主义现代化国家新征程，向第二个百年奋斗目标进军。这是新时代中国特色社会主义发展的战略安排。从现在到 2020 年，是全面建成小康社会决胜期，从 2020 年到 21 世纪中叶分两个阶段来安排，2021～2035 年基本实现社会主义现代化，2036～2050 年建成富强民主文明和谐美丽的社会主义现代化强国。不论是“两个一百年”目标还是阶段性目标，都彰显了我国坚持走共同富裕道路、追求造福人民的全面发展。人民始终是一切工作的出发点和落脚点。当前我国社会主要矛盾已经发生变化，经济发展已转向高质量发展阶段，不再是片面追求高速增长。高质量发展阶段更突出百姓的获得感，内涵更为丰富，是为了满足人民日益增长的美好生活需要。如今我国面临的最突出问题是发展质量还不够高，亟须通过各种改革措施来实现高质量发展，着力解决不平衡不充分发展的问题。

十九大报告从我国区域发展新形势和决胜全面建成小康社会、开启全面建设社会主义现代化国家新征程的新要求出发，明确提出要实施区域协调发展战略，建立更加有效的区域协调发展新机制，这是对“两个一百年”奋斗目标中我国区域发展的新部署，也是今后推进区域协调发展的行动指南。产业发展与区域发展密不可分，不同区域的资源禀赋不同，所依赖的产业也不同。有些产业在某个城市发展良好，并不意味着在其他城市也可以照搬照抄①。因此，党的十九大报告对不同区域发展给出了针对性极强的方案，如“强化举措推进西部大开发形成新格局”“深化改革加快东北等老工业基地振兴”“发挥优势推动中部地区崛起”“创新引领率先实现东部地区优先发展”等。这表明，在推进产业体系建设的过程中，要深刻领会十九大报告对不同区域的定位，精准落实区域协调发展战略，优化发展格局，推进区域合作共赢，努力实现更高质量、更有效率、更加公平、更可持续的发展，最终实现全体人民共同富裕。

---

① 潘建成：《建立更加有效的区域协调发展新机制》，《经济日报》2017 年 11 月 15 日。

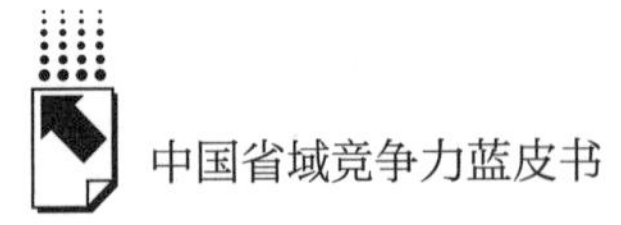

（四）深化推进供给侧改革，需要加快调整产业升级步伐

党的十九大报告指出，必须坚持质量第一、效率优先，以供给侧结构性改革为主线，推动经济发展质量变革、效率变革、动力变革，提高全要素生产率。党的十九大报告把深化推进供给侧结构性改革摆在贯彻新发展理念、建设现代化经济体系这一重要部署第一位。这是党中央在我国发展的重要时刻作出的重大战略性选择。建设现代化经济体系，必须把发展经济的着力点放在实体经济上。近两年我国深入推进供给侧结构性改革，在“三去一降一补”基础上，推动实体经济更好地适应市场需求变化。三次产业在调整中发展、在转型中升级，整个供给体系的质量和效率都获得了稳步提升。十九大报告中供给侧结构性改革这一主线不变，将继续为中国经济在转型阶段持续健康发展指明正确道路。

在深化供给侧结构性改革的过程中，“三去一降一补”仍然是要坚持推进的任务①。坚持去产能、去库存、去杠杆、降成本、补短板，优化存量资源配置，扩大优质增量供给，实现供需动态平衡。当前我国仍有相当数量的资金、土地、劳动力资源沉淀在严重过剩产能、高污染产业中，拖累了经济转型和效率提高②，仍需通过去产能、去库存、去杠杆，为先进产能腾出发展空间，推动新兴产业和高技术产业的发展，实现新旧功能转换。深化供给侧结构性改革，要求继续推动产业优化升级，培育壮大新动能，改造提升传统动能，推进存量增量调整。习近平总书记指出，产业结构优化升级是提高我国经济综合竞争力的关键举措。要加快改造提升传统产业，深入推进信息化与工业化深度融合，着力培育战略性新兴产业，大力发展服务业，特别是现代服务业，积极培育新业态和新商业模式，构建现代产业发展新体系。总之，要用供给侧结构性改革来满足不同层次消费需求，使得供给和需求更好地进行匹配，通过深化供给侧结构性改革，推动产业结构、产品结构转型升级。

（五）实施乡村振兴战略，需要打造新型农业产业

党的十九大报告提出实施乡村振兴战略，这是党中央对“三农”工作作出的一个新的战略部署、提出的一个新的要求。经过改革开放 40 年的发展，城乡整体关系和农村自身发展都发生了较大变化，在统筹城乡发展，推进城镇化过程中，有些地方的乡村渐渐没落，空心村、空心屋等现实问题引起了人们的普遍关注。另外，随着收入提高，农民或留在农村的人对美好生活的需求日益强烈，在满足基本的吃饱、穿暖需求后，还希望有一个好的生活环境，希望获得均等化的公共服务；而城市对农村也有新需求，如优良的生态环境和休闲场所。这些新情况新变化迫切要求对“三农”工作整体思路进行大梳理和大调整。“振兴乡村”就是对乡村的发展现状及其存在的现实问题的一种呼

① 《要用供给侧结构性改革来满足不同消费层次的需求》，人民网，2017 年 10 月 19 日。

② 《用三大变革推动中国经济“高质量发展”》，新华社，2017 年 10 月 22 日。

应[①]。十九大报告还明确提出了实施乡村振兴战略的总要求，就是坚持农业农村优先发展，努力做到产业兴旺、生态宜居、乡风文明、治理有效、生活富裕，建立健全城乡融合发展体制机制和政策体系，加快推进农业农村现代化。这是站在新的历史背景下，农业农村发展到新阶段的必然要求。与以前所讲的“三农”不同，实施乡村振兴战略，不仅要求发展现代农业，实现生产要素的规模化、集约化经营，不断提升土地产出率、资源利用率，还要求发展现代农村，改善农民的生产生活条件，实现农民的现代化。

在对农业农村发展的要求中，“产业兴旺”摆在乡村振兴战略总要求的首位，只有发展好产业，从根本上帮助农民解决收入问题，才有实现“生态宜居、乡风文明、治理有效、生活富裕”的可能性。乡村振兴归根结底是发展问题，要靠发展农村生产力来解决。党的十九大报告进一步指出，构建现代农业产业体系、生产体系、经营体系，完善农业支持保护制度，发展多种形式的适度规模经营，培育新型农业经营主体，健全农业社会化服务体系，实现小农户和现代农业发展有机衔接。促进农村三次产业融合发展，支持和鼓励农民就业创业，拓宽增收渠道。这一论述为产业兴旺指明了具体方向和发展道路。

三　十九大后中国产业发展的重点领域与发展方向

（一）十九大后中国产业发展的方向

1. 推进新型工业化、信息化、城镇化、农业现代化同步发展

党的十九大报告强调，要更好地发挥政府作用，推动新型工业化、信息化、城镇化、农业现代化同步发展，主动参与和推动经济全球化进程，发展更高层次的开放型经济。党的十八大以来，习近平总书记多次发表重要讲话，就如何处理新“四化”关系、推进新“四化”同步发展指明方向。西方发达国家用了两百多年的时间发展工业化、城镇化、农业现代化、信息化，选择的是“串联式”的发展过程。与西方发达国家不同，作为后进国家，我国选择的是“并联式”的发展过程，将工业化、信息化、城镇化、农业现代化同步推进[②]。

新“四化”同步发展有三方面要求。一是推动工业化和信息化深度融合。随着新能源、新材料、智能制造等新兴工业科技的不断出现，全球产业格局发生了重大调整，以数字竞争力为核心的新型产业竞争不断加剧。新常态下我国制造业发展面临资源环境约束强化、要素成本上升、投资出口放缓等诸多挑战，急需通过工业化和信息化的深度融合，利用信息化技术带动相关产业协同发展，优化企业资源配置。二是推动工业化和城镇化良性互动。工业化和城镇化互为因果，互推发展。工业化发展通过就业需求促进农业人口向非农业人口转化，为城镇化发展提供物质基础；城镇化通过生产要素集聚集

---

① 郭翔宇：《实施乡村振兴战略　加快推进农业农村现代化》，《农业经济与管理》2017 年第 5 期。

② 中共中央文献研究室：《习近平关于社会主义经济建设论述摘编》，中央文献出版社，2017。

约，营造创新环境、带动市场需求，促进工业化发展。十九大后的产业发展要增强城镇综合承载能力和可持续发展能力，重点推进农业转移人口融入城镇生活，提高城市宜居水平。三是推进城镇化和农业现代化相互协调。城镇化的发展促进了农村剩余劳动力的转移，随着农业人口逐步向城镇迁移，农村土地相对集中，推动了土地的规模经营，为农业现代化创造了条件。农业现代化通过提高农业生产效率，为城镇化发展提供所需的粮食和原料，农民收入增加，也加大了对二、三产业发展的需求，从而促进城镇产业结构调整①。

可以说，推进新型工业化、信息化、城镇化、农业现代化同步发展对于实现“两个一百年”奋斗目标、实现中华民族伟大复兴的中国梦具有重要的现实意义和深远的历史意义。

2. 深化推进供给侧改革，加快实现产业的创新发展

党的十九大报告指出，建设现代化经济体系是跨越关口的迫切要求和我国发展的战略目标。建设现代化经济体系，必须持之以恒推进供给侧结构性改革，以“三去一降一补”为重点，提高资源配置效率，减少无效和低端供给，坚决淘汰僵尸企业，发展先进制造业、现代服务业，推动我国产业发展迈向全球价值链中高端，更好地满足人民日益增长的美好生活需要。深化推进供给侧结构性改革，创新是根本。无论是深入推进“三去一降一补”，还是占领科技创新制高点，都需要创新，需要通过解放思想、更新观念，摸索发展新路径，需要通过变中求新、变中突破，培育发展新动能②。供给侧结构性改革要求以改革创新为主要手段来化解经济结构性失衡问题。要求通过要素投资驱动向创新驱动转变，培育新的经济增长动力，要求利用新技术跨界融合加速传统产业的转型升级，淘汰落后产能。

党的十九大报告指出，我国正处在转变经济发展方式、优化经济结构、转换增长动力的攻关时期。创新是引领发展的第一动力。按照党中央的部署，要以创新驱动发展，以科技引领转型，坚定不移地化解过剩产能，持之以恒推动创新。首先，要明确产业创新的主体。企业是供给侧结构性改革和创新的主体。十九大报告指出，激发和保护企业家精神，鼓励更多社会主体投身创新创业，建设知识型、技能型、创新型劳动者大军，弘扬劳模精神和工匠精神，营造劳动光荣的社会风尚和精益求精的敬业风气。党的十九大报告积极弘扬工匠精神，旨在激发创新创业者与企业家们乐业敬业的职业文化。另外，党的十九大报告对新时代国家技术创新体系建设作了科学论述，明确了企业、高校、科研组织三者在创新体系中的定位。通过深化科技体制改革，建立以企业为主体、市场为导向、产学研深度融合的技术创新体系，加强对中小企业创新的支持，促进科技成果转化。其次，要明确产业创新的方向。十九大报告提出加快建设创新型国家，其中提到强化基础研究。基础创新是创新的源头和根本，基础越广泛可靠，越能支撑上端的

---

① 王成吉、王娟、王菁：《促进工业化、信息化、城镇化、农业现代化同步发展》，《理论建设》2013 年第 4 期。

② 《改革创新，催生发展新活力——二论落实两会精神、迎接党的十九大》，新华社，2017 年 3 月 17 日。

应用创新和产品创新。除了强化基础研究，十九大报告还提出要加强应用基础研究，拓展实施国家重大科技项目，突出关键共性技术、前沿引领技术、现代工程技术、颠覆性技术创新。再次，要注重产业创新人才培养。创新驱动实质上是人才驱动，按照党的十九大报告提出的要求，要培养造就一大批具有国际水平的战略科技人才、科技领军人才、青年科技人才和高水平创新团队。相信随着十九大精神的落实，科技创新人才将迎来更加宽松的发展环境，为我国实施创新驱动发展战略提供坚实的人才保障。

3. 推进区域产业协调发展，解决发展不平衡问题

党的十九大报告提出，实施区域协调发展战略，建立更加有效的区域协调发展新机制。这是党中央在中国特色社会主义新时代针对区域协调发展新特征作出的重大战略部署。随着中国特色社会主义进入新时代，发展不平衡不充分的问题表现得更加突出，已然成为满足人民日益增长的美好生活需要的制约因素。因此，解决发展不平衡不充分问题刻不容缓。

党的十九大报告为促进区域协调发展指明了前进方向。针对不同区域的特点，强调取长补短、精准定位、区别发展，还注重拓展区域发展新空间。首先，以“三大战略”为引领，促进区域产业协调发展。“三大战略”分别是指“一带一路”建设、京津冀协同发展、长江经济带发展。在“一带一路”建设方面，以落实“一带一路”国际合作高峰论坛成果为牵引，加快推进“五通”重大项目建设；在京津冀协同发展方面，以疏解北京非首都功能为“牛鼻子”，加快北京城市副中心建设，推进交通、生态、产业三个重点领域率先突破，高起点规划、高标准建设雄安新区，化解北京“大城市病”；在长江经济带发展方面，以共抓大保护、不搞大开发为导向，修复长江生态环境，建设高质量综合立体交通走廊，推进产业转型升级和新型城镇化建设，实现长江上中下游互动合作和协同发展。其次，以分类指导为原则，促进区域产业协调发展。对于四大区域板块，按照区域发展总体战略部署，分类指导，各个击破。东部地区要进一步强化先行先试和创新引领功能，在转型升级、体制创新和全面开放等方面继续发挥带头作用；中部地区要进一步挖掘区位优势，激活人才、科技、市场、资源等优势，推动中部崛起；西部地区要强化举措推进西部大开发，进一步加强基础设施建设，提高市场化水平，提升基本公共服务水平和生态保障支持能力；东北地区要深化改革，加快东北等老工业基地振兴，进一步创新体制机制，深化开放合作。再次，以全面建成小康社会为目标，促进区域产业协调发展。加大中央财政对革命老区、民族地区、边疆地区、贫困地区的转移支付力度，推动贫困地区脱贫攻坚，支持革命老区开发建设，促进民族地区健康发展，推进边疆地区开发开放①。

4. 建立更加开放的现代产业格局

经过改革开放 40 年的发展，我国已成为国际经济贸易大国，逐渐走到世界经济舞台的中心，同时也面临着全面提高对外开放水平的新任务。党的十九大报告提出，推动形成全面开放新格局，强调“开放带来进步，封闭必然落后”，坚持发展更高层次的开

① 王一鸣：《实施区域协调发展战略》，《经济日报》2017 年 11 月 16 日。

放型经济。这是党中央适应经济全球化新趋势、准确判断国际形势新变化、深刻把握国内改革发展新要求作出的重大战略部署。当前世界经济呈现回暖态势，新一轮科技革命和产业变革蓄势待发，如何在新的全球经济形势下抓住机遇，抢占先机，是我国对外开放工作面临的重要任务。随着我国经济发展进入新常态，开放型经济传统竞争优势逐渐减弱，劳动力成本持续提高，资源约束愈加收紧，环境压力日益加大。如何推动开放型经济加快从要素驱动向创新驱动转变，从规模速度型向质量效益型转变，从成本价格优势为主向技术、质量、服务为核心的总和竞争优势转变，是我国对外开放工作必须把握的重要方向。

首先，以“一带一路”建设为重点，坚持引进来和走出去并重，遵循共商共建共享原则，加强创新能力开放合作。“一带一路”建设是我国扩大对外开放的重大举措，也是今后一段时间内对外开放的工作重点。当前，我国“一带一路”建设稳步推进，对外投资合作持续平稳发展。按照十九大报告坚持引进来和走出去并重的部署，要坚持引资和引技引智并举，提升利用外资的技术溢出效应、产业升级效应，加强在创新领域的各种合作；支持企业积极稳妥走出去，带动商品和服务输出，实现互利共赢。报告还强调，要遵循共商共建共享原则，积极促进“一带一路”国际合作，努力实现政策沟通、设施联通、贸易畅通、资金融通、民心相通，增添共同发展新动力①。其次，努力形成陆海内外联动、东西双向互济的开放格局。我国对外开放从沿海起步，由东向西渐次推进。按照十九大报告加大西部开放力度的部署，在深化沿海开放的同时，推动内陆和沿边地区从开放的洼地转变为开放的高地。通过实施更加灵活的政策，建设好自贸试验区、国家级开发区、边境经济合作区、跨境经济合作区等开放平台，在西部地区形成若干开放型经济新增长极。再次，探索建设自由贸易港。党的十九大报告提出，赋予自由贸易试验区更大改革自主权，探索建设自由贸易港。自由贸易港是目前全球开放水平最高的特殊经济功能区，探索建设自由贸易港，打造更高层次开放、更强辐射作用的开放新高地，对于促进开放型经济具有重要意义。截至2017年，我国自贸试验区数量有11个，形成了东中西全方位的“雁阵形”格局。自贸试验区建设以制度创新为核心，为全面深化改革和扩大开放探索新路径。探索建设自由贸易港，将推动自贸试验区建设进一步升级，成为我国对外开放的强有力引擎。

（二）十九大后中国产业发展的重点领域

十九大到二十大是“两个一百年”奋斗目标的历史交汇期。在历史交汇期的时代背景下，我国产业发展既面临挑战，也面临机遇。十九大报告指出，加快建设制造强国，加快发展先进制造业，推动互联网、大数据、人工智能和实体经济深度融合，在中高端消费、创新引领、绿色低碳、共享经济、现代供应链、人力资本服务等领域培育新的增长点，形成新动能。可见，十九大报告对今后产业发展的重点领域指明了道路和方向。

---

① 汪洋：《推动形成全面开放新格局》，《人民日报》2017年11月10日。

1. 战略新兴产业

党的十八大以来，在以习近平同志为核心的党中央领导下，在全社会的共同努力下，我国战略性新兴产业迅猛发展，取得了较好的成效，这在十九大报告中也得到了肯定。随着我国经济由高速增长阶段转向高质量发展阶段，当前和今后一个时期，必须以习近平新时代中国特色社会主义思想为指引，坚持实施创新驱动发展战略，推动战略性新兴产业更高质量发展。《“十三五”国家战略性新兴产业发展规划》对“十三五”期间我国战略性新兴产业发展目标、重点任务、政策措施等作了全面部署安排。该规划指出，战略性新兴产业代表新一轮科技革命和产业革命的方向，是培育发展新动能、获取未来竞争新优势的关键领域。要加快发展壮大新一代信息技术、高端装备与新材料、生物产业、新能源汽车和新能源与节能环保、数字创意等战略性新兴产业。

其一，推动信息技术产业跨越发展。信息技术是新一轮科技革命中创新最活跃的领域，《“十三五”国家战略性新兴产业发展规划》指出，要牢牢把握信息技术变革趋势，实施网络强国战略，加快建设数字中国，推动信息技术与经济社会发展深度融合，加快推动信息经济发展壮大，到2020年，力争在新一代信息技术产业薄弱环节实现系统性突破，总产值规模超过12万亿元。近年来，主要发达国家不断强化在信息基础设施、核心技术产业、数据资源、智能制造等新一代信息技术领域的战略布局，力图掌握新一轮国际规则话语权和治理体系主导权。改变供应链受制于人、缺乏国际话语权等不利局面，必须加快发展新一代信息技术①。

其二，促进高端装备与新材料产业突破发展。高端装备制造业是现代产业体系的脊梁，是一个国家制造业水平的集中体现。近年来，发达国家纷纷实施“再工业化”战略，力图重振制造业，高端装备成为各国竞相角逐的主战场。美国先进制造伙伴计划、德国工业4.0、日本《制造业白皮书》、英国《工业2050战略》、韩国《制造业创新3.0》、法国《新工业法国计划》都对高端装备产业进行了重要部署和安排。与先进国家相比，我国高端装备制造业在整体水平和国际竞争力上仍存在较大差距，如自主创新能力不强、基础配套能力不足、关键材料和核心零部件受制于人、品牌建设滞后、应用推广难等。《“十三五”国家战略性新兴产业发展规划》提出，未来五年，高端装备制造领域要加快突破关键技术与核心部件，积极推进重大装备与系统的工程应用和产业化，促进产业链协调发展，塑造中国制造新形象，带动制造业水平全面提升。力争到2020年，高端装备与新材料产业产值规模超过12万亿元。具体发展重点包括打造智能制造高端品牌、实现航空产业新突破、做大做强卫星及应用产业、强化轨道交通装备领先地位、增强海洋工程装备国际竞争力、提高新材料基础支撑能力。

其三，加快生物产业创新发展。生物产业作为战略性新兴产业，具有科技含量高、市场潜力大、带动能力强、综合效益好等特征，是引导未来经济社会发展的重要力量。当前，生物技术在医学、农业、工业、环境、能源等领域都表现出巨大潜力，正引发新

---

① 余晓辉：《推动信息技术产业跨越发展，拓展网络经济新空间》，http：//gjss. ndrc. gov. cn/gjsgz/201703/t20170316_ 841122. html。

的科技革命，并有可能从根本上解决世界人口、粮食、环境、能源等重大问题。《“十三五”国家战略性新兴产业发展规划》提出，要加快生物产业创新发展，培育生物经济新动力，到2020年生物产业规模达到8万亿~10万亿元，形成一批具有国际竞争力的新型生物技术企业和生物经济集群，将生物经济加速打造为继信息经济后的重要新经济形态。

其四，推动新能源汽车、新能源和节能环保产业快速壮大。十九大报告提出，要建设美丽中国，推进绿色发展，要壮大节能环保产业、清洁生产产业、清洁能源产业，要推进资源全面节约和循环利用。《“十三五”国家战略性新兴产业发展规划》也明确了新能源汽车、新能源和节能环保等绿色低碳产业的战略地位。要求大幅提升新能源汽车和新能源的应用比例，全面推进高效节能、先进环保和资源循环利用产业体系建设，推动新能源汽车、新能源和节能环保等绿色低碳产业成为支柱产业，到2020年，产值规模达到10万亿元以上。

其五，促进数字创意产业蓬勃发展。数字创意产业是以创意为核心、数字技术引领的战略性新兴产业，主要包括网络文学、动漫、影视、游戏、创意设计、VR、在线教育等7个细分领域。目前，我国数字创意占GDP比重仅为0.7%，还有非常大的提升空间。数字创意产业对构建高效协同的国家创新体系、提升国家创新能力和科技实力发挥着不可替代的作用。《“十三五”国家战略性新兴产业发展规划》也明确提出，要以数字技术和先进理念推动文化创意与创新设计等产业加快发展，促进文化科技深度融合、相关产业相互渗透。到2020年，形成文化引领、技术先进、链条完整的数字创意产业发展格局，相关行业产值规模达到8万亿元。

2. 现代服务业

发展现代服务业是提高国民经济运行质量和效益的重要途径。十九大报告指出，支持传统产业优化升级，加快发展现代服务业，瞄准国际标准提高水平。报告为我国现代服务业发展提供了强大的政策支持，具体表现为：一是深化体制改革，放宽服务业准入限制；二是形成全面开放新格局，扩大服务业对外开放。十九大报告关于服务业的各种论述，为我国现代服务业的发展营造了良好的政策环境，将进一步激活我国现代服务业生产力，优化我国服务贸易整体产业链的市场环境。十九大报告充分展示了党和国家支持新兴服务业态发展的决心，有助于推动我国现代服务业、服务贸易的发展①。

其一，加快生产服务业发展。贯穿新发展理念，建设现代化经济体系是十九大报告对我国经济发展的总体战略部署。发达的服务业是现代化经济体系的基本特征，建设现代化经济体系必须重视现代生产服务业尤其是价值链两端的研发、设计、品牌及信息、物流、商务、售后服务等知识、技术、人力资本密集型服务业。加快生产服务业发展是推动产业结构优化升级的重要举措，结合我国产业需求和发展水平，生产服务业需重点发展现代物流、现代金融、电子商务、商务服务、服务外包、科技服务、文化创意等产业。

① 《从十九大看我国服务业、服务贸易发展的机遇》，中国服务贸易协会，2017年10月25日。

其二，提高生活服务业层次。生活服务业涉及人们的衣食住行、商贸休闲等多个方面，加快生活服务业发展是促进消费升级的重要措施。随着收入水平的提高，人们的需求结构由满足生理需求的基本必需品向满足生活品质的生活用品转变，旅游、养老、教育等服务产品成为人们消费的热点。未来需重点发展休闲旅游、文化娱乐、健康养老等满足人们更高身心健康和快乐需求的服务业，通过提高生活服务业发展层次来满足人们对美好生活的追求。

3. 先进制造业

经济发展历史与现实社会告诉我们，没有强大的制造业就不可能成为经济强国。因此，推动经济健康持续发展，占领世界经济战略高地，建立现代经济体系，离不开先进的制造业。深化供给侧结构性改革，建设现代化经济体系，必须把发展经济的着力点放在实体经济上，把提高供给体系质量作为主攻方向，显著增强我国经济质量优势。加快建设制造业强国，加快发展先进制造业……支持传统产业优化升级，加快发展现代服务业，瞄准国际标准提高水平。促进我国产业迈向全球价值链中高端，培育若干世界级先进制造业集群。因此，十九大后我国必然要在巩固我国制造业领先地位的同时，不断加快推进传统产业优化升级。对于当前较为领先的制造业领域，包括航空器和航天器、高铁、核电设备、特高压输电装备、现代船舶制造等，要不断应用新技术继续提升行业竞争力，保持世界领先地位。还要注重制造业结构优化升级的这一主题，从强调单一增长调整为强调制造业质量提升，提高制造业的生产率①，推进传统产业的现代化发展。

“十三五”规划提出，要拓展产业发展空间。支持节能环保、生物技术、信息技术、智能制造、高端装备、新能源等新兴产业发展，支持传统产业优化升级。《中国制造 2025》指出，“十三五”期间将推动“中国制造”加速走向“中国智造”，智能制造、“双创”、互联网、物联网、战略新兴产业等多个有针对性的规划将逐步落地并对我国制造业产生积极影响。未来五年，升级版的中国制造格局有望逐渐成形，并为《中国制造 2025》等中长期目标奠定基础，使制造业继续为中国经济发展提供持续可靠的动力。

4. 绿色产业

十九大报告指出，发展必须是科学发展，必须坚定不移贯彻创新、协调、绿色、开放、共享的发展理念。因此，十九大后，我国必须坚持人与自然和谐共生的现代化，形成节约资源和保护环境的空间格局、产业结构，既要创造更多物质财富和精神财富满足人民日益增长的美好生活需要，也要提供更多优质生态产品满足人民日益增长的优美生态环境需要。这就意味着产业的发展必须是绿色发展，绿色产业必将在十九大后蓬勃发展。

今后五年，要积极构建市场导向的绿色技术创新体系，构建政府为主导、企业为主体、社会组织和公众共同参与的环境治理体系。通过建立环境管控的长效机制，让环境管控发挥绿色发展的导向作用，有效引导企业转型升级，推进技术创新，走向绿色生

---

① 《“十三五”加速制造业升级》，中国产业规划网，http：//www. chanyeguihua. com/2034. html#top。

产。同时，鼓励发展绿色产业，壮大节能环保产业、清洁生产产业、清洁能源产业，使绿色产业成为替代产业，接力经济增长①。

5. 新型农业

党的十九大报告提出了“实施乡村振兴战略”，在当前实现乡村振兴离不开农业现代化，离不开发展新型农业。“十三五”规划中指出，要大力推进农业现代化，着力构建现代农业产业体系、生产体系、经营体系，提高农业质量效益和竞争力，推动粮经饲统筹、农林牧渔结合、种养加一体、一二三产业融合发展，走产出高效、产品安全、资源节约、环境友好的农业现代化道路。通过着力构建农业标准化和信息化，推进现代农业科技创新推广体系、农业社会化服务体系、农产品流通体系、现代种植业体系、农业机械服务体系的构建。2017 年“一号”文件《中共中央、国务院关于深入推进农业供给侧结构性改革　加快培育农业农村发展新动能的若干意见》指出，推进农业供给侧结构性改革，要以提高农业供给质量为主攻方向，以体制改革和机制创新为根本途径，优化农业产业体系、生产体系、经营体系，提高土地产出率、资源利用率、劳动生产率，促进农业农村发展由过度依赖资源消耗、主要满足量的需求向追求绿色生态可持续、更加注重满足质的需求转变。并对未来 5 年农业的发展与方向定了基调：农业资本、农村新能源、土地资源、农机农服项目、休闲农业、农村电商等十大农业产业项目将会快速发展。

四　加快促进中国产业健康发展的对策建议

经过多年的快速发展，我国经济已由高速增长阶段转向高质量发展阶段，正处在转变发展方式、优化经济结构、转换增长动力的攻关期，必须建设适应新时代要求的现代化产业体系。要建设健康的现代化产业体系，就要紧扣我国社会主要矛盾变化，坚持“五位一体”总体布局，坚定实施科教兴国战略、人才强国战略、创新驱动发展战略，坚持质量第一、效益优先，以供给侧结构性改革为主线，推动产业规划，优化产业布局，强化科技人才支撑，加强国际合作，提升产业发展质量和效率，不断增强我国产业体系的创新力和竞争力。

（一）统筹规划产业政策，引领产业发展方向

1. 更新发展理念

发展是解决我国一切问题的基础和关键，发展必须是科学发展，必须坚持经济、社会、政治、文化和环境共同发展的理念。产业发展是一切经济发展的基础，产业发展要坚定不移贯彻创新、协调、绿色、开放、共享的发展理念，必须有助于坚持和完善我国社会主义基本经济制度和分配制度，有助于公有制经济和非公有制经济的协同发展，使

① 《十九大报告：生态文明建设和绿色发展的路线图》，光明网 - 时评频道，2017 年 10 月 24 日，http://guancha. gmw. cn/2017 - 10/24/content_ 26592293. htm。

市场在资源配置中起决定性作用。必须是能够推动新型工业化、信息化、城镇化、农业现代化同步发展的产业发展，产业必须能够参与和推动经济全球化进程，适应更高层次的开放型经济，从而不断壮大我国经济实力和综合国力。

2. 统筹产业规划

产业规划是综合运用各种理论分析工具，从当地实际情况出发，充分考虑国际国内及区域经济发展态势，对当地产业发展定位、产业体系、产业结构、产业链、空间布局、经济社会环境影响、实施方案等作出的中长期科学计划。经过多年的快速发展，我国已经建立了较为完整的产业体系，下一步将围绕打造新型现代化产业体系，科学制定产业规划，实现我国各产业统筹协调发展。科学合理的产业规划对我国产业体系的未来发展至关重要，是未来一个时期我国产业体系能否做大做强、能否成功实现转型升级、能否为实现小康社会奠定基础的关键所在。统筹产业规划，必须从顶层设计出发，把从上到下与从下到上结合起来，根据各产业现阶段发展基础和世界产业发展方向，作出合理的技术选择，制定并实施产业规划。一是在明确区域整体战略基础上，对各区域产业结构升级、产业发展布局进行整体布局和规划，协调好各区域土地开发、生态保护、民生问题、基础设施建设等各方面的关系，做好区域产业规划。二是在明确区域产业规划的前提下，为战略性新兴产业、各区域主导产业、各地区支撑产业的发展进行详细规划，理清产业的发展次序和重点，促进产业聚集，形成产业集群所必需的产业生态圈。三是在明确区域产业规划的前提下，加强各地产业园区管理，制定具体的主导产业、跟随产业和支撑产业发展规划。各级产业规划必须统筹协调，保障科学性和可操作性。

3. 完善产业政策

过去各级管理部门出台了数量繁多的产业政策，在一定程度上促进了产业的快速发展，为一些新兴产业的健康发展提供了保障，但市场环境每时每刻都在变化，很多产业政策已不能适应新时代的要求。新时期的产业发展要符合新的发展理念，必须不断完善现有产业政策体系。构建和完善符合新时代发展要求的产业政策体系，关键在于理顺市场与政府的关系，切实转到增进与扩展市场、弥补市场不足的政策模式上来，充分发挥市场的决定性作用。一是完善产业发展市场制度与优化产业发展环境，需要加快建设与完善市场法治体系，需要完善知识产权保护相关法律体系及其执行机制，建立起严格保护知识产权的长效机制，从而加快推进市场体系改革。二是完善产业技术与创新政策，促进创新体系建设，促进技术机构共享科技基础设施，建立全国性技术转移平台，加快先进适用技术推广，完善服务体系建设，更好地为中小企业和高科技创新企业服务，加大科技资金投入，提高科技资金分配和使用效率。三是出台以产业生态为核心的产业组织政策，促进市场公平竞争。重视产业生态培育，大力推动“大众创业、万众创新”，通过建设公共服务体系和不同类型企业孵化器，完善小微企业创新和高技术创业环境，促进不同类型企业、不同规模企业在新兴技术和新兴市场的发展。四是完善产业人才政策，促进人才培养，关注工程师、高技能工人和一般产业工人通用技能提升的政策导向，构建由企业、学校、研究机构和中介共同组成的终身学习体系。五是完善支持性产业政策，在财政补贴、税收优惠、人才补助等各种政策制定和实施过程中，应坚持审慎干预的原则，避免过度的行政干预扭曲市场竞争效率和发展方向，要提高政策制定实施的社会化参与和精细化程度。

4. 引导产业方向

十九大报告补充和完善了未来的国家发展战略，为产业发展指明了新的方向，是现代化产业规划和政策拓展的依据。一是发展现代农业，促进乡村振兴。产业发展体系一定要把解决“三农”问题和精准扶贫工作有机结合起来，要坚持农业农村优先发展，按照产业兴旺、生态宜居、乡风文明、治理有效、生活富裕的总要求，大力发展能够有效促进城乡融合发展的产业体系，制定和完善促进城乡融合发展的体制机制和政策体系，加快推进农业农村现代化。二是发展现代文化产业，促进文化繁荣发展。加强文物保护利用和文化遗产保护传承，健全现代文化产业体系和市场体系，创新生产经营机制，完善文化经济政策，培育新型文化业态。三是发展健康产业，提升社会保障水平。改革社会保障管理制度，积极应对人口老龄化，构建养老、孝老、敬老政策体系和社会环境，推进医养结合，加快推进医疗体制改革，加快老龄事业和产业发展。四是发展绿色产业，推进绿色发展。构建市场导向的绿色技术创新体系，发展绿色金融，壮大节能环保产业、清洁生产产业、清洁能源产业，引导更多的资金、技术和人才向绿色产业流动，提升绿色产业竞争力。

（二）优化产业结构布局，提升经济结构档次

1. 持续深化供给侧结构性改革

建设现代化经济体系，重点在发展现代化产业体系，推进产业发展的供给侧结构性改革。坚持去产能、去库存、去杠杆、降成本、补短板，优化存量资源配置，扩大优质增量供给，淘汰落后产能，特别是要逐步淘汰高耗能、高投入、高污染的产业和企业，积极扶持发展高新技术产业和绿色产业，实现供需动态平衡。建设和完善市场体系，推进财税制度改革，通过市场机制来调节生产资源要素的配置，提高生产要素配置效率，达到资源节约和效益提升的目的。

2. 优化产业布局

我国工业快速发展，已经形成了较大的产业规模和完整的体系，但传统粗放型发展方式带来的弊端已经开始显现，缺乏整体的经济引导思路导致产业布局不尽合理，需要从国家战略高度对产业布局进行优化。统筹协调区域发展战略布局，做好顶层设计，完善和执行国土空间规划、功能区规划和各类产业规划，继续推进和完善区域发展战略，完善西部大开发、振兴东北和中部崛起战略，加快推进长三角经济区、珠三角经济区、京津冀经济区和长江经济带的协同发展，探索建立区域间产业协调发展机制，推进产业有序转移，优化产业区域布局。政策引导要持续跟进和评估，产业发展规划要不断深化和完善，充分发挥各地比较优势，明确发展定位，使各地充分利用优势资源，发挥特色，实现有序竞争、错位发展，推进地方产业结构转型，完成产业升级的目标，最终实现产业健康协调发展。

3. 提升经济结构档次

明确各产业定位，整合产业上下游两端供应链条，推动过剩产能以及产业淘汰，让位给高端制造业和具有最新技术的电子信息产业等前沿产业，部署现代物流和金融保险业，把供给侧结构性改革落实到每一个具体产业，有效提升产业效率和竞争力，从传统的低端制造业经济向现代服务型与科技型制造业经济转型。以做大做强产业为根本目标，加快发展先进制造业和现代服务业，推动互联网、大数据、人工智能和实体经济深度融合，在中高端消费、创新引领、绿色低碳、共享经济、现代供应链、人力资本服务等领域培育新增长点，形成新动能。引导扶持个性经济发展，满足消费者日益丰富的个性需求，优化产业体系。支持传统产业优化升级，加快发展现代服务业，提升生产性服务业发展水平。促进我国产业迈向全球价值链中高端，发挥高铁、互联网、工程建设等产业优势，培育若干世界级先进制造业集群，加强对外投资的引导和管理，形成有国际竞争力的产业链。掌握已经实现集群化产业的发展特点与发展方向，考察企业的生产工艺、生产能耗和可持续发展能力，择优扶持具备创新能力和能进行产业链条整合的产业，在政策和资源方面给予倾斜，同时减少对不具备发展潜力产业的政策支持和补贴，逐步形成分工合理、特色鲜明、优势互补的现代产业体系。

（三）强化科技人才支撑，推动产业创新发展

1. 强化人才规划引领和政策创新，引导产业转型升级

规划引领和政策创新是促进人才与产业融合发展的关键所在，要紧扣产业发展方向，谋划部署人才规划。深入对接“十三五”产业发展规划，突出产业导向，精心编制人才发展规划，着力打造先进制造业、现代服务业等人才聚集区，统筹抓好各类人才队伍建设，不断满足产业发展的人才需求，推动产业结构优化升级。坚持聚焦产业转型发展，推进人才政策创新。根据各地产业发展实际，鼓励各地制定出台高端、高层次人才支持配套和服务优惠政策。抓好人才发展规划和优惠人才政策的落实，进一步完善人才与产业融合发展的政策制度体系。

2. 实施人才引进和培育工程，助推产业转型升级

实施各类人才重大工程，吸引培养更多适应产业发展需要的高端人才，促进产业转型升级。要坚持人才引进和人才培育相结合，在不断扩大人才规模的基础上，充分激活人才存量的活力，提高人才使用效率。一是在国家层面，扩大各种人才项目的规模和支持力度，向新型产业需求型人才倾斜，把人才引进、人才培育和承担国家“863”计划、科技支撑计划、“973”计划等各级重大科研项目结合起来，带动形成一大批战略性新兴产业，更好地发挥人才的支撑作用。二是把本土人才培育和海外人才引进结合起来，将扩大人才增量和提升人才存量摆在同样重要位置，积极培育本土企业、科研院所人才申报“千人计划”“万人计划”等各级人才工程。组织协调国家部委和各地区，理顺人才招聘和优待政策，大力吸收国外高层次人才，鼓励海内外人才创新创业，提升引智的效率和品牌影响力。

3. 大力建设人才发展平台，支撑产业转型升级

积极搭建各类人才发展平台，不但为产业转型升级提供有力的人才支撑，也是吸引人才、发展产业的重要前提。一是依托高新技术产业园区和创新创业园区，打造创业创新人才培养示范基地，吸引海内外人才创新创业，实现聚集人才和发展高新技术产业的双重目的，带动产业转型升级。二是要专业化运作，搭建人才创新创业平台。推动建设留学人员创业园、大学生创业园、文化创意产业园等各类专业园区，加强管理，提高服务水平，努力建设机制灵活、功能齐全、配套完善的孵化器和众创空间，为人才创新创业提供高水平服务。三是开展产学研合作，培养专门人才。围绕产业发展需求，以产业集群带动人才集群，以优秀人才催生新兴产业，积极开展高效务实的产学研合作，实现高层次人才、高科技成果、高新技术产业“三高联动”。

（四）谋求国际合作共赢，打造产业开放新格局

1. 深化合作共赢理念

要以“一带一路”建设为重点，坚持引进来和走出去并重，遵循共商共建共享原则，加强创新能力开放合作，形成陆海内外联动、东西双向互济的开放格局。以供给侧结构性改革为契机，加强产业发展的国际合作，加快资本、技术、人员等生产要素的流动，形成产业优势互补。打造产业发展的共同体，形成产业发展、效益提升和市场繁荣的多赢格局。大力推进自由贸易，坚决反对贸易保护主义，积极拓展对外贸易，培育贸易新业态新模式，实行高水平的贸易和投资自由化便利化政策，全面实行准入前国民待遇加负面清单管理制度，大幅度放宽市场准入，坚持“引进来”和“走出去”相结合，扩大投资的便利性，保护投资者合法权益。

2. 构建产业全面开放新格局

一是坚持引进来与走出去更好结合，拓展产业发展的国际空间。坚持积极有效利用外资的长期战略方针，着重引进外资搭载的先进技术、经营理念、管理经验和市场机会等，带动我国企业嵌入全球产业链、价值链、创新链。坚持引资和引技、引智并举，提升利用外资的技术溢出效应、产业升级效应，加强在创新领域的各种形式合作，促进经济迈向中高端水平。二是坚持沿海开放与内陆沿边开放更好结合，优化区域开放布局。长期以来，我国沿海地区优先开放，经济发展领先国内中西部地区，要通过推进“一带一路”建设，把中西部地区逐步从开放末梢推向开放前沿，拓展产业开放发展的空间，形成陆海内外联动、东西双向互济的开放格局，进而形成区域产业协调发展新格局。三是坚持制造领域开放与服务领域开放更好结合，以高水平开放促进深层次结构调整。十九大报告明确提出要大幅度放宽市场准入，扩大服务业对外开放，要在继续深化开放制造业的同时，加快推进金融、教育、文化、医疗等服务业领域有序开放，逐步放开育幼养老、商贸物流、电子商务等服务业领域的准入限制。四是坚持多边开放与区域开放更好结合，十九大报告明确提出，积极参与全球治理体系改革和建设，支持多边贸易体制，促进自由贸易区建设，推动建设开放型世界经济。我们的产业体系既要向发达国家开放，更好地吸收发达国家的先进生产要素，也要向发展中国家开放，把我国的技

术优势产业、产能过剩产业向发展中国家转移，带动发展中国家的产业发展，同时推进国内产业结构转型升级。

3. 加快产业开放新举措

一是扎实推进“一带一路”建设。加强同沿线国家的发展战略对接，增进战略互信，寻求合作的最大公约数，将“一带一路”建成和平之路。以“六廊六路多国多港”为主体框架，大力推动互联互通和产业合作，拓展金融合作空间，打造产业发展共同体。提高贸易和投资自由化便利化水平，与相关国家商谈优惠贸易安排和投资保护协定，全面加强海关、检验检疫、运输物流、电子商务等领域合作，为产业合作提供便利条件。抓住新一轮科技革命和产业变革的机遇，加强创新能力开放合作，提升产业创新能力。二是营造稳定公平透明、法治化、可预期的营商环境，培育招商引资竞争新优势。清理涉及外资的法律法规和政策文件，加快统一内外资法律法规。推广我国现有11个自贸试验区试行准入前国民待遇加负面清单管理制度，完善外商投资管理体制，全面实行准入前国民待遇加负面清单管理制度，营造公平竞争的市场环境。三是优化区域开放布局。重点加大西部开放力度，坚持以开放促开发的思路，完善口岸、跨境运输等开放基础设施，实施更加灵活的政策，建设好自贸试验区、国家级开发区、边境经济合作区、跨境经济合作区等开放平台，打造一批贸易投资区域枢纽城市，扶持特色产业开放发展，在西部地区形成若干开放型经济新增长极。四是提高自贸试验区建设质量，赋予自贸试验区更大改革自主权。鼓励自贸区和其他地方大胆试、大胆闯、自主改，形成更多制度创新成果，进一步彰显全面深化改革和扩大开放的试验田作用。探索建设中国特色的自由贸易港，打造开放层次更高、营商环境更优、辐射作用更强的开放新高地，促进我国产业更好更快地对外开放。五是创新对外投资合作方式，形成面向全球的贸易、投融资、生产、服务网络。促进国际产能合作，带动我国装备、技术、标准和服务走出去。加强对海外并购的合理引导，重在扩大市场渠道、提高创新能力、打造国际品牌，增强企业核心竞争力。规范企业海外经营行为，督促我国企业海外经营要遵守东道国的法律法规，特别是要遏制企业间恶性竞争，避免不良影响。同时要健全服务保障，加强和改善信息、法律、领事保护等服务，保障我国海外投资企业的合法权益。

B.36

专题四 十九大后中国企业发展的重点领域与战略方向

企业是市场经济的主体，是社会创新和创造的重要主体。实现中华民族的伟大复兴，离不开千千万万中国企业的发展与壮大。要实现社会主义现代化也离不开一批世界一流企业的引领和支撑。为更好地把握十九大后中国企业竞争力的发展变化，本文总结了中国企业过去五年竞争力的总体变化趋势，分析了十九大报告提出的新要求为中国企业发展提供的战略机遇，同时提出了十九大后中国企业发展的重点领域和战略方向。

一 十八大以来中国企业总体竞争力分析

根据最新中国省域经济综合竞争力指标体系的核算结果，2012～2016年，中国企业竞争力的总体得分虽然有所起伏，但变化幅度不大，得分上升的拉力主要来自规模以上企业数量、研发经费投入总额和强度的增加，得分下降的影响因素主要来自企业平均利润和收入的减少。

（一）转型发展初具成效，规模和效益稳步增长

从图4－1可以看出，十八大以来的五年，我国规模以上企业的数量保持稳定增长，

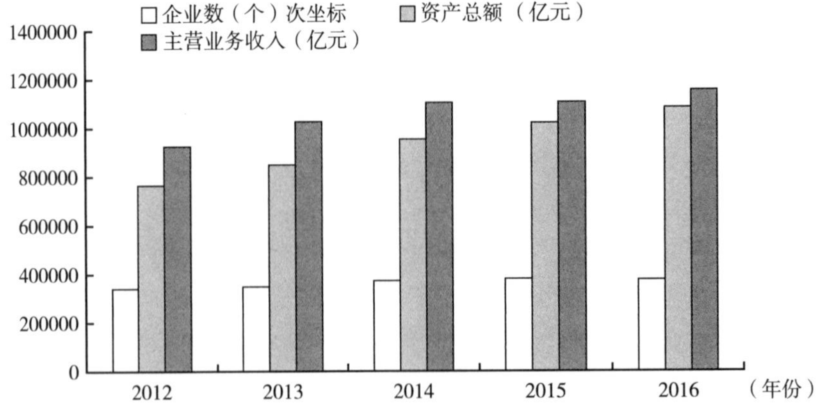

图4－1 十八大以来我国规模以上企业数量和规模变化

资料来源：国家统计局：《中国统计年鉴》，中国统计出版社，2012、2013、2014、2015、2016、2017。下同。

资产总额与主营业务收入提升明显。在实施将近40年的改革开放和近20年的"走出去"战略之后，中国许多大型企业已经度过了创业期，进入稳步增长的时期，获得了稳定的市场、客户资源和核心资源，并赢得了一定程度的国际市场竞争优势。中国企业进入世界500强的数量从2013年的89家增至2017年的105家，表明中国企业在持续"做大"的同时也逐步实现了"做强"。在炼油、电信、建筑、海运等传统发达国家优势行业中已经出现一些国际领先的中国企业，在移动通信技术、生物科技、互联网金融和零售等新兴行业中更涌现出一批国际领军企业。

但我们也必须看到，由于国企改革、海外并购、供给侧结构性改革等一系列重大战略的实施，中国企业的发展速率和效益出现了小幅波动。其中，规模以上企业资产总额的增长呈现逐渐放慢趋势，印证了中国企业总体上已经进入稳步增长期。世界一流企业的成长规律表明，进入这一阶段后，企业在公司治理、组织管控和创新管理等方面的问题将逐步凸显①，会导致增长速率和利润水平的放缓或下降，企业需要通过管理和技术的不断创新来实现转型发展。过去五年，中国企业的主营业务收入和利润总额呈现相似的先增长、后下降、再增长的变化过程，说明中国企业已经开始经历转型发展的阵痛。少数企业通过全方位的管理创新，开始进入持续动态发展的新阶段，成为全球领先的一流企业，从而带动总体效益的回升，而利润率的持续下降，说明大部分企业仍然处于转型发展的投入阶段（见图4－2）。

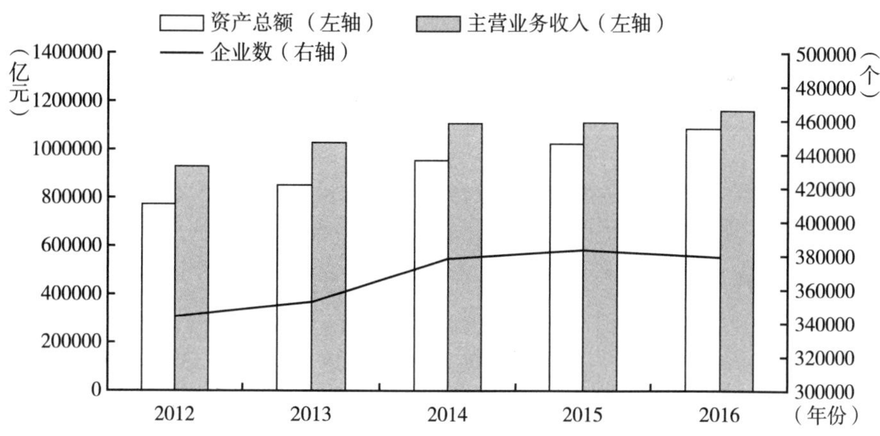

图4－2　十八大以来我国规模以上企业数量及规模、效益的增长率及利润率变化

（二）创新投入热情高涨，创新产出取得突破性进展

十八大以来，中国企业的创新取得了突破性进展，在创新投入持续高涨的情况下，无论是创新效果还是创新效率都有明显提升。规模以上企业的研发投入出现了显著增长，从2012年的7200亿元提升到2016年的10944.66亿元，提升幅度达到52%，远超

① 黄群慧、余菁、王涛：《培育世界一流企业：国际经验与中国情境》，《中国工业经济》2017年第11期。

资产总额和主营业务收入的增长幅度，这不仅是因为企业规模的增长，更是因为企业对研发的重视程度不断提高。这种创新投入意识的不断增强还体现在研发投入强度从2012年占主营业务收入的0.77%，上升到2016年空前的0.94%。世界经济论坛的《全球竞争力报告》对中国企业创新竞争力的评价也从2013年的第45位上升到2017年的第28位，进步显著[①]。其中，体现创新投入的评价指标，包括企业R&D投入、产学研联合研发、政府高技术产品采购三项指标的排名提升明显。而且，反映创新增长潜力的指标，包括科学研究机构质量（44位到36位）、科学家与工程师的可获得度（46位到29位）以及专利授权获得量（38位到30位）的排名上升幅度比投入更为明显。过去五年，中国企业更是取得了难得的创新效益的显著提升。企业新产品销售收入逐年提升，增幅达到58%，创新成效显著。同时，新产品占销售收入的比重也逐年提升，说明中国企业已经开始从依赖规模扩张实现的增长转向依赖创新实现的增长。过去五年，中国企业在吸收外部技术创新方面也实现了突破，《全球竞争力报告》显示，企业层面的技术吸收与FDI和技术转移从2013年的第71位和第77位大幅提升至2017年的第58位和第49位。

（三）积极响应“一带一路”倡议，全球配置资源能力显著增强

随着“一带一路”倡议的深入实施，中国企业拥有了更多“走出去”的动力和机会，反映为新一轮的对外直接投资、商务合作和跨国并购热潮。如图4－3所示，2012～2016年中国企业对外直接投资额增幅超过了123%，跨国承包工程的完成营业额增长36%。数据表明，这一轮中国企业的“走出去”已经从产品和劳务的全球贸易发展到全球配置资源的新阶段。截至2016年底，超过2万家中国企业在境外设立3万多家投资企业，对外直接投资额累计超过1.3万亿美元，境外资产总额超过5万亿美元，位居世界第二位，中国成为真正的资本输出大国。其中，中国企业在“一带一路”沿线36个国家的在建合作区达77个，累计投资241.9亿美元。

除海外直接投资与商务合作外，中国企业已经成为全球并购活动中最为活跃的成员[②]。随着“一带一路”倡议得到沿线国家和企业的呼应，中国企业跨国并购交易的发起方已经由大型央企扩大到各类股份制企业。例如，2016年11月珠海民营企业艾派克科技股份有限公司以39亿美元收购美国利盟国际100%股权，2017年1月，美的以超过37亿欧元收购德国工业机器人公司库卡。《全球竞争力报告》显示，中国企业国际渠道的控制能力从2013年的全球第41位上升至2017年的第29位，说明中国企业在全球市场上的竞争力显著提升。但中国企业海外并购失败的案例也不在少数，芯片厂商三安光电收购德国照明企业欧司朗、福建宏芯基金收购德国半导体设备供应商爱思强、勤上光电投资飞利浦流明的并购都因当地政府的干预而受阻。通过海外并购，中国企业虽

① World Economic Forum. The Global Competitiveness Report，中国统计出版社，2012～2013，2013～2014，2014～2015，2015～2016，2016～2017，2017～2018。

② 黄世谨：《汤森路透详解2014年中国并购交易》，http：//www. cnstock. com。

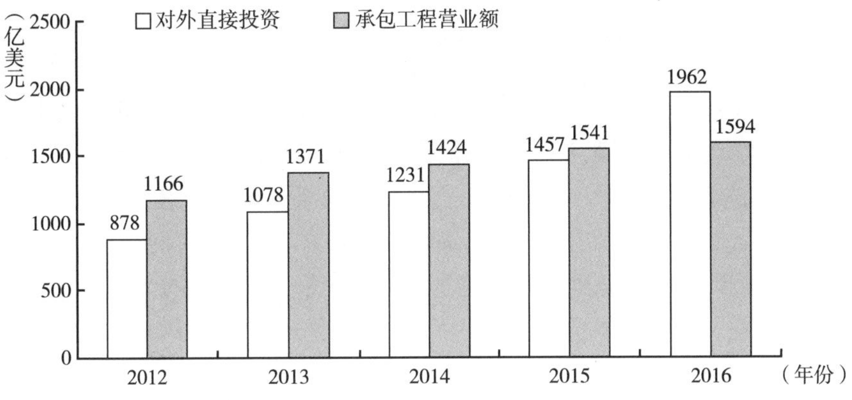

图4－3　十八大以来我国企业对外直接投资及承包工程营业额

然可以快速实现全球资源配置，助力企业转型和渠道控制，加速全球化发展进程，但也需要充分了解并购目标所在国的政治法律环境和并购对象的企业文化，加强风险控制。

二　十九大新要求给中国企业发展带来的战略机遇

十九大报告明确提出，"深化供给侧结构性改革"，"创新是引领发展的第一动力"，"培育具有全球竞争力的世界一流企业"，"推动形成全面开放新格局"。这将助推我国企业转型升级、创新发展、"走出去"，同时助推我国培育出一批具有全球竞争力的世界一流企业。

（一）供给侧结构性改革助推企业转型升级

随着经济发展和人民生活水平提高，我国正经历第三次消费结构升级，教育、娱乐、文化、交通、通信、医疗保健、住宅、旅游等方面的消费增长迅速；同时随着资源环境约束加大和宏观经济政策的调整，企业生产成本大幅度上升，企业转型升级迫在眉睫。十九大报告明确提出，深化供给侧结构性改革，坚持去产能、去库存、去杠杆、降成本、补短板，优化存量资源配置，扩大优质增量供给，实现供需动态平衡。供给侧结构性改革成为推动经济结构改革、促进企业转型升级的重要举措。供给侧结构性改革一方面倒逼企业消化过剩产能，降低原材料和产品的库存水平，降低高负债率，让企业轻松上阵，开启新的发展征程；另一方面促进地方政府降低高负债率，避免基础设施的超量建设、超标建设、超前建设，降低实体经济的制度性交易、税费、财务、物流、电力等成本，完善企业公共服务，为企业转型升级创造良好的环境。培育新技术、新品牌、新产业、新业态、新模式等供给侧结构性改革和供给管理的主要手段，为企业升级指明了方向。作为市场主体的企业可把提高供给体系质量作为主攻方向，在生产经营活动中广泛应用互联网、大数据、人工智能等使能技术，在中高端消费、绿色低碳、共享经济等领域培育新增长点，形成新动能；瞄准国际标准提高产品质量和服务水平，培育核心竞争力，嵌入全球价值链中高端，实现转型升级。

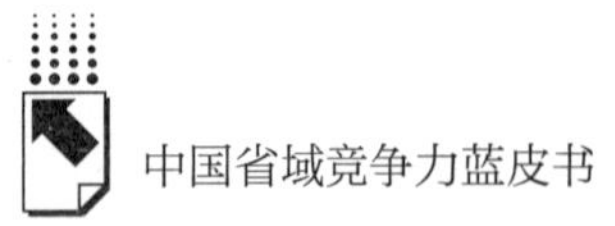

（二）创新驱动发展战略助推企业创新发展

目前，我国经济改革进入攻坚阶段，正处于经济增长速度换档期、结构调整阵痛期、前期宏观刺激政策消化期“三期叠加”阶段，中高速增长成为新常态，依靠要素成本和投资驱动的发展方式难以为继，对创新发展的需求更加紧迫。十九大报告明确提出，创新是引领发展的第一动力，是建设现代化经济体系的战略支撑。今后，我国将实施关系全局和长远的重大科技项目、构建具有国际竞争力的产业技术体系、健全支撑民生改善和可持续发展的技术体系、建立保障国家安全和战略利益的技术体系，为引领产业变革、提升人民生活品质、促进可持续发展、保障国家安全提供强有力的技术支撑。为顺利推进这些战略部署，必须强化企业创新主体地位和主导作用。为此，应加快培育行业创新领军企业，使其成为行业创新的领军者和风向标；促进科技型中小微企业健康发展，使其成为科技创新的重要生力军。着力培育企业创新网络，按照自愿原则和市场机制，推动企业、高校、科研院所构建产业技术创新战略联盟，深化产学研、上中下游、大中小企业的紧密合作；加快科技园区、生产力促进中心、孵化器、创客空间等创新支持机构的建设与发展，为企业创新发展提供良好的载体。政府将进一步加大政策创新力度，创新财政支持方式，实行面向企业创新的财政补贴，在税收减免、创新专项基金等方面为创新型企业提供更大力度的支持；加强知识产权保护，让创新型企业获得预期回报，提升企业创新动力。

（三）深化体制机制改革，助推培育一流企业

党的十八大以来，中央企业运行质量稳步改善，布局结构持续优化，稳中向好、稳中有进、稳中提质的发展态势明显。目前央企资产总额已超过 53 万亿元，2017 年底可达 55 万亿元，5 年将近翻了一番；5 年来央企累计实现利润总额 6.4 万亿元，比上一个 5 年增长了 30.6%；央企在许多重点领域掌握了核心关键技术，如央企在天宫、蛟龙、天眼、悟空、墨子、大飞机等重大科技研发中担负着重要任务，或者直接承担研发和建设任务。目前中央企业境外资产规模超过 6 万亿元，分布在全球 185 个国家和地区，经营业务已经由工程承包、能源资源开发拓展到高铁、核电、电信、电网建设运营等领域①。为进一步提升国有企业在国际资源配置中的地位，发挥国有企业在全球的引领作用，提升国有企业在全球产业发展中的话语权和影响力，十九大报告提出，深化国有企业改革，发展混合所有制经济，培育具有全球竞争力的世界一流企业。我国正围绕国有企业开展一系列体制机制改革，这将助推培育具有全球竞争力的世界一流企业。一是坚持政企分开、政资分开、所有权与经营权分离，通过简政放权和全面实施市场准入负面清单制度，进一步激发国有企业市场主体活力，促使国有企业真正成为依法自主经营、自负盈亏、自担风险、自我约束、自我发展的独立市场主体。二是加强对国企重要部门

---

① 张璐晶、徐豪：《中央企业系统代表团：打造一批具有全球竞争力的世界一流企业》，《中国经济周刊》2017 年第 41 期。

和岗位的权力监督，整合多元监督力量加强外部监督，推进信息公开，加强社会监督，强化国有资产损失和监督工作责任追究，有效防止国有资产流失。三是发展国有资本、集体资本、非公有资本等交叉持股、相互融合的混合所有制经济，推动国有资本放大功能、保值增值、提高竞争力。四是调动国有企业各类人才的积极性、主动性、创造性，激发其活力。通过激发和保护企业家精神，建设知识型、技能型、创新型劳动者大军，弘扬劳模精神和工匠精神，为国有企业步入具有全球竞争力的世界一流企业行列提供强有力的人才支持。

（四）全面开放助推中国企业“走出去”

近十年来，我国对外投资年均增长27.2%，跻身对外投资大国行列。但总体来看，企业走出去仍处于初级阶段，利用两个市场、两种资源的能力不够强。十九大报告指出，通过“一带一路”建设、贸易强国建设、自由贸易试验区建设、创新对外投资方式等举措，推动形成全面开放新格局。全面开放将进一步助推中国企业“走出去”。目前，我国基础设施建设水平已跃居世界前列，“一带一路”倡议势必推动我国企业与沿线各国企业在基础设施建设方面加强合作。“一带一路”沿线大多数国家与我国一样是发展中国家，产业互补性强，市场潜力大，未来我国企业与沿线各国企业还有很大的合作空间和潜力。为建成贸易强国，我国企业通过建设国际营销网络、跨境电子商务、市场采购贸易，加大高新技术、装备制造、品牌产品以及文化、旅游、软件、研发设计等服务出口，推动货物贸易优化升级、服务贸易创新发展、贸易新业态新模式不断涌现[①]。我国自贸试验区建设坚持扩大开放与深化改革相结合、功能培育与制度创新相结合，对标先进的国际经贸规则，加快政府职能转变，逐步完善与国际投资贸易规则相适应的新体制，逐步建立适应国际化、市场化要求的行政服务体系。自贸试验区的改革探索有助于我国企业更好地适应国际经贸规则，发现“走出去”的短板弱项，不断提升企业开拓国际市场的能力。创新对外投资方式，促进国际产能合作，带动我国装备、技术、标准、服务走出去；形成面向全球的贸易、投融资、生产、服务网络，推动我国企业加强海外并购，提高国际投融资能力，打造国际品牌，拓展国际市场空间，增强企业国际核心竞争力。

三　十九大后中国企业发展的重点领域

十九大后，我国企业必须以十九大报告的新发展理念为发展导向，统筹谋划，突出重点，全面提高发展质量和核心竞争力。

（一）培育先进制造企业，建设制造强国

强化工业基础能力，夯实制造业基础。我国基础研究投入比例仅为发达国家的

① 汪洋：《推动形成全面开放新格局》，《人民日报》2017年11月10日。

1/4，这大大制约了核心基础零部件（元器件）、先进基础工艺、关键基础材料和产业技术基础等工业基础能力的提高。薄弱的工业基础能力制约我国制造企业的创新发展和产品质量的提升。我国制造企业应致力于加强“四基”创新能力建设。行业龙头企业应联合国内外重点高校和科研机构，聚焦行业发展短板，对标国际先进水平，重点突破行业核心基础零部件（元器件）、先进基础工艺、关键基础材料，开展行业关键共性技术、前瞻性技术的联合攻关，满足企业创新发展的需要。鼓励创新型龙头企业在国外设立、收购研发机构，通过消化吸收国外先进的关键基础技术带动国内关键共性基础技术创新，力争培育一批在先进工业基础技术领域具有一定国际话语权的跨国企业。

大力发展智能制造。有条件的大型制造企业通过创新产学研用合作模式，优化配置和整合互补的优势创新资源，致力于研发高档数控机床与工业机器人、增材制造装备、智能传感与控制装备、智能检测与装配装备、智能物流与仓储装备五类关键技术装备；同时以产业链为纽带，建设智能制造装备产业集群，完善产业链协作配套体系，推动关键装备技术的工程化和产业化。打造智能工厂和数字化车间，产品生产流程由高档数控机床、智能控制系统、工业机器人、自动化成套生产线组成，实现制造工艺的智能化和数字化控制、状态信息实时监测和自适应控制。智能制造系统集成商携手装备、自动化、信息技术、软件等不同领域的“专精特”企业深度开展合作创新，构建服务于产业链各环节的智能制造，发展生态体系。搭建基于互联网的制造资源共享平台，在线提供关键的智能制造支撑技术和制造能力外包服务，推动中小企业各制造环节的自动化和关键工序的数控化改造，提升其智能化、数字化生产能力。

深化制造业与互联网的融合发展。制造企业应深化宽带、数据中心、云计算、大数据和物联网等五大使能技术在生产流程的集成应用，推动业务流程再造和组织方式变革，形成面向生产制造全过程、产品全生命周期的数字化、智能化生产模式，全面提升企业质量管理水平。制造企业充分利用五大使能技术对接顾客个性化需求，基于个性化需求开展产品研发、生产、服务，推动供给与需求精准匹配。制造企业运用五大使能技术开展在线增值服务，发展面向产品全生命周期的管理和服务，提升产品附加价值，实现从制造向“制造+服务”转型升级。制造企业深化与互联网企业的跨界融合，培育新的经营主体，建立优势互补、合作共赢的开放型产业生态体系。突破企业边界，通过以租代买、按时计费、按件计费的方式推动软件与服务、设计与制造资源、关键技术与标准的开放共享，提升企业敏捷制造能力。加强与电子商务企业的合作，整合线上线下交易资源，为客户提供集制造、营销、物流、服务为一体的解决方案。大型制造企业携手政府、行业协会等合力打造基于互联网的“双创”平台，积极发展创客空间、创新工场、开源社区等新型众创空间，完善制造业“双创”服务体系。同时，大型制造企业应带动中小制造企业推广新型研发、生产、管理和服务模式，营造大中小企业合作共赢的“双创”新环境，开创大中小企业技术产品创新和经营管理水平、创新创业能力不断提升的新局面。

（二）做大做强文化企业，提升文化自信和民族自信

推动文化企业提质增效。首先，文化企业应着力提升文化产品的内涵和质量。文化产品应深入挖掘中华民族优秀传统文化，体现崇仁爱、重民本、守诚信、讲辩证、尚和合、求大同等思想理念，弘扬自强不息、敬业乐群、扶正扬善、扶危济困、见义勇为、孝老爱亲等传统美德；传播当代中国价值观念，弘扬社会主义核心价值观，弘扬以爱国主义为核心的民族精神和以改革创新为核心的时代精神；将传统元素与时尚元素、民族特色与世界潮流结合起来，集思想性、艺术性、观赏性为一体，充分体现文化自信和民族自信。其次，提升数字文化科技自主创新能力。围绕数字文化产业发展重大需求，将互联网五大使能技术以及新材料、虚拟现实、增强现实等技术与数字文化领域的重要装备、工艺、系统、技术平台充分融合，形成独具特色的数字文化产业自主创新生态体系，推进数字文化与相关产业融合发展。再次，激发各类文化企业的发展活力。引导产业关联度高、具有优势互补和战略协同效应的文化企业联合重组，推动文化企业跨地区跨行业跨所有制兼并重组，打造一批具有一定影响力的龙头文化企业，打造跨界融合的产业集团和产业联盟。利用文化企业孵化器、众创空间、公共服务平台，培育一批“专精特新”中小微配套企业，形成分工合理、配套发展、富有活力的优势企业集群。

培育文化企业发展的新模式和新业态。一是基于数字技术在传统文化企业中的应用而衍生出新模式新业态。传统文化企业利用数字技术推进创作内容创新、传播方式创新和表现手段创新，如由腾讯组建的阅文集团已经成为网络文学最大的内容提供方。博物馆通过实施数字化战略，利用网络平台在线向民众全方位展示文化和自然遗产。与百度合作的“音悦台”利用收听数据与国际流行音乐榜合作，进一步推动中国音乐的国际化进程。同时，传统文化企业通过线上线下融合，提升发展活力。例如，传统手工艺品创意者通过网络跨界协同创新手工艺品，又通过电商平台将文化和创意产品卖到全国甚至全球。二是文化产业与其他产业融合发展而衍生出新模式新业态。文化产业与农业有机融合，充分发挥农村物质与非物质文化遗产的独特优势，形成集“农业＋文化＋旅游”三位一体的农业旅游，促进农村的生态化发展。制造企业在产品设计阶段加入文化元素或者创意设计，使其具有时尚文化元素符号或文化特色，大幅度提升产品附加值。文化产业与旅游业深度渗透融合形成旅游新业态——文化旅游，文化旅游通过景区文化的挖掘提升了旅游的内涵和品质，又通过旅游者扩大了文化的传播和消费。

拓展文化企业国际化发展新空间。文化企业应练好内功，提供具有中华民族特色且有优势的文化产品和服务，提升文化品牌内涵，塑造有一定国际影响力的文化品牌；同时加强与国外有核心竞争优势的文化组织的合作，学习其先进技术和管理经验，不断提升开拓国际市场的综合能力。文化企业应以“一带一路”建设为契机，扩大与沿线国家和地区的文化贸易，提升特色产品在这些国家和地区的市场份额；同时借助国际重要文化展会和电子商务等新渠道向全球展示和推介凸显“中国创造”理念的文化产品和服务。龙头文化企业应立足自身核心竞争力，广泛参与全球文化产业分工协作，逐步迈

向全球价值链的中高端环节，同时积极参与优势领域国际标准的制定和推广，获取国际文化产业的话语权。

（三）发展新型服务业，为公众提供更好的服务

共享经济企业广泛采用新技术，拓展新模式。目前，共享经济已经渗透到我国各行各业，涌现出以滴滴、摩拜单车为代表的出行共享，拍拍贷、点名时间为代表的金融共享，小猪短租、氪空间为代表的空间共享，大机柜、小机柜、桌面式为解决方案的充电宝共享，闲鱼、人人车为代表的闲置资源共享，新达达、运满满为代表的物流共享，春雨医生为代表的医疗共享，猪八戒、回家吃饭为代表的技能共享，在行、沪江、知乎为代表的知识教育共享，虎牙直播为代表的自媒体共享。农业和传统制造业也开始融入共享经济发展潮流，如通威股份的"鱼病通"、三一重工布局云平台工业分享、沈阳I5机床推出定制+共享的智能化平台。今后，共享经济企业应根据资产性质和经营场景不断进行商业模式创新。例如，在商业实践的驱动下，共享经济已由纯平台模式逐渐分化成偏C2C和偏B2C模式。偏C2C模式的企业经营成本低，扩张速度快，但管理难度大。偏B2C模式的企业资金实力应更为雄厚，地域扩张速度也受到限制，但产品的标准化使其管理难度下降。因此，C2C模式适用于重资产场景的运营，B2C模式适用于轻资产模式的运营。另外，人工智能、虚拟现实、区块链、物联网技术将进一步拓宽共享经济企业未来的发展空间。人工智能技术已经开始试用于医疗、出行、物流等行业，出现无人驾驶汽车、无人机等新型产品。虚拟现实技术改变了信息的传播形式，丰富了用户体验，已经应用于直播、教育和房地产行业。基于区块链的分布式和一致性，存储系统有力解决了交易过程中的安全、信任问题。作为万物互通互联信息通道的物联网推动共享经济企业整合分布式和碎片化资源。此外，共享经济企业将从单一领域深耕逐渐转向涉足更多领域的生态化布局，如出行共享，由线上打车、租车场景延伸到汽车金融、新车销售及售后服务等业务。直播平台由内容传播拓展到内容制作、主播培养、互动传播三位一体的发展体系①。

跨境电商规范发展、创新发展、国际化发展。跨境电商企业应规范经营行为，强化诚信经营，建立健全消费者权益保护和售后服务制度、开辟消费者维权渠道；同时应树立交易风险防范和知识产权保护意识，帮助消费者提高网络消费风险防范能力。跨境电商企业应加强与境外企业合作，通过规范的"海外仓"、体验店和配送网店等模式，融入境外零售体系。有条件的跨境电商企业可自建海外仓，或与其他企业共享海外仓资源，布局境外物流体系。O2O体验中心通过"线下体验，线上下单，线下提货"模式，提供集展示、体验、交易、配送为一体的一站式服务。跨境电商企业应与外贸综合服务企业强强联合，为跨境电商企业提供通关、物流、融资等全方位的配套支持。跨境电商企业应逐步建立起全球物流供应链和境外物流服务体系，特别要加快智慧物流建设进程，利用移动互联网、大数据、云计算、物联网等技术处理物流、通关等业务，打造物

① 《中国共享经济行业及用户研究报告》，上海艾瑞研究院，2017。

流规整智慧、发现智慧、创新智慧和系统智慧的现代综合性物流系统。阿里巴巴、京东全球购、顺丰海淘等跨境电商巨头企业应加强与政府和行业协会的协作发展，搭建一批有较大影响力的跨境电商交易公共平台，为中小型跨境电商企业开展业务提供良好的基础配套和平台服务支撑。中小型跨境电商通过这些平台与国内外企业进行沟通、洽谈，不断拓展营销渠道。以“一带一路”建设为契机，深化与“一带一路”沿线国家和地区的跨境电商合作，打造多层次、高水平合作体系，共同构建畅通、高效、安全的跨境电商大通道。在合作过程中，及时总结处理进出口引发的贸易摩擦和纠纷相关经验，为与其他经济体的跨境电商进行互利共赢的合作提供借鉴。

（四）民生企业提质增效，提升民众获得感

食品企业应增品种、提品质、创品牌。首先是增品种。食品企业应适应和引领消费升级趋势，深度挖掘用户需求，增加绿色、有机、营养、方便的中高端食品供给，重点研发天然、绿色、安全的健康食品，调理简单化、食用家庭化的营养方便食品，“四低”（低热量、低脂肪、低糖、低盐）导向的休闲养生食品，调节人体功能的功能性食品和面向中老年人的保健性食品；同时推动业务关联度高的一、二、三产业企业打造食品产业链条或食品制造产业集群，如食品生产企业向上与现代化农业企业融合，加强原材料基地建设，向下与餐饮企业、物流企业融合，无缝对接终端消费者。其次是提品质。食品企业应激励食品原材料供应方主动按照国家标准生产无污染、安全、优质的食品原材料；同时要强化食品质量安全诚信意识，对标国家和国际标准，积极开展食品质量安全、绿色和有机认证，建立面向全过程、全员参与、全方位的质量安全管理体系和健全的食品质量安全信息披露机制和追溯体系。此外，为提升生鲜食品等特殊食品的运输质量，食品企业应综合利用互联网技术、自动化控制技术、新型保温材料和制冷剂技术等，完善冷库、冷藏运输设备等冷链基本基础设施建设，构建全程无断链的食品低温冷链物流体系。再次是创品牌。食品企业增强以质量和信誉为核心的品牌意识，通过提升研发、生产、质量管理和营销服务的内在素质来夯实品牌发展基础，充分发挥各类媒体特别是网络媒体的作用，加大品牌宣传推广力度，树立良好的品牌形象，推动品牌走向世界。

医药企业全方位保障人民健康。医药企业紧跟国际医疗技术进步方向，根据重大市场需求研发生物药、化学药、中药的新品种，发展质量稳定可控、临床优势突出的现代中药，针对中医优势病种研发中药重点品种；提高新型包装材料的安全性和质量性能，推动制药设备朝连续化、自动化、信息化、智能化、集成化方向发展，研发智能化、网络化、便携化的医疗器械。为应对人口老龄化，医疗企业应积极推动家用、养老、康复医疗器械的研发和应用。同时，医药企业应对已有产品特别是临床必需的基础药物开展形式多样的微创新，改善患者体验，提高患者依从性，满足多层次、个性化的患者需求。医药企业应重视履行社会责任，在政府和行业协会的引导下研发和生产各领域的短缺药、小品种药物、用量小药物，强化急救药、低价药、儿童用药、罕见病药。医药企业应以互联网为载体和技术手段推进医疗信息查询、电子健康档案、在线疾病咨询、电

子处方、疾病风险评估、智能护理、远程会诊、远程治疗和康复、健康教育等形式多样的健康医疗服务的发展。医药企业还应在做大做强主体业务的基础上，在预防、保健、化妆、健康食品等领域衍生业务，形成较为完备的健康产品体系。

互联网教育企业为民众接受教育打开新通道。互联网教育是促进教育公平的重要手段。互联网教育利用互联网教育技术手段开发和推广教学课程，让优质教育资源向广大民众开放。目前，国内一些知名高校致力于办好开放大学，发展在线教育和远程教育，推出官方大型慕课平台，推动各类学习资源开放共享，让每一个有提升知识水平愿望的民众能够学到知名高校的课程，并获得认证。例如，华文慕课、学堂在线、北师大MOOC等。互联网教育企业也应自觉履行社会责任，利用互联网平台聚合或研发丰富的、针对性网络课程，整合各类数字教育资源向全社会民众提供服务。例如，开课吧、顶你学堂、慕课网等一批面向优质K12教育、高等教育、职业教育的慕课平台。同时，以助力农村电商创业的友成MOOC，致力于制作适合贫困地区中小学生声乐课程产品的“戴你唱歌”，服务于农村、教育欠发达地区的MOOC平台或互联网教育产品也不断涌现，为弱势群体打开接受教育的新通道。

（五）环保能源企业创新发展，为建设美丽中国保驾护航

节能环保企业坚持创新引领、重点突破发展。节能环保企业应加大研发投入力度，攻克一批节能技术装备、环保技术装备、资源循环利用技术装备的核心技术，为改善环境质量、建设美丽中国提供坚实的技术支撑。节能技术装备主要围绕工业锅炉、电机系统、能量系统优化、余能回收利用、照明和家电、绿色建材开展关键技术研发、推广应用及其产业化。环保技术装备主要围绕大气污染防治、水污染防治、土壤污染防治、城镇生活垃圾和危险废物处理处置、噪声和振动控制开展关键技术研发、推广应用及其产业化。资源循环利用技术装备主要围绕尾矿资源化、工业废渣、再生资源、再制造、水资源节约利用开展关键技术研发、推广应用及其产业化。同时，通过建设环境物联网与大数据，以及深度融合信息化技术与在线监测技术，实现环境监测的准确化和精细化。节能环保企业应创新节能环保服务模式，培育新业态，为节能环保市场注入新动力。节能企业可创新合同能源管理服务模式，积极推广节能效益分享型、节能保证型、能源费用托管型、融资租赁型以及混合类型等服务模式，为用能单位提供个性化服务。节水服务企业可与电力、造纸、纺织、化工、钢铁、炼焦等高耗水行业企业签订节水合同，为高耗水企业筹集资金、集成先进节水技术，提供节水改造和管理等服务，同时通过分享节水效益回收投资和获取利润。再生资源回收企业可利用“互联网+”五大使能技术，建设线上线下融合的回收网络，推广“互联网+回收”新模式，通过便捷的呼叫、高效的物流、科学的分类处理，开启再生资源回收全新手段。此外，应充分借鉴以美国“再生银行”回收模式为代表的营利性企业运作模式，以及以巴西“塞普利”、德国双元和中国台湾四合一回收模式为代表的非营利性社会组织企业化运作模式的成功运营经验，推动再生资源回收和循环利用。

能源企业以效能为本，坚持绿色、协调、开放发展。煤炭企业、煤电企业和炼油企

业应坚持转型升级和淘汰落后产能相结合、市场和必要的行政手段相结合，提升存量产能综合利用效率，严格控制新增产能，严格执行能效环保标准，推广应用清洁生产技术。能源企业应推进非化石能源全面、协调、可持续发展，全面推进风电开发，多元化利用太阳能，结合区域自然条件因地制宜发展生物质能、地热能、海洋能等新能源。油气企业应加强具有经济效益的常规油气资源勘探开发，加大页岩气、页岩油、煤层气等非常规油气资源开采技术可行性和经济效益评价，扩大油气资源开发利用规模，并优化油管网络布局，推动天然气主干管网及区域管网互联互通，保障油气资源按需供应。电力企业应完善区域和省级骨干电网，稳步推进跨省域电力输送通道互联互通，推广容量大、距离远、损耗低、占地少的输电技术应用，提高电网综合利用效率。清洁能源龙头企业围绕油气资源勘探开发、煤炭加工转化、化石能源清洁高效转化、高效清洁发电、智能电网、大规模储能、柔性直流输电、可再生能源高效开发利用、新能源开发利用、核能安全利用、先进高效节能、智慧能源等领域，攻克一批前沿核心技术和共性关键技术，应用推广一批相对成熟、有市场需求的新技术，示范试验一批拥有自主知识产权的技术。此外，能源基础设施互联互通是推进“一带一路”互联互通建设的重点。能源企业作为推动能源基础设施互联互通的主体，应与“一带一路”沿线国家和地区能源企业共同推进跨境输电通道建设，积极开展区域电网的升级改造合作，同时以重大能源合作项目为抓手，加快推进能源基础设施互联互通。

四　十九大后中国企业发展的战略方向

十九大提出“培育具有全球竞争力的世界一流企业”，这是中国企业发展的基本战略方向。报告进一步指出中国企业向这一方向前行的动力：互联网、大数据、人工智能、国企改革、绿色低碳、循环发展、基础和前沿研究。

（一）发挥互联网在共享、协调和普惠方面的基础作用

十九大报告提出，必须坚定不移贯彻创新、协调、绿色、开放、共享的发展理念，其中共享理念及其衍生而来的共享经济是协调发展不平衡的重要模式之一，并且能够推动经济朝着更加普惠、平衡和共赢的方向发展。虽然共享作为“协作消费”的一种形式在人类社会早已有之，但移动互联网技术真正将共享的可能性和效应实现最大化，使供需双方能够集聚起来，协调了供需错位的矛盾。这主要通过三方面实现，首先互联网能够建立实时的供需信息平台，其次移动互联网能够随时连接不同空间的供需双方，最后互联网打通了支付渠道，这一系列互联网信息技术为共享应用提供了技术支撑。因此，中国企业在未来要充分发挥互联网在打造共享经济方面的基础作用，协调供需矛盾、打造全新商业模式、构建普惠社会。

第一，利用互联网拓宽“共享经济”的边界，开创新的商业模式，协调供需不平衡矛盾。互联网实现了将“使用价值共享”拓展到信息、服务乃至时间和空间方面，将传统租赁业的规模扩大了数十倍。近年来国内外涌现出一批高估值的创业企业，包括

提供闲置车辆和驾车服务分享的打车软件 Uber，提供空间共享的房屋短租软件 Airbnb，都是以互联网服务为基础打造“共享经济”新商业模式的典范。

第二，利用互联网缩短产销链条，革新产品供应链，协调供需脱节的矛盾。互联网所能提供的共享服务，畅通了产销环节的信息流，催生了外包模式的升级——众包。众包将共享理念带到了产品和服务的供应环节，将生产的部分过程分配给由未知的消费者或独立生产者组成的群体，从而聚集群体智慧，共同完成产品供应链。参与其中的成员通过共享他们的优势资源和技能，分工合作，最大限度地发挥各自的价值。中国最大的创业企业小米，通过与数十万小米手机操作系统用户的协作，共同推动了手机操作系统的发展和小米手机的诞生。中国企业拥有庞大的消费群体、完整的产业供应链和多元文化市场，这些特征在以往是企业所头痛的问题，会不同程度加剧企业生产与消费者需求之间的不匹配，造成供需脱节。但在互联网时代，利用生产共享的模式能够化腐朽为神奇，将劣势转变为优势。

第三，利用互联网的自我优化，打造互联网服务平台，协调互联网服务本身的供需矛盾。云计算是共享理念在互联网自身服务领域的典型应用，是基于互联网的共享计算服务，也是互联网自身服务的自我优化。通过共享的硬件、信息和网络，服务中心将资源分配给需要计算服务的用户，通过可计量的服务来收取使用费。在这种服务模式下，用于计算的软硬件设备能够最大限度被利用，而需求方也可以用比自行采购资源更低的成本获得计算服务。

（二）发挥大数据在创新、改革、消费升级方面的驱动作用

在过去数十年经济高速发展的过程中，数据逐渐成为经济发展的关键要素。大数据开始被称为“未来的新石油”“新经济的货币”，甚至是“陆权、海权、空权之外的另一种国家核心资产”①。波士顿咨询公司的研究表明，67%的企业能够在大数据的分析和挖掘中获得创新回报。利用大数据寻找服务和产品创新的机会，驱动企业战略决策模式转变，挖掘消费需求推动消费升级将成为未来企业发展的战略方向之一。

一方面，大数据驱动消费升级。大数据全方位实时记录了消费者的消费行为，从线上到线下甚至扩大到全渠道。企业要充分利用大数据带来的机遇，一是要挖掘客户交互数据，准确把握现有顾客的需求变化，使产品和服务的定位更加精确，供给侧改革才能有的放矢。二是发现细分市场的个性化需求。当前供给侧存在的问题就是忽视个性需求导致单一化生产过剩。通过大数据能真正实现对客户实际需求的分析，摆脱了原先烦琐、效率低下的调研和市场细分过程，快速发现顾客的差异化需求，实施差异化营销。挖掘交互数据和个性化需求分析都是从需求挖掘的角度推动消费升级。三是准确定位潜在客户。基于大数据可以模拟所获得的细分市场的消费风格、消费偏好、消费行为的各样模型，从而可以成为营销决策的指导依据。企业通过模型验算，既可以对潜在顾客进行准确定位，还可以快速预测新产品、新策略的顾客反应，替代原本高成本、低效率的

① 肖恩·杜布拉瓦茨：《数字命运》，姜昊骞、李德坤译，电子工业出版社，2015。

大众化营销策略，大幅降低了企业创新的风险和成本。大数据为企业不断推出升级换代的产品提供了有力支持，从供给侧推动了消费升级。在此基础上，如果企业能够将这种大数据驱动融入自身的关键流程，将彻底改变商品的营销方式。

另一方面，大数据推动企业决策模式的变革。大数据帮助企业获得了外部导向创新的机会，也将逐步促进这种创新的内化。新的信息技术为企业从数据中获得决策支持提供工具，推进决策的智能化和敏捷化，从而根本上改变了以知识和经验为依据的传统决策模式。在强调创新和开放的时代，非程序化的决策大量涌现，动态的数据分析能够帮助企业在快速变化的复杂环境中作出合理决策提供客观依据。基于实时数据的动态分析推动企业决策模式的转变，会进一步推动企业生产运作流程和整体运营模式的转变。大数据的变革驱动具有“飞轮效应”，即这种驱动需要持续努力才能缓慢运转，但运转会不断加速，后续运作只需要一些动力就可以产生巨大影响①。因此，企业大数据的运用，不仅在于营销环节，而且最终要推广到核心流程再造和运营模式重塑，从而不断提升企业在新时代的运作效率和适应能力。在这样的企业中，商品针对当前消费的最新趋势和市场的空白来设计，能够为消费者提供更符合需求的产品或服务，同时价格制定也符合消费者的预期和市场的定位，促销策略也能够更有针对性地发送给目标客户，从而最大限度地促进消费。

（三）发挥人工智能在绿色发展和供给侧结构性改革中的导向作用

十九大报告明确提出，要推进人工智能和实体经济深度融合，在中高端消费、创新引领、绿色低碳、共享经济、现代供应链、人力资本服务等领域培育新增长点、形成新动能。2017 年 12 月，工信部印发的《促进新一代人工智能产业发展三年行动计划（2018～2020 年）》提出，从智能产品、核心基础、智能制造和支撑体系四个方面推动新一代人工智能产业发展，这指明了十九大后中国企业在人工智能领域的技术层面、平台层面和应用层面三个层面的发展方向。

技术层面上要注重技术攻坚和行业规范制定。技术层面是人工智能发展的基础层面，发展的重点在于通过不同算法模型，形成可供应用的有效技术。美国企业在技术层面上拥有绝对的优势。目前在美国已经形成了由大学与跨国企业所组成的完整 AI 生态系统，包括拥有世界上最大人造神经网络系统的斯坦福大学、可研发制造机器苍蝇的哈佛大学以及拥有百余位教授的卡梅隆大学机器人研究所，为美国人工智能领域的技术创新不断注入新的动力。谷歌的“阿尔法狗”、苹果的“Siri”、亚马逊的“智能音箱 Echo”是这些企业在深度学习、语音识别、数据嵌入和 AL 云计算等领域的集大成产品，奠定了他们在全球人工智能多个专业领域的领头羊地位。目前国内企业在技术层面的优势主要集中在智能识别领域，其他领域的技术短板比较明显。亟待出台人工智能领域的产业划分标准和细分行业规范。需要更多高科技企业和传统工业企业加强人工智能领域的基础研究和专利布局，鼓励积极申请国内及主要市场国家的发明专利，提升企业

① 吕本富、刘颖：《飞轮效应：数据驱动的企业》，电子工业出版社，2015。

在全球市场的核心竞争力，并在此基础上联合制订相关技术标准，为以后更广泛的全球市场拓展打下坚实基础。企业及产学研联盟应围绕深度学习、统计学习、生物信息识别、智能信息处理、新型人机交互及智能芯片设计与制造等关键领域，开展联合技术攻坚。

平台层面上要注重产品布局和支撑平台建设。人工智能的平台层面由智能硬件、数据库和运算平台组成。这是中国企业真正具有全球优势的人工智能发展层面，腾讯、阿里巴巴、百度和京东等互联网企业及少量创业企业在数据工厂和超算平台建设方面全球领先。麦肯锡在 2017 年发布的《中国人工智能的未来之路》报告中将中国与美国并列为世界人工智能发展的领头羊①，也是缘于我国企业在平台层面的领先优势。其中，腾讯和京东依托巨量、多维度的客户数据，着力建设深度学习平台，在图像识别、语音识别、自然语言处理和机器学习四个垂直领域重点进行人工智能研究。阿里巴巴依托阿里云和电商大数据，重点打造可视化人工智能平台及其学习平台、ET 医疗大脑和 ET 工业大脑两个云计算服务平台，提供行业解决方案。在深度学习和人工智能研究走在最前列的百度则与物联网和智能硬件领域布局最早的小米公司强强联合，依靠人工智能应用产品层面的广布局、深积累，打造基于智能手机平台的智能生活和智能社会体验。虽然美国企业在人工智能基础技术层面的优势在短期内还很难打破，但上述中国企业在产品布局和平台建设方面的创新为中国企业在人工智能平台层面突围提供了思路。

应用层面上要注重利用人工智能推动绿色制造和产业结构升级。人工智能的应用层面是利用基础技术，依托平台数据支持，为客户提供智能化的产品和服务。我国当前正处于打造绿色低碳循环发展经济体系和推动供给侧结构性改革的关键阶段，经济发展方式正从强调速度的粗放式增长转向强调绿色低碳的集约式增长，经济发展的动力正从满足传统需求出发的投资转向满足新需求和服务需求的投资。要实现经济体系的绿色低碳化和经济结构的转型升级，人工智能的实际推广应用将是这一轮产业革命的主要动力之一，将引发产业供应链结构的深度变革，改变传统生产方式，从而推动产业可持续发展水平的跃升。人工智能在国防、工业、交通、教育、医疗、金融、商业等各个领域的广泛应用，将催生新技术、新产品、新模式、新组织、新业态。

除了抓住以上三个层面的战略发展机遇，中国企业的人工智能发展还要抓住两类人，一是人工智能重点领域的专业人才，二是人工智能产品的创新采用者。前者是企业发展人工智能的稀缺资源。由于产业需求的极快增长，全球主要发达国家都存在人工智能领域专业人才缺口的问题，而且人工智能技术发展快速，高校专业设置和人才培养还无法跟上时代的步伐，加上我国生活和市场方面相比发达国家的劣势，导致我国企业在吸引全球人工智能领域专业人才方面劣势明显。因此，企业一方面要与政府联手打造吸引全球人工智能高端人才的软硬件条件，另一方面要加强与高校开展人才培养合作，通过相关领域的专业创新和培养方式创新，从根本上解决人工智能发展所面临的人才资源短缺问题。后者是人工智能全新产品不断完善的重要土壤，由于互联网的“马太效

① 麦肯锡：《中国人工智能的未来之路》，中国发展高层论坛，2017 年。

应”，首先推出产品并与用户建立紧密联系的企业将获得巨大的先发优势。中国企业应充分利用市场优势，率先行动，抓紧比例极小的创新采用者，将技术和生产联盟扩展到勇于创新的用户，建立“产、学、研、用”相互推进的人工智能发展联盟。

（四）发挥国企改革在推动攻坚、开放、共赢、稳定方面的龙头带动作用

过去的一年里，国有企业改革大踏步前进，中国联通的股权混改，中纺集团整体并入中粮集团，中国神华和国电集团合并成立国能投，中国建筑材料集团与中国中材集团合并为中国建材集团……每一项重磅改革在吸引了众多关注的同时，也释放出国有企业在未来中国经济发展中将扮演怎样角色的信号。

首先，实施分类改革，促进国有资产保值增值，推动国有资本做强做优做大。国有企业在实际运营过程中面临“营利性使命”与“政策性使命”相冲突的问题，针对不同类型的国有企业进行功能界定和分类改革是调节这一冲突的有效策略。根据2015年出台的《中共中央　国务院关于国有企业改革的指导意见》及近两年来中央和地方国企的改革实践，未来国有企业的分类改革大致可以分成三类：一是公共服务类，主要实行国有独资，以提供公共产品和服务为目标，逐步降低营利性目标，引入社会评价，重点考核成本控制、产品和服务的质量、效率；二是竞争类，主要实行混合所有制，不限定国有股权比例，重点考核市场竞争力、经营业绩和国有资产保值增值情况；三是功能类，即兼具营利性和公益性目标，实行国有控股，鼓励非国有资本参股，同时考核营利性指标和服务国家战略、执行特殊任务的完成情况。

其次，强强联合，整合资源，调整结构，谋划全球布局。中粮、中纺在农粮行业粮油业务的国内市场规模上分列第一位和第三位，合并后，中粮国内油脂加工产能将达2400万吨，整体市场份额提升至18%，处于全球油脂加工企业产能前列；棉花业务产业链条占据全球近10%的市场份额；全球主要产区和销售区实现网络对接，进一步完善全球布局。在实现现有资源整合和全球市场地位的同时，企业未来的战略定位也将发生改变，中粮集团将逐步改组为以粮油食品业为主要经营领域的国有资本投资公司，建设中国粮油食品领域的投资平台、资源整合平台和海外投资平台，成为保障国家粮食安全和食品安全的主体。

再次，引入战略投资者，发展混合所有制经济，在推动国有、民营资本共赢的基础上，释放国有企业的债务压力。当前我国国有企业的负债率明显偏高，已经远远超过警戒线，不利于国有资产和社会的稳定。因此，国有企业是去杠杆的重点对象，也将发挥龙头标杆作用。过去的一年，中国联通公司通过股权混改，引入中国人寿、腾讯信达、百度鹏寰、京东三弘、阿里创投、苏宁云商等战略投资者，合计持有公司约35.19%股份，联通集团合计持有中国联通的股份下降至36.67%，既获得了资金，也实现了负债率的下降。未来在电力、电气、铁路等垄断行业的国有企业混改，联通的方案将成为一个标杆，通过大幅度降低国家控股的比例，引入多方面的战略投资，激活国有企业，降低资产负债率，提升创新攻坚的能力。

最后，要完善各类国有资产管理体制，改革国有资本授权经营体制，建立中国特色

的国有企业公司治理制度，有效防止国有资产流失。新一轮国有企业改革仍将也必须伴随国有资产管理方式的改革，在加大对国有企业放权力度的同时，向国资统一监管的方向继续推进。按照国家治理体系和治理能力现代化的要求，转变治理理念和转换管理职能。近两年，国企改革的过程中也相继通过改建或新建成立了国有资本投资和运营公司，但很多企业并没有对投资公司和运营公司进行职能区分，应该明确区别，运营类公司要负责股权运营，合理界定符合投资人定位的职权，进一步理顺政府投资人与企业管理层之间的权责利关系，借助“负面清单”，在确保原则性问题和服务国家战略的前提下，全面简政放权，营造鼓励、支持和激发管理人员创造与创新的制度氛围；对投资类公司，持股要相对集中，扮演战略投资者的角色，参与投资企业的重大决策，发挥企业转型升级、产业链整合、产业结构优化、产业集群带动和产业竞争力提升的作用。

（五）建设绿色低碳循环生产、满足绿色低碳生活需要的一流企业

十八大以来，我国出台了一系列生态环境规制政策，督促和激励企业推进绿色转型。与此同时，消费者环保意识不断增强，低碳消费开始成为社会时尚，带动了绿色低碳产品和服务市场的快速扩容，这给企业带来日益增长的巨大商机。十九大报告指出，我国将实行最严格的生态环境保护制度，形成绿色发展方式和生活方式，并同时对生产和消费两个方面绿色发展的方向进行阐述。生产方面，我国将加快确立绿色生产的法律制度和政策导向，利用绿色金融，采用清洁能源，开展清洁生产，推广环保产品和服务，建立健全绿色低碳循环发展的经济体系。消费方面，倡导简约适度、绿色低碳的生活方式，反对奢侈浪费和不合理消费，开展创建节约型机关、绿色家庭、绿色学校、绿色社区和绿色出行等行动。因此，十九大后，我国企业要从生产过程、生产产品和生产目的这三个方面入手建设绿色低碳循环发展、满足绿色低碳生活需要的一流企业。

1. 建设绿色低碳循环生产体系

在政府环境规制和消费者绿色消费的双重驱动下，企业应通过绿色技术和绿色管理模式创新，对价值活动进行绿色化重组和整合，打造绿色低碳循环的生产体系，包括绿色设计、绿色采购、绿色制造、绿色营销、绿色处理等基本活动环节。

一是绿色设计，是指着重考虑产品的环境属性，并将其作为产品设计的出发点和目标，在产品设计的过程中采用预防污染、减少能耗和可循环利用的材料和办法，使产品在生产、使用、维修、报废的各个环节对环境的负面影响达到最小。二是绿色采购，是指企业优先采购或获取对环境负面影响小的原材料，要求企业要评价并选择绿色供应商。在考虑原材料价格和质量的基础上，强调供应商的运营流程符合能耗和污染的绿色标准。三是绿色制造，是指将企业的绿色能源战略和清洁生产技术融合并落实到产品的制造过程中。绿色制造要求企业重新设计生产工艺，采用可持续发展的生产工艺，减少对环境的影响。例如，灵活可选的多工艺路线、选择简洁化的工艺、使用高效率的生产技术、使用低污染的清洁技术、提供环保安全的工作条件、使用原材料再循环和绿色再造技术、最小化废弃物质和有害物质的排放等。四是绿色营销，是指企业实施绿色价格、绿色渠道和绿色促销策略，重视树立企业绿色形象，并引导绿色消费，最终促进绿

色产品的推广和销售。五是绿色循环处理，是指产品在一个生命周期结束后，企业能够通过有效回收，使它们进入下一个生命周期循环。采用绿色设计方法和绿色再制造技术生产的产品，可以通过产品回收、拆解使其转化为可循环利用的原材料。

2. 打造满足绿色消费需求的产品体系

全社会的绿色发展，是以产业为依托，以公民的绿色发展意识为基础的。在这一过程中，国家将推动全社会积极开展绿色消费的宣传教育，培养培育绿色消费意识，将生态文明教育纳入素质教育体系。但在理念先行之后，真正能够贯彻这种绿色发展思想的，还是真实的绿色产品和服务。当前，我国消费者的需求不断升级，对绿色消费的意愿和需求也在不断增强。但供给侧还不能适应消费升级的需求，绿色产品的结构和规模都还无法满足需求的增长，再加上绿色产品和服务缺乏权威的认证和标识，尚未实现产品生命周期的循环利用，导致滥竽充数和价格过高，这些因素都影响了绿色消费的进一步发展。对于企业而言，十九大后，在绿色经济领域的发展方向，就是要提供更多优质的绿色产品和服务，以满足人民对绿色、环保、生态产品和服务日益增长的需求。一是要提升对绿色技术创新的支持，充分利用“大众创业、万众创新”平台，在产品设计、制造、仓储和运输等环节实现绿色技术的共享和创新，不断提高产品的资源环境效益。二是优化绿色产品与服务的供给结构。据调查，目前我国超过七成的消费者已经具备一定程度的绿色消费意识，其中健康和安全是选择绿色产品最主要的因素[①]。企业应重点宣传绿色产品在健康和安全方面的优势，量身打造符合当前消费需求的绿色产品和服务。在绿色消费习惯养成后，再提供更为丰富的绿色产品和服务。三是在管理上健全绿色产品和服务的信息收集与处理。由于消费者的绿色意识提升很快，绿色消费的行为也将不断升级和变化，通过建立企业内部信息的实时分析、交换、反馈制度，促进绿色产品的及时和有效供给。四是建立绿色的全渠道产品流通体系。利用“互联网＋绿色产品和服务”推送绿色产品信息，促进绿色消费，并尝试打造绿色消费渠道。五是建立绿色产品和服务品牌，通过使用绿色标志，推出系列绿色产品，设立绿色专柜，打造环保门店等，在唤醒消费者绿色意识和推介绿色产品两方面打出组合拳。

（六）重视基础和前沿研究，建设满足新消费需求的具有全球竞争力的一流企业

中国企业与当前世界一流企业相比，还有两个方面的不足：一是发展的历程较短，基础还不够扎实；二是在实现高速增长之后，企业的动态能力还未形成。前者需要企业加强基础研究，强化核心能力。这里的基础研究不仅包括技术研发，也包括市场研究、产业链整合以及组织管理的研究。过去，中国企业面对高速增长但需求水平较低的市场，可能不需要进行基础研究，只需要将国外现成的技术和管理方式引进来就可以满足市场需求、应对市场竞争。但未来中国企业面对的是日益提升的新消费需求和较为成熟的全球市场，只有在企业自身立足的行业和领域构建了扎实的技术和管理基础，中国企

① 《中国可持续消费研究报告》，中国连锁经营协会，2017。

业才能在市场的升级和世界一流企业的竞争中生存下来，才能真正蜕变为世界一流企业。在这一过程中，企业动态能力的构建是关键。世界一流企业在发展壮大过程中会动态调整支撑其竞争力的关键要素及要素组合。这种动态调整能够帮助企业在不断变化的外部环境中构建内部一系列互补性的知识和技能组合，使企业的竞争力始终维持在一流水平，因此被称为动态能力。根据黄群慧等人的研究，中国企业构建动态能力需要从组织创新、管理创新、技术创新和公司治理四个方面入手①。其中，组织创新要求企业扎根产业基础，把握市场前沿变化；技术创新需要企业同时加强基础与前沿研究；管理创新则需要在实时把握企业运营状况的基础上借鉴前沿的经济和管理理论；治理结构强调的是准确把握企业的发展状况和外部市场机会，适时引入外部监管助力，需要企业对自身发展周期、战略有扎实研究，对外部市场及机遇有前瞻性研究。

当前我国社会所面临的新需求和新消费转变，是中国企业实现世界一流企业梦想的良机。十八大以来，随着供给侧结构性改革的不断推进，我国消费品市场在较快增长的同时出现了一些新变化，出现数字消费、绿色消费、体验消费等日益火热的消费形式，以及O2O消费、自助式消费、共享消费等全新的消费形式，呈现出巨大的增长潜力。这些发生在中国庞大市场上的新消费来自企业的组织创新和技术创新，同时也反映了消费者的需求变化，并刺激广大消费群体不断升级的新需求。新消费呈现新消费对象、新消费渠道和新消费方式三个方面的特征，如数字消费和服务消费的内容被极大拓宽，要求中国企业突破当前同质化竞争的发展瓶颈，通过新一轮的差异化竞争构建动态能力。这需要企业加强基础研究，把握企业发展的阶段和战略，分析当前我国市场的消费者。

① 黄群慧、余菁、王涛：《培育世界一流企业：国际经验与中国情境》，《中国工业经济》2017年第11期。

B.37
专题五 十九大后中国绿色发展的重点领域与发展方向

一 十八大以来中国绿色发展的进展情况

（一）十八大以来中国绿色发展取得积极成效

绿色是当今社会对发展的共识，其关键在于人口、资源和环境的协调发展。“十二五”规划中，党中央明确“坚持把建设资源节约型、环境友好型社会作为加快转变经济发展方式的重要着力点”，并从积极应对全球气候变化、加强资源节约和管理、大力发展循环经济、加大环境保护力度、促进生态保护和修复以及加强水利和防灾减灾体系建设六个方面对“十二五”期间中国的绿色发展目标进行了论述。党的十八大进一步从新的历史起点出发，作出“五位一体”总体布局，指出必须把生态文明建设融入经济建设、政治建设、文化建设和社会建设各方面，并从国土空间开发格局优化、资源节约、自然生态系统和环境保护、生态文明制度建设四个方面展开，强调要从源头上扭转生态环境恶化的趋势，为人民创造一个良好的生产生活环境。十八大之后，各级政府贯彻中央指示精神，发展的同时狠抓质量，扎实推进环境保护和治理工作，绿色发展初见成效。

1. 变大国为强国，制造业转型升级全面启动

改革开放之后，中国经济开始腾飞，制造业发展迅速。1990 年，中国制造业规模居世界第九，制造业的全球占比为 2.7%。2010 年，中国制造业规模跃居世界第一，制造业的全球占比达到 19.8%。2013 年，中国制造业规模连续四年保持世界第一，500 余种主要工业产品中有 200 余种产品产量位居全球第一[①]。

中国制造业第一大国的地位不可置疑，但中国离制造业强国仍有相当的距离。中国制造业仍然面临着资源利用效率低、污染排放高、产品档次低、信息化水平不高、创新能力弱等一系列关键问题。2015 年，国务院印发《中国制造 2025》，制定了制造强国三步走战略。以现实问题为导向，坚持“市场主导，政府引导”“立足当前，着眼长远”“整体推进，重点突破”“自主发展，开放合作”四大基本原则，提出包括提高创新能力、推进两化融合、强化工业基础能力、建设质量品牌、推进绿色制造、重点领域

① 工业和信息化部，http://www.miit.gov.cn/n1146295/n1146562/n1146655/c3780661/content.html。

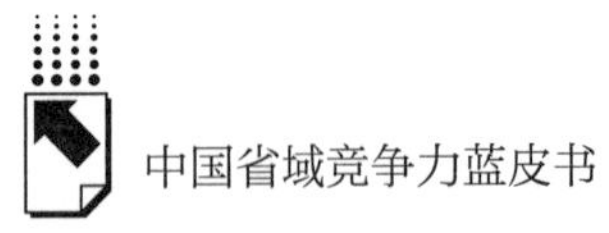

突破发展、结构调整、发展服务型制造和生产性服务业以及提高国际化发展水平在内的九大任务。

除了深化制造业与互联网的融合，促进制造业的高端化、智能化、服务化之外，包括船舶、钢铁、建材、有色、化工、轻工等行业在内的传统制造业开始全面启动绿色改造。严格行业规范，严把准入管理和节能环保审查。大力研发脱硫脱硝、余热余压回收、重金属污染减量化、水循环利用等节能环保工艺、技术和装备，加快淘汰落后产能，推广实行绿色生产。强化企业的创新和管理，控制化石能源消费，推进和推行资源的可再生利用和循环生产方式，强化提高资源的高效循环利用。通过研发绿色产品、建设绿色工厂、发展绿色园区、打造绿色供应链的方式，强化产品的全生命周期绿色管理，积极构建高效、清洁、低碳、循环的绿色制造体系。

2. 大力发展清洁能源，能源结构优化持续推进

随着经济的发展，中国对能源的消费需求不断攀升。英国石油公司（BP）的统计数据显示，2005 年中国的一次能源消费总量约为 1793. 7 百万吨石油当量，2010 年这一数值上升到 2487. 4 百万吨石油当量，年均增速达到 6. 54%[①]。能源消费结构方面，受“多煤少油缺气”的能源资源禀赋限制，化石能源特别是煤炭资源，一直是中国能源消费中的主要构成。“十一五”期间，化石能源的一次能源消费占比约为 93%，其中煤炭约为 73%，石油约为 18%，天然气约为 3%。化石能源消费总量不断攀升，煤炭消费占比居高不下，一方面导致中国石油对外依存度和天然气对外依存度逐年攀升，直接危及能源供应安全，另一方面导致中国大气质量急剧恶化，雾霾灾害频发。2013 年，中国石油对外依存度和天然气对外依存度分别为 58. 1% 和 31. 6%[②]，全国雾霾灾害天数达到 29. 9 天，为 52 年之最[③]。

为解决能源和环境困境，中共十八大后，政府相继出台《能源发展“十二五”规划》《生物质能发展“十二五”规划》《能源发展战略行动计划（2014 ~ 2020 年）》《能源发展“十三五”规划》《电力发展“十三五”规划（2016 ~ 2020 年）》《可再生能源发展“十三五”规划》《太阳能发展“十三五”规划》《风电发展“十三五”规划》《“十三五”核工业发展规划》等一系列文件，坚持将清洁低碳能源作为能源结构调整的主要方向，在优化核电布局、促进核能高效发展的同时，积极推动光伏发电、风电、生物质能发电发展，努力提高非化石能源的消费占比。

在政府的努力下，中国的核电与可再生能源不断发展，非化石能源开始部分替代化石能源，能源结构持续优化。“十二五”期间，中国核电装机规模从 2010 年的 1082 万千瓦提高到 2015 年的 2717 万千瓦，年均增长 20. 2%；太阳能发电装机规模从 2010 年的 26 万千瓦提高到 2015 年的 4318 万千瓦，年均增长 177%；风电装机规模从 2010 年的 2958 万千瓦提高到 2015 年的 13075 万千瓦，年均增长 34. 6%；生物质发电装机规模

① 对数增长率。

② 数据来源：《2013 年国内外油气行业发展报告》。

③ 数据来源：中国气象局。

从2010年的550万千瓦提高到2015年的1030万千瓦，年均增长13.37%[1]。同期，化石能源的一次能源消费占比从2010年的92.12%降低到2015年的88.18%；非化石能源的一次能源消费占比从2010年的7.88%提高到2015年的11.82%，其中核电的一次能源消费占比从0.67%提高到1.28%，水电的一次能源消费占比从6.57%提高到8.46%，太阳能发电的一次能源消费占比从0.01%提高到0.29%，风电的一次能源消费占比从0.41%提高到1.39%，地热、生物质能及其他可再生能源发电的一次能源消费占比从0.23%提高到0.40%。各能源品种具体消费情况见表5－1。

表5－1　中国一次能源消费及构成

单位：百万吨石油当量

	一次能源总消费									
		煤炭	石油	天然气	核电	水电	可再生能源总消费			
								太阳能	风电	地热、生物质能及其他
2005	1793.7	1318.2	328.6	43.4	12.0	89.8	1.7		0.4	1.2
2006	1968.0	1448.4	352.7	53.4	12.4	98.6	2.5		0.8	1.6
2007	2140.1	1576.9	370.2	65.7	14.1	109.8	3.5		1.2	2.2
2008	2222.3	1603.1	377.5	75.7	15.5	144.1	6.4		3.0	3.4
2009	2322.1	1680.4	392.2	83.3	15.9	139.3	11.0	0.1	6.2	4.7
2010	2487.4	1743.4	447.9	100.1	16.7	163.4	15.9	0.2	10.1	5.6
2011	2687.9	1899.0	464.2	123.4	19.5	158.2	23.7	0.6	15.9	7.2
2012	2795.3	1923.0	486.3	135.8	22.0	197.3	30.8	1.4	21.7	7.7
2013	2903.9	1964.4	507.2	154.7	25.3	208.2	44.1	3.5	31.9	8.7
2014	2970.3	1949.3	526.8	169.6	30.0	242.8	51.9	5.2	36.2	10.5
2015	3014.0	1920.4	559.7	177.6	38.6	254.9	62.7	8.9	41.9	12.0

数据来源：《BP世界能源统计年鉴2016》。

3.新能源汽车、公共交通发展迅速，绿色消费模式不断培育

交通运输是中国石油消费的主要力量。随着经济社会发展水平的提高，中国汽车保有量不断增长，对应的石油消费需求也不断提升。统计数据显示，2012年中国汽车保有量约为1.2亿辆，交通运输、仓储和邮政业石油消费需求为17863.6万吨。2015年中国汽车保有量提高到1.75亿辆，交通运输、仓储和邮政业石油消费需求为20549.9万吨。汽车保有量不断上升除了给中国的石油供应和大气环境治理带来挑战之外，也给城市道路负荷造成了巨大压力。高德发布的《2015年度中国主要城市交通分析报告》显示，2015年在其监测的45个城市中，有44个城市的拥堵情况处于恶化中，各个城市每月的拥堵程度都在加重。

① 数据来源：《能源发展“十三五”规划》。

为了缓解交通压力，促进节能减排，“十二五”至今，政府相继出台《交通运输“十二五”发展规划》《节能与新能源汽车产业发展规划（2012～2020年）》《电动汽车充电基础设施发展指南（2015～2020年）》《城市公共交通“十三五”发展纲要》《“十三五”现代综合交通运输体系发展规划》等一系列文件，在优化公路网结构、强化组织和运力调配能力的同时，大力发展城市交通和城际交通，积极促进纯电动、天然气、混合动力等新能源车辆及清洁燃料车辆在公共交通领域推广应用，扎实推动绿色交通建设，宣传倡导绿色出行。

“十二五”期间，中国累计完成交通运输基础设施建设投资13.4万亿元，绿色交通建设成效显著。2015年，中国交通基本要素信息数字化率达到90%，公路通车里程458万公里，乡镇通沥青（水泥）路率达到98.6%，城区常住人口100万以上城市建成区公交站点500米覆盖率达到90%，高速铁路营业里程达到1.9万公里，高速公路建成里程12.4万公里，城市轨道交通运营里程达到3300公里，其中高速铁路营业里程、高速公路通车里程、城市轨道交通运营里程高居世界第一①。另外，新能源汽车的研发推广取得很大进展，电动汽车充电桩建设规模不断扩大，新能源汽车开始渗入私人交通市场。中国电动汽车充电基础设施促进联盟和中国汽车工业协会的统计数据显示，2015年中国电动汽车充电桩数量达到4.9万个，相比2010年的1122个净增40倍有余②。同年，中国新能源汽车产销量分别达到340471辆和331092辆，分别同比增长330%和340%。其中纯电动乘用车产销量分别为254633辆和247482辆，分别同比增长420%和450%，插电混合动力乘用车产销量分别为85838辆和83610辆，分别同比增长190%和180%③。

4. 强化防治、严格监管，环境治理初见成效

中国的经济发展多年来是以资源和环境的牺牲为代价。步入新的发展阶段，除了物质文化需求之外，人民对于环境的要求也日益增长。实现绿色发展，环境治理是非常关键的一个环节。中共十八大之后，尤其是2013年全国大面积雾霾灾害发生后，政府对环境治理的决心日益坚定，修订通过了《环境保护法》《大气污染防治法》《环境保护公众参与办法》等法律法规，印发实施《大气污染防治行动计划》《水污染防治行动计划》《土壤污染防治行动计划》《“十三五”生态环境保护规划》等一系列规划计划，从大气污染治理、水污染治理、土壤污染治理、噪声污染治理等方面展开了全方位的攻坚行动。

一是大气污染防治方面。“十二五”期间，政府一方面在所有地级以上的城市开展涵盖PM10和PM2.5的六项主要空气污染物监测，实现了338个地级以上城市、1436个国控环境空气质量监测站点的联网和实时发布，建成了发展中国家最大的环境空气质量监测网。另外，强化污染防治，开展实施煤电超低排放改造、重点行业清洁生产技术

① 数据来源：《国务院关于印发“十三五”现代综合交通运输体系发展规划的通知》。

② 数据来源：中国电动汽车充电基础设施促进联盟，http://nev.ofweek.com/2017-10/ART-71011-8420-30172627.html。

③ 数据来源：中国汽车工业协会，http://www.12365auto.com/news/20160114/213704.shtml。

改造、黄标车和老旧车淘汰、油品质量升级及散煤控制等专项行动，“大气十条”实施效果显著。2015 年，中国境内二氧化硫的年均浓度从 2013 年的 40 微克/立方米下降到 25 微克/立方米，二氧化氮从 2013 年的 44 微克/立方米下降到 30 微克/立方米，PM10 从 2013 年的 118 微克/立方米下降到 87 微克/立方米，PM2.5 从 2013 年的 72 微克/立方米下降到 50 微克/立方米①。

二是水污染防治方面。政府一方面坚持“分区控制、突出重点，统筹规划、综合防治，海陆兼顾、河海统筹，政府引导、明确责任”，从饮用水水源保护、工业企业水污染防治、城镇污水治理、近岸海域污染防治等方面着手，全面开展重点流域水污染防治行动。另一方面全面推行“河长制”，坚持“生态优先、绿色发展，党政领导、部门联动，问题导向、因地制宜，强化监督、严格考核”，努力构建责任明确、协调有序、监管严格、保护有力的河湖管理保护机制。2015 年，中央共拨付水专项财政资金 43.62 亿元；全国地表水一类到三类水质断面占比从 2010 年的 59.9% 提高到 66.0%，四类、五类占比从 2010 年的 23.7% 提高到 24.3%，劣五类占比则从 2010 年的 16.4% 降低到 9.7%；近岸海域国控监测点中，一类、二类海水比例从 2010 年的 62.7% 上升到 70.5%，三类海水比例从 2010 年的 14.1% 下降到 7.6%，四类和劣四类海水比例从 2010 年的 23.2% 下降到 22%②。

三是土壤污染治理方面。政府积极开展土壤环境质量调查，建设土壤环境质量检测网络，强化空间布局管控、未利用土地环境管理和污染源监管，扎实推进土壤污染预防和修复工作。《土壤污染防治行动计划》印发至今，31 个省份全部编制完成土壤防治工作方案，10 个省份启动土壤污染治理与修复试点示范项目。2015 年，共对 16.23 亿亩耕地展开农产品产地土壤重金属污染普查，在六省区约 1200 万亩土地开展地膜回收利用示范，全年净减少耕地面积 5.95 万公顷。此外，截至 2017 年 8 月，已确定 2 万个土壤国控监测点位布设，范围覆盖全国 99% 的县、98% 的土壤类型和 88% 的粮食产区，土壤环境监测网初步建成③。

5. 设立国家生态文明试验区，生态文明建设深入推进

2015 年，根据中共十八大提出的“五位一体”总体布局安排，党中央、国务院先后印发《关于加快推进生态文明建设的意见》和《生态文明体制改革总体方案》，指出“加快推进生态文明建设是加快转变经济发展方式、提高发展质量和效益的内在要求，是坚持以人为本、促进社会和谐的必然选择，是全面建成小康社会、实现中华民族伟大复兴中国梦的时代抉择，是积极应对气候变化、维护全球生态安全的重大举措”，并就健全自然资源资产产权制度、建立国土空间开发保护制度、建立空间规划体系、完善资源总量管理和全面节约制度、健全资源有偿使用和生态补偿制度、建立健全环境治理体系、健全环境治理和生态保护市场体系、完善生态文明绩效评价考核和责任追究制度以

① 数据来源：《中国环境状况公报 2013》，《中国环境状况公报 2015》。

② 数据来源：《中国环境状况公报 2010》，《中国环境状况公报 2015》。

③ 数据来源：《中国环境状况公报 2015》，http://www.gov.cn/xinwen/2017-08/04/content_5215997.htm。

及生态文明体制改革的实施保障等方面的工作作出了要求。

2016 年 8 月，为落实生态文明体制改革要求，党中央、国务院印发《关于设立统一规范的国家生态文明试验区的意见》，设立福建省、江西省和贵州省为首批国家生态文明试验区，针对难度较大、缺乏具体案例和借鉴经验的制度，开展生态文明体制改革试验。希望借助试验区的改革试验，为完善生态文明制度体系探索路径、积累经验。同月，党中央、国务院印发了《国家生态文明试验区（福建）实施方案》的通知，要求福建省围绕建立健全国土空间规划和用途管制制度、健全环境治理和生态保护市场体系、建立多元化的生态保护补偿机制、健全环境治理体系、建立健全自然资源资产产权制度以及开展绿色发展绩效评价考核六个方面开展生态文明实验，力争 2017 年在部分重点领域形成一批可复制、可推广的改革成果，到 2020 年试验区建设取得重大进展，为全国生态文明体制改革创造一批典型经验。同年 9 月，根据中央的部署和安排，中共福建省委、福建省人民政府印发《福建省贯彻落实〈国家生态文明试验区（福建）实施方案〉任务分工方案》，明确了六个方面 26 项重点任务和 38 项改革成果的目标和责任单位。根据该任务分工方案的安排，福建省生态文明改革试验取得了良好进展。2016 年 38 项改革任务中有 15 项取得了阶段性成果，2017 年启动的 17 项改革任务中有 12 项取得了初步成果。

2017 年 10 月，党中央、国务院印发《国家生态文明试验区（江西）实施方案》和《国家生态文明试验区（贵州）实施方案》。《国家生态文明试验区（江西）实施方案》从构建山水林田湖草系统保护与综合治理制度体系、构建严格的生态环境保护与监管体系、构建促进绿色产业发展的制度体系、构建环境治理和生态保护市场体系、构建绿色共治共享制度体系、构建全过程生态文明绩效考核和责任追究制度体系六个方面对江西的生态文明试验提出了 24 项任务，要求到 2018 年试验区建设取得重要进展，形成一批可复制可推广的改革成果，到 2020 年，建成具有江西特色、系统完整的生态文明制度体系，为全国生态文明体制改革创造一批典型经验和成熟模式。《国家生态文明试验区（贵州）实施方案》则从开展绿色屏障建设制度创新试验、开展促进绿色发展制度创新试验、开展生态脱贫制度创新试验、开展生态文明大数据建设制度创新试验、开展生态旅游发展制度创新试验、开展生态文明法治建设创新试验、开展生态文明对外交流合作示范试验以及开展绿色绩效评价考核创新试验八个方面对贵州的生态文明试验提出了 32 项改革任务，要求到 2018 年在部分重点领域形成一批可复制可推广的生态文明制度成果，到 2020 年，全面建立产权清晰、多元参与、激励约束并重、系统完整的生态文明制度体系，在生态脱贫攻坚、生态文明大数据、生态旅游、生态文明国际交流合作等领域创造一批典型经验。

（二）十八大以来中国绿色发展存在的主要问题

近年来，中国经济开始进入新常态，资源和环境问题凸显。中共十八大后，政府通过产业转型升级、能源结构优化、绿色交通、环境治理、生态文明建设试验等途径，积极开展资源节约型、环境友好型社会建设，中国的绿色发展取得了积极显著的成效。然而，发展转型是一个系统性的工程，涉及制度、经济、文化等各个方面。要想实现资源、环境和经济的全面协调可持续发展，中国还需要解决以下主要问题。

1. 法律体系仍须健全与完善

“凡属重大改革都要于法有据”是习近平总书记对改革和法治关系的论述。绿色发展涉及经济、资源和环境多个方面，各项工作的顺利开展都离不开法制的保障，尤其是资源和环境保护部分。2015 年 1 月 1 日，完成 25 年来首次修订的《环境保护法》正式实施。新环保法强化了污染预警、扩大了公益诉讼主体范围、加大了环保处罚力度、强化了政府的监督管理职责，并首次将生态红线写入法律，在近几年的生态文明建设中发挥了重要作用，但在政府责任落实、信息公开、公众环保意识、联合执法、跨区执法等方面仍然有待加强。此外，生态立法与生态执法之前存在脱节现象，地方保护主义、监管不到位、执法力度不够等问题直接影响资源和环境的保护以及治理效果。

2. 政策支持措施有待加强

中国的绿色发展仍然处于起步阶段，政策支持力度有待进一步加强。政策支持包括两个方面，一是推行绿色税收帮助节能减排，二是财税支持激励绿色创新。首先，新中国成立以来，为支持经济发展，国内能源价格一直存在人为压低的情况，碳税等绿色税收更是无从谈起。这直接导致了能源资源的不必要消费，加剧了环境问题恶化。完善绿色税收体系有助于帮助企业提高节能减排意识，实现资源节约和环境保护的最终目的。其次，我国绿色创新基础相对薄弱，绿色投资机制尚未建立。必须建立相应的绿色财税支持体系，为企业和机构的绿色技术创新提供经济支撑，才能实现绿色技术创新的普及和发展。

3. 绿色金融有待扶持发展

绿色发展离不开资金的支持。政府财政支持有限，只有发展绿色金融，吸引社会资金加入，才能实现绿色发展的可持续。就目前来看，中国的绿色金融仍然存在诸多问题。首先，缺乏针对性的发展规划和法律法规，存在严重的制度缺失。其次，市场体系不完善，当前绿色金融业务多指银行的绿色信贷，产品和市场参与主体均太过单一。再次，激励与动机不足。即使是银行间的绿色信贷，也多出于政策需要，约束激励机制的缺失使得绿色金融流于形式。

4. 绿色理念有待深化推广

绿色发展的全面实现有赖于绿色理念的建立和全面推广，只有当公众自觉遵循资源节约、环境友好的生产生活方式时，才能实现资源利用的最大化以及污染排放的最小化。然而，中国正处于经济社会发展转型初期，粗放式生产和生活方式尚大量存在，公众的绿色消费意识仍然十分薄弱，这些直接体现在企业生产过程中以及群众生活资源的大量浪费与污染物的肆意排放。如何更好地推广和树立社会公众的绿色意识，对于未来的绿色发展而言至关重要。

二　十九大对中国绿色发展提出的新要求

党的十八大以来，以习近平同志为核心的党中央谋划开展了一系列根本性、长远性、开创性工作，推动我国生态环境保护从认识到实践发生了历史性、转折性和全局性变化，生态文明建设取得显著成效，进入认识最深、力度最大、举措最实、推进最快，也是成效最好的时期。当前生态文明建设稳步推进、生态文明制度体系加快形成，党的十九大报告指出：“中国特色社会主义进入新时代，我国社会的主要矛盾已经转化为人民日益增长的美好生活需要和不平衡不充分的发展之间的矛盾。”生态环境问题仍然是当前我国发展不平衡、不协调的突出表现，是满足人民日益增长的美好生活需要的重要制约。正是意识到这一点，党的十九大报告进一步提出，“我们要建设的现代化是人与自然和谐共生的现代化。既要创造更多物质财富和精神财富以满足人民日益增长的美好生活需要，也要提供更多优质生态产品以满足人民日益增长的优美生态环境需要”。同时，进一步强调要加快生态文明体制改革，建设美丽中国，加快推进绿色发展，建立健全绿色低碳循环发展的经济体系。可以说，这些都为未来中国的生态文明建设和绿色发展指明了方向、规划了路线。

绿色发展能够让良好的生态环境成为人民生活质量提高的增长点，成为经济社会持续健康发展的支撑点，成为展现我国良好形象的发力点。绿色发展，正汇聚起建设美丽中国的澎湃力量，已经成为党在新时代坚持和发展中国特色社会主义的重要方略，必将贯穿我国发展的全过程，成为检验我国发展成果的重要指标。其中，绿色经济是绿色发展的主要内容。绿色经济就是以市场为导向，以生态、环境、资源为要素，以产业经济为基础，以科技创新为支撑，以经济、社会、生态协调发展为目的，以维护人类生存环境、科学开发利用资源和协调人与自然关系为主要特征的一种新的经济形态。大力发展绿色经济、绿色产品及服务业，可以形成新的经济增长引擎，创造更多就业机会，是生态文明建设的生动实践，也是新时代绿色发展、建设美丽中国的重要落脚点。可以说，绿色发展，是时代使然，是转型之需。

在当前和今后一个时期，为有效解决新时代面临的人民日益增长的美好生活需要和不平衡不充分的发展之间的矛盾，必须要坚持新发展理念，坚持创新驱动，坚持绿色治理，加快推进体制机制的改革创新，大力推进以资源承载力和生态环境容量为基础的绿色经济发展，形成节约资源、保护环境的产业结构、生产方式、消费模式，走生产发展、生活富裕、生态良好的绿色发展之路。这是新时代中国特色社会主义对加快绿色发展的必然要求。

（一）要坚持新发展理念

发展理念是发展行动的先导，是管全局、管根本、管方向、管长远的东西，是发展思路、发展方向、发展着力点的集中体现。在党的十九大报告中，“坚持新发展理念”成为新时代坚持和发展中国特色社会主义基本方略的重要原则和组成部分，并且发展是解决我国一切问题的基础和关键，必须坚定不移贯彻创新、协调、绿色、开放、共享的发展理念。要坚持人与自然和谐共生，形成绿色发展方式和生活方式，坚定走生产发展、生活富裕、生态良好的文明发展道路。这些阐述充分展示了我们党坚持新发展理念、加强生态环境保护的坚定决心。

新发展理念是具有历史穿透力、现实针对性、未来指向性的科学理念，深刻体现了习近平新时代中国特色社会主义思想对发展这一时代课题的深刻洞悉，是中国对本国乃至世界发展议题的思考结晶，是影响我国发展全局的一场重大变革，是实现更高质量、更有效率、更加公平、更可持续发展的必由之路。

当前，中国的历史方位已经进入中国特色社会主义新时代。新时代对我们的要求就是，要始终把坚持新发展理念作为全面建成小康社会、实现“两个一百年”奋斗目标的理论指导和行动指南，将它作为新时代坚持和发展中国特色社会主义的基本方略和重要内容，牢固树立和践行“绿水青山就是金山银山”的生态文明发展理念，要有“保护生态环境就是保护生产力、改善生态环境就是发展生产力”的坚强意识，大力培育绿色文化，加强宣传引导，完善公众参与制度，倡导绿色生活方式，使绿色发展理念和意识成为公众的优先选择和自觉行动，在新时代续写新篇章。

（二）要坚持创新驱动

创新排在新发展理念的首位，居于国家发展全局的核心位置。在党的十九大报告中，“创新”一词出现了50余次，尤其强调“创新是引领发展的第一动力，是建设现代化经济体系的战略支撑”，进一步明确了创新在引领经济社会发展中的重要地位，标志着创新驱动作为一项基本国策，在新时代中国的发展进程中将发挥越来越显著的战略支撑作用。这是源于党中央对我国经济发展阶段的战略判断，即我国经济已从高速增长阶段转变为高质量发展阶段，正处在转变发展方式、优化经济结构、转换增长动力的攻关期。在这个关键时期，推动经济发展质量变革、效率变革、动力变革，提高全要素生产率，不断增强我国经济创新力和竞争力，进而加快实现经济发展方式从数量型向质量效益型转变，都必须切实依靠创新驱动来实现。

同时，实施创新驱动发展战略，对改善生态环境、建设美丽中国也具有积极意义。创新带来的高新技术用于改造提升传统产业、传统设备，提高生产效率，由此降低资源能源消耗，减少环境污染，解决发展不平衡不充分等突出问题，以一个更美丽的中国、更适宜的人居环境来满足人民日益增长的优美生态环境需要。

绿色发展作为一项系统工程，必须统筹考虑和协调推进科技创新、制度创新和金融创新，才能保证绿色化发展的实现。面对蓄势待发的新一轮科技革命，科技创新作为创新的核心内容，发挥着至关重要的作用。科技创新的持续驱动，能有力推动经济转型和传统产业优化升级，让绿色发展呈现蓬勃动力。党的十九大报告进一步指出，要“构建市场导向的绿色技术创新体系”，这就要求从绿色发展的角度加大科技创新投入，将绿色经济的技术创新纳入国家相关计划，构建科研与人才培养有机结合的知识创新体系，围绕新能源、节能减排、资源循环利用、碳汇产业和生态保护修复等，攻克一批有助于推动绿色经济发展、拥有自主知识产权的共性和关键适用技术，以绿色技术创新驱动绿色发展；同时，要大力研发风能、太阳能、地热能、矿物能、海洋能、核能、生物质能等新能源应用技术，构建清洁低碳、安全高效的能源体系，提高节能减排效率。此外，要加强绿色技术重大创新平台、创新人才队伍和创新服务体系建设，加快构建绿色技术成果转化应用推广机制，培育和鼓励多元化主体参与，建成社会化、市场化、信息化服务体系，推动绿色技术产业化、绿色产业规模化，以支撑绿色经济的快速健康发展，为中国绿色发展注入新动力。

（三）要坚持绿色治理

与发达国家相比，我国推动绿色发展有不同的基础条件、侧重点和关注点，其中重要一条就是要能够化解经济发展与环境保护之间的矛盾，实现经济与环境协调发展。十八大以来，我国生态文明建设成效显著，但我国生态环境问题仍然比较突出，生态环境保护依然任重而道远。因此，党的十九大报告强调，要“坚持节约资源和保护环境的基本国策，像对待生命一样对待生态环境，统筹山水林田湖草系统治理，实行最严格的生态环境保护制度，形成绿色发展方式和生活方式”，这就要求我们必须牢记“绝不以牺牲环境为代价去换取一时的经济增长”，打好“污染防治的攻坚战”也是全面建成小康社会能否得到人民认可、经得起历史检验的重要衡量依据之一。这就要求我们，在绿色发展过程中仍然要加大环境治理力度，要坚持环境治理、生态修复与资源节约利用齐抓共管、齐头并进，着力解决突出的环境问题，全面改善环境质量。

第一，要求我们继续加大环境治理力度。要全面落实环境保护法规，加大中央环保督查力度，坚持全民共治、源头防治，加大对水、大气、土壤污染和工业、农业、生活垃圾和固体废弃物等城乡环境综合整治力度，依法惩处浪费资源、污染环境、破坏生态等行为。建立健全市场化、多样化的生态补偿机制和标准体系，形成生态损害者赔偿、受益者付费、保护者得到合理补偿的运行机制，以环境标准“倒逼”绿色经济发展和产业升级。全面促进资源节约和集约循环利用，用最少的资源环境代价取得最大的经济社会效益。此外，要求我们积极参与全球环境治理，大力推动能源革命，积极发展低碳经济、新能源和可再生能源，加快发展碳汇林业、草业，大幅降低碳排放强度，落实减排承诺，树立负责任大国形象。

第二，要求我们实施重要生态系统保护和修复重大工程，尤其要深入实施山水林田湖草一体化生态保护和修复，优化生态安全格局，构建生态廊道和生物多样性保护网络，提升生态系统质量和稳定性。开展国土绿化行动，推进荒漠化、石漠化、水土流失综合治理，强化湿地保护和恢复，加强地质灾害防治。切实保护耕地林地草地湿地，健全耕地草原森林河流湖泊休养生息制度。

第三，要求我们加快构建环境管控长效机制。十九大报告明确指出，提高污染排放标准，强化排污者责任，健全环保信用评价、信息强制性披露和严惩重罚等制度；构建政府为主导、企业为主体、社会组织和公众共同参与的环境治理体系。当前，我们迫切需要建立环境管控长效机制，让环境管控发挥绿色发展的导向作用，有效引导企业转型升级，推进技术创新，走向绿色生产。同时，鼓励发展绿色产业，壮大节能环保产业、清洁生产产业、清洁能源产业，使绿色产业成为替代产业，接力经济增长。

（四）要坚持制度创新

十八大以来，我国生态文明体制改革迅速推进，党中央、国务院制定的《生态文明体制改革总体方案》确定的2015～2017年79项改革任务中，73项已经全部完成，生态文明制度体系加快形成。具体来说，自然资源资产产权制度改革积极推进，国土空间开发保护制度日益加强，空间规划体系改革试点全面启动，资源总量管理和全面节约制度不断强化，资源有偿使用和生态补偿制度持续推进，环境治理体系改革力度加大，环境治理和生态保护市场体系加快构建，生态文明绩效评价考核和责任追究制度基本建立。虽然十八大以来的五年是生态文明体制改革密度最高、推进最快、力度最大、成效最多的五年，但在绿色发展方面仍然还有很大的制度创新空间。

党的十九大报告指出，必须树立和践行绿水青山就是金山银山的理念。而要将绿水青山变成金山银山，就必须实现绿色产品和生态服务的资产化，加大绿色产品和生态产品的供给，使其真正成为生产力，从而将生态优势转化为经济优势，这都要求我们实现全面深化绿色发展的制度创新。

第一，要进一步完善绿色创新和绿色产业的制度设计，构建以市场为导向的绿色技术创新体系，将环境成本内部化，不断加强绿色技术创新和绿色生产的经济激励和政策激励，加快绿色技术和绿色生产的推广应用，促进绿色产业发展，将绿色产业培育为新的经济增长点。第二，要进一步完善绿色消费的制度设计，加快建立绿色消费的法律制度和政策导向，培育绿色、生态的消费方式，使绿色和生态成为产品附加值的一部分。第三，要进一步完善绿色金融制度设计，使金融系统为绿色发展提供支撑平台。第四，要进一步改革生态环境监管体制，完善生态环境管理制度。要按照十九大报告的要求，设立国有自然资源资产管理和自然生态监管机构，完善生态环境管理制度，统一行使全民所有自然资源资产所有者职责，统一行使所有国土空间用途管制和生态保护修复职责，统一行使监管城乡各类污染物排放和行政执法职责。第五，要进一步建立和完善绿色考核评价制度，建立体现绿色发展要求的目标体系、考核办法、奖惩机制，建立健全政府主导、公众考核、专家评议、过程透明的考评机制。

三　十九大后中国绿色发展的重点领域

党的十九大报告专门对推进绿色发展作了安排："加快建立绿色生产和消费的法律制度和政策导向，建立健全绿色低碳循环发展的经济体系。构建市场导向的绿色技术创新体系，发展绿色金融，壮大节能环保产业、清洁生产产业、清洁能源产业。推进能源生产和消费革命，构建清洁低碳、安全高效的能源体系。推进资源全面节约和循环利用，实施国家节水行动，降低能耗、物耗，实现生产系统和生活系统循环链接。倡导简约适度、绿色低碳的生活方式，反对奢侈浪费和不合理消费，开展创建节约型机关、绿色家庭、绿色学校、绿色社区和绿色出行等行动。"因此，我们认为中国绿色发展的重点领域集中在以下五个方面：绿色产业体系、绿色技术创新体系、绿色能源体系、绿色金融体系、绿色社会体系。

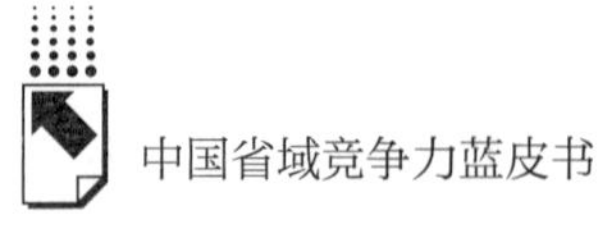

（一）构建绿色产业体系

绿色生产方式是绿色发展理念的基础支撑、主要载体，直接决定绿色发展的成效和美丽中国的成色，是我们党执政兴国需要解决的重大课题。面对人与自然的突出矛盾和资源环境的瓶颈制约，只有大幅提高经济绿色化程度，推动形成绿色生产方式，才能走出一条经济增长与碧水蓝天相伴的康庄大道。推动形成绿色生产方式，就是努力构建科技含量高、资源消耗低、环境污染少的产业结构，加快发展绿色产业，形成经济社会发展新的增长点。

绿色产业是指积极采用清洁生产技术，采用无害或低害的新工艺、新技术，大力降低原材料和能源消耗，实现少投入、高产出、低污染，尽可能把污染物排放消除在生产过程中的产业。绿色产业包括环保产业、清洁生产产业、绿色服务业等，致力于提供少污染甚至无污染、有益于人类健康的清洁产品和服务。绿色产业的主力军是环保产业，包括生产环保设备、垃圾回收和处理，是一个发展潜力巨大的产业市场。发展绿色产业，要求尽量避免使用有害原料，减少生产过程中的材料和能源浪费，提高资源利用率，减少废弃物排放，加强废弃物处理，促进从产品设计、生产开发到产品包装、产品分销的整个产业链绿色化，以实现生态系统和经济系统良性循环，实现经济效益、生态效益、社会效益有机统一。

党的十八大以来，我们牢固树立生态优先、绿色发展理念，积极推动理念更新、方法创新，牢牢把握绿色发展方向，坚定不移走好绿色发展新路，大力发展绿色产业，着力构建科技含量高、经济效益好、资源消耗低、环境污染少的绿色产业体系，取得了一定成效，但还需要进一步建立健全绿色低碳循环发展的经济体系。一方面，要把握产业结构调整趋势，做好新动能加法和淘汰落后产能减法，运用绿色低碳技术改造提升传统优势产业，促进传统产业向绿色产业转型升级，建成一批生态农业、绿色工业和相关服务业，促进绿色产业一体化发展。另一方面，以发展高端高质高效产业为切入点，推动新兴绿色产业发展。大力发展现代服务业等第三产业，突出发展文化产业、生态旅游、仓储物流、电子商务、再制造、互联网、物联网、云计算等新兴业态，加快培育生物医药、装备制造等战略性新兴产业，壮大节能环保产业、清洁生产产业、清洁能源产业，推动新能源、新材料等产业集群化、规模化、低碳化发展。在构建绿色产业体系的过程中，政府要创新服务方式，优化服务流程，提高服务效能，为绿色产业发展提供政策支持和经济激励。

作为绿色产业的主力军，节能环保产业是为节约能源资源、发展循环经济、保护生态环境提供物质基础和技术保障的产业。被纳入国家战略性新兴产业后，节能环保产业进入发展的黄金时期。同时，环保市场的全球化发展，也促使大型企业纷纷调整发展战略，布局全球市场。环保产业国际化，将成为一种必然选择。未来，我们要进一步扩大节能环保产业规模，不断壮大实力，集中精力实施产业链打造工程、企业培育工程、创新提升工程、平台打造工程，加快形成包括技术研发、产品装备制造、产业服务等全领域的产业体系，持续推进节能环保龙头企业和骨干企业发展，努力推动节能环保产业快速、提质、创新发展。同时，以先进适用技术集成应用为重点，大力发展新型高效节能、先进环保、资源循环利用技术和装备，发展节能环保服务业和再制造产业等环保产业新业态。

（二）构建绿色技术创新体系

绿色技术是指遵循生态原理和生态经济规律，能节约资源和能源，避免、消除或减轻生态环境污染和破坏，生态负效应最小的“无公害化”或“少公害化”的技术、工艺和产品，以及能够改善生态环境的技术体系的总称。绿色技术不是指某一单项技术，而是一个复杂的技术群，包括能源技术、材料技术、生物技术、污染治理技术、资源回收技术以及环境监测技术和从源头、过程加以控制的清洁生产技术等，被广泛应用于生产、生活的方方面面。绿色技术是一种与生态环境系统相协调的新型现代技术系统，涵盖了多维度、多领域的技术创新，具有高度的战略性，与可持续发展、绿色发展密不可分。《21 世纪议程》等文件指出，绿色技术是获得持续发展、支撑世界经济、保护环境、减少贫穷和人类痛苦的技术。充分认识绿色技术，促进绿色技术的推广与有效应用，建立完善的绿色技术创新体系是实现生态文明的关键。

改革开放以来，我国科学技术迅速发展，已经基本形成涵盖从源头（工业生产、居民生活）到末端（污染治理、生态修复）的绿色技术体系。其中，太阳能光伏发电、新能源汽车、水污染处理及水体修复等领域的技术处于世界先进水平。但从总体上看，我国绿色技术在生产、生活环节的应用与推广仍相对迟缓，与其重要的战略地位和巨大的需求缺口并不匹配。因此，党的十九大报告指出，要“构建市场导向的绿色技术创新体系”。可以说，绿色技术创新体系对于推动绿色发展、产业结构调整优化有最突出和直接的作用，是实现中国生态文明建设的重大突破口。

绿色技术创新体系是一系列创新要素的组合与相互关联所组成的网络，必须是以实现绿色发展为创新目标，促进各要素间相互协调发展的完整体系。在该体系中，企业是创新主体、研发机构是新技术的生产者、技术中介是技术扩散者、政府是体系网络的协调者、金融机构是创新体系的枢纽。因此，未来要加快绿色技术创新体系建设与发展，必须从企业、研发机构、技术中介、政府、金融机构等多方面着手，不断推进绿色技术与市场的结合，加快技术创新成果的产品转化与产业形成，突破体制机制壁垒，推进绿色技术创新有实质性进展。

首先，要建立健全企业创新体制，提高企业绿色技术创新能力，使企业真正成为绿色技术创新的主体。企业要将建立现代企业制度与建立创新体系同步进行，制度创新、管理创新、技术创新并举，进行一系列相关技术、组织、管理方式、制度环境的变革，并把提高绿色技术创新能力作为建立现代企业制度的重要内容。

其次，要建立健全绿色技术创新的外部激励机制和内部动力机制，建立适应市场机制运行的环境、财政、税收、金融等政策体系和法律法规体系，为企业绿色技术创新创造良好的内外部环境，使越来越多的企业积极选择绿色战略，推进绿色技术创新，生产绿色产品。

最后，要加快建立完备的绿色技术开发中心，推动绿色技术的消化、吸收、创新和知识储备；建立集咨询、服务、中介、信贷乃至风险投资等职能于一身、主要面向中小企业的绿色技术创新与扩散服务中心，为绿色技术的开发、推广与应用提供服务。此外，还要加快建立高效的技术信息网络和信息传递机制，及时了解国内外绿色技术创新和扩散的最新发展动态，提高创新信息的传递效率和准确性，降低创新的学习成本，提高创新效率，加快我国绿色技术创新和扩散的步伐。

（三）构建绿色能源体系

绿色新能源技术发展和产业化是解决能源危机、优化能源结构、促进绿色发展的一个重要途径。党的十九大报告指出，要“推进能源生产和消费革命，构建清洁低碳、安全高效的能源体系”。习近平总书记指出，发展清洁能源是改善能源结构、保障能源安全、推进生态文明建设的重要任务。

近十年来，我国在新能源产业发展的诸多领域已经形成了国际竞争优势，但我国以煤为主的能源消费结构还未根本改变。因此，我们要围绕当前我国面临的问题、矛盾和不足，加快推进能源消费革命、能源供给革命、能源技术革命和能源体制革命，促进节能优先，不断提高能源利用效率，优化能源结构，促进绿色低碳能源发展，建立清洁低碳、安全高效的现代能源体系，进而实现能源系统的优化发展。

第一，要坚持绿色发展理念，确立清洁能源优先发展战略。把经济发展、清洁能源开发利用与环境保护有机结合起来，切实推进清洁能源优先发展战略，政府研发和产业化扶持等政策向清洁能源倾斜。

第二，要加快推动能源消费革命，通过建立能权交易等机制，抑制不合理的能源消费，进而控制我国能源消费总量，有效落实节能优先方针。

第三，要加快推动能源供给革命，大力推进煤炭清洁高效利用，加快改变以煤炭为主的能源供给结构，继续推进非化石能源规模化发展，做好规模、布局、通道和市场的衔接，有序推进风电和太阳能等可再生能源规模化发展。进一步落实扩大清洁能源，尤其是天然气利用的规模，提高天然气消费比重。此外，要以巨大的内需市场为后盾，快速提升创新能力，积极发展新一代核能，最终形成煤、油、气、核、新能源、可再生能源多轮驱动的能源供应体系。

第四，要加快推动能源体制革命，还原能源商品属性，构建有效竞争的市场结构和市场体系，形成主要由市场决定能源价格的机制，转变政府对能源的监管方式，建立健全能源法治体系，打通能源发展快车道。

第五，要加强国际能源合作，鼓励“引进来”和“走出去”。继续通过对外合作，扩大能源进口来源，加强进口通道建设。同时，鼓励清洁能源企业参与“一带一路”能源合作，充分利用亚洲基础设施投资银行、丝路基金、国家开发银行等融资机构，支持清洁能源企业投入“一带一路”建设。积极引导和鼓励上下游企业联合走出去，科学布局，提高市场抗风险能力。

（四）构建绿色金融体系

绿色金融是指为支持环境改善、应对气候变化和资源节约高效利用的经济活动，即对环保、节能、清洁能源、绿色交通、绿色建筑等领域的项目投融资、项目运营、风险管理等所提供的金融服务。绿色金融的发展可以减少未来的补偿成本，从而促进经济发展的可持续性；还可以引导金融资源向生态环境保护领域倾斜，从而增强整个社会的抗风险能力。因此，以绿色金融助推绿色发展成为破解资源环境瓶颈约束的重要方式。

十八大以来，我国绿色金融发展取得了初步成效，一系列改革也在加快推进，有效促进社会资本进入生态环境和绿色产业领域，对支持我国生态环境改善、应对气候变化和资源节约高效利用发挥了积极作用。但总的来说，当前我国的绿色金融体系还不健全，绿色金融产品还没有完全满足整个市场的需求，仍然需要进一步加大力度推进建设。特别是我国正处于经济结构调整和发展方式转变的关键时期，社会各界对绿色金融的需求持续扩大，大力发展绿色金融，真正建立起一个系统、有效的绿色金融体系，增加绿色金融供给，可以动员和激励更多的社会资本投入绿色产业。同时，能更有效地抑制低能效、高污染、过剩的投资。这对于解决环境问题，并推动环境相关的新能源、清洁交通、生态农业等相关绿色产业的发展，进而促进产业结构优化升级，推进经济社会可持续发展有重要意义。这也是贯彻落实五大发展理念，发挥金融供给侧结构性改革作用的重要举措。

有鉴于此，2016 年 8 月，七部委联合印发的《关于构建绿色金融的指导意见》指出，绿色金融体系包括七个基本领域：一是大力发展绿色信贷；二是推动证券市场支持绿色投资；三是设立绿色发展基金，通过政府和社会资本合作（PPP）模式动员社会资本；四是发展绿色保险；五是完善环境权益交易市场、丰富融资工具；六是支持地方发展绿色金融；七是推动开展绿色金融国际合作。更有学者将之细化为十大领域：发展绿色产业基金、发展绿色贷款贴息、建立绿色担保机制、银行开展环境压力测试、建立绿色债券市场、发展绿色股票指数、在环境高风险领域建立强制性绿色保险制度、明确金融机构的环境法律责任、强制要求上市公司和发债企业披露环境信息、推动绿色金融领域的国际合作。

不论聚焦于哪些领域，未来都应该更加重视环境和金融之间的联系，加快推进深层次创新，这也就是要在江西等 5 省（区）选择部分地方建设各有侧重、各具特色的绿色金融改革创新试验区的一个重要原因。一方面，政府对绿色金融有大量的政策支持和配套，但是具体政策还需逐步细化，并提出具体的实施措施和意见。同时，还要充分协调政府、金融机构、科研机构及行业协会等各方关系，形成自下而上的绿色金融发展合力。另一方面，对于金融行业而言，发展绿色金融也是金融行业创新发展和拓宽服务领域的一个重要契机，可借此优化自身资源配置，加大产品研发力度，开发新的金融工具、金融产品和服务手段，为企业提供更多元的产品和服务，以解决企业绿色金融发展的一系列问题。对于其他行业而言，需要不断提升节能环保和绿色发展意识，加大绿色投资，逐渐形成绿色生产方式。其中，工业领域是绿色金融的发展“重地”，需要吸引社会更多的目光和注意力，撬动民间资本，把工业界、金融界、环保界的各种资源有机地优化整合起来，从而建立多渠道、多层次、多元化的环境经济体系。只有这样，才能充分发挥绿色金融在调结构、转方式、促进生态文明建设、推动经济可持续发展等方面的积极作用，推动经济增长模式向绿色转型，形成绿色发展的良好态势。

（五）构建绿色社会体系

坚持绿色发展，是全社会每个人的事情，每个人都必须参与进来，才能形成良好的社会氛围，从整体上推进绿色发展。而建立绿色社会体系，就是要形成全社会的绿色价值取向、绿色思维方式和绿色生活方式。

价值取向决定价值标准和价值选择，是理念的重要组成部分。绿色价值取向就是当生态环境保护与经济社会发展产生冲突时，必须把保护生态环境作为优先选择，“宁要绿水青山，不要金山银山”，强调绿水青山是比金山银山更基础性、更宝贵的财富。只有确立了绿色价值取向，才能正确处理经济发展同生态环境保护的关系，更加自觉地推动绿色发展、低碳发展、循环发展，绝不以牺牲生态环境为代价换取一时的经济增长。

思维方式是理念的延伸和具体化，直接影响人们对事物的认识、分析和判断，影响人们认识和实践的成效。树立和践行绿色发展理念，要求我们形成绿色思维方式，即形成绿色问题思维、绿色创新思维、绿色底线思维、绿色法治思维、绿色系统思维，用新方法来处理生态文明建设中的新问题，系统推进绿色发展。

绿色生活方式与每个人密切相关，对绿色发展和生态文明的最终实现有基础意义和关键作用。践行绿色生活，就是要倡导和践行勤俭节约、绿色低碳、文明健康的生活方式与消费模式。大力实施国家节水行动、节能行动，加快推进绿色生产、绿色包装、绿色制造、绿色流通、绿色采购、绿色消费、绿色回收等，降低生产和流通中的能源资源消耗和污染物排放。倡导食用绿色食品、穿戴绿色衣物，倡导绿色居住、绿色出行、绿色休闲，倡导简约适度、绿色低碳的生活方式，反对奢侈浪费和不合理消费。开展创建节约型机关、绿色家庭、绿色学校、绿色社区和绿色出行等行动，在全社会营造绿色生活的良好氛围。

四　加快推进中国绿色发展的方向与对策

当前，全球正处在发展、变革和持续调整的新阶段。自 2008 年金融危机以来，国际政治经济格局正在发生结构性调整，逆全球化、贸易保护主义悄然抬头，新一轮科技革命和产业革命正在兴起，全球经济环境可持续发展挑战与机遇并存。这一形势迫切要求破除对传统发展的路径依赖，进一步培育绿色发展新动能。党的十九大报告强调指出：人与自然是生命共同体，人类必须尊重自然、顺应自然、保护自然。我们要建设的现代化是人与自然和谐共生的现代化，因此我们既要创造更多物质财富和精神财富以满足人民日益增长的美好生活需要，也要实行最严格的生态环境保护制度，坚持绿色发展方式和生活方式，坚定走生产发展、生活富裕、生态良好的文明发展道路，这进一步明确了我国绿色发展的方向和动力。

（一）绿色发展市场化

近年来，我国经济结构转型升级步伐越来越快，资源环境约束不断加强，绿色已经成为经济发展的底色和主题。随着我国社会主义市场经济体制的不断完善，推进绿色循环低碳发展应进一步发挥市场在资源配置中的基础性作用，进一步树立自然资源价值和自然资源资本的理念，建立节能增效减碳的长效机制，通过培育生态环保市场主体，建立自然资源资产交易及核算制度，完善增值自然资源价值和自然资本的市场体系，进一步保护和发展绿色生产力，构建绿色发展的战略新格局。绿色发展过程中遇到的普遍性资源利用效率不高问题，很大程度上归因于要素价格未能切实反映生态环境资源的外部成本和稀缺性。因此，在明确界定自然资产所有权、使用权、经营权、收益权等产权基础上，完善自然资源资产价格形成机制，健全各种类型自然资源资产价格评估标准和评估方法，构建高效的生态环境资源要素产权交易市场，完善生态补偿等调控手段，可以将国家宏观经济政策与市场化微观激励效应相协调，有效提高自然资源资产的使用效率，培育绿色发展新动能。

首先，归属清晰、权责明确、监管有效的自然资源资产产权制度是进行绿色发展市场化改革的基础。自然资源资产产权，是指山水林田湖草等自然资源的所有权、使用权、经营权等相关权力形态。健全自然资源资产产权制度要求对某一类型自然资源的权利主体以及其权利属性进行清晰界定，可以着力解决各种具体自然资源权力形态边界模糊的问题，进一步明确自然资源资产行为主体的权力和责任，从而有效规范自然资源资产所有者和使用者的相关行为。

其次，全面开展生态环境价值评估，合理确定生态环境要素资源价格是有效发挥市场价格调节机制的前提。在产权界定基础上，逐步完善自然资源资产价格形成机制，建立健全山水林田湖草等类型自然资源资产价格评估体系及具体实施方法，可以充分保障价格机制的市场化资源配置作用，切实提高生态资源的利用效率。

再次，建立自然资源资产产权交易市场，健全生态环境要素资源市场交易规则和交易制度是绿色发展的必经之路。目前，福建、江西等省份已经先后制定水权、用能权、排污权、碳排放权等有偿使用、初始分配及交易制度，并率先在重点地区、重点行业开展试点工作，效果良好。

最后，在合理的环境成本核算基础上加强生态补偿机制建设，探索生态补偿标准体系是有效发挥市场资源配置作用，避免市场失灵的具体要求。生态补偿机制是综合运用行政和市场两种方式调节绿色发展过程中生态环境资源配置，协调经济发展及生态保护过程中各主体间利益关系的有效手段，因此应进一步细化流域、森林、草原、湿地、矿产等各具体类型自然资源生态补偿标准体系、资金来源、补偿方式和保障机制，全面构建绿色发展生态资源市场化体系。

（二）绿色发展法治化

依法治国，是党和人民治理国家的基本方式、法制保障，是建设生态文明、践行绿色发展的必要条件。保护生态环境，坚持绿色发展之路要求变革传统的生产方式和生活方式，改变已有的思维理念和价值观念。要实现这样的根本性变革，必须依靠健全的法律制度体系，统筹推进依法行政、严格执法、公正司法、全民守法，自觉运用法治思维和法治方式深化生产方式和生活方式改革，化解生态环境保护与经济发展之间的矛盾，推动绿色经济更好更快发展。

党的十九大报告指出，“像对待生命一样对待生态环境，统筹山水林田湖草系统治理，实行最严格的生态环境保护制度”。绿色发展是关系人民福祉、关乎民族未来的长远大计，要坚持这一发展战略，推动绿色经济可持续增长，要夯实生态环境保护法治建设，把生态环境保护纳入法治轨道，用法治为绿色发展保驾护航。

绿色发展法治化，要求继续加强广大人民群众的绿色发展法治意识。意识对行为起着重要的导向作用，人们在以往的经济发展过程中形成了传统的发展观，片面重视经济增长，以损害生态环境为代价对自然资源进行大规模掠夺式开发。要变革这一传统发展意识，必须在全社会范围内持续开展全民绿色发展法治教育，引导全民参与生态文明建设，完善绿色发展法治教育机制。第一，在政府的主导下，继续加强公民基础教育、高等教育及继续教育阶段的绿色发展理念教育力度。第二，充分发挥传统媒体及微博、微信等新媒体的舆论引导作用，挖掘绿色发展司法典型案例，营造绿色发展的法治共识，在全社会树立绿色发展价值观。

绿色发展法治化，要求持续完善“顶天立地”的绿色发展法制体系。有法可依是有法必依的基础和前提。近年来，我国在相关领域相继颁布实施了一系列法律法规，如《森林法》《草原法》《水污染防治法》《大气污染防治法》等，在一定程度上保证了资源节约型、环境友好型社会战略目标的实现。然而，在传统发展方式和法治理念等因素影响下，绿色发展法治实践中仍然暴露出一系列问题，如权责边界不清晰、执法秩序混乱、执法主体分散、部门协调乏力等。此外，各部门法律法规还存在重视资源利用、忽视资源保护，重视环境保护、忽视生态建设的典型问题。究其原因，很大程度上源于立法缺乏统一布局和整体理念，大多仅考虑单一环境要素或者某一部门的利益诉求，忽视了环境资源的整体性特征。因此，应当全面推进生态领域专门法律法规、环境领域专门法律法规、资源领域专门法律法规及生态破坏侵权责任等相关法律法规的完善进程，对相关法律法规进行查缺补漏和机制创新，提高相关法律法规的针对性、操作性、时效性，确保绿色发展有法可依。

绿色发展法治化，要求在绿色发展过程中不断提高令行禁止、公正司法的法治执行力。法律法规的生命力在于执行过程，执法必严、违法必究是对法治权威性的有效保障，公正司法是法制体系保障的坚实屏障。当前，我国环境信访数量呈现持续增长趋势，但是司法程序并没有在实践中切实发挥应有的作用，中国环境统计年报显示，我国环境信访量年均 80 余万件，其中进入司法程序的不足 1%，绿色发展所需的法治执行力明显不足。完善的绿色发展法治制度，需要有力的贯彻和落实。第一，要持续加强对执法人员的教育与监督，引导执法人员精准执法、公正执法；第二，要着力构建检察、林业、国土等多部门合作的司法联动机制，搭建社会个体配合执法机构的司法桥梁；第三，要全面推进生态环境监测、评价、处置等执法能力建设，综合运用互联网、大数据等新技术、新方法切实提升生态执法专业性；第四，建立健全环境资源审判和监督制度，进一步推进环境公益诉讼，最大限度地通过环境民主化推进我国环境司法的改革与发展。

（三）绿色发展协同化

绿色发展所追求的不是经济社会单向度的发展，而是人、自然生态、经济社会的协同发展。经济稳定高速增长，社会发展和谐美好，是绿色发展方式的本质要求和基本属性。全面推进我国的绿色发展进程，提高生态环境资源保护能力，必须坚持建设资源节约型和环境友好型社会，坚定不移地走生产发展、生活富裕、生态良好的绿色发展道路。生产、生活、生态整体可持续绿色发展要求打破制度、产业、区域及社会间的界限和壁垒，进行协同治理。

首先，加强制度协同是强化绿色发展协同治理的出发点。当前，我国不断加强生态环保方面的立法工作，各省份也先后制定出台了一系列地区规章制度，但区域和条块衔接不紧密、机构职能错位、管理范围冲突等制度性障碍仍然广泛存在。此外，生态环境保护是绿色发展的内在要求，在保证生态良好的前提下，发展速度和效率是绿色发展的重要目标，因此生态环境保护制度与市场经济制度协同推进也成为我国绿色发展的关键助推器。绿色发展制度协同创新，应强化系统思维，把生态保护和经济增长两条主线融入国民经济各方面。一方面，应加强协调统筹，探索构建区域间协同立法机制、流域内系统治理机制、财税协同作用机制等制度协同创新举措；另一方面，应加强地区及部门间的沟通及联动，统一区域内绿色发展相关政策法规，统筹规划属地内环境生态资源，推动形成全社会范围内绿色发展协同治理制度。

其次，绿色发展产业协同化是破解环境保护和经济增长对立问题的关键抓手。习近平总书记曾经指出，“绿水青山就是金山银山”，保护环境，培育生态资源，增值自然资本的过程中传统产业与绿色新兴产业交叉、共生。促进绿色产业协同化，就是推动各产业内部企业因同类资源共享或异类资源互补形成共生体，通过该共生体，促进内部或外部、直接或间接的资源配置效率提升。产业协同优化是国民经济社会绿色发展的核心方式，是加快新旧产业对接和产业优化升级的重要途径。

再次，助推绿色发展区域协同是解决各地区间“各自为政，不合不做，合而不做”难题的有效方法。生态环境保护问题，很多都是跨地区的复合型问题，基于不同区域间经济地位的不对等性，很多跨区域生态问题陷入地区间的“零和博弈”困境，各行为主体各行其是，生态成本和收益难以协调均衡。在绿色发展区域协同治理过程中，应根据各种具体类型的生态资源特点进行系统治理，建立增强地方政府互动、决策资源共享的合作机制平台，加强地区间的信息沟通和交流，协同联动，形成区域绿色发展合力。

最后，绿色发展社会协同是增强人民群众获得感，建设美丽中国的重要落脚点。山水林田湖草是一个生命共同体，在助力满足人民日益增长的美好生活需要方面能够发挥重要作用。在全面建成小康社会、实现中华民族伟大复兴的道路上，全社会协同共治、共同尽责保护生态环境，推进绿色经济高速发展，可以使人民获得感、幸福感、安全感更加充实、更有保障、更可持续。在国家层面，应加强顶层设计和总体协调，完善绿色发展制度体系，通过实施重点工程带动发展。在地方层面，应强化和细化责任，克服重发展、轻环保倾向，广泛听取人民群众意见，引入第三方评估，避免损害群众利益，产生邻避效应。在企业层面，应主动履行绿色发展主体责任，落实监管，在实现企业利益的同时保证环境资源可持续发展。在公众层面，要树立绿色消费、低碳生活意识，积极参与环境监督和治理，参加绿色公益活动。

（四）绿色发展国际化

绿色发展国际化，就是要积极借鉴国际上绿色发展的做法和经验，并与中国具体国情有机结合，不断丰富推进绿色发展的方法和举措，加快推动我国并带动“一带一路”沿线国家（地区）、金砖国家等国际政治经济合作组织成员国绿色发展进程。

第一，加强国际规则研究是绿色发展国际化的前提条件。绿色发展国际化必然体现在绿色产品和服务的贸易活动，加强研究国际绿色发展制度规范，是开展国际绿色贸易的重要前提。一方面，目前，美国、欧盟和日本等主要经济体相继制定和实施各自的碳标签、碳认证制度。因此，加快研究相关制度规范，是制定实施符合国际规范的碳标签制度，是加快出口商品与国际接轨的必然要求。另一方面，随着国际贸易保护主义抬头，贸易摩擦不断增多，个别国家提起不公正、不合理的绿色贸易诉讼数量不断增多，2012 年 3 月，美欧日指责我国用“配额”限制稀土出口，联手就中国稀土出口管理措施提起国家贸易诉讼。在这种情况下，我国必须充分利用 WTO 规则，通过磋商和谈判据理力争，运用法律手段抵制不合理的绿色贸易壁垒。

第二，强化相关企业主体责任意识是绿色发展国际化的客观要求。近几年，中国企业实施对外投资合作的步伐明显加快，企业“走出去”的领域和数量不断增加。在“走出去”过程中，中国企业普遍重视环境保护工作，认真遵守东道国的法律法规，积极履行社会责任。但由于沟通不畅、经验欠缺等原因，少数“走出去”企业的投资项目对东道国环境造成一定破坏，形成了负面效应。我们必须清醒地认识到，绿色发展、环境保护已经成为当前国际社会共同关注的问题，自觉履行社会责任成为全球企业的共同行动，随着国际化经营程度的提高，中国企业必须不断提高履行社会责任的能力，实现互利共赢、共同发展的目标，从而最终实现企业自身的长远发展。

第三，推动优势产业高速发展是绿色发展国际化的重要助推器。世界各国竞相发展绿色产业，竞争不断加剧，目前，我国的新能源等绿色产业发展速度较快，具有一定技术优势。因此，应着力从政策上进行扶持，推动其成为我国参与国际绿色经济分工的骨干产业。同时，必须积极调整产业“绿色转轨”政策，加强“两高一资”行业的治理，落实开采、生产等各环节的环保要求，通过采用先进工艺和设备、引进和研发相关新技术等措施，在生产过程中切实提高对环境和资源的保护力度，积极引导培育消费，实行差别化政策，引导相关绿色行业健康发展。另外，必须切实避免产能过剩的问题，我国的光伏产业就是因为产能严重过剩，目前面临严重困难。2012 年出口同比下降 35%；

2013 年 3 月，中国最大的光伏企业无锡尚德太阳能电力有限公司宣布破产重组。当前，尽管光伏产业有回暖趋势，但融资困难等问题短期内难以解决。

第四，打通绿色发展资金国际融通渠道。推动绿色发展国际化，特别是产业项目合作，资金保障是前提，融资瓶颈是实现绿色发展互联互通的很大挑战。目前，我国同“一带一路”沿线国家、“金砖国家”、“上海合作组织”等诸多国际合作组织成员开展了多种形式的金融合作。亚洲基础设施投资银行已经为“一带一路”倡议参与国的 9 个项目提供 17 亿美元贷款，“丝路基金”投资达 40 亿美元，中国同中东欧“16 + 1”金融控股公司正式成立。这类新型金融机制同世界银行等传统多边金融机构各有侧重、互为补充，形成层次清晰、初具规模的“一带一路”金融合作网络。因此，加快推动绿色发展国际化，必须用好用足当前各类金融政策，推动绿色产业项目国际合作不断深化。

第五，提高绿色发展国际合作交流水平。由于我国与全球主要新兴经济体发展阶段相近，面临相似的人口、资源、环境等挑战，绿色发展等一系列经济政策不可避免地遭遇了发达国家的联合抵制和壁垒。在这种情况下，必须在兼顾维护国家利益和应对气候变化等履行国际环保责任的前提下，积极参与国际碳交易市场规则、国际环保公约等制定，在多边场合呼吁国际社会制定并实施鼓励绿色经济发展的贸易政策，反对各种形式的贸易保护主义。推动“‘一带一路’绿色发展联盟”等相关国际合作组织加快发展，重点加强与“一带一路”沿线国家（地区）、金砖国家等发展中国家的绿色发展合作交流，从双边合作入手，逐步加速拓展多边绿色发展国际合作进程。

Ⅳ 附 录

Appendix

B.38
附录一
中国省域经济综合竞争力评价指标体系

二级指标（9个）	权重	三级指标（25个）	权重	四级指标（210个）	权重
B1		C11		（12个）	
宏观经济竞争力 27	0.15	经济实力竞争力	0.4	地区生产总值	0.105
				地区生产总值增长率	0.095
				人均地区生产总值	0.098
				财政总收入	0.090
				财政总收入增长率	0.088
				人均财政收入	0.088
				固定资产投资额	0.095
				固定资产投资额增长率	0.080
				人均固定资产投资额	0.077
				全社会消费品零售总额	0.080
				全社会消费品零售总额增长率	0.052
				人均全社会消费品零售总额	0.052
		C12		（6个）	
		经济结构竞争力	0.3	产业结构优化度	0.188
				所有制经济结构优化度	0.178
				城乡经济结构优化度	0.187
				就业结构优化度	0.158
				资本形成结构优化度	0.131
				贸易结构优化度	0.158
		C13		（9个）	

续表

二级指标（9 个）	权重	三级指标（25 个）	权重	四级指标（210 个）	权重
宏观经济竞争力 27	0. 15	经济外向度竞争力	0. 3	进出口总额	0. 150
				进出口增长率	0. 100
				出口总额	0. 120
				出口增长率	0. 100
				实际 FDI	0. 120
				实际 FDI 增长率	0. 100
				外贸依存度	0. 080
				外资企业数	0. 080
				对外直接投资额	0. 150
B2		C21		（10 个）	
产业经济竞争力 40	0. 125	农业竞争力	0. 2	农业增加值	0. 115
				农业增加值增长率	0. 096
				人均农业增加值	0. 102
				农民人均纯收入	0. 116
				农民人均纯收入增长率	0. 095
				农产品出口占农林牧渔总产值比重	0. 088
				人均主要农产品产量	0. 092
				农业机械化水平	0. 092
				农村人均用电量	0. 102
				财政支农资金比重	0. 102
		C22		（10 个）	
		工业竞争力	0. 3	工业增加值	0. 163
				工业增加值增长率	0. 098
				人均工业增加值	0. 143
				工业资产总额	0. 138
				工业资产总额增长率	0. 083
				工业资产总贡献率	0. 073
				规模以上工业主营业务收入	0. 076
				规模以上工业利润总额	0. 089
				工业全员劳动生产率	0. 073
				工业成本费用利润率	0. 064
		C23		（10 个）	
		服务业竞争力	0. 25	服务业增加值	0. 110
				服务业增加值增长率	0. 090
				人均服务业增加值	0. 110
				服务业从业人员数	0. 100
				限额以上批发零售企业主营业务收入	0. 090
				限额以上批零企业利税率	0. 100
				限额以上餐饮企业利税率	0. 100
				旅游外汇收入	0. 100
				商品房销售收入	0. 100
				电子商务销售额	0. 100

续表

二级指标（9个）	权重	三级指标（25个）	权重	四级指标（210个）	权重
		C24		（10个）	
产业经济竞争力 40	0.125	企业竞争力	0.25	规模以上工业企业数	0.135
				规模以上企业平均资产	0.089
				规模以上企业平均收入	0.101
				规模以上企业平均利润	0.085
				规模以上企业劳动效率	0.101
				城镇就业人员平均工资	0.090
				新产品销售收入占主营业务收入比重	0.080
				产品质量抽查合格率	0.098
				工业企业 R&D 经费投入强度	0.119
				中国驰名商标持有量	0.102
B3		C31		（9个）	
可持续发展竞争力 24	0.1	资源竞争力	0.325	人均国土面积	0.108
				人均可使用海域和滩涂面积	0.100
				人均年水资源量	0.097
				耕地面积	0.110
				人均耕地面积	0.144
				人均牧草地面积	0.099
				主要能源矿产基础储量	0.116
				人均主要能源矿产基础储量	0.117
				人均森林储积量	0.109
		C32		（8个）	
		环境竞争力	0.325	森林覆盖率	0.185
				人均废水排放量	0.110
				人均工业废气排放量	0.110
				人均工业固体废物排放量	0.110
				人均治理工业污染投资额	0.100
				一般工业固体废物综合利用率	0.100
				生活垃圾无害化处理率	0.100
				自然灾害直接经济损失	0.185
		C33		（7个）	
		人力资源竞争力	0.35	常住人口增长率	0.185
				15~64岁人口比例	0.145
				文盲率	0.11
				大专以上教育程度人口比例	0.165
				平均受教育程度	0.155
				人口健康素质	0.10
				职业学校毕业生数	0.145

续表

二级指标（9个）	权重	三级指标（25个）	权重	四级指标（210个）	权重
B4		C41		（12个）	
财政金融竞争力 22	0.1	财政竞争力	0.55	地方财政收入	0.079
				地方财政支出	0.084
				地方财政收入占GDP比重	0.079
				地方财政支出占GDP比重	0.103
				税收收入占GDP比重	0.090
				税收收入占财政总收入比重	0.084
				人均地方财政收入	0.084
				人均地方财政支出	0.084
				人均税收收入	0.079
				地方财政收入增长率	0.080
				地方财政支出增长率	0.080
				税收收入增长率	0.078
		C42		（10个）	
		金融竞争力	0.45	存款余额	0.110
				人均存款余额	0.110
				贷款余额	0.110
				人均贷款余额	0.110
				中长期贷款占贷款余额比重	0.090
				保险费净收入	0.110
				保险密度（人均保险费）	0.080
				保险深度（保险费占GDP的比重）	0.080
				国内上市公司数	0.080
				国内上市公司市值	0.120
B5		C51		（9个）	
知识经济竞争力 29	0.125	科技竞争力	0.425	R&D人员	0.180
				R&D经费	0.090
				R&D经费投入强度	0.090
				发明专利授权量	0.110
				技术市场成交合同金额	0.110
				财政科技支出占地方财政支出比重	0.090
				高技术产业主营业务收入	0.110
				高技术产业收入占工业增加值比重	0.110
				高技术产品出口额占商品出口额比重	0.110
		C52		（10个）	
		教育竞争力	0.425	教育经费	0.160
				教育经费占GDP比重	0.090
				人均教育经费	0.160
				公共教育经费占财政支出比重	0.090
				人均文化教育支出占个人消费支出比重	0.060

续表

二级指标（9个）	权重	三级指标（25个）	权重	四级指标（210个）	权重
知识经济竞争力 29	0.125	教育竞争力	0.425	万人中小学学校数	0.050
				万人中小学专任教师数	0.050
				高等学校数	0.080
				高校专任教师数	0.130
				万人高等学校在校学生数	0.130
				（10个）	
				文化制造业营业收入	0.08
				文化批发零售业营业收入	0.13
		C53		文化服务业企业营业收入	0.13
		文化竞争力	0.15	图书和期刊出版数	0.10
				报纸出版数	0.10
				印刷用纸量	0.10
				城镇居民人均文化娱乐支出	0.10
				农村居民人均文化娱乐支出	0.10
				城镇居民人均文化娱乐支出占消费性支出比重	0.08
				农村居民人均文化娱乐支出占消费性支出比重	0.08
B6		C61		（9个）	
发展环境竞争力 18	0.1	基础设施竞争力	0.55	铁路网线密度	0.13
				公路网线密度	0.13
				人均内河航道里程	0.09
				全社会旅客周转量	0.12
				全社会货物周转量	0.12
				人均邮电业务总量	0.102
				电话普及率	0.101
				互联网普及率	0.095
				人均耗电量	0.112
		C62		（9个）	
		软环境竞争力	0.45	外资企业数增长率	0.110
				万人外资企业数	0.130
				个体私营企业数增长率	0.110
				万人个体私营企业数	0.130
				万人商标注册件数	0.110
				查处商标侵权假冒案件	0.080
				每十万人交通事故发生数	0.080
				罚没收入占财政收入比重	0.130
				社会捐赠款物	0.120

续表

二级指标（9个）	权重	三级指标（25个）	权重	四级指标（210个）	权重
B7		C71		（5个）	
政府作用竞争力 16	0.1	政府发展经济竞争力	0.366	财政支出用于基本建设投资比重	0.202
				财政支出对 GDP 增长的拉动	0.201
				政府公务员对经济的贡献	0.196
				政府消费对民间消费的拉动	0.197
				财政投资对社会投资的拉动	0.204
		C72		（5个）	
		政府规调经济竞争力	0.317	物价调控	0.209
				调控城乡消费差距	0.211
				统筹经济社会发展	0.190
				规范税收	0.200
				固定资产投资价格指数	0.190
		C73		（6个）	
		政府保障经济竞争力	0.317	城市城镇社区服务设施数	0.132
				医疗保险覆盖率	0.202
				养老保险覆盖率	0.202
				失业保险覆盖率	0.202
				最低工资标准	0.138
				城镇登记失业率	0.124
B8		C81		（6个）	
发展水平竞争力 18	0.1	工业化进程竞争力	0.366	工业增加值占 GDP 比重	0.125
				工业增加值增长率	0.115
				高技术产业占工业增加值比重	0.215
				高技术产品出口额占商品出口额比重	0.195
				信息产业增加值占 GDP 比重	0.155
				工农业增加值比值	0.195
		C82		（6个）	
		城市化进程竞争力	0.317	城镇化率	0.28
				城镇居民人均可支配收入	0.26
				城市平均建成区面积比重	0.18
				人均拥有道路面积	0.09
				人均日生活用水量	0.09
				人均公共绿地面积	0.10
		C83		（6个）	
		市场化进程竞争力	0.317	非公有制经济产值占全社会总产值比重	0.212
				社会投资占投资总额比重	0.191
				私有和个体企业从业人员比重	0.176
				亿元以上商品市场成交额	0.116
				亿元以上商品市场成交额占全社会消费品零售总额比重	0.112
				居民消费支出占总消费支出比重	0.193

续表

二级指标（9个）	权重	三级指标（25个）	权重	四级指标（210个）	权重
B9		C91		（8个）	
统筹协调竞争力16	0.1	统筹发展竞争力	0.55	社会劳动生产率	0.160
				能源使用下降率	0.120
				万元GDP综合能耗下降率	0.160
				非农用地产出率	0.150
				生产税净额和营业盈余占GDP比重	0.100
				最终消费率	0.110
				固定资产投资额占GDP比重	0.100
				固定资产交付使用率	0.100
		C92		（8个）	
		协调发展竞争力	0.45	环境竞争力与宏观经济竞争力比差	0.125
				资源竞争力与宏观经济竞争力比差	0.125
				人力资源竞争力与宏观经济竞争力比差	0.125
				资源竞争力与工业竞争力比差	0.125
				环境竞争力与工业竞争力比差	0.125
				城乡居民家庭人均收入比差	0.125
				城乡居民人均现金消费支出比差	0.125
				全社会消费品零售总额与外贸出口总额比差	0.125

B.39
附录二
2016年中国省域经济综合竞争力评价指标得分和排名情况

一　2016年中国省域宏观经济竞争力及三级指标得分和排名情况

	指标得分(分)				指标排名			
	经济实力竞争力	经济结构竞争力	经济外向度竞争力	宏观经济竞争力	经济实力竞争力	经济结构竞争力	经济外向度竞争力	宏观经济竞争力
北　京	48.5	69.0	34.5	50.5	9	6	5	6
天　津	48.6	73.0	28.1	49.8	8	3	7	7
河　北	38.7	65.5	20.0	41.1	17	8	13	14
山　西	27.1	43.4	14.9	28.3	29	27	26	29
内蒙古	40.0	49.7	18.7	36.5	16	22	17	18
辽　宁	19.7	53.3	24.1	31.1	30	20	10	26
吉　林	34.3	61.7	16.5	37.2	23	15	23	17
黑龙江	37.2	49.2	18.8	35.3	19	23	16	21
上　海	49.4	70.1	56.6	57.8	6	5	2	3
江　苏	71.3	76.8	51.3	66.9	1	1	3	2
浙　江	57.6	76.3	37.8	57.3	4	2	4	4
安　徽	40.9	62.5	15.6	39.8	15	14	24	15
福　建	49.3	63.3	26.3	46.6	7	13	8	8
江　西	35.4	64.0	19.4	39.2	20	9	14	16
山　东	62.0	68.4	33.1	55.3	2	7	6	5
河　南	49.4	59.6	18.9	43.3	5	17	15	9
湖　北	44.2	63.5	16.9	41.8	12	12	22	12
湖　南	46.3	63.8	18.6	43.2	10	11	18	10
广　东	59.0	72.4	82.8	70.1	3	4	1	1
广　西	34.3	52.2	18.0	34.8	22	21	19	22
海　南	27.7	59.1	24.3	36.1	28	18	9	19
重　庆	45.1	61.4	20.3	42.5	11	16	12	11
四　川	41.1	63.8	20.5	41.7	14	10	11	13
贵　州	37.9	47.1	14.4	33.6	18	24	27	23
云　南	31.4	36.3	18.0	28.8	26	29	20	28
西　藏	17.9	31.4	14.1	20.8	31	31	28	31
陕　西	43.1	46.7	14.0	35.5	13	25	29	20
甘　肃	34.6	40.3	17.5	31.2	21	28	21	25
青　海	34.1	45.5	11.0	30.6	24	26	31	27
宁　夏	28.5	53.8	15.3	32.1	27	19	25	24
新　疆	32.5	34.3	11.6	26.8	25	30	30	30

二　2016年中国省域产业经济竞争力及三级指标得分和排名情况

	指标得分(分)					指标排名				
	农业竞争力	工业竞争力	服务业竞争力	企业竞争力	产业竞争力	农业竞争力	工业竞争力	服务业竞争力	企业竞争力	产业竞争力
北　京	20.8	36.9	0.6	72.7	33.6	30	17	3	1	7
天　津	28.1	45.1	0.3	60.8	34.4	28	6	7	2	6
河　北	42.0	41.2	0.3	35.1	29.6	6	10	14	16	13
山　西	20.7	19.7	0.2	30.5	17.7	31	28	28	21	30
内蒙古	42.9	40.4	0.2	39.6	30.6	5	11	27	9	11
辽　宁	29.6	19.6	0.2	34.8	20.5	25	30	24	17	26
吉　林	38.5	35.6	0.2	36.1	27.4	17	18	23	14	16
黑龙江	49.5	19.6	0.2	25.7	22.3	2	29	26	27	22
上　海	40.9	44.6	0.6	59.4	36.6	9	8	2	3	5
江　苏	46.6	78.8	0.5	59.4	47.9	3	1	4	4	1
浙　江	40.0	53.6	0.5	53.5	37.6	11	4	5	6	4
安　徽	37.8	37.1	0.3	35.3	27.6	18	16	13	15	15
福　建	40.6	44.6	0.3	37.8	31.0	10	7	11	13	9
江　西	35.1	39.0	0.2	29.6	26.2	21	13	17	22	18
山　东	51.1	69.9	0.4	57.5	45.7	1	3	6	5	2
河　南	44.5	49.6	0.3	33.7	32.3	4	5	8	18	8
湖　北	39.6	43.5	0.3	39.5	30.9	13	9	10	11	10
湖　南	41.2	39.0	0.3	40.3	30.1	8	14	12	8	12
广　东	36.2	71.8	0.8	52.5	42.1	19	2	1	7	3
广　西	38.9	34.0	0.2	27.6	24.9	14	20	21	26	20
海　南	38.8	19.9	0.2	37.9	23.3	16	27	19	12	21
重　庆	33.2	37.9	0.2	39.5	28.0	22	15	16	10	14
四　川	41.4	35.5	0.3	32.5	27.1	7	19	9	19	17
贵　州	35.8	29.8	0.3	15.1	19.9	20	21	15	31	28
云　南	38.8	26.0	0.2	22.8	21.3	15	23	20	30	24
西　藏	30.6	28.6	0.2	23.3	20.6	23	22	18	29	25
陕　西	30.1	39.8	0.2	31.2	25.8	24	12	22	20	19
甘　肃	27.3	16.0	0.1	29.4	17.6	29	31	31	23	31
青　海	28.3	22.6	0.2	28.6	19.6	27	26	29	25	29
宁　夏	29.6	23.0	0.2	28.7	20.0	26	25	30	24	27
新　疆	39.8	25.2	0.2	24.3	21.6	12	24	25	28	23

三　2016年中国省域可持续发展竞争力及三级指标得分和排名情况

	指标得分(分)				指标排名			
	资源竞争力	环境竞争力	人力资源竞争力	可持续发展竞争力	资源竞争力	环境竞争力	人力资源竞争力	可持续发展竞争力
北　京	0.5	71.6	66.1	54.6	31	5	1	1
天　津	3.3	65.0	61.6	51.0	29	18	3	7
河　北	12.0	49.7	47.0	40.8	18	29	20	28
山　西	30.5	55.8	52.1	48.9	5	25	11	11
内蒙古	51.5	54.8	53.6	53.6	1	26	10	3
辽　宁	17.8	61.8	54.7	49.5	10	21	7	9
吉　林	21.5	66.1	42.3	45.3	7	16	26	22
黑龙江	36.8	61.9	50.5	51.2	3	20	14	6
上　海	0.6	67.1	56.8	48.6	30	14	4	12
江　苏	11.4	62.5	54.8	48.4	19	19	6	14
浙　江	8.1	76.5	54.0	51.6	26	3	8	4
安　徽	10.8	61.2	50.6	45.8	21	22	13	21
福　建	17.7	69.3	47.1	47.9	11	10	19	17
江　西	9.3	70.8	39.9	43.1	24	7	28	24
山　东	15.5	66.6	56.6	51.4	12	15	5	5
河　南	10.4	67.3	50.4	47.5	22	13	15	19
湖　北	9.5	53.2	50.9	43.3	23	28	12	23
湖　南	8.0	71.6	49.6	47.9	27	6	18	16
广　东	8.3	69.4	62.8	53.9	25	9	2	2
广　西	12.9	78.4	44.6	48.4	17	1	21	13
海　南	18.6	76.9	42.4	48.0	9	2	25	15
重　庆	6.9	69.8	50.3	47.5	28	8	16	18
四　川	15.0	67.6	53.7	50.1	13	12	9	8
贵　州	14.1	65.9	39.0	42.1	15	17	30	25
云　南	19.7	68.9	44.0	46.6	8	11	22	20
西　藏	46.0	57.4	25.6	39.2	2	24	31	31
陕　西	13.0	72.4	49.9	49.3	16	4	17	10
甘　肃	14.7	53.5	42.0	40.0	14	27	27	29
青　海	30.7	47.4	39.2	39.9	4	30	29	30
宁　夏	11.2	59.8	43.4	41.9	20	23	23	26
新　疆	28.8	47.3	42.5	41.2	6	31	24	27

四　2016年中国省域财政金融竞争力及三级指标得分和排名情况

	指标得分(分)			指标排名		
	财政竞争力	金融竞争力	财政金融竞争力	财政竞争力	金融竞争力	财政金融竞争力
北　京	47.4	78.0	61.1	1	1	1
天　津	29.9	22.1	26.4	9	8	8
河　北	16.4	21.9	18.9	30	9	19
山　西	17.9	16.6	17.3	28	14	22
内蒙古	38.6	11.9	26.6	3	22	7
辽　宁	29.1	21.1	25.5	10	10	9
吉　林	18.7	13.1	16.2	25	20	25
黑龙江	18.1	13.1	15.8	26	21	26
上　海	45.7	56.0	50.3	2	2	2
江　苏	36.8	47.0	41.4	5	4	4
浙　江	35.3	41.8	38.2	6	5	5
安　徽	26.7	16.3	22.0	12	15	13
福　建	23.4	19.6	21.7	17	12	14
江　西	19.0	11.7	15.7	24	24	27
山　东	25.4	29.4	27.2	14	6	6
河　南	22.2	20.1	21.3	18	11	15
湖　北	21.3	18.7	20.1	21	13	18
湖　南	16.1	14.5	15.4	31	18	29
广　东	37.9	53.8	45.0	4	3	3
广　西	20.3	9.3	15.3	22	28	30
海　南	28.8	9.7	20.2	11	27	17
重　庆	24.7	15.8	20.7	15	16	16
四　川	22.1	26.5	24.1	19	7	11
贵　州	34.8	9.0	23.2	7	29	12
云　南	21.9	11.8	17.4	20	23	21
西　藏	17.9	5.6	12.4	27	31	31
陕　西	16.9	15.8	16.4	29	17	24
甘　肃	19.5	11.1	15.7	23	25	28
青　海	25.9	6.2	17.1	13	30	23
宁　夏	23.7	10.0	17.5	16	26	20
新　疆	34.0	13.3	24.7	8	19	10

五　2016年中国省域知识经济竞争力及三级指标得分和排名情况

	指标得分(分)				指标排名			
	科技竞争力	教育竞争力	文化竞争力	知识经济竞争力	科技竞争力	教育竞争力	文化竞争力	知识经济竞争力
北　京	53.2	57.4	54.5	55.2	3	1	6	3
天　津	35.5	32.3	29.8	33.3	7	23	17	11
河　北	14.1	38.7	30.3	27.0	19	12	16	19
山　西	15.1	40.5	34.9	28.8	18	9	11	17
内蒙古	6.5	24.3	28.8	17.4	26	29	18	28
辽　宁	16.7	34.3	35.9	27.1	17	21	10	18
吉　林	10.9	30.5	32.5	22.5	21	25	12	23
黑龙江	9.1	27.0	26.7	19.3	22	28	24	25
上　海	46.6	35.2	57.6	43.4	4	20	5	6
江　苏	80.4	56.6	68.4	68.5	2	3	2	2
浙　江	45.5	45.1	60.6	47.6	6	7	3	5
安　徽	33.6	36.4	30.5	34.3	8	17	15	8
福　建	25.1	36.9	27.9	30.6	12	16	20	15
江　西	18.2	40.0	28.2	28.9	16	11	19	16
山　东	45.5	53.2	59.6	50.9	5	4	4	4
河　南	32.6	48.9	37.1	40.2	9	5	8	7
湖　北	29.5	37.9	36.2	34.1	11	14	9	9
湖　南	23.7	37.9	51.7	33.9	14	13	7	10
广　东	82.4	56.6	69.9	69.6	1	2	1	1
广　西	13.6	37.3	30.6	26.2	20	15	14	20
海　南	5.9	28.9	21.4	18.0	28	26	29	27
重　庆	31.0	32.0	26.1	30.7	10	24	25	14
四　川	24.9	40.3	27.4	31.8	13	10	21	13
贵　州	8.8	42.0	27.3	25.7	23	8	22	21
云　南	5.9	35.5	26.9	21.6	27	19	23	24
西　藏	1.0	28.1	0.1	12.4	31	27	31	31
陕　西	19.5	46.0	30.8	32.4	15	6	13	12
甘　肃	8.6	36.3	25.7	22.9	24	18	26	22
青　海	3.1	21.6	18.1	13.2	30	31	30	30
宁　夏	7.8	24.2	22.5	17.0	25	30	27	29
新　疆	3.7	33.6	21.6	19.1	29	22	28	26

六　2016年中国省域发展环境竞争力及三级指标得分和排名情况

	指标得分(分)			指标排名		
	基础设施竞争力	软环境竞争力	发展环境竞争力	基础设施竞争力	软环境竞争力	发展环境竞争力排名
北　京	53.3	45.9	50.0	5	2	4
天　津	39.5	40.7	40.0	6	5	6
河　北	34.1	32.2	33.2	10	13	10
山　西	24.0	32.6	27.9	18	12	16
内蒙古	23.8	19.4	21.8	19	28	22
辽　宁	37.1	26.1	32.1	9	18	11
吉　林	18.2	18.2	18.2	27	30	29
黑龙江	16.2	30.2	22.5	28	15	21
上　海	68.3	37.6	54.5	1	6	1
江　苏	53.6	49.8	51.9	4	1	2
浙　江	56.0	45.3	51.2	3	3	3
安　徽	32.2	29.8	31.1	13	17	12
福　建	37.2	32.8	35.2	8	11	9
江　西	22.8	25.4	24.0	20	19	20
山　东	37.5	33.8	35.8	7	9	8
河　南	33.0	20.3	27.3	11	25	17
湖　北	32.7	42.2	37.0	12	4	7
湖　南	28.9	25.2	27.2	15	20	18
广　东	60.0	35.5	49.0	2	8	5
广　西	19.4	23.1	21.1	26	23	25
海　南	20.9	19.8	20.4	21	27	26
重　庆	31.0	29.9	30.5	14	16	13
四　川	20.5	18.9	19.8	24	29	28
贵　州	20.6	36.9	27.9	22	7	15
云　南	13.6	31.0	21.4	29	14	23
西　藏	3.3	7.8	5.3	31	31	31
陕　西	24.8	23.9	24.4	17	21	19
甘　肃	13.1	20.5	16.4	30	24	30
青　海	20.5	20.2	20.4	23	26	27
宁　夏	25.2	32.8	28.6	16	10	14
新　疆	19.5	23.7	21.4	25	22	24

七　2016年中国省域政府作用竞争力及三级指标得分和排名情况

	指标得分(分)				指标排名			
	政府发展经济竞争力	政府规调经济竞争力	政府保障经济竞争力	政府作用竞争力	政府发展经济竞争力	政府规调经济竞争力	政府保障经济竞争力	政府作用竞争力排名
北　京	31.8	74.8	65.1	59.6	24	1	4	7
天　津	57.3	73.4	50.1	63.7	4	2	10	3
河　北	43.9	64.9	45.9	54.4	13	8	12	9
山　西	36.2	63.3	38.8	48.7	19	11	17	16
内蒙古	34.8	62.1	42.0	48.8	21	13	15	15
辽　宁	44.2	63.4	68.2	61.0	11	10	3	5
吉　林	35.9	65.4	37.5	49.0	20	5	18	14
黑龙江	31.5	62.2	45.5	48.7	25	12	13	17
上　海	47.4	48.4	73.6	58.4	8	26	2	8
江　苏	67.1	68.5	50.4	65.6	2	4	9	1
浙　江	52.6	71.6	62.3	65.2	5	3	5	2
安　徽	48.0	65.1	33.8	52.1	7	7	20	11
福　建	59.5	60.4	31.7	54.0	3	16	21	10
江　西	43.4	48.9	27.0	42.3	14	24	26	26
山　东	68.0	61.8	49.9	63.3	1	14	11	4
河　南	45.3	63.7	23.9	47.5	9	9	28	18
湖　北	45.3	47.6	28.4	43.0	10	28	23	25
湖　南	42.0	51.8	39.3	46.8	15	23	16	20
广　东	49.1	48.3	79.7	60.9	6	27	1	6
广　西	40.2	61.0	27.8	45.9	17	15	24	21
海　南	28.0	45.4	52.1	43.4	27	30	8	23
重　庆	43.9	55.3	43.0	49.9	12	20	14	13
四　川	40.5	53.9	52.6	51.2	16	21	7	12
贵　州	34.2	65.1	29.5	45.7	22	6	22	22
云　南	32.9	46.4	23.0	36.3	23	29	29	30
西　藏	20.2	32.8	9.5	22.4	31	31	31	31
陕　西	39.9	57.7	23.9	43.3	18	18	27	24
甘　肃	29.8	59.4	15.6	37.6	26	17	30	28
青　海	26.3	51.9	27.2	37.3	28	22	25	29
宁　夏	25.9	55.9	53.2	46.8	29	19	6	19
新　疆	24.1	48.7	36.3	38.2	30	25	19	27

八 2016年中国省域发展水平竞争力及三级指标得分和排名情况

	指标得分(分)				指标排名			
	工业化进程竞争力	城市化进程竞争力	市场化进程竞争力	发展水平竞争力	工业化进程竞争力	城市化进程竞争力	市场化进程竞争力	发展水平竞争力
北　京	49.3	63.6	63.5	61.5	7	1	8	4
天　津	52.7	51.8	55.3	55.8	6	6	17	6
河　北	25.9	33.1	63.5	41.7	20	20	9	16
山　西	37.0	32.2	44.3	39.3	12	23	24	17
内蒙古	20.0	44.5	47.4	38.7	24	7	23	19
辽　宁	14.3	35.2	59.7	37.0	30	16	15	23
吉　林	27.5	29.3	53.1	37.6	19	27	19	22
黑龙江	14.6	40.2	44.0	34.0	28	11	25	26
上　海	69.4	59.5	80.6	72.7	1	2	3	1
江　苏	62.6	54.8	87.5	70.7	3	3	2	2
浙　江	32.7	53.2	91.5	60.4	16	5	1	5
安　徽	38.2	36.4	59.8	46.3	10	14	13	12
福　建	38.5	44.1	63.4	50.3	9	8	10	9
江　西	36.2	42.3	65.8	49.6	13	10	7	11
山　东	37.5	43.0	73.0	52.6	11	9	4	8
河　南	53.3	30.4	61.1	50.0	4	25	11	10
湖　北	35.1	33.6	59.9	44.1	14	19	12	14
湖　南	33.7	35.2	59.8	44.1	15	15	14	13
广　东	67.4	53.7	70.7	66.7	2	4	6	3
广　西	31.3	29.5	53.1	39.1	18	26	21	18
海　南	15.0	34.0	53.1	34.8	27	18	20	25
重　庆	52.8	34.6	71.8	54.7	5	17	5	7
四　川	38.6	31.0	55.6	43.1	8	24	16	15
贵　州	24.4	25.3	53.7	35.2	21	30	18	24
云　南	16.1	27.2	35.8	27.2	26	28	28	28
西　藏	13.9	23.5	12.8	17.7	31	31	31	31
陕　西	32.6	37.4	38.9	37.9	17	13	27	21
甘　肃	16.6	32.4	29.2	27.2	25	22	29	29
青　海	20.5	25.3	29.1	26.0	23	29	30	30
宁　夏	22.3	37.5	52.5	38.5	22	12	22	20
新　疆	14.4	32.8	40.0	30.0	29	21	26	27

九　2016年中国省域统筹协调竞争力及三级指标得分和排名情况

	指标得分(分)			指标排名		
	统筹发展竞争力	协调发展竞争力	统筹协调竞争力	统筹发展竞争力	协调发展竞争力	统筹协调竞争力
北　京	55.3	44.4	50.4	2	28	6
天　津	64.7	45.4	56.0	1	27	1
河　北	40.0	52.1	45.4	15	15	14
山　西	39.0	48.2	43.1	18	26	21
内蒙古	41.0	61.5	50.2	13	1	8
辽　宁	39.8	40.7	40.2	16	31	26
吉　林	44.5	60.8	51.8	10	2	2
黑龙江	46.7	57.8	51.7	8	4	3
上　海	55.2	44.3	50.3	3	29	7
江　苏	49.8	52.7	51.1	4	12	5
浙　江	44.6	50.7	47.3	9	18	11
安　徽	27.3	52.4	38.6	29	14	29
福　建	43.3	51.7	47.1	11	16	12
江　西	25.8	52.8	38.0	31	11	31
山　东	41.7	49.7	45.3	12	22	15
河　南	40.7	50.3	45.0	14	19	16
湖　北	34.6	53.3	43.0	26	8	24
湖　南	39.1	56.2	46.8	17	5	13
广　东	48.4	50.1	49.2	6	21	10
广　西	36.8	53.1	44.1	22	9	18
海　南	31.6	49.1	39.5	28	24	28
重　庆	38.0	49.3	43.1	21	23	22
四　川	36.0	51.6	43.0	23	17	23
贵　州	33.9	58.2	44.8	27	3	17
云　南	38.0	50.3	43.6	19	20	20
西　藏	35.3	54.5	43.9	25	7	19
陕　西	26.4	53.0	38.4	30	10	30
甘　肃	48.1	52.4	50.1	7	13	9
青　海	48.4	55.4	51.5	5	6	4
宁　夏	38.0	48.3	42.6	20	25	25
新　疆	35.8	44.2	39.6	24	30	27

十　2016年中国省域经济综合竞争力及二级指标得分和排名情况

地区	指标得分(分)										指标排名									
	宏观经济竞争力	产业经济竞争力	可持续发展竞争力	财政金融竞争力	知识经济竞争力	发展环境竞争力	政府作用竞争力	发展水平竞争力	统筹协调竞争力	经济综合竞争力	宏观经济竞争力	产业经济竞争力	可持续发展竞争力	财政金融竞争力	知识经济竞争力	发展环境竞争力	政府作用竞争力	发展水平竞争力	统筹协调竞争力	经济综合竞争力
北　京	50.5	33.6	54.6	61.1	55.2	50.0	59.6	61.5	50.4	52.4	6	7	1	1	3	4	7	4	6	3
天　津	49.8	34.4	51.0	26.4	33.3	40.0	63.7	55.8	56.0	45.2	7	6	7	8	11	6	3	6	1	7
河　北	41.1	29.6	40.8	18.9	27.0	33.2	54.4	41.7	45.4	36.7	14	13	28	19	19	10	9	16	14	15
山　西	28.3	17.7	48.9	17.3	28.8	27.9	48.7	39.3	43.1	32.6	29	30	11	22	17	16	16	17	21	24
内蒙古	36.5	30.6	53.6	26.6	17.4	21.8	48.8	38.7	50.2	35.4	18	11	3	7	28	22	15	19	8	16
辽　宁	31.1	20.5	49.5	25.5	27.1	32.1	61.0	37.0	40.2	35.1	26	26	9	9	18	11	5	23	26	17
吉　林	37.2	27.4	45.3	16.2	22.5	18.2	49.0	37.6	51.8	33.6	17	16	22	25	23	29	14	22	2	19
黑龙江	35.3	22.3	51.2	15.8	19.3	22.5	48.7	34.0	51.7	32.9	21	22	6	26	25	21	17	26	3	22
上　海	57.8	36.6	48.6	50.3	43.4	54.5	58.4	72.7	50.3	52.1	3	5	12	2	6	1	8	1	7	4
江　苏	66.9	47.9	48.4	41.4	68.5	51.9	65.6	70.7	51.1	57.5	2	1	14	4	2	2	1	2	5	1
浙　江	57.3	37.6	51.6	38.2	47.6	51.2	65.2	60.4	47.3	50.6	4	4	4	5	5	3	2	5	11	5
安　徽	39.8	27.6	45.8	22.0	34.3	31.1	52.1	46.3	38.6	37.3	15	15	21	13	8	12	11	12	29	13
福　建	46.6	31.0	47.9	21.7	30.6	35.2	54.0	50.3	47.1	40.3	8	9	17	14	15	9	10	9	12	8
江　西	39.2	26.2	43.1	15.7	28.9	24.0	42.3	49.6	38.0	34.0	16	18	24	27	16	20	26	11	31	18
山　东	55.3	45.7	51.4	27.2	50.9	35.8	63.3	52.6	45.3	47.9	5	2	5	6	4	8	4	8	15	6

续表

地区	指标得分(分)										指标排名									
	宏观经济竞争力	产业经济竞争力	可持续发展竞争力	财政金融竞争力	知识经济竞争力	发展环境竞争力	政府作用竞争力	发展水平竞争力	统筹协调竞争力	经济综合竞争力	宏观经济竞争力	产业经济竞争力	可持续发展竞争力	财政金融竞争力	知识经济竞争力	发展环境竞争力	政府作用竞争力	发展水平竞争力	统筹协调竞争力	经济综合竞争力
河　南	43.3	32.3	47.5	21.3	40.2	27.3	47.5	50.0	45.0	39.4	9	8	19	15	7	17	18	10	16	9
湖　北	41.8	30.9	43.3	20.1	34.1	37.0	43.0	44.1	43.0	37.4	12	10	23	18	9	7	25	14	24	11
湖　南	43.2	30.1	47.9	15.4	33.9	27.2	46.8	44.1	46.8	37.3	10	12	16	29	10	18	20	13	13	12
广　东	70.1	42.1	53.9	45.0	69.6	49.0	60.9	66.7	49.2	57.0	1	3	2	3	1	5	6	3	10	2
广　西	34.8	24.9	48.4	15.3	26.2	21.1	45.9	39.1	44.1	33.0	22	20	13	30	20	25	21	18	18	21
海　南	36.1	23.3	48.0	20.2	18.0	20.4	43.4	34.8	39.5	31.2	19	21	15	17	27	26	23	25	28	25
重　庆	42.5	28.0	47.5	20.7	30.7	30.5	49.9	54.7	43.1	38.3	11	14	18	16	14	13	13	7	22	10
四　川	41.7	27.1	50.1	24.1	31.8	19.8	51.2	43.1	43.0	36.8	13	17	8	11	13	28	12	15	23	14
贵　州	33.6	19.9	42.1	23.2	25.7	27.9	45.7	35.2	44.8	32.6	23	28	25	12	21	15	22	24	17	23
云　南	28.8	21.3	46.6	17.4	21.6	21.4	36.3	27.2	43.6	28.9	28	24	20	21	24	23	30	28	20	27
西　藏	20.8	20.6	39.2	12.4	12.4	5.3	22.4	17.7	43.9	21.3	31	25	31	31	31	31	31	31	19	31
陕　西	35.5	25.8	49.3	16.4	32.4	24.4	43.3	37.9	38.4	33.6	20	19	10	24	12	19	24	21	30	20
甘　肃	31.2	17.6	40.0	15.7	22.9	16.4	37.6	27.2	50.1	28.5	25	31	29	28	22	30	28	29	9	29
青　海	30.6	19.6	39.9	17.1	13.2	20.4	37.3	26.0	51.5	27.9	27	29	30	23	30	27	29	30	4	30
宁　夏	32.1	20.0	41.9	17.5	17.0	28.6	46.8	38.5	42.6	31.1	24	27	26	20	29	14	19	20	25	26
新　疆	26.8	21.6	41.2	24.7	19.1	21.4	38.2	30.0	39.6	28.6	30	23	27	10	26	24	27	27	27	28

B.40
附录三
2016年中国31个省份主要经济指标数据

统计资料（Ⅰ）

地区	GDP（亿元）	GDP增长率（%）	人均GDP（元）	第一产业增加值（亿元）	第二产业增加值（亿元）	工业增加值（亿元）	第三产业增加值（亿元）
北　京	25669	6.8	118198	132	4944	4027	20595
天　津	17885	9.1	115053	222	7571	6805	10094
河　北	32070	6.8	43062	3645	15257	13387	13321
山　西	13050	4.5	35532	827	5029	4149	7237
内蒙古	18128	7.2	72064	1664	8554	7233	7937
辽　宁	22247	-2.5	50791	2297	8607	6818	11467
吉　林	14777	6.9	53868	1549	7005	6070	6273
黑龙江	15386	6.1	40432	2732	4401	3647	8315
上　海	28179	6.9	116562	113	8406	7555	19663
江　苏	77388	7.8	96887	4324	34620	30455	38692
浙　江	47251	7.6	84916	2000	21195	18655	24092
安　徽	24408	8.7	39561	2693	11822	10077	10018
福　建	28811	8.4	74707	2445	14093	11698	12354
江　西	18499	9.0	40400	1962	8830	7219	7765
山　东	68024	7.6	68733	5171	31344	27589	31752
河　南	40472	8.1	42575	4440	19276	17043	16910
湖　北	32665	8.1	55665	3781	14654	12536	14352
湖　南	31551	8.0	46382	3726	13341	11337	14632
广　东	80855	7.5	74016	3782	35110	32651	42051
广　西	18318	7.3	38027	2873	8274	6817	7247
海　南	4053	7.5	44347	978	906	483	2199
重　庆	17741	10.7	58502	1325	7899	6184	8538
四　川	32935	7.8	40003	4005	13449	11059	15556
贵　州	11777	10.5	33246	1944	4670	3716	5261
云　南	14788	8.7	31093	2242	5690	3891	6903
西　藏	1151	10.1	35184	119	429	86	606
陕　西	19400	7.6	51015	1776	9491	7598	8215
甘　肃	7200	7.6	27643	1028	2516	1758	3701
青　海	2572	8.0	43531	225	1250	902	1101
宁　夏	3169	8.1	47194	256	1488	1054	1439
新　疆	9650	7.6	40564	1692	3647	2678	4354

统计资料（Ⅱ）

地区	地方财政收入（亿元）	固定资产投资（亿元）	全社会消费品零售总额（亿元）	进出口总额（亿美元）	出口总额（亿美元）	实际 FDI（亿美元）
北　京	6865	7944	11005	1223	255	4274
天　津	3833	12779	5636	1070	417	2226
河　北	3477	31750	14365	750	440	848
山　西	3089	14198	6481	188	125	422
内蒙古	7732	15080	6701	132	52	411
辽　宁	7331	6692	13414	961	448	2133
吉　林	3173	13923	7310	192	49	356
黑龙江	4228	10648	8403	139	49	283
上　海	5237	6756	10947	4046	1664	7342
江　苏	13198	49663	28707	5471	3310	8799
浙　江	9358	30276	21971	3434	2734	3199
安　徽	6766	27033	10000	410	260	673
福　建	5363	23237	11675	1368	872	2263
江　西	3143	19694	6635	354	241	777
山　东	9558	53323	30646	2734	1443	2519
河　南	7457	40415	17618	741	453	822
湖　北	4207	30012	15649	390	248	993
湖　南	5661	28353	13437	232	143	580
广　东	10390	33304	34739	10601	6541	7816
广　西	5206	18237	7027	439	126	437
海　南	1827	3890	1454	122	35	760
重　庆	4982	16048	7271	519	336	881
四　川	6771	28812	15602	481	262	942
贵　州	6176	13204	3709	52	40	237
云　南	5020	16119	5723	174	89	330
西　藏	1731	1596	459	6	5	23
陕　西	3789	20825	7368	295	158	561
甘　肃	2842	9664	3184	45	19	75
青　海	1694	3528	767	5	4	75
宁　夏	1258	3794	850	31	21	87
新　疆	4931	10288	2826	250	139	97

统计资料（Ⅲ）

地区	公共教育经费（亿元）	金融机构存款余额（亿元）	旅游外汇收入（百万美元）	铁路营业里程（公里）	公路里程（公里）	耕地面积（千公顷）	森林覆盖率（%）
北　京	847	138409	5070	1264	22026	216	35.8
天　津	464	30067	3557	1061	16764	437	9.9
河　北	1001	55928	552	6956	188431	6520	23.4
山　西	599	30869	317	5293	142066	4057	18.0
内蒙古	519	21246	1139	12339	196061	9258	21.0
辽　宁	609	51692	1824	5559	120613	4975	38.2
吉　林	470	21155	791	5053	102484	6993	40.4
黑龙江	573	22179	458	6234	164502	15850	43.2
上　海	740	110511	6419	465	13292	191	10.7
江　苏	1744	121107	3804	2767	157304	4571	15.8
浙　江	1221	99530	3128	2577	119053	1975	59.1
安　徽	857	40856	2542	4243	197588	5868	27.5
福　建	747	40487	6626	3201	106757	1336	66.0
江　西	783	28893	585	4011	161909	3082	60.0
山　东	1687	85684	3063	5452	265720	7607	16.7
河　南	1151	54980	647	5571	267441	8111	21.5
湖　北	860	47000	1872	4138	260179	5245	38.4
湖　南	914	41997	1005	4720	238273	4149	47.8
广　东	2043	179829	18577	4158	218085	2608	51.3
广　西	789	25478	2164	5192	120547	4395	56.5
海　南	206	9120	350	1033	28217	723	55.4
重　庆	520	32160	1687	2102	142921	2382	38.4
四　川	1244	67000	1582	4623	324138	6733	35.2
贵　州	766	23771	253	3270	191626	4530	37.1
云　南	758	27922	3075	3652	238052	6208	50.0
西　藏	179	4380	194	786	82096	445	12.0
陕　西	747	35256	2339	4633	172471	3989	41.4
甘　肃	500	17516	19	4102	143039	5372	11.3
青　海	163	5570	44	2349	78585	589	5.6
宁　夏	139	5461	41	1320	33940	1289	11.9
新　疆	642	18748	519	5869	182085	5216	4.2

统计资料（Ⅳ）

	年末人口（万人）	常住人口增长率（‰）	城镇化率（%）	平均受教育程度（年）	城镇登记失业率（%）	居民消费品零售价格指数（%）	城镇居民人均可支配收入（元）	农村居民人均可支配收入（元）
北　京	2173	4.12	86.5	12.3	1.4	101.4	28249	11919
天　津	1562	1.83	82.9	10.8	3.5	102.1	27352	10082
河　北	7470	6.06	53.3	9.0	3.7	101.5	32975	11609
山　西	3682	4.77	56.2	9.7	3.5	101.1	32876	12881
内蒙古	2520	3.34	61.2	9.7	3.7	101.2	26530	12123
辽　宁	4378	-0.18	67.4	10.0	3.8	101.6	25736	11832
吉　林	2733	-0.05	56.0	9.5	3.5	101.6	57692	25520
黑龙江	3799	-0.49	59.2	9.4	4.2	101.5	40152	17606
上　海	2420	4	87.9	11.0	4.1	103.2	47237	22866
江　苏	7999	2.73	67.7	9.5	3.0	102.3	29156	11720
浙　江	5590	5.7	67.0	9.1	2.9	101.9	36014	14999
安　徽	6196	7.06	52.0	8.6	3.2	101.8	28673	12138
福　建	3874	8.3	63.6	8.7	3.9	101.7	34012	13954
江　西	4592	7.29	53.1	8.8	3.4	102.0	27233	11697
山　东	9947	10.84	59.0	9.0	3.5	102.1	29386	12725
河　南	9532	6.15	48.5	8.8	3.0	101.9	31284	11930
湖　北	5885	5.07	58.1	9.3	2.4	102.2	37684	14512
湖　南	6822	6.56	52.8	9.4	4.2	101.9	28324	10359
广　东	10999	7.44	69.2	9.6	2.5	102.3	28453	11843
广　西	4838	7.87	48.1	8.8	2.9	101.6	29610	11549
海　南	917	8.57	56.8	9.1	2.4	102.8	28335	11203
重　庆	3048	4.53	62.6	9.1	3.7	101.8	26743	8090
四　川	8262	3.49	49.2	8.3	4.2	101.9	28611	9020
贵　州	3555	6.5	44.2	7.8	3.2	101.4	27802	9094
云　南	4771	6.61	45.0	8.0	3.6	101.5	28440	9396
西　藏	331	10.68	29.6	5.1	2.6	102.5	25693	7457
陕　西	3813	4.41	55.3	9.3	3.3	101.3	26757	8664
甘　肃	2610	6	44.7	8.4	2.2	101.3	27153	9852
青　海	593	8.52	51.6	7.8	3.1	101.8	28463	10183
宁　夏	675	8.97	56.3	9.2	3.9	101.5	28249	11919
新　疆	2398	11.08	48.4	9.1	2.5	101.4	27352	10082

B.41
参考文献

《2016年度中国对外直接投资统计公报》，2017。

Wagner K, Taylor A, Zablit H, et al. "The Most Innovative Companies 2014: Breaking Through is Hard to do", *Boston Consulting Group*, 2014.

World Economic Forum. The Global Competitiveness Report, 2012－2013, 2013－2014, 2014－2015, 2015－2016, 2016－2017, 2017－2018。

艾瑞研究院：《中国共享经济行业及用户研究报告》，上海艾瑞研究院，2017。

安虎森、高正伍：《经济活动空间聚集的内生机制与区域协调发展的战略选项》，《南京社会科学》2010年第1期。

安晓明：《中国区域经济转型的历程回顾与“十三五”展望》，《区域经济评论》2015年第2期。

蔡安宁、李婧、鲍捷等：《基于空间视角的陆海统筹战略思考》，《世界地理研究》2012年第1期。

蔡奇：《推动京津冀协同发展》，《人民日报》2017年11月20日。

曹忠祥：《陆海统筹优化国土空间开发战略布局》，《中国国土资源经济》2015年第1期。

陈文玲：《在开放中增强我国发展新动能》，《求是》2016年第23期。

陈夕：《大数据驱动全渠道供应链服务模式创新探讨》，《商业经济研究》2017年第11期。

程承坪：《当前国企改革的方向：建立中国特色现代国有企业制度》，《学习与实践》2017年第2期。

迟福林：《以实体经济为重点深化供给侧结构性改革》，《经济日报》2017年11月17日。

邓志东：《关于发展我国人工智能技术与产业的建议》，《科技导报》2016第7期。

冯天韬、徐金森：《提升中心城区可持续竞争力研究报告》，经济管理出版社，2016。

高国力、曹忠祥：《陆海统筹发展的现状、问题及战略思路》，《中国科学报》2014年7月11日。

高国力：《深入实施区域协调发展战略》，《经济日报》2017年11月3日。

高露：《国有企业改革与发展论坛·2016会议综述》，《山东社会科学》2017第1期。

高奇琦：《人工智能时代的世界主义与中国》，《国外理论动态》2017年第9期。

国家统计局：《党的十八大以来经济社会发展成就》，http://www.stats.gov.cn/ztjc/ztfx/18fzcj/。

国家统计局：《科学发展　成就辉煌》，http://www.stats.gov.cn/ztjc/ztfx/kxfzcjhh/。

国家统计局：《中国统计年鉴2016》，中国统计出版社，2016。

国家统计局：《中国统计年鉴2017》，中国统计出版社，2017。

韩海雯：《人工智能产业建设与供给侧结构性改革：马克思分工理论视角》，《华南师范大学学报》（哲学社会科学版）2016年第6期。

侯永志：《从区域角度来看经济增长的"新动能"》，《中国经济时报》2017年4月24日。

黄茂兴：《二十国集团（G20）经济热点分析报告（2016～2017）》，经济科学出版社，2016。

黄茂兴：《中国省域经济热点问题研究》，经济科学出版社，2014。

黄群慧、王佳宁：《国有企业改革新进展与趋势观察》，《改革》2017年第5期。

黄群慧、余菁、王涛：《培育世界一流企业：国际经验与中国情境》，《中国工业经济》2017年第11期。

黄世谨：《汤森路透详解2014年中国并购交易》，http://www.cnstock.com。

黄志勇、李京文：《实施自由贸易港战略研究》，《宏观经济管理》2012年第5期。

金碚：《中国企业竞争力报告（2013）》，社会科学文献出版社，2013。

李干杰：《十八大以来我国生态环境保护实现五个"前所未有"》，人民网，2017年10月23日。

李宏伟：《以创新引领中国绿色发展》，《河南日报》2015年5月6日。

李洪文：《我国创新驱动发展面临的问题与对策研究》，《科学管理研究》2013年第3期。

李建平等主编《全球环境竞争力发展报告（2013）》，社会科学文献出版社，2014。

李建平等主编《全球环境竞争力发展报告（2015）》，社会科学文献出版社，2015。

李建平等主编《"十二五"中期中国省域环境竞争力发展报告》，社会科学文献出版社，2014。

李建平等主编《"十二五"中期中国省域经济综合竞争力发展报告》，社会科学文献出版社，2014。

李建平等主编《"十一五"时期中国省域经济综合竞争力发展报告》，社会科学文献出版社，2012.

李建平等主编《中国省域环境竞争力发展报告（2005～2009）》，社会科学文献出版社，2010。

李建平等主编《中国省域环境竞争力发展报告（2009～2010）》，社会科学文献出版社，2011。

李建平等主编《中国省域经济综合竞争力发展报告（2005～2006）》，社会科学文献出版社，2007。

李建平等主编《中国省域经济综合竞争力发展报告（2006~2007）》，社会科学文献出版社，2008。

李建平等主编《中国省域经济综合竞争力发展报告（2007~2008）》，社会科学文献出版社，2009。

李建平等主编《中国省域经济综合竞争力发展报告（2008~2009）》，社会科学文献出版社，2010。

李建平等主编《中国省域经济综合竞争力发展报告（2009~2010）》，社会科学文献出版社，2011。

李建平等主编《中国省域经济综合竞争力发展报告（2011~2012）》，社会科学文献出版社，2013。

李建平等主编《中国省域经济综合竞争力发展报告（2013~2014）》，社会科学文献出版社，2015。

李建平等主编《中国省域经济综合竞争力发展报告（2014~2015）》，社会科学文献出版社，2016。

李建平等主编《中国省域经济综合竞争力发展报告（2015~2016）》，社会科学文献出版社，2017。

李建平、李建建、黄茂兴等：《中国经济60年发展报告（1949~2009）》，经济科学出版社，2009。

李克强：第十二届全国人民代表大会第五次会议政府工作报告，2017年3月16日。

李闽榕、李建平、黄茂兴：《中国省域经济综合竞争力评价与预测研究》，社会科学文献出版社，2007。

李闽榕、李建平、黄茂兴：《中国省域经济综合竞争力预测研究报告（2009~2012）》，社会科学文献出版社，2010。

李闽榕：《中国省域经济综合竞争力研究报告（1998~2004）》，社会科学文献出版社，2006。

李涛、高良谋：《“大数据”时代下开放式创新发展趋势》，《科研管理》2016年第7期。

李先军：《供给侧结构性改革背景下中小企业内创业研究：模式选择与路径设计》，《商业研究》2017年第10期。

梁黄光：《中国区域经济发展报告（2016~2017）》，社会科学文献出版社，2017。

林锋：《关于加快推进保税区、保税港区向自由贸易港城区转型升级的设想》，《港口经济》2012年第11期。

刘卫东：《“一带一路”战略的科学内涵与科学问题》，《地理科学进展》2015年第5期。

刘伟：《经济新常态与供给侧结构性改革》，《管理世界》2016年第7期。

刘小鲁：《产业政策视角下的国有企业分类改革与政策调整》，《经济理论与经济管理》2017年第7期。

刘志彪：《建设现代化经济体系的基本框架、路径与方略》，《长江产经智库》2017年10月21日。

路阳：《建设海洋强国应陆海统筹》，《光明日报》2015年4月16日。

吕本富、刘颖：《飞轮效应：数据驱动的企业》，电子工业出版社，2015。

马骏：《“十三五”时期绿色金融发展十大领域》，《中国银行业》2016年第1期。

麦肯锡：《中国人工智能的未来之路》，中国发展高层论坛，2017。

倪鹏飞：《中国城市竞争力报告No.17》，中国社会科学出版社，2017。

宁吉喆：《建设现代化经济体系》，《人民日报》2017年12月5日。

申现杰、肖金成：《国际区域经济合作新形势与我国“一带一路”合作战略》，《宏观经济研究》2014年第11期。

时炳艳：《大数据将给电商发展带来哪些改变》，《人民论坛》2016年第36期。

史丹、江飞涛、贺俊：《调整完善产业政策的思路与建议》，《经济日报》2017年8月9日。

宋超、刘芳、孟俊岐：《大数据驱动大众生态创新机制及对策》，《科技管理研究》2016年第21期。

孙久文、原倩：《京津冀协同发展战略的比较和演进重点》，《经济社会体制比较》2014年第5期。

孙久文、张可云、安虎森、贺灿飞、潘文卿：《“建立更加有效的区域协调发展新机制”笔谈》，《中国工业经济》2017年第11期。

汪洋：《推动形成全面开放新格局》，《人民日报》2017年11月10日。

王长峰：《大数据背景下企业创新模式变革》，《技术经济与管理研究》2016年第3期。

王业强、郭叶波、赵勇等：《科技创新驱动区域协调发展：理论基础与中国实践》，《中国软科学》2017年第11期。

魏后凯、高春亮：《中国区域协调发展态势与政策调整思路》，《河南社会科学》2012年第1期。

魏后凯：《中国城镇化进程中两极化倾向与规模格局重构》，《中国工业经济》2014年第3期。

吴撼地：《打造全面开放新格局》，《人民日报》2015年12月23日。

肖恩·杜布拉瓦茨：《数字命运》，姜昊骞、李德坤译，电子工业出版社，2015。

许娇、陈坤铭、杨书菲等：《“一带一路”交通基础设施建设的国际经贸效应》，《亚太经济》2016年第3期。

杨焕荣：《“一带一路”新格局指引下我国对外贸易转型探讨》，《商业经济研究》2015年第31期。

杨晶：《大力推进生态文明建设努力走向社会主义生态文明新时代》，《行政管理改革》2017年第10期。

于涛：《以人才优先发展引领产业转型升级》，《党建研究》2017 年第 1 期。

张璐晶、徐豪：《中央企业系统代表团：打造一批具有全球竞争力的世界一流企业》，《中国经济周刊》2017 年第 41 期。

张鹏：《我国参与美国基础设施建设的机遇与挑战》，《宏观经济管理》2015 年第 12 期。

张占斌：《新时代中国社会的主要矛盾与深化供给侧结构性改革》，《行政管理改革》2017 年第 11 期。

赵磊：《有关“一带一路”的几个关键性问题》，《理论研究》2015 年第 5 期。

《中共中央关于全面深化改革若干重大问题的决定》，2013。

《中共中央关于制定国民经济和社会发展第十三个五年规划的建议》，2015 年 10 月。

中国（海南）改革发展研究院课题组：《以“一带一路”形成区域开放新格局》，《上海证券报》2017 年 5 月 12 日。

中国科技统计：http：//www. sts. org. cn。

中国连锁经营协会：《中国可持续消费研究报告》，中国连锁经营协会，2017。

中国人民银行：《2017 中国区域金融运行报告》，http：//www. pbc. gov. cn。

中国人民银行等：《关于构建绿色金融体系的指导意见》，2016 年 8 月 31 日。

《中华人民共和国国民经济和社会发展第十三个五年规划纲要》，2016 年 3 月。

中华人民共和国商务部：《中国农产品进出口月度统计报告》。

中华人民共和国新闻出版总署：《2016 年新闻出版产业分析报告》。

周加来：《农村金融体制改革研究安徽县域经济竞争力报告（2016）》，合肥工业大学出版社，2016。

B.42 后记

本书是课题组发布的第12部“中国省域竞争力蓝皮书”。12年来，在各方的关怀和支持下，“中国省域竞争力蓝皮书”持续得到社会各界的关注和认可，产生了积极的社会反响。自2013年8月中国社会科学院公布首批中国社会科学院以外单位授权使用“中国社会科学院创新工程学术出版项目”标识的优秀皮书，“中国省域竞争力蓝皮书”已连续四次光荣入选中国社会科学院创新工程学术出版项目，这是对这部皮书的重要褒奖。承蒙社会各界的关心和鼓励，我们必将继续奋力前行。

本书是全国经济综合竞争力研究中心2017年重点研究项目研究成果、中智科学技术评价研究中心2017年重点项目研究成果、中央组织部资助的首批青年拔尖人才支持计划（组厅字〔2013〕33号）和中央组织部第2批“万人计划”哲学社会科学领军人才（组厅字〔2016〕37号）2017年资助的阶段性成果、中宣部2014年全国文化名家暨“四个一批”人才工程（中宣办发〔2015〕49号）2017年资助的阶段性研究成果、2016年教育部哲学社会科学研究重大课题（项目编号：16JZD028）及国家社科基金重点项目（项目编号：16AGJ004）和国家社科基金青年项目（项目编号：14CKS013）资助的阶段性研究成果、福建省社会科学研究基地——福建师范大学竞争力研究中心2017年重大项目研究成果、福建省高等学校科技创新团队（闽教科〔2012〕03号）和福建师范大学创新团队建设计划2017～2018年资助的阶段性研究成果，以及福建省特色重点学科和省重点学科福建师范大学理论经济学学科2017～2018年重大研究成果。

自2007年起，由全国经济综合竞争力研究中心福建师范大学分中心具体承担研究工作的“中国省域经济综合竞争力发展报告”系列蓝皮书，已由社会科学文献出版社正式出版了11部，分别于2007年、2008年、2009年、2010年、2011年、2012年、2013年、2014年、2015年、2016年和2017年全国“两会”期间或前夕举行新闻发布会，引起了各级政府、学术界和海内外新闻媒体的高度关注，产生了强烈的社会反响。为全面贯彻落实党的十九大以及2017年中央经济工作会议精神，结合国内外经济形势对我国各省域经济发展的影响，特别是“十三五”时期国际经济、国内和区域发展对省域经济综合竞争力的影响，进一步深化对中国省域经济综合竞争力问题的研究。值得高兴的是，在中国社会科学院、社会科学文献出版社等单位的大力支持下，全国经济综合竞争力研究中心福建师范大学分中心具体承担了《中国省域经济综合竞争力发展报告（2016～2017）——十九大后中国经济发展的重点领域与战略方向》蓝皮书的研究工作，福建师范大学原校长李建平教授亲自担任课题组组长和本书的主编之一，直接指导和参与了本书的研究和审订书稿工作；本书主编之一福建省新闻出版广电局原党组书记、中智科学技术评价研究中心理事长、福建师范大学兼职教授李闽榕博士指导、参与了本书的研究和书稿统改、审订工作；中国农村劳动力资源开发研究会秘书长苏宏文同志为本书的顺利完成积极创造了条件。全国经济综合竞争力研究中心福建师范大学分中心常务副主任、福建师范大学经济学院院长黄茂兴教授为本课题的研究从课题策划到最终完稿做了大量具体工作。

2017 年 3 月以来，课题组着手对省域经济综合竞争力的创新内容、主攻方向、评价方法等问题展开了比较全面和深入的研究，跟踪研究 2015 ~ 2016 年中国各省份经济发展动态和指标数据，研究对象涉及全国 31 个省级区域，本书 90 多万字，数据采集、录入和分析工作庞杂而艰巨，采集、录入基础数据 1.2 万个，计算、整理和分析数据 4 万多个，共制作简图 100 多幅、统计表格 500 多个，竞争力地图 30 幅。这是一项复杂艰巨的工程，课题组的各位研究人员为完成这项工程付出了艰辛劳动，在此谨向全力支持并参与本项目研究的李军军博士［承担本书第二部分第 1 ~ 6 章，共计 9.3 万字（字数按 Word 文件统计）］、林寿富博士（承担本书第二部分第 7 ~ 11 章和第三部分“专题五”部分内容，共计 6.9 万字）、叶琪博士（承担本书第二部分第 12 ~ 15 章和第三部分“专题一”部分内容，共计 6.6 万字）、陈洪昭博士（承担本书第二部分第 16 ~ 19 章和第三部分“专题三”部分内容，共计 6.2 万字）、王珍珍博士（承担本书第二部分第 20 ~ 21 章和第三部分“专题一”部分内容，共计 2.3 万字）、陈伟雄博士（承担本书第二部分第 22 ~ 23 章和第三部分“专题二”部分内容，共计 2.6 万字）、唐杰博士（承担本书第二部分第 24 章和第三部分“专题四”部分内容，共计 2.2 万字）、黄新焕博士（承担本书第二部分第 25 章和第三部分“专题四”部分内容，共计 2.1 万字）、郑蔚博士（承担本书第二部分第 26 章和第三部分“专题二”部分内容，共计 2.0 万字）、周利梅博士（承担本书第二部分第 27 章和第三部分“专题三”部分内容，共计 2.0 万字）、易小丽博士（承担本书第二部分第 28 章和第三部分“专题三”部分内容，共计 2.0 万字）、白华博士（承担本书第二部分第 29 章和第三部分“专题五”部分内容，共计 2.1 万字）、张宝英博士（承担本书第二部分第 30 章和第三部分“专题一”部分内容，共计 2.0 万字）、郑清英博士（承担本书第二部分第 31 章和第三部分“专题五”部分内容，共计 2.0 万字）、李成宇博士（承担本书第三部分“专题二”部分内容，共计 2.0 万字），以及博（硕）士研究生吴娟、林惠玲、林瀚、马永伟、兰筱琳、李师源、夏琼、张越、游宇东、张贵平、余学颖、张若琼、史方圆、陈鹏、唐璟怡、柯炳金、冯稳珍、昝琪、唐咏琦、张瀚云、肖蕾、孙泗泉、朱浩军等同志表示深深的谢意。他们放弃节假日休息时间，每天坚持工作十多个小时，为本报告的数据采集、测算等做了许多细致的工作。

本书也是福建师范大学与福建省人民政府发展研究中心共同组织实施的福建省研究生教育创新基地建设项目——福建省政治经济学研究生教育创新基地的阶段性成果，福建师范大学经济学院各年级研究生通过积极参加本项目的研究，增强了科研意识，提高了创新能力，使经济学院的研究生培养质量有了很大提高。

本书还直接或间接引用、参考了其他研究者的相关研究文献，在此对这些文献的作者表示诚挚的感谢。

社会科学文献出版社的谢寿光社长，社会政法分社王绯社长以及责任编辑曹长香，为本书的出版，提出了很好的修改意见，付出了辛苦的劳动，在此一并向他们表示由衷的谢意。

由于时间仓促，本书难免存在疏漏和不足，敬请读者批评指正。

作 者

2018 年 1 月

S 基本子库
UB DATABASE

中国社会发展数据库（下设 12 个子库）

全面整合国内外中国社会发展研究成果，汇聚独家统计数据、深度分析报告，涉及社会、人口、政治、教育、法律等 12 个领域，为了解中国社会发展动态、跟踪社会核心热点、分析社会发展趋势提供一站式资源搜索和数据分析与挖掘服务。

中国经济发展数据库（下设 12 个子库）

基于“皮书系列”中涉及中国经济发展的研究资料构建，内容涵盖宏观经济、农业经济、工业经济、产业经济等 12 个重点经济领域，为实时掌控经济运行态势、把握经济发展规律、洞察经济形势、进行经济决策提供参考和依据。

中国行业发展数据库（下设 17 个子库）

以中国国民经济行业分类为依据，覆盖金融业、旅游、医疗卫生、交通运输、能源矿产等 100 多个行业，跟踪分析国民经济相关行业市场运行状况和政策导向，汇集行业发展前沿资讯，为投资、从业及各种经济决策提供理论基础和实践指导。

中国区域发展数据库（下设 6 个子库）

对中国特定区域内的经济、社会、文化等领域现状与发展情况进行深度分析和预测，研究层级至县及县以下行政区，涉及地区、区域经济体、城市、农村等不同维度。为地方经济社会宏观态势研究、发展经验研究、案例分析提供数据服务。

中国文化传媒数据库（下设 18 个子库）

汇聚文化传媒领域专家观点、热点资讯，梳理国内外中国文化发展相关学术研究成果、一手统计数据，涵盖文化产业、新闻传播、电影娱乐、文学艺术、群众文化等 18 个重点研究领域。为文化传媒研究提供相关数据、研究报告和综合分析服务。

世界经济与国际关系数据库（下设 6 个子库）

立足“皮书系列”世界经济、国际关系相关学术资源，整合世界经济、国际政治、世界文化与科技、全球性问题、国际组织与国际法、区域研究 6 大领域研究成果，为世界经济与国际关系研究提供全方位数据分析，为决策和形势研判提供参考。

法律声明